F

Pour le Mérite

Charles Callan Tansill

Amerika geht in den Krieg

Der Erste Weltkrieg als Türöffner nach Europa

Pour le Mérite

Titelseitengestaltung: Jirka Buder
Übersetzung in die deutsche Sprache: Dr. Erwin Weis

Die Deutsche Bibliothek – CIP-Einheitsaufnahme

Tansill, Charles Callan:
Amerika geht in den Krieg : der Erste Weltkrieg als Türöffner nach Europa / Charles Callan Tansill. – Selent : Pour le Mérite, 2001
Einheitssacht.: America Goes to War <dt.>
ISBN 3-932381-14-9

ISBN 3-932381-14-9

Pour le Mérite – Verlag für Militärgeschichte
Postfach 52, D-24236 Selent

Gedruckt in Österreich

Vorwort des Verfassers zur deutschen Ausgabe

Zwei Ziele schwebten mir bei der Abfassung meines Buches vor. Zum einen wollte ich einen umfassenden und objektiven Bericht von den deutsch-amerikanischen Beziehungen in den Jahren 1914 bis 1917 geben. Kein anderer Wissenschaftler in der Welt hat je Zugang zu so wichtigen Dokumenten gehabt, wie sie mir zur Verfügung gestellt wurden. Bei der Auswertung dieses historischen Materials habe ich mich immer bemüht, unparteiisch und neutral zu verfahren. Ich wollte keine bestimmte Absicht ausnutzen und keine Lieblingstheorie beweisen.

Der zweite Grund zur Abfassung dieses Werkes war, einige der historischen Mythen, die die deutsch-amerikanischen Beziehungen umgaben, zu zerstören. Seit 1920 leitete mich meine tiefe Zuneigung zum deutschen Volk, in jeder möglichen Weise für eine bessere Verständigung zwischen Deutschland und den Vereinigten Staaten zu kämpfen. Ich kann die Tatsache nie vergessen, daß es während der großen Krise des amerikanischen Bürgerkrieges der deutsche Beistand für die Nordstaaten war, der den Streitkräften der Union den Sieg sicherte. Als die Geldmärkte Englands und Frankreichs den Vertretern der amerikanischen Bundesregierung verschlossen waren, boten die großen Finanzzentren Deutschlands alle ihre Hilfsmittel auf, um die Administration Präsident Lincolns zu unterstützen. Die Deutschen kauften für eine Milliarde Dollar amerikanische Aktien und halfen dadurch mit, ein finanzielles Gebäude zu retten, das beinahe vor dem Zusammenbruch stand. Und überdies kämpften zweihunderttausend Deutsche in den Heeren der Nordstaaten, um die Welt vor einem Kasten- und Standesgeist zu retten, der die westliche Erdhälfte beherrscht hätte, wenn der Süden siegreich geblieben wäre.

In späteren Jahren ist die Geschichte der deutschen Hilfe für die amerikanische Union lange in Vergessenheit geraten, und die Propaganda hat ständig auf die große Bedeutung des französischen Beistandes während des amerikanischen Kampfes gegen englische Tyrannei in den Jahren 1776 bis 1782 hingewiesen. Nach Ausbruch des Weltkrieges verbreitete die gleiche Propaganda finstere Lügen über die deutsche Grausamkeit, und viele Amerikaner glaubten bald, die Deutschen hätten sich vom Christentum losgesagt und wären zu den Bräuchen primitiver Wilder zurückgekehrt.

In meinem Buche „Amerika geht in den Krieg“ habe ich versucht, den Geist der Versöhnung aufzuzeigen, den die deutsche Regierung in ihrem Bemühen um Beilegung der Streitigkeiten an den Tag legte, die in den Jahren vor dem Kriegseintritt Amerikas von 1914 bis 1917 eine so große Rolle spielten. Es ist kaum daran zu zweifeln, daß v. Bethmann-Hollweg ernstlich um den Frieden rang, und es steht fest, daß der Kaiser ihn dabei entschieden unterstützte. In Deutschland wollte man keinen Krieg mit Amerika.

Es ist mein heißer Wunsch, daß mein Buch den Weg zu einer besseren Verständigung zwischen Deutschland und den Vereinigten Staaten ebnen möge. Aufgrund einer kürzlichen Reise durch Deutschland bin ich der festen Überzeugung, daß das deutsche Volk immer noch in Freundschaft auf Amerika schaut. Ich glaube ebenso bestimmt, daß ein großer Teil der amerikanischen Bevölkerung die gleichen Gefühle der Freundschaft hegt. Auf dieser breiten Grundlage freundschaftlichen Verstehens können neue Beziehungen zwischen den beiden Völkern aufgebaut werden. Möge dies bald der Fall sein, und mögen sie dann ungestört bleiben trotz gelegentlicher Stürme des Vorurteils und Ausbrüchen einseitigen Grolls.

Charles Callan Tansill
Washington (D.C.), am 2. Februar 1939

Einleitung

Die deutsch-amerikanischen Beziehungen 1870–1914

Einer der wichtigsten Gründe, die 1917 zum Krieg zwischen den Vereinigten Staaten von Amerika und dem Deutschen Reich führten, war der jahrelange, ausgeprägte Argwohn und das immer größer werdende Mißtrauen vieler Amerikaner gegen die Politik der deutschen Regierung. Gewisse deutschlandfeindliche Anschauungen hatten in den Vereinigten Staaten viele Jahrzehnte vor Ausbruch des Weltkrieges immer mehr Boden gewonnen. Deutschlands koloniale Bestrebungen schienen im Gegensatz zu Amerikas Plänen im karibischen Raum und im Pazifik zu stehen; die rasch sich vergrößernde deutsche Flotte aber schien den Bestand der Monroe-Doktrin zu bedrohen. Einigen amerikanischen Staatsmännern war das Deutsche Reich zum grimmigen Symbol militärischer Tüchtigkeit und rücksichtsloser Machtentfaltung geworden. Die deutsche Hegemonie in Europa war in einem Krieg mit den Waffen errungen worden, und eben diese Tatsache betrachtete man als sicheres Vorzeichen eines Konfliktes mit Amerika um die Vorherrschaft in der Neuen Welt.

Als im letzten Viertel des neunzehnten Jahrhunderts beide Nationen dem Ruf des wirtschaftlichen Imperialismus folgten und koloniale Pläne zu entwickeln begannen, wurde eine deutsch-amerikanische Spannung unvermeidlich. Obwohl von Bismarck bekannt war, daß er in dem Jahrzehnt nach der Gründung des Deutschen Reiches koloniale Ausdehnungsbestrebungen ablehnte, verfolgte die amerikanische Regierung die Politik des eisernen Kanzlers mit Mißtrauen und begann, Befürchtungen über eine Verletzung der Monroe-Doktrin zu hegen. Schon im März 1870 erschienen die ersten Gerüchte in der amerikanischen Presse, daß eine europäische Macht Pläne entwickele, die den Erwerb der Insel San Domingo zum Ziel hätten.[1] Diese Gerüchte erhielten eine gewisse Bestätigung, als Präsident Grant eine Sonderbotschaft an den Senat richtete (31. Mai 1870), in der er ausführte, er hätte „zuverlässige Beweise" dafür, daß eine europäische Macht bereit sei, „allein für die Samaná-Bucht zwei Millionen Dollar zu bezahlen".[2] Obgleich er den Namen der Nation, die die Samaná-Bucht kaufen wollte, nicht nannte, versicherte die Washington „Daily Morning Chronicle" ihren Lesern, daß „gewisse Anzeichen darauf hinweisen, daß Preußen ... das Angebot machte, weil seine Seemacht nicht gerade stark ist und der schlaue v. Bismarck alles tut, um die vorteilhafte Stellung seines Landes möglichst weiter zu sichern. Von einem solch wichtigen Ausgangspunkt wie die Samaná-Bucht könnten die preußischen Kreuzer sehr gut gegen feindliche Seestreitkräfte operieren."[3]

Eine Durchsicht des Schriftwechsels im deutschen Auswärtigen Amt zeigt ganz klar, daß dieses Gerücht, soweit es Deutschland berührte, in Wirklichkeit keinerlei Grundlage besaß. Sobald Baron Gerolt (der Vertreter des Norddeutschen Bundes in Washington) diese Darstellung in der „Morning Chronicle" las, suchte er verschiedene Mitglieder des amerikanischen Senates auf, um die Grundlagen einer derartigen Meldung festzustellen. Er entdeckte rasch, daß die Anschuldigungen zu einem zweifelhaften Plan gehörten, der von J.W. Fabens und E.H. Hartmont ausging, um Stimmung für einen schwebenden Vertrag zu machen, der die Annexion der Dominikanischen Republik durch die Vereinigten Staaten vorsah. Senator Sumner versicherte ihm, das Ganze sei ein „Bluff", in Szene gesetzt „zwischen Hartmont und Fabens ... um auf den Senat Druck auszuüben. Die gleiche Versicherung erhielt ich von Senator Schurz."[4]

Es hat den Anschein, als hätte sich Staatssekretär Fish über die Gerüchte deutscher Absichten auf die Samaná-Bucht bis zum Sommer 1871 nicht weiter stören lassen, als er einen Bericht vom amerikanischen Konsul in Santo Domingo erhielt, der besagte, die preußische Regierung hätte Präsident Báez „Vorschläge" über eine „eventuelle Annexion" der Dominikanischen Republik gemacht. Als der Staatssekretär deswegen in Berlin anfragte, berichtete Bancroft, daß das Gerücht „unwahr" sei, und daß von seiten der deutschen Regierung kein Verlangen nach „Erwerbungen in Amerika" bestehe.[5]

Die negative Antwort der deutschen Regierung zerstreute die amerikanischen Befürchtungen nicht, und immer wieder, jedes Jahr von 1872 bis 1877, kamen sie in offiziellen Anfragen zum Ausdruck. Obgleich die deutsche Regierung jedesmal in zuvorkommendster Weise dementierte, gelang es diesen Versicherungen nicht, Staatssekretär Fish zu überzeugen, daß Deutschland nicht irgendwelche annexionistischen Pläne im karibischen Raum verfolge. Der amerikanische Argwohn vor der deutschen Politik wuchs sogar zusehends und wurde noch beträchtlich durch eine öffentliche Erklärung v. Bismarcks (vom 2. Dezember 1897) gestärkt, bei der es hieß, es sei eine „politische Notwendigkeit amerikanischer Anmaßung oft und nachdrücklich"[6] entgegenzutreten. Als ob dies noch nicht genügt hätte, die Amerikaner in Harnisch zu bringen, erklärte v. Bismarck noch dazu: „Die Auffassung, die die Leute in Amerika von der Monroe-Doktrin haben, ist ein Beweis außerordentlicher Unverschämtheit."[7]

Als nach diesen scharfen Bemerkungen in Zusammenhang mit dem sogenannten „Lueder-Zwischenfall" die deutsche Intervention in Haiti folgte, geriet die amerikanische öffentliche Meinung in große Aufregung, und die Zeitung „Republican" (Springfield) gab der allgemeinen Anschauung des Landes Ausdruck, als sie erklärte, das Verhalten der deutschen Regierung in diesem Fall sei die „offenkundigste internationale Aufschneiderei, die seit vielen Jahren in diesem Teil der Erde je vorkam." Die amerikanische Verstimmung Deutschland gegenüber wurde noch vertieft durch eine dem Kaiser zugeschriebene Bemerkung, die damals in der amerikanischen Presse erschien und die besagte, er (der

Kaiser) sähe sich vielleicht genötigt, „lästigen Amerikanern" etwas mehr „gute Sitten" beizubringen.[8]

Während des spanisch-amerikanischen Krieges erreichte die ungeschickte Politik der deutschen Regierung ihren Höhepunkt in dem Zusammenstoß zwischen Admiral Dewey und Vizeadmiral v. Diederichs in der Manila-Bucht. Für eine große Zahl von Amerikanern bestanden jetzt kaum noch Zweifel darüber, daß Deutschland ein gefährlicher Gegner sei. Als Antwort auf diese offensichtliche deutsche Herausforderung machte der exzellente amerikanische Staatsmann Elihu Root in einer Rede am 27. April 1900 folgende dunkle Prophezeiung: „Niemand, der sorgfältig die Zeichen der Zeit beachtet, kann umhin zu sehen, daß die amerikanische Bevölkerung entweder in ein paar Jahren die Monroe-Doktrin aufgeben oder für sie kämpfen muß; wir werden sie aber nicht aufgeben."[9]

Roots Argwohn gegenüber Deutschland wurde von einigen hervorragenden amerikanischen Staatsmännern geteilt, die befürchteten, deutsche Marineoffiziere heckten Pläne aus, um eine Flottenbasis im karibischen Raum zu erwerben. John Hay, der amerikanische Staatssekretär, war von einem dänischen Abenteurer, Kapitän Christmas Dirckinck-Holmfeld, informiert worden, die deutsche Regierung sei sehr daran interessiert, die Jungfrauen-Inseln (Dänisch-Westindien) für sich zu sichern. Diese Nachricht veranlaßte Staatssekretär Hay Verhandlungen anzuknüpfen, die zu dem Vertrag vom 24. Januar 1902 führten, in dem die dänische Regierung die Inseln an die Vereinigten Staaten abtrat. Als der Vertrag im dänischen Landsthing am 22. Oktober 1902 nicht ratifiziert wurde, war man in amerikanischen offiziellen Kreisen der festen Ansicht, daß die Zurückweisung des Landsthings auf deutsche Intrigen zurückzuführen sei.[10]

Auf diesem Hintergrund ständig wachsenden Mißtrauens beurteilte Staatssekretär Hay das Handeln der deutschen Regierung bei der Intervention in Venezuela im Jahre 1902/03. Obgleich England und Italien im Bunde mit Deutschland wegen der Bezahlung fälliger Verbindlichkeiten auf die Regierung von Venezuela einen Druck ausübten, verdammte die amerikanische öffentliche Meinung eher Deutschland als die beiden anderen Mächte. Als die Nachricht die Vereinigten Staaten erreichte, daß die Kriegsschiffe der deutschen Blockade das Fort San Carlos (Januar 1903) beschossen hatten, ging eine antideutsche Woge durch das Land. In der amerikanischen „Review of Reviews" wurde die Beschießung als ein „schändlicher Mißgriff" gebrandmarkt, und die Zeitung „Transcript" (Boston) war überzeugt, daß Deutschland nur den Zeitpunkt abwartete, um seine Angriffslust zu zeigen, die dann deutlich genug beweisen würde, „wie gering es von unserer Stärke denkt". Graf v. Quadt, der deutsche Geschäftsträger in Washington, kabelte nach Berlin, Staatssekretär Hay habe sich „sehr bitter über die Beschießung ausgelassen, und die amerikanische öffentliche Meinung sei außerordentlich aufgebracht gegen Deutschland."[11]

Im Zusammenhang mit der Venezuela-Affäre schuf Präsident Roosevelt die patriotische Sage von der deutschen Gewalttätigkeit, die erst auf seine Drohung mit dem „Zaunpfahl" zurückwiche.[12] Roosevelts überaus spannender Bericht über den starken Druck, den er auf den Kaiser ausgeübt habe, um ihn zu zwingen, die deutschen Ansprüche einem Schiedsgericht zu unterbreiten, wird heute von den meisten Historikern in das Reich der Romantik verwiesen, aber trotzdem geriet die öffentliche Meinung in Amerika in große Aufregung über angebliche deutsche Angriffspläne, und Roosevelts Bericht half mit, den allgemeinen Eindruck deutscher Feindseligkeit gegen die Monroe-Doktrin zu bestärken.

Im Pazifik wie im karibischen Raum entwickelten sich heftige Reibereien zwischen Deutschland und den Vereinigten Staaten. Der Brennpunkt dieser Gegensätze lag in Samoa, das Deutschland hoffte, ganz unter seine Kontrolle zu bekommen. Aber die amerikanische Regierung setzte allen Versuchen deutscher Agenten, ein Protektorat über die Inseln einzusetzen, entschiedenen Widerstand entgegen, und im Jahre 1889 hatten beide Nationen mehrere Kriegsschiffe zum Schutz nationaler Interessen in den Gewässern Samoas stationiert. Staatssekretär Bayard fürchtete immer, irgendein Mißgriff eines Schiffsoffiziers könne „zu einem Streit" führen, der sich zu einem Krieg auswüchse. Die amerikanische Presse brachte schon Andeutungen über die Möglichkeit eines Krieges mit Deutschland wegen der Lage in Samoa,[13] und der Kongreß antwortete darauf mit der Bewilligung von 500.000 $ zur besonderen Verwendung durch den Präsidenten. Am 16. März 1889 zerstörte ein Wirbelsturm die gesamten Seestreitkräfte sowohl der Vereinigten Staaten wie Deutschlands in Samoa; jede weitere Gefahr eines offenen Konfliktes war damit abgewendet. Aber die Samoa-Frage war erst dann erledigt, als die Inseln schließlich zwischen den Vereinigten Staaten und Deutschland verteilt wurden (Dezember 1899). In diesen zehn Jahren der Ungewißheit fuhr die amerikanische Presse fort, gegen die deutsche „Anmaßung"[14] loszuziehen.

In entschiedenem Gegensatz zu dieser dunklen Szene deutsch-amerikanischer Zwietracht steht das helle Bild englisch-amerikanischer Freundschaft. Das Merkwürdige daran ist, daß dieses innige Verhältnis der beiden großen englischsprachigen Länder aus einem Streit hervorging, der eine Zeitlang zu einem Krieg zu führen schien. Aber die englischen Staatsmänner waren zu schlau, um irgendwelche Grenzstreitigkeiten in Venezuela zu einem wirklichen Konflikt mit den Vereinigten Staaten führen zu lassen. Die Lage der Weltpolitik um die Jahrhundertwende machte es für Großbritannien unbedingt nötig, sich eher um Amerikas Freundschaft als um seine Feindschaft zu bemühen. Britische Geschäftsinteressen wurden im Fernen Osten durch die russischen Ausdehnungsbestrebungen ernstlich bedroht, und in London war man sich bald klar darüber, daß offene Nachgiebigkeit gegenüber der Monroe-Doktrin im Venezuela-Streit reiche Früchte durch ein gemeinsames anglo-amerikanisches Vorgehen im Orient brächte. Lord Salisbury, Arthur Balfour, Joseph Chamberlain und John Morley, alle beeilten sich, ihre Hochachtung über die Monroe-Doktrin zu verkünden, während die „Westminster Gazette" den wahren Grund für diese plötzliche Rücksichtnahme auf amerikanische Vorurteile, andeutete: „Amerika ist wie wir eine pazifische Macht. Schon seit vielen Jahren hat es sich sehr um die Entwicklung von China, Japan und Korea bemüht. Die Interessen John Bulls und Vetter Jonathans sind die gleichen ... Die englischsprachige Welt kann ihre Macht besser anwenden als in inneren Zänkereien über unbedeutende Angelegenheiten, wie die Grenzen und Verbindlichkeiten von Venezuela."[15]

Die moralische Unterstützung, die englische Staatsmänner den Vereinigten Staaten während des Spanisch-amerikanischen Krieges gaben, wurde von Staatssekretär Hay herzlich gewürdigt. Hay übernahm dafür die ersten Schritte zur „Politik der Offenen Tür" in China, die die englische Großindustrie sich sehnlichst wünschte. Eine derartige Demonstration des amerikanischen Wohlwollens fand großen Widerhall bei König Edward VII., der daraufhin Botschafter Choate wissen ließ, wie hoch er Präsident Roosevelt achte. Das königliche Kompliment gab Anlaß zu einem Austausch von Höflichkeiten. Der Präsident versicherte König Edward, er werde alles tun, was er könne, um „die freundschaftlichen Beziehungen zwischen den beiden Ländern zu erhalten". Der König begann daraufhin mit dem Gedanken zu spielen, den Präsidenten „ehrenhalber zum Oberst" eines der besten Regimenter des britischen Heeres zu ernennen. Aber dies ging doch etwas zu weit, und Staatssekretär Hay schickte sofort eine Warnung an Botschafter Choate. Dem Präsidenten sei es „von der Verfassung untersagt, eine solche Ehrung ohne Genehmigung des Kongresses anzunehmen." In einer Kongreßdebatte über eine derartige Sache sei es sehr wohl möglich, daß „Dinge von Mitgliedern der Opposition gesagt würden, die unangenehm zu lesen wären."

Die immer enger sich gestaltenden Beziehungen zwischen England und den Vereinigten Staaten machten es Präsident Roosevelt schwer, auch nur den Anschein von Neutralität im Marokko-Streit, der zur Algeciras-Konferenz führte, aufrecht zu erhalten. In einem Schreiben an William H. Taft erklärte er, die Vereinigten Staaten hätten „keine wirklichen Interessen in Marokko" und daß ihm nichts daran läge, „in dieser Angelegenheit auf seiten Frankreichs oder Deutschlands zu stehen". Nach der französischen Kabinettskrise vom 6. Juni 1905, die den Rücktritt von Delcassé beschleunigte, drängte Roosevelt den Kaiser, seine Haltung im Marokko-Streit zu mäßigen. Mit überzeugendem Wortreichtum versicherte er seine „tiefe" Bewunderung für Deutschland und erklärte, der Kaiser selbst sei der „Führer unter den modernen Staatsoberhäuptern, die mit der Zukunft gehen."

Nachdem die europäischen Mächte übereingekommen waren, auf einer Konferenz über die Marokko-Frage zu verhandeln, offenbarte Roosevelt dem Botschafter Choate seine wahren Gefühle in dieser Angelegenheit. Er hatte die Absicht, „auf Frankreichs Seite zu stehen", wollte sich aber gleichzeitig bemühen, „mit Deutschland weiterhin auf gutem Fuß zu bleiben". Henry White, der die Vereinigten Staaten bei der Marokko-(Algeciras)-Konferenz vertreten sollte, enthüllte der Präsident offen seine Wünsche: „Ich möchte auch in Zukunft mit Deutschland gut stehen ... aber meine Sympathien sind im Grunde mit Frankreich gewesen, und ich meine, sie werden es auch bleiben."

Es besteht kein Zweifel daran, daß der amerikanische Beistand ein wesentlicher Faktor für einen französisch-englischen diplomatischen Sieg auf der Algeciras-Konferenz war. Es ist ebenfalls klar, daß Präsident Roosevelt die Folgen dieses Sieges nicht begriff. Im Fernen Osten hatten sich die Vereinigten Staaten vollständig zu dem Prinzip der „Offenen Tür" bekannt. In Marokko drehte es sich um das gleiche Prinzip, aber der Präsident war zu wenig Staatsmann, diese Tatsache zu erfassen. Es ist allerdings wahrscheinlich, daß er seine Gefühle nicht über die politischen Regeln gestellt hätte, wenn er von den Geheimverträgen zwischen Frankreich, Spanien und England über Marokko gewußt hätte. Professor Nevins faßt die Lage gut zusammen, wenn er schreibt: „Die Franzosen holten sich mit Roosevelts Unterstützung einen Sieg, ohne Zweifel sogar einen viel größeren Sieg, als Roosevelt dachte oder wollte. Sein Wunsch war nicht die ‚Tunifizierung' oder friedliche Durchdringung Marokkos, sondern er wollte, daß das Land seine Autonomie behalte ohne souveräne Kontrolle einer europäischen Macht."[16]

Die herzlichen Beziehungen, die Präsident Roosevelt mit Frankreich und England unterhielt, blieben bis zum Ausbruch des Weltkrieges bestehen, und ohne Zweifel halfen sie mit, die Amerikaner zum Kriegseintritt gegen Deutschland im Jahre 1917 vorzubereiten. Schon frühzeitig hatte der Kaiser die Gefahren erkannt, die Deutschland drohten, falls die Vereinigten Staaten sich irgendwie Deutschlands

Feinden zuwenden sollten, und er scheute keine Mühe, das amerikanische Vertrauen zu gewinnen. Kurz nachdem Theodore Roosevelt Präsident geworden war, sorgte der Kaiser dafür, daß das Oberhaupt der amerikanischen Regierung einen Orden erhielt als Beweis der hohen Achtung im Potsdamer Hofkreis. 1902 unternahm der Kaiser zwei weitere Versuche, engere Beziehungen mit Präsident Roosevelt und damit mit der amerikanischen Bevölkerung herzustellen. Erst lud er Alice Roosevelt ein, die Taufe einer Jacht zu übernehmen, die für ihn auf einer amerikanischen Werft gebaut wurde, und dann sandte er seinen Bruder, Prinz Heinrich von Preußen, in die Vereinigten Staaten, um zweifelnden Amerikanern vor Augen zu führen, wie liebenswürdig die Deutschen in Wirklichkeit seien. Keine dieser wohlgemeinten Gesten hatte Erfolg. Als Alice Roosevelt ihren Vater bat, ihr bei der Vorbereitung einer schicklichen kleinen Rede zum Taufakt der kaiserlichen Jacht zu helfen, fiel dem Präsidenten nur ein Spruch ein, und dieser enthüllte seine wahren Gefühle und eignete sich kaum für die Gelegenheit: „Der Teufel hole die Deutschen." Prinz Heinrichs Amerikareise ging ganz glatt vonstatten, aber die Pressekommentare zeigten keinerlei Begeisterung, und der Erfolg war nur gering.

Der Präsident wies jedoch keinesfalls den Schritten des Kaisers gegenüber die kalte Schulter, und im August 1904 zum Beispiel berichtet Sternburg, der deutsche Botschafter in Washington, von einer Unterredung mit dem Präsidenten folgenden Inhalts: „Falls der Präsident wiedergewählt wird, möchte er gerne mit Deutschland in Ostasien zusammenarbeiten. Aber zuerst möchte er klare Verhältnisse mit Deutschland über alle ostasiatischen Fragen."

Graf v. Bülow war höchst erfreut über die offensichtliche Wendung der Dinge, er schrieb sofort an den Kaiser und versicherte ihm: der Präsident sei ein großer Bewunderer Seiner Majestät, und er beherrschte gern die Welt Hand in Hand mit Seiner Majestät, da er sich für so etwas wie einen amerikanischen Gegenspieler Seiner Majestät halte." Dem Kaiser gefielen diese Freundschaftskundgebungen von seiten Präsident Roosevelts, und im Jahre 1905 arbeitete er kameradschaftlich mit ihm zusammen, um den russisch-japanischen Krieg in Portsmouth zu einem friedlichen Abschluß zu bringen.

Präsident Roosevelt jedoch war sehr vorsichtig und setzte keinen großen Glauben in die Versicherungen des Kaisers. In einem Brief an Henry Cabot Lodge vom 15. Mai 1905 betonte er, „nichts könnte ihn überzeugen, der Führung eines Mannes zu folgen oder ein enges Bündnis mit ihm einzugehen, der so sprunghaft ist, so wenig fähig, folgerichtig zu handeln und deshalb auch nicht fähig, loyal zu seinen Freunden zu stehen." Und Sir Mortimer Durand, dem englischen Botschafter in Washington, gegenüber bemerkte Roosevelt vertraulich, er habe den Kaiser „sehr gern in seiner Art", aber er „traue ihm nicht".[17]

Die gleichen Besorgnisse, die Roosevelt hinsichtlich des Charakters des Kaisers hegte, wurden von der amerikanischen Bevölkerung geteilt, die manchmal offen des Kaisers Verhalten und Äußerungen verurteilte. In vielen Reden Wilhelms II. kam ganz klar der Gedanke zum Ausdruck, daß Deutschlands Sicherheit von starker Rüstung abhinge, und diese nachdrücklichen Hinweise kränkten die pazifistischen Gefühle vieler Amerikaner. In anderen Äußerungen schien der Kaiser die Anwendung roher Gewalt als Mittel zur Regelung gewisser Fragen zu loben. So ermahnte der Kaiser etwa im Jahre 1900 nach dem Boxer-Aufstand in China seine Truppen, die bereit waren, sich in den Fernen Osten einzuschiffen, den Chinesen eine Lektion zu geben, die sie nicht so schnell wieder vergessen sollten. Nach dem

Bericht des Washingtoner „Evening Star“ vom 3. Juli 1900 wandte sich der Kaiser folgendermaßen an die deutschen Soldaten: „Gebt kein Pardon, schont niemanden, macht keine Gefangenen. Gebraucht eure Waffen so, daß es kein Chinese in den kommenden tausend Jahren wagen wird, einen Deutschen auch nur schief anzusehen … Seid furchtbar wie die Hunnen Attilas.“

In der amerikanischen Presse wurde der Kaiser wegen dieser blutrünstigen Instruktion scharf kritisiert. Der Herausgeber des Bostoner „Evening Transcript“ dachte, es sei ein deutlicher Unterschied zwischen „den Äußerungen des deutschen Kaisers, die Drohung und Blut atmen, und dem ruhigen, höflichen, zurückhaltenden Wesen, das die Regierung in Washington zur Schau trägt“. Dem New Yorker „Independent“ schien es sehr traurig, daß es „glaubhaft erscheine, daß der allerchristlichste Kaiser von Deutschland sich in solch barbarischen Worten an seine Streitkräfte wende, die nach Osten gesandt wurden, und ihnen verbiete, Pardon zu geben“. Und dies war der Ton unzähliger Leitartikel in den Vereinigten Staaten.

Vielen Amerikanern erschien der Kaiser als der „größte Prahler in Europa“[18]. Andere betrachteten ihn als einen „unbesonnenen Kerl“[19], der sein „geistiges Gleichgewicht“[20] verloren habe, während ein weitschauender Redakteur sogar soweit ging zu prophezeien: „Kaiser Wilhelm wird wohl in die Geschichte eingehen als der letzte Hohenzoller.“[21] Eines ist sicher: Der Kaiser hatte wenige amerikanische Freunde, und dieses weitverbreitete Mißtrauen und die offene Abneigung gegenüber dem deutschen Herrscher waren ein wichtiger Faktor für die Festlegung der Haltung der amerikanischen Bevölkerung während der drei ersten Jahre des Weltkrieges.

Kapitel I

Die öffentliche Meinung in Amerika

Der freundschaftliche Geist, der in den englisch-amerikanischen Beziehungen von 1897 bis 1914 so klar hervortrat, verschwand bei Ausbruch des Weltkrieges nicht plötzlich. Obgleich Präsident Wilson die Amerikaner zur Neutralität im Denken und Handeln aufrief, gab es nur wenige Amerikaner des öffentlichen Lebens, die diese Aufforderung irgendwie beachteten. Die Bande, die Amerika mit England verknüpften, ließen sich nicht einfach durch eine Mahnung zur Zurückhaltung lösen. Die enge Zusammenarbeit der beiden Regierungen in den vergangenen Jahren bei einigen weltpolitischen Problemen war ein Faktor, der sich nicht übergehen ließ. Das politische Zusammenwirken wurde ergänzt durch enge geschäftliche Verbindungen, die bis in koloniale Zeiten zurückreichten: Beide Nationen wollten nicht mit ihrem jeweils besten Kunden in Streit geraten. Aber es gab auch noch anderes, was Amerika zum britischen Empire hinzog. Das amerikanische politische System hatte seine Grundlage im englischen Brauchtum, und amerikanische Rechtsinstitutionen waren ein Erbstück des alten England. Geistig war jeder Amerikaner noch der Nation verpflichtet, deren Dichter und Schriftsteller jenen Gedanken, die amerikanischen Herzen am teuersten waren, unsterblichen Ausdruck verliehen hatten. Die Stücke Shakespeares, die Rechtslehre Blackstones, die Erzählungen Dickens' und die Verse Burns' mit ihren innigen sprachlichen Vertrautheiten hatten stärkere und haltbarere Bande zwischen den englischsprachigen Völkern geknüpft als all' die finanziellen Verpflichtungen, die das Haus Morgan vermittelte. Trotz der tatsächlichen politischen Trennung bestand zwischen den Vereinigten Staaten und dem britischen Inselreich eine Gemeinsamkeit der Interessen, die allen Gedanken eines ernsthaften Zwistes Trotz bot. Die Neigung des amerikanischen Gefühlstromes zu England hin stellte Sir Cecil Spring Rice, der englische Botschafter in Washington, schon am 8. September 1914 fest, als er Sir Edward Grey schrieb, die „Gefühle von beinahe allen, mit denen ich spreche, sind sehr freundschaftlich"[1].

Solche Freundschaftsbezeugungen erschienen, als England im August 1914 in den Strudel des Krieges gezogen wurde. Beinahe durch den ganzen Monat Juli hindurch hatte man gehofft, daß ein großer europäischer Konflikt sich vermeiden ließe, und die englisch-amerikanische Freundschaft schien überhaupt keiner Erläuterung zu bedürfen. Die erste Reaktion der amerikanischen Presse auf die Nachricht von der Ermordung Erzherzog Franz Ferdinands (28. Juni 1914) war Sympathie für den hochbetagten Kaiser Franz Joseph. Zwischen die Sätze der Anteilnahme eingestreut, erschienen Prophezeiungen, daß im Balkan bald ernste Wirren ausbrächen, die Europa leicht in einen umfangreichen Krieg verwickeln könnten. Die „Emporia Gazette" (Kansas) glaubte, der Mord von Sarajewo sei von „ungeheurer politischer Bedeutung" mit Folgen, die „die Karte des südlichen Europa ändern" könnten. Die „New York Times" war ebenfalls vom Ernst der Lage beeindruckt: „Wahrscheinlich bildeten nie zuvor ein paar Revolverschüsse eine Verbindung zwischen einer solchen Reihe verwickelter Ursachen und einer unendlichen Vielfalt von voraussichtlich verwickelteren Wirkungen."[3]

Die New Yorker „Evening Mail" sah die Ermordung von einem ganz anderen Gesichtspunkt. Das Verschwinden des Erzherzogs Franz Ferdinand von der politischen Bühne in Österreich-Ungarn „könnte man sogar als einen dynastischen Gewinn für die Habsburger betrachten",[4] und F. Cunliffe-Owen gab in der Zeitung „Tribune" (Chicago) der Ansicht Ausdruck, daß man die Tragödie in Sarajevo als eine „Hilfe zur Befriedung Österreichs" ansehen könne.[5]

Nach dem Aufflackern des Interesses an der Ermordung des Erben auf den österreich-ungarischen Kaiserthron schenkte die amerikanische Presse in den beiden Wochen nach dem 7. Juli Balkan-Angelegenheiten nur spärliche Aufmerksamkeit. Ihre Aufmerksamkeit wandte sich vielmehr Mexiko zu, wo Präsident Huerta mit Villa und Carranza in ernste Schwierigkeiten verwickelt war. Aber die mexikanischen Wirren waren nur eine der tausend Einzelheiten, die den Blick des amerikanischen Lesers fesselten. Er las von dem Wunsch Carnegies, 75 Millionen Dollar zur Ausstattung ländlicher Büchereien zu stiften; die Ermordung von Gaston Calmette durch Frau Caillaux erhielt großen Raum in den Spalten der Zeitungen; Entführerbanden waren ganz besonders tätig, und 150 amerikanische Kinder wurden damals zärtlichen Eltern geraubt; die Badekostüme der Damen wurden als einmalig gewagt beschrieben, weil sie die weiblichen Linien schwach andeuteten, und ganz Chicago war erregt über den Vorschlag, am Diversey-Strand im Lincoln-Park einen Zaun zu errichten, um die Geschlechter zu trennen. Die Ermordung des Erzherzogs Franz Ferdinand war bald vergessen, und es gab nur sehr wenige Amerikaner, die die Kriegswolken am europäischen Horizont sich ballen sahen. Wie viele seiner optimistischen Landsleute war Dr. David Starr Jordan voller Vertrauen, daß der Friede Europas nicht gebrochen würde. Seinem Urteil nach bestand der größte Schutz „gegen die Armeen und Flotten, die Europa zum Kriege gesammelt hat, darin, daß Europa nicht reich genug ist, sie zu benutzen und zu menschlich und menschenfreundlich, um sie überhaupt benutzen zu wollen".[6]

Die amerikanische Gleichgültigkeit gegenüber der europäischen Lage war in der letzten Juliwoche 1914 rasch verflogen, als es plötzlich offensichtlich wurde, daß ein europäischer Krieg bevorstand. Einige Amerikaner betrachteten den serbisch-österreichischen Streit noch ein wenig als Scherz, und ein Leitartikler im Philadelphia „Public Ledger" konnte einen Witz nicht unterdrücken, in dem es hieß, daß, wenn der Krieg mit einer Niederlage Österreichs endete, die ganze Welt sagen werde: „Bravo, Serbien."[7]

Die amerikanischen Gefühle waren sehr serbenfreundlich. Die „New York Times" warnte die Zentralmächte: „eines ist sicher: Die Aussicht eines allgemeinen europäischen Krieges ... wird hier in vollständig anderem Lichte betrachtet als die großen Kriege der Vergangenheit ... Man behauptet nicht zuviel, wenn man sagt, daß die Kriegsmeldungen aus Wien hier mit Widerwillen und Scham gelesen werden."[8]

Die Chicagoer „Tribune" dachte, daß Krieg zwischen Österreich und Serbien ausgebrochen war, weil „Österreich ihn herbeigewünscht hatte". Ein Ausweg hätte sich finden lassen, wenn „der Wille dagewesen wäre, ihn zu finden."[9] Die Zeitung „News and Observer" (Raleigh) stellte offen fest: „Unsere Sympathien gehen mit Serbien",[10] während in Topeka das „State Journal" der Meinung war, daß ein „gut Teil Großmannssucht in der Haltung Österreichs gegen Serbien liegt".[11] Der Boise (Idaho) „Statesman" glaubte, daß „diplomatisch gesprochen" Serbien Österreich „glatt aus dem Feld"[12] geschlagen hatte. Die New Yorker Presse lehnte Österreichs Handeln scharf ab. Der „Herald" versicherte dogmatisch, Österreich habe „mit voller Überlegung, vorsätzlich Serbien den Streit aufgezwungen";[13] die „World" war sicher, daß die Doppelmonarchie der „Angreifer" sei;[14] die „Sun" dachte, es sei doch klar, daß Österreich „vorsätzlich einem schwächeren Nachbarn einen Krieg aufzwinge";[15] während der Brooklyn „Eagle" der Ansicht Ausdruck gab, daß, wenn Europa mit Blut getränkt würde, die „Last der Verantwortung dem Auswärtigen Amt in Wien vor die Türe gelegt wird."[16]

Man muß sich jedoch klar darüber sein, daß die österreichfeindliche Stimmung nicht allgemein war. Der Philadelphia „Public Ledger" wies darauf hin, daß in dem serbisch-österreichischen Streit das „Recht beim Stärkeren liegt, insofern als er seine eigenen Interessen schützen muß vor fremden Verschwörern."[17] Die Chicago „Tribune" bemühte sich unparteiisch zu sein, und der Springfield „Republican" versuchte klar zu machen, daß Österreich „nicht ganz ohne schwerwiegende Gründe"[18] sei. Der Birmingham „Age-Herald" schob alle Neutralitätsgedanken auf die Seite und klagte Serbien bitter an: „Die Serben sind ebenso heimtückisch wie stolz, und nicht eher werden die größeren Nationen vor ihren Anschlägen sicher sein, als bis Serbien von Österreich auf dem Schlachtfeld besiegt und vollkommen unterworfen ist ... Serbien ist, wie alle Balkanstaaten, rückschrittlich, unruhig und schlecht regiert."[19]

Obgleich der Krieg in Europa nur noch eine Sache von Tagen zu sein schien, gab es trotzdem einige Amerikaner, die immer noch Hoffnungen auf längeren Frieden hegten. Am 31. Juli äußerte Ex-Präsident Taft, daß ein großer Krieg so viel Elend über die Welt bringen würde, daß man „unmöglich daran glauben könne, daß er erklärt werden wird."[20] Am selben Tag (31. Juli) drückte sich J.P. Morgan in ähnlicher Weise aus: „Falls die heikle Lage sich noch ein paar Tage in der Schwebe halten läßt, erwarte ich eine immer mehr anwachsende Flut von Protesten aus der Bevölkerung, die den Krieg mit ihrem Gut und Blut bezahlt."[21]

In den ereignisreichen Tagen, die dem Ausbruch des Krieges unmittelbar vorangingen, stellte man in den Vereinigten Staaten viele Vermutungen über die Rolle des Kaisers in der Krise an. Bemühte er sich um den Frieden Europas, oder freute er sich insgeheim über das Treiben zum Krieg? Am 28. Juli gab die „New York Times" der Hoffnung Ausdruck, daß man „guten Grund" zu der Annahme habe, daß ein allgemeiner europäischer Krieg vermieden würde, weil „die nüchternen Staatsmänner Europas, und vor allen der Kaiser, nicht das Blut, sondern den Frieden liebten."[22]

Als am 28. Juni 1914 der österreichische Thronfolger Erzherzog Franz Ferdinand und seine Gemahlin Sophie durch Sarajewo fahren, werden sie von dem serbischen Studenten Gavrilo Princips erschossen. Der Attentäter wird sofort festgenommen.

Nach dem Philadelphia „Bulletin" „wird jetzt der Kriegsherr Europas als Friedensengel angesehen. Die Lösung der Krise hängt in hohem Maße vom Verhalten des Kaisers ab."[23]

Die Zeitung „Globe and Commercial Advertiser" gründete ihre Friedenshoffnungen auf „den Ruf des Kaisers als Vertreter des Friedens, den er sich geschaffen hatte";[24] der Springfield „Republican" erinnerte seine Leser daran, daß „er [der Kaiser] mehr als einmal seinen entscheidenden Einfluß für den Frieden eingesetzt hatte";[25] der New Yorker „Independent" wies darauf hin, daß „der deutsche Kaiser in der vergangenen Zeit auf seiten des Friedens stand";[26] während die New Yorker „Sun" die Tatsache hervorhob: „Über ein Vierteljahrhundert lang hat der deutsche Kaiser, der Herr der gewaltigsten und schlagkräftigsten militärischen Organisation, die je bestand, andauernd und mit Erfolg für den Frieden Europas gewirkt."[27]

Aber trotz der Bedeutung des Kaisers und anderer europäischer Kriegsherren in allen Angelegenheiten militärischer Kriegführung, schien es doch vielen amerikanischen Zeitungsleuten klar zu sein, daß die Völker selbst stark zum Krieg drängten. Dem Cleveland „Plain Dealer" schien es offensichtlich, daß „das einfache Volk, das in einem solchen Konflikt sein Blut vergießen und die Rechnungen bezahlen muß, begeistert" war über die Kriegsaussicht.[28] Oberst W.C. Church gab im Washington „Star" der festen Überzeugung Ausdruck, daß es nicht die Herrscher seien, sondern „die Volksmassen der beteiligten Länder, die hinter der Kriegsbegeisterung stehen und nach Krieg rufen".[29] Die Washington „Post" neigte zu der Ansicht, daß in Österreich und Rußland „eher die Volksmassen die Regierungen geleitet haben, als die Regierungen die Volksmassen";[30] der Birmingham „Age-Herald“ war überzeugt, daß „das Volk ... Krieg will und entschlossen nach Krieg verlangt“;[31] Everett D. Martin versicherte den Lesern des Des Moines „Register and Leader“, daß in Europa die „gegenwärtigen kriegerischen Demonstrationen nicht von oben kommen, sondern aus dem Volk selbst.“[32]

Aber falls in Europa Krieg ausbrechen sollte, konnten friedliebende Amerikaner sich mit dem Gedanken trösten, daß ein Konflikt von so großer Ausdehnung nicht lange dauern konnte. Mabel Boardman, Leiterin des amerikanischen Roten Kreuzes erklärte, ein europäischer Krieg würde so blutig und alleszerstörend sein, daß es unbedingt nur „ein kurzer Krieg“[33] sein könne. Militärsachverständige in Washington schätzten, daß der drohende europäische Krieg nicht länger als „ein Jahr“ dauern könnte;[34] der Washingtoner „Star“ glaubte, der Krieg würde nur eine „Angelegenheit von Wochen“[35] sein; die Florida „Times-Union“ sagte voraus, der „Ausgang einer Schlacht wird als endgültige Entscheidung angenommen werden;“[36] die Dallas „News“ meldete ihren Lesern, der Krieg werde „noch lange vor der Baumwollernte“ vorbei sein.[37] Das Topeka „State Journal“ war überzeugt, daß der Krieg nicht „lange dauern“[38] könnte; und die Detroit „News“ verkündete feierlich: „Der Krieg muß kurz sein, weil Europa unmöglich einen längeren Krieg von so vernichtendem Ausmaß unterhalten kann.“[39]

In den ersten Augusttagen des Jahres 1914 schoben einige amerikanische Zeitungsleute die Kriegsschuld auf Österreich. Die „New York Times“ konnte in den Vereinigten Staaten eine „immer mehr anwachsende Empörung gegen Österreich für seinen hitzigen und ohne rechtlichen Grund vollzogenen Kriegseintritt“[40] feststellen. Der Philadelphia „Public Ledger“ dachte, es gäbe keinen Zweifel, daß Kaiser Franz Joseph und seine Ratgeber den Vorwurf „für die entsetzlichen Folgen ihres Handelns beim Anstiften eines Krieges, der einen ganzen Kontinent in Blut tauchen kann,“[41] tragen müßten, während die Florida „Times-Union“ die österreichische Regierung verurteilte, weil sie Serbiens „Nadelstiche“ mit „Kartätschen“[42] vergelte.

Der Des Moines „Register and Leader“ kam Professor Sidney B. Fay viele Jahre zuvor, indem er versicherte, der Kaiser „wußte nichts von dem österreichischen Plan, bis der Krieg wirklich erklärt war und der Vormarsch auf Belgrad begonnen hatte.“[43] Aber diese klare Einsicht wurde von anderen Zeitungsleuten nicht geteilt, und bald schoben sie die Verantwortung für den Ausbruch des Weltkrieges auf Deutschland. Die „New York Times“ betrachtete die Kriegsrede des Kaisers vom Fenster seines Palastes als „pompösen Unsinn“[44], und der Raleigh „News and Observer“ meinte, man könne „verschiedenes finden, dem man die Schuld aufhängen kann, aber wer mit der Entwicklung der Ereignisse Schritt gehalten hat, kann schwerlich anderes glauben, als daß der Kaiser mehr damit zu tun hat als irgend ein anderer.“[45]

Der New Yorker „Globe and Commercial Advertiser“ neigte zu der Ansicht, der Kaiser sei der „eifrigste Kriegshetzer auf dem Kontinent“;[46] das Providence „Journal“ verkündete laut „ein Mann trage die Schuld“, und dieser Mann sei der „geräuschvolle Herrscher, der sich rühmt, den Namen Kriegsherr Europas zu tragen;“[47] während der Springfield „Republican“ den Kaiser als „Verbrecher“ vor den „Schranken der Weltmeinung“[48] bezeichnete. Andere Zeitungsleute legten die Schuld am Ausbruch des Krieges auf Deutschland, ohne die Ansicht zu vertreten, daß der Kaiser persönlich verantwortlich sei. Die Zeitung „Banner“ (Nashville) vertrat die Ansicht, der „tiefere Grund des Krieges scheint zu sein, daß Deutschland dringend einen Krieg will“;[49] die Salt Lake City „Deseret News“ gab der Mei-

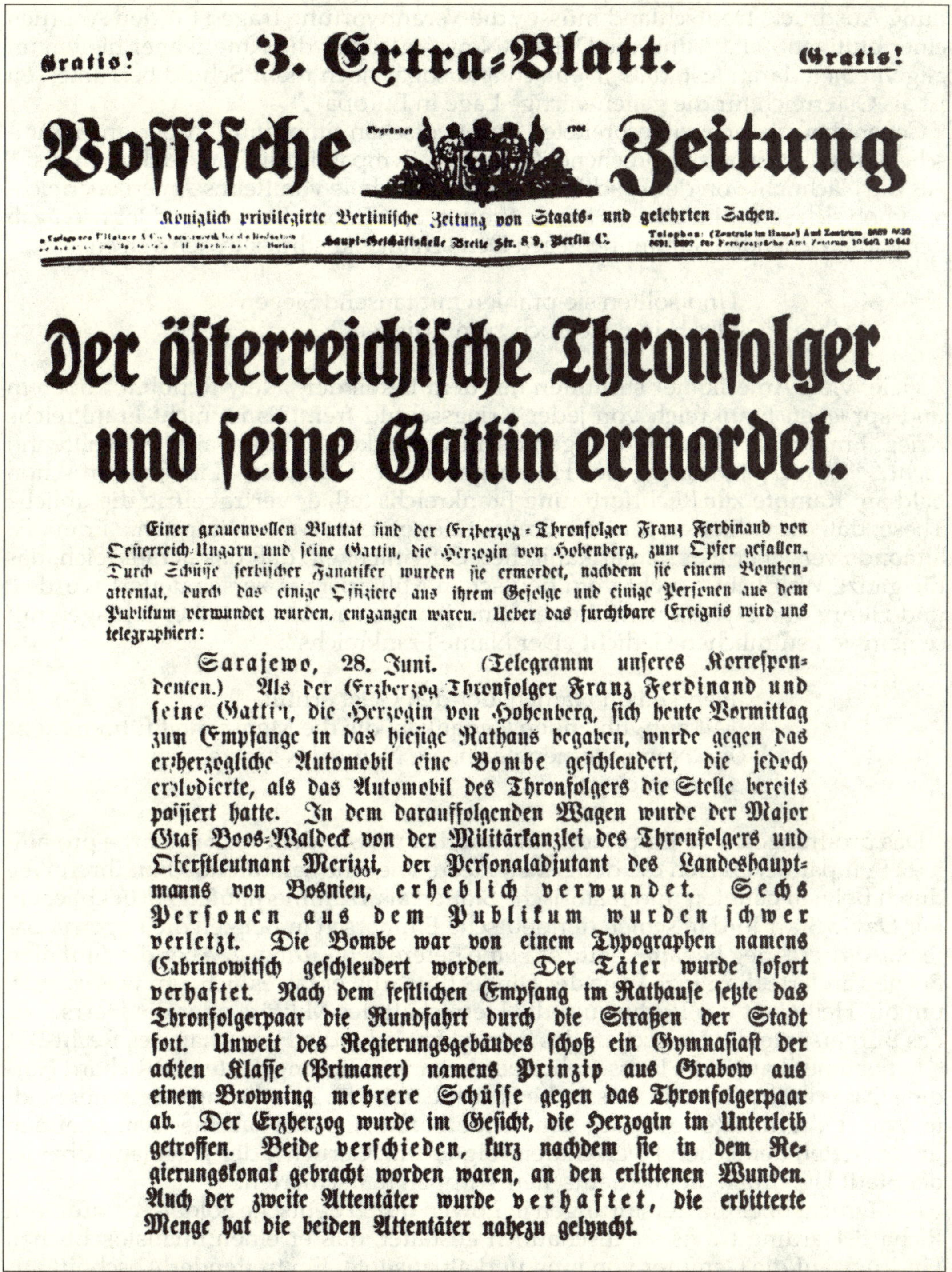

Gratis! **3. Extra-Blatt.** Gratis!

Vossische Zeitung

Königlich privilegirte Berlinische Zeitung von Staats- und gelehrten Sachen.

Haupt-Geschäftsstelle Breite Str. 8 9, Berlin C.

Der österreichische Thronfolger und seine Gattin ermordet.

Einer grauenvollen Bluttat sind der Erzherzog-Thronfolger Franz Ferdinand von Oesterreich-Ungarn, und seine Gattin, die Herzogin von Hohenberg, zum Opfer gefallen. Durch Schüsse serbischer Fanatiker wurden sie ermordet, nachdem sie einem Bombenattentat, durch das einige Offiziere aus ihrem Gefolge und einige Personen aus dem Publikum verwundet wurden, entgangen waren. Ueber das furchtbare Ereignis wird uns telegraphiert:

Sarajewo, 28. Juni. (Telegramm unseres Korrespondenten.) Als der Erzherzog-Thronfolger Franz Ferdinand und seine Gattin, die Herzogin von Hohenberg, sich heute Vormittag zum Empfange in das hiesige Rathaus begaben, wurde gegen das erzherzogliche Automobil eine Bombe geschleudert, die jedoch explodierte, als das Automobil des Thronfolgers die Stelle bereits passiert hatte. In dem darauffolgenden Wagen wurde der Major Graf Boos-Waldeck von der Militärkanzlei des Thronfolgers und Oberstleutnant Merizzi, der Personaladjutant des Landeshauptmanns von Bosnien, erheblich verwundet. Sechs Personen aus dem Publikum wurden schwer verletzt. Die Bombe war von einem Typographen namens Cabrinowitsch geschleudert worden. Der Täter wurde sofort verhaftet. Nach dem festlichen Empfang im Rathause setzte das Thronfolgerpaar die Rundfahrt durch die Straßen der Stadt fort. Unweit des Regierungsgebäudes schoß ein Gymnasiast der achten Klasse (Primaner) namens Prinzip aus Grabow aus einem Browning mehrere Schüsse gegen das Thronfolgerpaar ab. Der Erzherzog wurde im Gesicht, die Herzogin im Unterleib getroffen. Beide verschieden, kurz nachdem sie in dem Regierungskonak gebracht worden waren, an den erlittenen Wunden. Auch der zweite Attentäter wurde verhaftet, die erbitterte Menge hat die beiden Attentäter nahezu gelyncht.

Die Ermordung Franz Ferdinands wurde nicht nur von der deutsch-österreichischen, sondern auch von der Auslandspresse als politisches Ereignis mit ungeheurer Tragweite verstanden, und amerikanische Zeitungen prophezeiten einschneidende Folgen.

nung Ausdruck, Deutschland müsse „die Verantwortung tragen für den Anbruch einer blutigen Zeit";[50] und die Dallas „News" glaubte, die Amerikaner hielten im allgemeinen daran fest, daß „Deutschland sogar noch mehr Schuld beizumessen ist als Österreich für die gegenwärtige Lage in Europa".[51]

Gegenüber dieser weitverbreiteten anti-deutschen Stimmung in der amerikanischen Presse ist ein ausgesprochenes Gefühl der Sympathie für Frankreich zu finden.[52] Als die Nachricht von der Beschießung der Kathedrale von Reims Amerika erreichte, erhob sich sofort im ganzen Lande Protest, und Robert Underwood Johnson gab der vorherrschenden Stimmung gegen Deutschland Ausdruck in den Versen:

> Und sollten sie prahlen mit tausend Siegen
> Das bringt sie doch zum Erliegen.[53]

Viele, viele Amerikaner stimmten mit dem Urteil der „New Republic" überein und sprachen Frankreich von jeder Kriegsschuld frei: „Es ist nicht Frankreichs Krieg. Frankreich ist notgedrungen darin verwickelt worden, aber es wollte ihn nicht."[54] Edward S. Martin, der Herausgeber der Zeitschrift „Life", nahm schon bald am Kampfe zur Rechtfertigung Frankreichs teil, er vertrat eifrig die übliche These, daß die Alliierten für „die Freiheit der ganzen Welt" kämpften.[55] Frank H. Simonds versicherte der amerikanischen Öffentlichkeit, daß das „Frankreich, das die ganze Welt liebt," nicht vom deutschen Militarismus zerschmettert würde,[56] und Henry Van Dyke ließ Millionen amerikanischer Herzen höher schlagen mit seinem volkstümlichen Gedicht „Der Name Frankreichs":

> Nenn einen Namen, der den Geist erfüllt
> Mit aufwühlenden Gedanken, die die Menschheit führen …
> Ein Name sternengleich, ein Name des Lichts.
> Frankreich ist's![57]

Das pro-französische Empfinden in Amerika verwandelte sich in starke pro-alliierte Sympathie, als sich die deutschen Heere wie eine zerstörende Flut ihren Weg durch Belgien bahnten und historische Stätten als Trümmerhaufen zurückblieben. Für David Starr Jordan schien der deutsche Einmarsch in Belgien die Lage zu klären: „Als der Krieg begann, hatte er keine tiefere Bedeutung … Aber der Einfall in Belgien änderte die ganze Lage der Dinge. Blitzartig ergab es sich, um was es geht: um die Heiligkeit des Rechts; um die Herrschaft des Militärs oder die Herrschaft des Bürgers; um die Herrschaft des Schreckens oder die Herrschaft des Rechts."[58]

In der amerikanischen Presse schrieben bekannte Zeitungsleute wie Richard Harding Davis und Will Irwin klassische Berichte über die Zerstörung belgischer Städte. Will Irwin machte sogar auf den sonderbaren „Geruch" aufmerksam, der den ungebadeten deutschen Heerscharen folgte, ein „Geruch", der „tagelang über jeder Stadt lag, durch die die deutschen Truppen marschierten."

Der Bericht über die Zerstörungen in Löwen durch deutsche Soldaten wurde von Richard Harding Davis so anschaulich gestaltet, daß er einen unauslöschlichen Eindruck auf die Gemüter von jung und alt ausübte. Ein treffender Abschnitt aus seiner Darstellung wird die zwingende Macht seines Stiles erläutern: „Geld kann niemals Löwen wieder aufbauen. Große Baumeister und Künstler aus den vergangenen 600 Jahren schufen es voller Schönheit, und ihr Werk gehörte der ganzen

Welt. Mit Brandfackel und Dynamit haben die Deutschen diese Meisterwerke in Asche verwandelt, und alle Pferde und alle Männer des Kaisers können sie nicht wieder zurückbringen."[59]

Es gibt keinen Zweifel, daß viele Amerikaner tief bewegt waren über solche Berichte deutscher „Schrecklichkeit". Am 22. August 1914 schrieb C.G. Kidder an Charles J. Bonaparte, daß der deutsche Einmarsch in Belgien auf die Bevölkerung der Stadt New York einen „tiefen und nachhaltigen Eindruck"[60] gemacht habe, und einige Wochen später bemerkte er, daß „die Sache mit Löwen einen so erregt, wie der Alamo-Zwischenfall vor Jahren."[60] Von Boston schrieb Dr. A. Lawrence Lowell an Bonaparte ganz im gleichen Sinn wie Kidder, und in Washington dachten Oberst House und Präsident Wilson mit Trauer an den vergangenen Glanz Belgiens.

Lady Osler bemühte sich, die amerikanischen Sympathien für Belgien auszunutzen durch Geldsammlungen für die Flüchtlinge, und in ihrem Spendenaufruf an die amerikanische Bevökerung erzählte sie von der Not der Professoren von Löwen, die „aus der brennenden Stadt entkommen waren nur in den Kleidern, die sie auf dem Leib trugen und gerade soviel Geld in der Tasche, um über den Kanal nach Folkestone zu kommen." Ein Professor sei aus Löwen geflohen „mit seiner Frau, zwei Kindern und einem Manuskript, von dem man erzählt, es sei der einzige Überrest der berühmten Sammlung in der Löwener Bibliothek."

Unter dem Druck all dieser grausigen Geschichten von Belgien entstand eine Bewegung, die sich für eine Protestnote des Staatsdepartements an die deutsche Regierung wegen der vorgebrachten Greueltaten einsetzte. Staatssekretär Bryan betrachtete jedoch eine solche Note als eine nicht-neutrale Handlung; es unterblieb deshalb eine formale Aktion. Seine Haltung geht ans dem folgenden Schreiben hervor, das er an den Präsidenten richtete: „In der Anlage ein Memorandum des juristischen Beirates Lansing betreffend die Kritik an der Regierung über die Unterlassung eines Protests gegen den Einfall Deutschlands in Belgien. Ich vertrete ganz entschieden die Meinung, daß es unklug wäre, eine Erklärung über all diese Proteste zu veröffentlichen ... Unsere Haltung steht unter dem Zeichen absoluter Neutralität, und meiner Meinung nach wäre es unklug, irgendwelche Ausführungen zu machen, die eine Stellungnahme zeigen würden gegenüber den Kriegshandlungen, entweder für die Alliierten oder für die Deutschen."[61]

Eine solche neutrale Haltung erregte die tiefe Entrüstung Theodore Roosevelts, der seinen Gefühlen in einem Brief an Joseph H. Choate Ausdruck gab: „Natürlich stimme ich mit Ihnen überein, was das deutsche Handeln in Löwen betrifft und damit, daß Deutschland bezahlen muß. Aber, lieber Herr Choate, wie um Himmels Willen können wir Deutschland zum Bezahlen bringen, wenn wir weiter in der Wilson-Bryan-Neutralitätstheorie zwischen Recht und Unrecht beharren und uns an die pazifistische Theorie halten, daß unsere Friedenswilligkeit soweit gehen muß, daß wir nie wagen, auch nur ganz im stillen, die Unrecht tun, zu verurteilen ... Mit anderen Worten, wir dürfen nicht „neutral" bleiben zwischen Recht und Unrecht."[62]

In den ersten Kriegswochen machte Roosevelt einige Neutralitätsgesten und hielt sich sogar davon zurück, den deutschen Vormarsch durch Belgien zu bekritteln. Aber es dauerte nicht lange, da gab er seine unparteiische Haltung auf und veröffentlichte eine Artikelserie in der Zeitschrift „Outlook", in der er „nachdrücklich" die englische Regierung „verteidigte" für die Unterstützung Frankreichs und Rußlands gegen die Zentralmächte.

Roosevelt war mit seiner pro-alliierten Haltung bezeichnend für die meisten Amerikaner im öffentlichen Leben. Mit Ausnahme des Staatssekretärs Bryan erhoben die Mitglieder des Regierungskabinetts keinen Anspruch auf Neutralität, und Oberst House, der vertrauteste Berater des Regierungschefs, zeigte seine pro-alliierten Sympathien schon Anfang August 1914. In einem Brief an den Präsidenten gab er dem Glauben Ausdruck, ein Erfolg Deutschlands würde am Ende „für uns unangenehm werden. Wir werden die Richtung aufgeben müssen, die Sie zukünftigen Generationen gesetzt haben, mit ewigem Frieden als Ziel ... und werden dafür eine militärische Maschinerie aufbauen müssen von ungeheuren Ausmaßen."[63]

Edward D. White, der oberste Richter des höchsten Gerichtshofes, vergaß seine richterliche Ruhe in den aufwühlenden Tagen von 1914 und sehnte sich brennend danach, wieder jung zu sein, um nach Kanada gehen zu können und „sich als Freiwilliger zu melden". Andererseits war Thomas R. Marshall einer der wenigen, die 1914 ein hohes Amt inne hatten und der sich tatsächlich bemühte, den Anschein von Neutralität aufrecht zu erhalten. Aber diese ungewöhnliche Haltung des Vize-Präsidenten versetzte einige Amerikaner in Wut, wie Walter Hines Page, der es schimpflich fand, als er hörte, daß Marshall bei einem Festessen einem Freund anvertraut hatte, daß „er keines der Weiß-Bücher oder Orange-Bücher usw. der kriegführenden Regierungen gelesen hatte – er gestand dies mit Stolz –, damit er sich nicht eine einseitige Meinung bilde und aufhöre, neutral zu sein."[64]

Es ist wahrscheinlich, daß die Beamten der Wilson-Regierung so entschieden pro-alliiert waren, weil sie schon bald die wohlbekannte Neigung des Präsidenten in dieser Richtung erkannt hatten. Englische Beobachter hatten sich schon über die Tatsache ausgelassen, daß der Präsident „durch Geburt und Erziehung" ausgesprochen englisch sei. Als junger Mann hatte er die englische Verfassung genau studiert und war ein warmer Bewunderer des Kabinettsystems der Regierung geworden. Auch hatte er seine Lektüre englischer Schriften nicht auf die politische Wissenschaft beschränkt. Die Anziehungskraft der englischen Literatur hatte ihn zu weiten Ausflügen in das Gebiet der Dichtung geführt mit William Wordsworth als vornehmstem Führer.

Kurz nach Ausbruch des Weltkriegs hatte Spring Rice eine Unterhaltung mit dem Präsidenten, und es war unvermeidlich, daß der preußische Militarismus zur Sprache kam. Dabei wandte sich der Präsident an den englischen Botschafter und bemerkte in der feierlichsten Weise, daß, falls die preußische militärische Tapferkeit die Alliierten besiege, die Vereinigten Staaten gezwungen wären, „ihre jetzigen Ideale aufzugeben und alle ihre Kräfte der Verteidigung zuzuwenden, und das würde das Ende der gegenwärtigen Regierungsform bedeuten." Daraufhin lenkte Spring Rice die Unterhaltung geschickt auf gewisse Anschauungen der englischen Literatur und spielte auf die bemerkenswerten Sonette William Wordsworths an, die während der Napoleonischen Kriege entstanden waren. Als der Präsident murmelte, daß er die Sonette auswendig kenne und „ständig an sie denke", erwiderte Spring Rice zustimmend: „Sie und Grey zehren vom gleichen Stoff, und ich denke, Sie verstehen sich." Als der englische Botschafter dem Präsidenten diese anerkennende Würdigung hatte zukommen lassen, waren dessen Augen naß von Tränen, und Spring Rice war sicher, daß soweit Englands Interessen in Betracht kamen, das Haupt der amerikanischen Regierung ein „verstehendes Herz" hatte.[65]

Das „verstehende Herz" war schuld daran, daß der Präsident die offenen Verletzungen des internationalen Rechtes beschönigte, die die Alliierten ständig auf Kosten der Vereinigten Staaten begingen. Es veranlaßte ihn auch, in einer Kabinettssitzung Englands Handeln in bezug auf die Beschlagnahmung amerikanischer Schiffe auf hoher See zu verteidigen, und es führte ihn auch dazu, Tumulty zu schelten, als dieser heftig an den englischen Rechtsbrüchen Kritik übte.

Die Ansichten des Präsidenten veranschaulichen die Haltung einer großen Mehrheit der hervorragendsten amerikanischen Männer. In einigen Fällen waren diese einflußreichen Amerikaner weniger objektiv als ihre englischen Korrespondenten. So finden wir, wie John Morley im August 1914 an Andrew Carnegie schreibt und den Krieg verurteilt, der ihm als „Hölle in vollem Betrieb"[66] erschien. Im folgenden Monat bedauert Morley die Tatsache, daß in England „das Übermaß der Haßausbrüche für den Augenblick nicht mit anzuhören ist",[66] und im Oktober beklagt er wieder, die „Ausbreitung eines Geistes internationalen Hasses, der die öffentlichen Äußerungen und Meinungen herabdrückt und demoralisiert und in gemeiner Weise in den Tageszeitungen und im Gespräch zum Ausdruck kommt".[66]

In der letzten Oktoberwoche 1914 schreibt Morley an Frau Carnegie über die Schuld am Weltkrieg: „Seien Sie sicher, daß die *Verantwortung* für all den verbrecherischen Wahnsinn und für die Böswilligkeit eine *geteilte* Verantwortung ist, die auf mehr als einer Person oder einer europäischen Macht ruht."[66]

Carnegie selbst war überzeugt, daß der Krieg von der deutschen „Militärkaste", die den deutschen Kaiser „überwältigt hatte",[67] verursacht worden war. Im Dezember 1914 wiederholt er dasselbe an seinen alten Freund in Schottland: „Ich glaube, daß der deutsche Kaiser, der 25 Jahre lang den Frieden erhalten und darüber seinen größten Stolz hatte, in den Krieg getrieben worden ist von der Militärkaste seiner Umgebung. Es war alles während der Abwesenheit des Kaisers entschieden worden – er kam zu spät."[68]

Ein anderer bekannter Amerikaner, der mit bedeutenden Männern des englischen öffentlichen Lebens korrespondierte, war der Diplomat Henry White. Am 24. Juli 1914 schrieb Lord Bryce an White einen Brief, der sowohl Österreich als Rußland die teilweise Verantwortung am Kriegsausbruch auferlegte: „Daß die verbrecherische Politik Österreichs und das strafwürdige Verhalten Rußlands schuld daran sind, daß das übrige Europa in den Krieg gestürzt wurde, liegt klar auf der Hand."[69]

White selbst versuchte ernstlich in den ersten Kriegstagen objektiv zu sein, und in einem Brief an Konteradmiral F.E. Chadwick schildert er seinen Eindruck von Graf Berchtold und seine Haltung gegenüber den Kriegführenden: „Ich kenne Berchtold gut. Er ist der einzige wirklich kluge Österreicher, den ich getroffen habe, und ich zweifle nicht daran, daß er es für Österreichs Interesse als das beste ansah, rücksichtslos vorwärtszuschreiten ... Natürlich hoffe ich, daß Deutschland nicht zerschmettert wird, noch weniger, daß es zerstückelt werde, aber das schließt nicht den Wunsch in sich, daß Deutschland einen vollständigen Sieg davontrage."[70]

Admiral Chadwick hätte jedoch gerne einen deutschen Sieg gehabt, und in seiner Antwort an Henry White legt er deutlich seinen Standpunkt klar. Es „irritierte ihn innerlich", daß Amerika „so demütig im Fahrwasser Englands segelt. Wir werden es teuer bezahlen, wenn England siegt. Wir werden an seinen Wagen gefesselt sein gerade so, wie es Deutschland fesseln wollte ... Ich bin fest davon überzeugt, daß *unser* Interesse mit einem deutschen Sieg verbunden ist. Daß wir in einem solchen Fall irgend etwas zu fürchten hätten, kann ich nicht glauben".[71]

Je länger der Weltkrieg dauerte, desto mißtrauischer wurde Admiral Chadwick gegenüber England, und am 24. Dezember 1914 machte er in einem Brief an White seinem Ärger gegen Old England Luft: „Die Haltung unserer Presse bringt mich so in Wut, daß ich, wenn ich es könnte, gegen ihre teuflische Dummheit aufträte. Je mehr ich mich darin vertiefe, desto deutlicher sehe ich, daß England der wahre Beelzebub in der ganzen Angelegenheit ist."[72]

In einem dritten Brief an Henry White, machte Admiral Chadwick eine sehr bezeichnende Feststellung über die Haltung der Offiziere im amerikanischen Heer und in der Flotte gegenüber Deutschland: „Es ist sehr merkwürdig, daß der größte Teil der Marineoffiziere, soweit ich es sehen kann, bis jetzt Deutschland begünstigte, und ich denke, in der Armee war es auch so."[73]

Zur gleichen Zeit, da White von Admiral Chadwick die Ausfälle gegen England erhielt, bekam er auch viele Briefe von seinen englischen Freunden, die ihn für ihre Ansichten gewinnen wollten. Unter diesen englischen Freunden befand sich Lord Newton, der anfragte, wie man die amerikanische öffentliche Meinung am besten für die Alliierten gewinnen könne. Newton verurteilte einige führende Männer des englischen öffentlichen Lebens sehr scharf und meinte, daß England „jetzt die Strafe bezahlt für andauernde und verbrecherische Vernachlässigung der militärischen Aufrüstung. Haldane, Lloyd George und viele andere, deren Lob ständig von der ganzen Presse gesungen wird, verdienen in Wirklichkeit, meiner Meinung nach, gelyncht zu werden."[74]

Wie viele andere Amerikaner, die sich anfangs bemühten, in ihrer Haltung zum Weltkrieg neutral zu bleiben, trat auch Henry White schließlich für die Alliierten ein. Aber er verlor nie den Kopf durch ein Übermaß unvernünftigen Hasses gegenüber den Zentralmächten, und es ist jammerschade, daß es so wenige Amerikaner gab, die seine überlegte gleichmäßige Haltung teilten. In den ersten Wochen des Weltkrieges war eine große Mehrheit der Amerikaner, trotz pro-alliierter Neigungen, nicht in der Stimmung, in den Krieg zu ziehen, um die Ententemächte vor einem deutschen Sieg zu retten.[75] Das ganze Volk freute sich, daß kein „verwickeltes Bündnis" mit einer europäischen Macht die Vereinigten Staaten nötigte, am Krieg teilzunehmen.[76] Der New Yorker „Globe and Commercial Advertiser" war froh darüber, daß die Amerikaner die „geheimnisvollen Vorbereitungen mit ziemlicher Ruhe" betrachten konnten, „gesichert durch die Entfernung von den Schauplätzen der Unruhe und durch die Freiheit von politischen Bindungen irgendwelcher Art."[77] Die Weisheit der Warnung George Washingtons an Amerika, sich von politischen Bindungen mit Europa freizuhalten, fand große Zustimmung. Der Ruf zu den Waffen gegen die angebliche deutsche Barbarei ertönte erst, als der Krieg sich entsetzlich lang durch eine endlose Zahl blutiger Monate hingezogen hatte.

Kapitel II

Amerika als Waffenlieferant

Wenige Wochen nach Ausbruch des Weltkriegs waren sich die sachverständigen militärischen Beobachter darüber klar, daß ein Sieg der einen oder anderen Seite in hohem Maße von dem Besitz genügender Munitionsvorräte abhing. England hatte in dieser Hinsicht mit den größten Schwierigkeiten zu kämpfen; sein Beistand für Frankreich in den ersten Kriegsmonaten war sehr eingeschränkt durch einen ganz offensichtlichen Mangel an einsatzbereiter Artillerie und an Brisanzgranaten. Obwohl sich die Produktion der englischen Fabriken rasch steigern ließe, würde trotzdem ein besorgniserregender Mangel an Munitionsvorräten zur Durchführung eines erfolgreichen Krieges bestehen bleiben. Das einzige Mittel, dieser Lage zu begegnen, war die Einführung von Kriegsmunition aus neutralen Staaten. Die europäischen Neutralen jedoch belegten Kriegsmaterial bald mit Ausfuhrverboten, so daß die englische Regierung gezwungen war, sich nach Amerika umzusehen als dem einzigen wichtigen, neutralen Staat, der das nötige Material liefern konnte.

In Amerika hatte der Aufschwung der Großindustrie eine ungeheure industrielle Organisation ins Leben gerufen, die Kriegsaufträge in überraschend kurzer Zeit[1] ausführen konnte, und gerade die Tatsache, daß diese Organisation an einem verbreiteten Absatzrückgang ernstlich litt, verschaffte Kriegsaufträgen besondere Aufmerksamkeit. Es dauerte nicht lange, bis gewaltige Mengen exportierter amerikanischer Munition die englischen Häfen füllten. 1916 erreichte der Wert der amerikanischen Kriegslieferungen an die alliierten Regierungen mehr als eine Milliarde Dollar, und die engen Geschäftsbeziehungen, die dadurch entstanden, verstärkten noch die gefühlsmäßigen Bande, die Amerika schon lang an die Ententemächte fesselten.

1870/71, während des Deutsch-Französischen Krieges, hatte Gelegenheit zur Entwicklung eines einträglichen Munitionshandels mit Frankreich bestanden, aber das Genie v. Moltkes zerschmetterte den französischen Widerstand, bevor sich dieser Handel zu einem wichtigen Faktor entwickeln konnte. Aber trotzdem führte der Waffenhandel zu einigen Schwierigkeiten mit dem preußischen Gesandten in Washington, der Protest erhob mit der Begründung, daß gewisse Verschiffungen von Kriegsmaterial Amerikas neutrale Verpflichtungen verletzten. Sein Protest beruhte auf der Tatsache, daß die amerikanische Regierung nach Beendigung des Bürgerkrieges von Zeit zu Zeit von den überflüssigen Munitionsbeständen verkauft hatte. Große Firmen, wie Remington & Co., kauften diese Bestände auf und verkauften sie dann wieder an die französische Regierung. Im Senat der Vereinigten Staaten entstand eine heftige Debatte über die unneutrale Haltung der amerikanischen Regierung, die darin bestand, daß sie den Verkauf ihres überzähligen Kriegsmaterials gestattete. Karl Schurz wurde viel beachtet wegen seiner schlagfertigen Antwort, die er einem Senator gab, der ihn ob seiner entgegengesetzten Stellungnahme angriff: „Der Herr Senator von Wisconsin kann mich nicht schrecken durch den Ausruf „Mein Land, ob recht oder unrecht!" In *einem* Sinn sage ich auch so. Mein Land – und mein Land ist die große amerikanische Republik –, ob recht oder unrecht; hat es recht, dann muß es recht behalten, hat es unrecht, dann muß es auf den rechten Weg geführt werden."[2]

Der Senat genehmigte die Ernennung eines Sonderausschusses zur Untersuchung der Munitionsverkäufe an Agenten der französischen Regierung. Dieser lieferte umgehend einen Bericht, der die Regierung von jeder Verletzung der Neutralitätsgesetze freisprach.

Trotz des günstigen Berichtes des Untersuchungsausschusses wird heutzutage anerkannt, daß die amerikanische Regierung in der Beobachtung ihrer neutralen Verpflichtungen ausgesprochen lässig war. In seiner Biographie über Hamilton Fish spricht Professor Allan Nevins von „unserem unwürdig sorglosen Verkauf von Waffen" an Frankreich während dieser Zeit, und er gibt an, daß dieser Waffenhandel die große Gesamtzahl von 425.000 Stück erreichte. Obgleich der deutsche Gesandte in Washington wiederholt gegen diesen Munitionsverkauf an französische Agenten protestierte, gingen die Verkäufe doch weiter bis zum Januar 1871. Auf den Druck der Senatoren Schurz und Sumner, regte sich schließlich die Regierung, und Staatssekretär Fish gab bekannt, daß der Präsident einen Befehl „an den Kriegssekretär hatte ergehen lassen, alle Verkäufe einzustellen".

Aber der Befehl betraf nur den Verkauf der überzähligen Kriegsmaterialien der Bundesregierung, es war darin keinerlei Andeutung, daß amerikanische Betriebe wie Remington & Co. in dem Verkauf ihrer eigenen Erzeugnisse beschränkt werden sollten. Staatssekretär Fish hatte sogar sehr klug gegenüber J.C.B. Davis geäußert, er sähe keinen Grund, warum man „einem Waffenfabrikanten oder Waffenhändler drei- oder viertausend Meilen entfernt zumuten solle, jedesmal seinen Laden zu schließen, wenn Lew Nap oder Willi Hohenzollern die Jacken ausziehen und mit den Fäusten aufeinander losgehen, um zu entscheiden, wer der Stärkere ist, oder ob ihre Grenzen nun auf dieser oder jener Seite des Ententeichs verlaufen."[3]

Im Herbst 1914 erhob sich aufs neue die Frage des Verkaufs überzähliger Munitionsvorräte durch die Bundesregierung, und diesmal handelte die Regierung sofort tatkräftig. Am 5. Oktober 1914 fragte Generalmajor Sir S.B. Donop, Chef des Zeugamts der englischen Armee, vorsichtig bei Oberst G.O. Squier an, ob die amerikanische Regierung Interesse daran hätte, eine große Zahl von Gewehren und etwa 5.000.000 Schuß Munition zu verkaufen. Oberst Squier unterrichtete sofort Botschafter Page von der Anfrage, und Page ermahnte ihn, bei seiner Antwort so vorsichtig wie möglich zu sein. Page war jedoch überzeugt, daß General Donop auf seine Anfrage gar keine Antwort verlangen würde; und er war ebenso überzeugt, daß das Außenministerium „nie eine solche Frage stellen würde".[4]

General Donops Interesse an dem Verkauf der Kriegsmunition rührte wahrscheinlich von einer Information her, die er kurz zuvor erhalten hatte über die Absicht der amerikanischen Regierung, eine große Zahl veralteter Gewehre Modell Krag-Jörgensen abzustoßen. Sobald im Ausland laut wurde, daß das Kriegsdepartement die Absicht habe, die alten Gewehre zu verkaufen, gab es sofort einen Ansturm von Leuten, die sich als Agenten verschiedener latein-amerikanischer Regierungen ausgaben und die Gewehre kaufen wollten. Graf Bernstorff äußerte Verdacht über die wirklichen Auftraggeber dieser Agenten; er gab Staatssekretär Bryan zu verstehen, daß er glaube, die französische Regierung versuche „hintenherum" so etwa 300.000 oder 400.000 Gewehre zu kaufen. Er hoffe, daß das Staatsdepartement umgehend Vorsorge treffe, um eine solche Möglichkeit auszuschließen.

Nach einer kurzen Untersuchung versicherte Staatssekretär Bryan, er habe vom Kriegsdepartement erfahren, daß Verkäufe der ausgeschiedenen Gewehre „vollständig unterbunden" seien. Während diese Frage noch nicht erledigt war, schrieb der Kriegssekretär dem Präsidenten, seiner Ansicht nach seien die Leute, die sich als Agenten gewisser latein-amerikanischer Länder ausgegeben hatten, in Wirklichkeit Vertreter europäischer kriegführender Mächte.

Der Präsident teilte bald diese Befürchtungen und schrieb dem Sekretär, er glaube, es sei „nicht klug, die Krag-Gewehre, die jetzt im Besitz der Regierung sind, an irgend jemanden während des Krieges zu verkaufen."[5]

Der Präsident verfuhr hier genau so wie einst Präsident Grant beim Verkauf überzähligen Kriegsmaterials im Jahre 1871. Aber die Einschränkung damals hatte nur dem Verkauf *regierungseigener* Kriegsmunition gegolten; es war kein Versuch unternommen worden, den Verkauf von Erzeugnissen privater Firmen zu kontrollieren. Im Jahre 1914 jedoch bestand einige Unklarheit über die genaue Festlegung von Konterbandeverschiffungen. Am 5. August 1914 sandte der erste stellvertretende Sekretär des Handelsdepartements folgendes Telegramm an den Leiter der Zolleinnahme von New York: „Lassen Sie jedes ausländische Schiff in Ihrem Hafen dem Handelsdepartement gegenüber urkundlich erklären, ob es Handelsfahrzeug zur alleinigen Beförderung von Passagieren und Fracht ausschließlich Kriegsmunition ist, oder ob es zum Verband der bewaffneten Macht seines Landes gehört. Es muß feststehen, daß weder Waffen noch Kriegsgerät sich an Bord befinden."[6]

Die herrschende Verwirrung wird weiter enthüllt durch die Tatsache, daß am selben Tag B.R. Newton, stellvertretender Sekretär des Schatzamts, eine Note an Staatssekretär Bryan sandte, in der er anfragte, ob die Zolleinnehmer die Ausfuhr von Konterbande an die kriegführenden Nationen verhindern sollten. Staatssekretär Bryan erwiderte umgehend, daß „weder die Neutralitätsgesetze der Vereinigten Staaten noch die Proklamation des Präsidenten den Export von Kriegskonterbande auf dem üblichen Handelsweg für ungesetzlich erklären".[7] Aufgrund dieser Antwort richteten die Sekretäre McAdoo und Redfield ein gemeinsames Schreiben über den Ausfuhrhandel an alle Zolleinnehmer. Abschnitt vier dieses Schreibens befaßt sich besonders mit dem Konterbandehandel: „Die zollamtliche Abfertigung von Handelsschiffen, seien sie nun von den Vereinigten Staaten oder anderen neutralen Mächten oder von einer kriegführenden Macht, darf nicht verweigert werden nur mit *der* Begründung, die Ladung enthalte Kriegskonterbande.“[8]

Um öffentliche Mißverständnisse über den Konterbandehandel weiter zu klären, gab das Staatsdepartement am 15. August ein Rundschreiben heraus, in dem klar ausgeführt wird, daß der Handelsverkehr zwischen den Vereinigten Staaten und den Kriegführenden infolge des bestehenden Krieges nicht „aufgehoben“ sei. In bezug auf Konterbande wurde darauf hingewiesen, daß der Export solcher Artikel nicht „verboten sei durch die Neutralitätsgesetze oder die Proklamation des Präsidenten“. Es wurde jedoch darauf aufmerksam gemacht, daß Konterbande der Beschlagnahmung und Einziehung ausgesetzt sei und keinen Anspruch auf Schutz von seiten der amerikanischen Regierung hätte.[9]

Trotz des Rundschreibens bestand immer noch offensichtliche Unsicherheit bei vielen Exportfirmen über die gesetzliche Lage bei Konterbandeverschiffungen. Jede Woche erhielt das Staatsdepartement eine Flut von Anfragen über die Gesetzlichkeit des Konterbandehandels, und um dem abzuhelfen, gab der Staatssekretär schließlich am 15. Oktober 1914 ein Rundschreiben heraus, das Präsident Wilson als ausgezeichnet erklärte. Es wurde darin nochmals ausgeführt, daß „ein Bürger der Vereinigten Staaten an eine kriegführende Regierung oder deren Agenten jeden beliebigen Handelsartikel verkaufen kann“. Daran hindere ihn weder „irgend ein internationales Gesetz, noch irgendein Vertragsübereinkommen, noch irgendeine Bestimmung der Vereinigten Staaten“. Würde die Regierung der Vereinigten Staaten als solche an eine kriegführende Macht verkaufen, so wäre dies eine unneutrale Handlung, aber „für eine Privatperson ist es weder ungesetzlich noch unneutral, einem Kriegführenden irgend ein Erzeugnis der Vereinigten Staaten zu verkaufen, es liegt auch nicht in der Macht der Regierung, dies zu verhindern oder zu kontrollieren.“[10]

Die Rundschreiben machten unmißverständlich klar, daß die amerikanischen Bürger ein gesetzlich festgelegtes Recht hatten, Kriegsmunition an alle kriegführenden Mächte zu verkaufen. Aber die Wirksamkeit der britischen Blockade bewies bald, daß es nur ein scheinbares Recht war. Sofern die amerikanische Regierung keine Maßnahmen ergriff, Handelswege zu den Zentralmächten offen zu halten, lag klar auf der Hand, daß die Vereinigten Staaten rasch zu einer Basis für die Kriegsmaterialversorgung der alliierten Regierungen umgewandelt würden. Vielen Amerikanern schien diese Sachlage so unvereinbar mit der öffentlich erklärten Neutralität, daß man auf den Kongreß entsprechenden Druck ausübte. Im Dezember 1914 wurden Gesetzentwürfe eingebracht, die ein Verbot der Kriegsmunitionsausfuhr anstrebten.

Bei der Unterstützung seines Gesetzes, das die Verschiffung von Kriegsmunition verhindern sollte, bemerkte Senator Hitchcock folgendes: „Unsere Nation steht für den Frieden ein, und mir erscheint es schändlich, daß wir unsere Pulvermühlen und Waffenfabriken Tag und Nacht in Betrieb halten, um die Mittel zur Weiterführung des gegenwärtigen Kriegs zu liefern … Vor zwei Jahren ermächtigten wir den Präsidenten, die Ausfuhr von Waffen und Munition nach Mexiko zu verbieten, weil wir das Empfinden hatten, daß unser Land nicht mithelfen sollte, den Krieg dort fortzusetzen.“[11]

Sofort nach der Einbringung dieser einschränkenden Gesetze im Kongreß begann in der ganzen Presse der Vereinigten Staaten eine scharfe Auseinandersetzung über alle Fragen der amerikanischen Neutralität, soweit sie durch den Kriegsmunitionsexport in Mitleidenschaft gezogen wurde. Im Januar 1915 unterbreitete die Zeitschrift „Literary Digest" etwa tausend bedeutenden Zeitungen folgende Frage: „Sind Sie dafür, daß die Ausfuhr von Kriegsmaterial an Kriegführende durch Gesetz unterbunden wird?" Von den 440 eingegangenen Antworten lauteten 244 Nein, 167 Ja, 20 waren ohne bestimmten Entscheid. Die Antworten aus Städten mit mehr als 50.000 Einwohnern waren 85 Nein zu 24 Ja. Die Antworten aus Städten mit 10.000 bis 50.000 Einwohnern verteilten sich auf 77 Nein zu 61 Ja, während das Verhältnis bei Städten von 10.000 oder weniger Einwohner 86 Nein zu 79 Ja war.[12]

Aus dieser Pressebefragung geht klar hervor, daß die Gefühle gegenüber einem Ausfuhrverbot von Kriegsmunition sich stark unterschieden bezüglich der Größe und Lage der Städte, die die Frage der Zeitschrift „Literary Digest" beantworteten. Große Städte im industriellen Osten lehnten im allgemeinen ein Ausfuhrverbot ab, während viele bedeutende Städte des Mittelwestens und der pazifischen Küste eine einschränkende Gesetzgebung begünstigten. Die Pressemeinung in den kleineren Städten, gleichgültig wo sie nun lagen, neigte dazu, über die Waffenausfuhrfrage gleichmäßiger geteilt zu sein. Die deutsch-amerikanische Presse, selbst in den größten Städten, bildete beinahe einen festen Block in ihrer entschiedenen Anerkennung des Gesetzes, das Senator Hitchcock eingebracht hatte und das, wie der Clevelander „Waechter und Anzeiger" erklärte, die „amerikanische Neutralität weniger einseitig und weniger nutzbringend für England" machen würde.

Der stürmische Einsatz für das Hitchcock-Gesetz bereitete der englischen Regierung großen Kummer[13], und Sir Edward Grey protestierte bei Botschafter Page und erklärte, daß jedwede Gesetzgebung in dieser Richtung „unneutral" wäre und abweichen würde von einem „seit langem bestehenden" amerikanischen Brauch. Staatssekretär Bryan erklärte sofort, Senator Hitchcock habe weder mit dem Präsidenten noch mit dem Staatsdepartement wegen seines Gesetzes gesprochen. Überdies war der Senator selbst, obwohl er vom Staate Nebraska kam, kein persönlicher Freund des Staatssekretärs.

Obgleich Sir Edward Grey schon bald die Möglichkeit eines Ausfuhrgesetzes befürchtet hatte, regte sich der englische Botschafter in Washington über eine solche Drohung noch lange nicht auf. In der letzten Dezemberwoche 1914 schrieb er an einen engen Freund, er glaube, es sei wenig Aussicht vorhanden, daß die amerikanische Regierung „ihre seitherige Politik in bezug auf den Verkauf von Konterbande ändern würde, jetzt mitten in einem Krieg, um einer Partei einen Gefallen zu tun und sich selbst großen Schaden zuzufügen". Er glaube jedoch, daß eine solche Politik der beste Weg für Amerika sei, um England „dran zu kriegen" für die vielen Einschränkungen, die dem amerikanischen Handel auferlegt worden waren.[14]

Einige Wochen später begann der Botschafter die Drohung einer Ausfuhrsperre viel ernster zu nehmen, und am 21. Januar 1915 ließ er den Staatssekretär wissen, daß die öffentliche Meinung in England rasch zu der Ansicht neige, die amerikanische Regierung bringe den alliierten Mächten keine freundschaftliche Haltung entgegen. Eines der wesentlichsten Anzeichen dieser ablehnenden Haltung sei die

Tatsache, daß im Kongreß ein Gesetz eingebracht worden sei, „um durchzuführen, was noch nie in irgendeinem vorhergehenden Krieg getan worden war und was vollständig früherem amerikanischen Brauch widerspricht, nämlich ein Ausfuhrverbot zu erlassen für Kriegsmunition. Es steht außer Frage … daß eine solche Maßnahme sich zum Vorteil der Macht auswirken würde, die sich für den Krieg gerüstet hatte und zum Nachteil derer, die wie wir für den Krieg nicht vorbereitet waren. Aber die Regierung der Vereinigten Staaten hat keine öffentlichen Schritte unternommen, dagegen aufzutreten."[15]

Es ist schwer zu verstehen, wie Staatssekretär Bryan die Unverschämtheit eines Botschafters entschuldigen konnte, der ihm wiederholt die Grundlagen der Außenpolitik beibringen wollte. Verschiedene neutrale Länder Europas hatten Ausfuhrverbote auf Kriegsmaterial gelegt und hatten sich dabei nur wenig um die englischen Proteste gekümmert. Staatssekretär Bryan schien jedoch immer ängstlich bemüht, die britische Regierung zu besänftigen, und zwei Tage, nachdem Spring Rice seine nörgelnde Note an den Staatssekretär gesandt hatte, wurde Sir Edward Grey eine Zusicherung gegeben, daß die Verbotsgesetze im Kongreß nicht angenommen würden. Aber sogar dieses feierliche Versprechen vermochte die Befürchtungen von Spring Rice nicht zu zerstreuen; am 1. April 1915 schrieb er an Sir Edward Grey, um ihn zu warnen, daß immer noch die Möglichkeit bestünde, daß beim „Zusammentritt des Kongreß sicherlich ein Kampf stattfinden wird, und zwar ein ernster Kampf über den Vorschlag, ein Ausfuhrverbot durchzuführen".[16]

In Finanzkreisen wurde der Gedanke eines Ausfuhrverbotes für Kriegsmunition mit unverhüllter Feindschaft betrachtet. Der „Economist" war überzeugt, daß der Präsident gar nicht die Macht habe, eine solche Einschränkung anzuordnen, „es sei denn, er handle in einem ernsten Notfall als Oberster Chef des Heeres und der Flotte; der Gesetzesvorschlag wird schon unter den Mitgliedern des Kongresses verschwinden. Es wäre viel, viel schöner, ein Ausfuhrverbot auf Staatstreue und gesunden Menschenverstand zu legen, auf daß wir all das erhalten, was wir besitzen, und es wäre auch ein guter Gedanke, auf diese schönen Eigenschaften eine Einfuhrprämie zu setzen, wenn sie von anderen Ländern hereingebracht werden."[17]

Der Herausgeber des „Annalist" war ebenso entschieden in seinem Widerstand gegen irgendwelche Einschränkungen in der Verschiffung von Kriegsmaterial. Solche Maßnahmen seien besonders tadelnswert, weil „sie so offensichtlich die eine Seite des Kampfes ihres Vorteils berauben würde, den sie schon mit den Waffen errungen hat … Die politischen Einwände gegen ein Ausfuhrverbot sind groß, wichtig sind aber auch die wirtschaftlichen Einwände. Die Wirtschaft des Landes hat Schaden genug durch den Krieg erlitten und braucht nicht auch noch den Verlust des Handels, der jetzt mit dem Ausland im Gang ist, zu ertragen. Wir brauchen ihn nötig wegen des Gewinnes, den er abwirft."[18]

Es bestand wenig Wahrscheinlichkeit, daß irgendeines der vorgeschlagenen Ausfuhrverbote im Kongreß ernstliche Beachtung finden würde. Der Köder großer Profite veranlaßte die Interessen der amerikanischen Großindustrie, offen für den Waffenexport einzutreten, und sogar der deutsche Botschafter gab die Gesetzmäßigkeit des Waffenhandels zu. In einer Note an den Staatssekretär vom 15. Dezember 1914 erklärte Botschafter Bernstorff ganz offen: „Nach allgemeinen völkerrechtlichen Grundsätzen läßt sich nichts dagegen einwenden, daß neutrale

Staaten durch ihr Gebiet oder aus ihrem Gebiet Kriegskonterbande an die Feinde Deutschlands gelangen lassen. Dafür sprechen auch die Artikel 7 des Haager Abkommens vom 18. Oktober 1907, betreffend die Rechte und Pflichten der Neutralen im Falle eines Landkrieges und eines Seekrieges ... Gemäß oben erwähnten Grundsätzen des Völkerrechts braucht ein neutraler Staat die Lieferung von derartigen Materialien nicht zu verhindern ... Unsere Feinde beziehen aus den Vereinigten Staaten Kriegskonterbande, insbesondere Waffen im Werte von mehreren Milliarden Mark. Dazu sind sie an sich befugt."[19]

Die klare Feststellung des deutschen Botschafters, die ausdrücklich das Recht der Neutralen, große Mengen von Konterbande an kriegführende Staaten zu verkaufen, anerkennt, verscheuchte alle noch irgendwie bestehenden Zweifel Wilsons in bezug auf die Ausfuhr von Kriegsmunition aus amerikanischen Häfen. Aber die Frage blieb bei vielen Kongreßmitgliedern offen, die auch weiterhin ihr Widerstreben gegen den rasch anwachsenden Waffenhandel äußerten. Im Januar 1915 begann ein großer Teil der Presse der kleinen Städte überall in den Vereinigten Staaten einen heftigen Kampf gegen die Verschiffung von Kriegsmaterial an irgendeine der kriegführenden Mächte, und einige Mitglieder des außenpolitischen Ausschusses begannen dem Staatssekretär Vorstellungen zu machen über die Haltung des Staatsdepartements. Präsident Wilson befand sich jedoch in voller Übereinstimmung mit dem Staatssekretär, und in einem Schreiben vom 7. Januar 1915 bat er Bryan, die Mitglieder des Außenpolitischen Ausschusses zu unterrichten: „ich stimme Ihrem Urteil vollkommen zu, daß jede Handlung, die das Recht der Kriegführenden, hier Waffen zu kaufen, irgendwie beschränkt, falls sie jetzt durchgeführt würde, als unneutraler Akt gedeutet werden würde. Meine Ansicht darüber ist sehr klar, so klar wie, glaube ich, die Meinung eines jeden sein muß, der vollkommen Bescheid weiß über all die Folgen, die sich daraus ergeben würden."[20]

Es ist möglich, daß vielleicht die Mitglieder des Außenpolitischen Ausschusses des Abgeordnetenhauses einige Belehrung des lebensfrohen Staatssekretärs über Neutralitätsgesetze humorvoll entgegennahmen. Gegenüber den Mitgliedern des Außenpolitischen Ausschusses des Senates wurde jedoch kein Versuch gemacht, solche Belehrungen anzubringen. Viele Jahrzehnte hindurch hatte dieser Ausschuß eine unabhängige Haltung gegenüber dem Präsidenten und der Regierung bewahrt, und bei mancher Gelegenheit verlangt er einen entscheidenden Anteil an der Führung der amerikanischen außenpolitischen Beziehungen. In Wahrung dieser Tradition sandte der Vorsitzende dieses Senatsausschusses, William J. Stone, am 8. Januar 1915 an den Staatssekretär einen langen Brief, in dem etwa 20 Klagen gegen die angeführte unneutrale Politik der Regierung seit Ausbruch des Weltkrieges aufgezählt waren. Nummer 9 dieser Aufstellung handelte von der Nichtunterbindung „des Verkaufs an England und seine Verbündeten von Waffen, Munition, Pferden, Uniformen und anderer Kriegsmaterialien, obgleich solche Verkäufe den Krieg verlängern".

Staatssekretär Bryan erwiderte in einer ebenso ausführlichen Mitteilung, die jede der Klagen im einzelnen beantwortete. In bezug auf den Verkauf von Kriegsmaterial wiederholte er nur seine früheren Feststellungen, daß die Regierung „keine gesetzliche Gewalt" habe, den Verkauf von Kriegsmunition an die Kriegführenden zu verhindern. Er wies dann auf die seit langem feststehende Politik der amerikanischen Regierung hin, nicht in den Export von Kriegsmaterial einzugreifen, „außer wenn es sich um benachbarte amerikanische Republiken handelt, und auch dann nur, wenn innere Streitigkeiten vorherrschen". Zum Schluß verwies er auf die Erklärung von Botschafter Bernstorff, in der der Handel mit Kriegsmaterial als ein erwiesenes Recht neutraler Staaten anerkannt wurde.

Dieser Brief des Staatssekretärs Bryan an Senator Stone legte die Haltung der Regierung gegenüber der Ausfuhr von Kriegsmaterial eindeutig fest und entmutigte gründlich alle weiteren Versuche, einschränkende Gesetzesvorschläge einzubringen. Trotzdem dauerte der Widerstand in mancher Beziehung noch an, und einige Kritiker wiesen auf die fragwürdige Haltung des Staatsdepartements in bezug auf den Bau von U-Booten für die alliierten Mächte hin. Am 12. November 1914 besprachen der Staatssekretär Bryan und der beratende Rechtsbeistand Lansing die Frage der Konstruktion von U-Booten in amerikanischen Fabriken. Lansing gab der Anschauung Ausdruck, daß es ganz in Ordnung ginge, wenn die Einzelteile der Unterseeboote in Amerika gebaut und an die alliierten Regierungen verschifft würden. Staatssekretär Bryan war nicht der gleichen Ansicht, und in einer Note an Präsident Wilson legte er dar, er glaube, daß die Annahme von Lansings Anschauung die amerikanische Regierung auf „dünnes Eis" führen werde. Er war überzeugt, es würde schwer sein, den „Durchschnittsbürger" von einem Unterschied zwischen der Verschiffung ganzer Schiffe und der bloßen Lieferung der Einzelteile zu überzeugen.

Am 25. November gab der Neutralitätsrat ein Urteil ab, das die Ansichten Lansings guthieß, aber Präsident Wilson schloß sich der Anschauung Staatssekretärs Bryan an und ließ Lansing wissen, daß es seinem Gefühl nach „unsere Pflicht (jedenfalls nach dem *Geist* der Alabama-Entscheidung)" sei, „zu verhindern, daß Unterseeboote aus Amerika exportiert würden, auch in Einzelteilen".

Lansing blieb nichts übrig, als an James H. Hayden, den Vertreter einiger Fabriken, die am Bau von U-Booten interessiert waren, zu schreiben, und ihm ohne Umschweife zu erklären, daß die amerikanische Regierung „den Verkauf von U-Booten oder deren Einzelteile durch amerikanische Erzeuger an Kriegführende entschieden ablehnt, da dies im Widerspruch zu der strikten Neutralität steht, die die amerikanische Regierung im gegenwärtigen Krieg zu bewahren sucht, und daß alle gesetzlichen Mittel ergriffen werden, die Ausfuhr solcher Fahrzeuge und bearbeiteter Einzelteile zu verhindern."

Am 7. Dezember 1914 übergab Staatssekretär Bryan bezüglich der Konstruktion von U-Booten in den Vereinigten Staaten der Presse folgende Erklärung: „Als das Staatsdepartement die Nachricht erhielt, daß die Fore River Company den Plan habe, eine Anzahl von U-Booten für einen alliierten Staat zu bauen, wurden Erkundigungen eingezogen, um die Tatsachen festzulegen. Auf diese Anfragen kam Herr Schwab letzte Woche mit seinem Rechtsanwalt ins Staatsdepartement und legte die Pläne seiner Gesellschaft vor; er erklärte, daß er, bevor er die Arbeit unternahm, die Ansicht einer Anzahl internationaler Rechtsanwälte eingeholt und sich innerhalb der von ihnen festgestellten Forderungen der Neutralität gehalten habe. Ich erklärte ihm, daß der Präsident die geplante Arbeit als Verletzung des Geistes der Neutralität betrachte ... Am Freitag hatte ich eine Unterredung mit dem Präsidenten, und er befahl mir, Herrn Schwab mitzuteilen, daß die vorgebrachte Erklärung ihn nur in der vorher gefaßten Meinung bestärkte, daß die U-Boote nicht gebaut werden sollten. Einige Minuten nach meiner Rückkehr vom Weißen Haus rief mich Herr Schwab telephonisch an und sagte mir, daß er sich der Ansicht des Präsiden-

Auf Betreiben Lord John Fishers, des Ersten Seelords des Empires, wurde die britische Flotte modernisiert. Der Schiffstyp der „Dreadnoughts" (oben rechts), benannt nach dem ersten Schlachtschiff dieser Art, revolutionierte die Seekriegführung.

Die britische Flotte verhängte eine Nordseeblockade, um das Deutsche Reich von allen Versorgungslieferungen abzuschneiden. Großadmiral Alfred v. Tirpitz konterte, indem er seinerseits England blockierte, dies jedoch mit U-Booten.

ten in der Angelegenheit unterwerfe und ich melden könne, daß seine Firma keine U-Boote zur Lieferung während des Krieges an irgendein kriegführendes Land bauen werde."[21]

Die amerikanische Presse äußerte sich sehr günstig über die „Eile", mit der Herr Schwab sich entschloß, seinen Antrag zum Bau von U-Booten für einen der Kriegführenden im Wert von 50.000.000 Dollar zu annullieren, und eine große Zahl hervorragender Zeitungen unterstützte die Regierung in ihrer ablehnenden Haltung auch gegen die Konstruktion von U-Boot-Einzelteilen in amerikanischen Fabriken. Staatssekretär Bryan konnte jetzt wieder freier atmen und gab bekannt, daß der „U-Boot-Zwischenfall" geschlossen sei. Seine Befriedigung war jedoch ein wenig verfrüht, denn am 27. Januar 1915 sandte Botschafter Bernstorff eine Beschwerde, in der er darlegte, die Bethlehem Steel Company „sende im Geheimen U-Boot-Einzelteile nach Kanada". Die Einzelteile würden „dann auf britischem Boden zusammengesetzt, so daß die Versendung der Einzelteile einer Lieferung vollständiger U-Boote gleichkomme".[22]

Nach einer ausgedehnten Untersuchung schrieb Staatssekretär Bryan an Botschafter Bernstorff und versicherte ihm, daß „keine U-Boot-Einzelteile von den Bethlehem-Stahl-Werken gebaut und nach Kanada versandt werden, um entweder dort oder in England zusammengesetzt zu werden". Auf indirekte Weise erhielten die Zeitungen Bescheid von dem Protest der deutschen Regierung gegen den Bau von U-Booten oder deren Einzelteile in den Vereinigten Staaten. Daraufhin schrieb die Lake Torpedo Boat Company an den Staatssekretär und fragte an, welche Haltung die amerikanische Regierung in der Angelegenheit einnehme. Die Company war durchaus überzeugt, daß es vollständig gesetzmäßig sei, nach Abteilung 5.283 der „Revised Statutes of the United States" nach kriegführenden Häfen „unbewaffnete U-Boote oder deren Einzelteile als Fracht" zu verladen.

In der Antwort des Staatssekretärs an die Lake Torpedo Boat Company wird die rechtliche Seite des Handels mit unbewaffneten U-Booten oder deren Einzelteile an Kriegführende gar nicht erwähnt. Bryan wies lediglich auf die von Herrn Schwab von der Bethlehem Steel Corporation abgegebene Versicherung hin und gab dann der Hoffnung Ausdruck, daß die Leiter der Lake Torpedo Boat Company „sich auch in Zukunft von dem Gefühl des Präsidenten leiten lassen würden, daß es wirklich Pflicht der Amerikaner ist, nach dem Geist der Neutralitätsregeln, wie sie durch den Entscheid im „Alabama"-Fall festgelegt wurden, zu verhindern, daß U-Boote, auch in Teilen, aus dem Lande verschifft werden."[23]

Es ist schwer zu sagen, ob die Schiffswerft mehr tat, als nur äußerlich dem Verlangen des Staatssekretärs nachzukommen, den Bau aller U-Boote und U-Boot-Teile sofort einzustellen. Aus den Anhörungen vor dem Marineausschuß des Repräsentantenhauses vom Jahre 1916 erhält man den Eindruck, daß „U-Boot-Einzelteile in den Vereinigten Staaten hergestellt und nach Kanada zum Zusammensetzen verschifft wurden".

Noch bezeichnender aber ist der Abschnitt aus dem „Wall Street Journal" vom 1. Oktober 1915 über den Bau von U-Booten auf amerikanischen Werften für die englische Regierung: „Die kürzlich gelungene Fertigstellung von U-Booten durch die Electric Boat Company für die englische Regierung, die gelungenen Probefahrten mit den eben vom Stapel gelaufenen L- und M 1-Typen, die ausgesprochene Befriedigung der englischen Regierung über die U-Boote – all das führt zu dem

Schluß, daß die Berichte über das Versagen der Holland-U-Boot-Typen vollständig unbegründet sind."

Die Erklärung verursachte überall Kommentare über die striktere Durchführung der amerikanischen Neutralität, und Botschafter Penfield in Wien schrieb sofort an den Staatssekretär und bat um Aufklärung, inwieweit dieser Zeitungsbericht auf Wahrheit beruhe. Staatssekretär Lansing entwarf rasch ein Schreiben an die Electric Boat Company und erkundigte sich über das Gerücht, daß „eine Anzahl von U-Booten, konstruiert von der Bethlehem Steel Company und der Electric Boat Company und überführt an die Firma Vickers-Maxim in Montreal, kürzlich die Überfahrt nach England gemacht hätten". Am 27. Oktober erwiderte Henry R. Carse, der Präsident der Electric Boat Company, auf Lansings Anfrage in ausdrücklich verneinendem Sinne. Seine Firma habe „für Vickers-Maxim in Montreal weder U-Boote gebaut noch abgeliefert". Wahr sei jedoch, daß die Firma Vickers-Maxim in Montreal zehn U-Boote gebaut habe nach „Plänen", der Electric Boat Company. Zum Bau der Boote habe die Vickers-Maxim Company „unbearbeitetes Material auf offenem Markte" gekauft, und habe dieses Material bearbeitet, fertiggestellt und zusammengebaut, und zwar in ihren eigenen Werkstätten.

Nachdem Staatssekretär Lansing diese Erklärung von Carse erhalten hatte, schrieb er an Botschafter Penfield und versicherte ihm, es lägen „keine Beweise vor, daß irgendwelche U-Boote in den Vereinigten Staaten zur Ablieferung im jetzigen Krieg gebaut worden sind, oder daß U-Boote mit eigener Kraft amerikanisches Hoheitsgebiet verlassen haben". Die Gerüchte über den Bau von U-Booten in Amerika für gewisse kriegführende Mächte hörten jedoch nicht auf, und am 3. Februar 1916 erschien folgende Bemerkung in der Londoner „Evening Mail": „Nach amerikanischen Plänen in Amerika gebaute U-Boote, von denen zehn im letzten Jahr für die englische Regierung gebaut wurden, bewähren sich im Kriegsgebiet außerordentlich."

Diese Feststellung bewegte augenscheinlich das Staatsdepartement nicht, und es wurde nichts weiter unternommen, um die Tätigkeit wichtiger Schiffsbaufirmen zu untersuchen. Es ist möglich, daß die Leiter der Werften zufrieden waren und sich der Regelung des Staatssekretärs fügten und sogar die Erzeugung von „U-Boot-Einzelteilen" aufgaben. Aber diese allzugroße Bereitwilligkeit scheint doch ein wenig zweifelhaft. Ray Stannard Baker spielt in seinem Buch „Life of Woodrow Wilson" auf die Haltung des Staatsdepartements und die Vorschrift, die es den Schiffswerften gab, an. Er erklärt dann, daß „amerikanische Firmen immer noch den Befehl umgehen konnten, indem sie Stahlplatten, Zubehör usw. an kanadische Fabriken verkauften, die sie in U-Boote einbauten".

Der Unterschied zwischen dem Verkauf von „Stahlplatten, Zubehörteilen usw." und „Einzelteilen" von U-Booten ist so gering, daß man ihn überhaupt nur auf technischem Gebiet feststellen kann. Es ist klar, daß trotz der guten Absichten des Präsidenten Wilson und des Staatssekretärs Bryan enge Beziehungen bestanden zwischen amerikanischen Firmen und kanadischen Schiffswerften wie den Vickers-Maxim-Werken in Montreal. Es besteht auch die Möglichkeit, daß Herr Schwab einige Andeutungen erhielt, daß er sein Versprechen, den Bau von U-Booten für kriegführende Mächte zu unterlassen, nicht so strikt einzuhalten brauche. In den „Memories and Records" von Lord John Fisher befindet sich ein Abschnitt, der gewisse Vermutungen über die Tätigkeit Herrn Schwabs aufkommen läßt. Indem Lord Fisher sich über die Leistungen Schwabs für die englische Regierung äußert, bemerkt er: „Hier mag auch der große Dienst genannt werden, den Herr Schwab von den Bethlehem-Stahl-Werken erwies. Ich sandte besonders nach ihm. Ich sagte ihm, die allerkürzeste Zeit zum Bau eines U-Bootes sei bisher 14 Monate gewesen. Er möge so gut sein und alles daran setzen, um in sechs Monaten zu liefern. *Er lieferte den ersten Schub in fünf Monaten.* Und nicht nur das, diese U-Boote waren derartig leistungsfähig („H"-Klasse), daß sie ohne Begleitschiffe von Amerika zu den Dardanellen fahren konnten. Dort unten waren sie von unschätzbarem Wert, sie gelangten in das Marmara-Meer und waren äußerst wirkungsvoll bei der Versenkung türkischer Transportschiffe, die Munition nach Gallipoli beförderten ... Aber Herr Schwab tat noch weit mehr, als was ich oben erzählt habe. Er übernahm die Lieferung eines großen Teils der Bewaffnung der Monitoren."[24]

Es ist sehr schwer, die Erklärung Lord Fishers mit der Versicherung in Übereinstimmung zu bringen, die Herr Schwab dem Staatssekretär gab, er würde keine U-Boote für die kriegführenden Mächte bauen. Es ist ziemlich sicher, daß Herr Schwab sein Wort nicht gebrochen haben würde, ohne von Regierungsseite Andeutungen erhalten zu haben, daß eine solche Rechtsverletzung günstig ausgelegt würde. Während des ganzen Krieges stand die Großindustrie mit dem Staatsdepartement auf gutem Fuß und unternahm nichts, was dessen Politik hätte schaden können.

Aus der oben zitierten Erklärung Lord Fishers in seinen „Erinnerungen" würde hervorgehen, daß Herr Schwab wirklich eine kleine Zahl von U-Booten baute und von Amerika oder Kanada zu den Dardanellen sandte, wo sie in englische Dienste gestellt wurden. Die Anspielung auf die Dardanellen-Kämpfe legt ihre Ankunft in türkischen Gewässern etwa auf einen Zeitpunkt in den ersten Monaten des Jahres 1915. Da Lord Fisher am 15. Mai als Erster Lord der Admiralität zurücktrat, ist es mehr als wahrscheinlich, daß sie vor seinem Rücktritt in die englische Flotte eingereiht wurden. Weiterhin würde die warme Anerkennung in Fishers „Erinnerungen" über Schwabs Leistungen kaum verdient sein, wenn die Bethlehem Steel Company einzig und allein Stahlplatten und gewisse Zubehörteile auf dem „offenen Markt" verkauft hätte, wo sie dann zum Einbau in U-Boote von englischen Agenten aufgekauft und nach Kanada gesandt wurden.

Es ist ohne Zweifel sicher, daß die Verdienste Schwabs um die britische Regierung außergewöhnlich bedeutend gewesen sein mußten, um das eindrucksvolle Lob zu verdienen, das ihm Lord Fisher spendete. Über dieses Lob war Herr Schwab, nebenbei gesagt, mächtig erfreut. Er schrieb umgehend an seinen alten Freund Andrew Carnegie und machte ihn auf das kürzlich veröffentlichte Buch des berühmten englischen Admirals aufmerksam. Carnegie las sofort den angegebenen Abschnitt und war tief bewegt über eine solch erstaunliche Tat, die er als einen „Höhepunkt einzigartiger Leistung" betrachtete. – Er schrieb weiter: „Ich kann nur stolz auf Sie sein, denn Sie haben jeden meiner „Männer" übertroffen, und ich bin glücklich zu wissen, daß Lord Fisher Ihnen ein so glänzendes und wohlverdientes Lob gespendet hat ... Wenn einmal die Geschichte dieses Krieges geschrieben wird, wird Ihr Name ganz oben auf der Liste derer stehen, die mitgeholfen haben, ihn zu gewinnen."

Die warme Würdigung von Andrew Carnegie stützte sich nicht nur auf die Verdienste Schwabs bei U-Booten und Monitoren. Der unternehmungslustige amerikanische Industrielle hat auch wertvolle Dienste geleistet bei der Erzeugung von Kriegsmunition, und in diesem Zusammenhang sind seine Beziehungen zu Lord Kitchener von Bedeutung. Im Oktober 1914 fuhr Schwab eilends nach England, um

Mit seiner Jacht „Hohenzollern" machte der Kaiser jedes Jahr eine Nordlandfahrt in die Fjorde Norwegens. Auf die Nachricht von der Ermordung Franz Ferdinands hin beorderte Wilhelm II. die deutsche Hochseeflotte, die in norwegischen Gewässern übte, unmittelbar zurück.

mit Kitchener über Lieferungsaufträge zu verhandeln. Der berühmte Eroberer des Sudan hatte damals die wichtige Stellung des Staatssekretärs für Krieg inne, und sein Einfluß war ungeheuer. Er wußte sofort die Dienste zu würdigen, die Herr Schwab als Leiter der Bethlehem-Stahl-Werke erweisen konnte. Um die englische Regierung zu sichern, forderte er von Schwab eine bestimmte Versicherung, daß die Kontrolle über seine Firma für einen Zeitraum von mehreren Jahren nicht verkauft würde. Nachdem diese Versicherung abgegeben worden war, wurden den Bethlehem-Stahl-Werken Lieferungsaufträge übertragen, die nun rasch von Friedenserzeugnissen auf Kriegsmaschinen umstellten[25].

Obgleich Kitchener bei den immer enger werdenden Geschäftsbeziehungen zwischen Amerikanern und Engländern von großer Bedeutung war, spielte er nur kurze Zeit eine Rolle, und erst nachdem er von der Bildfläche verschwunden war, begann sich die wirkliche Geschichte des amerikanischen Beitrages zur Sache der Alliierten zu entwickeln. In den ersten paar Kriegsmonaten schien Kitchener als ein Mann mit einer Mission. Allein die Tatsache, daß er das Kriegsministerium innehatte, schuf auf allen britischen Inseln einen unbesiegbaren Optimismus. Auf Tausenden von Kriegsplakaten erweckten seine scharf geschnittenen Gesichtszüge und herausfordernden Augen ein Gefühl der Sicherheit in der Menge und eine glühende Kriegsbegeisterung in den Herzen der englischen Jugend. England brauchte seinen ausgleichenden Einfluß in den letzten Tagen des Jahres 1914 sehr nötig, als überall Fragen auftauchten über die Ausdehnung und Wirksamkeit der englischen militärischen Unterstützung, die sich auch auf Frankreich ausdehnte. 1915 jedoch sank Kitcheners Einfluß außerordentlich rasch. Die Enthüllungen über die schlechte Ausrüstung des britischen Heeres für den modernen Krieg führten einige Kritiker sogar soweit, zu glauben, Kitchener sei noch in den Gedankengängen seines ägyptischen Feldzuges befangen, während andere unhöflich genug waren, zu äußern, er sei „kein großer Mann, sondern ein großes Plakat".

Lloyd George war einer der ersten, der hinter die eindrucksvolle Fassade Lord Kitcheners blickte und die wesentlichsten Beschränkungen seines Charakters ausspähte. Der eifrige Walliser erkannte, daß der Kriegsminister manchmal „Augenblicke der Größe" zeigte, aber auch zu Zeiten „leeres Geschwätz" bot und den allgemeinen Eindruck eines Mannes hinterließ mit „unfruchtbarer Geistigkeit", die nur wenige „grüne Oasen" enthielt. Lord Beaverbrook betrachtete Kitchener ebenso kritisch; er schien ihm ein Mann zu sein mit „unklarem Denken und zusammenhanglosen Äußerungen".

In jeder Untersuchung der amerikanischen diplomatischen Geschichte in den Jahren 1914 bis 1917 liegt die Bedeutung der Auseinandersetzung zwischen Lloyd George und Lord Kitchener in der Tatsache, daß Kitcheners Abgang das englische Kabinett veranlaßte, die Munitionsfrage etwas realistischer zu betrachten, indem es die Bestellungen für amerikanisches Kriegsmaterial gewaltig vermehrte. Zu Beginn des Jahres 1915 wurde Kitchener scharf angegriffen wegen seiner offensichtlichen Unfähigkeit, zu erkennen, wie dringend und wichtig die Beschaffung und Lieferung großer Mengen von Brisanzgranaten für die Westfront war. Im September 1914 sandte Sir John French eine Reihe verzweifelter Telegramme an das Kriegsministerium, in denen er um größere Lieferung solcher Granaten bat. Lloyd George war sich klar darüber, daß die Lage rasches und entschlossenes Handeln verlangte, und hauptsächlich auf sein Drängen wurde ein besonderer Kabinettsausschuß gebildet, um die Frage der Granatenerzeugung zu prüfen. Kitchener wurde zum Vorsitzenden des Ausschusses ernannt, aber trotz seines großen Rufes militärischer Allwissenheit brachte der Ausschuß wenig zustande. Lloyd George glaubte, daß hauptsächlich Kitchener selbst an diesem Mißerfolg schuld sei, und im Verlauf einer der Sitzungen des Ausschusses zweifelte er ernstlich an der Richtigkeit einiger Schätzungen, die Kitchener vorgebracht hatte. Eine derartige Andeutung erzürnte den Vorsitzenden tief, und nur mit großer Schwierigkeit konnte er überredet werden, in der Sitzung zu bleiben. Lloyd George war gar nicht beeindruckt durch diese Zurschaustellung aufgeregter Würde. Er hielt seinen Verdacht gegenüber Kitchener aufrecht, aber wurde für den Augenblick durch einen witzigen Einfall des Premierministers abgelenkt, der humorvoll erklärte, das Kriegsministerium habe drei verschiedene Arten von Zahlen: „Die eine, um das Publikum irrezuführen, eine weitere, um das Kabinett zu täuschen, und eine dritte, um sich selbst hinter den Berg zu führen."

Aber das Beruhigungsmittel ministerieller Sarkasmus' konnte nicht ein für allemal den drohenden Sturm in den Ausschußsitzungen besänftigen. Im weiteren Verlauf des Krieges erkannte Lloyd George, daß Kitcheners Unfähigkeit unheilvolle Folgen haben würde. Die Ypern-Schlacht hatte einen besorgniserregenden Mangel an Granaten enthüllt; dies entwickelte sich zu einem offenen Skandal im März 1915 bei Neuve-Chapelle. Tausende englischer Leben wurden leichtfertig weggeworfen und der Sieg auf unbestimmte Zeit verschoben, weil ein konfuser mystischer Geist an veralteten militärischen Formeln festhielt, die, wie sogar klarblickende Zivilisten sahen, seit langem überholt waren.[26]

Schließlich begann es bei dem Premierminister zu dämmern, daß Kitchener der Energie und dem Weitblick Lloyd Georges weichen müsse. Am 13. April 1915 wurde ein neuer „Granatenausschuß" mit Lloyd George als Vorsitzendem gebildet.

Kitchener fand natürlich wenig Gefallen daran, von einem einfachen Zivilisten ausgestochen zu werden. Und wirklich erwies er sich als so widerspenstig, daß Lloyd George am 19. Mai an den Premierminister schrieb und ihm seinen Rücktritt als Vorsitzender des Ausschusses mitteilte. Der Ausschuß konnte nicht wirkungsvoll arbeiten wegen des andauernden Widerstandes des Kriegsministeriums. Inzwischen hatte ein Artikel in der Londoner „Times" vom 14. Mai, der in anschaulichster Weise auf die schwierige Lage an der Westfront infolge des Mangels an Brisanzgranaten hinwies, die öffentliche Entrüstung auf einen Höhepunkt getrieben. Das Ergebnis war die Schaffung eines neuen Departements des Munitionsministeriums mit Lloyd George an der Spitze.

Der heftige Kampf gegen die militärische Bürokratie war ein voller Erfolg. Der Mangel an Granaten, der Kitchener zur Verzweiflung getrieben hatte, wurde rasch beseitigt, und dank der riesigen Einfuhr aus Amerika konnte die englische Armee den schon lang angekündigten Vorstoß von 1916 durchführen. Das Hauptverdienst für die Vorbereitungen, die den Vorstoß ermöglichten, kommt Lloyd George zu, der mehr als irgend ein anderer englischer Staatsmann die Bedeutung des Einsatzes der Vereinigten Staaten als Basis für die Kriegslieferungen der alliierten Mächte erkannte. Kitchener und Lord John Fisher hatten rasch den Vorteil erkannt, der sich aus der Unterbringung großer Kriegsbestellungen in Amerika ziehen ließ; aber hauptsächlich den unermüdlichen Anstrengungen Lloyd Georges ist es zu verdanken, daß die riesige industrielle Organisation der Vereinigten Staaten so eng an das englische Unternehmen gekuppelt wurde. Schon von Beginn des Weltkrieges an hatte er ein ganz entschiedenes Interesse „an der Haltung der Vereinigten Staaten gegenüber den Alliierten, insofern als das große Land die eine wichtige Quelle von außerhalb zur Lieferung von Kriegsmaterial darstellte, eine Angelegenheit, mit der ich mich sehr frühzeitig selbst befaßte. Als Mitglied des ersten Kabinettsausschusses für Kriegsmateriallieferung förderte ich schon im Oktober 1914 die Zusammenstellung großer Kriegsmaterialbestellungen aus den Vereinigten Staaten, und als Vorsitzender des Kriegsmunitionsausschusses und später als Munitionsminister war ich verantwortlich für einen ständig wachsenden Strom von Kriegsmaterialien über den Atlantik, und allmählich schwollen die Lieferungen zu beträchtlichem Umfang an."[27] Die Bedeutung großer Lieferung von Artilleriemunition verdeutlicht folgende Tabelle:

Munitionsverbrauch in den wichtigsten Kriegen von 1859–1918

Jahr	Krieg	Armee	Schußverbrauch pro Monat
1859	Französisch-österreichischer	Österreich	15.326
1861/65	Amerikanischer Bürgerkrieg	Union	5.000.000
1866	Preußisch-österreichischer	Preußen/ Österreich	36.199/ 96.472
1870/71	Deutsch-französischer	Deutschland	817.000
1904/05	Russisch-japanischer	Rußland	954.600
1912/13	Balkan	Bulgarien	700.000
1918	Weltkrieg	England/ Frankreich	12.710.000

Die Aufstellung[28] enthält nicht die vielen Millionen Schuß Maschinengewehrmunition und die Munition für Handwaffen.

Das rasche Anwachsen der amerikanischen Kriegsmunitionsausfuhr sofort nach der Ernennung Lloyd Georges zum Munitionsminister ist bezeichnend. Im Mai 1915, bei seiner Ernennung zu dem neuen Amt, betrug der Wert der Explosivstoffausfuhr von den Vereinigten Staaten 8.623.345 Dollar. Zwei Monate später, im Juli 1915, war der Wert der Exportmenge auf 16.425.892 Dollar gestiegen, während er im Dezember 1915 die Riesensumme von 45.053.377 Dollar erreichte. Bei dem Export von Eisen- und Stahlgeräten ist es das gleiche. Im Mai 1915 betrug der Wert dieser Verschiffung aus den Vereinigten Staaten nur 2.740.641 Dollar. Im August erreichte der Wert die Summe von 6.039.129 Dollar, während er im Dezember 1915 auf die hohe Zahl von 12.312.219 Dollar kam. Die ganze Geschichte der Entwicklung des amerikanischen Kriegsmaterialhandels läßt sich am besten in der folgenden Tafel zusammenstellen:[29]

Kriegsmaterialausfuhr der Vereinigten Staaten an die alliierten Mächte von August 1914 bis März 1917

Zeitraum	Art der Ausfuhr	Wert in Dollar
August 1914 bis Dezember 1915	Sprengstoff	188.022.058
	Schußwaffen	15.347.851
	Alle anderen Eisen- und Stahlgeräte	68.620.823
	Kupfer und Kupfergerät ohne Kupfererze	158.066.042
	Messing und Messingfabrikate	57.359.699
	Aluminium und Aluminiumgerät	4.694.700
	Säuren	10.516.800
	Flugzeuge und Flugzeugteile	5.641.272
		508.269.245
Januar 1916 bis März 1917	Sprengstoff	514.666.541
	Schußwaffen	77.754.191
	Alle anderen Eisen- und Stahlgeräte	254.274.936
	Kupfer und Kupfergerät ohne Kupfererze	327.181.076
	Messing und Messingfabrikate	421.075.840
	Aluminium und Aluminiumgerät	20.642.766
	Säuren	59.465.038
	Flugzeuge und Flugzeugteile	4.619.166
		1.679.679.554
	Gesamtsumme von August 1914 bis März 1917	**2.187.948.799**

Bei Richard Lewinsohn[30] befindet sich ein kurzer Abschnitt über die Entwicklung der Pulvererzeugung in den Vereinigten Staaten während des Krieges: „Nach amerikanischen statistischen Angaben lieferte die Firma Du Pont 40 Prozent der gesamten Munition, die die Alliierten im Krieg verbrauchten. In diesem Werk stieg die Zahl der Angestellten von 5.000 auf 100.000, während die Pulvererzeugung von 2.500.000 Pfund im Jahre 1914 auf 400.000.000 Pfund im Jahre 1918 stieg … Der Gesamtgewinn betrug 266 Millionen Dollar."

Eine der bezeichnendsten Seiten des raschen Anwachsens der amerikanischen Kriegsmunitionsausfuhr an die alliierten Mächte ist der enge Zusammenhang zwischen diesem Ausfuhrhandel und der wirtschaftlichen Lage in den Vereinigten Staaten in den Jahren von 1913 bis 1915. Die ersten Monate von Wilsons Regierungszeit wurden von einem umfangreichen Geschäftsniedergang eingeleitet, den das großzügige innere Aufbauprogramm des neuen Regierungsoberhauptes eher zu beschleunigen als aufzuhalten schien. Der Ausbruch des Weltkrieges im August 1914 verschlimmerte die Lage noch beträchtlich, und die Aussichten für einen wirtschaftlichen Wiederaufstieg waren ausgesprochen düster. Viele Fabriken arbeiteten nur mit 60 Prozent ihrer Leistungsfähigkeit. Schätzungen der Arbeitslosen kamen nahe an eine Million. Hunderttausende der frierenden Männer waren am Verhungern.

Ein wichtiges Seitenlicht auf die wirtschaftlichen Verhältnisse wirft folgender Brief Andrew Carnegies an Präsident Wilson vom 23. November 1914: „Die gegenwärtige finanzielle und industrielle Lage ist sehr beunruhigend. Noch nie habe ich solche Verhältnisse erlebt, so dringende Zahlungsaufforderungen und Bitten auf Senkung der Hypothekenlasten gesehen. Am letzten Samstagmorgen trug mir mein Sekretär 45 Gesuche um derartige Unterstützungen aus *einem* Posteingang vor. Heute – sagt er mir – werden wir mindestens hundert oder mehr bekommen. Das ändert sich vielleicht jetzt langsam, die Einkäufe der Alliierten bei uns, von Pferden angefangen, sind bestimmt umfangreich."[31]

Als die alliierten Regierungen große Bestellungen auf Kriegsmaterial in den Vereinigten Staaten aufzugeben begannen, zeigte sich bald eine Besserung der Wirtschaftsverhältnisse. Aber die „schlechten Zeiten" hielten noch bis gut in das Jahr 1915 an, und die Besserung war immer ein wenig zweifelhaft. Im Januar 1915 glaubte die „Commercial and Financial Chronicle", daß das „Schlimmste zweifellos hinter uns ist und wir Grund haben, uns zu freuen, daß es soweit ist." Noch im März 1915 blieben einige vorsichtige Zeitungsleute ein wenig skeptisch über die Rückkehr der Prosperität, und die Zeitschrift „Commerce and Finance" bemerkte weise: „Der Überschwang der zuerst durch den beispiellosen Überschuß zu unseren Gunsten hervorgerufen wurde, macht jetzt der Würdigung der Wahrheit Platz, nämlich daß wir keine dauernde Blütezeit erhoffen können, wenn Europa sich ohne Ende weiter zerfleischt."

Im „Bradstreet's Journal" vom 30. Januar 1915 wird auf die Tatsache hingewiesen, daß es im Jahre 1914 16.769 Konkurse gab, die „größte Zahl in der Geschichte des Landes". In der folgenden Woche machte dieselbe Zeitung darauf aufmerksam, „daß die größte Zahl von Konkursen, die je in einem Monat verzeichnet wurde, und der siebente größte Gesamtanfall von Verbindlichkeiten die beachtenswerten Berichte des Monats Januar auszeichnen". Zwei Monate später war das Bild beinahe ebenso entmutigend: „Wie berichtet wird, gab es im April 1.691 Konkurse; das sind 10 Prozent weniger als im März, aber 38 Prozent mehr als im April des vergangenen Jahres, und bis jetzt ist es die Höchstzahl, die je im April festgestellt wurde."

Das rasche Anwachsen des Munitionsgeschäftes rettete Amerika aus dieser ernsten wirtschaftlichen Lage. Der Wert der aus den Vereinigten Staaten ausgeführten Sprengstoffmenge stieg von 2.793.530 Dollar im März 1915 auf 32.197.274 Dollar im November des Jahres. Der Export von Eisen und Stahlfabrikaten stieg in der gleichen Zeit von 1.363.693 Dollar auf 10.776.183 Dollar, während die Ausfuhr von Messinggeräten von 2.749.835 Dollar auf 7.528.616 Dollar anwuchs.[32]

Es war nur zu erwarten, daß der amerikanischen Regierung außerordentlich viel daran lag, den Handel, der die absinkende amerikanische Industrie wieder belebte, zu schützen. Es war auch klar, daß die deutsche Regierung mit wachsendem Unbehagen die ungeheuren Verschiffungen von Kriegsmaterial betrachtete, ohne die die alliierten Mächte sich in verzweifelter Not befunden hätten. Schon am 14. Februar 1915 wies Botschafter Gerard Staatssekretär Bryan warnend darauf hin, daß die deutsche öffentliche Meinung so aufgebracht sei über die amerikanische Kriegsmaterialausfuhr an die Alliierten, daß die Lage „sehr gespannt" sei.

Einen Monat später sandte Gerard ein ähnliches Telegramm an Staatssekretär Bryan, in dem er das bittere Gefühl erwähnte, das gegen Amerika durch den Munitionshandel ausgelöst würde, und noch einmal unterrichtete er das Staatsdepartement von der Nähe des Krieges: „Vor drei Wochen war Deutschland, obgleich Sie sich das in Amerika nur schwer vorstellen können, am Rande eines Krieges mit den Vereinigten Staaten, und die Regierung hier scheint geneigt zu sein, wieder ein Durcheinander zu veranlassen."[33]

Am 4. April überreichte der deutsche Botschafter Staatssekretär Bryan eine Denkschrift, die in sehr klaren Sätzen die Haltung der deutschen Regierung in der Angelegenheit der Waffen- und Munitionslieferung von den Vereinigten Staaten an die alliierten Regierungen festlegt. Die allgemeine Lage im Weltkrieg ist mit „der Lage in irgend einem vorhergehenden Kriege nicht zu vergleichen ... Im gegenwärtigen Kriege sind alle Nationen mit einer nennenswerten Kriegsmaterialindustrie entweder selbst in den Krieg verwickelt oder damit beschäftigt, ihre eigene Rüstung zu vervollständigen, und haben deshalb ein Ausfuhrverbot auf die Ausfuhr von Kriegsmaterial gelegt. Die Vereinigten Staaten sind demgemäß als einziger neutraler Staat in der Lage, Kriegsmaterial zu liefern. Der Begriff der Neutralität hat damit eine neue Tragweite erhalten, die von der formellen Frage des bisher bestehenden Rechts unabhängig ist. Im Widerspruch dazu begründen die Vereinigten Staaten eine gewaltige Waffenindustrie im weitesten Sinne, indem die bestehenden Anlagen nicht nur weiterarbeiten, sondern mit allen verfügbaren Mitteln noch erweitert und errichtet werden ... Diese Industrie liefert ihre Ware gegenwärtig nur den Feinden Deutschlands. Die theoretische Bereitwilligkeit, an Deutschland ebenso zu liefern, wenn die Verschiffung dahin möglich wäre, macht den Fall nicht anders. Wenn es der Wille der amerikanischen Bevölkerung ist, aufrichtig neutral zu sein, dann werden die Vereinigten Staaten Mittel finden, diese einseitige Waffenausfuhr zu verhindern oder sie wenigstens zu benutzen, um den rechtmäßigen Handel mit Deutschland zu schützen, besonders den Handel in Lebensmitteln."[34]

Der Staatssekretär wartete mehr als zwei Wochen, bevor er die Denkschrift Botschafter Bernstorffs beantwortete. Als dies dann geschah, war seine Note in Ausdrücken abgefaßt, die der deutschen Regierung schon vertraut waren. Jedes Waffenausfuhrverbot der Vereinigten Staaten wäre „ein nicht zu rechtfertigendes Abweichen von dem Prinzip der strikten Neutralität", von welcher die amerikanische Regierung seit Ausbruch des Weltkrieges sich konsequent habe leiten lassen.

Es ist bezeichnend, daß Staatssekretär Bryan auf einen der wichtigsten Punkte der deutschen Denkschrift vom 4. April, der sich auf die Tatsache bezog, daß wichtige europäische neutrale Staaten Waffenausfuhrverbote erlassen hatten, überhaupt nicht einging. Die amerikanische Regierung erklärte ständig, daß jedes Waffenausfuhrverbot eine Verletzung des Prinzips der strikten Neutralität darstellte.

Die europäischen Neutralen waren ganz anderer Ansicht gewesen, und trotzdem zeigte das Staatsdepartement geringes Interesse an deren Haltung. Erst am 30. August 1915 sandte Staatssekretär Lansing ein Zirkulartelegramm an die amerikanischen diplomatischen Vertreter in den europäischen neutralen Ländern und forderte sie auf, dem Staatsdepartement Bericht zu erstatten über die Praxis der Regelung in den Ländern, in denen sie akkreditiert waren. Umgehend kamen Antworten von den amerikanischen Vertretern in Kopenhagen, Stockholm, Christiania, Rom, Den Haag und Madrid, dahingehend, daß alle diese Länder Waffen- und Munitionsausfuhrverbote erlassen hatten.

In einem Brief, den Staatssekretär Lansing an Tumulty richtete und in dem er sich über die Handlung dieser europäischen neutralen Staaten ausließ, äußerte er sich beiläufig folgendermaßen: „Spanien, Italien, Dänemark, Schweden, Norwegen und Holland verboten die Ausfuhr von Waffen und Munition, um, wie man berichtet, ihre Kriegsmaterialversorgung für den eigenen Gebrauch zu erhalten. Man berichtet weiter, daß der Export solchen Kriegsmaterials von irgend einem dieser Länder, ausgenommen vielleicht Italien, sofern er erlaubt wäre, von ganz untergeordneter Bedeutung sein würde. Es ist unmöglich festzustellen, ob der wahre Grund für die Ausfuhrverbote in verschiedenen Fällen entweder dem Wunsch entsprang, eigene Vorräte aufzustapeln, oder ob man die Feindschaft der Kriegführenden vermeiden wollte: entweder waren es Gegenmaßnahmen gegen irgendwelche unangenehme Maßnahmen der Kriegführenden, oder es handelte sich darum, strikte Neutralität zu bewahren."[35]

Daraus geht klar hervor, daß das Staatsdepartement vollkommen darüber unterrichtet war, daß europäische neutrale Länder bald nach Ausbruch des Weltkrieges Waffen- und Munitionsausfuhrverbote erlassen hatten. Es ist jedoch interessant festzustellen, daß Staatssekretär Lansing erst in den letzten Augusttagen des Jahres 1915 Information darüber einholte. Inzwischen hatte der Staatssekretär eine endgültige Antwort an die Zentralmächte über die Ausfuhr von amerikanischem Kriegsmaterial ausgearbeitet. Am 29. Juni 1915 hatte der österreichische Außenminister dem Botschafter Penfield eine lange Note überreicht, in der gegen den amerikanischen Kriegsmunitionshandel Protest erhoben wurde. Als das Staatsdepartement diese Mitteilung erhielt, wurde sie sofort Präsident Wilson vorgelegt, dieser schlug vor, „keine kategorische Antwort zu erteilen, sondern nur deren Empfang zu bestätigen."[36] Staatssekretär Lansing nahm aber diesen Vorschlag nicht an. Ihm schien das österreichische Schreiben vom 29. Juni eine ausgezeichnete Gelegenheit zu bieten, eine scharfe Erklärung abzugeben, um sowohl die österreichische Regierung, als auch gewisse Amerikaner, die für ein Ausfuhrverbot waren, völlig in Verwirrung zu bringen: „Der wirkliche Zweck wäre die innerpolitische Wirkung; rein äußerlich wäre es die Antwort an Österreich."[37]

Nachdem Präsident Wilsons Genehmigung zu einem geistreichen Schreiben an Österreich eingeholt war, ließ Staatssekretär Lansing den Rechtsberater des Staatsdepartements eine erschöpfende Untersuchung zur rechtlichen Seite des Munitionshandels ausarbeiten. Staatssekretär Lansing selbst untersuchte sorgfältig die praktische Seite der Frage, unter besonderer Berücksichtigung der Wirkung, die ein Ausfuhrverbot auf einen neutralen Staat wie die Vereinigten Staaten haben würde. Nachdem ein Entwurf der vorgeschlagenen Antwort an Österreich fertig vorlag, sandte er ihn Präsident Wilson zur Beurteilung. In einem Begleitschreiben wies er auf die Bedeutung einer volkstümlichen Verteidigung der Regierungshaltung in bezug auf die Ausfuhr von Kriegsmaterial hin: „Sie werden beim Durchlesen bemerken, daß die Sachlage eher volkstümlich als rein technisch klargelegt wird, ich glaube nämlich, daß die Note für die Öffentlichkeit hier in den Vereinigten Staaten wertvoller ist, als ihre Wirkung auf Österreich-Ungarn ... Sie ist unsere erste Gelegenheit, in volkstümlicher Weise die Gründe darzulegen, warum wir die Ausfuhr von Kriegsmaterial nicht einschränken sollten."[37]

Die Antwort des Präsidenten verursachte einige Verwirrung. Das Regierungsoberhaupt hatte die von Staatssekretär Lansing vorgeschlagene Antwort aufs sorgfältigste durchgelesen. Sofort erhoben sich folgende Fragen:

„1. Kann diese Darstellung nicht als Beweis der Sympathie für die Alliierten und gegen den Militarismus, den Deutschland vertritt, angesehen werden?

2. Dringen wir nicht selbst darauf, eine Kontrolle der Erzeugung von Waffen und Munition bei allen Regierungen in unserer vorgeschlagenen Verständigung und Zusammenarbeit mit den Staaten Latein-Amerikas einzuführen; und streben wir nicht schließlich auch danach in der letztlichen europäischen Regelung?

Natürlich erörtern wir hier nur den speziellen Fall und sind ganz und gar unwiderlegbar in unserer Ansicht, daß sich diese Dinge nicht durchführen lassen, *während ein Krieg im Gange ist*, gegenüber denen, die dies tun wollen; aber inwieweit, glauben Sie, werden die Argumente, die wir in diesem Schreiben vorbringen, uns in zukünftigen Überlegungen über den Frieden und die Sicherheit der Welt hindern?"[38]

Das Argument in der vorgeschlagenen Antwort, gegen das Präsident Wilson einige Einwände erhob, bezog sich auf das, was Staatssekretär Lansing bearbeitet hatte bezüglich der Wirkung, die ein Ausfuhrgesetz auf alle Neutralen in künftigen Kriegen haben würde. Wenn ein Staat mit grundsätzlich pazifistischer Einstellung in einen Krieg verwickelt würde mit einem militaristischen Staat, würde sich für ihn eine ernste Lage ergeben, wenn alle neutralen Staaten die Ausfuhr von Waffen an die Kriegführenden verbieten würden. Die Nation mit der pazifistischen Einstellung besäße nicht die Fabriken zur Lieferung des notwendigen Kriegsmaterials, und wenn sie nicht genügende Mengen von Munition aus neutralen Staaten importieren könnte, würde sie bald von dem militaristischen Staat besiegt werden, der hinreichend auf den Krieg vorbereitet war.

Zur Unterstützung dieser Beweisführung schrieb Lansing am 6. August wieder an Präsident Wilson und wies auf die mögliche Schwäche des Regierungsstandpunktes hin, sofern man sich nur auf die rechtliche Grundlage stütze. Es sei möglich, daß die rechtliche Beweisführung genügen würde, die Behauptung Österreichs zu widerlegen, aber sie würde nicht die „Vertreter der Humanität" befriedigen. Aus diesem Grund scheine es zweckmäßiger, „den praktischen Grund gegen ein Ausfuhrverbot einzufügen und zu zeigen, daß es zwangsläufig allgemeine Aufrüstung herbeiführen würde und so eher dem Krieg als dem Frieden dienlich wäre."[39]

Der Präsident gab seine Stellungnahme auf, wie er es vielfach tat, wenn er anderer Ansicht als Lansing war. Am 9. August genehmigte er die Lansing-Note mit einigen Wortänderungen. Die Instruktion, die schließlich an Botschafter Penfield am 12. August 1915 abging, war die endgültige Antwort der Regierung auf die deutschen und österreichischen Proteste gegen den Munitionshandel. Zuerst kam eine lange rechtliche Beweisführung für den Munitionshandel. Dann folgte der *praktische* Grund, den Staatssekretär Lansing selbst ausgearbeitet hatte und gegen den der Präsident einige Einwände erhoben hatte. Er wurde kurz zusammengefaßt: „Es ist nie eine Politik dieses Landes gewesen, in Friedenszeiten eine große Militärmacht aufrecht zu erhalten oder genügend Waffen und Munition aufzustapeln, um die Invasion eines gut ausgerüsteten und mächtigen Gegners zurückzuweisen … Infolge dieser feststehenden Politik kämen die Vereinigten Staaten im Falle eines Angriffs durch eine ausländische Macht zu Beginn des Krieges in eine ernste Notlage durch den Mangel an Waffen und Munition … Die Vereinigten Staaten haben sich im Falle eines ausländischen Angriffs immer auf das Recht und die Macht verlassen, Waffen und Munition von neutralen Staaten zu kaufen. Dieses Recht, das sie für sich selbst beanspruchen, können sie anderen nicht verweigern."[40]

Das *praktische* Argument, auf das Staatssekretär Lansing so stolz war, mag vielleicht das Gewissen mancher amerikanischer Vertreter des Humanismus beruhigt haben, aber in Deutschland und Österreich stieß es auf taube Ohren. Schon von Beginn des Krieges an hatte sich die deutsche Presse sehr scharf gegen die Tatsache ausgesprochen, daß Amerika wirtschaftlich aufstieg durch einen Handel, der unzähligen Deutschen den Tod und unsagbares Elend brachte. Dieser Gesichtspunkt kommt gut zum Ausdruck in dem folgenden Auszug aus der deutschen Zeitschrift „Kunstwart und Kulturwart" vom Mai 1915: „Kämpfen wir eigentlich noch gegen England, Frankreich und Rußland oder kämpfen wir nur noch gegen Amerika? Am Durchhalten der Munition liegt alles, haben die feindlichen Fachleute gesagt, und ihre Munition wäre längst zu Ende, längst, wenn Amerika und Japan nicht nachhülfen. Japan ist ja „Kriegsteilnehmer" … Aber Amerika ist neutral … den Hohn, und sei er noch so blutig, beiseite. Im Grunde ist's wieder der Kapitalismus und gar nichts weiter, was diese Schande über die Vereinigten Staaten bringt … Wenn die Ehre eines Staates je auf dem Spiele stand, steht sie jetzt in Amerika auf dem Spiel. Solange ihr für Hunderte, für halbe Tausende von Millionen die Waffen verkauft, die gegen die Herzen unserer Brüder und Söhne gerichtet sind … solange wirken auch eure Gebete um Frieden für unsere Ohren nur wie Spott gegen Gott."[41]

Als im weiteren Verlauf des Krieges amerikanisches Kriegsmaterial in immer größerem Umfang nach England und Frankreich strömte, wurden die deutschen Gefühle gegen Amerika immer bitterer. Botschafter Gerard äußert sich in seinem Buch „Meine vier Jahre in Deutschland" häufig über dieses Gefühl der Feindschaft gegen die Vereinigten Staaten, das durch den Munitionshandel geschaffen wurde. Sogar in Hofkreisen war die Haltung gegen Amerika offensichtlich: „Vom 10. August 1914 bis zum 25. September 1915 wollte mich der Kaiser überhaupt nicht empfangen mit der Begründung, ich sei der Botschafter eines Landes, das den Feinden Deutschlands Munition liefere; und bei allen königlichen Hoheiten standen wir auf der schwarzen Liste."[42]

Im August 1916 berichtete Botschafter Gerard über eine Unterhaltung mit Gottlieb v. Jagow, dem Staatssekretär des Äußern, die klar die deutsche Haltung gegenüber der amerikanischen Kriegsmaterialausfuhr wiedergibt: „Er sagte, die Sommeroffensive könne nicht weitergehen ohne die großen Granatenlieferungen aus Amerika. Er erzählte auch, daß kürzlich ein deutsches U-Boot im Kanal untergetaucht 41 Schiffe passieren lassen mußte, und er sei überzeugt, daß jedes Schiff voll war mit Munition und Soldaten, aber wahrscheinlich auch einige (?) Amerikaner an Bord hatte und deswegen torpedierte das U-Boot nicht ohne Warnung. Er schien sehr erbittert."[43]

Die Haltung v. Jagows ist sehr verständlich, wenn man die wachsenden Munitionsmengen aus Amerika während des Jahres 1916 betrachtet. Der Wert des aus den Vereinigten Staaten exportierten Sprengstoffes war von 14.658.057 Dollar im August 1915 gestiegen auf 74.925.413 Dollar im August 1916. Der Wert der Kupferausfuhr hatte im gleichen Zeitraum von 7.781.487 Dollar auf 20.319.053 Dollar zugenommen, während die Ausfuhr von Messing von 4.560.810 Dollar auf 45.213.945 Dollar gestiegen war.[44] Nach Angabe einiger Sachkenner erreichte der Gesamtwert der Kriegsmaterialausfuhr im Kalenderjahr 1916 die erstaunliche Zahl von 1.290.000.000 Dollar.[45]

Es ist kein Wunder, daß je mehr in Deutschland die Tatsache bekannt wurde, daß Amerika die dringendsten Bedürfnisse der alliierten Regierungen zu einer Zeit erfüllte, da jedwede Unterstützung Deutschlands wegen der englischen Blockade abgelehnt wurde, die Stimmung gegen Amerika überall in den Zentralmächten einen neuen Höhepunkt erreichte. Einen bezeichnenden Ausdruck des Gefühls gegen Amerika kann man in dem folgenden Auszug aus einem Buch von Dr. Heinrich Pohl erkennen: „Deutschland befindet sich in der Lage eines von allen Seiten bedrängten Kriegers, dessen Feinde alle auf sein Herz zielen; jedesmal, wenn es diesem Krieger gelingt, den Feind zu entwaffnen, der ihm am meisten zusetzt – jedesmal wenn der Krieger dem Feinde das Schwert aus der Hand schlägt, läuft ein sogenannter neutraler Zuschauer von hinten herbei und gibt dem geschlagenen Feinde eine neue Waffe in die Hand.“[46]

Amerika war den alliierten Mächten unter der Maske der Neutralität in einer Weise dienlich, die zu deren militärischen Plänen gegen Deutschland am besten paßte. Sogar englische Publizisten, die gewöhnlich den Beitrag Amerikas zur alliierten Sache geringschätzen, müssen den entscheidenden Wert des Munitionshandels zugeben. Sir Edward Grey war offen genug, die wahre Geschichte der englischen Abhängigkeit von amerikanischem Kriegsmaterial zu erzählen: „Deutschland und Österreich versorgten sich selbst bei ihren riesigen Kriegsmaterialforderungen. Die Alliierten waren bald zur ausreichenden Lieferung auf die Vereinigten Staaten angewiesen. Wenn wir mit den Vereinigten Staaten Streit bekamen, konnten wir die Kriegsmaterialien nicht erhalten. Es war deshalb besser, im Notfall den Krieg ohne Blockade durchzuführen, als sich einem Bruch mit den Vereinigten Staaten über die Konterbandefrage auszusetzen und dadurch die Alliierten der Hilfsquellen zu berauben, die nötig waren, um den Krieg überhaupt oder mit irgendwelcher Aussicht auf Erfolg weiterzuführen.“

Der deutschen Regierung erschien es angesichts der deutlichen Unterstützung der alliierten Mächte müßig, von amerikanischer Neutralität zu reden. Überdies schien es, als sei Amerika nur zu geneigt, die Haltung der deutschen Regierung gegenüber den Vereinigten Staaten während des Spanisch-amerikanischen Krieges zu vergessen. Im Jahre 1898 untersuchte die deutsche Regierung auf Verlangen des amerikanischen Botschafters ein spanisches Schiff, das im Verdacht stand, Konterbande von Hamburg zu einem spanischen Hafen zu befördern. Gewiß hätte man dieses Schiff, falls es Kriegskonterbande geführt hätte, zurückgehalten, bis die Konterbandeladung entfernt worden wäre.

Im Jahre 1914 hatte die deutsche Regierung kaum gehofft, daß Amerika diesem deutschen Beispiel folgte und die Ausfuhr von Kriegsmaterial an die alliierten Regierungen verböte. Als die Munitionsausfuhr jedoch immer größer und größer wurde und Amerika offensichtlich als Basis der Kriegslieferungen diente, die zum

Erfolg der Alliierten nötig waren, glaubte die deutsche Regierung, daß dieser riesige und entscheidende Waffenhandel sich mit der amerikanischen Neutralität nicht mehr vereinbaren lasse. Daraufhin neigte die deutsche Regierung zu der Ansicht, Präsident Wilson sollte, um eine Haltung strikter Neutralität in Amerika aufrecht zu erhalten, von dem amerikanischen Kongreß die Vollmacht verlangen, ein Ausfuhrverbot auf Kriegsmaterial auszusprechen. Im Jahre 1912 hatte der Kongreß diese Vollmacht dem Präsidenten übertragen für die Verschiffung von Munition nach Mexiko während des damals wütenden Bürgerkrieges. Im Jahre 1913 dauerte dieser Krieg noch an, und Präsident Wilson hatte in einer Botschaft an den Kongreß im August dieses Jahres seine Ansichten über die geeigneten Maßnahmen zur Erhaltung der amerikanischen Neutralität dargelegt: „Ich halte es für meine Pflicht, die Vollmacht auszuüben, die mir durch das Gesetz vom 14. März 1912 übertragen wurde und darüber zu wachen, daß keine Seite bei dem jetzt in Mexiko stattfindenden Kampf irgend welche Unterstützung von dieser Seite der Grenze erhält. *Ich werde dem besten Brauch der Völker in der Neutralitätsfrage folgen, in dem ich den Export von Waffen oder Kriegsmunition jeder Art von den Vereinigten Staaten nach irgend einem Teil der Republik Mexiko verbiete.*"[47]

Wenn der Präsident im Jahre 1914 „dem besten Brauch der Völker in der Neutralitätsfrage durch ein Verbot der Ausfuhr von Waffen oder Kriegsmaterial jeder Art aus den Vereinigten Staaten" gefolgt wäre, ist es sehr wahrscheinlich, daß Amerika nicht in den Weltkrieg hineingezogen worden wäre. Bevor er ein solches Ausfuhrverbot für Kriegsmaterialien an die kriegführenden Nationen hätte erlassen können, hätte er sich die Einwilligung des Kongresses sichern müssen, aber es hatte ja auch keinerlei Schwierigkeit gegeben, den Kongreß zu überzeugen, die notwendigen Gesetze zu erlassen, als es sich darum handelte, die gesamte Waffenausfuhr nach Mexiko zu verhindern. Der industrielle Osten hätte heftig gegen ein Ausfuhrverbot gekämpft, aber es gab auch eine starke pazifistische Strömung in vielen Teilen der Vereinigten Staaten, die rasch für die Unterstützung der Verbotspolitik eingetreten wäre. Der Präsident machte jedoch nie „die geringste Anstrengung, die notwendige gesetzliche Vollmacht zu erhalten", und das Munitionsgeschäft nahm bald solchen Umfang an, daß es, selbst wenn er hätte Schritte unternehmen wollen, um die Ausfuhr einzuschränken, mehr als zweifelhaft ist, ob der Kongreß diesen Vorschlag noch angenommen hätte.

Im Januar 1916 schrieb Professor Charles H. Hyde, eine der ersten amerikanischen Autoritäten auf dem Gebiet des Völkerrechts, an Staatssekretär Lansing wegen der Gefahren, die das Munitionsgeschäft in sich schloß. Er war sich klar darüber, daß die amerikanische Regierung eventuell ein Ausfuhrverbot auf Kriegsmaterial legen müsse, und er glaubte, daß sie das ruhig tun könne mit der Begründung, England habe sich geweigert, die amerikanischen Proteste gegen die ungesetzlichen Einschränkungen, die dem amerikanischen Handel auferlegt wurden, zu beachten oder aber mit der Begründung, der uneingeschränkte Export von Waffen an die alliierten Regierungen würde Deutschland veranlassen, „Schritte zu unternehmen, die für die Vereinigten Staaten feindlich und nachteilig" wären.

Unter den obwaltenden Bedingungen entwickelten sich die Vereinigten Staaten zu einer „Versorgungsbasis riesigen Umfangs, daß sofern keine Einschränkungen getroffen werden, der Erfolg von ganzen Armeen, wahrscheinlich sogar das Schicksal ganzer Reiche, schließlich von der Produktion amerikanischer Fabriken abhängen wird." Eine solche entscheidende Rolle würde unweigerlich Amerika dazu führen, „Partei in dem Streit" zu werden. Unter diesen Umständen obliege es Amerika, sehr sorgfältig die Entscheidung in bezug auf die Waffenausfuhr zu treffen. Es gäbe keinen Zweifel, daß vom rein gesetzlichen Standpunkt aus das Munitionsgeschäft viele Präzedenzfälle habe, die zu seinen Gunsten sprächen, aber es sei doch etwas fraglich, ob das bloße gesetzliche Recht als neutraler Staat „Kriegsmaterial an einen kriegführenden Staat zu verkaufen, um ihm die Möglichkeit zu geben, einen Gegner zu vernichten, mit dem die Vereinigten Staaten im Frieden leben, die amerikanische Bevölkerung so sehr begeistern würde, daß sie mit einem Krieg einverstanden wäre, zu dem bloßen Zweck, dieses Handelsrecht zu behalten."[48]

Die Antwort Staatssekretär Lansings auf diesen freundschaftlich warnenden Brief über die offensichtlichen Folgen des Munitionshandels ist zur Zeit für den Forscher nicht erreichbar, aber aus seinen scharfen Noten an Deutschland und Österreich-Ungarn und aus seinen offenen Enthüllungen in seinen „Kriegserinnerungen" ist es nicht schwer, sich die gleichgültige Haltung, die er einer solchen Mitteilung entgegenbrachte, vorzustellen. Krieg, nicht Frieden war sein Wunsch. Von dem Augenblick an, da er Staatssekretär wurde, wartete er auf einen Konflikt zwischen den Vereinigten Staaten und Deutschland als notwendigen Anlaß zum Kreuzzug gegen den deutschen Militarismus. Da er sich mit diesem Gedanken ständig beschäftigte, wollte er gar nicht auf Ratschläge hören, daß der amerikanische Munitionsexport eingeschränkt werden müsse. Er hatte den festen Glauben, daß man den alliierten Regierungen jegliche Unterstützung geben müsse, die bei der freizügigsten Auslegung der amerikanischen Neutralität möglich war.

Amerika befand sich schon ein gutes Stück auf dem Weg zum Krieg, und es konnte durch die schwachen Schranken neutraler Pflichten nicht mehr aufgehalten werden.

Kapitel III

Das Großkapital wittert Kriegsgewinne

Das Großkapital betrachtete die Amtseinsetzung Präsident Wilsons im März 1913 mit offener Besorgnis. Zahlreiche beunruhigende Gerüchte liefen um. Der Präsident wolle einige der liberalen Grundsätze, die er in seinen Wahlreden unmißverständlich zum Ausdruck gebracht hatte, in die Wirklichkeit umsetzen. Als Gouverneur von New Jersey war Wilson an wichtigen gesetzlichen Bestimmungen beteiligt gewesen, die in diesem Staat einen größeren Einfluß breiter Schichten sicherstellten. Als Präsident der Vereinigten Staaten könnte er vielleicht für Maßregeln eintreten, die das politische Schwergewicht von den Geldbaronen zu den Massen verlagerte. Die Wall Street beobachtete deswegen mit wachsender Unruhe jede Bekanntmachung vom Weißen Haus.[1]

Während der Amtszeit früherer Präsidenten hatte man sich sorgfältig gehütet, die feinen Fäden geschäftlicher Unternehmungen anzutasten. Wie nach den Worten der Republikaner eine geschäftliche Blüte stets „in der Luft lag", so hatte man immer das Gefühl, als könne in jedem Augenblick eine Krise eintreten. Eine geschäftliche Flaute abzuhalten, war eine der wichtigsten Aufgaben der Führer im politischen Leben. Die großen Bankiers, wie J.P. Morgan, waren sozusagen die Gradmesser der geschäftlichen Erfolge der Nation. Sie warnten die Präsidenten vor nahenden Stürmen und wiesen auf die Silberstreifen bei finanziellen Gewitterwolken hin.

Dank dieser Leitung hatte Präsident Cleveland den Staat 1895 zahlungskräftig erhalten können, und 1907 war Präsident Roosevelt dem Wink Morgans gefolgt und hatte eine Panik beruhigt, die, wie manche annehmen, von Morgan selbst beschleunigt worden war. Allerdings hatte Roosevelt unvorsichtigerweise eine Bewegung unterstützt, die darauf abzielte, geschäftliche Transaktionen zu regulieren; dies machte ihn in Finanzkreisen verdächtig, die mit sichtlicher Befriedigung dem Amtsantritt des geruhsamen Taft im Weißen Haus entgegensahen. Diese wohlempfundene Erleichterung findet kräftigen Widerhall in folgendem Brief des treuen Dieners „investierter Interessen", Joseph H. Choate, an einen vertrauten Freund:

„Taft macht einen glänzenden Anfang, und sein Kabinett ... ist recht vielversprechend. Von einem kannst Du überzeugt sein: Es wird keinerlei Geschrei, Verleumdung und andere unangenehme Geschichten geben, wie sie zuletzt das Land so mitgenommen haben. Vernunft, Gerechtigkeit und gesunder Menschenverstand werden den Sieg davontragen ... Leben, Ruf und Eigentum werden sicher sein."[2]

Die Verwaltung unter Präsident Taft, mit ihrer starken Unterstützung der Geldpolitik, war den amerikanischen Finanzführern, die die bevorstehende Verwaltung durch Wilson mit wachsendem Mißtrauen beobachteten, äußerst angenehm.[3]

Dieser Argwohn wurde bald durch das vom Präsidenten verkündigte Programm bestätigt. Sollten die darin enthaltenen Punkte Gesetzeskraft erlangen, so würden viele Bankmagnaten vergeblich nach einem Ausdruck suchen, der ihren tiefen Abscheu wiedergeben könnte. Bezeichnend für diese wichtige Gruppe war der junge „Jack" Morgan, der sichtlich alle Vorurteile seines verstorbenen Vaters gegen zudringliche Eingriffe der Regierung geerbt hatte.[4] Nachdem Wilsons Verwaltung etwas über ein Jahr gedauert hatte, bekam Morgan eine solche Wut gegen demokratische Volksaufhetzer, daß er, um seine hochgespannte Erregung zu entladen, folgenden Brief an einen guten Freund schrieb: „Von der allgemeinen Lage hier kann man überhaupt nicht reden. Ich kann gar nicht anfangen, darüber zu schreiben, aber hoffentlich habe ich das Vergnügen, Sie später einmal im Sommer oder im Herbst zu sehen, und dann können wir einander das Herz ausschütten. Eine größere Ansammlung völlig unsachverständiger und anscheinend völlig verschrobener Leute stand meines Wissens nie an der Spitze eines hervorragenden Landes, an dem sie ihre Regierungskünste versuchen. Die Mexikaner kommen weit besser weg. Ihre verschiedenen Herren morden und rauben nur, aber unsere Herren ruinieren das Land und machen weit mehr Menschen das Leben unerträglich."[5]

Am meisten beklagte sich deswegen die Geschäftswelt über Wilsons Verwaltung, weil der Präsident und der Staatssekretär den Großbanken die Nachricht zugehen ließ, sie seien beide gegen Anleihen an die kriegführenden Mächte. Dies war bloß eine Etappe in ihrer allgemeinen ablehnenden Stellungnahme gegen die Anwendung „eines wirtschaftlichen Imperialismus", der in der Weltpolitik die schwachen Völker der Gnade der kapitalkräftigen Nationen wie Großbritannien, Frankreich und Deutschland anheimgegeben hatte.

Bereits im März 1913 hatte die Administration die Bankwelt durch ihre Ablehnung gegen die Sechsmächte-Anleihe an China enttäuscht; 1914 sollten sich weitere Reibungen ergeben. Der Ausbruch des Weltkrieges brachte viele internationale Finanzfragen mit sich. Staatssekretär Bryan fürchtete, amerikanische Anleihen an kriegführende Mächte würden Bankgruppen zugunsten der Völker beeinflussen, denen sie ihr Geld liehen. Wenn die Losung der Administration Neutralität sein sollte, so durfte kein Mittel übersehen werden, sie zu erhalten. Wie der Sekretär vorausgesehen hatte, waren die großen Bankkonsortien infolge der riesigen Gewinnmöglichkeit in hohem Maße am Weltkrieg interessiert. Schon ehe es zu Feindseligkeiten kam, kabelte am 3. August 1914 das französische Bankhaus Gebrüder Rothschild an Morgan & Co. in New York und regte die Auflegung einer Anleihe von 100.000.000 Dollar an; ein beträchtlicher Anteil davon sollte in Amerika bleiben, um die französischen Ankäufe amerikanischer Waren zu decken.[6]

Am folgenden Tag sandte Morgan & Co. ein Antwortkabel an Rothschild und bedauerte, die Lage in Amerika mache es unmöglich, eine solche Anleihe aufzulegen. Die Umstände seien jedoch wahrscheinlich nur vorübergehend, und nach kurzer

Zeit „liegt die Angelegenheit vielleicht im Bereich des Möglichen und ist ausgezeichnet. Hoffen, Frage mit Ihnen so bald wie möglich aufnehmen zu können."

Wenige Tage später erkundigte sich Hermann Harjes, der Vertreter Morgans in Paris, ob Frankreich Kredit in den Vereinigten Staaten erhalten würde. Harjes gab zu, sein „größter Wunsch" sei, alles, was in seiner Macht stehe, für die französische Regierung zu tun. Falls eine größere Anleihe in den Vereinigten Staaten nicht aufgebracht werden könne, so solle man einen Kredit von mindestens 10.000.000 Dollar gegen französische Schatzanweisungen bereitzustellen versuchen. Am 11. August kabelte Harjes von neuem an Morgan & Co. und drängte auf die Gewährung einer Anleihe in Höhe von 20.000.000 Dollar gegen französische einjährige Schatzanweisungen. Die Anleihe sollte ausschließlich zum Ankauf amerikanischer Waren verwendet werden und würde in keiner Weise Gold aus den Vereinigten Staaten abziehen.[7]

In Anbetracht dieser Kabeltelegramme von den Rothschilds und von Harjes fragte Morgan & Co. beim Staatsdepartement an, welche Haltung es gegen Kreditabmachungen mit kriegführenden Mächten einzunehmen gedenke. Sekretär Bryan antwortete sofort ablehnend. In einem Brief an Präsident Wilson vom 10. August 1914 umriß er, warum er sich besonders gegen jede Anstrengung kriegführender Nationen wende, Anleihen in den Vereinigten Staaten unterzubringen. Vor allem kenne er „kein geeigneteres Mittel, Kriege zu verhindern, als ein internationales Übereinkommen des Inhalts, daß neutrale Nationen keine Anleihen an Kriegführende gewähren dürften". Die Vereinigten Staaten seien „der einzige große, nicht in den Krieg verwickelte Staat, und unsere Weigerung, kriegführenden Mächten Kredite zu gewähren, würde von Natur aus dazu beitragen, ein Ende des Krieges zu beschleunigen." Wenn die Vereinigten Staaten ferner „eine Anleihe an Frankreich guthießen, könnten wir selbstredend nichts gegen eine Anleihe an Großbritannien, Deutschland, Rußland, Österreich oder ein anderes Land einwenden. Würden Anleihen diesen Ländern gewährt, so wären unsere Bürger in Parteien gespalten, und jede Partei würde dem Land Geld borgen, das sie begünstigt. Das Geld könnte nicht vorgestreckt werden ohne Äußerungen der Sympathie. Die Äußerungen der Gesinnung bringen genug Unruhe mit sich, wenn sie nicht auf geldlichen Interessen beruhen – sie würden noch mehr Unruhe verursachen, wenn jede Partei geldlich am Erfolg der Nation interessiert wäre, an die ihre Anhänger Geld geliehen haben."

Schließlich sagte Sekretär Bryan voraus, was geschehen würde, wenn Bankgruppen in den Vereinigten Staaten Anleihen an eine der kriegführenden Nationen unterzeichnen würden. Sobald diese Anleihen erfolgreich aufgelegt wären, „kämen die mächtigen finanziellen Interessen, die mit diesen Anleihen in Beziehung stünden, in Versuchung, ihren Einfluß durch die Zeitungen zur Stütze der Regierung zu gebrauchen, der sie Geld geliehen hätten, weil der Wert der Sicherheit unmittelbar durch den Ausgang des Krieges beeinflußt würde … Dieser ganze Einfluß würde es uns um so schwieriger machen, die Neutralität aufrechtzuerhalten, als unsere Entscheidung über verschiedene entstehende Fragen die eine oder andere Seite betreffen und mächtige finanzielle Interessen in die Waagschale geworfen werden würden."

In einer Nachschrift zu diesem Brief weist Bryan den Präsidenten ferner auf eine Erklärung Lansings hin, daß „ein amerikanischer Bürger, der ins Ausland geht und sich freiwillig anwerben läßt, den Schutz seines Bürgerrechts mit seiner Verpflichtung verliert". Daraufhin hatte Lansing die Frage aufgeworfen „warum sollten Dollar, die ins Ausland fließen und Kriegszwecken dienen, mehr geschützt werden?"

Seine Überlegung über die von Lansing angeschnittene Frage schließt Sekretär Bryan folgendermaßen: „So wenig wir amerikanische Bürger daran hindern können, auf eigene Gefahr ins Ausland zu gehen, so wenig können wir verhüten, daß Dollar auf Gefahr der Eigentümer ins Ausland fließen, aber der Einfluß der Regierung wird dazu verwendet, um solcherlei zu hintertreiben. Ist die Regierung nicht im Recht, wenn sie ihren Einfluß aufbietet, um die Verwendung des Bevölkerungsvermögens in einem fremden Kriege zu verhindern?"

In diesem Augenblick besaß der Staatssekretär die Gabe des Merkur, seinen Worten Flügel zu verleihen, Worte, die dem Herzen des Präsidenten so nahe gingen, daß er folgende Sätze dem Brief des Staatssekretärs anfügte: „Nach Ansicht der Regierung ist eine Anleihe amerikanischer Bankiers an eine fremde, sich im Kriegszustand befindliche Regierung nicht vereinbar mit dem wahren Geist der Neutralität."

Am 10. August, mittags um 1 Uhr, hatte Sekretär Bryan ein Ferngespräch mit Davison von Morgan & Co. Dabei wies er auf einige Einwände hin, die das Staatsdepartement gegen die Gewährung von Anleihen an die Kriegführenden habe. Nach dieser Unterredung kabelte Morgan & Co. an Harjes, sie täten, „was sie könnten", um Kredite für die französische Regierung zu vermitteln, und die Firma wünsche nichts sehnlicher, als „zu Diensten zu sein". Obgleich keine rechtlichen Einwände gegen eine solche Anleihe vorlägen, halte man es doch für ratsam, in Anbetracht der „gespannten gegenwärtigen Umstände", keinen Schritt zu unternehmen, der der Administration „unangenehm" wäre.

Als Sekretär Bryan sicher war, daß der Präsident einer Politik der Nichtausdehnung von Anleihen an die kriegführenden Mächte zustimmen würde, sandte er am 15. August folgendes Telegramm an Morgan & Co.: „Es ist kein Grund vorhanden, Anleihen an die Regierungen neutraler Staaten nicht zu gewähren, aber der Ansicht der Regierung zufolge sind Anleihen amerikanischer Bankiers an eine fremde Nation im Kriegszustand unvereinbar mit dem wahren Geist der Neutralität."

Die Firma Morgan war zu schlau, um in diesem Augenblick die Entscheidung weiter zu treiben, und so kabelte sie widerstrebend an Harjes in Paris, sie sei infolge der ablehnenden Haltung der amerikanischen Regierung nicht imstande, „eine Anleihe für die französische Regierung zu vermitteln".

Augenscheinlich war Morgan & Co. sehr darauf bedacht, ihre harmonischen Beziehungen mit der Administration Wilsons zu erhalten und, nach den Worten Thomas W. Lamonts, wurde „jede Maßnahme der Firma in jenen schwierigen Tagen nur nach einer Rücksprache mit dem Staatsdepartement getroffen". Als Senator Nye Lamont fragte, ob er zwischen dem Hause Morgan und dem Staatsdepartement vermittelt habe, ging er in seiner Antwort auf nichts ein. „Ich kann es nicht beschwören; es ist schon mehr als 20 Jahre her." Morgan selbst drückte sich gleich unbestimmt aus: „Ich kann es gewesen sein; aber wenn es stimmt, so erinnere ich mich nicht mehr daran."

Der ablehnende Standpunkt Sekretär Bryans gegen eine Anleiheerweiterung an die Kriegführenden verhinderte für den Augenblick jede Unternehmung der Firma Morgan & Co. Frank A. Vanderlip, der Präsident der National City Bank, ließ sich aber nicht lange davon abhalten, Kreditübereinkommen für die französische Regierung abzuschließen. Vanderlip hat stolz zugegeben, von dem Augenblick an, da Deutschland in Belgien eindrang, habe er „voll und ganz auf Seiten der Alliierten" gestanden. „Alles, was er für Frankreich tun konnte", tat er gern. Aus dieser freundschaftlichen Gesinnung heraus trug er schriftlich dem französischen Botschafter, Jules Jusserand, seine Unterstützung an. Seine Bank sei der Ansicht, „augenblicklich könnten für 10.000.000 Dollar einjährige sechs Prozent Schatzscheine untergebracht werden; allerdings nicht öffentlich, sondern nur bei großen Instituten. An sie könnte man sich in anderer Weise wenden, als nur auf der Grundlage einer Kapitalanlage. Dies alles jedoch unter der Bedingung, daß von unserer Regierung in Washington kein Einwand erhoben wird und daß der Erlös dieser Sicherheiten als Depositen hier bleibt ... bis er ausschließlich für Erzeugnisse der Vereinigten Staaten verwendet worden ist."

Nach diesem Hinweis auf seine Freundschaft für Frankreich machte Vanderlip eine Geste, die den besten Stücken des Ritters ohne Furcht und Tadel gleichkam. „Wie ich zuvor erklärt habe, haben wir weder den Wunsch noch die Absicht, eine Provision für dieses Bankgeschäft einzubehalten ... Die Bank möchte diesen Dienst Ihrer Regierung frei und ohne besondere Vergütung erweisen."

Eine solche Hochherzigkeit muß Jusserand geradezu überwältigt haben, aber er faßte sich rechtzeitig und schrieb am 14. Oktober an Vanderlip. Zunächst pries er diese mittelalterliche Ritterlichkeit in finanziellen Dingen und gab zum Schluß der festen Hoffnung Ausdruck, „diese erste Tätigkeit ... möge der Anfang von bedeutenderen in baldiger Zukunft sein". Es braucht wohl nicht gesagt zu werden, daß die französische Regierung den Vorschlag „mit großem Vergnügen annahm".

Die Hauptschwierigkeit für eine Kreditausweitung an die französische Regierung war Sekretär Bryans Ablehnung von Anleihen an kriegführende Nationen vom 15. August. Aber diese Einstellung hielt anscheinend den Angriffen der Geldgrößen nicht stand und mußte Mitte Oktober teilweise aufgegeben werden. Anfang dieses Monats schickte Vanderlip einen Beamten der National City Bank nach Washington, um die finanzielle Lage mit Sekretär Bryan zu besprechen. Der Sekretär mußte vor einer Unzahl technischer Begriffe bald die Waffen strecken und willigte in einen Vermittlungsvorschlag ein, der dem Wesen nach ein „strategischer Rückzieher" gegenüber seinem Standpunkt vom 15. August bedeutete. Am 15. Oktober brachte das Staatsdepartement in der Presse eine Verlautbarung des Inhalts, der Präsident besitze keine rechtliche Handhabe, um sich in irgendeiner Weise in den Handel zwischen Angehörigen der Vereinigten Staaten und denen der kriegführenden Länder zu mischen.

Im Zusammenhang mit dieser Verlautbarung erschienen in den New Yorker Zeitungen gewisse „Stimmungsartikel", die die neue Haltung des Staatsdepartements verständlich machen sollten. Nach der „New York Times" vom 16. Oktober wurde „von hoher maßgebender Seite heute eingeräumt, daß Verladungen von Gold an kriegführende Länder oder Anleihen amerikanischer Bankiers an Bankiers oder andere Personen in kriegführenden Ländern als in der Verschiffung von Konterbandeartikeln eingeschlossen betrachtet werden sollten. Man erklärte, es bestehe ein Unterschied zwischen Anleihen der Regierung der Vereinigten Staaten an die kriegführenden Regierungen und Anleihen, die von einzelnen Bürgern ausgingen."

Die New York „World" vom 16. Oktober brachte die Behauptung, der Präsident habe J.P. Morgan und andere große Bankiers allein durch Überredung daran verhindert, Frankreich eine Anleihe zu gewähren und „nicht durch Hinweis auf die Macht, die das Haupt der Exekutive innehat". Im „Annalist" wurde die Presseverlautbarung so ausgelegt, als habe „die Regierung jetzt endgültig entschieden, daß amerikanische Bankiers Anleihen an Bankiers oder andere Personen in kriegführenden Ländern begeben könnten".

Die Beamten des Staatsdepartements machten keinen Versuch, diese Auslegungen in der New Yorker Presse richtigzustellen; sie wurden deshalb bald als amtlich angesehen. Aber die Bankwelt wollte vom Präsidenten selbst eine Versicherung haben. Deshalb ließ Vanderlip einen Vizepräsidenten der National City Bank, einen klug abgefaßten Brief an Lansing schreiben. Dieser wies zunächst darauf hin, wie der Weltkrieg die gewöhnlichen Handelswege beträchtlich eingeengt hätte, und kam dann darauf zu sprechen, wie diese Schranken am besten zu beseitigen wären. Kriegführenden Mächten wie England, Frankreich und Rußland müsse man zeitweilig Kredite gewähren, damit sich die „Kaufkraft dieser Auslandskäufer nicht nach Australien, Kanada, Argentinien und sonstwohin wende ... Wenn wir diese Käufer woanders hingehen lassen, vernachlässigen wir unseren Außenhandel zu einer Zeit, wo wir ihn am nötigsten brauchen und die beste Gelegenheit dazu haben."

Um diesem dringenden Bedürfnis zu begegnen, wäre die National City Bank besonders darauf bedacht „kurzfristige Bankkredite an europäische Regierungen – im Krieg befindliche oder neutrale – zu gewähren und würde, wenn notwendig oder wünschenswert, ihre hiesigen Barguthaben durch Ankauf kurzfristiger Schatzgarantien ergänzen. Solche Ankäufe würden nur im gesetzlichen Rahmen vorgenommen. Da diese Garantien Inhabergarantien ohne Zinsen sind, könnten und würden sie öffentlich nicht ausgegeben werden."

Dieser Brief eines Vizepräsidenten der National City Bank an Lansing hatte den Zweck, dem Berater des Staatsdepartements die vielen Punkte vor Augen zu halten, die während einer Unterredung zwischen Lansing und Samuel McRoberts am Morgen des 23. Oktober besprochen worden waren. Es ist kaum möglich, daß McRoberts – er war tatsächlich einer der Vizepräsidenten der City National Bank – diesen Brief, aus dem eben eine Stelle angeführt wurde, verfaßte. In diesem Falle hätte er Lansing den Brief kurz nach der Unterredung übergeben. Lansing eilte ins Staatsdepartement und entwarf rasch eine Denkschrift mit der Überschrift: „Zusammenfassende Darlegung über Kredite an fremde Regierungen in den Vereinigten Staaten und die Beziehung zum Handel." In dieser Denkschrift bemühte sich Lansing nicht, die Gedanken aus dem Brief des Vizepräsidenten durchzudenken und neu zu fassen. Wort für Wort übernahm er die Ausdrücke des Briefes und schob nur gelegentlich „Ich" ein, um den Anschein zu erwecken, als stammten die Ideen von ihm. An diesem Abend stattete er dem Weißen Haus einen Besuch ab und unterbreitete die Denkschrift Präsident Wilson.

Sekretär Bryan war nicht in der Stadt; so bestand keine Möglichkeit, seine Ansicht zu hören. Weder der Präsident noch der Rechtsberater der Regierung waren mit dem verwickelten Gewebe des internationalen Handels vertraut; man weiß auch nichts darüber, ob sie einen Sachverständigen des Schatzamtes hinzugezogen hatten. Aufgrund der aufschlußreichen Unterhaltung mit McRoberts glaubte Lansing vielleicht genügend gerüstet zu sein, um die Lage zu beherrschen. Außerdem hatte er die rasch nach dem Schreiben der National City Bank verfaßte Denkschrift. Mit diesen Angaben glaubte er wahrscheinlich, sich mit geringer Mühe beim Präsidenten mit seiner scheinbaren Beherrschung internationaler Finanzfragen Eindruck zu verschaffen. Die Unterredung zwischen dem Präsidenten und Lansing war kurz und führte zu einer Entscheidung. Lansings Denkschrift wurde sorgfäl-

Thomas Woodrow Wilson (links) war als Vertreter der Demokratischen Partei von 1913–21 Präsident der Vereinigten Staaten. Die Regierung Wilson arbeitete eng mit den großen amerikanischen Bankhäusern zusammen, insbesondere mit Morgan & Co. John Pierpont Morgan sen. (rechts) begründete maßgeblich den Einfluß des Bankhauses.

tig durchgelesen und durchgesprochen, dann ergriff der Präsident die Initiative und legte dem Rechtsberater folgendes dar: „Ein wesentlicher Unterschied besteht zwischen der Ausgabe von Schuldverschreibungen einer Regierung, die am freien Markt zur Geldanlage ausgelegt werden und einem Übereinkommen zum Zweck einer leichten Tilgung von Schulden, die durch Handelsbeziehungen zwischen einer Regierung und amerikanischen Kaufleuten eingegangen worden sind. Der Verkauf von Schuldverschreibungen entzieht der amerikanischen Bevölkerung Gold. Die Käufer von Schuldverschreibungen leihen ihre Ersparnisse der kriegführenden Regierung und finanzieren in Wirklichkeit den Krieg. Die Annahme von Schatzanweisungen oder anderen Schuldscheinen als Zahlung für in den Vereinigten Staaten gekaufte Artikel, ist nur ein Mittel, um den Güteraustausch durch ein Kreditsystem zu erleichtern, das die umständliche und unpraktische Barzahlung umgeht … Eine Abmachung dieser Art braucht der Regierung zur Stellungnahme nicht unterbreitet zu werden, da sie sich über Anleihen im allgemeinen geäußert hat. Voraussetzung dafür ist, daß ein Kreditabkommen sich auf eine Handelsschuld beziehen muß und keine Anleihe darstellen darf."

An dieser durch Lansing beeinflußten Entscheidung des Präsidenten sieht man deutlich, wie einflußreiche Bankgruppen Lansing als Sprachrohr ihrer Propaganda gebrauchten. Ferner ergibt sich, daß Lansing weit mehr Einfluß auf den Präsidenten hatte, als gewöhnlich angenommen wird. In diesem Fall bedeutet die Entscheidung des Präsidenten eine deutliche Änderung in der Haltung der Regierung gegen das Großkapital, und sie „bedeutete ein Abrücken von dem Standpunkt, der auf ‚dem wahren Geist der Neutralität' aufgebaut war, zugunsten einer ‚strikten Gesetzlichkeit'".

Am Abend des 24. Oktober traf Lansing Willard Straight im Metropolitan Club in Washington und berichtete ihm sofort, der Präsident verhalte sich gegenüber einer Annahme von Schatzscheinen kriegführender Nationen durch amerikanische Bankiers nicht ungünstig. Für einen stellvertretenden Staatssekretär war es sicherlich ungewöhnlich, einem bloßen Bekannten eine so geheime Nachricht anzuvertrauen. Seine Handlungsweise erhält besondere Bedeutung, wenn man sich daran erinnert, daß Straight viele Jahre lang eng mit dem Hause Morgan verbunden war und zu jener Zeit tatsächlich in dessen Diensten stand.[8] Anscheinend stand Lansing auf gutem Fuß mit Agenten der Wall Street; seine spätere starke Befürwortung umfangreicher Anleihen an kriegführende Nationen überrascht deshalb nicht.

Möglicherweise war Lansing bei dieser Gelegenheit redseliger als gewöhnlich, und es kann wohl sein, daß er seine vertraulichen Äußerungen nicht allein den empfänglichen Ohren Straights mitteilte. Vielleicht hat Straight selbst mit gewissen Freunden von dieser Besprechung mit dem Berater des Staatsdepartements gesprochen. Auf jeden Fall schrieb Botschafter Jusserand am 25. Oktober, am Tage nach der Besprechung Lansing-Straight, folgenden Brief an Samuel McRoberts von der National City Bank: „Ich halte es für angebracht, Ihnen vertraulich einige Informationen zu übermitteln, über deren Richtigkeit ich keine Zweifel hegen kann, wonach die zuständigen Behörden (Wilson-Lansing-McAdoo) zwar keine „Genehmigung", die niemand wünscht und braucht, erteilen, aber auch keine Einwände erheben werden."

Auf diese beruhigenden Nachrichten hin kündigte die National City Bank in der „New York Times" (am 30. Oktober 1914) an, Abmachungen stünden vor dem Abschluß, um der französischen Regierung einen Sonderkredit von 10.000.000 Dollar einzuräumen. Am 4. November erfolgte die offizielle Bestätigung dieser Abmachung; so wurde der Grundstein des riesigen Gebäudes amerikanischer Geldhilfe an die Alliierten in aller Form gelegt.

Vom volkswirtschaftlichen Standpunkt aus waren die Kreditabmachungen mit den alliierten Mächten von lebenswichtigem Interesse für Amerika. Viele Jahre lang entstand im amerikanischen Außenhandel in der ersten Hälfte jeden Jahres eine bedeutende passive Handelsbilanz für die Vereinigten Staaten. Während der zweiten Hälfte jeden Jahres wurde diese ungünstige Handelsbilanz durch bedeutende Schiffsladungen Weizen, Mais, Baumwolle, Tabak und andere Erzeugnisse aus amerikanischen Häfen wieder ausgeglichen, aber diese Verschiffungen waren durch den Ausbruch des Weltkrieges im August 1914 schwer in Mitleidenschaft gezogen worden. Im Spätsommer 1914 hatte sich in London eine kurzfristige amerikanische Verschuldung von annähernd 250.000.000 Dollar angesammelt, die entweder durch Ausfuhr amerikanischer Waren oder durch Bezahlung in Gold aufgebracht werden mußte. Im Oktober 1914 besuchte Sir George Paish vom britischen Schatzamt die Vereinigten Staaten auf eine Einladung von McAdoo, dem Sekretär des Schatzamtes. In seinen Unterredungen mit amerikanischen Regierungsbeamten und Bankiers wies er häufig auf die Notwendigkeit hin, diese große amerikanische Verschuldung in Ordnung zu bringen, und am 19. Oktober sprach er im Weißen Haus vor, um die Lage mit Präsident Wilson zu erörtern.

Offenbar hatte Amerika nur eine Möglichkeit, und diese bestand in der Vermehrung der Ausfuhr, und zwar am besten dadurch, daß man von den alliierten Mächten große Aufträge für Kriegsmaterialien hereinbekam. Dann erhob sich die Frage, wie die Alliierten selbst diese Käufe begleichen konnten. Die Antwort lag auf der Hand, drei Lösungen waren möglich. Erstens konnten die alliierten Regierungen in Gold bezahlen, aber diese Methode war nicht durchführbar.[9] Zweitens konnten die Regierungen alle im Besitz ihrer Staatsangehörigen befindlichen amerikanischen Wertpapiere sicherstellen und sie auf dem amerikanischen Geldmarkt verkaufen. Dieses Verfahren wurde in hohem Maße ausgenutzt, aber es ergaben sich nicht genügend Mittel zur Finanzierung der Kriegskäufe. Drittens konnten die alliierten Mächte ungeheure Anleihen in den Vereinigten Staaten auflegen. Das stand im Widerspruch zu dem Standpunkt der Regierung über Anleihen an kriegführende Mächte. Erst als Sekretär Bryan aus dem Kabinett ausgetreten war, änderte die Regierung ihre Politik.

Im Herbst 1914 begannen die Alliierten, große Aufträge auf Kriegsmaterialien in den Vereinigten Staaten unterzubringen. Ihre günstige Handelsbilanz ermöglichte die Finanzierung dieser Ankäufe, und andere kurzfristige Kreditabkommen trugen bald dazu bei, das amerikanische Ausfuhrvolumen anschwellen zu lassen. Henry P. Davison von der Firma Morgan erkannte rasch, daß die alliierten Regierungen eine Stelle zur Vermittlung ihrer Ankäufe brauchten. Mit diesem Gedanken kabelte er an E.C. Grenfell von der Londoner Zweigstelle von Morgan & Co. und wies nachdrücklichst darauf hin, das Haus Morgan habe infolge der großen Ankäufe der alliierten Mächte in den Vereinigten Staaten eine ungewöhnlich günstige Gelegenheit, sich zu betätigen. Kürzlich habe er mit Basil Blackett vom britischen Schatzamt eine Unterredung gehabt, und dieser habe bedauert, daß die alliierten Regierungen keine „Vermittlungsstelle" hätten, durch die alle Kriegsaufträge geleitet werden würden. Blackett sei sehr dafür eingetreten, Morgan & Co. mit dieser Vermittlungsstelle zu betrauen und ihr die Vollmacht zu übertragen, im Namen aller Verbündeten zu handeln und die Käufe einander entsprechend anzupassen.

Am nächsten Tag kabelte Davison erneut an E.C. Grenfell und teilte ihm den Inhalt einer Unterredung mit Sir George Paish vom britischen Schatzamt mit. Paish sei gleichfalls für eine einheitliche Vermittlungsstelle, und es sei ihm „recht angenehm", wenn das Haus Morgan diese Rolle übernehmen würde.

Als Ergebnis der Unterredungen mit Blackett und Paish legte Davison dem Bankier J.P. Morgan dringend nahe, sich „eiligst einzuschiffen" und „den britischen Behörden als erster dieses Angebot zu machen". Morgan hielt den Gedanken für ausgezeichnet, aber es schien ihm besser, wenn Davison selbst den Versuch unternahm. „Nehmen Sie den nächsten Dampfer", wandte er ein. „Das ist Ihre Idee. Gehen Sie hinüber und legen Sie sie dar. Wenn Sie mich dann brauchen, komme ich."

Am 26. November fuhr Davison nach London und wurde bald in das Vertrauen des Kabinetts gezogen. Nicht lange dauerte es, bis sein Rat über verschiedene schwierige und dringende finanzielle Fragen eingeholt wurde. Von einem Plan, der jeder Anforderung genügen würde, konnte Davison nicht loskommen: eine einheitliche finanzielle Regelung für alle alliierten Mächte. Lloyd George griff diesen Gedanken sofort auf und schlug zum Zeichen seiner warmen Zustimmung kräftig auf den Tisch. Andere einflußreiche Männer in bedeutenden Stellungen unterstützten Davisons Vorschlag und bahnten so den Weg für ein endgültiges Abkommen. Morgan & Co. hatte die größte Freude darüber, wie geschickt Davison die Sache anfaßte und sandte am 24. Dezember die „herzlichsten Glückwünsche". Man versuchte jedoch, Davisons Optimismus durch eine freundschaftliche Warnung zu dämpfen, die in folgende Worte gekleidet war: „Sind sehr erfreut darüber, daß Verhandlung gut gedeiht. Seien Sie nicht allzu enttäuscht, wenn kein Abschluß zustandekommt. Solcherlei fällt oft im letzten Augenblick ins Wasser."

Vier Tage später kabelte Davison, die National City Bank habe sich erboten, Geschäfte für die britische Regierung unter „günstigeren Bedingungen" zu tätigen als Morgan & Co. und habe dadurch die Angelegenheit verwickelter gemacht. Davison ließ sich jedoch nicht einschüchtern, und die Unterhandlungen gingen weiter. Sir Edward Grey teilte am selben Tag Spring Rice in Washington mit, die „Geschäftsverbindung" mit Morgan & Co. habe in keiner Weise etwas „mit Finanz- oder Kreditfragen zu tun". Sie sollten nur Vertreter für „alle vom Kriegsministerium und der Admiralität in den Vereinigten Staaten getätigten Einkäufe sein". Spring Rice sollte Morgan erklären, seine Firma dürfe nur als Handelsagentur auftreten und nicht „in Unterhandlungen politischer Natur mit der Administration hineingezogen werden oder ihren Einfluß spielen lassen, um sich gegen ein Verfahren oder ein Gesetz zu wenden, das unseren Interessen abträglich wäre. Interessen dieser Art sollten ausschließlich diplomatischen Schritten überlassen bleiben."

Am 29. Dezember berichtete Spring Rice an Sir Edward Grey, er habe mit Morgan gesprochen, und dieser sei sofort darauf eingegangen, daß seine Firma „keinen politischen Einfluß geltend machen solle", und daß das in Frage stehende Geschäft nur „nach streng kaufmännischen Gesichtspunkten" betrieben werden dürfe. Da dies der Wahrheit entsprach, glaubte Spring Rice nicht, daß „der Kongreß oder die Administration irgendeinen Einwand erheben würden."

Damit war alles erledigt. Man konnte einen Schritt weitergehen und den Vertrag unterzeichnen; die Firma Morgan & Co. würde als Handelsbevollmächtigte der britischen Regierung auftreten und in dieser Eigenschaft „die größten Anstrengungen machen, um für die Regierung Seiner Majestät die besten Bedingungen hinsichtlich Qualität, Preis, Lieferung, Diskonte und Rabatte zu sichern". Ausdrücklich war vorgesehen, daß die britische Regierung nicht verpflichtet war, alle Käufe durch die Firma Morgan zu tätigen, aber falls besondere Einkäufe getätigt würden, sollte Morgan & Co. darüber „völlig auf dem laufenden gehalten werden". Für ihre Mühe bei den Ankäufen für die britische Regierung würden Morgan & Co. eine Kommission von zwei Prozent auf die ersten 10.000.000 Pfund Einkäufe (Nettopreise) und ein Prozent Kommission auf alle Käufe, die einen solchen Betrag überschreiten, erhalten.[10] Während diese Vereinbarungen, die Morgan & Co. zum amerikanischen Handelsagenten für die britische Regierung machen sollten, sich ihrem Ende nahten, schrieb Senator Stone, der Vorsitzende des Senatsausschusses für Auswärtige Angelegenheiten, einen Brief an den Staatssekretär über die Politik der Regierung gegen die kriegführenden Mächte. Abschnitt 13 dieses Briefes bezieht sich auf eine angebliche „Änderung der Politik" hinsichtlich „allgemeiner Anleihen" und „Kreditanleihen". Sekretär Bryan ließ nahezu zwei Wochen verstreichen, ehe er eine lange und ausführliche Antwort gab, in der er die Sache der Anleihen an kriegführende Nationen erörterte. Dem Sekretär schien klar zu sein, daß „ein deutlich abgrenzbarer Unterschied besteht zwischen einer Kriegsanleihe und dem Ankauf von Waffen und Munition. *Der Grundsatz, Kriegsanleihen nicht zu billigen, betrifft alle Regierungen gleichermaßen, so daß die Mißbilligung keine gegen die Neutralität verstoßende Handlung ist.* Der Fall liegt gänzlich anders bei Waffen und Munition, weil sich ein Ausfuhrverbot nicht nur anders auf die im Kriegszustande befindlichen Nationen auswirken könnte, sondern tatsächlich auswirken würde."

Eine Anleihe an eine kriegführende Nation würde die amerikanischen Geldgeber auf die Seite des Landes bringen, dessen Schuldverschreibung sie gekauft haben. Dagegen sind Kaufverträge und „Verkäufe von Konterbandewaren eine rein kaufmännische Angelegenheit. Wenn der Erzeuger nicht ganz besonders gefühlsmäßig eingestellt ist, verkauft er an die eine kriegführende Macht ebenso gut wie die andere. So entsteht keine allgemeine parteiische Stimmung – eine Ursache für besondere Sympathien ist nicht vorhanden."

Sekretär Bryan teilte zum Schluß Senator Stone mit, das Staatsdepartement „habe keine Nachricht darüber, daß ausländische Regierungen in den Vereinigten Staaten Anleihen eingegangen seien, seitdem der Präsident den Wunsch ausgedrückt habe, Anleihen dieser Art sollten nicht getätigt werden".

Allem Anschein nach erkannte Sekretär Bryan nicht, wie stark die wirtschaftliche Bindung durch die Gewährung großer Kredite von seiten amerikanischer Bankiers zwischen den alliierten Regierungen und den Vereinigten Staaten sein würde. Er schien die Tatsache übersehen zu haben, daß ein geringer Unterschied zwischen Kredit und Anleihe besteht.[11] Diese erlaubten Kredite veranlaßten die einflußreichsten Kreise Amerikas, auf die Seite der Alliierten zu treten. Klar und deutlich konnte man entnehmen, daß die führenden Finanzblätter in den Vereinigten Staaten nur einen geringen Vorwand brauchten, um die Sache der Alliierten zu ihrer eigenen zu machen. Bereits am 16. September 1914 legte der Herausgeber von „Commerce and Finance" dar, wie er sich gegen England verhalte: „Eine theoretische Neutralität kann uns heute nicht daran hindern, den Mut der Engländer zu bewundern, mit ihnen zu leiden und auf einen englischen Erfolg zu hoffen."

Ein paar Wochen später drückt der Herausgeber diese Stimmung von neuem aus: „Die anglo-amerikanische Finanzpolitik wird wahrscheinlich einheitlicher. Sir George Paish und Basil Blackett, die letzten Freitag in New York ankamen und sich jetzt in Washington aufhalten, werden den Grund dazu gelegt haben... Der Gedanke an einen deutschen Sieg schien Sir George Paish völlig unmöglich; in dieser Hinsicht denkt er wie alle Engländer und die meisten Amerikaner. Die peinliche Beschränkung durch die unserer Zeitung auferlegte Neutralität hindert uns, mehr darüber zu sagen."

Das „Wall Street Journal" plagte sich mit keiner „redaktionellen Neutralität" herum und ließ sich im Verlauf des Krieges keine Gelegenheit entgehen, die Mittelmächte in den maßlosesten Ausdrücken zu verdammen.

Am 4. Januar greift C.W. Barron in bitteren Worten Deutschland als Anstifter des Weltkrieges an, und drei Wochen später erscheint ein langer Bericht über angebliche deutsche Grausamkeiten in Belgien. Mitten in diesen feindseligen Zeilen weist der Herausgeber auf die bedeutende Tatsache hin, bereits am 15. Januar 1915 hätten die alliierten Regierungen etwa für 500.000.000 Dollar Munition und Kriegsmaterial erhalten.

Die „Commercial and Financial Chronicle" nimmt von den Auslassungen C.W. Barrons mit Befriedigung Kenntnis, und in einer Besprechung von Barrons Buch „The Audacious War" finden sich folgende empfehlende Worte: „Jeder, der an die Sache der Alliierten glaubt – und wer in Amerika glaubt nicht daran? – wird dieses Buch lesen ... In der Art, wie es die Deutschen und ihren Kaiser behandelt, ist es entschieden einseitig; aber das bedeutet nicht, daß es unfair oder ungerecht ist."

Sir Cecil Spring Rice, der britische Botschafter in Washington, war sich über die Bedeutung dieser finanziellen Unterstützung völlig im klaren. Er war entschlossen, mit ihrer Hilfe gegen den Standpunkt der Regierung, keine Anleihen an kriegführende Mächte zu gewähren, vorzugehen. Am 21. Januar, also einen Tag nachdem Sekretär Bryan seinen Brief an Senator Stone gesandt hatte, richtete Spring Rice ein scharfes Schreiben an den Staatssekretär, das einer Herausforderung gleichkam. Seiner Ansicht nach habe man in England immer mehr den Eindruck, als sei die amerikanische Regierung absichtlich unfreundlich. Einer der Hauptgründe, die zur Verbreitung dieses Eindrucks beigetragen haben, sei die Tatsache, daß „ein amerikanisches Bankhaus keine Anleihe an eine der verbündeten Regierungen ausgeben durfte".

Da dieser Brief nicht sofort von Sekretär Bryan beantwortet wurde, machte das Haus Morgan seinen Einfluß geltend. Das große Bankunternehmen war dazu in der Lage. Ein Vertrag mit der französischen Regierung ermächtigte die Firma, als Einkaufsagent in den Vereinigten Staaten aufzutreten.[12]

Als Vertreter der britischen und französischen Regierung gewann Morgan & Co. in Finanzkreisen beträchtliches Ansehen, und dieses Ansehen war bei gewissen Ratgebern Präsident Wilsons, wie Lansing und Sekretär McAdoo, ausschlaggebend. Bereits ehe der Vertrag am 20. Mai 1915 mit der französischen Regierung unterzeichnet worden war, setzte sich Morgan & Co. mit dem Staatsdepartement in Verbindung, um beträchtliche kurzfristige Kredite in den Vereinigten Staaten für Frankreich zu vermitteln. Am 25. März 1915 teilte man Sekretär Bryan in einem gemeinsamen Brief, der von J.P. Morgan & Co., der National City Bank und der First National Bank von New York unterzeichnet war, mit, die französische Regierung habe „sehr große Unkosten bei der Transferierung von Kapitalien nach Amerika". Deswegen halte man es für notwendig, Frankreich „zeitweiligen Kredit" in den Vereinigten Staaten einzuräumen, um dringende Verpflichtungen für amerikanische Erzeugnisse zu decken. Um diesem Bedürfnis entgegenzukommen, hätten die drei Bankfirmen vor, für 50.000.000 Dollar einjährige Schatzanweisungen der französischen Regierung auszubeuten; die eingehenden Beträge sollten in den Vereinigten Staaten verbraucht werden.

Als dieser Brief an Sekretär Bryan abgegangen war, kabelte Morgan & Co. an Harjes in Paris, sie hätten die Angelegenheit „der Regierung in Washington vorgelegt, so daß bestimmt kein Einwand zu erwarten ist". Am 29. März wurde eine zweite Kabeldepesche mit der erfreulichen Nachricht abgeschickt, das Staatsdepartement habe keinen Einwand erhoben. Botschafter Jusserand war offenbar in enger Fühlung mit Lansing, denn er teilte sofort (am 30. März) den drei Bankhäusern mit, die französische Regierung habe ihren Vorschlag mit gewissen Änderungen angenommen. Als endlich alle Abmachungen zwischen dem Staatsdepartement, den drei Bankfirmen und der französischen Regierung zu aller Zufriedenheit erledigt waren, gab der Staatssekretär am 31. März 1915 folgende Verlautbarung in der Presse heraus: „Das Staatsdepartement wurde von Zeit zu Zeit offen oder versteckt darauf hingewiesen, kriegführende Nationen hätten mit Banken in den Vereinigten Staaten Kreditabkommen in verschiedener Höhe getroffen. Während Anleihen an Kriegführende nicht gebilligt werden konnten, hielt es die Regierung nicht für gerechtfertigt, sich der erwähnten Kreditabkommen zu widersetzen. Eine Billigung oder Mißbilligung erfolgte nicht, auch schritt die Regierung nicht dagegen ein und gab keine Meinungsäußerung ab."

Nachdem sich das Staatsdepartement keineswegs ablehnend verhielt, war es für Morgan & Co. höchste Zeit, den Bundesreserverat in Washington zu einer günstigeren Haltung hinsichtlich der Rediskontierungen zu veranlassen. Bereits am 4. Januar 1915 sah Morgan voraus, daß die Forderungen der französischen Regierung derart anwachsen würden, daß eine bloße Kreditausweitung aufgrund der französischen Schatzanweisungen nicht mehr genüge, um das rasch anwachsende Exportvolumen zu decken. Bedeutende amerikanische Bankhäuser waren bereits recht großzügig gegen Akzepte, die ausländische Regierungen zur Begleichung amerikanischer Waren ausgestellt hatten. Es erhob sich somit die Frage, ob die Akzepte von den Bundesreserve-Banken rediskontiert und so die Bedürfnisse ausländischer Regierungen gedeckt würden, oder ob sich die Bundesreserve-Banken weigern und die Regierungen zwingen würden, ihre Finanzierung auf dem Wertpapiermarkt durch Verkauf von langfristigen Schuldverschreibungen oder kurzfristigen Schatzanweisungen vorzunehmen. In dem Gesetz, das dem System der Bundesreserve-Banken zugrunde liegt, ist ausdrücklich vorgesehen, daß die Bundesreserve-Banken nur die Obligationen von Staaten und Gemeinden der Vereinigten Staaten kaufen dürften. Die Finanzierung fremder Regierungen war „absichtlich vom Gesetz ausgenommen". Deshalb konnte keine Bank ihre Akzepte zur Rediskontierung bei einer Bundesreserve-Bank bankfähig machen, wenn die Akzepte auf eine ausländische Regierung liefen. Ein kaufmännisches Unternehmen könnte jedoch leicht für eine ausländische Regierung handeln, und die Akzepte einer solchen Firma wären bankfähig für die Rediskontierung bei einer Reservebank.

Wo ein Wille ist, ist ein Weg. So kam man darauf, wie man die Bundesreserve-Banken dazu benutzen könnte, um die Ankäufe der Alliierten zu finanzieren. Zunächst mußte der Dollarkurs für die britische Regierung günstiger werden. Bezeichnend ist, daß die amerikanischen Bankiers und das Bundesreservesystem sich besser diesem Bedürfnis anpassen konnten als die Engländer selbst. Am 18. Februar 1915 kabelte Morgan & Co. an Grenfell in London, er solle sofort zusammen mit der englischen Regierung einen umfassenden Plan zur Regelung des Dollarkurses ausarbeiten. Grenfells Antwort am folgenden Tag muß für das Haus Morgan eine sehr unangenehme Überraschung gewesen sein: „Gouverneur der Bank von England und ich bringen unmöglich Behörden dazu, augenblicklich eine umfassende Aktion in der Finanzfrage zu unternehmen. Schatzkanzler und Kollegen sind mit anderen Dingen so beschäftigt, daß sie dieser Sache nicht die richtige Aufmerksamkeit schenken können. Wir sind der Meinung, die Börsenlage kann sich verschlechtern, ehe die entsprechenden Maßnahmen getroffen worden sind. Ihnen mag das sehr töricht vorkommen, aber wenn Sie sich an Ihre eigenen Erfahrungen im Verkehr mit Beamten der Regierung erinnern, werden Sie einsehen, daß es häufig unmöglich ist, ihnen eine schwierige Lage klarzulegen. H.P. Davison kennt die Einstellung des Schatzkanzlers; er wird unsere Schwierigkeit besonders gut begreifen."[13]

J.P. Morgan selbst war wegen der Finanzfrage so in Sorge, daß er Grenfells Antwort nicht abwartete, sondern am 18. März nach England fuhr. Kaum war er in London, als er an sein New Yorker Büro kabelte: „alle Möglichkeiten bearbeiten, durch die wir flüssige Mittel erlangen können ... Strong fragen, ob Direktorium der Bundesreserve-Bank sich entschlossen hat, den Ankauf von Wechseln durch die Bundesreserve-Banken gutzuheißen, die durch Aktienbanken hier auf Akzeptoren in den Vereinigten Staaten gezogen sind, wobei die Beträge für Exportmaterial verwendet werden."

H.P. Davison kabelte die beruhigende Antwort zurück: „Strong abwesend. Mit Pierre Jay konferiert; er behauptet, die Sache werde eben erwogen. Jay versichert mir, er und Strong, der Montag zurückkehrt, werden ihr möglichstes tun, um Beratung und Erledigung dieser Sache zu beschleunigen."

Benjamin Strong war Direktor der Bundesreserve-Bank von New York und ein intimer Freund J.P. Morgans. Davison kannte ihn so gut, daß er am 9. April an den „Lieben Ben" schrieb und Morgans Kabeltelegramm über die Annahme von Wechselakzepten durch die Bundesreserve-Bank beilegte.

Strong war anscheinend schon lange auf die Wünsche Morgans eingegangen; so schickte Davison am folgenden Tag ein Kabeltelegramm an Morgan, das deutlich die Interessengemeinschaft zwischen Morgan & Co. und der Bundesreserve-Bank von New York zeigt: „Strong benachrichtigt uns, der Bundesreserverat sei zu einem Entschluß gekommen. So können seiner Meinung nach Wechsel, die von Londoner Bankiers oder Kaufleuten ausgestellt und von New Yorker Banken oder Bankiers angenommen worden sind, und deren Beträge zur Bezahlung für Exportwaren gebraucht werden, von den Bundesreserve-Banken angenommen werden."[14]

Morgan freute sich besonders, als er von diesem günstigen Beschluß erfuhr und ersuchte Davison sofort, Strong von der großen Wertschätzung zu informieren, die das Haupt des Hauses Morgan für ihn habe.[15] Dieser Beschluß konnte jedoch nicht allen unmittelbaren Bedürfnissen der alliierten Mächte abhelfen, und offenkundig mußte bald etwas Wesentliches für Frankreich unternommen werden. Bereits am 29. März gingen Morgan & Co., die National City Bank und die First National Bank von New York City einen Vertrag mit der französischen Regierung ein, wodurch sie über einen großen Posten einjähriger Schatzanweisungen der französischen Republik im Betrag von 25.200.000 Dollar verfügen konnten. Aber diese Erleichterung war nur vorübergehend, und eine erneute Kreditausweitung würde bald folgen müssen. Frankreich hatte Glück; in diesem Augenblick wurde die internationale Finanz in die wichtige Frage der diplomatischen Beziehungen zwischen den Vereinigten Staaten und Deutschland verwickelt.

Am 7. Mai wurde die „Lusitania" durch ein deutsches U-Boot versenkt, und viele Amerikaner verloren das Leben. Die Stimmung Amerikas gegen Deutschland wurde ausgeprägt feindselig, und so schien den alliierten Mächten die Zeit sehr günstig, früher verweigerte finanzielle Zugeständnisse zu sichern.

Mit dieser Absicht kabelte Harjes an Morgan & Co., „die öffentliche Meinung in den USA verhält sich gegenüber geldlichen Verpflichtungen Kriegführender günstiger als einige Wochen zuvor. Infolgedessen hat eine finanzielle Abmachung mit Frankreich mehr Aussicht auf Erfolg." Morgan & Co. meinten jedoch, die Lage sei „mit Rücksicht auf die Note des Präsidenten an Deutschland keineswegs klar". Man glaubte infolgedessen, der Augenblick sei „ungeeignet" einen „allgemeinen Finanzierungsplan" ins Auge zu fassen.

Im Juni 1915 war die französische Regierung in solcher Not, daß Morgan & Co., die First National Bank und die National City Bank an Rothschild Frères, Paris, 30.000.000 Dollar für ein Jahr bei 5 Prozent Zins liehen. Die Solawechsel der Rothschild Frères sollten durch Hinterlegung (als kollateral) von Pfandbriefen der Chicago-, Milwaukee- und St. Paul- und der Pennsylvania-Eisenbahngesellschaft sichergestellt werden. Mit nachfolgenden Erhöhungen erreichte diese Anleihe eine Gesamtsumme von 44.436.395 Dollar. Auf diese Weise erfüllte man die dringenden Anforderungen der französischen Regierung.

Kapitel IV

Die goldenen Ketten

Die finanzielle Verflechtung Amerikas mit den alliierten Regierungen entstand im Jahr 1915. Sie war eine Folge der unermüdlichen Anstrengungen des Hauses Morgan, den rasch wachsenden Umfang der amerikanischen Ausfuhr nach Europa zu finanzieren. Als weiterhin umfangreiche Aufträge für Kriegsmaterial nach Amerika flossen, ohne daß entsprechende Mittel zu ihrer Deckung vorhanden waren, verschlimmerte sich die Devisenlage ständig. H.P. Davison von Morgan & Co. sah ein, daß sofort etwas geschehen müsse; er kabelte infolgedessen an die Londoner Niederlassung seines Hauses und sprach seine Befürchtungen aus. Seiner Ansicht nach konnten die Dinge nicht „blindlings weitergehen. Ich habe deshalb den Eindruck, die Behörden müssen irgendeine Lösung vorhaben, und wir möchten herausbekommen, um was es sich dreht. Wir brauchen ausländisches Gold nicht. Für uns wäre es in Wahrheit eine Gefahr und könnte zur Inflation führen ... Wir brauchen einen Kredit in Höhe von 200.000.000 oder 300.000.000 Dollar. Es muß bald eine gemeinsame Regierungsanleihe aufgelegt oder sonst durch Aktienbanken auf kollateraler Basis Kredit eingeräumt werden, oder beides ... Selbstredend interessieren wir uns im höchsten Grade für diese ganze Devisengeschichte, obwohl sie tatsächlich die Alliierten angeht."

Nach kurzem Aufenthalt in England kehrte J.P. Morgan im Mai 1915 in die Vereinigten Staaten zurück. Nun eilte Davison nach London, um die britische Regierung zu einem wirksamen Schritt zu überreden; er war zu der Überzeugung gelangt, die Devisenlage erfordere sofortige Hilfsmaßnahmen. Am 23. Juni kabelte er an Morgan, die britische Regierung sei noch darüber im unklaren, was sie in der Devisenfrage tun solle. Man hatte sich erkundigt, was er von einer großen amerikanischen Anleihe an die britische Regierung halte, und er hatte die Meinung zu vertreten gewagt, man könne vielleicht beim amerikanischen interessierten Publikum eine Anleihe von 250.000.000 Dollar unterbringen.

Zufällig war Morgan in Cambridge bei den Aufnahmeprüfungen zur Harvard-Universität. Man erreichte ihn telephonisch, und er besprach die Frage mit seinen

Teilhabern. Seiner eigenen Ansicht nach hatte die deutsche Propaganda durch Betonung der Schwäche der alliierten Mächte eine ungünstige Einstellung „der öffentlichen Meinung gegen eine Anleihe an Kriegführende" hervorgerufen. Durch Bildung eines Banksyndikates könnte es aber gelingen, der britischen Regierung eine Anleihe in Höhe von 100.000.000 Dollar zu vermitteln.

Die First National Bank urteilte „sehr pessimistisch" über die Fähigkeit des amerikanischen Marktes, „etwa 250.000.000 Dollar aufzunehmen", und die National City Bank hatte „annähernd" dieselbe Einstellung. Frank A. Vanderlip von der National City Bank meinte, es könne dem Banksyndikat „sehr schwer" fallen, „eine große öffentliche Anleihe an die Alliierten zu vermitteln", solange das Staatsdepartement eine Antwort von der deutschen Regierung über die Versenkung der „Lusitania" erwarte. McRoberts von derselben Bank war ganz anderer Ansicht. Er war überzeugt, die Regierung habe ihren Wunsch bereits dahingehend ausgedrückt, sie wolle „im voraus nicht gefragt werden".

Am 25. Juni kam Davison auf eine Krediterteilung an die alliierten Mächte zurück und erkundigte sich, ob eine gemeinsame Anleihe an Großbritannien und Frankreich (und möglicherweise Rußland) einen besseren Markt in den Vereinigten Staaten hätte. Darüber bestand kein Zweifel, daß eine große Anleihe unbedingt notwendig war. Davison glaubte, die im Januar 1916 fälligen Devisen würden sich annähernd auf 400.000.000 Dollar belaufen.

Morgan erwiderte am folgenden Tage, eine gemeinsame Anleihe an Großbritannien, Frankreich und Rußland würde „an sich einen besseren Markt" in den Vereinigten Staaten finden, und man könne ein Syndikat zur Vermittlung einer Anleihe von 100.000.000 Dollar bilden. Die Hauptschwierigkeit bestehe darin, daß entweder „die deutsche Propaganda" oder die „gewöhnliche Idiotie der Zeitungsschreiber" die Angelegenheit dadurch verwickelt hätten, daß sie die Fähigkeit der verbündeten Mächte, eine solche Anleihe zurückzuzahlen, anzweifelten. Deshalb werde es gut sein, „eine gewisse Zeit darauf zu verwenden, die Sache zu inszenieren und gehörig für das Angebot vorzubereiten".

Etwa zehn Tage später kabelte Morgan & Co. an Davison und berichtete über gewisse Unterredungen mit Vanderlip und Rich wegen Anleihen an britische Bankinstitute. Wenn englische Aktienbanken oder andere Finanzinstitute in London eine neue Gesellschaft mit einem großen Stammkapital bilden und sich die Kontrolle über große Posten amerikanischer Wertpapiere sichern würden, dann könnte man für diese englische Gesellschaft in den Vereinigten Staaten eine sichergestellte Anleihe bis zum Betrag von 500.000.000 Dollar auflegen.

Am 7. Juni sandte Morgan & Co. ein streng vertrauliches Kabeltelegramm an Davison. Rich von der National City Bank habe das Haus Morgan eben davon in Kenntnis gesetzt, die Hypothekenbanken in Wall Street zeigten „keine große Begeisterung für eine britische Anleihe". Trotz dieser entmutigenden Tatsache wäre es doch noch möglich, eine Anleihe für die alliierten Mächte in Höhe von 100.000.000 Dollar unterzubringen. Der Abschluß eines solchen Abkommens wäre schwieriger als einen Monat zuvor. Schuld daran sei „die Auffassung, die in Finanzkreisen umgeht – vielleicht von deutscher Seite aus –, Deutschland könne doch stark genug sein, um die Alliierten zu besiegen."

Die Möglichkeit eines deutschen Sieges hing während der ersten Julitage wie ein Damoklesschwert über dem amerikanischen Geldmarkt. Überdies erfuhr Davison, Thomas W. Lamont, ein Mitglied der Firma Morgan, sei nach Besprechungen mit den Bankiers des Mittelwestens keineswegs allzu freudig gestimmt. In Chicago hatte die First National Bank Lamont warnend darauf hingewiesen, im oberen Mississippi-Tal bestehe geringes Interesse für eine englische Anleihe.

Am 8. Juli kabelte Davison an Morgan & Co. einen Bericht über eine Konferenz mit dem Schatzkanzler und anderen englischen Regierungsmitgliedern. Obgleich „nichts Endgültiges" festgelegt worden war, hatte er doch das Gefühl, „man komme vorwärts". Dieser Optimismus erhielt einen schweren Stoß durch ein Kabeltelegramm von Morgan & Co., das von der flauen Stimmung gegen eine englische Anleihe im Mittelwesten berichtete. Müde und völlig entmutigt faßte Davison den Entschluß, sofort nach Amerika zurückzukehren, aber ehe er London verlassen konnte, erhielt er vom Hause Morgan eine noch niederdrückendere Botschaft. Wiederum wurde auf Lamonts pessimistisches Urteil Bezug genommen und vom amerikanischen Investierungsmarkt ein düsteres Bild entworfen. Freilich solle man die amerikanische Finanzlage nie so „flau hinstellen", aber man halte es für das beste, Davison möge selbst „untersuchen, wie völlig sich die Lage in den letzten vier Wochen geändert hatte."

Kurz nach der Rückkehr nach New York erhielt Davison von E.C. Grenfell von der Londoner Zweigstelle seiner Firma ein Kabel. Grenfell teilte ihm mit, England unternehme nichts um die schlechte Devisenlage günstiger zu gestalten. Er habe demnächst eine Besprechung mit dem Premierminister und habe die Absicht, die „Devisenlage so schwarz wie möglich zu schildern" in der Hoffnung, auf diese Weise eine großzügige Regelung durchzusetzen.

Diesen düsteren Ton Grenfells finden wir im nächsten Bescheid von Davison wieder. Davison hatte eben eine sorgfältige Untersuchung über die „Anleihelage" durchgeführt und war „sehr enttäuscht und überrascht, eine merkliche Abneigung gegen die Unterbringung einer größeren Anleihe, selbst Englands, festzustellen. Vergessen Sie nicht, daß unsere Investitoren, anders als die Ihrigen, sogar im Frieden, nie eine fremde Anleihe in großem Maßstab aufgenommen haben. Solche Anleihen in Kriegszeit einzuführen, begegnet starkem Widerstand. Seit dem „Lusitania" Zwischenfall hat der Wertpapiermarkt, selbst für sehr beliebte Papiere, recht beträchtliche Einbußen erlitten."

Grenfell konnte nur noch anfragen, ob Morgan & Co., die National City Bank und die First National Bank weiterhin den Sterlingkurs aufgrund der „alten Bedingungen mit der Bank von England gegen Kriegsanleihe" stützen würden. Außerdem stellte er die Frage, ob dieselben Banken einen Kreditvorschuß aufgrund amerikanischer Wertpapiere als Kollaterale gewähren würden.

Davison erwiderte sofort, er zweifle, ob den drei Banken weiterhin daran gelegen sei, „den Kurs nach den alten Bedingungen zu stützen". Er glaube jedoch, die Banken würden eine „verhältnismäßig umfangreiche" Anleihe mit amerikanischen Wertpapieren als Sicherheit begeben.[1]

In Beantwortung einer anderen Anfrage Grenfells über die Möglichkeit einer „direkten Anleihe" an die britische Regierung oder einer gemeinsamen Anleihe an Großbritannien, Frankreich und Rußland, meinte das Haus Morgan, eine „direkte Anleihe" an Großbritannien könne „den Betrag von 100.000.000 Dollar nicht überschreiten". Darüber hinaus bestünden berechtigte Zweifel darüber, ob eine größere Summe aus einer gemeinsamen Anleihe sich ergeben würde. Am folgenden Tag sandte Morgan & Co. ein zweites Kabel an Grenfell. Man habe einen Plan zur Errichtung eines britischen Bankinstituts mit einem Kapital von 20.000.000 Dollar entworfen. Dieses Institut könne Schuldscheine ausgeben, die teilweise durch amerikanische, in New York als Depositen liegende, Wertpapiere gedeckt wären. Diese Papiere oder Zertifikate könnten ausgezeichnet an den Mann gebracht werden. Morgan & Co. glaubte, man könne dadurch eine Anleihe in Höhe von 500.000.000 Dollar in den Vereinigten Staaten aufbringen.

Diese Anregung von Morgan & Co. wurde nicht gerade eifrig von der britischen Regierung aufgegriffen. Am 10. August kabelte Grenfell, er richte beim Schatzkanzler wenig aus, dieser sei geneigt, „auf zweitrangige Ratgeber zu hören, die in Wirklichkeit nichts für ihn tun könnten". Der Kanzler selbst und der Gouverneur der Bank von England seien für eine „direkte Regierungsanleihe" in den Vereinigten Staaten und seien sehr darauf aus, ein solches Abkommen zustande zu bringen. Drei Tage später fragte Grenfell telegraphisch bei Davison an, ob es nicht möglich wäre, in den Vereinigten Staaten eine „direkte Anleihe" von 100.000.000 Dollar unterzubringen, die in fünf oder zehn Jahren zurückzahlbar wäre.

Trotz dieser dringenden Aufforderungen und der versteckten Drohung, Lee, Higginson & Co. von Boston wären u.U. bereit, in den Vereinigten Staaten eine „direkte Anleihe an die Regierung von etwa 250.000.000 Dollar unterzubringen", blieb das Haus Morgan fest bei seiner Ansicht, es wäre für die englische Regierung das beste, eine große Anleihe durch eine englische Finanzagentur, die zusammen mit Morgan & Co. arbeiten würde, zu vermitteln. Dieser Plan hatte sich ausgezeichnet im Falle der Anleihe an Rothschild Frères in Paris bewährt. Davison warnte Grenfell, im allgemeinen „seien die Bedingungen weniger günstig geworden und die Lage deshalb weit schwieriger, als zu der Zeit, als wir dringend um die Inangriffnahme einer umfassenden Regelung ersuchten. Die Presse beschäftigt sich in hohem Maße mit der Valutafrage, und die peinliche Erwägung taucht immer wieder auf, was die Alliierten tun werden, um ihre Schulden zu begleichen."

Am Tag darauf hielt das Haus Morgan den Sterling-Kurs nicht länger, bald fiel er auf 4,51 Dollar. Bis zu diesem Zeitpunkt (vom 20. Februar 1915 bis zum 14. August 1915) hatte das Haus Morgan riesige Summen ausgegeben, um den Sterling-Kurs zu stützen. Als es damit aufhörte, hatten die Devisen keinen Rückhalt mehr, und das englische Ansehen auf dem Geldmarkt erlitt ernstlichen Schaden. Wenn es lange so weiterging, mußte eine starke Schrumpfung des amerikanischen Exports an die Alliierten die Folge sein. Im Hinblick auf diese drohende Krise hatte Davison eine lange Unterredung mit Sekretär McAdoo. McAdoo ließ sich von dem Ernst der Lage beeindrucken und begann sofort, auf den Präsidenten zugunsten einer großen Anleihe an Großbritannien einzuwirken. In dieser Hinsicht hatte das Haus Morgan mit seiner Weigerung, den Sterling-Kurs länger zu stützen, recht gehabt. Der Weg war vorbereitet, um die Regierung Wilsons zu zwingen, ihre Haltung gegen die Auflage großer öffentlicher Anleihen zu ändern. Gegenüber Großbritannien waren die Manöver Morgans weniger von Erfolg begleitet. Es ist sehr wohl möglich, daß die Firma Morgan gehofft hatte, durch die Entziehung der Stützung des Sterling-Kurses, die englische Regierung zu zwingen, den Gedanken einer *nicht gesicherten* Anleihe der amerikanischen Bankiers fallen zu lassen. Eine Anleihe, die durch amerikanische Wertpapiere als Pfand gedeckt war, wäre für amerikanische Bankiers sicherer und würde rascher aufgenommen werden. Die englische Regierung ließ sich jedoch nicht in diese Sache hineinhetzen und beschloß, eine Finanzkommission unter der Führung von Lord Reading nach Amerika zu schicken; in seiner Begleitung befanden sich Sir Edward Holden, Sir Henry Babington Smith und Basil Blackett.

In der Zwischenzeit wurde eine Bewegung eingeleitet, die den Bundesreserverat veranlassen sollte, freizügiger gegen Kredite zu verfahren. Auf diese Weise sollten dann die Käufe der Alliierten in den Vereinigten Staaten bezahlt werden. Am 9. Juli schrieb Benjamin Strong an F.A. Delano[2] wegen des Rechts der Nationalbanken, einen erneuerungsfähigen Wechselkredit zu eröffnen. Dies konnte durch einen Vertrag zwischen einer New Yorker Bank und einer französischen Bank geschehen, wobei die französische Bank Wechsel ausstellen durfte auf die New Yorker Bank (90 Tage nach Sicht bezahlbar), bis zu einer im Kreditbrief angegebenen Höchstsumme. Dieser Kredit würde über einen Zeitraum von neun Monaten laufen. Die französische Bank könnte drei Wechsel oder drei Wechselsätze über die ganze Kreditsumme vor dem endgültigen Erlöschen ausstellen. Delano hatte das größte Interesse an der von Strong vorgebrachten Frage, und er bemühte sich mit allen Kräften, ein geschmeidigeres Zahlungssystem ausfindig zu machen, das wirksam dazu beitrüge, die amerikanischen Exporte an die Verbündeten zu vergrößern. Deswegen schrieb er an Strong und fragte an, ob er ihm ein Treffen mit J.P. Morgan wegen dieser Wechselkredite vermitteln könne. Er versicherte Strong, alles, was Morgan ihm sagen werde, könne als „vertraulich" betrachtet werden. Was die Mitglieder des Bundesreserverates betreffe, so sei die Lage verwickelt, denn die „Sympathien" eines Mitgliedes machen es „unmöglich, auf ihn zu vertrauen".

Delano besprach die Kreditfrage mit Morgan und dann mit anderen Mitgliedern des Bundesreserverates. Am 28. Juli schrieb C.S. Hamlin, der Gouverneur der Bundesreservebank, an Strong bezüglich der Akzeptkredite. Würden diese Wechsel auf New Yorker Banken dazu verwendet, um die amerikanische Ausfuhr zu erleichtern, so bestand in diesem Fall kein gesetzliches Verbot gegen eine solche Abmachung. Hamlin war jedoch davon überzeugt, keine Bundesreservebank könne sich zur Annahme von Wechseln verpflichten, die bereits zur Zeit der Annahme die Bank zwingen würden, nach sechs Monaten einen neuen Wechsel entgegenzunehmen. Eine solche Übereinkunft würde dem Wesen nach auf die Annahme eines Wechsels hinauslaufen, der mehr als sechs Monate Laufzeit hätte; dies könne nicht zugestanden werden.

In diesem Punkt erschien der vielgewandte Oberst House als Sachverständiger in allen Finanzangelegenheiten auf der Bildfläche. Über den Aufbau des Bundesreservesystems glaubte House besondere Kenntnisse zu besitzen. Bereits vor Amtseinsetzung Präsident Wilsons im März 1913 entstand das Bedürfnis, die Bankgesetze der wichtigsten Völker Europas genau zu studieren. Oberst House unterzog sich sofort dieser ungeheuren Aufgabe und begab sich in seine wohlausgestattete Bibliothek, um alle einschlägigen Bestimmungen durchzugehen. Er begnügte sich nicht damit, mit größter Sorgfalt die europäischen Bankgesetze zu prüfen, sondern erkundigte sich auch noch bei Universitätsprofessoren über Bankentheorie und wog dann ihre Ansichten gegen die der Bankiers wie J.P. Morgan und Frank A. Vanderlip ab. Als die Frage der Währungsreform im Kongreß besprochen wurde, bot der Oberst bereitwilligst seinen Rat an, wenn es sich darum handle, die zweckmäßigsten Gesetze zu erlassen. Präsident Charles Seymour nannte ihn den „unsichtbaren Schutzengel" des Gesetzes, auf dem das Bundesreservesystem sich aufbaut. Wenn auch der temperamentvolle Senator Glaß nachträglich den Nachweis erbrachte, daß diese Auffassung unrichtig war, so war zweifelsohne der Oberst selbst völlig davon überzeugt, seine Kenntnisse der Bankgesetze seien so, daß sie in der Praxis jederzeit ausreichten.

Stark in diesem Glauben stürzte er sich sofort in die verwickelte Devisenfrage im Sommer 1915 und hatte am 27. Juli eine Besprechung mit F.A. Delano und Benjamin Strong. Die beiden Bankiers meinten, wenn das Bundesreservesystem nicht auf breiterer Grundlage Kredite erteile, würde in „ein oder zwei Monaten eine Krise eintreten und unser Außenhandel beinahe völlig zum Erliegen kommen".

Ferner erzählten sie House im Vertrauen, drei Mitglieder des Bundesreserverats seien für diese breitere Grundlage und zwei weitere dagegen.

Zum Schluß gab der Oberst den beiden Bankiers folgenden undurchsichtigen Fingerzeig: „Ich machte den Vorschlag, wir sollten, solange wir in anormalen Verhältnissen lebten, den Mut aufbringen, das zu tun, was unserem Land zum Vorteil gereicht. Die Kreditgrundlage sollte ohne Gefährdung der Sicherheit erweitert werden."

Am 2. August 1915 schrieb Paul Warburg, ein Mitglied des Bundesreserverats, an Gouverneur Charles S. Hamlin und setzte sich mit der Ansicht auseinander, die Bundesreservebanken könnten keine Wechsel annehmen, die zur Zeit ihrer Annahme die Bank zwängen, einen neuen Wechsel am Ende einer sechsmonatigen Laufzeit anzunehmen. Das Gesetz besage nur, „jede Mitgliedsbank kann Wechsel oder Akzepte annehmen, die keine längere Laufzeit als sechs Monate haben". Dies bedeute allein, ein Wechsel dürfe keine längere Laufzeit als sechs Monate haben, aber es stehe kein Wort in dem Gesetz, eine Bank „dürfe sich nicht verpflichten, einen Erneuerungswechsel" anzunehmen. Am folgenden Tag frühstückten Gouverneur Hamlin und Oberst House zusammen. Wieder einmal erhob sich die Frage der Devisenbeschaffung. Der Gouverneur ging sofort zu einer Kritik Warburgs über und sagte House im Vertrauen, wenn auch Warburg „völlig anständig" gewesen sei und „nicht gefühlsmäßig" gehandelt habe, so sei er doch „nicht so großzügig, wie er zuerst gedacht habe. Er kenne sich im kaufmännischen Bankwesen und seinen Feinheiten so gut wie nur möglich aus, aber er vermöge die größeren Fragen der Politik nicht zu erfassen, obgleich seiner Meinung nach seine Ernennung gerechtfertigt gewesen sei."

Als das Gespräch sich der Frage der „Ausweitung der Kreditgrundlage" zuwandte, fand der Oberst bald heraus, daß Gouverneur Hamlin selbst recht engherzig war. Es sei wirklich notwendig, „ihn zu veranlassen, in dieser Richtung großzügiger zu denken". Gouverneur Hamlin bemerkte, der Bundesreservebeirat sei der Meinung, Akzepte „mit längerer Laufzeit als sechs Monate könnten nicht angenommen werden, und der Kontrolleur sei mit dieser Entscheidung einverstanden". Wie Warburg am vorausgehenden Tag wies der Oberst Gouverneur Hamlin auf den tatsächlichen Wortlaut des Gesetzes hin und sagte: „Die Entscheidung des Rates ist dagegen, nicht aber das Gesetz. Deshalb braucht meiner Meinung nach der Rat seinen früheren Beschluß nur umzustoßen und eine neue Regelung zu treffen."

Gouverneur Hamlin nahm diesen Rat zu Herzen und versprach, der Bundesreserverat würde so handeln, daß „die Kredite nicht eingeschränkt" und die amerikanische Ausfuhr nach Europa „ununterbrochen vor sich gehen" könne.

Durch die Unterhaltung mit Gouverneur Hamlin geriet Oberst House so sehr in Feuer, daß er sofort an Präsident Wilson schrieb und ihm versicherte, seinem Empfinden nach komme „die Kreditangelegenheit vollends in Ordnung". Überdies teilte er ihm befriedigt mit, Hamlin habe gesagt, „Warburg und Miller hätten sich nicht im geringsten durch ihre deutschen Sympathien beeinflussen lassen".

Drei Tage nach der Unterredung mit Oberst House schrieb Gouverneur Hamlin an Staatssekretär McAdoo über die Kreditausweitung, um die amerikanische Ausfuhr zu erleichtern. Er wies besonders nachdrücklich auf Adolf Miller, ein Mitglied des Bundesreserverates, hin, der der festen Überzeugung sei, weder die Nationalbanken noch die Bundesreservebanken „sollten die Ausfuhr von Kriegsmaterialien oder andere Exporte finanzieren, die letzten Endes für eine ausländische Regierung als Käufer bestimmt seien. Sein Widerstand gründe sich darauf, daß die letzte Sicherheit für die Akzeptoren wahrscheinlich eine Art Regierungsausweis wäre, der am Fälligkeitstag nicht bezahlt werden könne und verlängert werden müsse, bis er einer langfristigen Schuldverschreibung gleichkäme."

Millers Einstellung war vom Standpunkt wirklicher Neutralität aus nur folgerichtig. Ihm erschien völlig unvereinbar, daß eine Regierung, die Neutralität predigte, trotzdem durch eines ihrer Geldinstitute die Mittel liefern sollte, die zur Finanzierung der Ausfuhr von Kriegsmaterialien an eine Gruppe Kriegführender notwendig waren. Sekretär McAdoo hatte aber weit mehr Interesse am Anwachsen amerikanischer Exportgeschäfte als an der Neutralität. In seinem Antwortschreiben an Gouverneur Hamlin trat er nachdrücklich für eine freizügigere Stellungnahme des Bundesreserverates gegen Akzeptkredite ein. Sein „frisch von der Leber weg gefälltes Urteil" lief darauf hinaus: „Wir haben kein Recht, den Banken über die Erneuerung von Papieren irgendwelcher Art Vorschriften zu machen. Wie mir scheint, steht dies dem gesunden Ermessen der Beamten und Direktoren jeder Bank zu. Meines Erachtens geht der Rat viel zu weit, wenn er in das freie Ermessen der Beamten und Direktoren einer Bank eingreift und bestimmt, ob ein Kredit durch Ausweitung oder sonstwie gewährt oder abgelehnt werden soll, solange Beamte und Direktoren innerhalb der Bestimmungen des Gesetzes bleiben. Unsere Pflicht besteht darin, den Handel der Vereinigten Staaten zu schützen. Unser Außenhandel ist für unsere Wohlfahrt ebenso wichtig wie unser Binnenhandel. In Wirklichkeit sind sie miteinander so eng verflochten, daß der eine vom anderen abhängt. Für mich ist es keine Frage, ob der Schutz der amerikanischen Interessen günstig oder ungünstig einen oder alle Kriegführenden betrifft. Unsere Pflicht ist der Schutz der amerikanischen Interessen."

Obwohl Sekretär McAdoo mit seiner Ansicht nicht hinter dem Berg hielt, die Mitgliederbanken des Bundesreservesystems könnten Krediterneuerungen nach ihrem Belieben vornehmen, hielt Gouverneur Hamlin noch an dem Gedanken fest, die Bundesreservebanken dürften keine Wechsel annehmen, die zur Zeit der Annahme die Bank zwingen würden, nach sechs Monaten einen neuen Wechsel anzunehmen. Anscheinend vermochte sogar der kluge Rat von Oberst House die Ansicht des Gouverneurs nicht zu ändern, denn in einem Brief an Benjamin Strong vertritt er seine alte Meinung mit etwas anderen Worten. Seine Überzeugung (und beiläufig die des Bundesreserverates) lief darauf hinaus, daß „eine Nationalbank das Recht hat ... einen Vertrag einzugehen, der mehr als sechs Monate Laufzeit hat. Sie kann sich für eine in dem Vertrag festgesetzte Zeit verpflichten, auf sie gezogene Wechsel anzunehmen, vorausgesetzt, daß die Wechsel durch Ein- und Ausfuhr von Gütern entstanden und daß die einzelnen Wechsel nur auf sechs Monate Ziel laufen ... Selbstredend bezieht sich die Begrenzung von sechs Monaten ... auf den Wechsel. Der Rat möchte diese Begrenzung nicht auf die Vereinbarung oder den Kreditbrief beziehen, aufgrund deren der Wechsel gezogen wird. Diese Begrenzung von sechs Monaten bezieht sich jedoch auf spezifische Wechsel, die aufgrund solcher Verträge oder Kreditbriefe gezogen worden sind ... Zwar darf eine Nationalbank Kreditbriefe ausstellen oder Kreditabmachungen eingehen, die über sechs Monate hinaus in Kraft bleiben; aber diese Abmachungen dürfen den Inhaber solcher Wechsel nicht zu einer Erneuerung verpflichten, so daß die Laufzeit des einzelnen Wechsels sechs Monate überschreiten würde."

Dieser Brief gab Strong nicht den Eindruck, als sei alles in Ordnung in der Finanzwelt. Seine Befürchtungen wuchsen, als er das gleichmäßige Absinken des Sterling-Kurses beobachtete. Am 14. August sah er sich veranlaßt, Oberst House seine Befürchtungen mitzuteilen und ihm zu sagen, die Lage werde „zusehends schwieriger". Wenn man nicht bald etwas unternähme, um den Fall des Sterling-Kurses aufzuhalten, entstünde eine empfindliche Schrumpfung der amerikanischen Ausfuhr.

Die wachsende Unruhe in der Finanzwelt beschränkte sich nicht auf New York. Am 17. August wandte sich James B. Forgan, der Präsident der First National Bank von Chicago (Illinois) an F.A. Delano mit der Bitte um eine vertrauliche Mitteilung. Forgan hatte ein großes Interesse daran, zu erfahren, wie sich die Regierung gegen die Auflage einer großen englischen Anleihe in den Vereinigten Staaten verhalte. Allgemein sei bekannt, daß das Staatsdepartement im August 1914 solche öffentliche Anleihen abgelehnt hatte; aber Forgan glaube, das gegenwärtige Sinken des Sterling-Kurses würde eine solche Haltung ändern. Zum Schluß bat er Delano dringend, ihm eines der folgenden Telegramme zu senden, „um ihm anzugeben, welchen Standpunkt die Regierung vermutlich gegen die Auflage einer großen englischen Anleihe in den Vereinigten Staaten einnehmen werde:

1. Die Parteien wären dafür und würden ein solches Geschäft unterstützen.
2. Die Parteien würden weder für noch gegen ein solches Geschäft etwas unternehmen.
3. Die Parteien würden von einem solchen Geschäft abraten, würden sich aber nicht einmischen.
4. Die Haltung der Parteien wäre derart, daß sie praktisch ein solches Geschäft unmöglich machen würde."

Ein paar Tage später sandte Sekretär McAdoo an Sekretär Lansing eine Abschrift dieses Briefes von Forgan an Delano, und kurz darauf ging mit Präsident Wilsons Erlaubnis eine förmliche Antwort mit dem genauen Wortlaut des vorgeschlagenen zweiten Telegramms ab.

Inzwischen schickte Morgan & Co. Davison zu Sekretär McAdoo, um ihm eindringlichst darzulegen, wie „äußerst ernst" die Devisenlage geworden war. Davison solle durchblicken lassen, das Haus Morgan könne „behilflich sein", aber ohne „bestimmte Vorschläge" zu unterbreiten.

Vielleicht machte Davison keine Vorschläge zur Besserung der Lage, aber seine Darstellung des Geldmarktes war so düster, daß Sekretär McAdoo daraufhin Präsident Wilson einen langen Brief schrieb, in dem er deutlich den Weg angab, den das Staatsoberhaupt einzuschlagen habe. Als sehr geschickter Mann wies er zuerst darauf hin, die großen Käufe von Kriegsmaterial durch die alliierten Regierungen bringe den Vereinigten Staaten eine „große Blüte". Dieser Wohlstand hänge aber von dem „vermehrten Außenhandel" ab, und die Regierung solle ihr möglichstes tun, um die amerikanische Ausfuhr durch großzügige Kreditabkommen zu fördern.

Die großen Frachten an die alliierten Regierungen seien natürlich Kriegskonterbande, aber die Regierung habe bereits erklärt, ein solcher Handel sei völlig im Rahmen des Gesetzes. Deshalb bestehe kein Grund, warum Nationalbanken „Akzepte" nicht aufkaufen sollten, die zur Finanzierung dieser Ankäufe benutzt würden. Dazu hätten sie jedoch keine Lust, wenn sie nicht die Versicherung bekämen, daß diese Akzepte durch die Bundesreservebanken rediskontiert würden. Zufällig seien zwei Mitglieder des Bundesreserverates prodeutsch eingestellt; mit Miller im besonderen sei „schwer zu verhandeln". Er sei gegen die Finanzierung der Ausfuhr von Konterbande und habe es zusammen mit Warburg fertiggebracht, am 2. April 1915 eine Regelung durchzusetzen, die einen großen Teil dieser auf der Ausfuhr von Munition basierenden Akzepte zur Rediskontierung durch die Bundesreservebanken ungeeignet machte. Wie Sekretär McAdoo meinte, war diese Bestimmung für das amerikanische Exportgewerbe ein schwerer Schlag, und er würde auf dem Widerruf dieser irritierenden Paragraphen „bestehen". Zugleich würde er es auch ablehnen, einen Bericht herauszugeben, der besagte, die Regierung wünsche ausdrücklich, die Bundesreservebanken sollten „die Ausfuhr von Kriegsmunition finanzieren".

So erledigte Sekretär McAdoo die Schwierigkeiten, die sich aus der Auffassung des Bundesreserverates ergeben hatten und wandte sich dann der Dringlichkeit einer großen Anleihe an die englische Regierung zu. Für England sei es „unumgänglich" notwendig, sich in den Vereinigten Staaten ausreichende Kredite zu verschaffen, um die riesigen Käufe zu decken; es brauche „wenigstens 500.000.000 Dollar". Leider habe zu der Zeit, als Bryan Staatssekretär war, die Regierung energisch darauf bestanden, Anleihen an kriegführende Nationen seien „mit dem Geist der Neutralität nicht vereinbar". Diese Erklärung lähme jetzt alle wirksamen Maßnahmen, um die amerikanische Ausfuhr zu finanzieren; nach Ansicht Sekretär McAdoos müßte sie „abgeändert" werden. Um Amerikas Blüte Dauer zu verleihen, müsse man sie „finanzieren"; sonst „könne ein Stillstand eintreten, und das käme einem Zusammenbruch gleich".

Zwei Tage später schrieb Sekretär McAdoo einen vertraulichen Brief an Staatssekretär Lansing und wies ihn auf die schwierige Banklage hin. Im Wortlaut griff er auf seinen Brief an den Präsidenten zurück und versicherte Sekretär Lansing, es sei „unumgänglich notwendig", daß die alliierten Regierungen große Kredite in den Vereinigten Staaten eingeräumt erhielten. Schließlich nahm er auf die Stellung der Regierung gegen öffentliche Anleihen an kriegführende Mächte Bezug. Diese ablehnende Haltung sei seiner Meinung nach ein „Fehler", und er hoffe, das Staatsdepartement würde nichts unternehmen, das die von Sekretär Bryan in seinem Brief an Senator Stone am 20. Januar 1915 festgelegte Haltung „bestätigen" oder „hervorheben" würde.

Sekretär Lansing gab erneut eine beruhigende Versicherung ab, und erklärte ausführlich, er sei nicht nur „derselben" Ansicht wie der Sekretär des Schatzamtes, sondern dies sei „von Anfang an" sein eigener Standpunkt gewesen.

Am 24. August schrieb Gouverneur Hamlin vom Bundesreserverat an Sekretär Lansing und legte eine Abschrift des Briefes von Forgan an Delano bei. Da dieser Brief sich auf eine mögliche Änderung in der Politik der Regierung gegen Anleihen an Kriegführende bezog, bat Gouverneur Hamlin dringend, man möge eine

Antwort an Forgan senden. Der Staatssekretär schickte den Brief umgehend an das Weiße Haus und bemerkte am Schluß, augenscheinlich hätten sich die Grundlagen seit August 1914 „wesentlich geändert", als die Regierung „sich bemühte, die Auflage einer umfangreichen Anleihe einer kriegführenden Macht in den Vereinigten Staaten zu verhindern. Die Frage der Devisenbeschaffung und die großen Schulden, die sich aus den Käufen der kriegführenden Länder ergeben hätten, bedingten die Fundierung dieser Schulden in den Vereinigten Staaten."

Der Präsident, der vor einer Abkehr seiner idealistischen Politik stand, antwortete rasch auf das Drängen der Sekretäre McAdoo und Lansing. Vielleicht hatte er aus einer bekannten geschichtlichen Parallele gelernt, in der König Knut sich vergeblich gegen die rasch wachsende Gewalt der Wellen zu stemmen bemühte. Auf jeden Fall wandte er sich vom Idealismus Sekretär Bryans ab und der Wirklichkeit der Wall-Street zu. Der vorsichtige Ton, den er in seiner Antwort an Sekretär Lansing anschlug, war die Folge seiner Unschlüssigkeit. Sie lautete nämlich: „Meine Meinung in dieser Angelegenheit ist kurz gefaßt die: ‚Die Parteien würden weder etwas für noch gegen ein solches Geschäft unternehmen'. Was uns anbetrifft, sollte diese Ansicht mündlich weitergegeben und nicht in Druck gesetzt werden. Hoffentlich beurteilen Sie die Sache ebenso."

Aber Sekretär Lansing war mit dieser Mitteilung des Präsidenten nicht zufrieden. In einem langen Antwortschreiben legte er im einzelnen die düstere finanzielle Lage und die Notwendigkeit amerikanischer Anleihen an die alliierten Regierungen dar. Für das Kalenderjahr 1915 würde schätzungsweise der Überschuß amerikanischer Ausfuhr über die Einfuhr eine Gesamtsumme von 2 1/2 Milliarden Dollar betragen. Für die alliierten Regierungen wäre es unmöglich, diese bedeutende ungünstige Handelsbilanz durch Verschiffung von Gold oder durch Verkauf von im Ausland befindlichen amerikanischen Wertpapieren auszugleichen. Das einzige wirksame Mittel, die beunruhigende Notlage zu beheben, bestünde in der Unterbringung großer Anleihen in den Vereinigten Staaten. Das Haupthindernis auf dem Weg einer solchen Politik sei der Standpunkt, den die Regierung gegen solche Anleihen frühzeitig eingenommen habe. Seit August 1914 hätten sich die Verhältnisse grundlegend geändert und er – Sekretär Lansing – habe berechtigte Zweifel, ob die amerikanische Regierung es verantworten könne, daß „eine Erklärung über unsere Auffassung des ‚wahren Geistes der Neutralität', die in den ersten Kriegstagen abgegeben worden war, unseren nationalen Interessen, die ernstlich bedroht zu sein scheinen, im Wege steht". Vom Präsidenten kam zwei Tage später folgende rätselhafte Antwort: „Ich zweifle nicht daran, daß unsere gestrige *mündliche* Unterredung in dieser Sache genügt. Wenn dies *nicht* der Fall ist, so teilen Sie mir bitte mit, ob Sie eine schriftliche Antwort wollen."

Nachdem der Präsident zu dem Schluß gekommen war, die Wohlfahrt sei strikter Neutralität[3] vorzuziehen, war alles für die Auflage einer großen Anleihe an England und Frankreich bereit. Die Regierung jedoch würde die Ankunft der englisch-französischen Finanzkommission abzuwarten haben, die planmäßig in New York ungefähr am 9. September eintreffen sollte. In der Zwischenzeit könnte die Frage der Rediskontierung von Akzepten, die zur Finanzierung der amerikanischen Ausfuhr dienten, der Lösung nähergebracht werden. Am 25. August schrieb Benjamin Strong an Sekretär McAdoo, er arbeite mit Curtis zusammen an gewissen Abänderungen der anstößigen Vorschrift (J). Zwei Tage später ging von ihm ein Schreiben an Gouverneur Hamlin ab, in dem er dringend bat, der

Bundesreserverat solle wegen dieser viel besprochenen Vorschrift (J) bald etwas unternehmen.

Innerhalb des Rates selbst bestanden ernstliche Meinungsverschiedenheiten über die Zweckmäßigkeit der Finanzierung von Kriegsmunition an die alliierten Regierungen. Die Meinungsverschiedenheit verursachte Oberst House beträchtliche Sorge. Er schrieb an den Präsidenten, im „Bundesreserverat seien Unruhen im Anzug". Wenn ihm auch Sekretär McAdoos Forderung, der Rat solle bezüglich der Rediskontierung von Akzepten eine geschmeidigere Politik einschlagen, genehm war, so war er doch gegen jede Reibung, und er hoffte, diese Schwierigkeiten könnten ohne „öffentlichen Bruch" überwunden werden. Er hielt es für richtig, wenn der Präsident Sekretär McAdoo warnte, nicht „zu rasch" vorwärtszudrängen. Möglicherweise könnte man Miller „etwas später hinausekeln", und dann würde Warburg „aus eigenem Willen" zurücktreten. Sollte eine Verzögerung in dieser Sache gefährlich sein und sich die Notwendigkeit herausstellen, den Rat von seinen prodeutschen Mitgliedern zu säubern, so wäre es das beste, dies in einer Weise zu tun, die die Aufmerksamkeit der Öffentlichkeit nicht auf sich lenken würde.[4]

Der Präsident beruhigte sofort Oberst House, er habe die Verwicklung im Bundesreserverat richtig erkannt. Es stellte sich auch heraus, daß Sekretär McAdoo so wenig wie der Oberst eine überstürzte Aktion wollte. Sekretär McAdoo sei jedoch eben daran, wichtige Pläne zur wirksamen Lösung der gegenwärtigen finanziellen Schwierigkeiten zu entwerfen. Die Frage des Verhaltens gewisser Mitglieder des Bundesreserverates habe er nur aufgeworfen, um „eine Handhabe für etwas größeres als die ordnungsgemäße Erledigung von Akzepten und Diskontierungen zu bekommen.[5]

Es ist schwer, genau anzugeben, wie weitreichend die Pläne McAdoos waren, aber offensichtlich war er entschlossen, zur Abänderung der Bestimmung (J) eine Sofortaktion zu erzwingen. Bei einer Versammlung des Bundesreserverates am 2. September legte er einen Abänderungsantrag der bestehenden Bestimmung vor. Warburg wandte sofort ein, seiner Meinung nach sei es das ratsamste, die ganze Frage der Beziehung zwischen Bundesreserverat und den Bundesreservebanken zu den ausländischen Regierungen oder ihren Vertretern „dem Staatsdepartement vorzulegen, um eine klare Stellungnahme der Regierung über jede Frage, die die Neutralität der Vereinigten Staaten angehe, zu erhalten".

Sekretär McAdoo wandte sich energisch gegen diesen Standpunkt. Fragen der Neutralität hätten „mit den fraglichen Bestimmungen über Bankakzepte nichts zu tun: was auch der Rat unternehme, würde sich auf die Verwirklichung der Zwecke und Ziele des Bundesreservegesetzes beziehen; der Rat habe kein Recht, Bestimmungen zu treffen, die sich gegen oder zugunsten eines Teiles des gesetzmäßigen Handels der Vereinigten Staaten auswirken würden."

Nach einer weiteren Besprechung der Abänderung der Bestimmung (J) vertagte sich der Rat, ohne einen Beschluß gefaßt zu haben. Bei einer zweiten Sitzung am folgenden Tag wandte sich Strong gegen die bestehende Bestimmung, weil sie „die Operationen der Bundesreservebanken ungebührend einschränke". Warburg war gegen Strongs vorgeschlagene Verbesserungen aufgetreten, weil damit „kein Hindernis mehr bestehe, mit fremden Regierungen in Geschäftsbeziehungen zu treten". Dabei konnte Strong keine Bestimmung im Bundesreservegesetz entdecken, die solche Geschäfte verbot. Wenn die Mitgliederbanken das Recht haben, Papiere jeder Art anzunehmen, so hatten sie auch das Recht „so übernommene Akzepte zu rediskontieren, sonst wären die Mitgliederbanken bald mit nicht rediskontierbaren Papieren überschwemmt. Regierungen sollten ebenso Wechsel ausstellen und kaufmännische Geschäfte tätigen dürfen wie Privatleute."

Sekretär McAdoo war sofort „mit dieser Ansicht völlig eins" und sprach sich für „alles aus, was dazu beitragen würde, den Ausfuhrhandel zu finanzieren".

Miller warnte den Rat, verfrühte Maßnahmen zu treffen, die später „Grund zu lebhaftem Bedauern" geben könnten; aber schließlich wurden die von Strong vorgeschlagenen Abänderungen der Abschnitte c und f der Bestimmung (J) angenommen. Auf diesen Abänderungen hatte Sekretär McAdoo besonders bestanden. Er wollte das Recht der Rediskontierung von Akzepten auch „auf die Munitionsexporte" ausdehnen und großzügiger anwenden. Jetzt bestand die Möglichkeit für einen ungeheuren Aufschwung im Munitionshandel, und die erstaunliche Exportzunahme muß Sekretär McAdoos rosigste Erwartungen gerechtfertigt haben.[6]

Da die Bundesreservebanken nun imstande waren, den amerikanischen Munitionsexporteuren unter die Arme zu greifen, widmete Sekretär McAdoo seine ganze Kraft der Unterbringung einer Anleihe von 500.000.000 Dollar für die französische und englische Regierung. Wieder einmal half der deutsche U-Bootkrieg den Alliierten. Am 19. August wurde der britische Dampfer „Arabic" versenkt, wobei Amerikaner ums Leben kamen; dieser Verlust gab der amerikanischen Feindschaft gegen Deutschland erneut Auftrieb. Das Haus Morgan erkannte die Tatsache rasch. In einem Kabeltelegramm an die Londoner Niederlassung wies es darauf hin, wie eng gespannte diplomatische Beziehungen mit gewissen Aspekten internationaler Geldwirtschaft zusammenhängen: „Wir haben den Eindruck, als hätten sich seit der Versenkung des Dampfers ‚Arabic' die Verhältnisse ein wenig zugunsten einer ungesicherten Anleihe gebessert. Aber wir nehmen an, daß nichts weiteres unternommen wird bis sie [die damals gerade unterwegs befindliche Finanzkommission] hier gewesen ist."[7]

Geringe Zweifel bestanden darüber, daß bei zunehmender Reibung zwischen den Vereinigten Staaten und Deutschland wegen des U-Bootkrieges die Aussichten auf Erfolg einer großen Anleihe an Frankreich und England größer werden würden. Der englische Botschafter hatte jedoch ernste Bedenken über die Zusammensetzung der englisch-französischen Finanzkommission und meinte, sie wäre eher ein Hemmschuh. In einer Unterredung mit Oberst House bedauerte er lebhaft, daß Lord Reading zum Führer dieser Kommission bestimmt worden war. Er „mißtraute Juden" offensichtlich und äußerte, man müsse „England retten, ob es wolle oder nicht". Zum Schluß fragte er den Oberst, ob er keine „Botschaften" an Sir Edward Grey zu senden habe. Zu seiner Beruhigung erwiderte House, er habe „eifrig an den internationalen Finanzfragen gearbeitet und hoffe auf ein befriedigendes Ergebnis". Am 10. September kam die englisch-französische Finanzkommission in New York an. Morgan hatte den Eindruck, sie sei in „guter Verfassung und bester Laune". Er hatte überdies das Empfinden, als ob sich in ganz Amerika eine Stimmung für die alliierten Regierungen zu entwickeln beginne; aber ehe man daraus Gewinn schlagen könne, müsse man die „Lücken in der Erziehung der mittleren und westlichen Teile des Landes" ausfüllen.

Sekretär McAdoo war ebenso wie Morgan für einen vollen Erfolg dieser englisch-französischen Finanzkommission. Er erkannte auch die Wichtigkeit der Propaganda bei der Bearbeitung der amerikanischen öffentlichen Meinung. Deshalb schrieb er an Staatssekretär Lansing und legte ihm dar, die englische Regierung müsse bestimmte Zugeständnisse in der Behandlung amerikanischer Frachten einräumen, um amerikanische Befürchtungen zu zerstreuen. Seiner Ansicht nach sei es klar, daß der Erfolg der Kommission in hohem Maße davon abhänge, „wie sich die öffentliche Meinung einstelle. Die anstößigen Punkte in ihren (den britischen) Kabinettsorders sollten so rasch wie möglich verschwinden. Wenn Sie unabhängig von den Bankiers das Außenministerium zu einer sofortigen Regelung drängen würden, so könnten Sie vermutlich der Sache nützen. Sicher hat der englische Botschafter Verständnis für die Lage – Strong von der Bundesreservebank hat sie ihm gestern auf meine Veranlassung klargelegt."

Der Plan McAdoos schien im Kampf gegen englische Anmaßung, wie sie bei der Beschlagnahmung ganzer amerikanischer Ladungen sich zeigte, recht brauchbar zu sein. Die Wahrscheinlichkeit war leider gering, daß Sekretär Lansing mit seiner englandfreundlichen Einstellung ihn mit Überzeugung und Nachdruck durchsetzen könnte. Ein Bericht über Unterredungen zwischen Lansing und Spring Rice über die Finanzfrage ist nicht vorhanden. Und so ließ man eine andere günstige Gelegenheit, amerikanischen Rechten Achtung zu erzwingen, ungenützt verstreichen.

Selbst vom englischen Standpunkt aus war eine solche Gleichgültigkeit ungünstig, weil die amerikanische öffentliche Meinung noch weitere Bearbeitung zugunsten der Alliierten nötig hatte. In gewissen Kreisen widersetzte man sich nach wie vor unzweideutig jeder engeren wirtschaftlichen Bindung Amerikas mit einer Gruppe der Kriegführenden. In vielen amerikanischen Köpfen haftete noch die Vorstellung, große Anleihen an die alliierten Regierungen seien mit einem beträchtlichen Risiko verbunden. Am 12. September 1915 protestierte Senator James Hamilton Lewis bei Sekretär McAdoo schriftlich gegen eine Politik der Begünstigung. Offensichtlich seien die Sicherheiten für solche Anleihen zweifelhafter Natur. Wenn dann noch der Weltkrieg viele Monate weiterginge, müßten die kriegführenden Staaten weitere Anleihen auflegen, und dies würde eine weitere Verflechtung in eine sehr gefährliche Lage bedeuten.

William Jennings Bryan, der frühere Staatssekretär, hatte ähnliche trübe Ahnungen. Die vorgeschlagene Anleihe an Frankreich und England sei „so umfangreich und würde die Zusammenarbeit so vieler Leute erfordern, um einen Erfolg zu sichern, daß verschiedene Fragen auftauchen. Die wichtigste ist, wie wirkt sie sich auf die Neutralität des Staates aus … Gestattet man solche Anleihen, so entstehen in unserem Volk wahrscheinlich einzelne Parteien, und jede Gruppe leiht dem Staat Geld, für den sie eintritt."[8]

Die Proteste gegen Anleihen an die alliierten Regierungen waren jedoch zahlenmäßig verschwindend gering. Die Mehrheit der großkapitalistischen Kreise war ausgesprochen für eine langfristige Finanzierung der Ausfuhr von Kriegsmunition an die verbündeten Mächte, und nach der Ankunft der englisch-französischen Finanzkommission am 10. September traten die wichtigen Wirtschaftsblätter warm für eine große Anleihe ein. Bezeichnend für diese freundschaftlichen Ausführungen ist folgender Auszug aus der „Commercial and Financial Chronicle" vom 25. September 1915: „Man kann mit vollem Recht behaupten, daß zwischen der Kommission und den Banken ein äußerst herzliches Verhältnis herrscht. Durch ihre Vermittlung soll der Auftrag durchgeführt werden und, so viel wir sehen, ist an einem günstigen Ergebnis nicht zu zweifeln … Wenn die Devisenlage sich weiterhin verschlechtert, so wäre die unvermeidliche Wirkung ein Stillstand unserer Ausfuhr, und das wiederum könnte – es hat keinen Zweck, die Sache zu beschönigen – geradezu ein nationales Unglück bedeuten ... Mit Rücksicht auf die ungeheure Bedeutung der Angelegenheit und die ernsten Folgen, die ein Mißlingen mit sich bringen würde, ist es offensichtlich die Pflicht aller Beteiligten, keinen Schritt unversucht zu lassen, um so rasch wie möglich die Anleihe unter Dach und Fach zu bringen."

Die Zeitung brachte schließlich, was James J. Hill, einer der größten Eisenbahnmagnaten, zu der englisch-französischen Kommission gesagt hatte: „Wer sich nur die einfachen Tatsachen vor Augen hält, erkennt, daß Kredite für diesen Zweck weit weniger eine Gefälligkeit den Ländern gegenüber sind, die sie haben wollen, als ein Akt der Notwendigkeit für die Vereinigten Staaten."

Das Großkapital war zum Schluß gelangt, das Gedeihen Amerikas sei eng mit dem Erfolg der Alliierten verbunden. Dieser Gesichtspunkt tritt klar im folgenden Bericht in „Commerce and Finance" hervor: „Wenn durch eine englisch-französische Anleihe sichtlich die Finanzmacht Englands und Amerikas im Interesse der Demokratie und des Rechtes miteinander eng verbunden sind, wird der Krieg bald vorbei sein, und die Qual wird ein Ende haben ... Die Bedeutung des Erfolgs der Alliierten für die Vereinigten Staaten zeigt sich deutlich an dem Verhalten der Börse in der letzten Woche. Von jetzt an kann darüber kein Zweifel bestehen, daß die gesamte amerikanische Welt alles, was auf eine Niederlage Deutschlands hinweist, günstig für die Vereinigten Staaten deutet und umgekehrt."[9]

Sicher sah die amerikanische Bankwelt unter Führung des Hauses Morgan eine erfolgreiche englisch-französische Anleihe als wesentlich für eine amerikanische Wirtschaftsblüte an. Morgan selbst war bereit, von einer Deckung dieser Anleihe durch Hinterlegung amerikanischer Effekten als Pfand abzusehen. Am 25. September wurde ein Abkommen erzielt. Ein Banksyndikat sollte gebildet werden, das Bonds im Wert von 500.000.000 Dollar, als gemeinsame Schuld der englischen und französischen Regierungen, übernehmen würde. Diese Schuldverschreibungen sollten in fünf Jahren verfallen und wären zu fünf Prozent zu verzinsen.

Am 30. September berichtete Morgan & Co., die Anleihezeichnungen hätten mehr als 300.000.000 Dollar ergeben. Am 13. Oktober belief sich der gezeichnete Gesamtbetrag auf 508.000.000 Dollar, ohne die Zeichnung des Hauses Morgan. Zwei Tage später wurden die endgültigen Abmachungen zwischen der englisch-französischen Finanzkommission und dem Hause Morgan als dem Agenten für das Syndikat fertiggestellt. Um diese Zeit stellte es sich jedoch heraus, daß es Morgan & Co. nicht gelungen war, feste Syndikatsverträge für einen Betrag von 162.000.000 Dollar zu erhalten. Um der Kommission die Abreise am folgenden Tag zu ermöglichen, übernahm das Haus Morgan die Verantwortung für diesen Fehlbetrag. Obgleich ein solcher Schritt ein sicheres finanzielles Risiko mit sich brachte, hatte J.P. Morgan ein grenzenloses Vertrauen darauf, daß die englische und französische Regierung ihren Verpflichtungen nachkommen könnten, und er hatte den festen Glauben, die Syndikatsverträge über die vollen 500.000.000 Dollar würden bald in seiner Hand sein. Ungleich vielen anderen Finanzleuten hatte er wirklich einen Ehrbegriff, der ihn zu Zeiten in hohem Maße beeinflußte. Das zeigte sich deutlich in dem, was er zu den anderen Mitgliedern der Firma sagte: „Die Firma muß sich ohne Rücksicht auf das Risiko für die Aufgabe zur Verfügung stellen. Ich habe den Glauben, daß sich die notwendigen Beteiligungen einstellen werden, um uns herauszuhelfen, sei es vom Himmel oder der Erde oder den Gewässern unter der Erde."

Kurze Zeit schien es, als habe das Haus Morgan ein sehr beträchtliches Risiko durch die Übernahme der Verantwortung für dieses Defizit von 162.000.000 Dollar eingegangen. In einem Kabeltelegramm von Thomas W. Lamont an E.C. Grenfell vom 3. November 1915 wird ein düsteres Bild von der Anleihe entworfen, und Lamont erwähnt, die „hiesigen englischen und französischen Kommissionsmitglieder seien bitter enttäuscht über den langsamen Absatz der Anleihe. Beim Publikum konnten nicht einmal 100.000.000 Dollar untergebracht werden, außer den 260.000.000 Dollar, die die Zeichner auf sich nahmen, so daß 230.000.000 Dollar noch in der Öffentlichkeit abgesetzt werden müssen. Verkäufe gehen so langsam vonstatten, daß praktisch keine Möglichkeit besteht, vor Auflösung des Syndikats am 15. Dezember über eine größere Summe zu verfügen."

Unter der tatkräftigen Leitung von Morgan & Co. erholte sich die Unterbringung bald ganz befriedigend, und in der letzten Dezemberwoche 1915 konnte das Syndikat berichten, daß sich die gesamten Bareinnahmen auf 502.030.676 Dollar beliefen. Von dieser Gesamtsumme erhielt die englische und französische Regierung 480.000.000 Dollar, die Bonds waren nämlich zu 96 Prozent emittiert worden. Der Unterschied zwischen den Bareinnahmen und dem an die alliierten Regierungen bezahlten Betrag belief sich auf etwa 22.000.000 Dollar. Dieser wurde an die Unterzeichner verteilt oder dazu verwendet, um die Ausgaben zu bestreiten, die durch die Auflage der Anleihe entstanden waren.

Kapitel V

Früchte des Krieges

Die erfolgreiche Unterbringung der französisch-englischen Anleihe im Oktober 1915 ermöglichte es den alliierten Regierungen, die Kriegsmaterialankäufe zu finanzieren, die unbedingt nötig waren zu der geplanten Offensive von 1916. Sie fesselte auch die Geschäftsinteressen in den Vereinigten Staaten an die Sache der Alliierten, denn die Anleihe war die Grundlage eines finanziellen Gebäudes, das märchengleich aus phantastischen Kriegsprofiten hervorgezaubert wurde. Mit verblüffender Schnelligkeit hielt die Prosperität ihren Einzug in Amerika. Die Wirtschaftsdepression, die der Regierung im Frühjahr 1915 so viel Sorgen gemacht hatte, verschwand plötzlich, und ein allgemeiner Aufschwung setzte ein. Der plötzliche Übergang von den Zeiten der Not zum Überfluß war der Gegenstand vieler Auslassungen amerikanischer Zeitungsleute. Im Januar 1916 tat French Strother eilends kund, daß die „Kriegsbestellungen in einem Jahr gleichsam einen Unterschied wie zwischen Hungerszeit und einem Freudenfest für die metallverarbeitende Industrie in den Vereinigten Staaten hervorgebracht haben", während George Frederick die Lage folgendermaßen zusammenfaßte: „Der Krieg bedeutet für Europa Zerstörung und Tod; für Amerika bedeutet er unzählige neue Millionäre und fieberhafte Eile im Wirtschaftsaufstieg."[1]

Die Bedeutung der französisch-englischen Anleihe für den amerikanischen Wirtschaftsaufstieg erfaßte Spring Rice sehr klar. In einem Brief an Sir Edward Grey vom 7. Oktober 1915 bemerkte er, nachdem er auf den fortgesetzten Widerstand Bryans gegen jede Anleihe an kriegführende Nationen hingewiesen hatte: „Der Präsident hatte bei Beginn des Krieges erklärt, daß er gegen eine Anleihe für einen Kriegführenden sei. Aber als es sich zeigte, daß eine Anleihe notwendig war, um dem amerikanischen Export nach Europa einen Kredit zu verschaffen, begannen viele geheime Kräfte für die Anleihe zu wirken. Die Regierung wollte ohne Zweifel eine Anleihe. Hauptsächlich weil die weitere Entwicklung des amerikanischen Handels davon abhing, daß Amerikas bester Kunde einen Kredit erhielt. Doch wurden die größten Anstrengungen unternommen, um der allgemeinen Öffentlichkeit klar zu machen, daß es sich hier nicht um eine ausländische Anleihe, sondern um einen Kredit zur Förderung des Handels handele. Die Regierung und die Zeitungen taten ihr Bestes, um das Volk zu überzeugen, daß keine Politik mit der Anleihe verbunden sei und daß es nur Geschäft sei."[2]

Die erstaunliche Wirkung der Kriegsanleihen auf die amerikanische industrielle Ausdehnung wird klar veranschaulicht durch die Lage in der Stahlindustrie. Hier ließen die großen Kriegsmaterialbestellungen der alliierten Regierungen die Gewinne mit phantastischer Schnelligkeit anwachsen; die Stahlindustrie gab damit eine beispiellose Demonstration ihrer Fähigkeit, „indem sie aus der Depression zur höchsten Prosperität in einem einzigen Jahr aufstieg". Die folgende Aufstellung enthüllt das rasche Wachstum:

Ausfuhr von Eisen und Stahl

Jahr	Wert in Dollar
1914	251.480.677
1916	624.087.940
1917	1.133.746.188

Infolge der verblüffenden Kriegsbestellungen der alliierten Regierungen stiegen die Gewinne der Eisen- und Stahl-Werke in den Vereinigten Staaten auf ungewöhnliche Höhen:

Gewinne der Eisen- und Stahl-Werke in den Vereinigten Staaten von 1915 bis 1917

Jahr	Zahl der Werke	Gewinne in Dollar	Verdienstspanne
1915	112	203.153.879	7,4 %
1916	124	634.403.447	21,3 %
1917	131	1.034.892.465	28,7 %[3]

Aber nicht nur der Eisenindustrie brachte der Weltkrieg Riesengewinne. Die alliierten Regierungen kauften auch ungeheure Mengen Lebensmittel. Die Weizenerzeugung in den Vereinigten Staaten stieg von 763.380.000 Scheffel im Jahre 1913 auf 1.025.801.000 Scheffel im Jahre 1915; der Weizenexport stieg von 89.036.428 Dollar im Jahre 1913 auf 333.552.226 Dollar im Jahre 1915. Die Weizenausfuhr in dem am 30. Juni 1915 abschließenden Steuerjahr machte etwa 37 Prozent der Ernte vom Jahre 1914 aus, die übliche Ausfuhr lag sonst unter 20 Prozent. Die Farmer erhielten einen Durchschnitt von 79 Cents für den Scheffel für die Ernte 1913, und 1,01 Dollar für die Ernte im Jahre 1914 – das sind pro Scheffel 22 Cents mehr oder ein Gesamterlös von ungefähr 196.000.000 Dollar.[4]

Der Gesamtgewinn, der den Farmern in den Vereinigten Staaten aus dem Verkauf von Weizen zufloß, stieg von 56.713.000 Dollar im Jahre 1913 auf 319.322.000 Dollar im Jahre 1914, und erreichte eine Höchstsumme von 642.837.000 Dollar im Jahre 1917. Mit anderen landwirtschaftlichen Erzeugnissen verhielt es sich im großen ganzen ebenso, denn die großen Anforderungen der Alliierten führten zu ausnehmend großen Ausfuhrmengen aus den Vereinigten Staaten.

Die Finanzierung der riesigen Einkäufe der alliierten Regierungen in den Vereinigten Staaten belastete alle Hilfsquellen des Hauses Morgan bis zum Äußersten. Nach der ungeschützten französisch-englischen Anleihe vom Oktober 1915 nahmen Frankreich und England keine weiteren Anleihen auf bis zum Spätsommer 1916. In der Zwischenzeit wurden alle Anstrengungen gemacht, um das alliierte Kreditwesen zu stärken, das zu Zeiten der militärischen Erfolge der Deutschen in ernster Gefahr zu sein schien. Sogar schon im Januar 1916 hatte man in den Vereinigten Staaten das bestimmte Gefühl, daß Kapitalsanlagen in französisch-englischen Anleihen nicht so sicher waren, wie sie hätten sein sollen. Diese Sachlage bereitete manchen Amerikanern, wie H.H. Hayes, etlichen Kummer. Hayes schrieb J.P. Morgan und berichtete über eine Unterhaltung, die er kürzlich mit Herrn Ribot, dem französischen Finanzminister, gehabt hatte. Der Minister hatte sein Bedauern ausgedrückt über „die Haltung der amerikanischen Öffentlichkeit gegenüber den Verpflichtungen sowohl seiner, wie der englischen Regierung und wie leidig es sei, daß die Amerikaner eine so geringe Meinung von der französischen Leistungsfähigkeit in der gegenwärtigen Krise hätten."[5]

Amerikas Ansicht über die französische Zahlungsfähigkeit wurde beträchtlich günstiger im Verlauf des Frühjahrs 1916, und im Juni des Jahres wurden vom Bankhaus Morgan & Co. Pläne vorbereitet, um eine neue Anleihe aufzulegen. Eine der Schwierigkeiten war die Krisis in den diplomatischen Beziehungen zwischen den Vereinigten Staaten und Mexiko und die Möglichkeit eines Krieges. Eine weitere Verwicklung bedeutete die Tatsache, daß die russische Regierung sich eben auch wegen einer amerikanischen Anleihe in Unterhandlungen befand. Nachdem es im April 1916 eine Anleihe von 11.000.000 Dollar untergebracht hatte, gelang es Rußland, sich eine weitere Anleihe im Juni 1916 in Höhe von 50.000.000 Dollar zu sichern.

Schließlich wurde es jedoch so gemacht, daß die französische Regierung durch ihren Finanzagenten, die „American Foreign Securities Company", am 1. August 1916 eine Anleihe von 94.500.000 Dollar erhielt. Darauf folgte eine weitere Anleihe am 15. September von 13.800.000 Dollar und am 11. November noch eine von 50.000.000 Dollar. Diese Anleihen waren nur der Anfang zu einer Reihe sehr großer Anleihen, die das Bankhaus Morgan & Co. der englischen Regierung vermittelte. Die erste Anleihe der Reihe wurde der Öffentlichkeit im August 1916 angeboten. Die Zeichnung wurde am 1. September mit großem Erfolg geschlossen. Es handelte sich um 250.000.000 Dollar. Die Anleihe wurde gesichert durch die Hinterlegung von Wertpapieren im Betrag von 300.000.000 Dollar.

Kurz nach Abschluß dieser Anleiheverhandlungen ging Herr Davison nach London, und am 1. Oktober frühstückte er mit Lloyd George und Lord Reading. Beide Herren gaben ihren Befürchtungen Ausdruck über die finanzielle Notlage Englands. Sie erklärten, es sei unbedingt nötig, der britischen Regierung aus amerikanischen Finanzkreisen etwa 300.000.000 Dollar monatlich für die nächsten fünf Monate zu sichern. Herr Davison war ob dieser Zahl gar nicht erschrocken, er riet ihnen, so zu handeln, als ob sie „das Geld sicher erhalten würden". Am folgenden Tag kam J.P. Morgan nach London und bestätigte Davisons Angabe, daß das Geld greifbar sein würde.

Unter der Leitung des Hauses Morgan wurde der Rest der großen Anleihereihe für England in den Vereinigten Staaten untergebracht. Zwischen dem 1. November

1916 und dem 2. Februar 1917 wurde die verblüffende Summe von 22.633.000 Dollar aufgebracht und der englischen Regierung als Kredit zur Verfügung gestellt. Dadurch wurde das wankende finanzielle Gebäude der alliierten Regierungen zeitlich so lange gestützt, bis der Eintritt der Vereinigten Staaten in den Weltkrieg alle geldlichen Schwierigkeiten ausschaltete.

Die Aufgabe, die Morgan & Co. übernommen hatte, wurde durch die ablehnende Haltung des Bundesreserverats noch schwieriger, als man erwartet hatte. Einer der Wege, auf die die englische und französische Regierung große Anleihen in Amerika hatten geglaubt aufnehmen zu können, war der Verkauf von Schatzanweisungen mit einer Laufzeit von 30 Tagen bis sechs Monaten. Bevor der Verkauf der Schatzanweisungen begann, ging Davison nach Washington, um die Sache mit den Mitgliedern des Bundesreserverats zu besprechen. Er bemühte sich, den Beamten dort seine Ansicht beizubringen, daß es ihre „Pflicht" sei, Amerikas Export an die alliierten Regierungen zu finanzieren, aber er hatte wenig Erfolg. Als man ihn fragte, wie weit seiner Meinung nach die amerikanischen Finanzkreise in ihrer Unterstützung des Exports gehen sollten, konnte er nur erwidern, sie sollten nicht „über einen vernünftigen Betrag hinausgehen". Als man noch weiter in ihn drang und ihn bat, zu sagen, was er unter einem „vernünftigen Betrag" verstehe, lehnte er dies ab. Die Mitglieder des Rats fürchteten, daß, wenn amerikanische Finanzinteressen fortfuhren, den alliierten Regierungen im gleichen Tempo wie jetzt Anleihen zu geben, es immer schwerer werden würde, überhaupt irgendeine Grenze zu stecken.

Davison hatte auch ein Interview mit Präsident Wilson (am 18. November 1916), dabei erklärte er ihm die geplanten Finanzoperationen von Morgan & Co. in bezug auf die englischen und französischen Schatzanweisungen. Nach Davisons Bericht an Morgan & Co. in London war der Präsident „durchaus freundlich und ermutigender" als die Mitglieder des Bundesreserverats. Am Ende des Interviews bat der Präsident Herr Davison, ihm die genauen Zahlen zu schicken bezüglich der äußeren Verschuldung Englands und Frankreichs. Am 25. November kam Davison dieser Bitte nach und schickte ihm den Inhalt eines Kabels, das er eben vom Schatzkanzler erhalten hatte. Am 18. November 1916 betrug die äußere Verschuldung Englands annähernd 225.000.000 Pfund Sterling, das waren etwa sieben Prozent der Gesamtschuld. Das Nationaleinkommen wurde auf 2.500.000 Pfund Sterling geschätzt. Die gesamte äußere Verschuldung Frankreichs betrug 5.925.000.000 Franken, das waren etwa 7,8 Prozent der ganzen Verpflichtungen der französischen Republik.[6]

Am 25. November besprach Präsident Wilson mit Gouverneur Harding vom Bundesreserverat den geplanten Verkauf englischer und französischer Schatzanweisungen. Harding zeigte dem Präsidenten eine Erklärung, die der Rat über solche Transaktionen ausgearbeitet hatte. Der Präsident war mit der Erklärung nicht zufrieden und schrieb an den Gouverneur, sie sei nicht „scharf genug". Er wies auch darauf hin, daß es „sehr hinderlich" wäre, wenn Banken Geld in solchen Papieren anlegten, *„falls in unserer Außenpolitik irgend eine Änderung eintreten sollte"*.

Die umgearbeitete Erklärung, auf die der Präsident Bezug nimmt, lautete folgendermaßen: „Der Rat hält es für seine Pflicht, die Mitgliedsbanken zu warnen, daß er es zur Zeit als nicht im Interesse des Landes erachtet, daß sie in derartigen ausländischen Schatzanweisungen Investierungen vornehmen. Der Rat betrachtet es nicht in seiner Aufgabe liegend, für private Investierungen Ratschläge zu erteilen, aber da die Vereinigten Staaten sehr schnell der Bankier ausländischer Nationen in allen Teilen der Welt werden, nimmt der Rat die Gelegenheit wahr, nahezulegen, daß jeder, der Geld anlegt, genaue und zuverlässige Unterlagen erhält, besonders wenn es sich um ungeschützte Anleihen handelt, damit er die künftige Entwicklung im Licht der gegenwärtigen Bedingungen und in Verbindung mit der wirtschaftlichen Entwicklung der Vergangenheit verständig beurteilen kann."

Die geänderte Erklärung des Bundesreserverats wurde sofort an die Presse weitergeleitet; sie schuf eine Sensation. Spring Rice beeilte sich, die Lage mit Charles S. Hamlin vom Bundesreserverat zu bereden. Dieser legte ihm klar, es sei „eine rein innere Bankangelegenheit ohne Spitze gegen irgendeine ausländische Regierung". Spring Rice meinte sehr erleichtert, er würde Sir Edward Grey kabeln, daß es sich bloß um eine „innere Bankangelegenheit" handele, aber Hamlin ersuchte ihn, zuerst mit Staatssekretär Lansing und Gouverneur Harding zu sprechen.

In England herrschte „große Aufregung" über die Erklärung des Rates, und Reginald McKenna, der Schatzkanzler, kabelte, er wolle nicht „entgegen den ausdrücklichen Wünschen des Bundesreserverates, dem der Schatzsekretär als Mitglied angehört, handeln, und bitte deshalb das Bankhaus J.P. Morgan & Co., keine Schatzanweisungen, wie vereinbart, am 1. Dezember auszugeben". In einem zweiten Kabel erklärte er „jegliche amerikanische Forderung an die englische Regierung würde peinlichst genau geregelt"; im Dezember 1916 wurden 138.000.000 Dollar in Gold nach Amerika verschifft.

Die indirekte Mitwirkung des Präsidenten bei der Abfassung der Erklärung des Bundesreserverats ist außerordentlich interessant. Bei der Unterredung mit Gouverneur Harding am 25. November äußert er, daß „unsere Beziehungen mit England gespannter sind als mit Deutschland", und in seinem Schreiben an den Gouverneur machte er eine Andeutung über eine „Änderung in unserer Außenpolitik". Der Präsident hatte auch an Gouverneur Harding geschrieben, daß ihn „die Erklärung des Rates sehr befriedige".

Aber trotz der versteckten Bemerkungen war der Präsident nicht bereit, irgend etwas Drastisches gegen England zu unternehmen. Er bemühte sich, eine Art von Gleichmaß in seiner Behandlung der kriegführenden Länder zu bewahren, und gerade in diesem Zeitpunkt arbeitete er an seiner Friedensnote, die, wie er brennend hoffte, die Grundlage geben würde zu Diskussionen, die dem Krieg ein Ende bereiten müßten. Am 23. November hatte ihm Oberst House geschrieben, daß das Bankhaus Kuhn, Loeb & Co. eine Anleihe für gewisse deutsche Städte in Betracht zöge, ähnlich der, die französischen Städten gegeben worden war. Am folgenden Tag sandte der Präsident einen Eilbrief an den Oberst, in dem er ihn ersuchte, „das Bankhaus Kuhn, Loeb & Co. durch Herrn Schiff, der meiner persönlichen Freundschaft versichert sein kann, wissen zu lassen, daß unsere Beziehungen mit Deutschland sich jetzt in einem sehr unbefriedigenden und zweifelhaften Stadium befinden und daß es zur Zeit äußerst unklug wäre, eine Anleihe zu wagen."

Etwa am 3. Dezember begannen dem Präsidenten Zweifel aufzusteigen über die Zweckmäßigkeit der vom Bundesreserverat veröffentlichten Erklärung. An diesem Tage hatte Oberst House eine Unterredung mit Jusserand, dem französischen Botschafter, der gern „wissen wollte, was er seiner Regierung morgen kabeln könnte, um die Lage zu beruhigen". House erklärte ihm, daß „wir [der Präsident und der Oberst] versuchten, den Schaden wieder gutzumachen, den der Bundesreserverat in der Kreditangelegenheit angerichtet hatte".[7]

Es dauerte nicht lange, da begann der Präsident aktiv für die Kreditsache der alliierten Regierungen einzutreten. John Skelton Williams, Leiter der Währungsaufsicht, wollte ein Rundschreiben herausbringen, das die „ungeheuren Rücklagen der nationalen Banken auswies und mit Genugtuung feststellte, daß nur 300 Millionen von den nationalen Banken in Auslandspapieren angelegt waren". Im Zusammenhang mit der Erklärung des Bundesreserverats vom 28. November konnte das vorgeschlagene Rundschreiben nur als weitere Warnung für die Öffentlichkeit ausgelegt werden, Geld in alliierten Regierungsanleihen anzulegen. Gouverneur Harding vom Bundesreserverat und Herr C.S. Hamlin besprachen die Angelegenheit sofort mit Staatssekretär Lansing, der daraufhin „ein langes Gespräch mit John Skelton Williams" hatte. Der Eintrag in Hamlins Tagebuch vom 4. Dezember, erwähnt Lansings Beistand: „Wir hielten sie [die Presseerklärung] zurück mit Lansings Hilfe", während der Eintrag in Lansings Tagebuch vom selben Tag auf die Zusammenarbeit mit Gouverneur Harding hinweist: „Verhinderte sie zusammen mit Harding."

Der Leiter der Währungsaufsicht war jedoch durch die Argumente Staatssekretär Lansings und Gouverneur Hardings nicht überzeugt. In seiner Unschlüssigkeit hielt er es für das beste, Präsident Wilson zu schreiben und ihm die Sache zu unterbreiten. In seinem Brief legte er die Investierungen der Nationalbanken in ausländischen Papieren bis ins einzelne klar. Kurz vor Ausbruch des Weltkriegs betrug die Gesamtanlagesumme nationaler Banken in ausländischen Wertpapieren nur 15.627.000 Dollar. Am 1. Mai 1916 war dieser Betrag auf 158.500.000 Dollar gestiegen. Diesen Betrag hielt Williams nicht für „übermäßig", aber zwischen dem 1. Mai 1916 und 12. September des gleichen Jahres vermehrten die Nationalbanken ihre ausländischen Wertanlagen, bis sie die eindrucksvolle Gesamtsumme von 239.566.000 Dollar erreichten.

Nachdem Williams auf diese Zahlen hingewiesen hatte, legte er eine Erklärung bei, die er für die Presse vorbereitet hatte. In seiner Antwort auf eine telegraphische Anfrage des Leiters der Währungsaufsicht an Schatzsekretär McAdoo hatte dieser geantwortet: „Er sähe nicht, was gegen die Veröffentlichung der Zahlen zu diesem Zeitpunkt einzuwenden sei." Williams hatte sich aber entschlossen, die Veröffentlichung zurückzuhalten, bis zur Rückkehr des Staatssekretärs McAdoo nach Washington.

Am 8. Dezember richtete der Präsident ein Schreiben an Williams, in dem er den Standpunkt des Staatssekretärs und des Gouverneurs des Bundesreserverats unterstützte – die von Williams ausgearbeitete Presseerklärung sollte nicht veröffentlicht werden. Williams unterwarf sich sofort dem Rat des Präsidenten und versprach ihm, er würde „nichts weiter in der Sache unternehmen ..., bevor ich nicht von Ihnen höre." Diese rasche Bereitwilligkeit des Währungsrevisors wurde von Präsident Wilson gewürdigt; er schrieb nochmals an Williams, um die Lage zu erklären. Die Veröffentlichung der Presseerklärung zum jetzigen Zeitpunkt sei nicht angängig, weil der Präsident selbst sich nicht darüber klar werden könne, „welche indirekte Wirkung die Veröffentlichung etwa auf einige unserer ausländischen Beziehungen haben könnte".

Das Eingreifen des Präsidenten, um jede weitere Schwächung des Kreditaufbaues der alliierten Regierungen zu verhindern, kam gerade zur rechten Zeit. Die Erklärung des Bundesreserverats über die Gefahren ungesicherter ausländischer Anleihen hatte eine entschiedene Spannung auf dem Geldmarkt hervorgerufen, und jede weitere Presseerklärung in ähnlicher Richtung hätte vielleicht unberechenbare Wirkung gehabt. Am 5. Dezember sandte H.P. Davison ein Kabel an Morgan & Co. in London, das in seiner Tonart entschieden niederdrückend war. Die Lage an der Börse gab weiterhin Anlaß zu ernster Besorgnis, und von seiten gewisser wichtiger Bankkonzerne schien eine entschiedene „Zurückhaltung“ zu bestehen bei der Unterstützung alliierter Anleihen. Dies wurde verursacht teils durch „geringe Geldreserven“ und die „außerordentlich hohen Sätze für Sofortgeld“ aber es bestanden auch gewisse Befürchtungen über die englische Zahlungsfähigkeit. Bei einer Konferenz zwischen „führenden Bankleuten“ entdeckte man bald, daß sie, während sie „sehr bereit waren mitzuarbeiten“ und ihre Bereitwilligkeit kundtaten, ihre Reserven sogar bis unter das gesetzliche Minimum in Anspruch zu nehmen, die Frage stellten, wie es um die englischen finanziellen Bedürfnisse „in den nächsten 30 Tagen“ bestellt sei.

Aufgrund der unsicheren Börsenlage konnten Morgan & Co. diese wichtige Frage der Bankleute nicht beantworten, und Davison fragte in einer Depesche an E.C. Grenfell ganz offen, ob die englische Regierung irgendwelche „geheimen Rücklagen hat, über die wir nicht orientiert sind.“

Am 7. Dezember sandte Dwight W. Morrow von Morgan & Co. ein weiteres Kabel nach London, in dem er darauf hinwies, wie ernst die Lage geworden sei. Die Erklärung des Bundesreserverates hatte die Lage entschieden erschwert, aber bedeutende Bankhäuser, die der Firma Morgan & Co. angeschlossen waren, hatten Versicherungen abgegeben, sie würden „helfen und Unterstützung gewähren“. Der Beistand bezüglich der Unterbringung neuer englischer Anleihen käme hauptsächlich von solchen Instituten, wie der National City Bank und der First National Bank in Betracht. Diese Banken würden natürlich, bevor sie sich an irgendwelchen neuen Anleihen beteiligten, anfragen, „was wird nach dem Jahrestermin geschehen?“ Auf diese Frage sei Morgan & Co. „nicht in der Lage zu antworten“, aber es sei sicher, daß keinerlei Operationen unterstützt würden, die „den New Yorker Geldmarkt festlegen würden, ohne irgendwelchen Liquidierungsausweg“. Im Hinblick auf diese Tatsache sei es notwendig, die gegenwärtigen englischen Anleihen „in bessere Form“ zu bringen. Die Anleihen waren, mit einer Ausnahme, durch Hinterlegung von Sicherheitserklärungen gedeckt worden. Die Garantien konnten von Morgan & Co. in jeder Form, die „notwendig oder schicklich“ erschien, gegeben werden, aber die Ermächtigung dazu sollte in solch bindender Form gegeben werden, daß von „Direktionsausschüssen oder Bankrevisoren“ keine Einwände erhoben werden könnten.

Die Depeschen zeigen sehr klar, daß die britische Finanzlage sehr im Druck war. Die ablehnende Haltung des Bundesreserverates in bezug auf den Verkauf englischer und französischer Schatzanweisungen in den Vereinigten Staaten hatte so etwas wie eine Krisis in den alliierten Finanzbeziehungen mit dem amerikanischen „Großkapital“ beschleunigt. Diese Tatsache hatte der englische Botschafter sofort erkannt, und er übte scharfe Kritik an der Art, wie H.P. Davison eine solch wichtige Sache dem Bundesreserverat vorgetragen hatte. Es schien ihm, als ob Herr Davison die Sache gewaltig „verpfuscht“ hätte, und in einer Unterredung mit C.S. Hamlin beklagte er sich darüber, daß man ihn nicht zu Rat gezogen habe. Wenn man seinen Rat eingeholt hätte, hätte er „die Angelegenheit zurückgehalten, bis der Bundesreserverat zufriedengestellt worden wäre“. Was die Handlung des Rates angeht, glaube er, er „hätte nicht anders handeln können“.

Botschafter Jusserand ging ebenfalls mit Herrn Davison scharf ins Gericht und äußerte sich in ähnlicher Weise.

Dieser ablehnende Standpunkt wurde von verschiedenen Mitgliedern des Bundesreserverats, die ihre Ansichten in vertraulichen Briefen kundtaten, geteilt. In einem Brief an Benjamin Strong, Gouverneur der Bundesreservebank von New York, weist F.A. Delano darauf hin, wie „ungern" er irgend etwas unternommen hätte, das aussah, „als sei es ein Schlag gegen die Alliierten".

Die Haltung Davisons hatte jedoch den Rat etwas beleidigt. Er hatte in aller Ruhe den Mitgliedern des Rates mitgeteilt, er habe die Absicht, die Schatzanweisungen der alliierten Regierungen „über den Tisch zu verkaufen, so rasch der Geldmarkt sie aufnehmen würde und ohne Beschränkung nach oben". Als Herr Delano nahelegte, er solle den Verkauf der Anweisungen auf eine „mäßige Summe" beschränken, schob Davison einen solchen Gedanken zur Seite und gab dem Rat zu verstehen, er „bitte nicht um Vergünstigungen" und wünschte keine „Genehmigung", höchstens „höflichkeitshalber".

Am 20. Dezember 1916 schrieb Strong selbst an J.F. Curtis wegen der ungeschickten Handlungsweise Davisons. Ihm schien es, daß das „Zusammentreffen, das die Unruhe verursachte, auf der einen Seite Davisons angriffslustige Haltung und einige seiner Charaktereigenschaften waren, die man etwa als eine etwas anmaßende Widerspenstigkeit gegen die Zurückhaltung verschiedener Mitglieder des Rates bezeichnen könnte; die Zurückhaltung tritt besonders bei jenen mit jüdischem Blut in Erscheinung. Hier lag auch der Brandherd."

In seinem ganzen Brief klagt Herr Strong über die ungeschickte Art, wie die Sache angefaßt worden sei. Bei früheren Anlässen hatten sowohl Morgan wie Davison Wert darauf gelegt, Rat einzuholen, bevor sie bezüglich der Politik des Bundesreserverats irgendwelche entscheidenden Schritte unternahmen, und wenn sie auch dieses Mal, wie üblich gehandelt hätten, wäre es vielleicht möglich gewesen, Davison zu überzeugen, daß die Reise nach Washington ein „Mißgriff" war. Es wäre für alle Beteiligten unendlich besser gewesen, wenn Davison in New York geblieben wäre. Wirklich, die ganze Episode sei so unglücklich und unnötig, daß Strong vollständig die Nerven verlor und seinen Brief abschloß, wie ein Schulmädchen mit gebrochenem Herzen einer treuen Vertrauten schreiben würde: „Ich muß weinen, wenn ich daran denke."

Brien Cokayne, der stellvertretende Gouverneur der Bank von England, war aus härterem Stoff und betrachtete die Handlung des Bundesreserverates in wirklichkeitsnäherer Beleuchtung. Die Presseerklärung vom 28. November schien ihm nicht „absichtlich unfreundlich", aber es war ihm schwer gefallen, den „wahren" Zweck der Warnung zu verstehen. Er war sich nicht klar darüber, daß Präsident Wilson die Handlung des Rates veranlaßt hatte, um Amerikas flüssige Geldguthaben zu schützen für den Fall, daß die Vereinigten Staaten in den Konflikt gezogen würden. Er hatte sich darüber gewundert, warum der Rat, als er sah, daß Millionenbeträge in kurzlebigen Anlagen festgelegt wurden, um den ungeheuren Verbrauch der Alliierten zu befriedigen, „keine Warnung" erlassen hatte, „um rechtzeitig einer solchen gefährlichen Ausdehnung einen Riegel vorzuschieben." Wenn das ein oder zwei Jahre vorher geschehen wäre, hätten „nicht nur die Vereinigten Staaten daraus Nutzen gezogen," sondern auch die alliierten Regierungen, weil sie nämlich gezwungen gewesen wären „mehr auf eigenen Füßen zu stehen."

Auf die entschiedene Mißbilligung der Erklärung des Bundesreserverats in England und Frankreich ließ sich Präsident Wilson auf einen weiteren Schritt ein, der engere finanzielle Beziehungen zwischen den Vereinigten Staaten und den alliierten Regierungen herstellen sollte. Schon im August 1916 war darüber gesprochen worden, die Bank von England zum englischen Agenten und Geschäftskorrespondenten der Bundesreservebank von New York zu ernennen. Es war jedoch nichts Endgültiges daraus geworden, infolge der Spannung, die durch die Veröffentlichung der englischen Schwarzen Liste entstanden war. Als endlich die amerikanische Entrüstung abflaute, blieb ein Gefühl zurück, daß bis nach der Präsidentenwahl im November nichts unternommen werden sollte. Aber am 19. Dezember schrieb schließlich H. Parker Willis, der Sekretär des Bundesreserverats, an Pierre Jay, daß die Bundesreservebank von New York ermächtigt worden sei, die Bank von England zum Geschäftskorrespondenten zu ernennen zum An- und Verkauf und zur Sammlung von Schatzanweisungen.

Die Wirkung dieser freundschaftlichen Geste wurde bald verwischt durch den hysterischen Widerstand, den die Note des Präsidenten an die Kriegführenden hervorrief, ihre Bedingungen bekanntzugeben, unter denen sie Frieden zu schließen bereit seien. In seiner Note machte der Präsident auf die Tatsache aufmerksam, daß „die Kriegsziele, die die Staatsmänner der verschiedenen kriegführenden Mächte aufgestellt haben, augenscheinlich die gleichen sind, wie aus den in allgemeinen Ausdrücken gehaltenen Erklärungen vor ihren eigenen Völkern und der Welt hervorgeht." Diese Erklärung rief einen Sturm der Entrüstung in England hervor. Die Öffentlichkeit war „ganz verrückt", der Premierminister war tief betroffen, und der König brach in Tränen aus.

J.P. Morgan selbst war „außer sich und peinlichst berührt", als er die Note des Präsidenten las, die gar keinen „Unterschied zu machen schien, zwischen dem Handeln der Alliierten und der Zentralmächte." Er versicherte jedoch Grenfell, daß der Präsident „die Gefühle des Landes" nicht ändern könne, die zu mehr als 90 Prozent für die Alliierten" seien.

Am folgenden Tag erkundigte sich Grenfell, ob die Note des Präsidenten nicht vielleicht die Unterbringung einer Anleihe für England im Januar ernstlich gefährden würde; Herr Morgan erwiderte umgehend, daß „kein Schaden" angerichtet worden sei. Wirklich, die Aussichten seien sogar sehr gut, denn die Banken in den Weststaaten hätten „große Reserven" angesammelt, für die sie „in ihrer Gegend keine Verwendung finden."

Der Bundesreserverat glaubte jetzt, daß er berufen sei, einen Teil der tiefen Bestürzung, die die Note des Präsidenten in „Old England" hervorgerufen hatte, wieder gutzumachen. Am 26. Dezember wurde der Presse eine Erklärung der Bundesreservebank von New York übergeben über die kürzlich gewährte Ermächtigung, die Bank von England zu ihrem Agenten und Geschäftskorrespondenten zu ernennen. Dies regte Herrn Strong mächtig auf. Er hielt die Erklärung für verfrüht und verlangte, man müsse sofort den Leitern der Bank von England durch das Haus Morgan eine Erklärung zukommen lassen.

Grenfells erster Eindruck, nachdem er die Erklärung vom 26. Dezember gelesen hatte, war, daß sie ein „freundschaftliches Gefühl" für England zeige, aber J.P. Morgan teilte ihm umgehend mit, daß die Erklärung vom Bundesreserverat abgegeben worden sei, ohne jede vorherige Beratung mit den Leitern der Bundesreservebank von New York. Diese mißbilligten die Erklärung zu diesem Zeitpunkt entschieden. Es hätte „um alles in der Welt nicht in der Weise geschehen sollen."

Die außerordentlichen Befürchtungen von seiten des Herrn Morgan waren grundlos. Grenfell kabelte bald, daß der Gouverneur der Bank von England „genau vorausgesehen hatte, was geschehen war" und sich „in keiner Weise durch die verfrühte Veröffentlichung hatte aus der Fassung bringen lassen." Die rasche Beruhigung verschaffte Morgan große Erleichterung; er kabelte am Tage darauf an Herman Harjes in Paris, daß die neue Erklärung des Bundesreserverats „reine Routine" sei. Es sei tatsächlich sehr wahrscheinlich, daß der Rat „annahm, er zeige ein freundlicheres Gesicht, wenn er es jetzt tue ... Ich denke, sie empfinden, daß sie viel zu weit gingen und einen Fehlgriff taten mit der Erklärung vom 28. November und daß sie auf Wege sinnen, ihre Lage zu verbessern".

Nach dieser Erläuterung über die wirklichen Absichten hinter der Erklärung des Bundesreserverats vom 26. Dezember, teilte Herr Morgan Harjes eine Nachricht mit, die französischen Ohren sehr gut getan haben muß. Vom Ausbruch des Weltkrieges an sei die National City Bank entschieden pro-alliiert gewesen, und er habe jetzt eben erfahren, daß diese Bank „allen ihren deutschen Kunden mitteilte, sie wünsche auf ihre Rechnung keine Geschäfte zu tätigen, obgleich selbstredend die Kunden frei über ihre jetzigen Kontenbestände verfügen könnten. Dies wurde ganz aus eigener Initiative getan, wie mir Frank A. Vanderlip erklärte, weil sie glaubten, die Kontenbestände würden zur Unterstützung des deutschen Handels verwandt."

Anscheinend machte Herr Morgan alle Anstrengung, um enge Verbindung mit Ribot, dem französischen Finanzminister, aufrecht zu erhalten. Eine seiner Gesten in dieser Richtung war ein Kabel an Harjes am 27. Dezember 1916. Es sei vielleicht möglich, dachte Herr Morgan, eine „langfristige, ungeschützte französische Anleihe von 100.000.000 Dollar" unterzubringen auf der Grundlage der „alten sentimentalen Freundschaft, die zwischen Frankreich und Amerika herrscht."

Die Geste kam keinen Augenblick zu bald, denn es waren schon Schritte im Gang, das Haus Morgan auf englische Finanzaktionen zu beschränken und das Bankhaus Kuhn, Loeb & Co. zum Finanzagenten der französischen Regierung einzusetzen. H.H. Hayes, ein enger Freund J.P. Morgans, sandte am 31. Dezember ein Kabel, das die wesentlichsten Punkte einer langen Unterredung mit Herrn Ribot enthielt. Nach Ribots Erklärungen würde die englische Regierung es vorziehen, daß Morgan & Co. ihre Operationen auf die Unterbringung englischer Anleihen beschränken würde; die finanziellen Angelegenheiten Frankreichs sollten irgendeinem anderen amerikanischen Bankhaus überlassen werden. Herr Ribot jedoch hielt eine solche Einschränkung nicht für günstig, und Hayes selbst trat warm dafür ein, daß „die Folge dreier Generationen aus dem Haus Morgan, in einer ununterbrochenen Kette, als die ergebenen Freunde und Helfer, ich möchte sogar sagen „Verbündete" Frankreichs ... aufrechterhalten bleibe und daß niemand ... das Weiterbestehen einer begeisterten und traditionsreichen Verbindung störe."[9]

Es bestand kaum Gefahr, daß das Haus Morgan von irgendeiner anderen amerikanischen Bankfirma abgelöst würde, aber es war bezeichnend, daß im Verlauf des Januar erneut Anstrengungen unternommen wurden, den finanziellen Nöten der Alliierten entgegenzusteuern. Eine kleine Schwierigkeit, die plötzlich auftauchte, waren die Befürchtungen, die der Schatzsekretär McAdoo Mr. T.W. Lamont mitteilte, nämlich, daß die immer mehr anwachsenden europäischen Anleihen eventuell mit seinen eigenen Plänen „in geringem Umfang Schatzanweisungen auszugeben" zusammenstoßen könnten. Natürlich war Herr Lamont ganz und gar der Überzeugung, daß die Befürchtungen des Schatzsekretärs McAdoo „ganz grundlos" seien; seiner Ansicht nach hatten die alliierten Regierungen ein Anrecht auf „jede Kreditsumme, die sie für gekaufte Waren wünschten."

Diese unbedeutenden finanziellen Schwierigkeiten wurden bald für immer überwunden durch den Eintritt eines wichtigen politischen Ereignisses. Am 31. Januar übergab Botschafter Bernstorff Staatssekretär Lansing die Note, die die Wiederaufnahme des uneingeschränkten U-Bootkrieges ankündigte; am 3. Februar erhielt er vom Staatsdepartement eine Erwiderung, die ihm erklärte, daß seine Mission in den Vereinigten Staaten zu Ende sei und daß man umgehend seine Rückkehr nach Deutschland erwarte.

Der Abbruch der diplomatischen Beziehungen zwischen den Vereinigten Staaten und Deutschland hatte zwangsläufig beträchtliche Wirkungen auf die amerikanische Finanzpolitik. Schon am 14. Januar erklärte Gouverneur Harding vom Bundesreserverat Herrn Davison und dem Schatzsekretär McAdoo, daß die Warnung des Rates vom 28. November „auf den damaligen Beziehungen basiert hätte, und falls die Bedingungen sich änderten, würden die Ansichten des Rates ebenfalls sich ändern; ein Krieg mit Deutschland wäre eine solche Änderung." In der zweiten Februarwoche hatten sich die Beziehungen zwischen den Vereinigten Staaten und Deutschland nach Davisons Ansicht so grundlegend geändert, daß die Ansichten des Rates mit diesen Änderungen Schritt halten mußten. Bei einer Konferenz mit Schatzsekretär McAdoo am 14. Februar nahm er bald wahr, daß eine starke Strömung zu Gunsten einer Änderung der Haltung bestand, die der Rat in seiner Erklärung vom 28. November eingenommen hatte. Die Hauptschwierigkeit bestand darin, einen Weg ausfindig zu machen, daß die Mitglieder des Rates das tun könnten, „ohne sich lächerlich zu machen."

Es dauerte nicht lange, bis diese Formel gefunden war, und das kann nicht überraschen, wenn wir uns daran erinnern, daß Herr J.P. Morgan jetzt Washington als Mitglied des Beirates des Bundesreserverates besuchte. Am 8. März 1917 gab der Rat eine neue Presseerklärung heraus, die die Unterbringung alliierter Anleihen unterstützen sollte. Zuerst wurde auf ein angebliches „Mißverständnis" über die Haltung des Rates gegenüber Geldanlagen in ausländischen Anleihen hingewiesen. Der Rat hatte natürlich nie beabsichtigt, irgendwie den Eindruck zu schaffen, daß amerikanische Geldanlagen in Auslandsanleihen strikt begrenzt werden sollten. Im Gegenteil, der Rat hatte solche Investierungen immer als „außerordentlich wichtiges, natürliches und geeignetes Mittel angesehen, die Überschüsse unterzubringen, die der umfangreiche Exporthandel schuf." Der Zweck der Erklärung des Rates vom 28. November sei nur gewesen, die Gefahren einer „übertriebenen Verwendung" der Guthaben amerikanischer Banken beim Aufkauf ausländischer Anleihen aufzuzeigen, und „nicht den Wert oder Unwert ausländischer Anleihen als Investierungen im allgemeinen" zu beurteilen. Der Rat sei der Ansicht, daß die greifbaren Geldreserven amerikanischer Banken nicht gefährdet werden sollten durch übertriebenen oder unvorsichtigen Einsatz ihrer Mittel bei Investierungsgeschäften. Jedoch wünschte der Rat sehr klar festzulegen, daß „er nicht eine ungünstige Haltung amerikanischer Interessenten gegenüber wünschenswerten ausländischen Wertpapieren schaffen wolle und nachdrücklich darauf hinweise, daß amerikanisches Investierungskapital zum Vorteil des Auslandshandels und der inneren wirtschaftlichen Lage zum Kauf solcher Wertpapiere eingesetzt werden kann."

Die Mehrzahl der Amerikaner zweifelte nun nicht mehr daran, daß der Krieg mit Deutschland unvermeidlich sei. Die Handlung des Bundesreserverats spiegelte diesen allgemeinen Eindruck nur wieder. Vom August 1914 bis zum endgültigen Bruch am 6. April 1917 hatten viele Geschäftsleute die Möglichkeit von Amerikas Eintritt in den Krieg vorhergesehen und die geschäftlichen Bande, die allmählich zwischen den Vereinigten Staaten und den alliierten Regierungen im Verlauf dieser Jahre geschmiedet wurden, waren starke Freundschaftsverpflichtungen so gut wie finanzielle Verpflichtungen. Man muß sich jedoch daran erinnern, daß das Haus Morgan peinlichst vorsichtig war, immer sich mit der Regierung in Verbindung zu setzen, ehe es etwas unternahm in einer Kreditausweitung oder in der Unterbringung alliierter Anleihen.

In den Anhörungen vor dem Nye-Ausschuß finden sich mehr als genug Beweise, daß Staatssekretär Lansing und Schatzsekretär McAdoo vollständig auf dem laufenden waren über die Hauptlinien der Finanzpolitik von Morgan & Co. Aufgrund derselben Aussagen ist auch ersichtlich, daß Amerika nicht allein durch ungesetzliche Manipulationen gewisser Bankhäuser in den Krieg gezogen wurde. Schon im August 1914 waren sich viele Beobachter darüber klar, daß die Vereinigten Staaten sich wahrscheinlich den Nationen zuwenden würden, die den riesigen Export aufnahmen und dadurch den Wohlstand ins Land brachten. Diese Tatsache erkannten die Schriftleiter der führenden Wirtschaftszeitungen schon zu Beginn 1915, und sie entdeckten leicht die Hohlheit der Protestnoten, die Staatssekretär Lansing nach England schickte wegen der Verletzungen amerikanischer Rechte. Es war außerordentlich schwer, sich ernstlich mit Nationen zu streiten, die im wahrsten Sinne des Wortes Amerika aus dem tiefen Schmutz wirtschaftlicher Verzweiflung gezogen hatten.

In den letzten Jahren ist großer Nachdruck auf die augenscheinliche Bedeutung eines Kabels vom 5. März 1917 von Walter Hines Page, Botschafter in London an den Staatssekretär gelegt worden. In dieser etwas hysterischen Mitteilung ersucht Page die amerikanische Regierung dringend, sofort an Deutschland den Krieg zu erklären, um den alliierten Kredit zu stützen und den amerikanischen Exporthandel zu retten. Die Depesche enthielt jedoch nichts, was die Regierung nicht schon wußte, und sie hatte wenig Einfluß auf die Entscheidungen des Präsidenten.

Der wahre Grund, warum Amerika in den Krieg zog, kann nicht in irgendeinem einzigen Umstandskomplex gefunden werden. Es gab keinen schnurgeraderen Weg in den Krieg, als den, den der Präsident Schritt um Schritt ohne Zögern weiterging. Es gab viele dunkle Wege mit zweifelhaftem Ausgang, und einer dieser Pfade, den er anfänglich mit Besorgnis und zögerndem Schritt ging, führte Amerika zur wirtschaftlichen Solidarität mit den Alliierten.

Kapitel VI

England betrachtet die Londoner Erklärung als einen Fetzen Papier

Eines der ersten Probleme, das dem Neutralitätsrat in den Vereinigten Staaten zur Lösung vorgelegt wurde, war die Frage, inwieweit sich die kriegführenden Mächte an die Londoner Erklärung hielten. Diese Erklärung war das Ergebnis einer in London abgehaltenen Konferenz (vom 4. Dezember 1908 bis 26. Februar 1909) mit Vertretern von Österreich-Ungarn, Frankreich, Deutschland, England, Italien, Japan, den Niederlanden, Rußland, Spanien und den Vereinigten Staaten. Sie war auf Einladung Sir Edward Greys vom 27. Februar 1908 zusammengetreten. In der Einladung hatte der englische Außenminister auf die Tatsache hingewiesen, daß über verschiedene Fragen „im Zusammenhang mit dem Seekrieg auseinandergehende Ansichten und Gepflogenheiten unter den Völkern der Welt üblich seien". Als Ergebnis der Konferenz sollte ein Übereinkommen zustande gebracht werden, das „allgemein anerkannten Grundsätzen des Völkerrechts" entsprechen würde. Dies war besonders notwendig in Verbindung mit solchen umstrittenen Fragen wie die Art der Kriegskonterbande, die Gesetzlichkeit gewisser Blockademethoden und die Beziehung der Lehre von der fortgesetzten Reise zu Konterbande und Blockade.

Obgleich die Konferenz keine völlige Übereinstimmung in allen vorgesehenen Fragen erzielte, einigte man sich doch über eine gewisse Anzahl Bestimmungen, durch die viele wichtige Meinungsverschiedenheiten im Zusammenhang mit dem Seekrieg beseitigt wurden. Das zweite Kapitel der Londoner Erklärung beschäftigt sich mit Kriegskonterbande. Drei Arten sollte es geben: *uneingeschränkte* Konterbande, *bedingte* Konterbande und *Nicht*-Konterbande. Kriegsmaterialien mit feindlicher Bestimmung waren uneingeschränkte Konterbande; Gegenstände, die für kriegerische wie für friedliche Zwecke verwendbar, aber für den Gebrauch der feindlichen Streitmacht oder Verwaltungsstellen bestimmt sind, fielen unter bedingte Konterbande. Nichtkonterbande waren die Stoffe, die für Kriegszwecke nicht verwendet werden konnten; dazu gehörten solche Rohstoffe wie Baumwolle, Holz, Seide, Jute, Gummi, Häute und Erze.

Nach der Vertagung der Konferenz am 26. Februar 1909 wurde im britischen Parlament ein Gesetzesvorschlag eingebracht, der der Londoner Erklärung Wirksamkeit verleihen sollte. Er durchlief das Unterhaus mit sicherer Mehrheit, aber es bestand wenig Aussicht, die Zustimmung des Oberhauses zu erhalten. Überall in England entstand ein heftiger Streit über die Vorteile der Erklärung. Viele hielten ihre Ratifikation für eine ernste Bedrohung englischer Seeherrschaft. Der Wettstreit zur See zwischen England und Deutschland wurde täglich erbitterter, und manche sahen einen möglichen Krieg voraus. Die Sicherheit Englands ruhte auf der englischen Flotte, und in früheren Kriegen hatte die englische Regierung diese Macht nach ihrem Gutdünken benutzen können. Verschwommene internationale Rechtsgrundsätze boten Nationen mit überlegener Bewaffnung große Vorteile. Englische Marinesachverständige waren entschieden dagegen, daß ihr Land in aller Unschuld die Rolle des gefesselten Prometheus übernehme.

Als das Oberhaus schließlich die Londoner Erklärung ablehnte, war folgerichtig kein Unterzeichnerstaat daran gebunden.[1] Die Erklärung hätte somit völkerrechtlich keine Gültigkeit und wäre nur ein Hinweis darauf, wie kluge Juristen sich das Völkerrecht vorstellten. In der Kriegszeit konnte sie trotzdem ausgezeichnet als Grundlage für die internationale Praxis dienen. Kurz nach Kriegsausbruch hatte die amerikanische Regierung auch gehofft, die kriegführenden Mächte würden während des Konfliktes an der Erklärung festhalten.

Am 5. August übermittelte Botschafter Page dem Staatsdepartement telegraphisch eine Liste der Artikel, die die englische Regierung für uneingeschränkte und für bedingte Konterbande erklärte. Die Liste entsprach den Aufstellungen in Artikel 22 und 24 der Londoner Erklärung; allein Luftfahrzeuge wurden von der bedingten zur uneingeschränkten Konterbande gesetzt.

Auffallend blieb, daß die englische Regierung dem Artikel 28 der Londoner Erklärung nicht ausdrücklich zustimmte. Er enthielt die *Freiliste*, d.h. die Zusammenstellung der Gegenstände, die *nicht* als *Konterbande* erklärt werden durften. Viele dieser Artikel bezogen sich auf wichtige Rohstoffe wie Baumwolle und Wolle, und die amerikanische Regierung mit ihrer riesigen Ausfuhr an Rohbaumwolle hatte das größte Interesse daran, daß Baumwolle *nicht* als Konterbande betrachtet wurde.

Als wichtige neutrale Macht mit großem Ausfuhrhandel hatte die amerikanische Regierung ein Auge auf andere Artikel in der Londoner Erklärung, die das Blockaderecht einschränkten und die Anwendung der Lehre von der fortgesetzten Reise auf die bedingte Konterbande verbot. Nach Artikel 65 der Erklärung mußten *alle* Artikel „als Ganzes behandelt" und konnten nicht herausgegriffen werden. Eine Zustimmung nur zu gewissen Abschnitten der Erklärung und eine Ablehnung anderer war nicht möglich. Aus diesem Grund blieb der amerikanischen Regierung nichts anderes übrig, als bei den kriegführenden Mächten anzufragen, ob sie die ganze Erklärung unterzeichnen wollten; Sekretär Bryan unternahm dies bereits am 6. August. In seinem Kabel an Botschafter Page wies Sekretär Bryan darauf hin, die amerikanische Regierung sei der Ansicht, die Annahme der Londoner Erklärung durch England würde „ernste Mißverständnisse verhindern", die in den Beziehungen zwischen „kriegführenden und neutralen Mächten" entstehen könnten.

Ein solches Telegramm mußte unbedingt den Groll von Botschafter Page erregen, der es als den „ersten großen Fehler der amerikanischen Regierung in ihren Beziehungen zu Großbritannien" ansah. Für Page war es sonnenklar, daß die britische

Flotte die Rolle einer Gesundheitspolizei ausübe, die die Ausbreitung der Pest des preußischen Militarismus verhindern müsse. Jeder amerikanische Schritt, der zur Schwächung dieser Sperre in irgend einer Weise beitrage, sei eine Drohung gegen die vornehmsten Interessen der Menschheit.

Während Sir Edward Grey noch über den genauen Wortlaut einer Antwort nachdachte, die die amerikanischen Wünsche ablehnen und doch den Geist der Versöhnung atmen würde, gaben die Mittelmächte ihre Einwilligung zu den Punkten der Londoner Erklärung unter der Bedingung, daß die alliierten Mächte dasselbe täten. Kurz nachdem diese Antworten eingelaufen waren, übermittelte Botschafter Page dem Staatssekretär die englische Antwort. Sie war so glatt und nichtssagend wie die meisten diplomatischen Noten und enthielt die übliche Versicherung, die Regierung Seiner Majestät messe den in der amerikanischen Note ausgedrückten Gesichtspunkten „große Wichtigkeit" bei. Sie sei von dem „lebhaften Wunsche" beseelt, die Interessen aller neutralen Länder zu berücksichtigen. Aus diesem Grunde habe die Regierung Seiner Majestät den Entschluß gefaßt, „im allgemeinen die Bestimmungen der in Frage stehenden Erklärung anzunehmen, vorbehaltlich gewisser Änderungen und Beifügungen, die sie für die wirksame Durchführung ihrer Seekriegsmaßnahmen für unerläßlich erachte".

Zieht man die Tatsache in Betracht, daß Artikel 65 der Londoner Erklärung ausdrücklich die Annahme aller Artikel vorsah, so hatte die teilweise Zustimmung der englischen Regierung offensichtlich keinen Wert. Liest man überdies die englische Kabinettsorder vom 20. August 1914, so sieht man deutlich, daß gerade die von der englischen Regierung gewünschten Ausnahmen den amerikanischen Handel besonders stark trafen. Abschnitt 3 der Kabinettsorder besagte, daß die *bedingte* Konterbande auch dann als für militärische Zwecke des Feindes oder für eine feindliche Verwaltungsstelle bestimmt angesehen werden würde, wenn die Waren „an oder für einen Agenten des feindlichen Staates oder für einen Kaufmann oder andere Person unter der Kontrolle der Behörden des feindlichen Staates aufgegeben worden sind". Abschnitt 5 war die direkte Folge von Abschnitt 3. Nach Artikel 35 der Londoner Erklärung konnte die Lehre von der fortgesetzten Reise nicht länger auf bedingte Konterbande angewendet werden, die nicht der „Beschlagnahme unterlag", außer man findet sie an Bord eines Schiffes mit dem Bestimmungsort eines Gebietes, das dem Feinde gehört oder vom Feinde besetzt ist, oder wenn sie für die feindlichen Streitkräfte bestimmt ist und *nicht in einem dazwischen liegenden Hafen* ausgeladen werden soll. Abschnitt 5 der Kabinettsorder vom 20. August verwarf Artikel 35 der Erklärung und gestattete ausdrücklich die Wegnahme bedingter Konterbande, die für die Verwendung feindlicher Streitkräfte bestimmt war, selbst dann, wenn das Schiff einen *neutralen* Hafen anlaufen wollte.[2]

Das Staatsdepartement erkannte rasch, wie schwer der amerikanische Handel durch jede strenge Anwendung dieser englischen Regelung betroffen würde. Die Tatsache, daß das Außenministerium seine Zustimmung zu der in der Londoner Erklärung enthaltenen „Freiliste" nicht gab, konnte nur als ein unheilverkündendes Zeichen gedeutet werden. In einer Note vom 2. März 1909 an den Staatssekretär ließ sich die amerikanische Delegation, die die Londoner Erklärung unterzeichnet hatte, folgendermaßen über die Bedeutung der Freiliste aus: „Die Festlegung dieser Liste ist von großem Nutzen für den Seehandel aller Länder und besonders den der Vereinigten Staaten, deren Aus- und Einfuhr durch jede Ungewißheit über Baumwolle, Wolle, Seide, Jute, Flachs, Baumwollsamen, Gummi, Häute [usw.] in Mitleidenschaft gezogen würde."

Über die Maßnahme der Konferenz, die Anwendung der Lehre von der fortgesetzten Reise auf die *bedingte* Konterbande auszuschließen, machten die amerikanischen Delegierten damals folgende bezeichnende Bemerkung: „Durch unseren Verzicht auf die fortgesetzte Reise bei bedingter Konterbande und Blockade haben wir ein Kriegsrecht aufgegeben, das heutzutage wenig Wert hat. Die auf neutralen Frachtern beförderten Gegenstände bedingter Konterbande wären umfangreich, und es wäre schwer feststellbar, ob sie für den allgemeinen Bedarf eines neutralen Staates bestimmt wären ... In der Regel würde es sich um Stoffe handeln, die wir als Neutrale ausführen würden, z.B. Nahrungsmittel, Hafer, Heu, Eisenbahnmaterialien, Kohle, Öl, Stacheldraht, Pferdebeschläge usw. Unnötig zu sagen, daß eine Befreiung solcher Artikel aus den Fesseln der Lehre von der fortgesetzten Reise unserem Handel den größten Dienst in einem Krieg leisten würde, in dem die Vereinigten Staaten neutral blieben."

Die englische Kabinettsorder machte viele Vorteile zunichte, die den Vereinigten Staaten zugute gekommen wären, wenn die englische Regierung alle Bestimmungen der Londoner Erklärung anerkannt hätte. Überdies ging sie über die Praxis der Regierung der Vereinigten Staaten bezüglich der Anwendung der Lehre von der fortgesetzten Reise hinaus. Während des amerikanischen Bürgerkriegs hatten sich die Bundesgerichtshöfe sorgfältig gehütet, Güter zu beschlagnahmen, die nicht Konterbande waren, wenn sie an einen neutralen Hafen gingen, sogar wenn diese Güter später durch Überlandtransport für den Feind bestimmt waren. Die englische Order vom 20. August sah eine Beschlagnahme auch bei einem folgenden Überlandtransport vor, und bald wurden Dutzende amerikanischer Schiffe zur Untersuchung in englische Häfen gebracht. Mit bezeichnender englischer Gründlichkeit und offener Mißachtung neutraler Rechte begannen die Engländer unmittelbar nach Ausbruch des Weltkrieges neutrale Schiffe aufzubringen, und bereits am 12. August sandte die Nordamerikanische Getreideausfuhrgesellschaft ein Telegramm an den Staatssekretär und beklagte sich über dieses Vorgehen. Es dauerte nicht lange, bis andere Klagen über Ableitung von Baumwoll- und Petroleumladungen nach englischen Häfen beim Staatsdepartement einliefen, und als man erfuhr, daß die englische Regierung am 21. September Rohkupfer für bedingte Konterbande erklärt hatte, schwoll die amerikanische Entrüstung mächtig an. Artikel 28 der Londoner Erklärung hatte eine Liste von Artikeln enthalten, die nicht als Konterbande erklärt werden können, und Erze waren ein Bestandteil jener Liste. Jetzt war klar, warum die englische Regierung am 4. August keine Freiliste bekanntgegeben hatte; es schien nur eine Frage der Zeit zu sein, bevor andere Artikel in der Freiliste der Londoner Erklärung in die Gruppe der Konterbande eingereiht würden.

Präsident Wilson war über den Kurs der englischen Regierung so erregt, daß er das Staatsdepartement veranlaßte, sofort einen „energischen Protest" vorzubereiten – einen Protest, an dem die Engländer „zu beißen hätten". In der Zwischenzeit hatte Sekretär Bryan die ganze Angelegenheit dem Neutralitätsrat übergeben, und dieser beratende Ausschuß ließ dem Rechtsberater Lansing einen Bericht über die rechtlichen Verhältnisse der englischen Regierung zugehen. Der Neutralitätsrat hatte sich hauptsächlich mit den Abschnitten 3 und 5 der Kabinettsorder vom 20. August 1914 beschäftigt. Es dreht sich hier um die *feindliche* Bestimmung *bedingter*

Konterbande und die Anwendung der Lehre von der fortgesetzten Reise auf diese bedingte Konterbande. Der Ausschuß äußerte sich folgendermaßen: „Die Annahme der britischen Vorschläge in Nr. 3 und 5 der Kabinettsorder würde England die Vorteile einer Blockade auf dem Papier geben, ohne eine wirkliche und wirksame Blockade aufzurichten und ohne ihre Schwierigkeiten; sie würde überdies gestatten, den Grundsatz der unausgesprochenen und abzulehnenden papierenen Blockade sogar auf neutrale Bestimmungshäfen anzuwenden."

Nach dieser Entscheidung des Neutralitätsrates ging Cone Johnson, der Rechtsvertreter des Staatsdepartements, mit Vergnügen auf die Bitte des Präsidenten Wilson ein und entwarf ein Protestschreiben, „an dem die Engländer zu beißen hätten". Das Ergebnis war eine lange Anweisung (26. September 1914) an Botschafter Page, die mit der Unterschrift Lansings als dem stellvertretenden Staatssekretär versehen nach einer kurzen Durchsicht des Präsidenten nach London weitergegeben wurde. Es war ein sehr gewichtiges Dokument, sorgfältig vorbereitet und genau durchdacht. Zuerst wurde auf die Tatsache hingewiesen, die englische Regierung habe die Londoner Erklärung mit gewissen Abänderungen angenommen. Da die Deklaration ganz oder gar nicht angenommen werden mußte, habe dieser Schritt der britischen Regierung nichts zu bedeuten.

Unverkennbar widerspreche die englische Kabinettsorder vom 20. August der amerikanischen Auffassung des Völkerrechts. Abschnitt 3 der Order sehe vor, daß die feindliche Bestimmung für bedingte Konterbande „aus jedem *genügenden* Beweis[3] gefolgert werden könne und vermutet werde, wenn die Warensendung unmittelbar oder mittelbar an einen Agenten des feindlichen Staates oder an einen Kaufmann oder eine andere unter der Kontrolle des Feindstaates stehende Person gerichtet ist".

Dieser Ausdruck „jeder genügende Beweis" könne von der amerikanischen Regierung nur als „verschwommen und unbestimmt" angesehen werden. Wenn ein Kriegführender allein darüber zu bestimmen habe, was ein „genügender Beweis" ist, so wäre es für Neutrale außerordentlich schwierig, im voraus die Tragweite dieser Worte zu ermessen. Auch ginge aus dem Satz „an oder für einen Agenten des feindlichen Staates" nicht deutlich hervor, ob der fragliche Agent im feindlichen oder im neutralen Gebiet beheimatet sein soll. Ferner sei der Ausdruck „an einen Kaufmann oder eine andere unter der Kontrolle des Feindstaates stehende Person" dehnbar genug, um jede Person auf feindlichem Hoheitsgebiet zu erfassen, *Ausländer* so gut wie Angehörige des Feindstaates. Diese unklare Begriffsbestimmung „könne den neutralen Handelsrechten in höchstem Maße abträglich sein".

Gegen Abschnitt 5 der Order konnte sogar noch mehr eingewendet werden. Nach ihrem Wortlaut sollte die Lehre von der fortgesetzten Reise jetzt auf bedingte Konterbande bezogen werden, die später vielleicht auf dem Landweg von einem neutralen Hafen in das feindliche Gebiet befördert wird. Dies bedeutete eine Erweiterung gegenüber der amerikanischen Praxis während des Bürgerkriegs und war ausdrücklich durch die Londoner Erklärung verboten. Die bloße feindliche Bestimmung war noch kein genügender Grund für die Beschlagnahme von Lebensmitteln oder anderer bedingter Konterbande, außer wenn diese Ladungen für den Gebrauch „der feindlichen Streitmacht oder Verwaltungsstellen bestimmt ist".

Diese beiden Abschnitte der Order träfen „gerade das Wesen des unbestreitbaren Rechts der Neutralen, ihre industrielle Erzeugung und ihren Handel mit der geringsten Beeinträchtigung und Unordnung weiterzuführen, die unvermeidliche

Folgen eines Seekriegs sind. Die Anerkennung solcher Rechtsbestimmungen, wie sie diese Artikel der Kabinettsorder aufstellen, würde den neutralen Handel zwischen neutralen Häfen vom guten Willen der Kriegführenden abhängig machen, und den letzteren den Vorteil einer tatsächlichen Blockade geben, ohne daß die Notwendigkeit bestünde, sie mit entsprechenden Seestreitkräften aufrechtzuerhalten ... Die Vereinigten Staaten haben immer daran festgehalten, daß Nahrungsmittel rechtmäßige Handelsartikel sind und daß die bloße Bestimmung nach einem feindlichen Hafen an sich keine Rechtfertigung zur Aufbringung und Beschlagnahme ist. Das jetzt von England vorgebrachte Verlangen steht nicht nur in Widerspruch zu der traditionellen Politik der Vereinigten Staaten, sondern scheint auch unvereinbar mit dem früher von England als neutraler wie als kriegführender Staat eingenommenen Standpunkt."

Um dem Ganzen die Krone aufzusetzen, wurde Botschafter Page angehalten, den britischen Außenminister auf die „ernste Besorgnis" hinzuweisen, mit der die amerikanische Regierung den Versuch des Außenministerium beobachtete, „Doktrinen" und „Gepflogenheiten" zu rechtfertigen, die in der Vergangenheit ein „Gefühl der Bitterkeit in der amerikanischen Bevölkerung" hervorgerufen haben.

Die Sprache der Anweisung war so klar, daß ihr Sinn nicht mißzuverstehen war, und der drohende Unterton enthielt die Warnung, amerikanische Rechte nicht zu mißachten. Der Entwurf dieses diplomatischen Schriftstücks muß Cone Johnson geradezu ein Vergnügen gemacht haben, weil er die langersehnte Gelegenheit bekam, den wachsenden Unwillen des Baumwoll-Landes gegen englische Beschränkungen auf die Baumwollausfuhr zum Ausdruck zu bringen. Er hatte den Präsidenten beim Wort genommen und ein Schreiben entworfen, das eine so scharfe Verwahrung enthielt wie nie in einer Mitteilung an die englische Regierung in den Jahren 1914 bis 1917. Es war eine Kampfansage in der Art, wie sie Cleveland 1895 abgesandt hatte, aber Johnson war sich nicht klar darüber, daß er einem veralteten Vorbild diplomatischer Korrespondenz folgte, und er schien nicht zu bemerken, daß seit den „fröhlichen neunziger Jahren" die Noten des Staatsdepartements an England weniger scharf und geschmeidiger geworden waren.

Der vertrauteste Ratgeber des Präsidenten in außenpolitischen Angelegenheiten schien am besten geeignet, Johnson auf die Stiländerung im diplomatischen Verkehr hinzuweisen. Am 28. September war zufällig Oberst House im Weißen Hause auf Besuch, und nach dem Essen zeigte ihm der Präsident eine Abschrift der Anweisung vom 26. September. Der Oberst war über eine so offene Ablehnung englischer Methoden sichtlich betroffen. Sein peinliches Erstaunen wurde nicht geringer, als er erfuhr, Johnson, der wie er aus Texas stammte, habe diese Anweisung entworfen. Anscheinend verschwieg der Präsident auch nicht, daß er teilweise verantwortlich war, weil er Johnson veranlaßt hatte, eine Note aufzusetzen, an der man „die Zähne ausbeißen könne".

Das Staatsdepartement besaß zahlreiche, in diesem Fall verwendbare Unterlagen über englische Verletzungen des Völkerrechts, und Johnson wie Lansing waren mit diesem Material völlig vertraut. Eine Unterredung mit einem von ihnen hätte sicherlich das Verständnis des Oberst für englisch-amerikanische Schwierigkeiten vergrößert, aber er legte darauf keinen Wert. Für ihn gab es nur einen Weg, eine ernste Reibung mit England zu vermeiden, und der bestand darin, diese Sache aus den Händen der Amateurdiplomaten im Staatsdepartement zu nehmen und sofort selbst eine Lösung zu finden. Zu diesem Zweck schlug er dem Präsidenten vor, mit dem englischen Botschafter Cecil Spring Rice eine Unterredung anzuberaumen. Dieser Vorschlag war dem Präsidenten durchaus angenehm. Am Abend vertraute der geplagte Oberst, seinem „Tagebuch" an, er gehe nun „erschöpft und verärgert" zu Bett.

Am folgenden Morgen hatte House eine lange Unterredung mit Spring Rice in der Wohnung von William Philipps, dem dritten Unterstaatssekretär. Als man dem Botschafter die Anweisung vom 26. September zeigte, die schon nach London weitergegeben worden war, wurde er „äußerst beunruhigt". Einen Abschnitt im besonderen sah er als gleichbedeutend mit einer „Kriegserklärung" an. Sollte eine solche Instruktion zufällig veröffentlicht werden, so entstünde der Anschein, als sei der Krieg zwischen den Vereinigten Staaten und England unvermeidlich. Die Folge wäre eine der „größten Verwirrungen, die das Land je erlebte, so schlimm oder schlimmer als der Venezuela-Zwischenfall".

Spring Rice war deswegen besonders außer Fassung, weil das Staatsdepartement „die Frage von Anfang an nicht offen mit ihm besprochen hatte". Wenn er nur gewußt hätte, wie sich das Departement zu der Londoner Erklärung einstellt, dann hätte er mit seiner Regierung verhandelt, und sie hätte einen anderen Standpunkt eingenommen.

Es ist interessant, festzustellen, wie sich Oberst House zu der Instruktion vom 26. September verhielt. Trotz seiner dürftigen Kenntnisse des Völkerrechts und seiner oberflächlichen Bekanntschaft mit amerikanischen geschichtlichen Vorgängen, erklärte er ohne Überlegung eine Note für „äußerst undiplomatisch", die nur nachdrücklich amerikanische Rechte verteidigte und die so abgefaßt war, daß Mißverständnisse nicht entstehen konnten. Als man dieselbe Tonart später in diplomatischen Schriftstücken gegen Deutschland anwandte, erhob der Oberst keine Einwände, noch griff er ein, um ihren Wortlaut zu „mäßigen".

Die Bemerkungen des englischen Botschafters sind nicht weniger aufschlußreich. Er beklagte sich nicht nur House gegenüber, das Staatsdepartement habe ihn in Unkenntnis über seine Haltung gegen die Londoner Erklärung gelassen, sondern er wiederholte diese Beschuldigung später bei Sir Edward Grey. Offenbar hatte er zeitweilig vermutet, es sei „etwas bei den Juristen im Staatsdepartement los", aber er habe „keinen Wink bekommen können". Die Instruktion vom 26. September wirkte auf ihn wie eine Bombe.

Diese Tatsache gibt zu denken; denn selbst eine sehr mäßige Kenntnis der allgemeinen Linien amerikanischer Außenpolitik hätte ihn mit der Auffassung der amerikanischen Regierung über gewisse neutrale Rechte vertraut gemacht. Der Versuch, dem Staatsdepartement die Verantwortung für eine peinliche Lage in die Schuhe zu schieben, war zweifelsohne eine Unverschämtheit. Aber er ging sogar weiter und war geradezu unaufrichtig, als er Oberst House versicherte, wenn er gewußt hätte, wie sich das Staatsdepartement verhalte, hätte er die Angelegenheit mit seiner Regierung besprochen, und sie hätte einen anderen Standpunkt eingenommen. Es war nicht die entfernteste Möglichkeit vorhanden, daß die englische Regierung in ihrem verzweifelten Kampf mit einem mächtigen Feind eine Stellung aufgegeben hätte, die sie ihrer Ansicht nach einnehmen mußte, um den Sieg davonzutragen.

Oberst House war immer etwas schwer von Begriff, wenn es sich darum handelte, das Warum der englischen Politik zu erkennen und sich nicht durch einen Schwall von Worten verwirren zu lassen. Er und Spring Rice hatten ausgemacht,

„völlig offen miteinander" zu verkehren. Da sie nun vor der Aufgabe standen, amerikanische diplomatische Dokumente neu zu schreiben, blieben sie selbstverständlich eng miteinander in Verbindung. Auf Vorschlag des Präsidenten Wilson durfte Lansing ein kurzes Kabeltelegramm an Botschafter Page aufsetzen, das an die Stelle der Instruktion vom 26. September treten sollte. Als es House unterbreitet wurde, fand er sofort etwas daran „auszusetzen", und so wurde zusammen mit dem Präsidenten und dem britischen Botschafter ein „weit gemäßigteres" Kabeltelegramm nach London geschickt.[4] Dieses gemeinsame Produkt war sehr kurz, und alle triftigen Gründe des Kabels vom 26. September wurden ausgemerzt. Noch sollte Botschafter Page dem englischen Außenminister mitteilen, die amerikanische Regierung sei „sehr beunruhigt" über die Kabinettsorder vom 20. August und fürchte, eine wortgetreue Anwendung der vorgesehenen Maßnahmen könne „Verbitterung bei der amerikanischen Bevölkerung gegen England auslösen". Page sollte auch Sir Edward Grey eindringlich darlegen, der Präsident habe den Eindruck, die Lage sei „äußerst ernst", und er habe den aufrichtigen Wunsch, „jede Ursache einer Spannung zwischen den beiden Regierungen" zu vermeiden.[5]

Als Page das Telegramm vom 28. September erhielt, ging er sofort ins Außenministerium zu einer freundschaftlichen Aussprache mit Sir Edward Grey. Heute wissen wir, daß diese „gemäßigte" Instruktion, die so sorgfältig von Präsident Wilson, Oberst House und dem Botschafter Spring Rice zusammengestellt worden war, weiterhin von Page abgeschwächt wurde, als er seine eigene Ansicht über die Lage seinem Freund Sir Edward Grey vortrug. Bei dieser, wie bei verschiedenen anderen Gelegenheiten, erwies der amerikanische Botschafter in London seinem Land dadurch einen schlechten Dienst, daß er es unterließ, den amerikanischen Gesichtspunkt so darzustellen, wie es der Sinn seiner Instruktionen verlangte. Er ging sogar so weit, den Beamten im Außenministerium bei ihrem beständigen Bemühen, amerikanische Einwände zu beseitigen, hilfreiche Hand zu leisten. Diese Ungehörigkeit rechtfertigte er mit der falschen Annahme, die Alliierten seien die Retter der Kultur, und Präsident Wilson und seine Ratgeber seien zu kleinstädtisch, um die einfachsten Tatsachen der Weltpolitik zu verstehen.

Wie Page bei seinen Bemühungen, Amerika den Interessen der Alliierten aufzuopfern, vorging, können wir sehr genau in Sir Edward Greys Apologie „Fünfundzwanzig Jahre Politik" verfolgen. Pages Ratschläge und Hinweise „waren für uns von höchstem Wert, da er uns warnte, wo es galt vorsichtig zu sein und *uns ermutigte, wo wir uns unnachgiebig zeigen konnten.* Eines Tages besuchte mich Page im Außenministerium, um mir eine lange Depesche von Washington vorzuweisen, die uns das Recht bestritt, für neutrale Häfen bestimmte Konterbande aufzubringen, wie wir es taten. ‚Ich habe die Instruktion erhalten,' sagte er, ‚Ihnen diese Depesche vorzulesen'. Er las, und ich hörte zu. Dann sagte er: ‚Jetzt habe ich die Depesche vorgelesen, aber ich bin mit ihr nicht einverstanden. Lassen Sie uns überlegen, wie sie zu beantworten wäre!'"[6]

Wenn Amerika gegen England anstatt gegen Deutschland in den Krieg gezogen wäre, wäre wahrscheinlich Pages Tun den meisten Amerikanern in einem sehr schiefen Licht erschienen. Der freundschaftlich gesinnte Page war nicht der einzige, der Sir Edward Grey Mut zusprach, gegen amerikanische Forderungen „unnachgiebig" zu bleiben. Sehr wahrscheinlich hat Spring Rice umgehend Sir Edward davon benachrichtigt, er sei bei der Abfassung amerikanischer diplomatischer Dokumente mitbeteiligt, und wahrscheinlich merkte das Außenministerium, daß mit einem Botschafter wie Page in London und mit Oberst House in Washington von amerikanischen Protesten wenig zu befürchten war. Dieses beruhigende Gefühl verstärkte sich durch die friedfertige Unterhaltung zwischen Sir Edward und Page am 28. September, als der amerikanische Botschafter vorsprach, um seine Instruktion desselben Datums vorzutragen. Sir Edward wies bei Beginn der Besprechung auf die Tatsache hin, daß die britische Regierung die Londoner Erklärung nie ratifiziert habe und verglich sie mit einem Vertrag, den der amerikanische Senat abgelehnt habe. Dann brachte er das Gespräch auf die Lehre von der fortgesetzten Reise, die seiner Meinung nach ein „Teil des Völkerrechts" sei, und die, wie er wisse, „von den Gerichtshöfen der Vereinigten Staaten vertreten worden sei" und deshalb „ein Teil des Völkerrechts bleiben müsse, bis sie durch eine vernünftige, für die Regierungen verbindliche Abmachung abgeschafft werde".

Es hätte auf Page einen tiefen Eindruck machen sollen, als er erfuhr, daß Entscheidungen amerikanischer Gerichtshöfe genügten, um grundlegende Bestimmungen des Völkerrechts zu schaffen, besonders wenn gerade diese Entscheidungen scharfen Widerspruch in vielen Ländern Europas gefunden haben. Ihm hätte jedoch auffallen sollen, daß die englische Kabinettsorder vom 20. August eine nicht erlaubte Ausdehnung der Lehre von der fortgesetzten Reise in die Praxis einführte. Diese Ausdehnung bestand natürlich in der Anwendung der Doktrin auf bedingte Konterbande mit feindlicher Bestimmung – eine Konterbande, die zuerst in einem neutralen Hafen ausgeladen werden würde, um dann später über Land in die Hände des Feindes zu gelangen.

Ferner teilte Sir Edward dem Botschafter mit, die englische Regierung „könne sich nicht darauf einlassen, ihren Erlaß sofort zurückzuziehen, aber sie halte es für sehr wichtig, mit der Regierung der Vereinigten Staaten zu einem Einvernehmen zu kommen". Als Zeichen der freundschaftlichen Gesinnung der britischen Regierung wies Sir Edward auf die wichtige Tatsache hin, nicht eine einzige amerikanische Ladung sei beschlagnahmt worden.

Page war von diesem Beweis englischer Freundschaft für amerikanische Kapitäne so verwirrt, daß er eilends Sir Edward mitteilte, „man wolle Leuten nicht helfen, die bewußt unmittelbar mit Deutschland Handel trieben, aber es errege böses Blut, wenn der rechtmäßige amerikanische Handel mit Holland gedrosselt würde."

Die bezeichnende Behauptung Pages, „man wolle Leuten nicht helfen, die bewußt unmittelbar mit Deutschland Handel trieben", beweist, daß der amerikanische Botschafter völlig ungeeignet war, die Vereinigten Staaten in London zu vertreten. Seine sichtliche Vorliebe für alles Englische beeinflußte ernstlich sein Urteil, und seine Unkenntnis der amerikanischen Auffassung des Völkerrechts macht ihn geradezu zu einem Schulbeispiel dafür, wie unangebracht es ist, Journalisten in den diplomatischen Dienst zu übernehmen. Die Vereinigten Staaten hatten schon lange den Standpunkt vertreten, daß „Nahrungsmittel rechtmäßige Handelsartikel sind", und daß „die bloße Bestimmung nach einem feindlichen Hafen an sich noch keine Rechtfertigung für Aufbringung oder Beschlagnahmung ist". Page beachtete diese Tatsache nicht, und überdies entging ihm, daß die englische Regierung in früheren Jahren eine Ansicht vertreten hatte, die der der Vereinigten Staaten sehr nahe kam. Sogar noch im Burenkrieg gab Lord Salisbury in seiner Eigenschaft als Premier- und Außenminister folgende Erklärung über den neutralen Handel ab: „Nahrungsmittel mit feindlicher Bestimmung können nur als Kriegskonterbande betrachtet werden, wenn sie für die feindlichen Streitkräfte bestimmt sind. Es genügt nicht, daß sie für Kriegszwecke benutzt werden können; man muß nachweisen, daß sie tatsächlich zur Zeit der Aufbringung dazu vorgesehen waren."

Page gab nicht nur das Amerika zustehende Recht auf, Nahrungsmittel an die deutsche Zivilbevölkerung zu verschiffen, er merkte auch nicht, daß es noch andere zur bedingten Konterbande gehörige Stoffe gab, die nach Deutschland verfrachtet werden konnten, wenn sie nicht für militärische Zwecke bestimmt waren, und daß die Londoner Erklärung eine lange *Frei*liste vorgesehen hatte, in der wichtige Artikel wie Rohbaumwolle, Wolle, Häute und Erze inbegriffen waren.

Pages betrübliche Unkenntnis der amerikanischen Auffassung des Völkerrechts entging dem Staatsdepartement nicht, aber man begnügte sich, dem Botschafter anzuraten, die Instruktion vom 26. September als Ausdruck der Überzeugung der amerikanischen Regierung gegenüber den neuen englischen Ansprüchen anzusehen.

Die Tatsache, daß Page wegen seiner augenfälligen Unkenntnis feststehender Grundsätze der amerikanischen Außenpolitik nicht gerügt wurde, ergab sich folgerichtig aus dem Eingreifen von Oberst House und Botschafter Spring Rice anläßlich der „gemäßigten" Instruktion vom 28. September. Lansing war als Berater des Staatsdepartements größtenteils für die Abfassung der Anweisungen an amerikanische Bevollmächtigte in fremden Hauptstädten verantwortlich gewesen. Er hatte Cone Johnson die Instruktion vom 26. September entwerfen lassen und sie ohne ernstliche Gewissensbisse nach London weitergegeben. Einmal war er tatsächlich mit Johnsons Urteil über die englische Politik einverstanden, und am folgenden Tag, den 27. September, sandte er an Präsident Wilson eine Denkschrift, die klar seine Ansicht über das Verhalten der englischen Regierung erkennen läßt: „Sorgfältiger Überlegung und ausgedehnter Untersuchung bedurfte es, bis wir uns endgültig entschieden ... Das Vorgehen der englischen Regierung zwingt die amerikanische Regierung zu einer scharfen Zurückweisung der Anerkennung seiner Gesetzlichkeit."

Im Laufe des Abends am 27. September besprach Oberst House mit dem Präsidenten den Text der Instruktion an Botschafter Page. Obgleich der Präsident die Denkschrift Lansings vor Augen hatte, die den Hinweis enthielt, die amerikanische Regierung solle dem Außenministerium ihre scharfe Zurückweisung der „Anerkennung der Gesetzlichkeit der Kabinettsorder vom 20. August" mitteilen, vermochte Oberst House das Staatsoberhaupt bald davon zu überzeugen, es müsse ein Mittelweg eingeschlagen werden. Der Fortgang der Verhandlung, u.a. eine Besprechung zwischen House und Spring Rice, bei der dann der englische Botschafter bei der Abfassung amerikanischer diplomatischer Dokumente half, zeigte Lansing nur zu deutlich, daß er in Zukunft eher britische Empfindlichkeit als amerikanische Rechte zu berücksichtigen habe. Von dieser Stunde an war seine Achtung für eine Neutralität gering, die ein Präsident so leicht verletzte, dessen Pflicht es gewesen wäre, sie zu erhalten.

Als Oberst House und Spring Rice am Abend des 28. September mit ihren eifrigen Bemühungen zu Ende waren, sprach Lansing bei der britischen Botschaft vor, um die aus der englischen Kabinettsorder vom 20. August sich ergebenden Schwierigkeiten zu besprechen. Er verwies zunächst auf einen Zeitungsartikel in der Morgen-Ausgabe der Washington „Post"[7], der sich auf die Order bezog, und bat dann Spring Rice, ihm bei der „Rücknahme oder Abänderung" behilflich zu sein, weil sie einen „Sturm der Entrüstung" hervorrufen würde.

Spring Rice war sofort bereit, „in jeder nur möglichen Weise mitzuarbeiten", und versicherte Lansing, er habe bereits seiner Regierung „mehrmals wegen der Order telegraphiert" und würde es von neuem tun. Ferner bemerkte der Botschafter, die Order erkläre in Wirklichkeit „Nahrungsmittel für absolute Konterbande", was der herkömmlichen englischen Politik ebenso wie der der Vereinigten Staaten widerspreche. Wie er näher ausführte, sei dieser Schritt unternommen worden, weil in den ersten Kriegstagen große Mengen Nahrungsmittel über Rotterdam an die deutsche Armee in Belgien geschickt worden seien.

Lansing hatte die lange und freundschaftliche Besprechung zwischen Oberst House und Spring Rice vom Nachmittag nicht vergessen und war deshalb sehr auf eine Lösung bedacht, die England völlig genehm war. Aus diesem Grund schlug er schließlich vor, es würde sich lohnen, wenn die englische Regierung der Regierung der Niederlande „ein Embargo auf Nahrungsmittel und andere bedingte Konterbande" nahelegen würde, mindestens solle sie dafür sorgen, daß „solche Artikel nicht wieder ausgeführt werden".

Sofort ging Spring Rice auf Lansings Anregung ein, die die Last der Verantwortung von der englischen Regierung auf die niederländische Regierung abwälzte. Außerdem machten ihm neutrale Verschiffungen von Kupfer und Petroleum Sorge. Englische Kriegsschiffe pflegten diese anzuhalten und in englische Häfen zu schicken, wo sie aufgekauft wurden. Neutrale Proteste gegen ein solches Vorgehen konnten dadurch zum Schweigen gebracht werden, daß man die Kabinettsorder zurücknehmen und Kupfer und Petroleum auf die Liste der *absoluten* Konterbande setzen würde.

Lansing bedeutete Spring Rice sofort, er sei zwar nicht befugt, für die amerikanische Regierung in diesem besonderen Fall zu sprechen, doch scheine ihm der Vorschlag des Botschafters „beachtenswert", und er könne es ermöglichen, die unpopuläre Order „loszubekommen". In den Vereinigten Staaten sei die Ansicht weit verbreitet, die Order sei eine Verletzung der „allgemein angenommenen Bestimmungen des Völkerrechts", und wenn diese Verstimmung zunehme, so könnte sie ernstlich die freundschaftlichen Gefühle ungünstig beeinflussen, die so lange zwischen den beiden Nationen bestanden hätten.[8]

Am 30. September telegraphierte Page von London, Sir Edward Grey überlege sich die Hinweise sehr sorgfältig, die in der Unterredung Spring Rice und Lansing zur Sprache gekommen seien. Er sei auch gern bereit, eine neue Liste der absoluten Konterbande herauszubringen und eine neue Kabinettsorder zu entwerfen, die alle andern, sich auf die Londoner Erklärung beziehenden Orders ersetzen würde.

Außerdem habe das Außenministerium eben die Versicherung der niederländischen Regierung erhalten, daß die Verfrachtung von Nahrungsmitteln aus Holland durch das bestehende Ausfuhr-Embargo verhindert würde.

Am folgenden Tag überließ Spring Rice dem Staatsdepartement die Abschrift eines Telegramms, das er von Sir Edward Grey erhalten hatte, und das die Hauptpunkte in Pages Telegramm bestätigte. Sekretär Bryan drückte sofort seine Genugtuung über die Bereitwilligkeit zur Mitarbeit aus, die die englische Regierung zum Ausdruck bringe, und in einem zweiten Telegramm an Botschafter Page ersuchte er, die umstrittene Instruktion vom 26. September Sir Edward Grey nicht vorzulegen.[9]

Lansing war völlig mit den Bemühungen Sekretär Bryans, sich mit der englischen Regierung auszusöhnen, einverstanden. Um den Hauptgrund der Reibung zwischen den beiden Regierungen zu beseitigen, sandte er eine „unoffizielle" und rein „persönliche" Note an Spring Rice, in der er auf die Annahme der Londoner Erklärung drängte. Ein solcher Schritt der englischen Regierung hätte für sie beträchtliche Vorteile. Der grundlegende Einwand, den die amerikanische Regierung gegen die Kabinettsorder vom 20. August erhoben habe, bestehe darin, daß sie die Anwendung der Lehre von der fortgesetzten Reise auf bedingte, für neutrale Häfen bestimmte Konterbande, vorschreibe. Nach der Londoner Erklärung dürfe eine kriegführende Nation Zusätze zu der Liste der absoluten Konterbande machen; es bestehe kein Grund, warum die fraglichen *bedingten* Bannwaren nicht zu der *absoluten* Konterbande gerechnet werden sollten. Würde sich die englische Regierung dazu entschließen, so könnte sie mit vollem Recht die Lehre von der fortgesetzten Reise auf diese *absoluten* Konterbandegüter anwenden und zugleich der Londoner Erklärung zustimmen. Auf diese Weise würde die Einfuhr von potentiellem Kriegsmaterial nach Deutschland verhindert, und die Wünsche der amerikanischen Regierung wären berücksichtigt.

Wenige Stunden nachdem diese Note an Spring Rice abgegangen war, stattete Lansing der englischen Botschaft einen Besuch ab und hatte mit dem Botschafter eine lange Unterredung. Spring Rice verbarg seine Freude über das Verständnis des stellvertretenden Staatssekretärs nicht und versicherte Lansing, er betrachte seine Vorschläge als eine „ausgezeichnete Lösung der Schwierigkeiten, die sich aus der Kabinettsorder vom 20. August ergeben hätten".

Im Verlauf der Unterredung geriet Spring Rice so in Feuer, daß er beschloß, sofort Sir Edward Grey zu telegraphieren, um die Annahme der Vorschläge und die Zustimmung zu der Londoner Erklärung dringend zu empfehlen. Am 28. September hatte Oberst House die Mithilfe des englischen Botschafters beim Entwurf der „gemäßigten" Instruktion an Page vom selben Tag mit Vergnügen in Anspruch genommen. Nun lud Spring Rice zum Zeichen der Gegenseitigkeit Lansing ein, ihn bei der Formulierung der Depesche an das Außenministerium zu unterstützen. Diese gemeinsame Arbeit wurde sofort nach London geschickt.

Lansings Absicht bei diesen Vorschlägen an Spring Rice liegt auf der Hand. Im Verlauf des Weltkriegs wurde das Bedürfnis nach einer allgemein verbindlichen Norm des Völkerrechts, auf das sich Neutrale zur Verteidigung ihrer Rechte berufen könnten, immer dringender. Unweigerlich würde die britische Regierung versuchen, die Liste der absoluten und der bedingten Konterbande auszudehnen, wie sie beim Ausbruch des Krieges angekündigt hatte. Eine Ankündigung konnte darin erblickt werden, daß das Außenministerium nichts von einer *Frei*liste verlauten ließ. Lansing war deshalb besonders darauf bedacht, England zu einer Anerkennung der Londoner Erklärung zu bewegen, weil ihre umfangreiche Freiliste so wichtige Artikel wie Rohbaumwolle, Wolle, Jute, Gummi, Harze, Rohhäute und Erze umfaßte.

Am 4. Oktober telegraphierte Lansing an Botschafter Page kurz den Inhalt seiner Besprechungen mit Spring Rice und teilte dem Botschafter mit, die amerikanische Regierung nähme mit „größter Befriedigung" die Zustimmung Englands zu der Londoner Erklärung zur Kenntnis.

Lansings Schachzug wurde jedoch vom Außenministerium durchschaut! Nach wie vor bestand keine Absicht, die Seerechts-Erklärung mit ihrer wichtigen Freiliste anzuerkennen. Am 9. Oktober übergab Sir Edward Grey an Botschafter Page eine neue Kabinettsorder, die erst dann veröffentlicht werden sollte, wenn das Staatsdepartement die einzelnen Punkte genau geprüft hätte. Die Order führte Nahrungsmittel noch unter bedingter Konterbande; der Grund für dieses Zugeständnis ist in dem Abkommen mit der Regierung der Niederlande zu suchen, das die Weiterverschiffung solcher Güter verhinderte. Andererseits enthielt die Liste der bedingten Konterbande jetzt Rohhäute, und die Liste der absoluten Konterbande zeigte so wichtige Posten wie Eisenerze, Nickelerz, Rohkupfer, Mineralöle und „Betriebsstoff für Motoren".

Die englische Regierung war sich darüber im klaren, daß sie sich die Anerkennung der Londoner Erklärung mit ihrer großzügigen *Frei*liste nicht gut leisten konnte. So waren Lansings ernsthafte Bemühungen um eine befriedigende Lösung vergebens. Überdies enthielt dieser Entwurf der vorgeschlagenen Kabinettsorder verschiedene andere Punkte, die auf dem neutralen Handel schwer lasten mußten. Eine dieser Bestimmungen würde ein nach einem neutralen Hafen fahrendes Schiff der Beschlagnahme verfallen erklären, wenn die Schiffspapiere nicht ersehen lassen, wer der Warenempfänger ist. Eine andere anfechtbare Bestimmung hatte folgenden Inhalt: Wenn einem der Hauptstaatssekretäre Seiner Majestät der Nachweis erbracht wird, daß die feindliche Regierung Lieferungen für ihre Streitkräfte von einem neutralen Land oder durch ein solches erhält, kann er durch Weisung die Unantastbarkeit der Schiffe aufheben, die nach diesen neutralen Häfen fahren.

Sobald Lansing den Entwurf der vorgeschlagenen Kabinettsorder erhalten hatte, legte er ihn dem Neutralitätsrat zur Prüfung vor. Die Kommission verfaßte sofort einen ablehnenden Bericht, der sich im besonderen mit Absatz 4 des Entwurfs befaßte. Dieser Absatz kam nach Ansicht der Kommission dem Wesen nach einer englischen Blockade eines neutralen Landes gleich und würde so einen vollkommen gesetzmäßigen Handel zwischen zwei neutralen Staaten unterbinden. Ein solches Verbot ginge „über jede Lehre von der fortgesetzten Reise, wie sie bis jetzt aufgefaßt worden ist", hinaus. Daher vertrat die Kommission nachdrücklich die Meinung, „die Vereinigten Staaten sollten klar und deutlich einem solchen Vorschlag nicht zustimmen". Weiterhin anerkannte der Neutralitätsrat gerne „die besonderen Bedingungen, denen England gegenübersteht. Aber die Vereinigten Staaten haben Pflichten gegen ihre eigenen Bürger aufgrund des anerkannten Völkerrechts. Sie haben Pflichten der Neutralität den Gegnern Großbritanniens gegenüber. Schließlich sind sie die mächtigste neutrale Nation, und was sie tun, wird von großer Bedeutung sein; infolgedessen muß ihre Haltung auf das sorgfältigste darauf abgestimmt sein, die neutralen Interessen zu wahren. Aus all diesen Gründen hält es die Kommission für das richtige, wenn die Vereinigten Staaten die eben besprochenen Vorschläge der englischen Regierung nicht billigen."

Am 15. Oktober, kurz nachdem der Neutralitätsrat den ablehnenden Bericht über die englische Kabinettsorder fertiggestellt hatte, sprach Spring Rice beim Staatsdepartement vor. Im Verlauf einer Unterhaltung mit Lansing bemerkte er, die englische Regierung habe nichts gegen die Londoner Erklärung einzuwenden, „vorausgesetzt, daß wir die deutsche Armee und die Kriegsindustrie von der Zufuhr abschneiden können". Nach dieser interessanten Äußerung beendete er seinen Besuch und ließ Lansing folgende undatierte und nicht unterzeichnete Denkschrift zurück: „Ist dem Staatsdepartement bekannt, daß nach der Rheinkonvention zwischen Holland und Deutschland Waren, die für Rotterdam bestimmt sind, dort als im Transit befindlich erklärt und weiter nach Deutschland gebracht werden können, trotz einem Ausfuhrembargo der niederländischen Regierung? Wir tun unser

Bestes, um mit der Regierung der Vereinigten Staaten zu einem Einverständnis zu kommen, denn sonst kommt es entweder zu einem Streit mit der Regierung der Vereinigten Staaten, oder wir müssen den Versuch aufgeben, Deutschland an der Beschaffung von Rohstoffen für seine Armee zu verhindern: das eine wie das andere würde oder könnte unsere Erfolgsaussichten stark beeinträchtigen, einen deutschen Sieg letztlich zur Folge haben und das Verschwinden Englands als einer völlig unabhängigen Macht in Europa bedeuten."

Am folgenden Tag erhielt das Staatsdepartement von Botschafter Page eines seiner hysterischen Telegramme, worin er gegen jeden weiteren Schritt bezüglich der Londoner Erklärung Einspruch erhob. Ihm schien ganz offenkundig, daß die amerikanische Regierung „allmählich unnütz in eine ernste Schwierigkeit geraten war. Die englische Regierung hat fraglos allen unseren Beschwerden nachgegeben und hat den aufrichtigen Wunsch bewiesen, allen unseren Forderungen entgegenzukommen, ausgenommen die Versorgung Deutschlands mit Kriegsmaterialien. Darauf wird sie nie eingehen ... Seit der Zeit, als die letzte Liste absoluter und bedingter Konterbande zusammengestellt worden ist, spielen solche Stoffe wie Gummi, Kupfer und Petroleum eine ganz andere Rolle im Krieg. Diese geben sie einfach nicht frei.

Dies ist kein Krieg in dem Sinn, wie wir bisher das Wort gebraucht haben. Es ist ein weltumspannender Zusammenprall von Regierungssystemen, ein Kampf bis zur Vernichtung der englischen Kultur oder des preußischen Militarismus. Frühere Beispiele sind heute wertlos ... Angenommen, wir üben wegen theoretischer Rechte von ein paar Reedern einen Druck aus. Die amerikanische Bevölkerung als Ganzes gewinnt nichts, und das Ergebnis ist ein Zerwürfnis mit Großbritannien ... Die gegenwärtige Streitigkeit scheint hier, nahe dem Kriegsschauplatz, akademisch und praktisch von keinerlei Wichtigkeit, verglichen mit der ernsten Gefahr, die uns droht, wenn wir uns von der Möglichkeit ausschließen, der Kultur und dem Frieden der Welt zu dienen."

Außer diesem Telegramm an den Staatssekretär sandte Page auch noch an Präsident Wilson einen langen Brief, der ähnlich lautete. Wieder beschrieb er die versöhnungsbereite Haltung des Außenministerium und seinen lebhaften Wunsch, „so weit wie möglich unseren Wünschen und Ansichten entgegenzukommen". Der letzte Grund der Kabinettsorder sei, zu verhindern, daß Kriegsmaterial nach Deutschland gelange, und die englische Regierung könne von diesem Standpunkt nicht abgehen.

Trotz dieser dringenden Worte von Botschafter Page sandte Lansing zwei Instruktionstelegramme nach London, die dem Botschafter recht unangenehm sein mußten. In einem dieser Telegramme zählte er die Einwände der amerikanischen Regierung gegen die vorgeschlagene Kabinettsorder auf. Erstens enthalte sie *keine* Annahme der Londoner Erklärung, aber sie erweitere trotzdem die Konterbandeliste. Diese Erweiterungen könnten nach Artikel 23 und 25 der Londoner Erklärung gemacht werden, so sei kein Grund vorhanden, die Erklärung nicht anzunehmen. Der Ersatz des Unterabschnitts B des Abschnitts 3 für Artikel 5 der Kabinettsorder vom 20. August sei nicht angängig, weil er sogar in der Anwendung der Lehre von der fortgesetzten Reise auf bedingte Konterbande weiter gehe als Artikel 5. Abschnitt 4 der vorgeschlagenen Order sei sogar noch anfechtbarer aus dem triftigen Grund, weil nach ihrem Wortlaut „eine kriegführende Macht den neutralen Handel mit feindlichem Gebiet völlig beherrschen würde, ohne dem neutralen Staat, der angeblich die feindlichen Streitkräfte beliefert, den Krieg zu erklären".

In einem zweiten Telegramm desselben Tages bemüht sich Lansing, auf einen Weg aus den Schwierigkeiten hinzuweisen, die die freundschaftlichen Beziehungen zu stören drohten, die lange zwischen Großbritannien und den Vereinigten Staaten bestanden hätten. Die amerikanische Regierung schätze die „anerkennenswerte Offenheit" Sir Edward Greys in dieser ganzen Sache und messe der „unerschütterlichen Freundschaft Großbritanniens für die Vereinigten Staaten", die sie „immer zu verdienen" hoffen, großen Wert bei. Gerade aus diesem Grund solle Botschafter Page, wie Lansing lebhaft wünschte, Sir Edward Grey folgenden Plan „streng vertraulich" vorlegen mit der ausdrücklichen Versicherung, es sei nur ein Vorschlag des amerikanischen Botschafters, für den die amerikanische Regierung nicht verantwortlich sei. Dieser Plan enthielt die bekannten Vorschläge, die englische Regierung solle die Londoner Erklärung ohne Änderung oder Zusatz annehmen, und dann einen Erlaß mit Aufstellungen der *absoluten* und *bedingten* Konterbande herausgeben, kraft der Artikel 23 und 25 der Seerechtserklärung. Nun kommt erst das Neue in diesem zweiten Telegramm, von dem Lansing hoffte, es werde zu einer Lösung des Streites führen. Die englische Regierung solle ihrem Erlaß, Bannware betreffend, eine Kabinettsorder folgen lassen, „von der die Vereinigten Staaten nicht vorher unterrichtet zu werden brauchten", folgenden Inhalts: „wenn einer der Hauptstaatssekretäre Seiner Majestät überzeugt ist, daß ein Hafen oder das Gebiet eines neutralen Landes als Basis für einen für die feindliche Regierung vorgesehenen Transitverkehr bestimmt ist, so solle eine Erklärung erlassen werden, ein solcher Hafen oder ein solches Gebiet habe für den Handel mit Bannware feindlichen Charakter erhalten, und dorthin bestimmte Schiffe seien den Normen der Erklärung unterworfen, die der Handel mit feindlichem Gebiet regle."

Um diesen Plänen Lansings mehr Nachdruck zu verleihen, sandte Präsident Wilson an Botschafter Page ein Telegramm und bat ihn dringend, den Standpunkt der amerikanischen Regierung nicht als „bloß akademisch" anzusehen. Sollte das Außenministerium die Lösung Lansings aus dieser Schwierigkeit annehmen, so könne die englische Regierung alle ihre Ziele erreichen, ohne die amerikanische Öffentlichkeit „an einer überaus empfindlichen Stelle" zu verletzen.

Die Telegramme Lansings überraschen einigermaßen. Als er seine Einwände gegen die vorgeschlagene Kabinettsorder vorbrachte, behauptete er, die Erweiterung der in jener Order enthaltenen Konterbandelisten „hätte nach Artikel 23 und 25 der Erklärung vorgenommen werden können, wenn sie ohne Änderung angenommen worden wäre; deshalb sei es nicht notwendig, die Erklärung selbst abzuändern."

Tatsächlich enthielt die Liste der *bedingten* Konterbande in der vorgeschlagenen Order zum erstenmal Rohhäute, und die *absolute* Konterbandeliste umfaßte jetzt so wichtige Posten wie Eisenerz, Nickelerz und Rohkupfer. Alle diese Stoffe waren von der *Frei*liste in der Londoner Erklärung in die Klasse der Konterbande übertragen worden. Selbst bei der großzügigsten Auslegung der Artikel 23 und 25 konnte eine solche Übertragung nicht ins Auge gefaßt werden.[10] Lansing war bestimmt nicht so verblendet, um anzunehmen, daß Eisen, Nickel und Kupfererze Stoffe waren, „die ausschließlich für den Krieg gebraucht würden" und aus diesem Grunde der bestehenden Liste der *absoluten* Konterbande zugerechnet werden könnten.

Wichtig ist, daß die vorgeschlagene Order in ihre Liste der *absoluten* Konterbande „Mineralöle und Betriebsstoff" aufführt. Nach der Londoner Erklärung war

„Brennstoff" unter die bedingte Konterbande eingereiht, und es ist auch wirklich schwer einzusehen, wieso man Petroleum und Motoröle als Artikel bezeichnen kann, *die ausschließlich für den Krieg gebraucht werden*. Diese neue Aufstellung war für die Vereinigten Staaten sehr wichtig, aber seit dem 28. September schien Lansing die englische Regierung zu einem solchen Schritte zu ermuntern.

Lansings weiteres umfassendes Zugeständnis wurde bereits erwähnt. Die englische Regierung hatte große Schwierigkeiten beim Abschluß zweckmäßiger Vereinbarungen mit neutralen Ländern über die Weiterverschiffung von Waren an die Mittelmächte. Um die englische Regierung zu unterstützen, schlug Lansing vor, wenn ein englischer Hauptstaatssekretär überzeugt sei, daß ein Hafen oder das Gebiet eines neutralen Landes zu Vermittlungen von Kriegsmaterial für eine feindliche Regierung diene, so solle eine Erklärung erlassen werden, ein solcher Hafen oder ein solches Gebiet werde für den Handel mit Bannware feindlichen Charakter erhalten.

Lansing gestand bereitwillig zu, ein solches Vorgehen beruhe auf einem „neuen Grundsatz" des Völkerrechts. Diese Feststellung ist ein beredtes Zeichen dafür, wie weit der stellvertretende Staatssekretär gehen würde, um sich mit der englischen Regierung auszusöhnen. Darüberhinaus ist schwer einzusehen, wie sich diese Methode von der in Abschnitt 4 der vorgeschlagenen Order in ihrer Wirkung auf den neutralen Handel unterscheidet. In beiden Fällen hätte offensichtlich amerikanische *bedingte* Konterbande geringe Aussicht, je ein kriegführendes Land zu erreichen. Lansing war damit zufrieden, ein altes amerikanisches Erstgeburtsrecht für ein überaus geringfügiges Linsengericht zu verkaufen.

Warum Lansing diese Telegramme absandte, ist nicht klar. Sie fanden auch bei Botschafter Page keine freundliche Aufnahme. Der Botschafter hatte das Glück, Chandler P. Anderson als besonderen Rechtsberater bei sich zu haben. Als die beiden die letzten Anweisungen Lansings durchlasen, waren sie sehr überrascht. Eindeutig schien Lansing zwei Gedanken gehabt zu haben:

1. Großbritannien solle die Deklaration ohne jede Änderung und Erweiterung annehmen, und

2. die englische Regierung solle dann eine Erklärung ausgeben, worin sie festlegt, daß, da die Deklaration zu Streitigkeiten Anlaß gäbe und für besondere Fälle keine Vorkehrungen treffe, Großbritannien sie so auslegen solle, wie es ihm von Vorteil sei – damit möchten allerdings die Vereinigten Staaten weiter nichts zu tun haben, obgleich sie den Vorschlag gemacht hätten.

Überdies konnte die englische Regierung nach der Seerechtserklärung Kupfer, Eisenerz, Gummi und Rohhäute der Liste der *absoluten* Konterbande nicht hinzufügen. Trotzdem hatte Botschafter Page den Eindruck, als schlage Lansing vor, die englische Regierung solle sich mit der Deklaration einverstanden erklären und dann noch gerade die Erweiterungen hinzusetzen, die ihr zuwiderliefen. Sicherlich hatte Lansing nicht die Absicht gehabt, einen „unehrenhaften Vorschlag" zu machen, aber wie denn sonst konnte Sir Edward Grey eine solche Anregung auffassen? Tatsächlich war bereits ein gewisser Schaden angerichtet worden. Als der amerikanische Botschafter dem englischen Außenminister Lansings Vorschläge unterbreitet hatte, stellte Sir Edward Grey mit gerechter Entrüstung sofort die Frage: „Meinen Sie, wir sollten sie annehmen und dann einen Erlaß herausbringen, um sie zu umgehen?"

Der Botschafter wollte nicht „die geringste persönliche Kritik" an Lansing üben, aber er war überzeugt, der stellvertretende Staatssekretär sei „kaum offen" mit seinen Vorschlägen gewesen, und seine sichtliche „Umgehung oder falsche Darstellung der Tatsachen" im Zusammenhang mit der Londoner Erklärung seien überhaupt nicht notwendig gewesen. Page hatte den festen Glauben, die englisch-amerikanischen Beziehungen würden durch Lansings leicht hingeworfene Wortkünste nicht besser werden: „Meine Beziehungen zu Sir Edward sind auf dieser Grundlage nicht aufgebaut worden und können diese Verhandlungsmethode nicht überdauern – wenigstens nicht lange."

Nur in einem persönlichen Brief an den Präsidenten konnte Botschafter Page in so ungehemmter Weise schreiben. In seiner amtlichen Depesche an den Staatssekretär gab er nur an, Sir Edward Grey habe die Annahme der Erklärung ohne Änderung abgelehnt. Die Gründe, die Sir Edward für diese Haltung vorbrachte, seien: die Weigerung des Parlaments, die Erklärung zu ratifizieren und die Unmöglichkeit für das Außenministerium, einen solchen Modus anzunehmen und dann „eine Verordnung herauszugeben, die einen Teil wieder aufheben würde".

In der Zwischenzeit hatte Sir Edward seine Haupteinwände gegen Lansings Vorschlag an Spring Rice geschickt. Erstens würde jede Annahme der Erklärung die britische Regierung verpflichten, „jede Einzelheit" eines Planes auszuführen, der nie anerkannt worden war. Zweitens habe die Erfahrung verschiedener Monate gezeigt, daß die *Frei*liste in der Deklaration „einige Artikel enthielt, die jetzt in Deutschland ausschließlich oder hauptsächlich für Kriegszwecke verwendet werden". Und schließlich wünsche sich das Außenministerium das Recht vorzubehalten, die Lehre von der fortgesetzten Reise anzuwenden, um zu verhindern, daß Kriegsmaterial die feindliche Regierung oder Armee erreiche.

Am 21. Oktober schickten Page und Chandler P. Anderson ein von beiden unterzeichnetes Telegramm an den Staatssekretär. Es zählte einfach die Gründe auf, warum die englische Regierung sich der Londoner Erklärung nicht anschließen konnte. Das Parlament habe die Deklaration abgelehnt, und die *Frei*liste in jener Bestimmung habe so wichtige Artikel wie Gummi, Erze und Häute von der Gattung der Konterbande ausgenommen. Überdies war Holland „für Deutschland eine Basis für Kriegsmittel nach dem Rheinvertrag von 1869, der Rotterdam in gewisser Hinsicht praktisch zu einem deutschen Hafen macht."

Am selben Tag sandte Chandler P. Anderson ein zweites nur von ihm gezeichnetes Telegramm an den Staatssekretär. Es hatte etwa denselben Inhalt wie das gemeinsame Telegramm und hob nur einen der Einwände des Außenministerium gegen eine völlige Anerkennung der Londoner Erklärung hervor. Der Abschnitt lautet: „Die deutsche Regierung kann letzten Endes auf alles Hand legen, was nach Deutschland hineinkommt und zur Verlängerung des Krieges dienlich ist. Proviant, der dem Buchstaben nach bedingte Konterbande ist, muß einfach als absolute Konterbande angesehen werden. Holländische Häfen sind praktisch deutsche Einfuhrhäfen gemäß dem Rheinvertrag von 1869."[11]

Angesichts der entschlossenen Haltung der britischen Regierung konnte Lansing nur einen Weg weiterverfolgen. Am 22. Oktober sandte er ein Telegramm an Botschafter Page, in dem er ihn anwies, „der Regierung Seiner Majestät mitzuteilen, daß unter diesen Umständen die Regierung der Vereinigten Staaten sich gezwungen sehe, ihren Vorschlag zurückzuziehen betreffend die Annahme der Londoner Erklärung als vorübergehend bindendes Seekriegsrecht, an das sich für die Dauer des gegenwärtigen Krieges Kriegführende und Neutrale hielten."

Diese Maßnahme des Staatsdepartements erfüllte Botschafter Page mit grenzenloser Freude. Seit Monaten hatte sich nichts ereignet, um seine traurige Stimmung in dieser Zeit aufzuheitern, und aus seinen Telegrammen und Briefen konnte man seine tiefe Verzweiflung über die Unfähigkeit der amerikanischen Regierung, durch englische Augen zu sehen, gut herauslesen. Selbst jetzt noch war er gegen Lansing kritisch eingestellt, und in einem Brief an Oberst House bemerkte er, seine Geduld mit dem stellvertretenden Staatssekretär sei bald erschöpft. Seiner Ansicht nach sei „Lansings Methode an allem schuld. Vor allem behandelt er Großbritannien, wie wenn es ein Verbrecher oder Gegner wäre. So viel ich weiß, ist dies der beste Weg, um der amerikanischen Schiffahrt Unannehmlichkeiten zu verursachen und die guten alten Tage des gegenseitigen Hasses und Mißtrauens für eine oder zwei Generationen wieder aufleben zu lassen … Das Außenministerium zweifelt an unserer Klugheit und Vorsicht seit Lansing am Ruder ist. Die ganze Stimmung ändert sich … Gott weiß, daß ich versucht habe, dieses Vertrauen unangetastet und unsere gute Freundschaft unerschüttert zu erhalten. Aber allmählich werde ich über unsere Zukunftsaussichten skeptisch, seitdem der Präsident mir telegraphiert hat, Lansings Vorschlag werde die Angelegenheit erledigen … Wenn Lansing die Londoner Erklärung von neuem zur Sprache bringt – nach viermaliger klarer und begründeter Ablehnung – werde ich zurücktreten."

Obgleich Botschafter Page in seiner Kritik an Lansings Vorschlägen im Recht war, so war er völlig im Irrtum in seiner Voraussetzung, der stellvertretende Staatssekretär habe eine Abneigung gegen Großbritannien. Seit dem 28. September, als Oberst House und Cecil Spring Rice sich zusammengesetzt hatten, um eine passende Anweisung an Botschafter Page zu verfassen, bis zum 22. Oktober war Lansing ängstlich bemüht, die englische Regierung auszusöhnen. Er hatte rasch bemerkt, wie sehr Oberst House auf seiten der Alliierten stand, und er war klug genug, zu erkennen, daß eine völlige Übereinstimmung mit der Ansicht des Oberst der einzige Weg zu offizieller Anerkennung war.[12] In seinen Unterredungen mit Spring Rice bemühte sich Lansing sichtlich, hilfreich und freundlich zu sein, und bei einer Gelegenheit war der britische Botschafter so über Lansings Vorschlag erfreut, daß er sich seiner Dienste bei der Abfassung der Depesche an Sir Edward Grey bediente.[13] Freundschaftliche Gesinnung für Großbritannien wurde bald ein Losungswort Lansings; dies fiel den Mitgliedern des diplomatischen Dienstes so auf, daß sogar Page seine Ansicht änderte und dem stellvertretenden Staatssekretär, über den er so abfällig geurteilt hatte, herzliche Grüße sandte.

Kapitel VII

Englands Seeherrschaft

Die feindselige Haltung der englischen Regierung gegen die Londoner Deklaration zeigte Sekretär Bryan deutlich, daß der vielbesprochene Grundsatz der „Freiheit der Meere" im politischen Glaubensbekenntnis Sir Edward Greys keinen Platz hatte. Wie in früheren Kriegen waren die britischen Staatsmänner entschlossen, ihre riesige Flotte dazu zu gebrauchen, ihren Wünschen Nachdruck zu verschaffen, und sie kleideten ihre Verletzungen des Völkerrechts in die fadenscheinige Entschuldigung, die Sache Großbritanniens sei immer die Sache der Menschheit. Die Aufzählung der Kreuzzüge zum Wohl der Menschheit ist eine englische Zusammenstellung, die neutralen Nationen so langweilig vorkommt, wie die homerische Beschreibung der Schiffe.

Bei der Verbreitung der Fiktion, England führe einen „heiligen Krieg" gegen das deutsche Barbarentum, spielte Sir Edward Grey eine hervorragende Rolle. Während seiner langen Amtszeit als britischer Außenminister (1905–1916) handelte er als hervorragender Patriot und hielt frühzeitig seine Zunge aus Loyalität gegenüber England im Zaum. Doch trotz des Erfolges, der seiner größten diplomatischen Anstrengung zuteil wurde, gab es wenig Männer im englischen öffentlichen Leben, die so scharfe Angriffe und bittere Kritik über sich ergehen lassen mußten. H.N. Brailsford war überzeugt, Grey verstehe „überhaupt nichts von Außenpolitik"; Lord Weardale betrachtete ihn als „unwissenden Durchschnittsmenschen"; Sir Horace Rumbold gestand einem Freund, er habe eine „klägliche Auffassung" von Grey; Mark Napier sah Sir Edward nur als „zweitrangigen" Staatsmann an; während Ramsay MacDonald verächtlich von „Greys Intelligenz" sprach.

In einer kürzlich erschienenen Lebensbeschreibung Greys setzte sich Professor George Macaulay Trevelyan mit diesen Urteilen auseinander und bemüht sich, den Eindruck zu erwecken, als sei Sir Edward ein fähiger Staatsmann gewesen, dessen Erfolge einem glücklichen Zusammentreffen von Talenten und Redlichkeit zuzuschreiben seien. Das kann stimmen, aber die Frage drängt sich doch auf, warum denn so viele Erklärungen nötig sind, um die Laufbahn eines anständigen Mannes zu rechtfertigen. Trotz der Anstrengungen Professor Trevelyans, bleibt beim Leser das Gefühl zurück, Grey sei – um es milde auszudrücken – nicht immer ganz offenherzig gewesen. Was seine Talente anbetrifft, so erinnert man sich zwangsläufig an Madame de Maintenons offene Bemerkung über sich selbst: „Ich bin nicht groß, ich bin nur an einer hohen Stelle". Trotz aller absprechenden Urteile über Grey von seiten europäischer Zeitgenossen, darf er in seinen Beziehungen zu Amerika nur von Erfolgen berichten. Wenn er mit hochgestellten Amerikanern zu tun hatte, bewies er vollendete Geschicklichkeit. Wie wenn er mit einem Zauber begabt wäre, brachte er Walter Hines Page in kurzer Zeit in den Bann seiner Persönlichkeit, so daß der amerikanische Botschafter fest zu England hielt, so lange er sein Amt bekleidete. Oberst House war stark von Greys scheinbarer Natürlichkeit gefesselt, die in auffälligem Gegensatz stand zu den düsteren Qualitäten, die gewöhnlich europäische Diplomaten auszeichnen. Theodore Roosevelt stand gern mit ihm als einem „gleichgesinnten Naturfreund" in Verbindung, der immer zu bescheiden war, einen Platz in dem berühmten „Ananias Club" zu verdienen, während Präsident Wilson sich mit Sir Edward wegen ihrer gemeinsamen Verehrung der Sonette William Wordsworths geistig verbunden fühlte.

Dieser persönliche Faktor war ungemein wichtig in der schwerzulösenden Gleichung englisch-amerikanischer Beziehungen. Grey verdient für eine Lösung, die das britische Weltreich rettete, alle Achtung. In der Geschichte der britischen Außenpolitik im letzten Jahrhundert erscheinen verschiedene, mit schärferem Verstand begabte Außenminister, aber Grey ist einzig darin, daß er erstaunliche Erfolge allein durch seinen persönlichen Charme davontrug.

Eine Gegenüberstellung von Sir Edward Grey und William Jennings Bryan läßt viele Vergleichspunkte erkennen. Beide waren überzeugte Pazifisten, die von Weltfrieden träumten, während die Welt in einen bitteren Kampf verwickelt war. Beide schieden aus ihrem Amt noch während des Krieges. Wie Grey war Bryan das Ziel scharfer Angriffe vieler Kritiker, die ihn als gänzlich unfähig für das Amt eines Staatssekretärs erklärten. Für Theodore Roosevelt war Bryan der „allerschlimmste" Staatssekretär seit Bestehen dieses Amtes (1789). Senator Henry Cabot Lodge meinte, man könne kaum daran zweifeln, daß Bryan „ganz besonders unfähig für die Stellung eines Staatssekretärs" sei. David F. Houston, ein einflußreiches Mitglied des Wilsonschen Kabinetts, verbarg seinen Hohn über Bryans angeblichen Mangel an Intelligenz nicht, während sich Walter Hines Page keine Mühe gab, seine Verachtung für den „Great Commoner" zu unterdrücken.

Gewisse englische Kritiker setzten Bryan nicht weniger herunter. Lord Bryce meinte, Bryan sei beinahe „unfähig einen Gedanken zu fassen" im gewöhnlichen Sinne des Wortes, und Sir Horace Plunkett war überzeugt, die „Wirkungsweise von Bryans Gehirn könne nicht nach den Regeln der Logik erklärt werden".

Sekretär McAdoo jedoch sah in Bryan einen der „scharfsinnigsten Männer", die er kennen gelernt hatte. Ray Stannard Baker neigte zu der Ansicht, Bryan sei ein „Staatsmann größten Ausmaßes unter Wilsons Ratgebern", während ein so vorsichtig abwägender Gelehrter wie Dr. Joseph V. Fuller offen angab, Bryan sei das „einzige Mitglied der Regierung, das beständig auf eine konstruktive Politik zur Vermeidung entstehender Gefahren dränge".

Die hochgespannten Hoffnungen, die mancher hervorragende Demokrat beim Amtsantritt Bryans hegte, kommen deutlich in folgendem Auszug aus einem Brief Brand Whitlocks an Bryan selbst zum Ausdruck: „Ich bin froh, daß endlich ein

Mann in jener Stellung [Staatssekretariat] ist, dessen Glaube an Demokratie und Menschenliebe so verankert ist, daß wir unter seiner Führung von unserer Diplomatie bedeutende Erfolge bei der Beseitigung von Krieg und Kriegsstimmung erwarten können."

Nicht durch die Schuld Bryans wurden „Krieg und Kriegsstimmung" während seiner Amtszeit als Staatssekretär nicht in Acht und Bann getan. In der langen Liste der Staatssekretäre war keiner, der zu diesem Amt mehr Pflichtgefühl oder einen glühenderen Willen mitbrachte, alle seine Talente zur Besserung der Welt zu verwenden. Wäre er geschmeidiger und weniger aufrichtig gewesen, so hätte er vielleicht mehr Erfolg gehabt. Für ihn war es unmöglich, kalt und berechnend an wichtige öffentliche Fragen heranzugehen. Sein Ansehen im öffentlichen Leben verdankte er seiner Fähigkeit, die abgedroschenen Redensarten der amerikanischen Politik kraft seines starken Gefühls mit neuem Leben zu erfüllen, und weil er es verstanden hatte, leblose Formeln mit dem glänzenden Gewand einer farbigen Rhetorik zu umgeben. Aber bei der Führung von Staatsgeschäften war wenig Gelegenheit, Gefühle zu entfalten. Die meisten Fragen, die England oder Deutschland angingen, erforderten genaue Kenntnis des Völkerrechts. Bryan hatte aber nie Gelegenheit gehabt, diese Kenntnisse zu erwerben; wegen dieses Mangels an technischer Routine waren viele geneigt, ihn für das Amt eines Staatssekretärs als gänzlich ungeeignet anzusehen. Sie vergaßen ruhig, daß Charakter und gesunder Menschenverstand die Grundvoraussetzungen für jedes Amt sind.

Als Gegengewicht zu dem unerfahrenen und schlichten Bryan ernannte der Präsident Robert Lansing zum Rechtsberater des Staatsdepartements. Gut aussehend und tadellos aufgemacht, bekannt mit Theorie und Praxis des Völkerrechts, Schwiegersohn eines früheren Staatssekretärs, der sich als Diplomat ausgezeichnet hatte, schien der weltgewandte Lansing in Überfülle alle Gaben zu besitzen, die Bryan zur Leitung der amerikanischen Außenpolitik fehlten. Der Gegensatz zwischen den beiden Männern war so auffallend, daß er vielfach zu Gerede Anlaß gab. Am 14. November 1914 schrieb Lansing an einen guten Freund über die Zeitungskritiken Sekretär Bryans: „Ich danke sehr für den freundlichen Brief vom 11. und für die Güte, mir wegen der kürzlich erschienenen Artikel in der New Yorker „Sun" und anderen Zeitungen zu schreiben. So angenehm es ist, für den Dienst im Staat empfohlen zu werden, so hat mich das Vorgehen der Presse doch in Verlegenheit gebracht und geärgert; sie zieht nämlich einen Vergleich zwischen meiner Führung des Departements und der Herrn Bryans. Die Presse ist gegen Bryan äußerst ungerecht."

Im Zusammenhang mit der Ernennung Lansings zum Berater des Staatsdepartements, zeigt sich der Einfluß Senator Roots sehr deutlich. Anscheinend war Senator Root selbst in hohem Maße für die Wahl Lansings verantwortlich, und der Grund, warum seine Anregung bei Präsident Wilson ein geneigtes Ohr fand, lag in der Unterstützung, die Senator Root dem Bemühen des Präsidenten um die Abänderung des Panama-Kanal-Gesetzes vom 7. August 1912 zuteil werden ließ, das für die amerikanische Verschiffung von einer Küste zur anderen keine Abgaben vorsah. Schon im Januar 1913 hatte Root im Senat einen Zusatzantrag zu dem Kanalgesetz eingebracht, der dieses Vorrecht abschaffen würde, aber die Aussicht auf Annahme war gering. Präsident Taft schrieb an seinen Staatssekretär Philander C. Knox, er könne nicht einsehen, „auf was für einen Grund sich denn England und Root stützten".

Nach der Amtseinsetzung Wilsons begann eine starke Bewegung, das Kanalgesetz nach den von Senator Root vorgeschlagenen Richtlinien zu verbessern; die demokratischen Staatsmänner hatte man bald zu diesem Standpunkt bekehrt. Viele Republikaner äußerten sich jedoch sehr scharf gegen einen solchen Kurs und kritisierten heftig Mitglieder ihrer Partei, die den Plan des Präsidenten unterstützten. Am 28. April 1914 schrieb Knox an den früheren Präsidenten Taft und drückte seinen tiefen Abscheu über den Lauf der Dinge kräftig aus: „Wie schade, daß keine männliche Opposition, besonders im Senat, vorhanden ist. Root besprengt beständig Wilson mit seinen Tränen, und Lodge, der Schwindler, bemüht sich weiterhin, so gut er kann, seine Parteianhänger im Amt zu halten."

Zwei Tage später antwortete Taft in der von Knox angeschlagenen Tonart: „Bei Root ist eine gewisse Seite in seinem Charakter vorhanden, die man nicht versteht. Er läßt sich leicht beeindrucken und fällt deshalb oft herein. Er hat die politische Streiterei satt, und seine Zusammenarbeit in dieser Frage mit Wilson hat ihn dazu gebracht, auf die andere Seite zu gehen – das ist des Pudels Kern."

Eines der wichtigsten Ergebnisse von Roots „Zusammenarbeit mit Wilson" bestand darin, daß der Präsident anscheinend dem Senator von New York erlaubte, gewisse wichtige Stellen im Staatsdepartement mit seinen persönlichen Freunden zu besetzen.

Diese Freunde, denen Root in das Staatsdepartement verhalf, übten den größten Einfluß auf die auswärtige Politik der Vereinigten Staaten in der Zeit von 1914 bis 1917 aus. Chandler P. Anderson war eine große Hilfe für Walter Hines Page in London, während James Brown Scott, als Vorsitzender des Neutralitätsrates, ein vertrauter und einflußreicher Ratgeber des Staatssekretärs in allen Fragen über Amerikas Neutralität war.

Lansings Rolle als Berater des Staatsdepartements war von höchster Wichtigkeit[1]. Obgleich Bryan das Amt des Staatssekretärs innehatte, entwarf doch Lansing die diplomatischen Noten. Stets schimmerte bei ihm die englandfreundliche Neigung seines Schutzherrn, Senator Root, durch. In den Vorkriegsjahren nahm das Staatsdepartement vom Standpunkt des Völkerrechts aus eine vollkommen neutrale Haltung ein. Viele Noten gingen an die kriegführenden Mächte hinaus, um gegen Verletzungen des internationalen Rechts zu protestieren, und zu Zeiten war die Sprache dieser Noten so scharf, daß jemand, der nur dem Wortlaut und nicht den zugrundeliegenden Beweggründen nachgeht, meinen könnte, Amerika habe immer seine Rechte unparteiisch und kraftvoll verteidigt. Daran kann man kaum zweifeln, daß die an Deutschland gerichteten Mitteilungen in einem Ton abgefaßt waren, der keine Verhandlung zuließ, aber sieht man hinter die Kulissen des gegen England gerichteten diplomatischen Feuerwerks, so zeigt sich, daß die Amerikaner die Tarnung lange vor der „großen Parade" von 1917 sehr wohl zu verwenden wußten. Lansing führte dieses Kriegsmittel in die ruhigere Atmosphäre amerikanischer diplomatischer Korrespondenz ein und gab ihm eine neue Wendung; er benutzte es dazu, um seine eigenen Landsleute in den falschen Glauben zu wiegen, er bestehe auf den Schutz aller amerikanischen Rechte. Das Außenministerium bombardierte er mit allen großen Kalibern des Völkerrechts von Grotius bis Westlake, aber die Reichweite seiner Geschütze war absichtlich falsch eingestellt, und so weckte der Lärm dieser ziellosen Anstrengungen nur einen späten und schwachen Widerhall in den ruhigen Gängen von Downingstreet Nr. 10. Ein Theatergewitter war den Persönlichkeiten in jenem berühmten Haus schon immer vertraut gewesen.

Lansing war nicht ganz für diesen bereitwilligen Verzicht amerikanischer Rechte verantwortlich. Nicht nur waren seine Freunde und Schützer für die Alliierten, sondern die Überlieferungen des Staatsdepartements waren zu einem wesentlichen Grund anglophil. Der Grund zu diesen Überlieferungen war teilweise von John Hay gelegt worden, der als Staatssekretär unbedenklich amerikanische Rechte aufgab, um britische Interessen zu schonen. Selbst eine nur oberflächliche Beschäftigung mit der Geschichte des Burenkrieges, der 1899 ausbrach, beweist diese Behauptung. Es dauerte nicht lange, bis völkerrechtliche Fragen entstanden, die sich auf die Gesetzlichkeit von Blockaden und die Lehre von „der letzten Bestimmung" bezogen und den glatten Lauf englisch-amerikanischer Beziehungen störten. Die zu jener Zeit vom Staatsdepartement angenommene Haltung schildert Dr. Tyler Dennett in seiner Lebensbeschreibung John Hays kurz folgendermaßen: „Die Engländer waren entschlossen, die Zufuhr von Nahrungsmitteln in das Burenland zu verhindern. Sie kamen Botschafter Choate freundschaftlich entgegen und versicherten ihm ihre Bereitwilligkeit, Ansprüche anzuerkennen, wiesen jedoch darauf hin, sie hätten hinsichtlich neutraler Rechte kein Interesse an gesetzlichen Theorien, sondern wollten den Krieg gewinnen. Hay war gleichfalls kein Theoretiker, und ... als England eine Lösung auf der Grundlage vorschlug, es sei bereit, solche aufgegriffenen Güter aufzukaufen, die nachweisbar Eigentum amerikanischer Bürger wären, war der Zwischenfall erledigt."

Dieser rasche Verzicht auf amerikanische Rechte in den Jahren 1899–1900 ebnete den Weg für eine ähnliche Politik in den Jahren 1914–1917. Der Hauptunterschied war der, daß Lansing Gelegenheit hatte, rechtliche Dokumente aufzusetzen, durch die er die Zukunft wegen seiner Beherrschung des Völkerrechts, aber nicht wegen seiner Aufrichtigkeit in Erstaunen zu versetzen vermag. Aber selbst diese blendenden Schriftstücke erregten bei dem empfindlichen amerikanischen Botschafter in London heftig Anstoß. Ihm waren die „Formaljuristen" im Staatsdepartement ein Greuel. Botschafter Page war jedoch ein Mann von klarem Urteil, und er sah bald ein, daß Lansing ein reiner Kinderschreck war, dessen erste Erscheinung, in Gestalt diplomatischer Noten, Sir Edward Grey einen Augenblick verblüffte, der aber später nur noch als eine Figur im Kasperltheater angesehen wurde.

Die veränderte Haltung Pages gegen Sekretär Lansing zeigt sich deutlich in den unveröffentlichten Noten, die zwischen ihnen hin und her gingen. Im Dezember 1915 hatte Page völlig seinen kritischen Standpunkt aufgegeben und schickte folgenden herzlichen Weihnachtsgruß an den Staatssekretär: „In diesen erstaunlichen Zeiten, in denen nahezu alle denkbaren peinlichen Lagen eingetreten sind und möglicherweise noch schlimmeres geschehen kann, bleibt uns doch eine Gewißheit für die Weihnachtszeit, daß Sie mit Recht alle unsere Glückwünsche verdienen; mit meinen Glückwünschen sende ich meine besten Weihnachtswünsche."

Dieses Kompliment von solcher Seite schlug Sekretär Lansing hoch an. Sofort erwiderte er im selben Ton: „Ich ... schätze Ihre anerkennenden Worte über meine Amtsführung sehr. Es könnte wie ein Akt der Höflichkeit aussehen, wenn ich Ihnen zu der bemerkenswerten Leistung gratuliere, die Sie in London durch die Erledigung der schwierigen und verwickelten Fragen, mit denen Sie zu tun hatten, vollbracht haben; ich kann Ihnen jedoch versichern, daß mein Glückwunsch völlig aufrichtig gemeint ist, ohne einen Gedanken an Höflichkeit."

Bevor wir diese kurze Würdigung der persönlichen Faktoren abschließen, die in der Diplomatie der Jahre 1914 bis 1917 eine Rolle gespielt haben, wird es gut sein, in kurzen Worten die wichtigsten Wesenseigenheiten der Botschafter in Washington zu beleuchten, die Großbritannien, Frankreich und Deutschland vertraten. Eine der wichtigsten Quellen, die uns über diese Botschafter unterrichtet, ist das „Tagebuch" von Oberst House. Von Sir Cecil Spring Rice, dem britischen Botschafter, gibt das Tagebuch einige sehr unangenehme Schilderungen. Man macht die Entdeckung, daß er sich zu Zeiten zu „wilden Temperamentsausbrüchen" hinreißen ließ, und dieser Mangel an Selbstbeherrschung, sobald ihm amerikanische Maßnahmen unangenehm waren, machte ihn gelegentlich zu einem sehr cholerischen Besucher. Der folgende Bericht einer Unterredung zwischen Oberst House und Spring Rice ist für die bissigen Qualitäten des Botschafters bezeichnend: „Ich hatte mit dem britischen Botschafter eine Zusammenkunft in der Wohnung Billy Philipps' ausgemacht ... Ich traf ihn in einem sehr erregten Zustand an. Sofort begann er mir Unannehmlichkeiten über die Vereinigten Staaten zu sagen ... Da verlor ich meine Haltung und erklärte ihm, ich betrachte seine Bemerkungen als eine Beleidigung und habe keine Lust, mir eine solche Sprache gefallen zu lassen ... Als der Botschafter sah, daß ich entschlossen war, die Beziehungen zu ihm abzubrechen, entschuldigte er sich und bat mich, ihm zu verzeihen ... ich nahm seine Entschuldigung an, und wir gingen freundschaftlich auseinander."[2]

Der französische Botschafter, Jules Jusserand, war gleichfalls undiplomatisch in seiner Kritik der amerikanischen auswärtigen Politik und wandte sich im Verlauf einer Unterredung mit Oberst House am 3. Dezember 1916 scharf gegen das, was er „pro-deutsche Haltung" des Präsidenten nannte. Für eine solche Bemerkung erhielt er nicht die entsprechende Antwort, die er reichlich verdient hätte. An jenem Abend machte Oberst House nur folgenden Eintrag in sein Tagebuch, der seine unveränderliche Geduld mit gewissen Leuten, die in seiner Gunst standen, erkennen läßt: „Wenn ich nicht beschlossen hätte, mich zu beherrschen, hätte ich Gründe genug gefunden, Dinge zu sagen, an die er lange Zeit gedacht hätte."

Im Gegensatz zu den stürmischen Szenen mit Spring Rice und Jusserand waren die Beziehungen zwischen Oberst House und Graf Bernstorff, dem deutschen Botschafter, durchaus herzlich. Am 3. September 1916 notierte Oberst House in seinem Tagebuch folgende für Bernstorff sehr anerkennende Worte: „Bernstorff ist der einzige Botschafter der Kriegführenden, der sein Gleichgewicht behalten hat und der imstande gewesen ist, der Gegenwart ein Lächeln abzugewinnen und über die Zukunft zu philosophieren."

Einige Monate später, am 4. Dezember 1916, fällte Oberst House in einem Brief an Präsident Wilson von neuem ein sehr freundliches Urteil über den deutschen Botschafter: „Bernstorff ist der einzige Botschafter der kriegführender Länder, der Sinn für Maß zu haben scheint und der nie unsere Regierung im geringsten wegen irgend eines Ereignisses kritisiert. Was kommt, nimmt er philosophisch auf und versucht, wenn möglich einen günstigen Eindruck zu machen. Die anderen scheinen zu Zeiten alles zu sagen, was sie können, um einen zu reizen."

Sekretär Lansing jedoch war sichtlich gegen Bernstorff eingenommen. Er stellte ihn als einen sehr unheilvollen Menschen dar, der beständig finstere Verschwörungen aushecke. Einer dieser Pläne sei auf Lansing direkt abgezielt gewesen, weil er offen „eine Vorliebe für die Alliierten" zugegeben habe. Diese dunklen Machenschaften des Botschafters, die den Zweck verfolgt hätten, Lansings Rücktritt als Staatssekretär zu erzwingen, seien an den Argusaugen des Geheimdienstes der Vereinigten Staaten gescheitert, die nicht nur alles in Erfahrung gebracht, sondern auch die Telephondrähte in der deutschen Botschaft angezapft und belastende Unterhaltungen abgehört hätten. Lansing erzählt diese Geschichte mit sichtbarem Vergnügen, und sie bildet einen Höhepunkt in seinen Kriegserinnerungen.[3]

Nach dieser Beschreibung von Bernstorffs angeblicher Unaufrichtigkeit versichert Lansing seinen Lesern, er habe dem Botschafter „nie wirklich" getraut. Er habe das Gefühl gehabt, als sei der deutsche Diplomat „verschlagen und außergewöhnlich klug und würde, um sein Ziel zu erreichen, zu jedem Mittel greifen". Außerdem war er „gefährlich und erforderte beständige Überwachung".

In seinen ganzen „Kriegserinnerungen" ist Lansing ein überaus feindseliger Kritiker Graf Bernstorffs, und man ist deshalb überrascht, in den Lansing-Manuskripten folgenden freundlichen, an den deutschen Botschafter kurz vor seiner Abreise aus den Vereinigten Staaten gerichteten Brief zu finden: „Ich nehme Veranlassung, Ihnen zu sagen, daß ich die Mühe nicht vergesse, die Sie sich gegeben haben, um den Bruch zu verhindern, der in den diplomatischen Beziehungen dieses Landes mit Deutschland eingetreten ist. Ich habe den Eindruck, als müßte ich Ihnen in diesem Augenblick sagen, wie sehr ich Ihre Höflichkeit und Freundlichkeit schätze, die Sie so gleichmäßig bei all unseren persönlichen Beziehungen bewiesen haben."

Interessant ist die Feststellung, daß Präsident Wilson in seinen Beziehungen zu Botschafter Bernstorff die Ansicht Sekretär Lansings von Bernstorffs angeborener Heimtücke übernahm. Er teilte Oberst Houses freundliche Gefühle für den deutschen Botschafter nicht und verlieh in einem Brief an den Oberst vom 25. August 1915 seinem Argwohn folgendermaßen Ausdruck: „Sie wissen, daß ich weder seiner einwandfreien Haltung, noch seiner Aufrichtigkeit traue."[4]

Offensichtlich hatten die Frankreich und England vertretenden Botschafter besondere Vorrechte, obwohl sie ihrem Temperament keinen Zwang auferlegten. Amerika wurde durch den alliierten Handel reich, und dieser rasch anwachsende Reichtum machte die amerikanische Regierung gegen alliierte Unverschämtheiten duldsam. Diese Nachsicht zeigt sich treffend darin, daß das Staatsdepartement eine hervorragende Gelegenheit, wirksam gegen alliierte Eingriffe in das Völkerrecht vorzugehen, unbeachtet ließ. Im Herbst 1914 begann die Ausfuhr amerikanischer Munition nach England und Frankreich sichtlich anzuwachsen. Dieses zunehmende Bedürfnis nach amerikanischem Kriegsmaterial legte in die Hände der amerikanischen Regierung eine außerordentlich wirksame Waffe gegen eine Einmischung in den neutralen Handel. Jeder Hinweis auf ein Waffenembargo hätte sofort die Haltung der britischen und französischen Regierung geändert: „So wäre bei jeder Verhandlung ein Vorteil entstanden, der genügend Gewicht gehabt hätte, um selbst auf die Extremisten in der britischen Admiralität und im Kriegsministerium, bei denen Page nie Anstoß erregen wollte, Eindruck zu machen. Ein Angebot, den Munitionshandel sich unbelästigt weiterentwickeln zu lassen, unter der Voraussetzung, daß die britische Regierung unsere Forderungen, die Festlegung der Konterbande betreffend und des Rechtes, frei mit anderen neutralen Ländern Handel zu treiben, annimmt, wäre ein ernstzunehmender Vorschlag gewesen."[5]

Das Staatsdepartement hatte keine ernstliche Absicht, die englische Regierung dadurch in Verlegenheit zu bringen, daß sie mit möglichen Waffenembargos drohte, oder daß sie gewisse Punkte des Völkerrechts auf die Goldwaage legte. Im vorhergehenden Kapitel haben wir gesehen, wie weit Lansing den englischen Wünschen in der Auslegung der Londoner Erklärung entgegenkommen wollte. Diese

Neigung, englische Wünsche zu erfüllen, kommt erneut zum Vorschein, wenn wir die Haltung untersuchen, die das Staatsdepartement zu der Kabinettsorder vom 29. Oktober 1914 einnahm.

In den letzten Oktoberwochen war ein beträchtliches Hin und Her, mündlich und schriftlich, wegen dieser in Aussicht genommenen Kabinettsorder gewesen, und Lansing hatte energisch Protest gegen einzelne Bestimmungen eingelegt.[6] Abschnitt 4 dieser genannten Order war dem Neutralitätsrat zur Prüfung unterbreitet worden, und die Kommission hatte sofort darauf erwidert, dieser Abschnitt „bedeute dem Inhalt nach eine Blockade eines neutralen Landes durch England" und stelle in Wirklichkeit „eine Abdrosselung des Handels zwischen einem neutralen Land und einem anderen neutralen Land dar, und dieser Handel sei jedoch nach dem Völkerrecht nicht ungesetzlich". Jede Anwendung des vorgeschlagenen Abschnitts 4 würde „über jede Lehre von der fortgesetzten Reise, wie sie bis jetzt aufgefaßt wurde, hinausgehen, und die Kommission ist der Ansicht, die Vereinigten Staaten sollten klar und deutlich ablehnen, auf einen solchen Vorschlag einzugehen".

Lansing war mit der Meinung des Neutralitätsrates einverstanden und wies in seinem Telegramm an Botschafter Page vom 16. Oktober 1914 auf die Tatsache hin, daß nach dem Wortlaut des Abschnitts 4 dieser genannten Kabinettsorder „eine kriegführende Macht den neutralen Handel mit dem feindlichen Gebiet beherrschen würde, ohne dem neutralen Land Krieg zu erklären, von dem angenommen wird, es diene für die feindlichen Streitkräfte als Basis für Kriegsvorräte."

Aber trotz dieser ernsten Einwände Lansings nahm die britische Regierung die strittige Bestimmung in die Kabinettsorder vom 29. Oktober 1914 zusammen mit verschiedenen anderen auf, gegen die Lansing Verwahrung eingelegt hatte. Nach dem Wortlaut der Order würde jede *bedingte* Konterbande „an Bord eines nach einem neutralen Hafen fahrenden Schiffes der Beschlagnahme unterliegen, wenn die Warensendung ‚an Order' gerichtet ist, oder wenn die Schiffspapiere nicht ersehen lassen, wer der Empfänger der Waren ist, oder wenn sie einen Warenempfänger auf feindlichem oder vom Feinde besetzten Gebiete erkennen lassen."[7]

Eine weitere Bestimmung, die sehr schwer auf dem neutralen Handel lasten und eine Neuerung im Prisenrecht darstellen würde, war folgender Abschnitt: „In den durch den vorstehenden Paragraphen gedeckten Fällen trägt der Eigentümer der Ware die Beweislast für ihre unschädliche Bestimmung."

Bei der Besprechung dieser durch die Kabinettsorder vom 29. Oktober eingeführten Neuerung im Prisenrecht bemerkt ein sachverständiger amerikanischer Staatsrechtler: „Das Völkerrecht nimmt die unschädliche Bestimmung der neutralen Schiffe auf hoher See an; es obliegt dem aufbringenden Schiff, nachzuweisen, daß das Schiff keine unschädliche Bestimmung hat, sonst besteht kein Recht zum Eingreifen. Ist das Schiff im Hoheitsgebiet des Aufbringers, so genügt es nicht, daß der Aufbringer die Beweislast durch die Vermutung der feindlichen Bestimmung abwälzt, ohne sie zu beweisen. Das Recht, ein neutrales Schiff auf hoher See anzuhalten, gehört ins Völkerrecht, und sein Umfang kann nicht durch örtliche Bestimmungen erweitert werden."

Unleugbar bezog Lansing in seinem ersten Kampf gegen die Bestimmungen der Order vom 29. Oktober 1914 in jedem Punkt eine Niederlage; es sei auch darauf hingewiesen, daß seine eifrigen Bemühungen, die englische Regierung zur Anerkennung der „Freiliste" in der Londoner Erklärung zu bringen, völlig vergeblich waren. In der Order vom 29. Oktober stehen *Rohhäute* in der Liste der *bedingten* Konterbande, und die Liste der *absoluten* Konterbande wurde ausgedehnt, so daß sie so wichtige Posten wie Eisenerz, Nickelerz, Rohkupfer, Mineralöle und Betriebsstoff für Motoren umfaßte.

Gegenüber dem entschiedenen Standpunkt der englischen Regierung blieb Lansing nichts anderes übrig, als sich in das Unvermeidliche zu schicken. Gegen die Kabinettsorder vom 29. Oktober wurde kein allgemeiner Protest erhoben; das Staatsdepartement wandte seine Aufmerksamkeit anderen Fragen zu, die zur Lösung drängten. Eine der wichtigsten bezog sich auf die Erklärung kriegführender Mächte über Minen- und Kriegsgebiete in der Nordsee. Am 7. August 1914 eröffnete das deutsche Auswärtige Amt Botschafter Gerard, es sei notwendig, durch deutsche Schiffe die feindlichen Häfen und Reeden mit Minen „blockieren" zu lassen, die als Stützpunkte für die feindlichen Streitkräfte dienten. Später betrachtete die deutsche Regierung diese Note vom 7. August als Hinweis darauf, daß die „Handelswege nach englischen Häfen mit Minen gesperrt würden".

Die britische Admiralität berichtete bald darauf, deutsche Schiffe „streuten Kontaktminen unterschiedslos in der Nordsee aus ... ohne Rücksicht auf die Folgen für Kauffahrteischiffe". Aufgrund dieser angeblich feststehenden Tatsache glaubte sich die britische Admiralität zur Anwendung „ähnlicher Maßnahmen zur Selbstverteidigung berechtigt, die unvermeidlich die Gefahren der Schiffahrt in der Nordsee vergrößern mußten. Aber bevor sie diesen Schritt unternimmt, hält sie es für richtig, diese Warnung hinauszugeben, um Handelsschiffe, die unter neutraler Flagge mit Nordseehäfen Handel treiben, zur Rückkehr zu veranlassen, ehe sie sich in ein solches Gefahrengebiet begeben."

Das Recht der Wiedervergeltung, das die britische Admiralität in diesem Fall in Anspruch nahm, anerkannte Sekretär Bryan nicht; sofort legte er bei der britischen Regierung in einer Note Verwahrung ein. Dieser Protest brachte Sir Edward Grey ganz „außer Fassung"; er war höchlichst darüber überrascht, daß die amerikanische Regierung von England das Versprechen zu erpressen suche, keine Minen zu legen, während die Deutschen offensichtlich sie in der ganzen Nordsee verstreuten. Am 23. August teilte der englische Botschafter Sekretär Bryan mit, die britische Regierung habe verlautbart, es seien von ihr bis zum gegenwärtigen Zeitpunkt keine Minen in der Nordsee gelegt worden, aber sie behalte sich noch „völlige Handlungsfreiheit für Vergeltungsmaßnahmen" vor. Unter diesen gefahrdrohenden Umständen sei es allen neutralen Schiffen dringend anzuraten „vor der Einfahrt in die Nordsee englische Häfen anzulaufen", um sich über die Routen und Kanäle zu vergewissern, „die die Admiralität von Minen freihält".

Am 2. Oktober benachrichtigte das Außenministerium Spring Rice, die „deutsche Politik des Minenlegers, zusammen mit den U-Bootstätigkeiten", habe die Admiralität gezwungen „Gegenmaßnahmen" zu ergreifen. Die Regierung Seiner Majestät habe deshalb ein System von Minenfeldern errichtet, das „in großem Maßstab weiterentwickelt werden soll". Die Gefahren, die der neutralen Schiffahrt drohten, seien nicht zu übersehen, und man habe deshalb eine Warnung gegen jeden Schiffsverkehr in „den südlichen Gewässern der Nordsee" erlassen. Der nächste Schritt war unvermeidlich. In der ersten Woche des November 1914 erließ die britische Admiralität die langerwartete Bekanntmachung, infolge der deutschen Minenlegungstätigkeit müsse „die ganze Nordsee als Kriegsgebiet betrachtet werden".

Die Regierungen von Dänemark, Schweden und Norwegen erhoben sofort beim Außenministerium gegen dieses Vorgehen der britischen Admiralität Protest, und der schwedische Außenminister gab der Hoffnung Ausdruck, diese Proteste würden „von den Vereinigten Staaten unterstützt werden". Die amerikanische Regierung hatte jedoch keine Lust, wegen einer so entfernten Wasserfläche wie die Nordsee, sich mit der britischen Admiralität auseinanderzusetzen. Das Staatsdepartement hatte davon Abstand genommen, gegen die mehr als zweifelhafte Kabinettsorder vom 29. Oktober Verwahrung einzulegen, und Lansings Politik scheint die eines stillen Einverständnisses mit allem was die britische Regierung für gut hielt, gewesen zu sein. Am 10. November wurde an den amerikanischen Bevollmächtigten in Norwegen ein Telegramm geschickt und ihm mitgeteilt, die amerikanische Regierung sehe „im gegenwärtigen Zeitpunkt keine Möglichkeit", sich mit anderen Regierungen zu einem Protest an die britische Regierung gegen ihre Ankündigung vom 3. November zusammenzuschließen.

Infolge dieser ergebenen Politik der Bejahung war die amerikanische Schifffahrt, mit der Bestimmung nach neutralen Häfen in der Nordsee, gezwungen, englische Häfen anzulaufen, um sich Piloten oder Anweisungen zu holen, welchen Weg sie einzuschlagen hatten, um Minenfelder zu vermeiden. Natürlich war diese Anordnung sehr zum Vorteil Englands, denn die Aufgabe, amerikanische Schiffe nach Konterbande anzuhalten und zu durchsuchen, wurde verhältnismäßig sehr erleichtert. Die relativ geringe Anzahl amerikanischer Schiffe, die nicht mit diesen Regelungen einverstanden waren, wurden auf hoher See angehalten und zur Untersuchung in einen geeigneten englischen Hafen gebracht. Dieser neue britische Plan des „spekulativen Aufbringens" war zweifellos ungesetzlich, aber er wurde trotz amerikanischer Proteste durchgeführt. Wie im Burenkrieg, hatte die englische Regierung kein Interesse an gesetzlichen Theorien, sondern sie wollte den Krieg gewinnen. In seinen „Kriegserinnerungen" hat Lansing eine scharfe Anklage gegen die englische Praxis des Anhaltens und Durchsuchens amerikanischer, nach neutralen Häfen bestimmter Schiffe erhoben. Die amerikanische Regierung wandte sich hin und wieder heftig gegen die Behandlung, die der amerikanischen Schiffahrt zuteil wurde, aber die britischen Behörden „setzten ihre Politik ohne Rücksicht auf Proteste und Klagen fort. Neutrale Schiffe wurden angehalten und, ohne betreten zu werden und ohne Untersuchung auf hoher See, in einen englischen Hafen gewiesen, wo ihre Ladungen nach langem Aufenthalt, der nicht selten Wochen dauerte, geprüft wurden. Wären die Untersuchungen rasch vonstatten gegangen, und hätte das auf hoher See geltende Recht auch in den Häfen Gültigkeit gehabt, so wären weniger Anklagen gegen die englische Regierung erhoben worden, und es wäre kein so starkes Gefühl der Verbitterung entstanden. Aber die britischen Behörden taten keines von beiden. Im Gegenteil hielten sie Schiffe ohne ersichtlichen Grund fest, und zu diesem unentschuldbaren Vorgehen wandten sie auf Schiffe und Ladungen englische landesrechtliche Bestimmungen mit der Begründung an, beide seien innerhalb der englischen Hoheitsgewässer den Bestimmungen der englischen Gesetzgebung unterworfen; dabei wird ganz außer acht gelassen, daß die Schiffe in den Hoheitsbereich durch Gewalt und unter Verletzung des Völkerrechts gebracht worden waren."[8]

Allerdings sandte das Staatsdepartement gelegentlich Noten an die britische Regierung, in denen gegen diese neue Praxis des Betretens und Durchsuchens Verwahrung eingelegt wurde, aber diese Proteste waren zugegebenermaßen „mit halbem Herzen" erhoben worden. Lansing bemerkt dazu: „Wir schrieben Noten, protestierten und verhandelten, während die Engländer zwar in gleicher Weise antworteten, aber hartnäckig fortfuhren, die Lücken in der Mauer, die sie um das deutsche Gebiet aufgebaut hatten, zuzumauern ... Ich habe schon erwähnt, daß ich bei Verhandlungen mit der englischen Regierung immer die Überzeugung hatte, wir würden schließlich Verbündete Englands werden, und daß es deshalb nicht angebracht wäre, unsere Streitigkeiten zu dem Punkt kommen zu lassen, wo an Stelle der diplomatischen Korrespondenz die Tat tritt."[9]

Einer der Gründe, warum Lansing immer seine versöhnliche Haltung gegen England herausstrich, liegt in der hohen Wertschätzung der Ansichten seines engen Freundes und Gönners Elihu Root. Zwischen dem Senator von New York und seinen Schützlingen im Staatsdepartement bestand die engste Verbindung, und ihre Auffassungen wurden grundlegend von den seinen beeinflußt. Root hielt Lansing mit den Gedanken wichtiger englischer Publizisten über Streitfragen zwischen den beiden Ländern auf dem laufenden, und er setzte sich stets für eine Kompromißlösung ein, ehe die Streitigkeiten eine zu hitzige Form annehmen konnten. Im Zusammenhang mit den sich aus der englischen Praxis im Herbst 1914 ergebenden Schwierigkeiten, haben wir einen wichtigen Brief von Lord Bryce an Root vom 30. Oktober 1914, in dem der frühere Botschafter in den Vereinigten Staaten die freundlichen Gefühle der britischen Regierung gegen amerikanische Belange unterstreicht. Er sei fest überzeugt, die britische Regierung „tue alles, um bei den Vereinigten Staaten keinen Anstoß zu erregen", und sie sei „bis zum äußersten" gegangen, um mit dem Staatsdepartement ein freundschaftliches Übereinkommen zu erreichen. In seiner Antwort auf Bryces Brief erwähnt Root, er habe „gefürchtet, daß Leute, die ihren Verdienst am Konterbandehandel verloren hätten, die Presse in Bewegung setzen würden, um ein Mißverständnis über die Rechte und Grenzen des neutralen Handels hervorzurufen; ich bat daher das Staatsdepartement, die Berichterstatter kommen zu lassen, ihnen die Sache zu erklären und ihnen vor Augen zu halten, sie hätten der Öffentlichkeit gegenüber die Pflicht, keine sensationellen Veröffentlichungen über Zwischenfälle zu bringen, die sich aus den gewöhnlichen Bestimmungen des Völkerrechts ergeben würden, worüber zwischen England und den Vereinigten Staaten keine Streitfrage bestehe. Man versprach das zu tun, und so viel ich sehe, wurde es auch getan."

Als Root das Staatsdepartement veranlaßt hatte, die Zeitungsberichterstatter vor „sensationellen Veröffentlichungen" von Nachrichten zu warnen, die die englisch-amerikanischen Beziehungen belasten könnten, unternahm er „Schritte zur Fertigstellung" einer Broschüre, die sich mit der Lehre der fortgesetzten Reise beschäftigen sollte. Die Abhandlung sollte die Entwicklung dieser Lehre und den großen Anteil herausstellen, den Amerika bei ihrer Fortbildung gespielt hat. Der Zweck einer solchen Veröffentlichung würde darin bestehen, das amerikanische Publikum mit der Einstellung amerikanischer Gerichtshöfe während des Bürgerkrieges bekannt zu machen, und den Gesichtspunkt zu vertreten, daß England nur amerikanischen Präzedenzfällen folge.

Wirkliche Sorge verursachte Root nur die Möglichkeit, „ein neuer Streitfall" würde zwischen den Vereinigten Staaten und England entstehen, der die „Aufmerksamkeit vom europäischen Kriegsschauplatz ablenken und Vorurteil und feindselige Stimmung mit sich bringen würde". Was das Staatsdepartement betreffe, sei er sicher, es habe „den festen Vorsatz, überlegt und vernünftig zu sein".

Diese „vernünftige“ Haltung des Staatsdepartements zeigte sich rasch bei der Veröffentlichung von Lademanifesten der die amerikanischen Häfen verlassenden Schiffe. Am 27. Oktober 1914 schrieb Lansing an Sekretär McAdoo, die Gewohnheit, „Manifeste abfahrender Schiffe öffentlich aufzulegen“, werde von den Kriegführenden mißbraucht; sie benutzten die daraus entnommenen Informationen, um die Schiffe in der Nähe der amerikanischen Küsten abzufangen und zu durchsuchen.

Am folgenden Tag sandte McAdoo an Staatssekretär Bryan die Abschrift einer Verordnung, die an die Zollstationen in den ganzen Vereinigten Staaten ergangen war und bestimmte, Manifeste dürften erst 30 Tage nach der Abfertigung des Schiffes veröffentlicht werden. Diese Anordnung des Schatzamtes verursachte „beträchtliches Mißtrauen“ in London, wo man sie als ein Mittel auslegte, „Konterbandeladungen zu verheimlichen“. Lord Bryce schrieb wegen dieser Verordnung umgehend an Senator Root. Er wußte, das Außenministerium vertrete die Ansicht, „Großkaufleute“ hätten auf den Schatzsekretär einen beträchtlichen Druck ausgeübt und ihren Einfluß geltend gemacht. Das Außenministerium glaube auch, der Staatssekretär „verlange – von mächtigen Interessengruppen gedrängt – zu viele Zugeständnisse auf Kosten der anerkannten gesetzlichen Rechte der Nation, die die Untersuchung ausübe. Es hat den Eindruck, es sei mindestens so weit gegangen, wie es sollte.“

Ein paar Tage später schrieb Lord Bryce an Henry White, wahrscheinlich in der Hoffnung, White würde mit Root zusammen die Schwierigkeiten beseitigen, die sich aus der englischen Praxis des Betretens und Durchsuchens ergeben könnten. Wieder wies Bryce auf einen angeblichen mächtigen Druck hin, der auf gewisse Mitglieder des Kabinetts des Präsidenten ausgeübt werde, um englischen Interessen abträgliche Schritte zu unternehmen: „Mir scheint, es wird ein starker, unsichtbarer Druck von deutscher und von Finanzseite auf das Staatsdepartement und das Schatzamt ausgeübt, um eine Lockerung der Durchsuchung von Ladungen nach neutralen Ländern durch englische Schiffe zu erreichen, und diese Departements geben offenbar beträchtlich dem Druck nach.“

Die letzte Linie in Bryces Brief an Henry White war nur die Wiederholung einer wohlbekannten Tatsache: „Ihre Botschaft und unser Außenministerium stehen auf sehr gutem Fuß miteinander.“ Bei diesem Stand der Dinge war es nur natürlich, daß Botschafter Page am 8. Februar 1915 ein Telegramm an den Staatssekretär schickte und formell auf die „Verstimmung“ hinwies, die infolge der Anordnung des Schatzamtes über die Nichtveröffentlichung der Lademanifeste entstanden sei. In englischen Kreisen herrsche die Meinung, der „Sekretär des Schatzamtes sei prodeutsch und benutze sein Amt dazu, deutsche Interessen zu fördern“.

Dieses Telegramm erreichte seinen Zweck, als auch noch Root seinen Einfluß geltend machte. Am 16. Februar telegraphierte Sekretär Bryan an Botschafter Page, die Anordnung des Schatzamtes, die Lademanifeste betreffend, sei „wieder zurückgenommen worden“. Der Erlaß sei vom Sekretär des Schatzamtes vor allem auf die Bitte Lansings ausgegeben worden. Als dieser erfuhr, Root halte es für ratsam, sie zurückzunehmen, zögerte er keinen Augenblick.

Sekretär Bryan reagierte auf einen Druck zugunsten englischer Interessen nicht ohne weiteres, und Cone Johnson, der Rechtsbeirat des Staatsdepartements, war immer zur Verteidigung amerikanischer Interessen in der üblichen amerikanischen Formulierung bereit. Einige Wochen lang überlegte Johnson, wie er einen Protest gegen England ausarbeiten solle, aus dem die englische Regierung ersehen würde, daß Amerika nicht in ganz klare ungesetzliche Handlungen einwilligen würde. Wie wir in dem vorhergehenden Kapitel gesehen haben, wollte Johnson „Schärfe" in seinen Notenentwürfen zum Ausdruck bringen. Seine Erfahrung im September hatte ihn nicht übermäßig entmutigt, obwohl sein Entwurf Oberst House und Cecil Spring Rice an den Rand nervöser Zerrüttung brachte. Im Dezember 1914 zeigte Sekretär Bryan dem Präsidenten Wilson eine skizzierte Note in „roher und unliterarischer Form" und einem deutlich wahrnehmbaren drohenden Unterton. Der Präsident strich einige der „anstößigsten Abschnitte" in der Note und ersuchte dann den Staatssekretär, sie neu schreiben zu lassen.

Nun übernahm Lansing die Abfassung der Note, die nach England gesandt werden sollte. In seinen „Kriegserinnerungen" gibt er eine genaue Schilderung, wie er bei der Vorbereitung solcher Noten zuwege ging: „Die abgesandten Noten waren lange und erschöpfende Abhandlungen, die eher neue Fragen anschnitten, als die alten erledigten. Kurze und nachdrückliche Noten waren gefährlich. Alles versank in einem Wortschwall. Dies geschah absichtlich. So ging das Wortgefecht weiter und ließ die Fragen ungelöst."

Die Note, die schließlich am 26. Dezember 1914 an Großbritannien gesandt wurde, befolgte Lansings Vorschrift und war lang und nicht durchschlagend. Sie wies darauf hin, daß „die gegenwärtige Politik der Regierung Seiner Majestät, gegenüber neutralen Schiffen und Ladungen, über die klar zutage liegenden Notwendigkeiten der Kriegsführung hinausgeht und die Rechte amerikanischer Bürger auf hoher See in einer Weise beschränkt, die weder durch die Regeln des Völkerrechts noch nach dem Recht der Selbsterhaltung erforderlich ist."

Die Tatsache wurde ferner hervorgehoben, daß die Politik der britischen Regierung bei der Behandlung von bedingter Konterbande nicht gerechtfertigt sei „durch die festgelegten Regeln internationaler Gepflogenheiten ... Eine Anzahl mit Beschlag belegter amerikanischer Ladungen besteht aus Nahrungsmitteln und anderen Waren, die in allen Ländern dem allgemeinen Gebrauch dienen und zugegebenermaßen relative Konterbande sind. Obwohl die Vermutung für unschädliche Verwendung sprach, da die Waren für neutrales Gebiet bestimmt waren, haben die britischen Behörden diese Beschlagnahmungen und Festhaltungen vorgenommen, ohne, soweit die Regierung der Vereinigten Staaten unterrichtet ist, im Besitz von Tatsachen zu sein, die vernünftigerweise die Mutmaßung rechtfertigten, daß die Ladungen wirklich feindliche Bestimmung hatten. Bloßer Verdacht ist noch kein Beweis, und zweifelhafte Fälle sollten zugunsten des neutralen Handels und nicht gegen ihn entschieden werden."

Schließlich wies die Note klar darauf hin, die amerikanische Regierung sei nicht damit einverstanden, wenn amerikanische Schiffe nach britischen Häfen zur Untersuchung eingebracht werden. „Die Regierung der Vereinigten Staaten gesteht den Kriegführenden ohne weiteres die volle Berechtigung zu, die Schiffe amerikanischer Bürger oder neutrale Schiffe mit amerikanischen Waren, auf hoher See zu betreten und zu durchsuchen, *auch sie festzuhalten, wenn genügend Beweise vorliegen, die die Annahme rechtfertigen, daß ihre Ladungen Konterbande enthalten*; aber die Regierung Seiner Majestät muß aufgrund eigener Erfahrung in der Vergangenheit erkennen, daß die amerikanische Regierung es nicht ohne Protest zulassen kann, wenn amerikanische Schiffe oder amerikanische Waren nach britischen Häfen eingebracht und dort zu dem Zweck, sie überhaupt erst nach Konterbande zu untersuchen, oder aufgrund von Vermutungen festgehalten werden, die durch besondere Landesgesetze geschaffen wurden und offenbar mit Lehre und Praxis des Völkerrechts unvereinbar sind."[10]

Trotz dieser, der Reihe nach vorgebrachten Einwände, war diese Note „eine schwache Angelegenheit". Obgleich England keine formale Blockade Deutschlands verkündet hatte, bestand die Note nicht auf dem Recht, nach deutschen Häfen amerikanische Waren senden zu dürfen, weder für die Streitmacht noch für die Zivilbevölkerung. Überdies verbarg sich hinter diesen starken Worten doch das Zugeständnis, daß die Einmischung der Kriegführenden in den neutralen Handel gerechtfertigt war, wenn „offensichtlich eine zwingende Notwendigkeit" vorlag. Ein zweites folgenschweres Zugeständnis bestand darin, daß die amerikanische Regierung den Grundsatz der „Selbsterhaltung" als genügenden Rechtsgrund neben den „Bestimmungen des Völkerrechtes" anerkannte.

Durch eine Hintertür im Staatsdepartement verschaffte sich die Associated Press eine Abschrift dieser Note vom 26. Dezember, und drei Tage später war sie über den ganzen amerikanischen Kontinent verbreitet. Spring Rice beklagte sich sofort in einem Brief bei seinem Freund Sir Valentine Chirol über die mangelhafte Führung des Staatsdepartements. Er wußte, daß die Veröffentlichung der Note „nicht gestattet und dazu noch recht unhöflich war. Nach der Form zu urteilen, in der sie gemacht wurde, ist die Veröffentlichung Wasser auf die Mühle der Deutschen und wird für Deutschland ein Ansporn sein ... Hoffentlich ist diese unfreundliche und feindselige Veröffentlichung kein Anzeichen einer gegenteiligen Politik oder einer Abwendung von der Neutralität."

Spring Rice drückte auch Oberst House seine Entrüstung über die „Hintertüre" im Staatsdepartement und über die Veröffentlichung der Note aus. Oberst House setzte sich dann mit Sekretär Bryan in Verbindung, der eiligst folgende Note an Präsident Wilson schrieb: „House hat mit dem britischen Botschafter gesprochen und berichtet, der Botschafter sei sehr „aufgebracht" gewesen, weil der Protest der Presse zur Verfügung gestellt worden war, ohne daß er etwas davon wußte. Da wir nicht wissen, wer ihn herausgab, so bin ich zwar in der Lage, mein aufrichtiges Bedauern auszusprechen, aber es wird ihm seltsam vorkommen, daß wir nicht imstande sind, unsere diplomatischen Geheimnisse zu wahren. Wissen Sie einen entsprechenden Ausdruck des Bedauerns?"[11]

Anscheinend fiel dem Präsidenten auch nichts ein, um die verletzten Gefühle des britischen Botschafters wieder zu beruhigen, aber allein die Tatsache, daß eine solche „Hintertür" vorhanden war, mußte die Regierung in Verlegenheit bringen. Vielleicht war das ein Grund mehr, um geduldig die Ausflüchte hinzunehmen, die die englische Regierung vorbrachte, um den von der amerikanischen Regierung aufgeworfenen Fragen auszuweichen.

Selbst eine oberflächliche Durchsicht der Note vom 26. Dezember läßt erkennen, daß das Staatsdepartement keine wesentliche Änderung der englischen Politik erwartet hatte. Rechtslehrer jedoch, denen die englische Mißachtung amerikanischer Rechte auf die Nerven gegangen war, richteten an Lansing zustimmende Briefe. Bezeichnend für diesen Briefwechsel ist folgender *vertrauliche* Brief von George Grafton Wilson, Professor für Völkerrecht an der Harvard-Universität: „Mit großem Vergnügen habe ich heute morgen die durchaus vernünftige Note gelesen, die Sie der britischen Regierung zur Wahrung unserer Rechte als Neutrale geschickt haben. Mir scheint, als hätten wir mehr als uns zukommt, an dem gegenwärtigen Krieg auf unsere Schultern genommen."[12]

Lansing freute sich lebhaft, daß seine Note „die Billigung eines Mannes gefunden hatte, der sich in den Pflichten und Rechten der Neutralen so gut auskennt. Wie ich hoffe, kommen wir nun zu einer Entspannung der gegenwärtigen Lage, die völlig unbefriedigend ist."

Vizeadmiral French E. Chadwick, ein hervorragender Marinekritiker und Kenner der Geschichte, war ein anderer bedeutender Publizist, der Lansings Note begrüßte. Er erblickte in ihr ein warnendes Zeichen, daß die Vereinigten Staaten keine weiteren Verletzungen amerikanischer Rechte dulden würden. In einem sehr offenen und unveröffentlichten Brief an seinen Freund Henry White, schüttete der Admiral sein Herz in folgenden Worten aus: „England behandelt Konterbande „in re" etwa wie vor dem Krieg von 1812. Es hat immer den Mund vollgenommen und wird es auch weiter tun, und wenn es eine gute Gelegenheit hat, hißt es seine Flagge über dem Panama-Kanal. Ich würde ihm nicht im geringsten trauen. Jetzt ist England katzenfreundlich, aber immer bereit die Krallen zu zeigen."[13]

Andrew Carnegie glaubte nicht, die amerikanische Note vom 26. Dezember würde kriegerische Verwicklungen nach sich ziehen, und er fürchtete keine „ernsthaften Unruhen" mit England. Darüberhinaus sei „jetzt nicht die Zeit für Streitereien innerhalb der angelsächsischen Rasse, oder gar für einen Bruderkrieg".

Englische Juristen hatten denselben Eindruck. John Morley schrieb an Frau Carnegie, von einem sei er überzeugt, „ernste Schwierigkeiten kann es zwischen England und den Vereinigten Staaten nicht geben". Lord Newton teilte diese Ansicht und schrieb an Henry White, die amerikanische Regierung scheine sich gegen dasselbe zu verwahren, was sie selbst im Bürgerkrieg getan habe.

Die englische Presse wiederholte die Auffassung Lord Newtons. Die London „Daily News" erinnerte die Amerikaner daran, daß „die Prisenordnung, die England jetzt anwendet, sehr ähnlich der amerikanischen Praxis" sei, während die „Morning Post" keinen großen Unterschied zwischen amerikanischer Seepraxis während des Bürgerkrieges und der augenblicklichen Politik der britischen Regierung feststellen konnte.

Die amerikanische Presse unterstützte im großen und ganzen den Standpunkt des Staatsdepartements in der Note vom 26. Dezember, aber die das Großkapital vertretenden Zeitungen stimmten erst ein, als sie merkten, daß die Note nur ein „Blindgänger" war, der nie explodieren sollte. Der Herausgeber von „Commerce and Finance" kam rasch darauf und schrieb: „Der Protest, den die Regierung in England wegen der Einmischung in den amerikanischen Handel erheben wollte, gab zu Befürchtungen Anlaß, bis der genaue Wortlaut der diplomatischen Note darüber veröffentlicht wurde. Sie stellte unseren Standpunkt über eine Frage, die in Kriegszeiten stets ein Gegenstand des Streites ist, offenherzig und freundschaftlich dar. Zweifelsohne hat sie den Zweck, die Schadenersatzansprüche der Amerikaner nach dem Krieg zu unterstützen, und ist von Großbritannien in einem Geist der Freundlichkeit aufgenommen worden."

Eine Note, deren harmloser Charakter so durchschimmerte, daß sogar ergebene Freunde Englands in die Lobeshymne einstimmten, war nicht geeignet, eine rasche Anerkennung amerikanischer Rechte zu erzwingen.

Kapitel VIII

Sir Edward Grey söhnt sich mit König Baumwolle aus

Die amerikanische Note vom 26. Dezember war so versöhnlich gestimmt, daß sich Sir Edward Grey zu einer raschen Antwort entschloß. Die gefährlichen Zugeständnisse Lansings boten Sir Edward Grey reichlich Gelegenheit, den unvorsichtigen Ratgeber des Staatsdepartements mit seinen eigenen Waffen zu schlagen. Die amerikanische Note hatte anerkannt, daß die Kriegführung sich nicht nur nach den Bestimmungen des Völkerrechts richte, sondern daß auch der schwer abgrenzbare Grundsatz der Selbsterhaltung mitbestimmend sei. Der englische Außenminister übernahm diesen amerikanischen Standpunkt und behauptete, das englische Vorgehen beruhe auf dem Recht des Schutzes der „nationalen Sicherheit". Bezüglich der amerikanischen Klage, die Ausfuhr aus den Vereinigten Staaten sei ernstlich behindert, führte Sir Edward Statistiken zum Beweis des Gegenteils an. Den Protest gegen das Aufbringen von Nahrungsmittelladungen wies er mit dem Hinweis zurück, man habe zu einem solchen Mittel nur gegriffen, wenn von der Ladung vermutet wurde, sie sei für feindliche Streitkräfte oder Verwaltungsstellen bestimmt.[1]

Den amerikanischen Protest, Schiffe würden auf hoher See angehalten und in englische Häfen zur Untersuchung eingebracht, beantwortete Sir Edward mit der Versicherung, Konterbande könne so leicht versteckt werden, daß ein Durchsuchen nicht anders möglich sei. Zum Schluß fügte er in einem frommen Schnörkel den lebhaften Wunsch der Regierung Seiner Majestät an, sie wolle „die allgemeinen Rechtsgrundsätze nicht in Frage stellen, auf welchen, wie sie sehe, die Note der Vereinigten Staaten aufgebaut ist und wünsche nur dann einzugreifen, wenn es sich um für den Feind bestimmte Konterbande handelt."[2]

Am 2. Februar 1915 schickte Sir Edward Grey an Botschafter Page eine ausführlichere Verteidigung des britischen Vorgehens gegen den Handel mit den Mittelmächten. Wiederum nahm er seine Zuflucht zu Statistiken, um zu beweisen, daß „die englischen Operationen zur See nicht die Ursache einer Verminderung der amerikanischen Ausfuhr seien". Anschließend behandelte er die Frage der Versorgung des Feindes durch anliegende neutrale Länder: „Das Aufkommen der Dampfkraft hat es für ein kriegführendes Land ebenso leicht gemacht, sich durch die Häfen eines neutralen benachbarten Landes zu versorgen, wie durch seine eigenen; es ist infolgedessen für den Gegner unmöglich, nicht in den Handel einzugreifen, der für den Feind bestimmt ist, bloß weil er durch einen neutralen Hafen geht."

Bei der Besprechung der Lehre von der „fortgesetzten Reise" ließ er sich in eine lange und gründliche Untersuchung ein und beschäftigte sich mit der Praxis der Vereinigten Staaten während des amerikanischen Bürgerkriegs. Dabei bewies er zu seiner eigenen Befriedigung, daß Großbritannien nur amerikanischen Präzedenzfällen folge. Schließlich bemühte er sich, nachzuweisen, daß die Kabinettsorder vom 29. Oktober, in der Anwendung der Lehre von der fortgesetzten Reise auf bedingte Konterbande, weit freizügiger war als die Order vom 20. August. Als Schlußeffekt fügte er warnend hinzu, die Ankündigung der deutschen Regierung, Kauffahrteischiffe ohne Feststellung ihrer Art oder ihrer Nationalität zu versenken, zwinge die Regierung Seiner Majestät „Maßregeln zum Schutz der englischen Interessen ins Auge zu fassen. Es geht nicht an, daß ein kriegführendes Volk Vorschriften und Präzedenzfälle nicht beachtet, wenn sich das andere nach wie vor daran hält."

Aus dem Recht der Vergeltung wurde die „Blockade" abgeleitet, die die britische Regierung im März 1915 errichtet hatte. Am 1. März übergab Spring Rice eine Note an Sekretär Bryan, die im einzelnen viele angebliche, durch die deutsche Regierung begangene Verletzungen des Völkerrechts aufzählte. Infolge dieser Verletzungen seien die alliierten Mächte gezwungen, „Vergeltungsmaßnahmen zu ergreifen, um ihrerseits zu verhindern, daß Waren irgendwelcher Art Deutschland erreichen oder verlassen ... Die britische und französische Regierung werden deshalb das Recht in Anspruch nehmen, Schiffe anzuhalten und in den Hafen zu bringen, die Waren von vermutlich feindlicher Bestimmung, Eigentum oder Ursprung befördern. Es ist nicht beabsichtigt, solche Schiffe oder Ladungen zu beschlagnahmen, falls sie nicht ordnungsgemäß verurteilt würden."

Am selben Tag teilte Asquith, der englische Premierminister, dem Unterhaus mit, die deutsche Mißachtung der Bestimmungen des Völkerrechts zwinge die alliierten Regierungen, Vergeltungsmaßnahmen zu ergreifen, die verhinderten, daß „Waren irgendwelcher Art Deutschland erreichen oder verlassen". Obgleich solche Maßregeln auf die schärfste Art der Blockade hinausliefen, weigerte sich Asquith, den Begriff „Blockade" zu gebrauchen und lehnte es im Namen der britischen Regierung ab, seine Arbeit „durch ein Netzwerk juristischen Kleinkrams lähmen" zu lassen.

Dieser Schritt der englischen Regierung brachte das Staatsdepartement beträchtlich in Verlegenheit. Eine „Blockade", wie sie entlang der Küste von Deutsch-Ostafrika und den angrenzenden Inseln im Februar 1915 erlassen worden war, bestand nicht, noch hatte man Präzedenzfälle in der internationalen Praxis. Es war eine Neuerung und bestand aus einer seltsamen Kombination von Vergeltung und Ausdehnung der Lehre von der fortgesetzten Reise, mit dem Ziel einer Blockade, ohne daß für ein bestimmtes Gebiet eine Blockadeflotte vorhanden oder vorgesehen war.

Als Sekretär Bryan die von Spring Rice übergebene Note mehrere Tage durchgesehen hatte, sandte er an Botschafter Page ein Telegramm, das seine Verlegenheiten widerspiegelt: „Wenn auch die Absicht zu bestehen scheint, alle ein- und auslaufenden Schiffe anzuhalten und zu überwachen, die mit Deutschland Handel treiben, was in der Wirkung einer Blockade der deutschen Häfen gleichkommt, ist der Blockadezustand ... nicht erklärt ... Der erste Satz [der britischen Note] beansprucht ein Recht, das nur einem Blockadezustand eigen ist. Der letzte Satz kündigt eine Behandlung von Schiffen und Ladungen an, wie wenn keine Blockade vorhanden wäre. Die beiden zusammen würden ein Verfahren ergeben, wie es im Völkerrecht bis jetzt unbekannt war ... Ladungen aus deutschen Häfen sind nach den Worten der Deklaration ein anderes Problem. Aufgrund der Bestimmungen über feindliche Exporte sind nur Waren, die feindlichen Untertanen auf feindlichen Schiffen gehören, der Beschlagnahme verfallen und werden als Prise betrachtet. Doch nach dieser Erklärung sollen alle Waren, die feindlichen „Eigentums und Ursprungs" sind, aufgebracht und in einen Hafen gerichtet werden... Der Ursprung von Waren, die für ein neutrales Land auf neutralen Schiffen bestimmt sind, hat nie den Verlust nach sich gezogen, außer wenn eine Blockade erklärt und aufrechterhalten worden ist."

Der Protest Bryans erregte eher britische Heiterkeit als Befürchtung. Am 21. März sandte Botschafter Page ein Telegramm an Sekretär Bryan, das in früheren demokratischen Administrationen wohl eine scharfe Antwort zur Folge gehabt hätte. Page spielte in seiner Verteidigung der englischen Kabinettsorder vom 11. März seine übliche Rolle eines Vorkämpfers Englands und bemühte sich, eine amerikanische Entrüstung damit zu dämpfen, daß er darauf hinwies, „der amerikanische Handel mit den Alliierten ... wachse rasch und werde weiter sprunghaft bis zum Kriegsende zunehmen". Nach diesem Versuch, amerikanischen Einwänden durch den Hinweis auf die hohen Kriegsgewinne die Spitze abzubrechen, setzte Page jene den Engländern im Blute liegende hochmütige Miene auf und bemerkte von oben herab, englische Kritiker gäben zwar „die Richtigkeit unserer Mitteilungen" zu, sähen sie aber als „abwegig und unpraktisch" an. Amerikanische Protestnoten würden „offiziell mit aller Würde" aufgenommen, aber „privat und im allgemeinen belustigen sich diese Kritiker über unsere Freude am Briefschreiben wie über Festreden am 4. Juli. Sie lachen in aller Ruhe über unsere Anstrengung, den Seekrieg unter diesen Verhältnissen aufgrund verstaubter Büchergelehrsamkeit neu zu regeln. Sie nehmen unsere Abhandlungen höflich zur Kenntnis und beachten sie nicht weiter ... Sie kümmern sich um unsere Definitionen oder allgemeine Proteste nicht, wollen uns aber praktisch in jeder Weise entgegenkommen und unter keiner Bedingung unseren Rat ablehnen oder uns beleidigen."[3]

Ehe Sekretär Bryan dieses Telegramm erhielt, das auf die englische Gleichgültigkeit gegen amerikanische Proteste hinwies, wandte er sich an Lansing und erkundigte sich, was unternommen werden könne. Lansing schenkte der Sache sofort die größte Beachtung und legte in einer privaten, nicht veröffentlichten Denkschrift seine Gedanken über die Kabinettsorder vom 11. März nieder:

„1. Die Auslegung der Order durch das Außenministerium hat für die englischen Gerichte keine bindende Kraft.

2. Sie [die Order] entspricht nicht den durch das Völkerrecht festgelegten Bestimmungen der Blockade.

3. Die Neutralen haben keine Nachricht erhalten. Aus diesem Grund unterliegt der Konterbandehandel mit Deutschland gesetzlich nicht den Blockadebestimmungen.

4. Trotzdem sollen nach der Order Schiffe, die für einen solchen Handel eingesetzt sind, angehalten und beschlagnahmt werden.

5. Da keine Blockade der deutschen Häfen besteht, können die Neutralen aus Deutschland Neutralen gehörende Waren in neutralen Schiffen exportieren.

6. Trotzdem sollen nach der Order Schiffe, die für einen solchen Handel eingesetzt sind, angehalten und beschlagnahmt werden.

7. Aus Vorstehendem geht hervor, daß die in der Order getroffenen Maßnahmen der festgesetzten Übung der Völker nicht entsprechen und ungesetzliche Übergriffe in die Rechte der Neutralen sind.

Kurz gesagt, ist die Stellung der britischen Regierung folgende: Deutschland bedroht die Handelsrechte der Neutralen innerhalb eines gewissen Gebiets des offenen Meeres, daher will Großbritannien die Neutralen anderer Handelsrechte berauben. Das heißt: ein ungesetzlicher Akt Deutschlands rechtfertigt einen ungesetzlichen Akt Großbritanniens, und der neutrale Handel muß beides ertragen."

Als Lansing diese Gedanken zusammengestellt hatte, schrieb er an Sekretär Bryan einen Brief, in dem er seine Ansicht über die letzte britische Order darlegte: „Wenn wir von der Annahme ausgehen, daß die Kabinettsorder und die Note Sir Edward Greys eine genügende Benachrichtigung von der Errichtung einer Blockade der deutschen Häfen darstellt, könnten wir zugeben, daß Artikel 1 und 2 auf die Häfen und Küsten Deutschlands an der Nordsee anwendbar sind, aber wie sollen sie auf das deutsche Gebiet an der Ostsee anwendbar sein? Die deutschen Häfen an der Ostsee stehen dem Handel mit Schweden und Dänemark offen und möglicherweise auch mit Norwegen. Ein wesentliches Element einer Blockade liegt in ihrer unparteiischen Anwendung auf alle neutralen Mächte. Wenn Schiffe einer neutralen Macht ohne Gefahr in den Hafen einer kriegführenden Macht gelangen können, ist die Wirkungslosigkeit der Blockade erwiesen, und wenn eine Blockade unwirksam gegen ein Schiff ist, sollte sie nicht anerkannt und nur die Bestimmungen über Konterbande auf den Handel mit dem Hafen, der außer der Blockade liegt, angewendet werden ... Was die praktische Aufrechterhaltung einer Blockade unter den gegenwärtigen Umständen anbetrifft, so sollten wir meines Erachtens abwarten, was für Erfahrungen sich hinsichtlich der Wirksamkeit moderner Methoden bei der Aufrechterhaltung einer Blockade ergeben.

Waren, die nach und von Deutschland durch neutrales Gebiet gehen, und mit denen sich Artikel 3 und 4 der Kabinettsorder beschäftigen, sollten den Bestimmungen über Konterbande unterliegen. Während in einen blockierten feindlichen Hafen bestimmte Nichtkonterbande rechtlich angehalten werden kann, sollte in einen neutralen Hafen bestimmte Nichtkonterbande freie Durchfahrt gestattet werden, welche Endbestimmung sie auch haben mag. Nach den Vorschriften über Konterbande verleiht ferner der „feindliche Ursprung" von Nichtkonterbande den Waren nicht den Charakter von Konterbande und gibt einem Kriegführenden nicht das Recht, sie festzuhalten oder von ihrer neutralen Bestimmung abzulenken."

Sobald Sekretär Bryan diesen Brief Lansings erhalten hatte, schrieb er eilends Präsident Wilson und legte ihm die wesentlichsten Punkte vor: „Bei einer Blockade können wir den Gebrauch neuer Kriegswaffen anerkennen, aber veränderte Verhältnisse berühren die Vorschriften über Konterbande nicht. Wenn eine kriegführende Macht nicht das Recht hat, *alles* der Konterbandeliste hinzuzufügen, so können wir das Recht der Einmischung in den Schiffsverkehr neutraler Länder bei solchen Waren nicht anerkennen, die nicht Konterbande sind ... Mir scheint, wir müssen unterscheiden zwischen den Vorschriften, die sich auf die Blockade beziehen und den Vorschriften, die die Nichtkonterbandeware angehen, die in neutrale Häfen verschifft werden."[4]

Als der Präsident diesen Brief Bryans zusammen mit den beigelegten Denkschriften Lansings durchlas, sah er die Nutzlosigkeit von Protesten bei der britischen Regierung ein: „Diese Noten Lansings sind ausgezeichnet und überzeugend; aber sie führen nur zu Debatten, und Debatten mit der englischen Regierung (die in diesem Augenblick aus dem Kriegsministerium und der Admiralität besteht) sind augenblicklich von keinem praktischen Nutzen. Unstimmigkeiten in der Order und Sir Edward Greys Begleitworte sind, wie es mir scheint, in beiden Fällen nicht feststellbar; ebensowenig ein Mangel der ordnungsgemäßen Formen der Benachrichtigung einer Blockade. Wir stehen einem Vorhaben gegenüber, das sie durchführen werden, und sie werden es durchführen ohne Rücksicht darauf, was wir für Vorstellungen erheben. Wir können sie nicht überzeugen, noch sie ändern, wir können ihnen nur klar zeigen, was wir für eine Ansicht haben und was wir zu tun gedenken, und daß wir die Absicht haben, sie wegen eines jeden Eingriffs in unsere Rechte als Neutrale streng zur Rechenschaft zu ziehen."

Sehr wahrscheinlich wurde die Entscheidung des Präsidenten, die englische Regierung „streng zur Rechenschaft zu ziehen", teilweise durch die kritischen Ausfälle in amerikanischen Zeitungen über die britische Kabinettsorder vom 11. März beeinflußt. Die New York „Evening Post" war der Meinung, so eine „freimütige Nichtanerkennung des Völkerrechts und eines Vertrages, wie es die englische Regierung vorschlägt, wird England viel von der moralischen Überlegenheit rauben, die es am Anfang des Krieges zu haben schien."

Der New York „American" war der Ansicht, „die Deutschen und die Alliierten hätten jeden Schein, das Völkerrecht zu beobachten, fallen gelassen", und die New York „Evening Sun" vertrat den Standpunkt, Amerika habe nicht nur das Recht, heftig zu protestieren, sondern „moralisch und gesetzlich dürfe überhaupt jeder Widerstand angewendet werden, der wirksam sei und einen Vorteil verspreche." Die Washington „Post" verurteilte ebenso unverhohlen die englische Kabinettsorder. Es sei Amerikas Pflicht „bei der englischen Regierung so entschieden Protest zu erheben, daß man ihn beachten müsse. Der Protest kann die Gestalt eines Ultimatums annehmen, oder es kann tatsächlich zum Krieg kommen. Aber selbst das ist besser als sich in einen Krieg hineinziehen zu lassen, weil wir aus Feigheit verfehlt haben, unseren neutralen Rechten Nachdruck zu verschaffen."

Diese heftige Kritik der britischen Kabinettsorder vom 11. März in der amerikanischen Presse nahmen die englischen Zeitungen übel auf; sofort verteidigten sie die britische Politik. Die London „Daily Graphic" schrieb die amerikanischen Proteste niederen Handelsmotiven zu: „Wenn der amerikanische Makler murrt, erwidern wir ihm, wir führen diesen Krieg nicht zu seinem Vergnügen oder Vorteil. Die Verletzung der Kriegsrechte durch deutsche Soldaten und Seeleute hat uns das klare moralische Recht gegeben, auf das deutsche Volk dadurch einen Druck auszuüben, daß wir seinen ganzen Handel zur See unterbinden. Wenn wir von diesem Recht Gebrauch machen, werden wir wahrscheinlich das Leben von Hunderttausenden tapferen Männern retten, und diese Hoffnung rechtfertigt uns, wenn wir keinen Protest beachten, der auf Geldrücksichten beruht."

Wenn auch andere englische Zeitungen und Zeitschriften nicht ganz so beleidigend in ihren Bemerkungen gegen Amerika waren, so war nur zu deutlich, daß die britische öffentliche Meinung jede Maßnahme unterstützte, die geeignet war, zum Sieg beizutragen. Das war Präsident Wilson klar. Er sah ein, daß England weiterhin keine Rücksicht auf rechtliche Bestimmungen nehmen werde, „gleichgültig, was für Vorstellungen" Amerika erheben würde. Bei einem stolzen Präsidenten wie Andrew Jackson hätte die britische Herausforderung Krieg bedeutet, und im Jahre 1812, als der schwache Madison auf dem Präsidentenstuhl saß, hatte eine ähnliche englische Haltung zu einem Ausbruch der Feindseligkeiten zwischen den beiden Ländern geführt. Im Jahre 1915 jedoch war Präsident Wilson entschlossen, einen versöhnlichen Kurs mit England einzuhalten, koste es, was es wolle. Dies war das Leitmotiv all seines Tuns; deshalb riet er Sekretär Bryan geradewegs, Lansing solle eine „stark verwässerte" Note an England aufsetzen, und in der Zwischenzeit würde man die negative, abwartende Politik weiter verfolgen.

Lansing bereitete für Sekretär Bryan sofort eine Note vor, die scharf mit der britischen Regierung ins Zeug ging, weil sie von den festgelegten Normen des Völkerrechts abweiche.[5] Die Mitteilung wurde am 30. März 1915 abgesandt, und sie läßt eine genaue Kenntnis der Praxis des Völkerrechts erkennen. Jedoch diese Praxis beruhte auf den verstaubten Präzedenzfällen rechtlicher Bestimmungen, die England als altmodisch ablehnte. Sir Edward Grey sah Lansing so belustigt und nachsichtig zu, wie ein Erwachsener dem geschäftigen Treiben der Kinder.[6]

In dieser Note vom 30. März führte die amerikanische Regierung als Hauptargument an, die britische Kabinettsorder vom 11. März „begründe ein unbeschränktes Recht der Kriegführenden über den neutralen Handel innerhalb des ganzen europäischen Gebiets und sei eine nahezu unbedingte Ablehnung der souveränen Rechte der jetzt im Frieden befindlichen Nationen."

Besonders wurde auch auf den zweifelhaften Wert der britischen Blockade wegen ihrer Wirkungslosigkeit hingewiesen und dabei der Wortlaut der beratenden Note Lansings an Sekretär Bryan mit guter Wirkung benutzt: „Die Vereinigten Staaten verlassen sich darauf, daß sich amerikanische Kauffahrteischiffe neutralen Häfen der langen, von der Kabinettsorder erfaßten Küstenlinie ungestört nähern können, wenn bekannt ist, daß sie keine Kriegskonterbande oder Waren befördern, die nach oder von Häfen innerhalb des betreffenden Kriegsgebiets kommen … Die skandinavischen und dänischen Häfen zum Beispiel stehen dem amerikanischen Handel offen. Es steht ihnen auch frei, soweit die wirksame Durchführung der Kabinettsorder in Betracht kommt, mit deutschen Ostseehäfen Handel weiterzutreiben, obgleich ein wesentlicher Bestandteil der Blockade darin besteht, daß sie mit gleicher Schwere auf allen Neutralen lastet."

Die Haltung der amerikanischen Regierung war vollkommen klar. Sie war unmißverständlich der zweifellos richtigen Auffassung, daß der Versuch der britischen Regierung, die Lehre von der fortgesetzten Reise auf Nichtkonterbandeartikel en route nach den skandinavischen Ländern anzuwenden, nicht berechtigt war. Die Verschiffung von Gütern nach skandinavischen Häfen war „im Rahmen der Bestimmungen, und die weitere Reise von Skandinavien über die Ostsee nach Deutschland ebenso unanfechtbar, da eine wirksame Blockade nicht bestand. Letzten Endes versuchten die Engländer, die Theorie auf die Blockade zu erweitern, obwohl doch gar keine Blockade bestand."

Die britische Regierung schien keine Eile mit der Beantwortung der amerikanischen Note vom 30. März zu haben. Die Verzögerungstaktik erklärte sich teilweise durch die Hoffnung der britischen Staatsmänner, die zwischen den Vereinigten

Staaten und Deutschland sich aus dem U-Bootkrieg ergebenden Schwierigkei würden bald einen so ernsthaften Charakter annehmen, daß Amerika nahezu au hören würde, auf England einen Druck auszuüben. Die Wechselwirkung zwischen U-Bootkrieg und amerikanischer Geduld England gegenüber fiel Lord Bryce auf. In einem Schreiben an Henry White ließ er sich folgendermaßen darüber aus: „Ich hätte Ihnen schon lange schreiben sollen, um Ihnen für Ihren Brief zu danken. Ich habe von ihm, ohne Namensnennung, Gebrauch gemacht und gab einige Warnungen an unsere Regierung weiter, die nicht ganz nutzlos gewesen sein dürften, wie man am besten etwaigen kritischen Stimmen in den Vereinigten Staaten entgegentreten könnte. Es ist sehr erfreulich, daß Ihre Regierung einen recht gemäßigten Ton beibehalten hat, und daß es so wahrscheinlich ohne unangenehme Spannungen weitergehen wird. Dabei mag das Verhalten der deutschen U-Boote mitgespielt haben."

Das U-Boot mußte eine schwere Verantwortung in dieser kritischen Zeit auf sich nehmen. Sogar Sir Edward Grey bemühte sich, Englands ungesetzliche Kabinettsorder mit Ausdrücken des Volkszorns gegen den deutschen U-Bootkrieg zu erklären. In einem Brief an Oberst House bespricht er zum ersten Male die Frage der Friedensbedingungen, die allen Kriegführenden genehm wären und behauptet, es bestehe wenig Hoffnung auf eine sofortige Abmachung. Schließlich berührte er die zwischen England und den Vereinigten Staaten in Frage stehenden Punkte. Er anerkannte den „freundlichen und höflichen Ton" der amerikanischen Note vom 30. März und verspricht, im „selben Geist" zu antworten. Jedoch die Schwierigkeit sei folgende: „wenn deutsche U-Boote Handelsschiffe versenken und dabei an unseren Küsten nichtkämpfende Mannschaften und Passagiere umkommen, so entrüstet sich die öffentliche Meinung natürlich über den Gedanken, Waren nach oder von Deutschland durchzulassen, ob sie durch neutrale Häfen gehen oder unser Gebiet offen und ungehindert passieren. Aber wir versuchen, uns von einer Einmischung in den bona fide neutralen Handel fernzuhalten, und bei gewissen deutschen Waren, wie Färbemittel, lassen wir für besondere Ladungen Ausnahmen zu."

In Lansing besaß Sir Edward Grey einen Freund, der ein „verständnisvolles Herz" hatte. In einem Memorandum vom 3. Mai 1915, das er offensichtlich nur zur „persönlichen Orientierung" entwarf, stehen verschiedene Abschnitte, in denen er britische Verfahren, die schwer auf dem amerikanischen Handel lasteten, in versöhnlichem Geist auslegt. Die europäischen Völker seien in einen Kampf von unvergleichlichem Ausmaß und Bitterkeit verwickelt. Wenn eine Regierung und ein Volk „glauben, daß ihre Existenz als Nation davon abhängt, ob sie siegreich sind, kann man dann von ihnen erwarten, daß sie sorgfältig die gesetzlichen Rechte der Neutralen abwägen, die einen Erfolg zu verhindern scheinen? Stelle dir vor, du seiest in dieser Lage. Was würdest du tun? ... Würdest du das geringste unversucht lassen, oder eine Angriffsmethode aus dem einzigen Grund nicht anwenden, weil die Kriegsbestimmungen es verlangen? Wir müssen uns in die Lage der Kriegsteilnehmer versetzen und nicht nur zusehen. Die kämpfenden Nationen sind in größter Erregung ... sie sind verzweifelt ... Ist es vernünftig, von ihnen Überlegung zu erwarten? Was kümmert sich eine Regierung, deren Bürger zu Tausenden für das Wohl des Vaterlandes sterben, um die gesetzlichen Rechte des Eigentums? Was bedeutet die Einhaltung der Gesetzmäßigkeit, verglichen mit dem Leben der Nation? Wieviel wiegen Handelsinteressen gegen das Opfer an Menschenleben? ...

Gesunder Menschenverstand, so gut wie Großmut, verlangen, eine neutrale Macht dürfe nicht darauf bestehen … daß Nationen, die um ihr Leben kämpfen, abtreten und einer neutralen Nation Platz machen sollten."

Die eifrige Verteidigung der britischen Einmischung in den amerikanischen Handel erhielt nicht sofort die Billigung des Präsidenten (wenn sie ihm überhaupt vor die Augen kam). Zwei Tage später bat er Oberst House in einem Brief, bei Sir Edward Grey gegen das englische Vorgehen Verwahrung einzulegen. Der Oberst sollte dem britischen Außenminister die Sachlage darlegen, weil er es „inoffiziell" tun konnte. Sir Edward möge sich vor Augen halten, es bahne sich ein „ernstlicher" Umschwung in der „öffentlichen Meinung" der Vereinigten Staaten an. Schuld daran seien „Englands Verzögerungen und die vielen willkürlichen Eingriffe bei der Behandlung neutraler Ladungen. Das Land ist gerade wegen dieser nutzlosen Erregung immer mehr für den Gedanken eines Embargos auf die Ausfuhr von Waffen und Kriegsmaterialien, und wenn die Stimmung weiter vor der nächsten Kongreßsitzung zunimmt, so kann es sehr schwierig, wenn nicht unmöglich werden, ein darauf abzielendes Gesetz zu verhindern. Bitte stellen Sie Sir Edward sehr ernsthaft dar, es sei ratsam und notwendig, unserem Handel mit neutralen Waren nach neutralen Häfen so viel Freiheit wie nur möglich zu lassen, und alle Fragen rasch zu erledigen, die aufgebrachte oder zurückgehaltene Ladungen betreffen. Schon allein Festhalten bedeutet wahrscheinlich für viele im Süden den Bankrott."

Oberst House verlor keine Zeit und führte sofort den Auftrag des Präsidenten aus. Während eines Lunchs bei Sir Edward wurde ein möglicher Vergleich erörtert. Wenn Deutschland die Absicht aufgäbe, mit „U-Booten Handelsschiffe zu versenken", „auf Giftgase verzichten" und nicht „rücksichtslos gegen Nichtkämpfer" vorgehen würde, wäre England bereit, das Embargo auf Nahrungsmittel aufzuheben.

Der Präsident „interessierte sich lebhaft" für diese vorgeschlagene Lösung eines Problems, das für „England ebenso unangenehm und schwierig war", wie für die Vereinigten Staaten. Selbstredend wäre auch eine andere Regelung denkbar, wenn nämlich die britische Regierung sich bereit erklären würde, den amerikanischen Verfrachtern „praktisch unbehinderten Zugang zu neutralen Häfen mit Nichtkonterbandewaren zu gestatten, wobei Nahrungsmittel nicht als Konterbandegüter gelten würden".

Ein Grund für den Eifer des Präsidenten, alle ausstehenden Fragen mit England rasch zu erledigen, bestand darin, daß sich seit der Versenkung der „Lusitania" (7. Mai) in den deutsch-amerikanischen Beziehungen eine Krisis herausgebildet hatte und die Regierung nicht zur selben Zeit mit zwei Nationen in ernste Streitfragen verwickelt sein wollte. Wenn dieser Zustand noch einige Wochen andauerte, mußte man mit einem starken Druck auf den Präsidenten rechnen, beide Kriegführenden gleich zu behandeln, trotz seiner persönlichen Neigung für die Alliierten. In seinem Telegramm an Oberst House vom 13. Februar bedauerte er, daß er gezwungen gewesen sei, eine Protestnote an England (10. Februar) über die Benutzung der amerikanischen Flagge als Kriegslist zu senden. Die amerikanische Note vom 30. März hatte Schärfen enthalten, und jetzt müsse bald eine neue Note abgehen wegen der „unnötigen und unverantwortlichen Unterbindung" des amerikanischen „rechtmäßigen Handels mit neutralen Häfen". Es wäre sehr zu Englands Vorteil, wenn es freiwillig „die Spannung beseitigen und so Deutschland ganz ins Unrecht setzen würde".

Sobald Oberst House das Telegramm des Präsidenten vom 16. Mai erhalten hatte, bat er Botschafter Page dringend, eine „Unterredung" mit Sir Edward Grey zu vermitteln, um gegen die Eingriffe der Engländer in amerikanische Frachten zu protestieren. Page versprach zunächst, für ein Zusammentreffen mit dem Außenminister zu sorgen, schob es aber dann auf die lange Bank und sagte schließlich zu Oberst House, es sei nutzlos, Sir Edward Grey aufzusuchen, weil die britische Regierung bestimmt das Embargo auf Nahrungsmittel nach Deutschland nicht aufheben würde. Man hätte nun erwarten können, der Oberst wäre über den mangelnden Anstand des Botschafters ungehalten gewesen, aber statt dessen sandte er nur ein entmutigendes Telegramm an den Präsidenten. Wilson weigerte sich jedoch, die Dinge durch Pages Brille zu sehen. In einem Telegramm an Oberst House vom 18. Mai wurde er so dringlich, daß der Oberst auf der Stelle bei Sir Edward vorsprach, ohne Page zu befragen. Er fand den Außenminister für die Anregung des Präsidenten ganz empfänglich. Nach ein paar höflichen Worten einigte man sich auf folgende „Verständigung" als der besten Lösung der allerdringendsten Schwierigkeiten in den englisch-amerikanischen Beziehungen:

1. Die wichtigsten Nahrungsmittel dürfen ohne Untersuchung in neutrale Häfen verschifft werden.
2. Alle augenblicklich festgehaltenen Nahrungsmittel sollen so rasch wie möglich vor ein Prisengericht gebracht werden.
3. Es sollen Ansprüche auf jetzt zurückgehaltene Baumwolle-Ladungen geltend gemacht werden, sobald die Verschiffer für jede Ladung nachweisen können, daß sie die wirklichen Eigentümer sind, an die die Zahlung geleistet werden soll."

Sollte England mit dem ersten Vorschlag einverstanden sein, so sollte Deutschland den U-Bootkrieg gegen Handelsschiffe und die Verwendung von Giftgas unterlassen. Das schien House ein wirklich brauchbarer Vergleich, den er im wesentlichen sofort an Gerard in Berlin kabelte.

Nach der Absendung dieser Botschaft an Gerard speiste Oberst House mit Lord Haldane, der ihm mit einer langen Rede über die englisch-deutschen Beziehungen vor dem Ausbruch des Weltkrieges aufwartete. Oberst House war ein geduldiger Zuhörer, der keine Einwände erhob; er schien so sehr an dem interessiert, was Lord Haldane zu sagen hatte, daß seine Lordschaft ihm zwei volle Bände mit weiteren Daten übergab. House konnte schließlich auf die Abmachung mit Grey anspielen und darauf hinweisen, England wolle sein Embargo auf für Deutschland bestimmte Nahrungsmittel unter der Bedingung aufheben, daß Deutschland von einem U-Bootkrieg gegen Kauffahrteischiffe Abstand nähme. Haldane befand sich gerade in guter Stimmung, weil House mit größter Aufmerksamkeit seinem Vortrag gefolgt war und versprach, diese erste Übereinkunft House-Grey zu unterstützen; aber er warnte den Oberst, er könne nicht für das Ministerium einstehen.

Interessant ist, welche Bedeutung House einem guten Essen als Hilfe in der Diplomatie zuschrieb. Das nächste Mal ist er zum Lunch bei Sir Edward Grey (21. Mai), der ihn mit der Mitteilung begrüßte, er habe bei den meisten Mitgliedern des Kabinetts und bei vielen der Opposition auf den Busch geklopft, und er glaube, wenn Deutschland den U-Bootkrieg aufgäbe, würde die britische Regierung das Embargo auf Nahrungsmittel aufheben.

In der Zwischenzeit hatte Präsident Wilson an Oberst House ein zweites Telegramm abgesandt, in dem er sich bemühte, die Stellung der amerikanischen Regierung zum House-Grey-Abkommen so klar wie möglich herauszustellen. Er hielt es für sehr wichtig, die Vereinigten Staaten sollten „nicht einmal den Eindruck erwecken, als wollten sie eine Regierung gegen die andere ausspielen oder versuchen, durch ein Mittel, das an Feilschen erinnerte, von einer von ihnen ein Zugeständnis unserer unbestreitbaren Rechte auf dem offenen Meere zu erhalten. Jede Regierung sollte einsehen, daß die Rechte, die wir von ihr verlangen, in keinem ursächlichen und anerkannten Zusammenhang mit dem stehen, was wir von einer andern Regierung fordern; sondern wir müssen auf unseren Rechten jedem gegenüber bestehen, ohne Rücksicht darauf, was der andere tut oder nicht tut."

Am 23. Mai sandte Bryan eine Anweisung an Botschafter Gerard, das erste House-Grey-Übereinkommen betreffend. Er solle die Angelegenheit dem deutschen Auswärtigen Amt „inoffiziell und sehr vertraulich" darlegen und darauf hinweisen, diese Lösung würde „praktisch die jetzt zwischen uns und ihnen schwebenden Fragen" beseitigen. Er solle auch der deutschen Regierung bedeuten, Amerika wolle in keiner Weise „einen Handel oder einen Kompromiß bezüglich unserer eigenen Rechte auf See", noch habe es die Absicht, diese Rechte „von Abmachungen zwischen England und Deutschland abhängig zu machen".

Zwei Tage zuvor (21. Mai) hatte Botschafter Gerard an House gekabelt, die deutsche Regierung würde den uneingeschränkten U-Bootkrieg nur unter der Bedingung aufgeben, daß Großbritannien das Embargo auf für Deutschland bestimmte Nahrungsmittel aufheben und auch die Einfuhr von Rohstoffen gestatten würde. Am 25. Mai sandte er ein Telegramm an Bryan mit ungefähr demselben Wortlaut.

In seiner Erwiderung an Botschafter Gerard erklärte Oberst House, die Alliierten seien nie damit einverstanden, nach Deutschland „Rohstoffe durchgehen" zu lassen. Das stimmte; es war somit nutzlos, eine weitere Vermittlung auf der Grundlage des kurzlebigen House-Grey-Abkommens zu versuchen.[7] Das bedeutete indessen nicht, daß Sir Edward Grey damals den Plan völlig aufgegeben hätte. In einer kürzlich erschienenen Lebensbeschreibung Lord Greys macht Professor George Macaulay Trevelyan einige neue Angaben gerade über diesen Punkt. Offensichtlich beschäftigte sich Sir Edward bis zum 14. Juni 1915 mit diesem vorgeschlagenen Kompromiß mit Deutschland. In einem Brief an Lord Crewe (14. Juni) bemerkt Sir Edward, wenn England die „Hungerblockade" gegen Deutschland aufhebe, so wäre es leicht möglich, „zu erreichen, daß die Reibung zwischen Deutschland und den Vereinigten Staaten nicht auf uns zurückfällt, und wir würden die Sympathie und die vorteilhafte Stellung, die wir jetzt in den Vereinigten Staaten genießen, bewahren und wahrscheinlich günstiger gestalten".

Nach Professor Trevelyan war das britische Kabinett „überzeugt, eine solche Vereinbarung sei zu Deutschlands Vorteil, und Grey kam, wie das nächste Dokument zeigt, rasch zu derselben Ansicht ... Grey kann sich oder kann sich auch nicht geirrt haben, als er sich diesen Handel aus menschlichen Gründen überlegte, aber er fürchtete sich davor, wie der U-Bootkrieg sich auswirken würde."

Im Verlauf eines Monats änderte sich Sir Edwards Stellungnahme zu dem vorgesehenen Kompromiß mit Deutschland grundsätzlich. Am 17. Juli hielt er es in einem „Memorandum an das Kabinett" für wichtig genug, die Aufmerksamkeit seiner Kollegen auf ein weiteres Argument zu lenken, „durch das wir die Fortsetzung unseres Blockadesystems rechtfertigen können im Fall, daß die Deutschen bereit wären, auf die Vernichtung von Handelsschiffen durch U-Boote zu verzichten. Unsere Blockade ist ... ein Mittel, auf den Feind einen Druck auszuüben, dessen Wirkung, verhältnismäßig klein zuerst, allmählich größer wird. Sie ist bis jetzt

Deutschland kaum ernstlich unbequem geworden, während andererseits die deutschen U-Boote von Anfang an beständig dem englischen Schiffspark Schaden zugefügt haben ... Es ist infolgedessen unverständig, von der Regierung Seiner Majestät zu erwarten, sich mit dieser Zerstörung britischen Lebens und Eigentums einverstanden zu erklären, dadurch, daß sie sich der Mittel zur Vergeltung nicht weiter bedient, beinahe ehe der Feind ihre Wirkungen zu spüren begonnen hat."

Aber die verfehlte Vermittlung zwischen Deutschland und England machte die Punkte des House-Grey-Übereinkommens, die sich nur auf die englisch-amerikanischen Angelegenheiten bezogen, nicht ungültig. Es war bestimmt worden, alle damals festgehaltenen Nahrungsmittel sollten so „schnell wie möglich" vor das Prisengericht gebracht und Forderungen aus zu jener Zeit festgehaltenen Baumwolle-Ladungen sollten erhoben werden, sobald die Verfrachter für jede Ladung nachwiesen, daß „sie die wirklichen Eigentümer sind".

Diese Vereinbarung gab jedoch gerade den Grundsatz preis, für den Amerika kämpfte und fand in den Augen Präsident Wilsons und Staatssekretär Bryans keine Gnade.[8] Das Festhalten amerikanischer Ladungen, die für neutrale Häfen bestimmt waren, wurde von der amerikanischen Regierung als so ernste Verletzung des Völkerrechts angesehen, daß Lansing aufgefordert wurde, eine Protestinstruktion zu entwerfen, die von Botschafter Page überbracht werden sollte. Am 15. Mai richtete er einen Brief an Sekretär Bryan, der diese Instruktion enthielt. In seinem Schreiben weist Lansing auf die britischen „Verletzungen der amerikanischen Rechte" hin und nimmt dann Bezug auf seinen beiliegenden Entwurf, den er als „eine kompromißlose Darstellung" bezeichnet, die „scharf gefaßt" sei. Er sei völlig der Ansicht, die britische Praxis stelle eine flagrante „Verletzung des Rechtes" dar.

Amerika sei „zu willfährig" gegenüber der britischen Regierung bei der Durchführung der Kabinettsorder vom 11. März gewesen, und es sei Zeit, amerikanische Rechte auf hoher See in „Schutz zu nehmen".

Dieser Entwurf der Instruktion aus der Feder Lansings ist so herausfordernd im Ton, daß man sich wundert, wenn Cone Johnson nicht bei der Abfassung die Hand im Spiele hatte. Nachdem zuerst auf die „geduldige" Art angespielt wurde, mit der die amerikanische Regierung das britische Vorgehen mit angesehen habe, wird darauf hingewiesen, diese Geduld sei erschöpft: „Neutrale Rechte werden mißachtet, und die langgeheiligten Normen des Völkerrechts, die die Freiheit der Meere für die Neutralen sichern, sind wiederholt verletzt worden ... Die beispiellose Methode des Anhaltens neutraler Schiffe und neutraler Ladungen auf hoher See, die dem Handel zwischen neutralen Häfen nachgehen, das ungebührliche Festhalten in britischen Häfen, ohne Bekanntgabe der prima facie Ursache, die Weigerung, in vielen Fällen sie nach ihren Bestimmungsorten weiterfahren zu lassen und die Requirierung der an Neutrale konsignierten Ladungen, all das hat eine Lage geschaffen, die die Regierung der Vereinigten Staaten nicht länger mit Geduld ertragen oder mit Stillschweigen übergehen kann."

Nach diesen scharfen Worten, die mit einer Drohung endigten, ging der nie abgesandte Entwurf der Instruktion sogar noch weiter und gab zu verstehen, diese englische Praxis müsse aufhören, oder ein Krieg könne sehr wohl die Folge sein: „Die Regierung Seiner Majestät sollte einsehen, daß ... die Handelsbedingungen zwischen den Vereinigten Staaten und anderen neutralen Nationen infolge dieser Verfahren untragbar geworden sind und nicht länger ohne Beschwerde erduldet werden können; daß ferner eine Fortführung dieser Verfahren, die in so hohem

Maß gegen neutrale Rechte gerichtet sind und deren Genuß unmöglich machen, die Regierung der Vereinigten Staaten zu Maßnahmen veranlaßt, die den amerikanischen Bürgern die Freiheit der Meere sichern und sie in der Ausübung ihrer berechtigten Rechte schützen werden."

Die energische Verteidigung amerikanischer Rechte und der rücksichtslose Hinweis auf die Gefährlichkeit der Lage, die man auch unter dem Deckmantel der Diplomatensprache spüren kann, steht in scharfem Kontrast zu dem Lansing-Memorandum vom 3. Mai. Sie beweist, daß selbst Lansing die Geduld mit englischer Saumseligkeit verlieren konnte und läßt erkennen, daß der Präsident einen Druck ausübte. Einige Wochen vor dem Entwurf dieses Briefes vom 15. Mai verriet der Präsident offen den Mitgliedern seines Kabinetts seine Sympathie für die Alliierten und sagte ihnen, sein Herz sei auf der Seite der Entente-Mächte, die in „verzweifeltem Kampf mit wilden Tieren" stünden. Er vertraute auch seinem Privatsekretär Joseph P. Tumulty an, England kämpfe für die Rettung der Kultur, und er wolle in der Sache der Blockade nicht zu sehr drängen. Als jedoch Wochen vergingen, ohne Anzeichen, daß die britische Regierung die amerikanischen Proteste gegen das ungesetzliche Ableiten amerikanischer Ladungen nach englischen Häfen im mindesten beachtet hätte, änderte sich die Stimmung des Präsidenten sichtlich, und er beharrte nun auf der Anerkennung amerikanischer Rechte.

Am 17. Mai sandte Bryan ein kurzes Telegramm an Botschafter Page wegen gewissen Baumwolle-Frachten nach Norwegen, die zur Zeit in englischen Häfen festgehalten wurden. Dieses Festhalten von Ladungen, die für neutrale Häfen bestimmt waren, betrachtete die amerikanische Regierung als „offen ungesetzlich", und Page solle auf der „Freigabe" der Frachten bestehen. Als Page Sir Edward Grey nachdrücklich von der „Erregung" der amerikanischen Regierung über den englischen Eingriff in den amerikanischen Handel unterrichtete, „gestand grundsätzlich" das Außenministerium die „Berechtigung" des amerikanischen Protestes zu. Die Schwierigkeit liege natürlich bei den „andern Abteilungen der Regierung", die nicht so rasch arbeiteten wie das Außenministerium.

Am 20. Mai schickte Colville Barclay, der Berater der englischen Botschaft in Washington, an Lansing ein eben von Sir Edward Grey eingegangenes Telegramm, in dem der englische Außenminister alles zu tun versprach, was möglich sei, „um den Ankauf von Baumwolle-Ladungen zu beschleunigen". Die Zahlung würde ohne Verzug in jedem Fall an die jeweiligen Parteien auf den Nachweis hin geleistet werden, daß „sie zur Zahlung berechtigte Personen seien und den Nachweis der Vertragspreise erbracht hätten". Zwei Tage später sandte Botschafter Page ein Telegramm an den Staatssekretär mit der Mitteilung, man habe Sir Edward Grey nahegelegt, „eine Vorauszahlung in Höhe der Mindestpreise an die Eigentümer der Baumwolle-Ladungen zu entrichten, die die Regierung aufkaufen möchte".

Präsident Wilson nahm jedoch Botschafter Pages Vorschlag an die englische Regierung nicht günstig auf. Es würde darauf hinauslaufen, daß Sir Edward Grey seine Verzögerungspolitik weiterführen könnte, und durch Bezahlung der Baumwolle-Ladungen hätte er die amerikanische Zustimmung zu seinem Plan, keine Baumwolle nach Deutschland zu lassen, sozusagen erkauft. Als dann Präsident Wilson das Telegramm des Botschafters Page vom 22. Mai erhalten hatte, schickte er umgehend eine Anweisung an Oberst House, in der er auf die durchaus richtige Tatsache hinwies, daß „das Aufkaufen unserer ungesetzlich abgefangenen

Baumwolle den Streit nicht aus der Welt schafft, weil wir auf dem Grundsatz, nicht auf dem Geld, bestehen. Wir haben den Eindruck, daß die kürzlich verkündete Blockade keine Wirkungen zeigte, und daß Sir Edward Grey seine Versicherungen nicht erfüllen konnte, die er uns zur Zeit des Erlasses der Kabinettsorder gegeben hatte, nämlich, daß die Order ohne Beeinträchtigung unserer grundsätzlichen Rechte ausgeführt werden würde."

Am folgenden Tage empfing Bryan eine Depesche von Botschafter Page samt einer Note Sir Edward Greys vom 10. Mai. Der englische Außenminister entschuldigte mit den üblichen Gründen die Verzögerungspolitik der englischen Regierung. Er „bedauerte aufrichtig", daß „die Arbeitslast, die sich aus der Erledigung der zahlreichen Fälle ergab", die sich auf die amerikanischen Ladungen bezogen, das Außenministerium daran verhindert habe, „so rasch eine Antwort zu geben, wie die amerikanische Regierung gewünscht habe". Es würden jedoch Maßregeln getroffen, die, wie er hoffe, es in Zukunft ermöglichen würden, die amerikanische Botschaft in London „umfassend und rechtzeitig" von allen solchen Fällen alsbald zu benachrichtigen.

Diese Versicherung war an sich selbstverständlich keine Anerkennung amerikanischer Rechte; deshalb kabelte Präsident Wilson erneut Oberst House, die britische Regierung habe versäumt, auf die amerikanische Protestnote vom 30. März zu antworten. Oberst House solle unbedingt die Sache mit Sir Edward Grey „inoffiziell" in Angriff nehmen und so „die scharfe Note, die sonst überreicht werden müßte", vermeiden. Der Oberst solle auch auf Wunsch des Präsidenten den Botschafter Page bitten, er möge Sir Edward Grey die „zahlreichen Gründe vor Augen führen, die die Achtung unserer Rechte auf offenem Meer verlangen und die zur Vermeidung einer möglichen ernsten Verstimmung zwischen den beiden Regierungen beitragen könnten. Wie täglich immer deutlicher wird, können Unstimmigkeiten nicht länger vermieden werden, wenn uns der Zugang zu neutralen Häfen mit neutralen Ladungen weiterhin versperrt wird, entgegen den Versicherungen, die uns in der Begleitnote zur Kabinettsorder gegeben worden sind."

Ehe Oberst House dieses Telegramm empfangen konnte, hatte er einen Brief an Präsident Wilson geschrieben und erläutert, wie wichtig es sei, mit den Alliierten weiterhin in freundschaftlichen Beziehungen zu stehen. Seiner Meinung nach gab es keinen Zweifel darüber, „daß Sie sich sowohl Deutschland wie Großbritannien gegenüber einwandfrei verhalten haben, aber ich habe das Gefühl, daß unsere Stellung zu den Alliierten etwas schwieriger ist, denn wir sind mehr oder weniger auf ihren Sieg angewiesen. Meines Erachtens sollten wir nichts tun, was irgendwie vermieden werden könnte, um uns die Sympathie zu entfremden, die sie jetzt für uns haben."[9]

Diese Sorge um den Erfolg der Alliierten veranlaßte Oberst House umsomehr, alle Möglichkeiten, die zu Schwierigkeiten zwischen den Entente-Mächten und den Vereinigten Staaten Anlaß geben könnten, zu beseitigen, und auf das Telegramm des Präsidenten vom 26. Mai hin besprach er mit Sir Edward Grey das englische Verfahren, „Ladungen festzuhalten". Der britische Außenminister wiederholte mit Engelsgeduld die zweimal vorgebrachte Geschichte, England handle nach Präzedenzfällen aus dem amerikanischen Bürgerkrieg. Baumwolle-Ladungen behandle die englische Regierung nicht, wie Sekretär Seward wolle, als Kriegskonterbande. Diese freundliche Geste solle die amerikanische Regierung „nachsichtiger" in ihrer Haltung gegen Großbritannien stimmen. Überdies täten britische Beamte „alles, was im Bereich der Möglichkeit liege", um Reibungen mit den Vereinigten Staaten zu vermeiden, und man habe Befehl gegeben, „alle Fragen rasch zu erledigen".

Als Botschafter Page die Einwände des Oberst House gegen die englischen Eingriffe in den amerikanischen Handel wiederholte, versicherte Sir Edward Grey auch ihm, es werde alles getan, „um die Baumwolle-Ladungen rasch abzufertigen, die die Regierung Seiner Majestät aufkaufe".

Oberst House war hoch befriedigt, daß das Außenministerium „unschuldig" an diesem unnützen Festhalten amerikanischer Ladungen war; er nahm sich deshalb vor, die Angelegenheit an anderen Stellen zur Sprache zu bringen. Am 2. Juni sprach er bei Reginald McKenna, dem neuen Schatzkanzler, vor, der sich als ganz versöhnlich erwies, und begab sich dann zu einer Unterredung mit Marquis v. Lansdowne. Dem Marquis hielt er einen kurzen Vortrag über die rassischen Merkmale Präsident Wilsons und bat ihn, sich daran zu erinnern, daß, wenn auch der Präsident „mit dem Herzen auf der Seite der Alliierten sei", er auch unverkennbar jene schottisch-irische Zähigkeit besäße, die ihn weiter gegen Verletzungen amerikanischer Rechte Einspruch erheben lasse.

Am 4. Juni war der Oberst bei Balfour zum Lunch und gab ihm eine so klare Schilderung der amerikanischen Auffassung über die Eingriffe in den neutralen Handel, daß sogar dieser philosophische Geist einige Einzelheiten begreifen konnte. Als Höhepunkt hatte der Oberst eine herzliche Unterredung mit König Georg V., der sich als ein sehr freundlicher Mensch erwies. Es war eine angenehme, kurze Unterhaltung, und der Oberst hatte keinen Augenblick jenes erkältende Gefühl der „Erhabenheit, die einen König umgibt". Er bedauerte sogar etwas Seine Majestät und meinte, sie habe ein besseres Schicksal verdient, „als König zu sein".

Im Grunde genommen hatten die Engländer Oberst House völlig für sich gewonnen, wie sie jeden bedeutenden Amerikaner für sich einnahmen, der in neuerer Zeit englische Gastfreundschaft genossen hat. Seit der Zeit, als John Hay zum Dichter wurde und den trüben Alltag amtlicher Pflichten mit dem Schreiben von Sonetten verschönte, die von warmer Liebe zur Mutter England glühten, hat jeder offizielle oder inoffizielle amerikanische Vertreter in London die einschmeichelnden Klänge jener Gedichte in sich aufgenommen und hat gelernt, dieselben betörenden Worte zu gebrauchen.

Am 5. Juni fuhr der Oberst nach Amerika zurück, um den Präsidenten zu überzeugen, ein sofortiger Krieg mit Deutschland sei notwendig, um „den anderen Demokratien zu helfen, die Welt wieder in die richtigen Geleise zu bringen". Er sollte den Präsidenten in dieser Hinsicht etwas rückständig finden. Ehe Oberst House in Amerika ankam, um die Botschaft von der Rechtlichkeit der Alliierten und der Verderbtheit der Deutschen zu verbreiten, hatte die amerikanische Regierung beschlossen, einen weiteren Protest an Sir Edward Grey zu senden. Frühere amerikanische Noten hatten die englische Stellung nicht erschüttert, und so feuerte Sekretär Bryan nun eine Breitseite aus dem ausgeleierten Geschütz des Völkerrechts ab: „Die britische Kabinettsorder vom 11. März, zusammen mit den sogenannten Baumwolle-Übereinkommen, unterbinden, so wie sie in der Praxis angewandt werden, den Handel in amerikanischer Baumwolle mit Neutralen so gut wie mit Kriegführenden. Der amerikanischen Regierung bleibt nichts anderes übrig, als das Festhalten der Ladungen von Nichtkonterbandegüter als nicht gesetzlich berechtigt zu betrachten."

Dies war die letzte Note Staatssekretär Bryans an England. Da er sich für die Politik des Präsidenten nicht erwärmen konnte, Deutschland zu „strikter Verantwortung" anzuhalten, ohne gegen die britische Mißachtung amerikanischer Rechte etwas zu unternehmen, legte Bryan sein Amt als Staatssekretär am 8. Juni 1915 nieder und zog sich ins Privatleben zurück. Sein Nachfolger, Lansing, war stark für die Alliierten eingenommen, und jeder Druck, den er auf Großbritannien ausübte, war nur um des guten Scheines willen. Am 10. Juni telegraphierte Botschafter Page an den Staatssekretär, er habe mit Lord Crewe das weitere Festhalten amerikanischer Baumwolle-Ladungen besprochen. Es sei ihm mitgeteilt worden, die englische Antwort auf die amerikanische Note vom 30. März „liege bereit" und würde überreicht, wenn der Notenwechsel zwischen den Vereinigten Staaten und Deutschland wegen der „Lusitania" „aus dem Weg" sei.

Page hatte darauf hingewiesen, wenn der Inhalt der englischen Antwortnote für die Vereinigten Staaten „befriedigend" sei, jetzt in der Tat ein günstiger Augenblick wäre, sie nach Washington weiterzuleiten. Lord Crewe glaubte wie Page, „der Zeitpunkt sei gut", um die ganze Reihe amerikanischer Baumwollefälle zu erledigen, aber man könne nie sagen, was die Admiralität unternehme.

Als Botschafter Page erfuhr, der „Inhalt" der englischen Antwort sei vom amerikanischen Standpunkt aus nicht völlig „befriedigend", benachrichtigte er eilends Lansing davon. Lansing blieb nichts anderes übrig, als folgende Note an den Präsidenten zu schicken: „Englands Antwort auf unsere Note vom 30. März 1915 ist fertig. Aus vertraulichen Quellen erfahren wir, daß es nur eine Verteidigung der Wiedervergeltungsmaßnahmen gegen Deutschland ist. Ich möchte Page die Weisung erteilen, sie anzunehmen, wenn sie unserer Note vom 30. März zustimmt, sonst aber ihre Absendung abzuraten, da sie die Erregung gegen Englands Eingriffe in die neutrale Schiffahrt verstärken und eine Lösung erschweren würde."

Die englische Regierung benutzte diesen Tip Lansings und verschob ihre Antwort auf die amerikanische Note vom 30. März auf den 23. Juli. Auf ein Zeichen Lansings wurde sie übermittelt, als der U-Boot-Streit zwischen Amerika und Deutschland seinen Höhepunkt erreicht hatte; infolgedessen fand sie wenig Beachtung. In der Zwischenzeit übergab Lord Crewe Botschafter Page ein Memorandum (mit dem Datum des 17. Juni), das sich ausführlich mit dem Festhalten von Baumwolle-Ladungen befaßte. Nach einem Überblick aller hierher gehöriger Angaben versicherte das Außenministerium, es seien „keine willkürlichen Eingriffe in amerikanische Interessen bezüglich der Baumwolle-Ladungen vorgekommen".

Entgegen der Versicherung Lord Crewes erhielt das Staatsdepartement von Skinner, dem amerikanischen Generalkonsul in London, eine Depesche, die etwas ganz anderes berichtete. Skinner beklagte sich scharf über den Mangel an „Fairneß" in dem Verfahren, das die englischen Beamten bei der Behandlung neutraler Ladungen anwandten. Ihre „ganze Haltung" sei „negativ", und sie scheinen „nicht imstande zu sein, zu helfen oder etwas zu organisieren".

Die englische Gewohnheit, amerikanische Rechte zu ignorieren, störte sogar die zustimmende Ruhe Sekretär Lansings, und eine von Botschafter Page eingegangene Depesche zwang ihn, etwas zu unternehmen. Wie Page meldete, waren die britischen Prisengerichte der Ansicht, ihre Entscheidungen hingen eher von der Kabinettsorder als von den Grundsätzen des Völkerrechts ab. Das hieß also, die Prisengerichte richten sich nach den Verwaltungs- und Vollzugsstellen der englischen Regierung, wenn es sich um die Entscheidung dreht, ob Landesrecht in den

Fällen angewendet werden soll, in denen es „im Widerspruch steht mit anerkannten Grundsätzen des Völkerrechts".

Sekretär Lansing erkannte sofort, daß es hier keine Grenzen für englische Anmaßungen gab, und daß es notwendig sei, gegen diese neue Übung Einspruch zu erheben. Am selben Tag, an dem er durch die Depesche von Botschafter Page von dem Vorgehen der Prisengerichte unterrichtet wurde, unterstrich er in einem Telegramm nach London den amerikanischen Standpunkt. Soweit „die Interessen amerikanischer Bürger" betroffen seien, würde das Staatsdepartement „auf seinen Rechten nach den hierzu festgelegten Grundsätzen und Vorschriften des Völkerrechts bestehen, das den neutralen Handel in Kriegszeit regelt, ohne Abänderung oder Begrenzung durch Kabinettsorder oder andere landesrechtliche Bestimmungen Englands, und es wird die Gültigkeit von Verfahren nicht anerkennen, die Prisengerichtshöfe unter dem Zwang der britischen Landesgesetze in Schmälerung ihrer Rechte verfügt haben."[10]

Am folgenden Tag sandte Lansing ein Protesttelegramm an Botschafter Page, weil der Dampfer „Neches", der eine „allgemeine Ladung" vom Rotterdamer Hafen nach den Vereinigten Staaten beförderte, aufgebracht worden war. Page wurde angewiesen, dem Außenministerium „höflich", aber „klar" mitzuteilen, die Gesetzlichkeit dieser Handlungsweise könne nicht anerkannt werden, und „nach Ansicht der amerikanischen Regierung habe man das Recht der Bürger einer neutralen Macht verletzt, mit denen einer andern, ebenso wie mit denen von Kriegführenden, Handel zu treiben, ausgenommen mit Konterbande oder in Verletzung einer legalen Blockade eines feindlichen Seehafens. Das Departement muß auf dem Recht amerikanischer Eigner bestehen, Waren aus Holland in ordentlichem Verlauf auf neutralen Schiffen wegzubringen, selbst wenn solche Güter ursprünglich aus den Gebieten der Feinde Großbritanniens gekommen sind."

Solange noch diese Stimmung Lansings anhielt, fertigte er ein drittes Telegramm an Botschafter Page ab, der über die plötzliche Flut scharfer Einwände sehr erstaunt gewesen sein muß. Es ist „äußerst wichtig", meinte Lansing, daß das Außenministerium zu der Erkenntnis gelangt, „die amerikanische Regierung betrachte die übliche Politik der britischen Regierung, amerikanische Schiffe auf die bloße Vermutung einer feindlichen Bestimmung hin, aufzubringen und den amerikanischen Handel mit neutralen Ländern zu beschränken, mit dem Gesetz als unvereinbar."

Als Botschafter Page die Proteste Sir Edward Grey vorlegte, erwiderte dieser, wenn die britische Regierung „den unbeschränkten amerikanischen Handel mit europäischen neutralen Staaten zulasse, brauche sie überhaupt nichts mehr festhalten, und sie könne jede Bemühung, auf Deutschland einen wirtschaftlichen Druck auszuüben, aufgeben."

Mit besonderer Bezugnahme auf Baumwolle-Ladungen gab er das Versprechen, das Kabinett werde in dieser Beziehung bald Schritte unternehmen. Wahrscheinlich werde mit seiner Zustimmung den Baumwolle-Interessenten ein Angebot unterbreitet, von der neuen Ernte genug zu kaufen, um den Preis in „vernünftiger Höhe" zu halten.

In einer vertraulichen Depesche an den Präsidenten wies Botschafter Page warnend darauf hin, die britische Regierung erwäge ernstlich, Baumwolle als Konterbande zu erklären. Die Wirkung einer solchen Maßnahme auf die anti-alliierten Elemente in den Vereinigten Staaten schien dem Präsidenten sehr gefährlich. Er schrieb deswegen an Oberst House. Er war überzeugt, der Oberst würde „die fatale Wirkung auf die hiesige Meinung begreifen. Wahrscheinlich würde Amerika eine andere Haltung gegen die Alliierten einnehmen und den Kongreß veranlassen, die Munitionszufuhr zu verbieten. Es wäre vielleicht gut, Ihren Einfluß auf die englische Presse sofort zu gebrauchen."

Um dieselbe Zeit richtete Botschafter Page an Oberst House ähnliche Zeilen. Er fürchte, die Vereinigten Staaten verstünden sich mit der britischen Regierung augenblicklich nicht. England habe den Fehler begangen, die ungesetzliche Blockadeorder vom 11. März 1915 anzukündigen, und das habe bei den amerikanischen „Baumwolle- und Fleischleuten" Aufregung verursacht. Jetzt würden sich neue Schwierigkeiten ergeben, weil man in England Baumwolle zu Konterbande machen wolle. Die britische Regierung habe „den Mut verloren", und man könne nicht annehmen, sie würde einem starken Druck der Öffentlichkeit widerstehen. Sir Edward Grey selbst sei „sehr kleinlaut" über die „amerikanische Lage", und Page meinte, es gäbe vielleicht nur eine Lösung, nämlich „ein zweiter ‚Lusitania'-Skandal", der die amerikanische Entrüstung auf Deutschland ablenken und zum offenen Krieg mit diesem Land führen würde.

Die Lage wurde allmählich so ernst, daß Präsident Wilson sich entschloß, Sekretär Lansing nach Manchester, Massachusetts, zu schicken, um mit Oberst House eine Besprechung abzuhalten. Botschafter Page hatte Lansing mitgeteilt, Sir Edward Grey kenne nur zu gut den „Ernst der Lage", aber er könne die englische Blockade nicht lockern, denn das würde „den Krieg bedeutend verlängern". Ein solcher Grund, der vom englischen Standpunkt aus möglicherweise berechtigt war, würde die „Vereinigten Staaten nicht befriedigen". Der Präsident wollte nun sehen, wie weit die britische Regierung vor den energischen Protesten der Vereinigten Staaten zurückweichen würde. Er wünschte, „den schärfsten Druck" anzuwenden und zugleich „vernünftig und praktisch zu sein".

Wenn die amerikanische Regierung einen genügend starken Druck ausübe, meinte der Oberst, werde das britische Kabinett „eher bis zum äußersten gehen", als es zu einem „Bruch kommen zu lassen". Aber die größte Schwierigkeit eines solchen Vorgehens liege darin, daß wir uns „den ewigen Groll" der Engländer zuziehen würden, weil wir unsere Lage „ausgenützt" hätten.

Ehe der Oberst und Präsident Wilson weiter ihre Gedanken darüber austauschen konnten, wie man sich am besten zu den englischen Verletzungen amerikanischer Rechte stellen solle, sandte das Außenministerium eine Note an Botschafter Page mit dem Datum des 23. Juli. Es war die langerwartete Antwort auf die amerikanische Note vom 30. März und befriedigte den Präsidenten und das Staatsdepartement wenig. Sir Edward Grey wies mit Bedacht darauf hin, daß die von der englischen Regierung für eine Blockade Deutschlands ergriffenen Maßregeln keinerlei „abträgliche Wirkung auf den Handel der Vereinigten Staaten" hätten. Er erwähnte dann die „empörenden" Verletzungen des Völkerrechts, die die Deutschen begangen hätten. Die Verstöße verpflichteten natürlich jeden guten Engländer, bei der Verteidigung „keine berechtigte Methode" unversucht zu lassen. Sehr freundlich, aber fest, ging dann der britische Außenminister daran, die amerikanischen Klagen zu prüfen und erledigte sie dann in Bausch und Bogen. Soweit er sehe, verfechte die amerikanische Regierung die Auffassung, wenn „ein Kriegführender sich in solcher Lage befindet, daß sein Handel durch anliegende neutrale Häfen ebenso leicht wie durch sein eigenes Gebiet gehen kann, habe sein Gegner kein Recht, sich einzumischen, und müsse seine Blockademaßnahmen so einschränken, daß seinem Gegner diese Handelswege offen bleiben."

Für Sir Edward Grey war eine solche Auffassung „vom Standpunkt des Rechts und nach den Grundsätzen der Billigkeit im Völkerleben unhaltbar". Die britische Regierung könne nicht einsehen, daß ein Kriegführender gegen einen Grundsatz des Völkerrechts verstoße, wenn er eine Blockade „so anwendet, daß der feindliche Handel durch neutrale Häfen unterbunden wird, falls die Umstände eine solche Anwendung der Blockadebestimmungen zu dem einzigen Mittel machen, die Wirksamkeit zu sichern."

Unvermeidlich nahm Sir Edward auf die von der Bundesregierung während des Bürgerkrieges errichtete Blockade[11] Bezug. Diese Blockade bei etwa 3.500 Meilen Küstenlänge war eine schwierige Aufgabe, weil neutrales Gebiet ganz in der Nähe der Südstaaten lag; so war die Bundesregierung gezwungen, die Lehre von der fortgesetzten Reise auszudehnen, um der neuen Lage gerecht zu werden. Die Ausdehnung der Lehre war von den Bundesgerichtshöfen in einer Reihe von Entscheidungen angewendet worden, die eine scharfe Kritik der europäischen Völkerrechtler hervorrief. Sir Edward brachte aber im Gegensatz dazu vor, die britische Regierung selbst habe „eine großzügigere Einstellung" gegen die Urteile der Gerichtshöfe gehabt und „den tieferen Grund" des amerikanischen Vorgehens eingesehen. In klarer Erkenntnis des Möglichen auf der See, habe das Außenministerium schon lange entschieden, „keinerlei Verwahrungen einzulegen", sich bei solchen Neuerungen fernzuhalten, und es habe diese neue amerikanische Praxis bejaht als eine Notwendigkeit, um den neuen Bedingungen gerecht zu werden.

Es braucht nicht betont zu werden, daß die Note des britischen Außenministers eine armselige Verteidigung in eigener Sache war. Die Vereinigten Staaten hatten nie das Recht beansprucht, Neutrale an der Verfrachtung von Gütern über ihre Landesgrenzen in ein kriegführendes Land zu hindern, und der Oberste Gerichtshof hatte im Bürgerkrieg klar und deutlich den Rechtsgrundsatz vertreten, die Lehre von der fortgesetzten Reise könne auf die *Blockade* nicht angewendet werden, wenn der letzte Teil der Reise ein Überlandtransport sei. Diese Regelung war auch ausdrücklich von der britischen Regierung anerkannt und im folgenden Abschnitt in der von der britischen Delegation eingebrachten Denkschrift bei der Londoner Seerechtskonferenz vorgelegt worden: „Wenn das Schiff nicht die Absicht hat, nach einem blockierten Hafen zu fahren, ist die Tatsache, daß Güter an Bord zur See oder durch Überlandtransport weitergesandt werden sollen, kein Grund zur Beschlagnahme."

Trotz dieser anerkannten Regelung gab die englische Regierung die Kabinettsorder vom 11. März 1915 heraus: die Wirkung der Order war eine Ausdehnung der Lehre von der fortgesetzten Reise auf Nichtkonterbandewaren en route nach einem neutralen Hafen, wenn sie letzten Endes für den Feind bestimmt sind. Eine solche Anwendung war nicht nur ungesetzlich, wenn die *Nichtkonterbandewaren* vermittels eines Überlandtransports zum Feind gelangten, sondern auch dann, wenn dieselben Waren später nach skandinavischen Häfen und von dort nach den deutschen Ostseehäfen verschifft wurden, die die Blockade gar nicht erfaßte. Großbritannien hatte die Deklaration von Paris unterzeichnet, die bestimmte, Blockaden müßten, um gültig zu sein, wirksam sein. Die britische Regierung betrachtete anscheinend diesen feierlichen Vertrag als „bloßen Fetzen Papier" und weigerte sich, die eingegangenen Verpflichtungen zu erfüllen. Überdies hatte England am 20.

und 29. Oktober 1914 Kabinettsorders herausgegeben, die offiziell Artikel 19 der Londoner Erklärung anerkannten. Dieser Artikel verbot eigens die Anwendung der Lehre von der fortgesetzten Reise auf die Blockade; die Kabinettsorder vom 11. März hingegen gestattete diese ungesetzliche Anwendung, und erst am 30. März 1916 machte die britische Regierung diesem unvereinbaren Vorgehen durch die Ankündigung ein Ende, sie fühle sich nicht länger durch diesen Artikel gebunden.

In der amerikanischen Note vom 30. März 1915 hatte Sekretär Bryan besonderes Gewicht darauf gelegt, die englische Blockade vom 11. März sei deswegen ungesetzlich, weil sie auf eine Blockade neutraler Häfen hinauslaufe. Viele Jahrzehnte lang hatte die englische Regierung die Ungesetzlichkeit einer solchen Blockade anerkannt und in zwei Kabinettsorders förmlich den Artikel 18 der Londoner Erklärung angenommen. Dieser besagte, die Blockadestreitkräfte dürften den Zugang zu neutralen Häfen und Küsten nicht versperren. Um den offensichtlichen Widerspruch zu erklären, behauptete Sir Edward Grey jetzt, Großbritannien blockiere keineswegs neutrale Häfen, sondern verhindere nur den Handel mit dem Feind, der über neutrale Häfen laufe. Er ging dann weiter und verfocht die Ansicht, seine Regierung „würde sich nicht mit Gütern befassen, ohne durch die Blockade das Recht dazu zu haben, wenn die geographische Lage und die Verhältnisse Deutschlands eben so wären, daß der deutsche Handel durch die eigenen Häfen ginge."

Als Antwort auf diese Behauptung bemerkte ein bedeutender englischer Gelehrter, Dr. Thomas Baty: „Der Klage, ein Land könne nicht hermetisch abgeriegelt werden (eine Klage, die nicht beachtet oder vergißt, daß das nie der Fall sein konnte), kann man nur mit dem Hinweis begegnen, sie sei überall dieselbe ... Manche Länder waren immer schwierig zu blockieren, im Vergleich zu andern; nie tauchte der Gedanke auf, ein weiteres Hindernis zu errichten, um den Schaden auszugleichen ... Das Gesetz ist nicht dazu bestimmt, die Fehler der Geographie auszumerzen."

Diese englische Note vom 23. Juli konnte Präsident Wilson mit ihren Scheingründen nicht überzeugen; deshalb schrieb er an Oberst House, um ihm die Sache vorzulegen. Er sei sich „sehr wohl der Schwierigkeiten bei der Unterhandlung mit Großbritannien über die gegenwärtige Behandlung des neutralen Handels bewußt, und ich habe dieselbe Meinung wie Sie. Es würde mich interessieren, ob Sie und Lansing in Ihrem Gespräch neulich sich darüber unterhalten haben, welche Politik praktisch und dabei noch geeignet wäre, die Folgen zu vermeiden, die Sie (und ich) fürchten und beklagen würden. Ich würde Ihnen jede Anregung hoch anschlagen, die Sie mir in dieser ungemein schwierigen Sache geben könnten. Wir müssen etwas unternehmen. Unsere öffentliche Meinung verlangt es unumwunden."

Am 27. Juli bekam der Präsident ein Telegramm in die Hände, das Botschafter Page an Sekretär Lansing wegen des voraussichtlichen Beschlusses der britischen Regierung geschickt hatte, Baumwolle als Konterbande zu erklären, um dann von Amerika „große Mengen" zu einem „guten Preis" aufzukaufen. Dies war bloß eine Spiegelfechterei der Engländer, um amerikanische Proteste zu vermeiden. Der Präsident durchschaute die Sache sofort. Aber was man nun unter diesen Umständen tun sollte, war nicht leicht zu sagen, deshalb wandte er sich wieder an Oberst House um Rat. Der Oberst war natürlich für eine versöhnliche Politik gegen England; in einem Brief an Lansing gab er dieser Ansicht offen Ausdruck. Was die britische Behandlung des neutralen Handels angehe, würde nach der Überzeugung des Oberst das Außenministerium so ziemlich jeder amerikanischen Forderung zustimmen, bevor es zu einem Abbruch der diplomatischen Beziehungen käme. Sollte aber Amerika seinen Vorteil zu sehr geltend machen, so könne das für die Vereinigten Staaten einen Verlust der britischen Freundschaft „für lange Zeit" bedeuten. Sollten die alliierten Mächte den Sieg davontragen, „wird England die Hauptrolle bei den Friedensverhandlungen spielen, und für uns steht so viel bei diesen Verhandlungen auf dem Spiel, daß es eine Frage des politischen Feingefühls ist, wie weit wir wegen der augenblicklichen Schwierigkeiten zwischen den beiden Ländern einen Druck ausüben sollen. Deutschlands Sympathie ist meinem Empfinden nach unweigerlich verloren, und wir müssen uns wohl überlegen, wie weit wir gegen die Interessen der Alliierten vorgehen können, ohne ihre Freundschaft gleichfalls zu verlieren ... Das hängt natürlich auch von der Stimmung in Amerika ab, wie weit man in einer großzügigen Auslegung der englischen Politik gegen den neutralen Handel gehen kann."

Lansings sofortige Antwort enthielt eine völlige Übereinstimmung mit den Ansichten von House. Man müsse an England wegen des neutralen Handels eine Note schicken, am besten „in scharfem Ton", um der amerikanischen Öffentlichkeit zu zeigen, daß das Staatsdepartement England und Deutschland die „gleiche" Behandlung zuteil werden lasse. Zugleich meinte Lansing, man dürfe „nicht zu weit gehen oder die Forderungen zu entschieden stellen ... Auf keinen Fall sollten wir einen Kurs einschlagen, der ernstlich unsere freundlichen Beziehungen mit Großbritannien, Frankreich und Rußland gefährden würde, denn, wie Sie sagen, unsere Freundschaft mit Deutschland ist eine Sache der Vergangenheit."

Es herrschte eine Stimmung der Freundschaft für England und des Argwohns gegen Deutschland. Dazu kam noch eine Note Sir Edward Greys, die sorgfältig auf einen Appell an die amerikanischen Sympathien abgestellt war. Nach einer kurzgefaßten Behauptung, Deutschland habe bei der Versenkung von Handelsschiffen, ohne Rücksicht auf die Sicherheit der Passagiere und Mannschaften, Grausamkeiten begangen, wies Sir Edward Grey auf die menschenfreundliche Art der britischen Regierung hin. Sie bringe amerikanische Schiffe auf und halte sie nur zurück, um die Entscheidung der Prisengerichte abzuwarten. Die amerikanische Regierung habe mehrere Male gegen diese britische Übung protestiert, aber Sir Edward habe weder davon gehört, in welcher Höhe „Wiedererstattung von Deutschland gefordert worden sei ... für Verluste an Schiffen, Leben und Ladungen, noch wie weit diese Handlungen auch nur zu einem Gegenstand des Protestes der betroffenen neutralen Regierungen gemacht worden seien."

Nach dieser unerheblichen Kritik an der Führung der amerikanischen auswärtigen Beziehungen, behauptete Sir Edward schließlich, in Anbetracht dieser offensichtlichen deutschen gemeinen Gesinnung scheine es „weder vernünftig noch gerecht, die Regierung Seiner Majestät dazu zu drängen, die in der britischen Note vom 23. beanspruchten Rechte aufzugeben, Waren aus Deutschland frei durch Gewässer gelangen zu lassen, die wirkungsvoll von englischen Kriegsschiffen kontrolliert würden."

Am selben Tag (31. Juli) sandte Sir Edward eine zweite Note an die amerikanische Regierung als Antwort auf Lansings Protesttelegramm vom 14. Juli. Staatssekretär Lansing war durch eine Depesche von Botschafter Page über die Art in Unruhe geraten, wie englische Prisengerichte ihre Entscheidungen nicht ausschließlich nach internationalem Recht fällten, sondern auch gewisse Grundsätze des englischen Landesrechts anwandten. Sir Edward griff nun zu einem alten Mittel und belehrte das Staatsdepartement über amerikanische Rechtspraxis. Im Falle der „Amy Warwick" hatte ein amerikanisches Prisengericht klar entschieden, „Prisengerichtshöfe seien den Anweisungen der eigenen obersten Behörden unterstellt". Er habe deshalb den Eindruck, als seien die Grundsätze, „die von den Gerichtshöfen der beiden Länder angewendet werden, dieselben".

Sekretär Lansing konnte sehr wenig Trost aus den Noten schöpfen, die Sir Edward Grey bei passender Gelegenheit an das Staatsdepartement zu senden pflegte. Es sprach eine Unnachgiebigkeit aus ihnen, die den Staatssekretär und den Präsidenten schwer verdroß; aber während der Sommermonate 1915 war der U-Bootkonflikt mit Deutschland auf dem Höhepunkt, und so blieb nichts anderes übrig, als sich den englischen Ansprüchen unter nutzlosen Protesten zu fügen. Prinzipiell gab die Behandlung amerikanischer Baumwolle-Ladungen weiterhin zu Beschwerden Anlaß, aber in der Praxis kam etwas dabei heraus. Bereits im Januar 1915 hatten Frankreich und England Sekretär Bryan versichert, Baumwolle nicht in die Liste der Konterbande zu setzen und nicht zu beschlagnahmen, wenn sie auf neutralen Schiffen unterwegs nach Deutschland sei. Im Februar gab man dieselbe Versicherung für Baumwolle-Garn und -Abfälle. Aber nach der sogenannten „Blockadeorder" vom 11. März wurden Baumwolle-Ladungen in englischen Häfen festgehalten und viele schließlich aufgekauft. Das verursachte einen Sturm der Entrüstung in den amerikanischen Südstaaten, und das Staatsdepartement empfing zahlreiche Protesttelegramme.

Am 2. Juli drängte die Galveston (Texas) Commercial Association, die das „größte Baumwollexportgebiet der Welt vertrat", energisch den Staatssekretär, er müsse „unbedingt" der amerikanischen Baumwolle ein solches Verbreitungsgebiet sichern, daß „uns so viele Weltmärkte wie möglich offen stehen". Nur „rasche Hilfe" könne die Baumwollstaaten „vor Not" bewahren.

Im selben Monat berichtete Botschafter Page, in England „ziele man darauf ab", Baumwolle zur Bannware zu machen. Wie sehr sich Präsident Wilson das Festhalten von Baumwolle-Ladungen und die englischen Bestrebungen, Baumwolle zu Konterbande zu machen, zu Herzen nahm, ist schon früher besprochen worden. Er hatte darüber wiederholt an Oberst House geschrieben, und überdies reiste am 2. August der englische Botschafter nach Manchester, Massachusetts, um mit Oberst House die Lage zu besprechen. Während ihrer Unterhaltung ließ sich Spring Rice so weit herab, in den „freundlichsten Ausdrücken" von den Baumwollfarmern zu sprechen; er vermutete ferner, sie seien durch „Demagogen und Spekulanten" unter deutscher Führung irregeleitet worden. Ein gewisser Senator würde seinen Widerstand aufgeben, wenn man ihn besteche, aber die britische Regierung greife zu solchen Mitteln nicht. Seinem Eindruck nach sei der Widerstand der Baumwollpflanzer rein wirtschaftlich bedingt, und die Alliierten könnten ihm den Boden schon dadurch entziehen, daß sie einen Preis von 10 Cents für das Pfund Baumwolle fob Schiff garantieren.[12] Nach dieser beruhigenden Unterredung mit Spring Rice schrieb Oberst House an Botschafter Page und verteidigte die Politik Wilsons, sich nicht in einen Krieg zu stürzen, um den Alliierten zu helfen. Die amerikanische Öffentlichkeit würde sich energisch gegen jedes derartige Beginnen wenden. Die Allierten sollten erkennen, daß der Präsident bei der Zurückweisung des deutschen U-Bootkrieges so weit gegangen war, wie er nur vermochte; für den Augenblick könnten sie mit der Erkenntnis zufrieden sein, daß Amerika durch seine Bestrebungen und Sympathien eng „mit den Demokratien von Frankreich und England" verbunden sei.

Am folgenden Tag machte der Präsident Oberst House mit einer Möglichkeit bekannt, von der er eben von Botschafter Page unterrichtet worden war. Page hielt es für ratsam, wenn die britische Regierung Baumwolle auf die Liste der Konterbande setzen und dann die Kabinettsorder vom 11. März für ungültig erklären würde. Dem Präsidenten schien der Gedanke gut. Wenn sich die englische Regierung dazu entschlösse, würde sie sicher auf eine Papierblockade verzichten, die in Amerika viel Staub aufgewirbelt hatte. Würde sie dann noch Ankäufe amerikanischer Baumwolle „in ungewöhnlichem Umfang tätigen", müßte das amerikanische Publikum sehen, daß die Regierung „aus einer üblen Lage das beste herauszuholen" wußte.

Als alles noch in der Schwebe war, sandte Sir Edward Grey einen langen Brief an Oberst House, um ihm zu erklären, wie sich das britische Kabinett zu der Baumwollefrage einstelle. Er selbst glaube, es sei „ganz gut möglich, daß die Deutschen alle Baumwolle, die sie zur Munitionsherstellung brauchen, erhalten haben; aber Baumwolle spielt eine so große Rolle in der Herstellung von Munition, daß wir die Pflicht haben, sie nicht nach Deutschland kommen zu lassen, und jede Regierung in England, die das nicht täte, würde man der Pflichtverletzung gegen das eigene Volk zeihen. Heute macht man uns einen Vorwurf, nicht verhindert zu haben, daß in den ersten 7 Kriegsmonaten Baumwolle nach Deutschland gelangte. Uns macht es nichts aus, wie wir die Baumwolle-Zufuhr unterbinden; ob wir sie festhalten und dann, wie augenblicklich, bezahlen, oder ob wir sie als Konterbande erklären und den Prisengerichten zuweisen. Aber bis jetzt habe ich gezögert, sie zur Konterbande zu erklären, um die Stimmung in den Vereinigten Staaten nicht noch zu verschlechtern, anstatt zu bessern. Auf jeden Fall sind wir bereit, ein Abkommen einzugehen, das den Baumwollpreis festigt und sein Absinken verhindert."

Am 13. August übergab Lord Robert Cecil, der Unterstaatssekretär des Auswärtigen, der Presse die Erklärung, die die Übernahme der Baumwolle in die Liste der Konterbande vorbereitete. Die deutsche Regierung verwende Baumwolle zur Herstellung von Kriegsmunition, wurde als Grund für den beabsichtigten Beschluß angegeben, und in einer Deklaration wurde den amerikanischen Südstaaten versichert, die britische Regierung bearbeite „die Frage der Entschädigung", um allen neutralen Interessen gerecht zu werden.

Der deutsche Botschafter dementierte sofort, daß seine Regierung amerikanische Baumwolle zur Herstellung von Kriegsmunition verwende. Dank der Fortschritte deutscher Chemiker könne man Holzzellstoff anstatt Baumwolle nehmen. Deshalb sei die deutsche Regierung bereit, „jede Garantie" zu leisten, daß alle Baumwolle, die von amerikanischen Baumwollpflanzern oder Kaufleuten an private Unternehmen in Deutschland verkauft würde, „ausschließlich zu Handelszwecken und zum Gebrauch der Zivilbevölkerung" verwendet werden würde. Überdies könne er versichern, Deutschland sei bereit, große Mengen amerikanischer Baumwolle für seine Zivilbevölkerung aufzukaufen, und die Preise seien in deutschen Städten bis auf 30 Cents für das Pfund gestiegen.

Diese verführerische Aufforderung an die amerikanische Regierung, auf ihren Rechten zu bestehen, fand bei Präsident Wilson, Sekretär Lansing und Oberst House kein geneigtes Ohr, und die Ankündigung der britischen Regierung am 20. August 1915, „Rohbaumwolle, Baumwollabfälle und Baumwollgarne" würden als absolute Konterbande betrachtet werden, fand auf seiten des Staatsdepartements nur Zustimmung. Diese Haltung wurde wenigstens teilweise durch den Bericht des Generalkonsuls Skinner in London veranlaßt, der nachwies, daß amerikanische Baumwollpflanzer unter der englischen Maßregel nicht zu leiden hätten. Obwohl die englische Regierung eine sehr beträchtliche Menge amerikanischer Baumwolle festgehalten hatte, hatte sie andererseits „vielfach größere Mengen für ihren eigenen Bedarf" gekauft und „auf diese Weise den entstandenen Schaden ausgeglichen". Man könne deshalb nicht sagen, der Krieg sei „für amerikanische Baumwollinteressenten nicht vorteilhaft gewesen".

Für Präsident Wilson mit seinen warmen Gefühlen für die Alliierten war es schwierig, England dazu zu drängen, den amerikanischen Handel weniger scharf anzufassen, wenn nachweislich kein ungebührlicher Nachteil entstand. Tatsächlich, wenn wir vom Baumwollhandel absehen und die ungeheure Entwicklung der amerikanischen Munitionsausfuhr an die Alliierten ins Auge fassen, zeigt sich deutlich, daß der Weg zum amerikanischen Wohlstand geradewegs über London führte. Der Präsident konnte nicht außer acht lassen, daß Amerika seine industrielle Depression nur infolge der riesigen Alliierten-Aufträge auf Kriegsmaterial überwunden hatte. Es hieße zu viel erwarten, wollte man von seiner Administration verlangen, diese neue wirtschaftliche Blüte zu opfern, um Grundsätze des Völkerrechts zu verteidigen, die viele als teilweise veraltet ansahen. Energisch würde die amerikanische Regierung jedoch darauf bestehen, daß sich England an die alten Vorschriften hält, wenn diese lebensvolle Ader des Handelslebens plötzlich zu pochen aufgehört hätte.[13]

Aber dieses wirtschaftliche Wohlbefinden, das nach dem Januar 1915 in Amerika einsetzte, ließ die scharfen Stimmen des Protestes nicht verstummen, die sich gegen die verwerfliche Preisgabe zahlreicher Rechte an England erhoben, für die man einst in den Krieg gezogen war. Unvermeidlich mußten sich manche Seeoffiziere über einen so kampflosen Verzicht zugunsten einer Nation aufregen, deren Erpressungen man ein Jahrhundert zuvor mit einer Breitseite aus den Kanonen einer amerikanischen Fregatte beantwortet hatte. Von einem bedeutenden Kenner der Geschichte, einem Vizeadmiral a.D. der amerikanischen Flotte, erhielt Sekretär Lansing eine bittere Kritik über die britischen Eingriffe in den amerikanischen Handel: „Mein gestriger Brief würde falsch verstanden werden, wollte man eine Ähnlichkeit zwischen unserer Blockade während des Bürgerkrieges und der der Engländer heute herauslesen. So weit ich sehen kann, handeln sie jetzt ultra vires, insofern ein internationales (oder anderes) Gesetz in Frage kommt. Meiner Kenntnis der Geschichte nach, trat nie jemand mit ähnlicher Unverfrorenheit auf, wie sie England jetzt zur Schau trägt, denn in der napoleonischen Zeit kündigten sie eine Blockade wenigstens durch eine Erklärung an."

Kapitel IX

Deutschland fordert Amerika heraus

Die ungesetzlichen Maßnahmen, die die englische Regierung im Herbst 1914 ergriff, um jeden neutralen Handel mit Deutschland abzuriegeln, verursachte im deutschen Auswärtigen Amt und in der Admiralität große Besorgnis. Offensichtlich schien der Druck neutraler Staaten nicht genügend stark zu sein, um die Aufgabe oder auch nur die Lockerung dieser britischen Methoden zu erzwingen. Die deutsche Regierung konnte nur noch zu Gegenmaßnahmen ihre Zuflucht nehmen, um Verhältnisse günstiger zu gestalten, die letzten Endes zu einer militärischen Niederlage Deutschlands infolge eines wirtschaftlichen Zusammenbruchs führen mußten.

Am 2. November 1914 erließ die britische Admiralität eine Bekanntmachung, die die Nordsee von nun an als „Kriegsgebiet – military area –" erklärte. Diese Erklärung veranlaßte deutsche Seeoffiziere zur Abfassung einer Denkschrift, die umgehend Vizeadmiral v. Pohl, dem Chef des deutschen Admiralstabes, zur Begutachtung vorgelegt wurde. In dieser Denkschrift wurde ausgeführt, die englische Regierung bemühe sich durch flagrante Verletzungen des Völkerrechts, Deutschlands Handel zu vernichten und das deutsche Volk auszuhungern. Die offene Mißachtung des Völkerrechts mache es für Deutschland notwendig, Vergeltungsmaßnahmen durch einen rücksichtslosen U-Bootkrieg zu üben: „Je energischer ein Krieg geführt wird, um so eher wird er zu Ende gebracht und unzählige Menschenleben und Güter bei kürzerer Kriegsdauer weniger geopfert. Ein Unterseeboot kann daher die Besatzung der Dampfer nicht schonen, sondern wird diese mit dem Dampfer zugrunde gehen lassen müssen. Man kann die Schiffahrt auf diese Folgen aufmerksam machen und verwarnen, daß ihre Schiffe, die versuchen, englische Häfen anzulaufen, sich der Gefahr aussetzen, mit ihrer Besatzung vernichtet zu werden."[1]

Vizeadmiral v. Pohl schienen die Gründe in dieser Denkschrift so stichhaltig, daß er eine Note an den Kanzler aufsetzte, in der er die Wichtigkeit einer Blockade Englands durch U-Boote unterstrich. Eine solche Maßnahme würde auf dem

Recht der Vergeltung beruhen und, da England wiederholt Verstöße gegen das Völkerrecht begangen habe, bestehe kein Grund, warum Deutschland die Vorschriften beachten solle, die gewöhnlich für die Errichtung einer Blockade gelten. Um zu einem Erfolg zu kommen, wäre der Zeitpunkt des Beginns möglichst bald anzusetzen, und in dem Entwurf einer Blockade-Erklärung, die von Pohl seinem Schreiben an den Kanzler beilegte, gab er November 1914 als spätesten Termin an.

Als Admiral v. Tirpitz den Vorschlag des Admirals v. Pohl las, erhob er sofort gewichtige Einwände gegen jede Blockade der Küsten Englands und Irlands. Die Gesetzlichkeit einer U-Bootblockade sei eine offene Frage, und er halte es für unklug „den Zeitpunkt für die Blockade-Erklärung früher zu wählen, als bis eine einigermaßen hinreichende Anzahl von U-Booten zur Stelle wären ... Ich hielt es für richtiger, erst einmal im kleinen anzufangen und zu sehen, wie die Dinge militärisch und politisch laufen würden."[2]

Während Admiral v. Tirpitz sofort zwingende Gründe gegen die Errichtung einer U-Bootsperre gegen England vorbrachte, waren andere Seeoffiziere der entgegengesetzten Meinung und unterstützten warm den Plan des Vizeadmirals v. Pohl. Vizeadmiral Scheer verfaßte eiligst eine Denkschrift, in der er dringend auf eine Sperre englischer Häfen „mit den uns zu Gebote stehenden Mitteln" drängte. Dieser Gesichtspunkt wurde von der Mehrheit der Offiziere in der deutschen Hochseeflotte geteilt.[3]

Am 15. Dezember legte v. Pohl Admiral v. Tirpitz den Entwurf eines Briefes an das Auswärtige Amt vor, in dem er die Zustimmung zum Beginn des U-Bootkrieges für Ende Januar erbat. Anstatt einer Sperre gegen alle nach englischen Häfen bestimmten Schiffe, hielt man es jetzt für das beste, die Gewässer rund um Großbritannien und Irland als Kriegszone zu erklären. Diese ins Auge gefaßte Maßnahme lehnte Admiral v. Tirpitz sofort ab und begründete seine Einwände sorgfältig. Seines Erachtens gehe der U-Bootkrieg ohne Blockadeerklärung „in seiner Wirkung auf die Neutralen sehr viel weiter als eine regelrechte Blockade und ist deswegen politisch erheblich gefährlicher ... Auch die Bezugnahme auf die Maßnahmen der Engländer, die das Befahren der nördlichen Nordsee als gefährlich bezeichnet haben, scheint mir nicht ganz zutreffend. Die Engländer haben einmal das Gebiet nicht von sich aus für gefährlich erklärt, sondern aufgrund der (freilich falschen) Behauptung, daß wir Minen gelegt hätten, und zweitens, daß neutrale Schiffe sich der Gefahr aussetzten, für deutsche Minenleger gehalten und entsprechend behandelt zu werden."[4]

Alle diese Besprechungen und Notenaustausche geschahen geheim. Am 23. Dezember 1914 erschien jedoch ein Interview zwischen Admiral v. Tirpitz und dem Zeitungsberichterstatter Karl H. v. Wiegand in der amerikanischen Presse. Der Admiral begann die Unterhaltung mit der Frage, was Amerika sagen würde, „wenn Deutschland den U-Bootkrieg gegen alle feindlichen Handelsschiffe erklärte". Ohne dem Korrespondenten zu gestatten, auf diese wichtige Frage zu antworten, begann v. Tirpitz den Standpunkt Deutschlands zu verteidigen, falls eine Erklärung des U-Bootkrieges erfolgen würde. „England will uns aushungern!" rief er aus. „Wir können dasselbe Spiel treiben, England einschließen, jedes englische Schiff oder jedes seiner Verbündeten, das sich irgendeinem Hafen Englands oder Schottlands nähert, torpedieren und dadurch den größeren Teil der Nahrungsmittelzufuhr abschneiden".[5]

Die Frage v. Wiegands, ob Deutschland eine genügende Anzahl von U-Booten habe, um eine Blockade Englands durchzuführen, bejahte Admiral v. Tirpitz. Er hatte keinen Zweifel darüber, daß Deutschland England „in Unterseebooten größeren Typs überlegen ist".[6] Diese Äußerungen des Admiral v. Tirpitz zugunsten einer „Blockade" Englands waren Vizeadmiral v. Pohl äußerst unangenehm, denn er war der Ansicht, es sei praktischer, eine „Kriegszone" zu erklären. Er sah in den Worten v. Tirpitz einen Versuch, ihm eine bestimmte Seepolitik aufzudrängen und war entschlossen, seiner eigenen Überzeugung zu folgen. Seine Befürwortung einer „Kriegszone" an Stelle einer „Blockade" wurde durch eine Denkschrift unterstützt, die vom Auswärtigen Amt entworfen und ihm vom Kanzler am 27. Dezember übermittelt wurde. In diesem Schreiben wurde dargelegt, eine Blockade würde jeden neutralen Handel nahezu unterbinden und lebhaften Unwillen gegen Deutschland hervorrufen, der schwer beschwichtigt werden könne. Eine Kriegszone andererseits würde den neutralen Handel mit England nicht untersagen. In diesem Falle wäre die Gefahr eines Handelsboykotts gegen Deutschland gering.[7]

Am 9. Januar hatte der Kaiser eine Unterredung mit Vizeadmiral v. Pohl und Kanzler v. Bethmann-Hollweg, in deren Verlauf v. Pohl Seiner Kaiserlichen Majestät einen Bericht über den U-Bootkrieg vorlas. In einigen Abschnitten wiederholte er den wesentlichen Inhalt der Denkschrift, die er vom Auswärtigen Amt am 27. Dezember erhalten hatte. Noch einmal trug er die Einwürfe gegen eine Blockade vor und unterstrich die Vorteile einer Kriegszone.[8] Dieses Mal wurde keine Entscheidung getroffen, aber v. Pohl ließ sich keine Gelegenheit entgehen, um in der überzeugendsten Form die Gründe zugunsten einer Kriegszone darzulegen. Er betonte nicht nur die Gefahren, die sich aus der Errichtung einer Blockade auf den neutralen Handel ergeben würden, sondern er wies auch auf die Schwierigkeiten hin, die mit der Durchführung einer gesetzlichen Blockade verbunden waren.

Der Kanzler wurde immer mehr in den Kampf der Meinungen hineingezogen, und am 27. Januar lehnte er in einer Unterredung mit v. Tirpitz „die Möglichkeit und Notwendigkeit eines Unterseeboots-Handelskriegs nicht grundsätzlich" ab. „Politische Verhältnisse erlaubten jedoch nach seiner Ansicht nicht, vor Frühjahr oder Sommer eine Entscheidung zu fällen."[9]

Innerhalb weniger Tage ließ er aber diese Auffassung fallen. Am 1. Februar 1915 fand eine wichtige Zusammenkunft in der Kanzlei statt, bei der folgende Personen anwesend waren: Staatssekretär Zimmermann; General v. Falkenhayn, der Chef des Generalstabs; Clemens Delbrück, Staatssekretär des Innern; Vizeadmiral v. Pohl und der Kanzler selbst. Der Kanzler führte sofort aus, er hege Bedenken gegen den U-Bootkrieg, weil er Schwierigkeiten mit neutralen Mächten fürchte und die geringe Zahl verfügbarer U-Boote (zwanzig) nicht genüge, um den britischen Handel zu treffen. Vizeadmiral v. Pohl trat diesen Einwänden mit der festen Behauptung entgegen, eine genügende Anzahl U-Boote stünde zum wirksamen Einsatz gegen den britischen Handel zur Verfügung. Diese Zusicherung machte auf den Kanzler tiefen Eindruck. Pohl argumentierte weiter, Schwierigkeiten mit den Neutralen seien nicht zu erwarten, weil sich neutrale Schiffe nicht in die Kriegszone wagen würden, wenn allgemein bekannt würde, daß zahlreiche englische Schiffe spurlos versunken seien.

Der Kanzler ließ sich nicht nur durch die Versicherungen v. Pohls beeinflussen, sondern zeigte sich auch für den Druck der öffentlichen Meinung in Deutschland empfänglich. Seit dem Interview des Admirals v. Tirpitz mit Karl v. Wiegand

Theobald v. Bethmann-Hollweg (1856–1921) wurde 1909 Reichskanzler. Er bemühte sich erfolglos um eine Verständigung mit Großbritannien. Im Juli 1917 trat v. Bethmann-Hollweg infolge des Drucks hoher Militärs von seinem Amt zurück.

wuchs offenbar in vielen deutschen Kreisen rasch das Verlangen, mit dem Einsatz der U-Boote gegen England bei der ersten Gelegenheit zu beginnen. Gegenüber v. Pohls positiver Feststellung, Deutschlands U-Bootflotte genüge, um der Erklärung einer Kriegszone Wirksamkeit zu verleihen, fiel es dem Kanzler schwer, auf einem entgegengesetzten Standpunkt zu beharren; deshalb gab er am 2. Februar seine Zustimmung zu dem Programm des Vizeadmirals v. Pohl.[10]

Noch war es notwendig, die Unterzeichnung der Erklärung der Kriegszone durch den Kaiser zu sichern; dies gedachte v. Pohl am 4. Februar zu erreichen, anläßlich eines Besuches des Kaisers in Wilhelmshaven zur Besichtigung der Hochseeflotte. Bei seiner Ankunft war er in Begleitung von Admiral v. Tirpitz, der bekanntlich gegen die sofortige Erklärung einer Kriegszone war. Tirpitz hatte jedoch keinen Einfluß auf den Kaiser. Obgleich er der Gründer der deutschen Flotte war, fanden seine wohlüberlegten Ratschläge selten ein geneigtes Ohr; er war gegen den Kaiser zu offen und gerade.[11] Pohl war geschmeidiger und diplomatischer, und am 4. Februar unterzeichnete der Kaiser mit trüben Ahnungen im Herzen die Erklärung einer Kriegszone zur Bekämpfung des britischen Handels.

Die ganze Frage des U-Bootkrieges hatte dem Kaiser seit dem Ausbruch des Krieges große Sorge gemacht. Die mit einem solchen Krieg verbundenen Folgen verletzten seine tiefverwurzelte Überzeugung von dem Recht des Privateigentums auf hoher See. Er war auch gegen jede Art Krieg, die das Leben von Nichtkämpfern bedrohte und hatte deshalb im Herbst 1914 sich lebhaft gegen einen Plan gewendet, der das Leben von „Frauen und Kindern" in Mitleidenschaft ziehen würde.[12] Gerade an dem Tag, an dem er seine Zustimmung zu der Erklärung gab, die den U-Bootkrieg ankündigte (4. Februar 1915), hielt der Kaiser in Wilhelmshaven an die Kommandanten der U-Boote eine Ansprache. Gegen das Ende seiner Rede wies er darauf hin, daß die Versenkung feindlicher Handelsschiffe möglicherweise mit Verlusten an Menschenleben verbunden sei. Hier hielt er inne und sagte dann mit eindrucksvollem Ernst: „Wenn es Ihnen möglich ist, die Mannschaften der Handelsschiffe zu retten, so tun Sie es!" Nach einer weiteren Pause schloß er langsam: „Wenn Sie sie nicht retten können, so kann man nichts machen."[13]

Nach dieser Rede erfolgte die Unterzeichnung der Kriegsgebietserklärung, und der U-Bootkrieg, der so viel ernste Verwicklungen mit Neutralen in sich barg, wurde formell angekündigt. Aufgrund dieser Erklärung werden die Gewässer „rings um Großbritannien und Irland einschließlich des gesamten Englischen Kanals hiermit zum *Kriegsgebiet* erklärt. Vom 18. Februar an wird jedes in diesem Kriegsgebiet angetroffene feindliche Kauffahrteischiff zerstört werden ... Auch neutrale Schiffe laufen im Kriegsgebiet Gefahr, da es angesichts des von der britischen Regierung ... angeordneten Mißbrauchs neutraler Flaggen ... nicht immer vermieden werden kann, daß die auf feindliche Schiffe berechneten Angriffe auch neutrale Schiffe treffen."[14]

Am 7. Februar überreichte Graf Bernstorff Staatssekretär Bryan eine Denkschrift des deutschen Kanzlers vom 4. Februar, in dem er die Errichtung einer Kriegszone mit britischen Verletzungen des Völkerrechts verteidigte. Die besondere Verletzung, auf die in dieser Denkschrift Wert gelegt wurde, war der von der britischen Regierung am 3. November 1914 herausgegebene Erlaß, der die „ganze Nordsee" als „Kriegsgebiet" erklärte.

Über die Gesetzlichkeit der deutschen Erklärung ließ sich seltsam genug Sir Percy Scott in der Londoner „Times" vom 16. Juli 1914 aus. Der Verfasser ahnte hier den später von der deutschen Regierung unternommenen Schritt voraus und billigte ihn vom Standpunkt des Völkerrechts: „Eine solche Erklärung wäre meiner Meinung nach völlig in Ordnung. Wenn sie einmal erlassen und von britischen und neutralen Schiffen nicht beachtet würde, so könnte man ... keine friedliche Beschäftigung vorschützen ... und, falls sie dabei versenkt würden, könnte man nicht von einem Rückfall in die Barbarei oder in das Piratentum in schwärzester Form sprechen. Wenn Lord Sydenham die Berichte nachsehen würde, wie es gewöhnlich den Blockadebrechern in Charleston während des Bürgerkriegs in Amerika erging, käme er zur Erkenntnis, daß die blockierenden Kreuzer selten Bedenken trugen, die verfolgten Schiffe zu beschießen. Mine und U-Boot-Torpedo sind eben neuzeitliche Abschreckungsmittel."

Aber lange ehe dieser Artikel Sir Percy Scotts in der Londoner „Times" erschien, hatte der französische Admiral T. Aube nachdrücklich das Recht eines U-Bootes verteidigt, ein Kauffahrteischiff ohne Warnung zu versenken. Der folgende Abschnitt zeigt den Gedankengang des Admirals: „Morgen bricht Krieg aus. Ein U-Boot mit zwei Offizieren und einer zwölfköpfigen Mannschaft ist auf eines jener reichen Handelsschiffe gestoßen, dessen Ladung mehr wert ist, als die der reichsten spanischen Galleone. Mannschaft und Passagiere umfassen mehrere hundert Menschen. Wird wohl das U-Boot seine Anwesenheit dem Kapitän des Handelsdampfers kundtun ... ihm darlegen, es könne sein Schiff versenken, er sei infolgedessen mit Mannschaft und Passagieren gefangen; ... sein Schiff habe – platonisch – eine Prisenmannschaft an Bord und müsse deshalb den nächsten französischen Hafen anlaufen? Eine solche Erklärung – sie wäre so töricht wie das ritterliche „A vous, Messieurs les Anglais" von Fontenoy – würde der Kapitän des Handelsschiffes mit einer wohlgezielten Granate beantworten, die das U-Boot samt seiner Mannschaft und dem ritterlichen Kapitän in den Grund bohren würde. Dann würde er ruhig seine kurz unterbrochene Reise fortsetzen.

Aber bliebe das U-Boot (anstatt seine Anwesenheit zu verraten) unsichtbar und würde in einer Entfernung dem betreffenden Handelsschiff folgen, so könnte es nach Einbruch der Nacht lautlos und ruhig das Kauffahrteischiff samt Ladung, Mannschaft und Passagieren vernichten. Dann würde der Kapitän des U-Bootes nicht nur mit ruhigem Gewissen, sondern voll befriedigt weiterfahren."

Ähnlichen Inhalts ist die Darlegung von J.M. Kenworthy und George Young in ihrem Band „Freiheit der Meere". Ihrer Meinung nach ist dieser erste deutsche U-Bootfeldzug „folgerichtig und gesetzlich. Folgerichtig aus der Überlegung heraus, wenn die Engländer das Recht hatten ... deutsche Frauen und Kinder auszuhungern, so stand den Deutschen das Recht zu, gegen die Engländer Vergeltung zu üben, wenn sie vermochten. Gesetzlich deswegen weil das Recht der U-Boote, ohne Warnung zu versenken, aufgrund des Völkerrechts verteidigt werden konnte, ohne mehr Bestimmungen auszudeuten und zu verdrehen, als die Engländer bei der Erklärung von Gummi und Nahrungsmittel als Konterbande."[15]

In der oben erwähnten Auslassung wird auf die englische Blockade Deutschlands hingewiesen, die letzten Endes den Hungertod deutscher Frauen und Kinder zur Folge hätte. Die deutsche Regierung hatte schon lange eine solche Blockade gefürchtet und am 10. Dezember 1914 beim Staatsdepartement angefragt, wie sich Amerika verhalte, wenn die englische Flotte Schiffsladungen mit Nahrungsmitteln auf der Fahrt nach deutschen Häfen beschlagnahmen würde. Das Staatsdepartement gab eine vorsichtige Antwort. Es sei nicht möglich, „vorher in Einzelfällen" zu entscheiden, welcher Schritt „geeignet wäre", aber die amerikanische

Regierung gab doch die Versicherung, sie würde ihren Bürgern, deren Güter unter Verletzung der „Bestimmungen des Völkerrechts" beschlagnahmt würden, „jede entsprechende Hilfe gewähren".

Am 25. Januar 1915 gab der deutsche Bundesrat ein Dekret heraus, das Getreide und Mehl unter Staatskontrolle stellte. Drei Tage später teilte Graf Bernstorff der amerikanischen Regierung mit, dieser deutsche Erlaß beziehe sich nicht auf „Nahrungsmittel, die aus neutralen Ländern nach Deutschland kommen, sondern nur auf augenblicklich in Deutschland befindliche Vorräte; der Zweck ist, einer möglichen Hamsterung und Verteuerung der Nahrungsmittel einen Riegel vorzuschieben, mit anderen Worten, jede Spekulation damit zu verhindern."

Sobald die englische Regierung von dieser deutschen Verordnung vom 25. Januar hörte, legte sie sie so ungünstig wie möglich aus. Am 27. Januar sandte Sir Edward Grey eine kurze Note an Botschafter Page, die deutsche Regierung habe „offiziell Verwendung und Verteilung aller Nahrungsmittel im Reich in die Hand genommen". Dies bedeute, schloß Sir Edward, daß „alle Nahrungsmittel tatsächlich der Armee gehören" und deshalb Nahrungsmittelladungen von Amerika nach Deutschland ihren Charakter als Nicht-Bannware verloren hätten, somit also der Beschlagnahme unterliegen würden.

Diese Note war Bryan sehr unangenehm. Er riet sofort Schatzsekretär McAdoo, alle „interessierten Personen davon zu benachrichtigen, das Recht der Verschiffung von Nahrungsmitteln nach Deutschland werde wegen des erwähnten Erlasses angezweifelt". Um die gefährliche Lage zu klären, übermittelte die deutsche Regierung umgehend dem Departement die formelle Versicherung, daß „alle nach Deutschland von den Vereinigten Staaten direkt oder indirekt eingeführten und zur Klasse der relativen Konterbande gehörenden Güter, wie z.B. Nahrungsmittel, nicht von der deutschen Armee oder Marine, noch von Regierungsstellen verwendet werden, sondern dem freien Verbrauch der deutschen Zivilbevölkerung überlassen bleiben."

Solche Versicherungen machten auf Sir Edward Grey geringen Eindruck. Er teilte Botschafter Page sofort mit, die deutsche Regierung habe eine „ungeheure Organisation" zu Kriegszwecken geschaffen, und infolgedessen bestehe keine klare Trennung „zwischen denen, die die Regierung mit Nahrungsmitteln versorgen muß und den Selbstversorgern". Alle Nahrungsmittel, die angeblich für die Zivilbevölkerung eingeführt würden, könnten nachweislich leicht für militärische Zwecke beschlagnahmt werden.

In diesem Augenblick stand die amerikanische Regierung vor einer sehr wichtigen Entscheidung. Es war klar, daß ein englisches Einfuhrverbot auf alle Nahrungsmittel nach Deutschland unter der deutschen Zivilbevölkerung ein großes Elend verursachen mußte und wahrscheinlich weit mehr Todesfälle nach sich ziehen würde, als die strikteste Durchführung des deutschen U-Bootkrieges.

Vom ethischen Standpunkt aus konnte Deutschland nicht so streng verurteilt werden wie England. Ein wichtiger Unterschied lag jedoch darin, daß sehr wenige amerikanische Staatsangehörige ernstlich unter der englischen Blockade zu leiden hätten, während viele Amerikaner Leben und Eigentum infolge von U-Boot-Angriffen auf englische Schiffe verlieren konnten.

Als die deutsche Kriegsgebietserklärung am 5. Februar in den Besitz des Staatsdepartements gelangte, sprach Staatssekretär Bryan in Versammlungen im Westen. Lansing benachrichtigte Wilson sofort, die deutsche Regierung habe eine „sehr heikle Lage" geschaffen, die man mit „äußerster Vorsicht" behandeln müsse. Am folgenden Tage hatte er eine Unterredung mit dem Präsidenten und entwarf dann, plötzlich energisch werdend, eine Note an Deutschland, in der er eine scharfe Tonart anschlug. Die Vernichtung von Handelsschiffen ohne Betreten und Durchsuchen, sei eine „Leichtfertigkeit, die im Seekrieg nicht ihresgleichen habe", und die deutsche Regierung würde zu „strikter Verantwortung" gezogen werden für alle Schäden, die amerikanischen Bürgern zustoßen und für jeden Verlust amerikanischen Eigentums.

Als Lansing die erklärende Denkschrift der deutschen Regierung gelesen hatte, teilte er am 7. Februar dem Präsidenten mit, ob man „überhaupt Protest einlegen" solle, sei „eine offene Frage". Bald war er wieder unsicher und kam schließlich auf den glänzenden Gedanken, Noten an England und Deutschland zu schicken. In der deutschen Erklärung vom 4. Februar wurde darauf hingewiesen, daß englische Handelsschiffe neutrale Flaggen gebrauchten, um sich vor einem Angriff zu schützen. Am 5. Februar hatte der Kapitän der „Lusitania" bei der Annäherung an die irische Küste eine amerikanische Flagge gehißt. Das kam der deutschen Regierung bald zu Ohren; sie sah sofort die Verwicklungen, die daraus entstehen könnten.

Am 10. Februar sandte Bryan eine Note an die britische Regierung und protestierte gegen jeden „allgemeinen Gebrauch" der amerikanischen Flagge durch englische Handelsschiffe. Gegen einen „gelegentlichen Gebrauch" des Sternenbanners könne die amerikanische Regierung nichts einwenden, aber „jede ausdrückliche Anweisung" der britischen Admiralität oder des Außenministerium wurde energisch zurückgewiesen. Der Wortlaut der Note war nachdrücklich, aber die freundliche Einstellung des Präsidenten zu Großbritannien machte es geradezu unwahrscheinlich, daß Sir Edward Grey ernstliches Mißfallen durch seine Weigerung erregen würde, den Protest ernst zu nehmen. In einem Telegramm an Oberst House bedauert der Präsident freimütig „die Notwendigkeit, eine Note [vom 10. Februar] über den nicht erlaubten Gebrauch unserer Flagge senden zu müssen, aber es ließ sich nicht umgehen, denn früher oder später ist der Mißbrauch der Flagge Wasser auf die Mühle der Deutschen und unterstützt sie in ihrer ungeheuerlichen Drohung, den Handel zu vernichten."[16]

Gewöhnlich brauchte Sir Edward Grey nur einen flüchtigen Blick auf die außenpolitische Lage zu werfen, um sofort ein klares Bild der herrschenden Verhältnisse in Washington zu erhalten. Er war völlig auf dem laufenden über die Vorliebe des Präsidenten für England und nutzte diese Kenntnis stets zu seinem Vorteil aus. In seiner Antwort auf die amerikanische Note vom 10. Februar machte er geltend, es sei ein anerkannter Grundsatz des Völkerrechts, daß Kauffahrteischiffe einer kriegführenden Nation eine neutrale Flagge gebrauchen dürften, um der Wegnahme zu entgehen. Eine solche Übung sei schon lange von allen Nationen anerkannt worden.

Nach dieser allgemeinen Erörterung der Grundsätze des Völkerrechts übernahm es dann Sir Edward, wie schon oft, die amerikanische Regierung über amerikanische Politik zu belehren. Während des Sezessionskrieges hätten sich verschiedene, den Nordstaaten gehörende Schiffe dieser Kriegslist bedient, ohne daß die britische Regierung protestiert hätte. Es sei deshalb von den Vereinigten Staaten unfair, von Großbritannien zu verlangen, einen längst eingewurzelten Brauch aufzugeben. Überdies vertraue Sir Edward – fügt Botschafter Page hinzu – fest auf Gegenseitigkeit. Wer konnte ihm dieses Verlangen übelnehmen?

Aber wenn „Gegenseitigkeit" der Grundton der englisch-amerikanischen diplomatischen Korrespondenz war, so konnte Lansing offenbar auf deutscher Seite nichts in der Vergangenheit entdecken, was die gegenwärtige amerikanische Feindseligkeit abgeschwächt hätte. In der am 10. Februar an Deutschland gerichteten Note blieben die meisten scharfen Sätze aus dem Entwurf für den Staatssekretär stehen. Eine Vernichtung feindlicher Kauffahrteischiffe, ohne vorheriges Betreten und Untersuchen, wurde als „ohne Vorgang im Seekrieg" verurteilt. Nach einer so allgemeinen Behauptung mußte natürlich eine Drohung folgen: Falls deutsche U-Boote auf hoher See ein amerikanisches Schiff zerstören oder den Tod amerikanischer Staatsangehöriger verursachen würden, könne die Regierung der Vereinigten Staaten ein solches Vorgehen kaum anders betrachten, als eine „unentschuldbare Verletzung neutraler Rechte". Sollte überdies eine so bedauerliche Lage entstehen, dann wäre die deutsche Regierung für jeden Schaden, der amerikanischen Bürgern an ihrem Leben oder Eigentum zugefügt würde, „voll verantwortlich".

Ehe die deutsche Regierung eine formelle Antwort auf die amerikanische Note vom 10. Februar gab, ließ sie durch ihren Botschafter in Washington die Erklärung einer Kriegszone als Vergeltungsmaßnahme gegen den „mörderischen Charakter" der englischen Methode des Seekrieges darstellen, die versuche, „das deutsche Volk dem Hungertode" preiszugeben.

Diese Mitteilung Graf Bernstorffs machte auf Staatssekretär Bryan einen tiefen Eindruck. Er schrieb sofort an Präsident Wilson und erhob lebhaft Protest gegen die englische Blockade. Die Lage werde „immer beunruhigender", und er fürchte drohende Verwicklungen. Nach Rücksprache mit dem deutschen und österreichischen Botschafter möchte er annehmen, es bestehe noch eine Möglichkeit, eine Zurückziehung der deutschen Kriegsgebietserklärung zu erreichen, wenn die britische Regierung die Zufuhr von Nahrungsmitteln nach Deutschland gestatten würde. Er selbst sei der Meinung, die englische Blockade stelle eine Maßregel dar, die „nicht gerechtfertigt werden könne. Die deutsche Regierung ist bereit, die Versicherung abzugeben, daß die eingeführten Nahrungsmittel nicht von der Regierung beansprucht werden und geht sogar darauf ein, daß amerikanische Organisationen diese Nahrungsmittel verteilen. Mir scheint, dies nimmt den britischen Vorwand vorweg, die Einfuhr von Nahrungsmitteln zu verhindern."

Am folgenden Tag teilte Bryan den Inhalt des deutschen Vorschlags über die Verteilung amerikanischer Nahrungsmittel in Deutschland dem amerikanischen Botschafter in London mit. Der Staatssekretär nehme an, die deutsche Regierung würde in gutem Glauben handeln; die Politik Englands, die darauf abziele, Nahrungsmittel der „zivilen Bevölkerung eines ganzen Volkes vorzuenthalten", würde, seiner Meinung nach, einen „sehr ungünstigen Eindruck in der ganzen Welt" hervorrufen.

Die ernsten Folgen einer englischen Blockade für die deutsche Zivilbevölkerung stand den deutschen führenden Männern ständig vor Augen. In einer Note des deutschen Ministers des Auswärtigen an Botschafter Gerard vom 17. Februar, wurde auf den Versuch der britischen Regierung hingewiesen, Deutschland vor die Wahl zu stellen, „elendiglich umzukommen" oder sich „Englands politischem und kommerziellem Willen zu unterwerfen".

Das Staatsdepartement erhielt diese Mitteilung am Morgen des 19. Februar. Für Bryan war sie ein Ansporn, sich von neuem um die Zulassung von Nahrungsmitteln nach Deutschland zu bemühen. Sofort sandte er ein kurzes Schreiben an den

Präsidenten und schlug ihm vor, amerikanische Vertretungen sollten in Deutschland Nahrungsmittel verteilen, die nicht nur von den Vereinigten Staaten, sondern auch von anderen neutralen Staaten stammten, die diese amerikanische Einrichtung zu benutzen wünschten. Sein Grund für einen solchen Vorschlag war die Ansicht, „es könnte selbstsüchtig aussehen, wenn wir uns allein auf die Nahrungsmittel aus den Vereinigten Staaten beschränken würden". Die Zeit war seiner Überzeugung nach „reif" für einen derartigen Vorschlag der amerikanischen Regierung, und er dachte, er würde „von allen neutralen Ländern mit größter Begeisterung aufgenommen werden".[17]

Am 20. Februar 1915 richtete Sekretär Bryan gleichlautende Noten an Deutschland und Großbritannien mit dem Vorschlag, keine Nation solle „U-Boote benutzen zum Angriff auf Handelsschiffe irgendwelcher Nationalität, ausgenommen, um das Recht des Betretens und Durchsuchens zu erzwingen". Wenn Deutschland einer solchen Beschränkung des U-Bootkrieges zustimme, solle sich Großbritannien mit der Verschiffung von Nahrungsmitteln nach Deutschland einverstanden erklären, die der Zivilbevölkerung durch amerikanische Vertretungen verteilt würden.

Kurz bevor diese gleichlautenden Noten nach Deutschland und Großbritannien abgingen, erhielt das Staatsdepartement von Botschafter Page ein Telegramm, worin ihm mitgeteilt wurde, es bestehe keinerlei „Hoffnung für ein Übereinkommen zwischen Deutschland und England, wonach England die Erlaubnis zur Einfuhr von Nahrungsmitteln unter irgend einer Bedingung geben würde". Page war mit der Auffassung der britischen Regierung nur zu sehr auf dem laufenden.

Während einer Unterredung mit Oberst House am 27. Februar sprach sich Sir Edward Grey über den von Sekretär Bryan vorgebrachten Vermittlungsvorschlag günstig aus. Eine solche Formel würde, meinte er, der englischen Regierung gestatten, „den Krieg auf unbestimmte Zeitdauer fortzuführen". Oberst House fand bald heraus, daß Botschafter Page englischer dachte als Sir Edward Grey und weniger für eine Verständigung mit Deutschland war. Als der Oberst den Botschafter vom lebhaften Wunsch des Präsidenten unterrichtete, dieser Vermittlungsvorschlag solle dem britischen Außenminister „nachdrücklichst" vorgebracht werden, erwiderte der Botschafter hochmütig, er erachte diesen Vergleich nicht für „klug". Er sehe auch nicht, worin der „Vorteil für die britische Regierung liege". Schließlich erklärte er sich bereit, mit Sir Edward eine Unterredung anzuberaumen, um darüber zu sprechen, aber er gestand offen, er habe „dafür keine große Lust".

Bereits am 29. Oktober 1914 hegte der Präsident die Befürchtung, Botschafter Page „habe keinen Zusammenhang mehr mit amerikanischem Fühlen", und es könne eine gewisse „Gefahr in der übertriebenen Vorliebe liegen, die er für England besitzt". Trotzdem dachte er zu jener Zeit nicht daran, Page würde seine Anweisungen nicht „völlig loyal" ausführen. Möglicherweise tat das auch Page im Frühherbst 1914, aber im März 1915 war er höchstwahrscheinlich dem Präsidenten nur mehr den Worten nach treu ergeben. Es wird wohl der einzige Fall in der langen Geschichte der englisch-amerikanischen Beziehungen sein, daß ein englischer Außenminister die Vorschläge eines amerikanischen Präsidenten freundlicher aufnahm als der bei Großbritannien akkreditierte amerikanische Botschafter.

Am 1. März erwiderte die deutsche Regierung die amerikanische Note vom 20. Februar und versprach, ihre U-Boote nicht zum Angriff auf Handelsschiffe unter jeder Flagge zu gebrauchen, ausgenommen „um das Recht des Betretens und Durchsuchens zu erzwingen". Für dieses Zugeständnis bestand sie aber auf dem

Recht, nicht nur Nahrungsmittel einzuführen (die von amerikanischen Vertretungen verteilt werden sollten), sondern auch auf dem Recht der Einfuhr von Rohmaterialien.

Zwei Wochen später (am 15. März) händigte Sir Edward Grey dem amerikanischen Botschafter Page eine lange Note aus, die eine ins einzelne gehende Aufstellung von angeblichen deutschen Missetaten enthielt und als Rechtfertigung für die britische Politik der Zurückbehaltung von amerikanischen Nahrungsmittelladungen diente. Die britische Regierung hatte keine Absicht, die „Hungerblockade" gegen Deutschland aufzuheben, und so endigte der Versuch Bryans, Grundsätze der Menschlichkeit in der Kriegführung geltend zu machen, mit einem kläglichen Mißerfolg.[18]

In der Zwischenzeit hatte die deutsche Regierung einen folgenschweren Standpunkt in der Führung des U-Bootkrieges eingenommen. Die Erklärung vom 4. Februar, die die Errichtung einer Kriegszone in den Großbritannien und Irland umgebenden Gewässern ankündigte, besagte unmißverständlich, alle *feindlichen* Kauffahrteischiffe, die nach dem 18. d.M. in diesen Gewässern angetroffen würden, würden vernichtet werden. Kein Versuch wurde unternommen, um die Tatsache zu verschleiern, daß der Feldzug gegen die feindliche Schiffahrt das Leben der Mannschaften und Passagiere dieser Schiffe ernstlich bedrohte. Da neutrale Flaggen als Kriegslist verwendet wurden, bestand überdies sehr wohl die Möglichkeit, daß neutrale Schiffe, die sich in die Kriegszone wagten, versehentlich versenkt werden konnten. Die deutsche Regierung rechnete damit, die Angst vor einer solchen Möglichkeit würde die neutralen Schiffe abhalten, englische Häfen anzulaufen; sie würde auch als Warnung für Bürger neutraler Staaten dienen, von einer Fahrt auf Schiffen Abstand zu nehmen, die kriegführenden Ländern gehörten.

Der deutsche Admiralstab hatte lange geglaubt, der U-Bootkrieg könne nur erfolgreich sein, wenn er ohne viel Rücksicht auf Verwicklungen mit neutralen Mächten durchgeführt wird. Ein solcher Gesichtspunkt stand in scharfem Widerspruch zu dem des Auswärtigen Amtes. Am 11. Februar stattete deshalb Sekretär v. Jagow dem Vizeadmiral Bachmann einen Besuch ab, um triftige Gründe gegen eine Torpedierung neutraler Schiffe oder die Vernichtung amerikanischer Menschenleben vorzubringen.[19]

Während v. Jagow in der Heimat für die Aufrechterhaltung freundschaftlicher Beziehungen zwischen den Vereinigten Staaten und Deutschland kämpfte, spielte Botschafter Bernstorff dieselbe Rolle in Washington. Er war besonders wegen der Möglichkeit in Sorge, es könnten ernstliche Schwierigkeiten aus dem Gebrauch der amerikanischen Flagge als Kriegslist durch die Engländer entstehen. Am 11. Februar sandte er an das Auswärtige Amt ein Telegramm, in dem er der Befürchtung Ausdruck gab, es könnten folgenreiche Verwicklungen mit Amerika bevorstehen: „Unrechtmäßiger Gebrauch der neutralen Flagge durch die Engländer wird in unterrichteten Kreisen hier als überlegte Maßnahme angesehen, um Deutschland dadurch in Schwierigkeiten hineinzuziehen, daß ein Schiff mit amerikanischer Flagge beschossen und die Mannschaft vernichtet wird. Empfehle dringend, da geplante Ankündigung erfolgreich bei der Warnung neutraler Schiffe gewesen ist, Dampfer mit amerikanischer Flagge sehr sorgfältig nach mitgeführter Konterbande oder wegen unrechtmäßigem Gebrauch der Flagge zu untersuchen. Empfehle auch rücksichtsvolle Behandlung der Mannschaft so weit wie möglich. Fehler können ernste Folgen haben."[20]

Vizeadmiral Bachmann, der neue Chef des deutschen Admiralstabes, war der Ansicht, das Auswärtige Amt solle sofort an die neutralen Mächte eine Note senden, worin auf die Gefahr hingewiesen wird, die der neutralen Schiffahrt und den neutralen Passagieren in der von der deutschen Regierung verkündeten Kriegszone drohten. Da die britische Schiffahrt neutrale Flaggen gebrauche, sei es schwierig, die wahre Nationalität der Kauffahrteischiffe festzustellen. Auch die alte Praxis des Betretens und Durchsuchens werde nicht durchführbar und gefährlich sein, infolge des Beschlusses der britischen Regierung, alle Kauffahrteischiffe zu bewaffnen.[21]

Diese Vorschläge Vizeadmiral Bachmanns nahm das Auswärtige Amt an. Am 15. Februar übergab Botschafter Bernstorff an Staatssekretär Bryan eine Note, worin er auf die ernsten Gefahren hinwies, die der neutralen Schiffahrt in der Kriegszone drohen. Zur selben Zeit bereitete das Auswärtige Amt eine Antwort auf die amerikanische Note vom 10. Februar vor, die die deutsche Regierung gewarnt hatte, sie würde für alle Schäden, die amerikanischen Staatsangehörigen zugefügt würden, „voll verantwortlich" gemacht. Am 14. Februar war eine Besprechung beim Kanzler wegen des Textes der Antwortnote. Es zeigte sich sofort, daß sich die Marinebehörden gegen jede Lockerung des U-Bootkrieges wenden würden. Aber der Kanzler und v. Jagow glaubten, man müsse der amerikanischen Regierung unbedingt entgegenkommen. Als die Konferenz schließlich zu Ende war, ohne daß man eine Einigung absehen konnte, blieb nichts übrig, als den Kaiser die Frage der genauen Fassung entscheiden zu lassen.

In der Absicht, des Kaisers Standpunkt zu beeinflussen, sandte Vizeadmiral Bachmann in das kaiserliche Hauptquartier in Lötzen ein Schreiben, das hervorhob, es sei nicht angängig, der amerikanischen Regierung besondere Zugeständnisse zu machen. Er glaube, es wäre vorteilhaft, die Gefahren besonders hervorzuheben, die die neutrale Schiffahrt in der Kriegszone erwarteten, und wandte sich energisch gegen jede Übernahme einer Gewähr für amerikanische Schiffe.[22] Er war wie andere Marineoffiziere der Ansicht, England könne innerhalb der kurzen Spanne von sechs Wochen gezwungen werden, seine Blockade Deutschlands aufzugeben, wenn sofort mit dem uneingeschränkten U-Bootkrieg begonnen würde.

Diese Note bezeichnete der Kaiser als „reichlich verklausuliert", aber er gab dem starken Druck aus Marinekreisen nach und nahm einen vom Auswärtigen Amt aufgesetzten vermittelnden Vorschlag an, in dem den Schiffen neutraler Nationen keine Sicherheitsgarantie gegeben wurde.

Sekretär v. Jagow überreichte Botschafter Gerard am 16. Februar eine Note, in der klar darauf hingewiesen wird, „der deutschen Regierung ... liege jede absichtliche Vernichtung neutraler Menschenleben und neutralen Eigentums fern". Die Erklärung der Kriegszone hätte „lediglich die Vernichtung der feindlichen, innerhalb des Seekriegsgebiets angetroffenen Handelsschiffe angekündigt, nicht aber die Vernichtung aller Handelsschiffe, wie die amerikanische Regierung irrtümlich verstanden zu haben scheint."

Schließlich versicherte die Note der amerikanischen Regierung, die Befehlshaber der deutschen U-Boote seien angewiesen worden, „jede Gewalttätigkeiten gegen amerikanische Handelsschiffe zu unterlassen, soweit sie als solche erkennbar seien."[23]

In der Zwischenzeit waren am 14. und 15. Februar nach den Wünschen des Auswärtigen Amtes und des Kaisers selbst telegraphische Weisungen an den Flottenchef über die Durchführung der U-Bootoperationen abgegangen. Aus zwingenden „politischen Gründen" sollten die U-Bootkommandanten „vorläufig" keine Schiffe „mit neutraler Flagge" angreifen, „sofern sie nicht sicher als feindlich erkannt" werden. Auch sollte mit der Durchführung des U-Bootkrieges nicht am 18. Februar begonnen werden, wie in der Erklärung vom 4. Februar vorgesehen war, sondern der Befehl des Kaisers selbst sollte abgewartet werden.[24]

Am 18. Februar erließ der Chef des deutschen Admiralstabs an das Kommando der Hochseestreitkräfte die Verfügung, „bereit" zu sein, die U-Bootoperationen mit „allem Nachdruck" zu führen. Nach dieser schreckenerregenden Einleitung fügte er hinzu, feindliche Schiffe müßten vernichtet, aber die Schiffe der neutralen Nationen „sollten geschont werden". Noch einmal wurde deutlich darauf hingewiesen, daß selbst dieser abgeschwächte Plan erst Wirksamkeit erlangen sollte, wenn ein besonderer Befehl des Kaisers vorliege.[25]

Infolge der Unentschlossenheit im kaiserlichen Hauptquartier wurden die geplanten U-Bootoperationen nicht ausgeführt, und der deutschen Marinekreise bemächtigte sich eine Verwirrung. Solche Verhältnisse konnten natürlich nicht lange andauern, ohne ernstlich die Moral der Marine in Mitleidenschaft zu ziehen. Aber der politische Faktor wurde beständig in den Vordergrund geschoben, und Botschafter Bernstorff sandte außerdem weiterhin beunruhigende Telegramme an v. Jagow. Am 17. Februar berichtete er dem Auswärtigen Amt, er wisse bis jetzt noch nicht, ob amerikanische Handelsschiffe die Kriegszone meiden würden. Lansing habe die Lage mit ihm durchgesprochen und zufällig bemerkt, er habe die Note über den U-Bootkrieg „unter dem Eindruck verfaßt, daß die Zerstörung eines amerikanischen Schiffes die hiesige öffentliche Meinung außerordentlich erregen würde und unübersehbare Konsequenzen haben könnte."[26]

Am 19. Februar telegraphierte Graf Bernstorff erneut an v. Jagow und warnte ihn vor drohenden Gefahren. Es wäre seiner Meinung nach höchst ratsam, die ganze Lage mit Oberst House zu besprechen, der einen baldigen Besuch Deutschlands plane.[27]

Am 22. Februar kam schließlich der Befehl des Kaisers, der den Beginn des U-Bootkrieges bedeuten sollte. Es war ein Schritt, der die ernstesten Folgen für Deutschland in sich barg. Schwerwiegende Verwicklungen mit den Vereinigten Staaten waren unvermeidbar, trotz der Zugeständnisse an die neutrale Schiffahrt. Der Wunsch des Auswärtigen Amtes, Schwierigkeiten mit der amerikanischen Regierung zu vermeiden, hatte den Plänen des deutschen Admiralstabes für einen uneingeschränkten U-Bootkrieg, der die ganze neutrale Schiffahrt davon abhalten sollte, die Kriegszone zu befahren, übel mitgespielt. Die Amerika gemachten Versprechungen vereitelten jede erfolgversprechende Möglichkeit, die Gefahren der Kriegszone könnten die neutrale Schiffahrt abschrecken oder die englische Regierung sofort derart in Unruhe versetzen, daß sie keine britischen Schiffe auslaufen ließe, um die Entwicklung abzuwarten. Die Befürchtungen des Auswärtigen Amtes und die humanitären Neigungen des Kaisers zerstörten Pohls Pläne.[28] Die Kriegführung muß oft, um erfolgreich zu sein, Grundsätzen folgen, die der amerikanische General William T. Sherman niedergelegt hat.

Zu Beginn des U-Bootkrieges hatte Deutschland nicht mehr als 21 seefähige U-Boote. Bald zeigte sich jedoch, daß selbst mit dieser kleinen Zahl von Unterseefahrzeugen der Schiffahrt der Entente-Mächte sehr schwerer Schaden zugefügt werden konnte.[29] Als die Nachricht von der aufeinanderfolgenden Versenkung britischer Handelsschiffe nach Amerika kam, konnten sich Staatssekretär Bryan und Präsident Wilson eines peinigenden Angstgefühls nicht erwehren. Es erschien unvermeidbar, daß früher oder später amerikanische Menschenleben bei der Vernichtung dieser Schiffe verloren gehen würden, und diese Gewißheit wurde größer, als die näheren Bedingungen des U-Bootkrieges vollends bekannt wurden.

Der wirkungsvolle Einsatz der U-Bootflotte in Seekriegsoperationen gegen die Handelsschiffahrt eines kriegführenden Landes war ein Faktor, der im Völkerrecht keine entsprechende Beachtung gefunden hatte. Das Völkerrecht hatte schon lange das Recht eines Handelsschiffes anerkannt, *Verteidigungs*waffen zu führen, zum Schutz gegen Angriffe von Kreuzern und Hilfskreuzern. Zahl und Kaliber der Kanonen auf Handelsschiffen waren beschränkt, um es diesen Schiffen unmöglich zu machen, Angriffshandlungen durchzuführen. Gegen schwer bewaffnete Kreuzer konnte allerdings die leichte Bewaffnung nur zur *Verteidigung* gebraucht werden, aber gegen U-Boote würde sie genügen, um jedes Unterwasserfahrzeug mit einer einzigen Salve zu vernichten. Würde, wenn ein U-Boot ein Handelsschiff anhielte und der üblichen Formel „Betreten und Durchsuchen" genügte, dieses Verfahren das U-Boot nicht in schwere Gefahr bringen? Waren die Völker nicht gezwungen, auf die Bewaffnung von Handelsschiffen zu verzichten, wenn sie sich gegen Versenkung ohne Warnung sichern wollten? Eine wichtige neue Lage war entstanden, mit der sich zu befassen das Völkerrecht nicht die Zeit gehabt hatte.

Die Frage der Bewaffnung von Handelsschiffen war in der ersten Woche des Weltkrieges aufgetaucht. Der britische Geschäftsträger Colville Barclay benachrichtigte am 9. August Staatssekretär Bryan, eine „Anzahl britischer Handelsschiffe" seien bewaffnet, aber dies sei eine „Vorsichtsmaßregel", die nur zu Verteidigungszwecken ergriffen wurde. Nach seiner Ansicht bestehe kein Zweifel, daß Handelsschiffe ein Recht hätten, eine Verteidigungsbewaffnung zu führen und deswegen allein nicht in die Klasse der Kriegsschiffe eingereiht werden dürften. Die Pflicht einer neutralen Nation, „Kriegführenden gehörige Schiffe zu internieren oder zu sofortiger Abreise aufzufordern, ist auf wirkliche und schwer bewaffnete Kriegsschiffe beschränkt; nach der Meinung der Regierung Seiner Majestät kann deshalb kein Recht auf seiten neutraler Regierungen bestehen, britische bewaffnete Handelsschiffe zu internieren ... noch von ihnen zu verlangen, ihre Kanonen an Land zu bringen, ehe sie in See stechen."

Es war schon lange bekannt gewesen, daß englische Handelsschiffe zum Zweck der Verteidigung bewaffnet waren. Bereits am 26. März 1913 hatte Winston Churchill, der Erste Lord der britischen Admiralität, im Unterhaus angekündigt, es sei „ein wesentlicher Fortschritt" in der Bewaffnung einer „Anzahl erstklassiger englischer großer Dampfer" erzielt worden, um im Kriegsfall die Angriffe „bewaffneter Handelskreuzer" zurückzuweisen. Wie die amerikanische Regierung über diese bewaffneten Handelsschiffe dachte, zeigte sich bald.

Am 13. August lief die „Francisco", die eine der Verteidigung dienende Bewaffnung führte, im New Yorker Hafen ein. Lansing erbat hierauf die Ansicht des Neutralitätsrates darüber, wie ein solcher Fall zu behandeln sei. Die Kommission erwiderte sofort, die „Francisco" habe das Recht, in New York einzulaufen, aber man solle die Ladepapiere zurückbehalten, bis die „entsprechende amtliche Stelle der Regierung des einer kriegführenden Macht gehörigen Handelsschiffes, die bei den Vereinigten Staaten beglaubigt ist, der amerikanischen Regierung eine schriftliche Versicherung abgibt, daß die Bewaffnung ausschließlich zu Verteidigungszwecken verwendet wird". Lansing erkundigte sich dann, „aus welchem Grund" die amerikanische Regierung diese Versicherung verlangen solle. Der Neutralitätsrat blieb bei seiner Auffassung und erklärte am 17. August, eine Versicherung über den „Verteidigungszweck der Bewaffnung bei Handelsschiffen sei notwendig", ehe die Zollabfertigung vonstatten gehen könne. Diese Versicherung könne durch diplomatische oder konsularische Beamte abgegeben werden. Am 18. August richtete Lansing an den Neutralitätsrat ein Schreiben, in dem er die Gültigkeit „konsularischer Versicherungen" anzweifelte und zum Schluß behauptete, er könne keinen Grund sehen, warum bewaffnete Handelsschiffe nicht ohne sie abgefertigt werden könnten.

Ein paar Tage später (22. August) sprach der britische Geschäftsträger im Staatsdepartement vor und überbrachte eine Denkschrift mit der Angabe, die „Francisco" sei mit zwei 4,7-zölligen Kanonen bewaffnet, die „ganz achtern aufgestellt seien, nur direkt rückwärts und über Steuerbord und das Backbordlogis feuern könnten". „Munition" befinde sich nicht „an Bord". Eine ähnliche Denkschrift wurde auch über die „Idaho", die sich damals im Bostoner Hafen aufhielt, übergeben.

Lansing gab die Denkschrift an den Neutralitätsrat weiter mit der Bemerkung, er sehe „keinen Grund, warum diese Schiffe nicht ohne Versicherung britischer Konsulatsbeamter über den Zweck der Bewaffnung an Bord" abgefertigt werden könnten. Am 24. August sandte die Kommission an Lansing eine formelle Erwiderung, in der sie von ihrem früheren Standpunkt abrückte und nun eine ähnliche Ansicht vertrat, wie der Justitiar der Regierung: „Der Ausschuß ist der Auffassung, daß die Denkschriften des britischen Geschäftsträgers zusammen mit seiner Erklärung über die Haltung seiner Regierung betreffend die Umwandlung von Handelsschiffen in Kriegsschiffe auf hoher See, die in seiner Mitteilung Nr. 259 vom 9. August 1914 enthalten ist, die von der Kommission geforderte schriftliche Versicherung darstellt; sie stimmt mit dem Justitiar darin überein, daß kein Grund vorliegt, warum diese Schiffe nicht ohne Versicherung eines britischen Konsulatsbeamten zollfertig gemacht werden können."

Der englische Botschafter erkannte wohl, daß die Frage der bewaffneten Handelsschiffe von größter Wichtigkeit für sein Land war. Um jeden Zweifel in der amerikanischen Meinung zu beheben, schrieb er am 25. August an Sekretär Bryan, die Bewaffnung dieser britischen Schiffe sei „nur eine Vorsichtsmaßregel", die ausschließlich zum „Zweck der Verteidigung gegen einen Angriff von einem feindlichen Fahrzeug" ergriffen worden sei. Er vermutete zweifelsohne die Ankunft mehrerer bewaffneter britischer Handelsschiffe und hoffte, durch eine frühzeitige Erklärung einen günstigen Eindruck zu erwecken. Er hatte die Sache sehr gut eingefädelt, denn schon am 29. August sandte Dudley Field Malone, der Leiter des Zollamts im New Yorker Hafen, folgendes Telegramm an den Sekretär des Schatzamtes: „White Star Dampfer ‚Adriatic' ankam heute mit 6-Zoll-Kanonen, zwei an Bug und zwei an Heck, Bewaffnung nach Verordnungen der britischen Admiralität vom 20. August. Behauptet, nur zum Schutz. Munition 200 Explosivgranaten und 200 Kartuschen. Will am 3. September abfahren. Telegraphische Anweisungen. Gesellschaft behauptet Status als Handelsschiff nicht geändert."

Der deutsche Geschäftsträger hielt ein wachsames Auge auf die Entwicklung der Dinge und schickte am 30. August zur Information eine Note an Lansing, in der er auf „die beiliegenden, die „Adriatic" betreffenden Ausschnitte aus dem „Globe" hinwies, die anscheinend in einen Hilfskreuzer umgewandelt worden sei".

Lansing übergab die ganze Angelegenheit sofort dem Neutralitätsrat, der am 31. August in seiner Antwort empfahl, die „Adriatic“ als „Handelsschiff anzusehen“.

Der Neutralitätsrat ließ es jedoch nicht bei einem so summarischen Urteil über den Status der „Adriatic“ bewenden und gab am 2. September eine umfassendere Äußerung über bewaffnete Handelsschiffe heraus. Bei der Bewaffnung sei nach Ansicht der Kommission die Zahl der zur Verteidigung auf Handelsschiffen angebrachten Kanonen „unwesentlich“ innerhalb „vernünftiger Grenzen“. Die Stärke dieser Bewaffnung würde natürlich „vom Wert des Schiffes, der Größe des Schiffes, der Größe der Mannschaft und dem für die Kanonen verfügbaren Raum abhängen; wo schwer zwei Kanonen auf Schiffen der einen Klasse montiert werden könnten, könnten leicht ein Dutzend auf Schiffen einer anderen befestigt werden.“

Mit besonderem Hinweis auf die „Adriatic“ hielt die Kommission die Zusicherung der britischen Regierung als „genügenden Erweis für einen Neutralen, daß die Kanonen nicht zum Angriff bis zur Rückkehr des Schiffes in einen Hafen seines eigenen Landes verwendet würden“.

In der Zwischenzeit hatte Graf Bernstorff am 1. September dem Staatsdepartement die Ankunft des englischen Dampfers „Merion“ mit einer Bestückung von sechs Kanonen mitgeteilt. Die Größe und die Anbringung dieser Bewaffnung stellten sofort den *Verteidigungs*charakter in Frage; Sekretär Bryan erhielt auch von Spring Rice die Zusicherung, die Kanonen auf der „Merion“ würden abmontiert werden. Drei Tage später erkundigte sich der britische Botschafter, ob die amerikanische Regierung etwas dagegen einzuwenden habe, wenn die abmontierten Geschütze als Ladung eines anderen Schiffes nach England verfrachtet würden. Die folgende Antwort Sekretär Bryans ist ein Beispiel dafür, wie wenig sich die englische Regierung um amerikanische Wünsche kümmerte und sich nicht scheute, ihr dem Staatssekretär gegebenes Wort zu brechen: „In Beantwortung Ihres Schreibens vom 4. d.M. scheint eine Erledigung Ihrer Anfrage wegen der Verschiffung der Kanonen der „Merion“ nach England als Ladung eines anderen Schiffes nicht notwendig, weil das Departement die Nachricht erhalten hat, die „Merion“ sei trotz der Versicherungen Ihrer Regierung mit den Kanonen und der Munition abgefahren.“

Am Rande dieses Telegramms Sekretär Bryans an Spring Rice vom 9. September 1914 steht folgende Bemerkung von der Hand Lansings: „Mit Rücksicht auf Einwände des britischen Botschafters, der letzte Satz beziehe sich auf die britische Regierung, wurde dieses Telegramm zurückgezogen.“

Bryan war sich jetzt klar, daß die amerikanische Regierung ihre Haltung gegen bewaffnete Handelsschiffe klar umreißen müsse; es wurde deshalb am 19. September 1914 ein amtliches Rundschreiben an die diplomatischen Vertreter der kriegführenden Staaten ausgegeben. Die amerikanische Regierung räumte ein, ein Handelsschiff eines kriegführenden Staates dürfe eine Bewaffnung allein zum Zweck der Verteidigung führen, ohne dadurch den Charakter eines Kriegsschiffes zu erhalten. Ferner wurde erklärt, obgleich eine Bewaffnung an Bord eines Handelsschiffes den Angriffszweck dieser Kanonen vermuten lasse, so könne die Vermutung doch durch den verläßlichen Nachweis des Gegenteils widerlegt werden. Das Rundschreiben legte dann zehn Punkte fest, die bei der Überprüfung dieses Nachweises angewendet werden könnten.

Mehr als wahrscheinlich trägt Lansing in hohem Maße die Verantwortung für die Herausgabe des Rundschreibens, das die abgestandenen Bestimmungen des Völkerrechts für geeignet ansah, die vielen neuen Möglichkeiten in der Führung eines modernen Krieges zu erfassen. Das Rundschreiben enthielt keinen Hinweis auf die Bereitwilligkeit der amerikanischen Regierung, Tatsachen anzuerkennen und sich mit Rücksicht auf die Drohung des U-Bootkrieges zu weigern, in bewaffneten Handelsschiffen etwas anderes zu sehen als Kriegsschiffe. Am 15. September 1914 legte Lansing das Rundschreiben dem Präsidenten vor, der es zwei Tage später mit folgenden Worten billigte: „Ich bin völlig mit den beiliegenden Vorschlägen und Regeln einverstanden und wäre sehr verbunden, wenn Sie sie mit meiner Billigung und auf mein Verlangen dem Schatzamt und dem Handelsdepartement zugehen ließen."

Die Unfähigkeit Lansings, sich eher nach der Zukunft als nach der Vergangenheit zu richten, ließ für die weitere amerikanische Neutralität Schlimmes ahnen. Sein Einfluß auf den Neutralitätsrat war auch nicht dazu angetan, England „zu voller Verantwortung" zu ziehen. In der Erklärung der Kriegszone (4. Februar 1915) hatte sich die deutsche Regierung gegen die Verwendung der amerikanischen Flagge durch die Engländer als Schutz für die britische Schiffahrt gewandt. Diese Frage wurde sofort dem Neutralitätsrat vorgelegt und seine Ansicht eingeholt. Am 10. Februar erfolgte die Antwort, „das Setzen von echten oder falschen Flaggen sei kein Schutz für ein Schiff, das aufgrund des Völkerrechts angehalten und durchsucht werden müsse". Ehe ein Handelsschiff vom Feind beschlagnahmt und vernichtet werden könne, müsse es angehalten werden, „um die Nationalität des Schiffes auf andere Weise zu prüfen, als durch das Hissen einer besonderen Flagge".

Die Gefahren, die durch das Anhalten eines bewaffneten Handelsschiffes entstehen mußten, leuchteten der Kommission ein, aber zu Zeiten waren die Mitglieder zu ängstlich, um ein ihrer Überzeugung entsprechendes Urteil zu fällen. Am 3. März 1915 gingen sie einen Schritt weiter und empfahlen, bewaffnete Handelsschiffe in amerikanischen Häfen zuzulassen, entsprechend den vorgesehenen Maßnahmen im Rundschreiben des Staatsdepartements vom 19. September 1914. Hätten sie in diesem Augenblick ihre Überzeugung ebenso mutig vertreten wie später, so hätte England jede Bewaffnung von Handelsschiffen entfernen müssen, und deutsche U-Boote hätten diese Schiffe nicht ohne Warnung versenkt. Nun erreichte die Krisis in der Geschichte der amerikanischen Neutralität ihren Höhepunkt.

Vom 22. Februar ab waren deutsche U-Boote eifrig in der Kriegszone damit beschäftigt gewesen, englische Schiffe zu vernichten. Es war nur eine Frage der Zeit, bis ein englisches Schiff mit Amerikanern an Bord versenkt und eine Krisis in den deutsch-amerikanischen Beziehungen entstehen würde. Am 28. März sah das in der Irischen See kreuzende U 28 ein großes Schiff ohne Flagge oder andere Erkennungszeichen näher kommen. U 28 signalisierte „Stoppen Sie sofort", aber das Schiff gehorchte dem Signal nicht und bemühte sich, zu entkommen. Die Flucht erwies sich bald als nutzlos, und als der Dampfer anhielt, entdeckte der Kommandant von U 28, daß es sich um den englischen Dampfer „Falaba" mit Passagieren handelte. Als Mannschaften und Passagiere innerhalb zehn Minuten das Schiff räumen sollten, entstand auf der „Falaba" eine große Verwirrung. Die Frist verstrich; das U-Boot wartete weitere zehn Minuten, aber auch das genügte nicht, um alle Passagiere auszuschiffen; so wurde eine weitere Spanne von drei Minuten gewährt. Nach dieser zweimaligen Verlängerung feuerte der Kommandant des U-Bootes einen Torpedo ab, der die „Falaba" im Achterschiff traf. Das Schiff sank innerhalb zehn Minuten, 104 Passagiere und Mannschaften fanden den Tod.

Der Kommandant von U 28 berichtete in seinem Kriegstagebuch, es habe sich ein Trawler in der Nähe der „Falaba" befunden, auch andere kleine englische Schiffe seien nicht weit gewesen. Eines dieser Fischerboote sei eine Stunde lang U 28 gefolgt und habe auf eine Gelegenheit zum Angriff gewartet. Wegen der Gefährlichkeit eines solchen Angriffs glaubte der Kommandant von U 28, er könne nicht länger als 23 Minuten warten; er glaubte auch nicht, die „Falaba" würde so schnell sinken, wie das dann tatsächlich der Fall war. Es mag sein, daß die Ladung von 13 Tonnen Munition an Bord durch den Torpedotreffer explodierte und das Sinken beschleunigte.[30]

Die Zerstörung der „Falaba" erregte beim amerikanischen Publikum unliebsames Aufsehen, und als bekannt wurde, ein amerikanischer Bürger, Leon C. Thrasher, sei bei dem Angriff ums Leben gekommen, schwoll die Entrüstung mächtig an. Lansing stellte umgehend eine Denkschrift über die Rechtsfragen zusammen, die sich in diesem Fall ergaben. Wie wichtig es war, hier zu einem vernünftigen Schluß zu kommen, war ihm ganz klar, da die jetzt zu treffende Entscheidung als Präzedenzfall für eintretende andere, ähnliche Fälle dienen würde. Seinem Empfinden nach verlangte das Völkerrecht, man müsse Passagieren und Mannschaften genügend Zeit zum Ausschiffen lassen, ehe ein Torpedo abgefeuert werden dürfe. Ein amerikanischer Bürger, der auf einem Handelsschiff einer kriegführenden Macht einen Platz belegt, „muß sich darauf verlassen können, daß sich ein feindliches Kriegsschiff an die festgelegten Vorschriften über Anhalten und Durchsuchen und Schutz von Nichtkämpfern hält". Infolgedessen solle die amerikanische Regierung „Klage und Entschädigungsforderung" einbringen. Selbstredend würde eine solche Klageerhebung das Staatsdepartement zwingen „die Versenkung eines Handelsschiffes in der angegebenen Weise als handgreifliche Verletzung des Völkerrechts öffentlich zu erklären. Das würde in Tat und Wahrheit auf eine Anklage gegen den deutschen ‚Kriegszonenplan' oder mindestens der Art seiner Ausführung hinauslaufen."

Sekretär Bryan sah sofort ein, daß jede Note an Deutschland, die die Art der Versenkung von Handelsschiffen als eine „handgreifliche Verletzung des Völkerrechts" darstellte, wahrscheinlich nur dazu dienen würde, die Spannung zwischen den beiden Ländern zu vermehren. Sein größter Wunsch war, an Schwierigkeiten eher im Geist der Versöhnung heranzutreten, als mit einer Anklage zu kommen; schließlich meinte er, es gäbe immer zwei Seiten bei jeder Frage. In dieser Stimmung schrieb er sofort an Präsident Wilson und legte Lansings Denkschrift seinem Schreiben bei, das ein objektives Bild der Lage gab: „Mir scheint, die Lehre von der zusätzlichen Nachlässigkeit spielt in diesem Falle mit – ich will damit sagen, ein Amerikaner, der auf einem englischen Schiff einen Platz belegt und weiß, daß diese Art der Kriegsführung angewendet wird, ist in einer anderen Lage als derjenige, der ohne eigene Schuld leidet. Die erste, sich ergebende Frage ist, was für eine Forderung sollen wir stellen, wenn wir es überhaupt tun? Wir können kaum verlangen, daß die Anwesenheit eines Amerikaners auf einem englischen Schiff einen Angriff verhindert, wenn wir nicht die angewendeten Methoden als im Krieg unrechtmäßig verurteilen. Wenn wir eine Forderung stellen, sollen wir die Kriegführung als erlaubt anerkennen und Entschädigung für den Verlust des Menschenlebens fordern? Wenn ein Amerikaner sich auf einem Schiff der Alliierten zu einer solchen Zeit und unter solchen Bedingungen einschifft, kann er dann von seiner Regierung verlangen, für eine Entschädigung zu sorgen, falls er mit anderen auf dem Schiff Schaden leidet?"

Die Antwort des Präsidenten am folgenden Tag ist sehr bezeichnend, denn sie zeigt, daß sich seine Auffassung eher dem Standpunkt Lansings als dem Bryans nähert. Der Trasher-Fall „berge zahlreiche zu Unruhe führenden Möglichkeiten", weil zweifelsohne „dieser amerikanische Bürger den Tod erlitt, weil deutsche Marineoffiziere in einer Weise gehandelt haben, die sicher die Vorschriften des Völkerrechts über unbewaffnete Schiffe auf See verletzt. Wahrscheinlich ist es unsere Pflicht, der deutschen Regierung klarzumachen, wir müßten verlangen, das Leben unserer Staatsangehörigen nicht durch Handlungen zu gefährden, die nach den anerkannten Normen des Völkerrechts nicht erlaubt sind."

In diesem kritischen Augenblick gab Bryan an den Präsidenten einen Entwurf Lansings weiter, der das Datum des 15. Februar 1915 trug. In diesem Schreiben zählte der Rechtsrat der Regierung die für Deutschland entstehenden Vor- und Nachteile eines Krieges mit den Vereinigten Staaten auf und kam zu dem überraschenden Ergebnis, „die Vorteile scheinen die Nachteile zu überwiegen".

In einem Brief an Bryan vom 2. April 1915 behauptete Lansing, man habe ihm mitgeteilt, die deutsche öffentliche Meinung stimme mit seinen Angaben überein. Von dieser Feststellung ausgehend, müsse man den Schluß ziehen, die deutsche Regierung erwarte Krieg mit den Vereinigten Staaten, infolge ihrer U-Bootpolitik und heiße eine solche Möglichkeit willkommen. Der Präsident war aber von Lansings kriegerischer Interpretation der deutschen Haltung gegen die Vereinigten Staaten nicht überzeugt. Er blieb dabei, die Verhandlungen mit Deutschland fortzusetzen in der Hoffnung auf eine befriedigende Lösung und war für keine „Änderung" des Kurses der amerikanischen Regierung, solange er sich auf der „festen Grundlage des Rechts" hielt. Er war nicht der reine Jurist wie Lansing und hielt es für das beste, „Politik und Recht klug zu mischen".

Aber Lansings kriegerische Stimmung hielt an. In seinem Entwurf einer Anweisung an Botschafter Gerard gebrauchte er eine Sprache, die er selbst als „nachdrücklich, ja nahezu hart" bezeichnete. Man müsse sich solcher Worte bedienen, denn die Versenkung der „Falaba" sei eine Handlung, die weder „gesetzlich noch moralisch" verteidigt werden könne. Es sei geradezu eine „Tragödie", und man könne nicht „so leicht" darüber hinweggehen. Überdies hätte die deutsche Regierung nur „Verachtung" für eine schwächliche Note übrig, und die amerikanische öffentliche Meinung würde sich „nie hinter eine farblose und zimperliche Darstellung eines Falles" stellen, bei dem ein amerikanischer Bürger durch eine „grausame und ungesetzliche Handlung" getötet worden sei. Obgleich die Folgen einer „energischen" Note „schwerwiegend" sein könnten, sah Lansing nicht ein, wie es ohne heftigen Protest abgehen könne.

Der Entwurf der Instruktion, der dem Brief an Bryan beilag, war unbestreitbar „nachdrücklich und kraftvoll". Die Versenkung der „Falaba" wurde als eine „offenkundige Verletzung des Völkerrechts und der internationalen Moral" hingestellt und als „rücksichtslos und brutal" angeprangert. Für die amerikanische Regierung selbst, ihren Bürgern und der Kultur gegenüber sei es eine Pflicht, nachdrücklichst sofort Verwahrung einzulegen. Man hoffe deshalb, die kaiserliche Regierung würde von der „leichtfertigen Handlung" eines Offiziers der kaiserlichen Marine abrücken, den Urheber der Schandtat bestrafen und für den Tod Thrashers Genugtuung leisten.

Der Wortlaut des Entwurfs ist so herausfordernd im Ton, daß man sich fragt, ob Lansing nicht einen baldigen Krieg zwischen den Vereinigten Staaten und

Deutschland erwartete. Der Präsident sah sofort die gespannten Beziehungen voraus, die sich aus der Übergabe eines so bissigen Protests ergeben könnten und sandte an Bryan ein kurzes Schreiben, worin er die „größte Besorgnis" über den Thrasher-Fall ausdrückte. Er halte es für das beste, abzuwarten, bis man weitere Einzelheiten über die Versenkung der „Falaba" erhalten habe, und er wolle sich „Zeit zur Überlegung lassen", ehe er einen Schritt unternähme.

Auch Staatssekretär Bryan versuchte, seine Gedanken über den Thrasher-Zwischenfall „in Worte zu fassen", aber das Beginnen erwies sich als schwierig. Er war ernstlich in Sorge. Für eine Lösung am dringendsten hielt er die Frage, „ob ein amerikanischer Bürger, dadurch, daß er sein Geschäft über die Rücksicht auf sein Land stellt, zu seinem eigenen Nachteil unnötige Gefahren auf sich nehmen und so sein Land in internationale Verwicklungen hineinziehen dürfe."

Am selben Tage (6. April) schickte Präsident Wilson eine zweite Mitteilung an Bryan, in der er eingestand, der Thrasher-Fall gehe ihm „beständig" im Kopf herum. Er habe mit „größter Aufmerksamkeit" die Denkschriften Lansings und C.P. Andersons gelesen, und Bryan möchte doch folgender Frage besondere Beachtung schenken: „Wenn von *einigen* englischen Handelsschiffen bekannt würde, daß sie bewaffnet sind – tatsächlich hat ja die britische Regierung alle Kauffahrteischiffe ermächtigt und ihnen geraten, sich gegen U-Boote zu bewaffnen – und nimmt man weiter an, es sei für den deutschen Kommandanten praktisch nicht möglich gewesen, sich zu vergewissern, ob die „Falaba" bewaffnet war, hatte er unter diesen Umständen das Recht, nach der Theorie zu handeln, als ob infolge der erwähnten englischen Ermächtigung alle englischen Handelsschiffe völkerrechtlich als bewaffnet anzusehen sind und angegriffen werden können?"

Bezeichnenderweise wirft der Präsident gerade jetzt die Frage auf, die viele bange Monate hindurch nach einer Erledigung verlangte. Wenn der Neutralitätsrat in dieser kritischen Zeit denselben Standpunkt gegen bewaffnete Handelsschiffe eingenommen hätte, wie *später*, so wäre sehr wahrscheinlich ein Krieg mit Deutschland vermieden worden. Zu dieser Zeit war aber der Ausschuß wegen der Erklärung der Kriegszone sehr kritisch gegen die deutsche Regierung eingestellt. Ein solches Vorgehen sei durch das Völkerrecht nicht gerechtfertigt, und die Tätigkeit der deutschen U-Boote sei nicht nur „ungesetzlich", sondern „empörend unmenschlich".

Unter Zugrundelegung des Berichts des Neutralitätsrates übergab Lansing an Sekretär Bryan eine zweite Denkschrift über die Versenkung der „Falaba". Die Bedeutung des Trasher-Falles liege darin, daß jetzt ein Kurs festgelegt werden müsse, nach dem man sich in ähnlichen Fällen in der Zukunft richten könne.

Zwei Möglichkeiten seien offen:

„1. Amerikaner im allgemeinen zu warnen, ein Schiff nichtamerikanischer Nationalität bei einer Fahrt durch die Kriegszone zu benutzen;

2. Deutschland zu strenger Verantwortung für jedes amerikanische Menschenleben zu ziehen, das durch einen U-Bootangriff auf hoher See verloren geht."

Die Annahme der ersten Möglichkeit geht auf „eine Anerkennung der Rechtmäßigkeit der Kriegszonenerklärung hinaus". Die Annahme der zweiten Möglichkeit würde der amerikanischen Auffassung näher kommen, nach der keine „Gesetzlichkeit" einer Kriegszone gegeben und Deutschland verantwortlich sei für „unterschiedslose Angriffe innerhalb jenes Gebiets des freien Meeres". Nur im letzteren Falle schien die „Würde" der amerikanischen Regierung gewahrt und „ihrer Pflicht gegen ihre Bürger genügt" zu sein.

Die Sprache Lansings in diesen aufeinanderfolgenden Denkschriften zeigt das starke Bedürfnis nach einem Streit mit Worten, das oft Leute auszeichnet, die in ihren persönlichen Beziehungen gutmütig sind. Seine kriegerische Haltung erinnert an jene aufschlußreiche Bemerkung Williams E. Gladstones, die er nach einem mit Geduld ertragenen ungewohnten Angriff eines sonst friedsamen Parlamentsmitgliedes gemacht hatte: „Kein Tier ist so grimmig, wie ein wild gewordenes Schaf."

Immer wird man es Staatssekretär Bryan gutschreiben müssen, daß er sich mit aller Kraft bemühte, gegen die kriegerischen Vorschläge Lansings anzukämpfen. Unermüdlich suchte er nach einem Wege zum Frieden und ließ sich nicht, wie so viele, in eine kriegerische Stimmung hineinziehen; seine ehrlichen Anstrengungen rührten den Präsidenten tief. Am 18. März 1915 erhielt Sekretär Bryan vom Präsidenten ein Schreiben zu seinem Geburtstag, das uns andeutet, wie die beiden Männer zueinander standen: „Sehr geehrter Herr Sekretär! … Wir haben nun zwei Jahre lang miteinander gearbeitet, und ich habe den Eindruck, als hätte ich aus dieser Zusammenarbeit großen Nutzen gezogen. Ich habe nicht nur gelernt, Sie als Freund und Ratgeber zu schätzen, sondern – erlauben Sie mir, es Ihnen zu sagen – hege für Sie immer stärker werdende Gefühle der Freundschaft. Ihre idealistischen Beweggründe und Ihre beständige Sorge um das öffentliche Wohl waren mir Beispiel und Anregung in diesen Jahren."

Bryan wußte gut, wie sehr er ein solches Lob des Präsidenten verdient hatte. In dieser Stunde einer großen nationalen Entscheidung hielt er es für dringend notwendig, ihm zu sagen, wie sich die Regierung zu bewaffneten Handelsschiffen stellen solle. Die wesentlichsten Punkte, die sich aus der Versenkung der „Falaba" ergaben, schienen ihm folgende zu sein:

„1. Die Verwendung von U-Booten beim Angriff auf Handelsschiffe.

2. Das Recht der Handelsschiffe auf Bewaffnung, um den U-Booten Widerstand zu leisten.

3. Die Auswirkung einer solchen Bewaffnung auf die Vorschriften, die das Verhalten der U-Boote bezüglich der Rettung von Passagieren bestimmen. Verändert die Bewaffnung eines Handelsschiffes den Charakter des Schiffes so, daß die Gefahren für Passagiere und Mannschaften größer werden?"

Die dritte Frage schien Bryan die „heikelste", die auf sofortige Erledigung drängte. Dies stimmte nicht nur, weil möglicherweise Verluste an Menschenleben damit verbunden waren, sondern auch, weil Amerika es mit einem Volk zu tun hatte, das peinlich von dem Standpunkt berührt war, den die amerikanische Regierung in der Frage der Ausfuhr der Kriegsmunition eingenommen hatte. Er war der festen Ansicht, „unser Land hat nur den einen Wunsch, nicht in diesen Krieg hineingezogen zu werden. Ich kann mich des Gefühls nicht erwehren, daß es eine Aufopferung der Interessen aller bedeutete, wollte man einem Menschen, der nur an sich und seine eigenen Interessen denkt und seine Regierung nicht fragt, gestatten, die ganze Nation in eine Schwierigkeit hineinzuziehen, obwohl er reichlich vor den Gefahren, denen er sich aussetzt, gewarnt worden war."

In seinem verzweifelten Bemühen, eine Formel zu finden, die Amerika vor dem Abbruch der diplomatischen Beziehungen mit Deutschland bewahren würde, sandte Bryan am nächsten Tag folgenden „Vorschlag" an den Präsidenten zur Beurteilung: „Ein amerikanischer Bürger, der vor den entstehenden Gefahren gewarnt worden war, schifft sich auf einem englischen Schiff ein und verliert infolge eines U-Bootangriffs das Leben mit anderen Passagieren.

Frage: Was für einen Anspruch kann die amerikanische Regierung rechtlich für einen unbeabsichtigten Verlust erheben, der bei gewöhnlicher Sorgfalt vermieden worden wäre?"

Diese „Frage" des Staatssekretärs nahm gerade die Lage vorweg, der sich die amerikanische Regierung zur Zeit des „Lusitania"-Zwischenfalls gegenübersah. Wäre der Präsident der Führung seines Staatssekretärs eher als der Lansings gefolgt, so hätte die Versenkung der „Lusitania" keinen Verlust amerikanischer Menschenleben mit sich gebracht, und die amerikanische öffentliche Meinung hätte nicht den furchtbaren Stoß erhalten, der sie sinnlos in den Krieg trieb. Der wirkliche Kampf um die amerikanische Neutralität wurde im April 1915 ausgefochten. Man muß sich klar darüber sein, daß in diesem Stadium unserer Beziehungen mit Deutschland „das Großkapital" keine Rolle bei der Beeinflussung der Anschauung des Präsidenten spielte. Amerika trat schließlich in den Krieg, weil sich aus der Führung des U-Bootkrieges ernste Schwierigkeiten ergeben hatten. Die Schwierigkeiten können direkt bis zu der Reaktion des Präsidenten auf die Erklärung der deutschen Kriegszone und die folgenden Tätigkeiten der U-Boote zurückverfolgt werden. Wenn der Präsident einen entscheidenden Schritt gegen die Zulassung bewaffneter britischer Handelsschiffe in amerikanischen Häfen unternommen, und wenn er amerikanische Bürger vor den Gefahren, die bei einer Überfahrt auf einem kriegführenden Schiff zu erwarten waren, gewarnt hätte, wäre wohl Amerika von den großen Opfern in den Jahren 1917 bis 1918 verschont geblieben. Die Verantwortung liegt unzweideutig auf den Schultern des Präsidenten. Der Mann, der vor allen anderen half, sie ihm aufzubürden, war Robert Lansing.

Nach dem Schreiben an den Präsidenten vom 8. April wartete Bryan etwa zehn Tage, ehe er einen weiteren Schritt wegen der Versenkung der „Falaba" unternahm. Er wußte nur zu gut, daß der Zwischenfall allein das Vorspiel zu einer ernsteren Lage bildete. Die Versenkung eines großen englischen Dampfers mit Amerikanern an Bord war dazu vorbestimmt, die amerikanische öffentliche Meinung zugunsten einer entschiedenen Aktion gegen Deutschland zu mobilisieren. Ungleich Lansing glaubte er nicht, daß das theoretische Recht der Amerikaner, unbelästigt auf hoher See zu fahren, bis zu einem tatsächlichen Krieg mit Deutschland durchgefochten werden dürfe. Wenn es gelänge, Amerikaner von englischen Schiffen anzuhalten, und wenn die englische Regierung mit einer Entwaffnung ihrer Handelsschiffe einverstanden wäre, hätte der U-Bootkrieg aufgehört, die amerikanische Neutralität auf das ernsteste zu bedrohen. Mit dieser Überlegung schrieb er an den Präsidenten und unterstrich die Notwendigkeit, den „Falaba"-Fall in völlig objektivem Geist zu behandeln. Seiner Ansicht nach bestand kein Zweifel über die „Stimmung in Deutschland, und die Auffassung der Deutschen ist natürlich: 1. Sie haben Amerikaner gewarnt, nicht auf englischen Schiffen zu fahren. Warum nehmen Amerikaner die Gefahr auf sich? Keine unvernünftige Frage. 2. Wenn wir den Gebrauch unserer Flagge erlauben, wie können wir uns beklagen, wenn in der Verwirrung eines unserer Schiffe versehentlich versenkt wird? 3. Warum sollen wir uns aufregen, wenn ein paar Leute ertrinken, da niemand dagegen aufsteht, wenn ein Volk ausgehungert wird? … Wenn wir unsere Neutralität beweisen wollen – und tun wir es nicht, werden wir wahrscheinlich in den Konflikt infolge der wachsenden Mißstimmung in Deutschland hineingezogen – müssen wir wohl den Mißbrauch unserer Flagge verhindern und Amerikaner warnen, englische Kriegsschiffe in der Kriegszone zu benutzen."

Am selben Tag, an dem Bryan die Mitteilung an den Präsidenten sandte, hielt dieser eine Ansprache vor den „Töchtern der amerikanischen Revolution", in der er auf die Wichtigkeit eines objektiven Urteils bei der Behandlung amerikanischer Angelegenheiten hinwies: „Es gibt viele Prüfungen, durch die ein Volk seine Größe beweist, aber mir scheint, die schwerste Prüfung ist Selbstbeherrschung und die Kraft, der Erregung zu widerstehen, ruhig zu denken, in schwierigen Augenblicken ebenso klar eine Überlegung anzustellen, wie im Augenblick der Ruhe."

Am 20. April gab der Präsident im Verlauf einer Unterredung mit den Vertretern der „Associated Press" eine Erklärung ab, die wie eine Herausforderung klang: „Nicht der Mensch ist bewundernswert, der immer aus ist auf Kampf, sondern der selbstbeherrschte Mensch, der den Gegner mit ruhigem Auge ansieht und erst auftritt, wenn dieser so weit gegangen ist, daß er erledigt werden muß."

Aber trotz des kriegerischen Tones dieser Rede an die führenden Zeitungsleute Amerikas, suchte der Präsident noch ein Mittel, den Trasher-Fall friedlich beizulegen. Unglücklicherweise verschloß er den Blick vor der einzigen wirklichen Lösung der Schwierigkeit und suchte vergebens, aus der Mottenkiste des Völkerrechts einen veralteten Grundsatz herauszuziehen, der der gegenwärtigen Lage angemessen gewesen wäre. Wenn er amerikanische Häfen kriegführenden Handelsschiffen verschlossen hätte, die *Verteidigungs*bewaffnung mit sich führten, hätte die englische Regierung sofort alle Kanonen von ihren Kauffahrteischiffen entfernt, und Deutschland hätte nicht länger feindliche Passagierschiffe ohne Warnung versenkt. Sein mangelnder Entschluß zu einem solchen Schritt kam teuer zu stehen, aber man sollte sich erinnern, daß er von sich nie behauptete, er kenne sich im Völkerrecht besonders gut aus; er stützte sich hierin weitgehend auf den Rat Lansings und des Neutralitätsrates. In Dingen der heimischen Gesetzgebung, die sich auf amerikanische soziale, politische und wirtschaftliche Fragen bezog, wirkte er oft bahnbrechend, aber seine fehlende Kenntnis der technischen Seiten des Völkerrechts ließ ihn in einem Augenblick, wo allein eine völlige Umstellung am Platz gewesen wäre, zu sehr am Alten festhalten.

Nach einer kurzen Zeit des Schwankens schrieb der Präsident am 20. April an Bryan, es bereite ihm mehr und mehr Sorge, weil er nicht wisse, „was er am besten wegen Trashers Tod unternehmen soll". Er entwarf eine Note an Deutschland, die nach seiner Ansicht unterstreichen sollte, wie wichtig es sei, daß für die Sicherheit des Lebens der Mannschaften und Passagiere auf Handelsschiffen gesorgt wird. Nach bestehendem Völkerrecht waren entsprechende Sicherheitsmaßnahmen für jeden eintretenden Fall vorgesehen, und man nehme an, die deutsche Regierung halte sich noch an das Völkerrecht. Auf dieser Grundlage sollten die Vereinigten Staaten bei Deutschland einen „in Worten sehr gemäßigten", aber keineswegs „weniger feierlichen und nachdrücklichen Protest" erheben, der den U-Bootkrieg als der „Menschlichkeit, dem Anstand und der Achtung vor dem Rechte der Neutralen zuwiderlaufend verurteilt". Dieser Standpunkt werde den Streit „über die alltäglichen Fragen hinausheben".

Bryan sah jetzt ein, daß der Präsident nur in den Bahnen denken konnte, die ihm Lansing und der Neutralitätsrat einleuchtend dargelegt hatten. Ein Präzedenzfall hatte in den Augen des Präsidenten ein solches Gewicht, daß er die Möglichkeit einer Änderung des Völkerrechts, entsprechend den sich ändernden Bedingungen der Kriegführung, nicht zuließ. Der Kern der ganzen Schwierigkeit lag in der Frage der bewaffneten Handelsschiffe; der Präsident weigerte sich nachdrücklich, sich mit diesem Problem in einer Weise zu befassen, die den Streit mit Deutschland rasch erledigen würde. Das einzige Ergebnis einer solchen Politik war Krieg. Frau Bryan hat uns eine ergreifende Schilderung ihres Gemahls gegeben, wie er aus dem Staatsdepartement mit „rotumränderten Augen und müden Schritten" heimkommt und in die erregten Worte ausbricht: „Marie, was will der Präsident! *Warum* kann er nicht sehen, daß er das Größte tut, was einem Menschen möglich ist, wenn er den Weg zur Vermittlung und Versöhnung offen hält. Ich kann seine Haltung nicht verstehen."

Obgleich Bryan tief entmutigt war, hoffte er doch noch, er könne gegen den Druck Lansings, Deutschland eine scharfe, die deutsche Ansicht herausfordernde Note zu übermitteln, ankämpfen. Als letzte Bemühung, den Standpunkt des Präsidenten zu beeinflußen, verfaßte der Staatssekretär an den Präsidenten ein Schreiben, das auf den Abgrund hinwies, dem Amerika zutreibe, wenn Lansings Rat befolgt würde: „Da ich nicht zu denselben Schlußfolgerungen kommen konnte, zu denen Sie in diesem Fall gekommen sind, halte ich es für meine Pflicht, Ihnen die Lage darzulegen, wie ich sie sehe. Die Note, die Sie vorschlagen, wird, wie ich fürchte, die bereits feindselige Stimmung gegen uns in Deutschland noch vermehren, nicht so sehr wegen unseres Protestes gegen Deutschlands Vorgehen in diesem Fall, sondern zum Teil, weil er mit unserer Haltung gegenüber den Alliierten in Widerspruch steht. Wenn wir uns der Verwendung der U-Boote gegen Handelsschiffe widersetzen, legen wir für uns wie für Deutschland eine Norm fest. Wenn wir das Recht des U-Bootes auf Angriff eines Handelsschiffes anerkennen, aber ihre spezielle Kampfhandlung oder eine ganze Gruppe als unmenschlich verurteilen, werden wir deswegen in Verlegenheit kommen, weil wir nichts eingewandt haben, als England sein Recht verteidigte, die Nahrungsmittel für nicht am Kampf beteiligte Feinde zu sperren ... Sie ziehen die Tatsache nicht in Erwägung, daß wir von der beabsichtigten Verwendung von U-Booten informiert worden sind, und daß der Verstorbene mit Wissen die Gefahr einer Reise auf einem feindlichen Schiff auf sich nahm. Ich kann nicht einsehen, daß er sich in einer anderen Lage befindet als diejenigen, die durch einen Aufenthalt in einem kriegführenden Land die Gefahr eines Schadens auf sich nehmen."

Eine andere Möglichkeit, an Stelle einer herausfordernden und den U-Bootkrieg verurteilenden Note an Deutschland, sah Sekretär Bryan in einem „Aufruf an die im Krieg befindlichen Völker, Friedensbedingungen in Betracht zu ziehen". Seiner Ansicht nach hatte der Präsident eine „Möglichkeit, wie sie keinem Menschen je zuvor sich geboten hat".

Der ernste Brief des Staatssekretärs brachte den Präsidenten endgültig davon ab, dem Rat Lansings zu folgen. In seiner Antwort an Bryan gab er offen zu, er sei keineswegs überzeugt, daß „wir auf der richtigen Spur sind, wenn wir eine solche Note erwägen, wie ich sie zur Ausarbeitung für Lansing entwarf. Ich bin nicht sicher, daß meine Worte wirklich das ausdrücken, was ich selbst in der Note sagen würde, denn schließlich liegt die Besonderheit einer Note hauptsächlich in der Art, wie man etwas sagt und die Punkte entwickelt. Vielleicht ist es überhaupt nicht notwendig, in der Sache förmliche Vorstellungen zu erheben."

Wegen eines Aufrufs an die kriegführenden Nationen, Friedensbedingungen ins Auge zu fassen, kam der Präsident nach sorgfältiger „Überlegung und Erforschung seines Gewissens, was das beste und klügste wäre", widerstrebend zu dem Schluß, der gegenwärtige Augenblick sei nicht günstig. Aufgrund von Informationen, die er kürzlich von Oberst House erhalten hatte, war er jetzt sicher, das Angebot einer amerikanischen Vermittlung wäre nicht nur „nutzlos", sondern möglicherweise sogar „unangenehm" für die kriegführenden Mächte.

Während der Präsident noch über den genauen Wortlaut einer Note an Deutschland als Protest gegen die Versenkung der „Falaba" nachdachte, erhielt das Departement die Nachricht, am 28. April sei der amerikanische Dampfer „Cushing" von einem deutschen Marineflugzeug angegriffen und am 1. Mai der amerikanische Tanker „Gulflight" torpediert worden. Menschenleben der „Cushing" waren nicht zu beklagen, aber zwei Matrosen der „Gulflight" waren ertrunken, und der Kapitän an einem Schlag gestorben.

Im Fall der „Cushing" teilte Admiral Behncke, der stellvertretende Admiralstabschef, Botschafter Gerard am 29. Mai mit, der Angriff sei ein „unseliger, nicht beabsichtigter Unglücksfall" gewesen, der „sehr bedauert" werde. Die Torpedierung der „Gulflight" sei ein „nichtbeabsichtigtes Versehen, das nicht vermeidbar" war, und Admiral Behncke versicherte dem amerikanischen Botschafter: „volle Entschädigung werde für den entstandenen Schaden geleistet".

Drei Tage später sandte v. Jagow eine Note an Botschafter Gerard, in der er im einzelnen den „Gulflight"-Zwischenfall auseinandersetzte. Zum Schluß drückte er das Bedauern der deutschen Regierung wegen des Angriffs aus und bot „volle Entschädigung für den von amerikanischen Bürgern erlittenen Schaden an". Vom deutschen Standpunkt aus spielten mildernde Umstände bei der Torpedierung der „Gulflight" mit. Am 1. Mai war der Kommandant des deutschen U 30 in ein kurzes Feuergefecht mit einem bewaffneten englischen Bewachungsdampfer verwickelt, als er die Annäherung eines großen, konvoiartig von zwei kleineren Schiffen begleiteten Dampfers wahrnahm. Die kleineren Schiffe sahen aus wie bewaffnete Bewachungsdampfer. Es war deshalb unmöglich, den großen Dampfer anzuhalten und die Papiere zu prüfen, um die staatliche Zugehörigkeit festzustellen. Nach dem Abschuß des Torpedos wurde plötzlich eine amerikanische Flagge auf „dem Flaggstock des Achterdecks" erkannt, aber der Angriff war schon geschehen. Eines der kleineren Begleitboote der „Gulflight" versuchte sofort, U 30 zu rammen, das rasch untertauchte ... Als es wieder an die Oberfläche kam, war die „Gulflight" in den Hafen gebracht worden[31].

Wie zu erwarten war, erregte der „Cushing"- und der „Gulflight"-Zwischenfall den Zorn Lansings; umgehend sandte er eine Note an Sekretär Bryan, in der er sofortige und durchschlagende Maßnahmen befürwortete. Der Angriff auf die „Cushing" sei eine „noch offenkundigere Verletzung neutraler Rechte auf hoher See" als die Torpedierung der „Falaba". Daraus gehe hervor, daß die Deutschen darauf abzielten, „sinnlos und unterschiedslos Schiffe ohne Rücksicht auf die Nationalität zu vernichten". Überdies wurde die Frage des deutschen U-Bootkrieges durch das Erscheinen (1. Mai) einer Anzeige in etwa 50 amerikanischen Zeitungen noch verwickelter. In der Anzeige wurden amerikanische Bürger gewarnt, Plätze auf englischen, die Kriegszone durchfahrenden Schiffen zu belegen.

Nach Lansings Ansicht hatten amerikanische Bürger ein unbestreitbares Recht, britische, durch diese Kriegszone fahrende Schiffe zu benutzen, ohne ihr Leben durch den U-Bootkrieg in Gefahr zu bringen. Die amerikanische Regierung solle nicht nur an dem „Recht" der freien Fahrt auf dem offenen Meer festhalten, sondern auch die Ankündigung in der amerikanischen Presse beachten, die amerikanische Bürger davor warnte, auf englischen Schiffen eine Überfahrt zu buchen. Eine derartige Anzeige in Zeitungen „sei höchst verwerflich", ja sogar „unverschämter" als die Veröffentlichung diplomatischer Korrespondenz. Alle Mitteilungen an das amerikanische Publikum sollten zuerst an das Staatsdepartement geschickt werden, und erst wenn dieses Departement seine Billigung erteile, dürften sie veröffentlicht werden. Eine Umgehung der Vorschrift bedeute eine „Unverschämtheit", die, sollte dies für „angebracht" erachtet werden, „ein summarisches Verfahren" verlange. Nach der ins einzelne gehenden Kritik deutscher Praxis kam Lansing zu dem beunruhigenden Ergebnis, die deutsche Regierung „sei entschlossen", die Vereinigten Staaten „zu beschimpfen" und so einen „offenen Bruch der diplomatischen Beziehungen" zu erzwingen.

Die hysterische Anwandlung verstärkte sich noch, als er später von dem Angriff auf die „Gulflight" vernahm. Er hatte nicht länger einen Zweifel darüber, daß die deutsche Regierung einen „energischen Schritt" der Vereinigten Staaten hervorzurufen wünsche, was dann auf den „Abbruch der diplomatischen Beziehungen" hinausliefe. Amerika sollte gezwungen werden, die Beziehungen zu Deutschland „bis zum äußersten" anzuspannen, und die Angriffe auf amerikanische Schiffe seien bestimmt vom Wunsch nach offenen Feindseligkeiten diktiert[32].

Lansings „völlige" Überzeugung, der Angriff auf die „Gulflight" deute unmißverständlich auf den Wunsch der deutschen Regierung, Krieg mit den Vereinigten Staaten anzufangen, war nicht ohne Einfluß auf Präsident Wilson. Nachdem er Lansings Note dem Staatssekretär am 3. Mai 1915 vorgelesen hatte, geriet er wegen der augenblicklichen Verhältnisse sichtlich außer Fassung. Am nächsten Tage telegraphierte er Oberst House und bat ihn angelegentlichst, ihm zu raten, wie er „am besten die Versenkung des amerikanischen Tankdampfers behandeln solle, unter Berücksichtigung von all dem, was Sie erfahren haben".

Der Oberst, der sich zu der Zeit in London aufhielt, um den Weltfrieden herbeizuführen, schlug sofort vor, man solle Deutschland energisch und scharf antworten. Dies solle in einer „nachdrücklichen Note geschehen", die „volle Entschädigung" fordere. Für den Augenblick könne das genügen, aber versteckt wies er darauf hin, „ein ernsterer Bruch könne zu jeder Zeit eintreten".

Zwei Tage später torpedierte U 20 die „Lusitania" in den Gewässern an der Südküste von Irland. Der große Verlust an amerikanischen Menschenleben ließ die Bewohner der ganzen westlichen Welt erschauern und brachte die amerikanische öffentliche Meinung gegen den U-Bootkrieg auf. Auf diesem Hintergrund zunehmender Erbitterung erhielt der kriegerische Rat des Oberst House und Lansings eine neue Bedeutung. Eine Zeitlang würde wohl mit Worten und Noten gekämpft werden, in denen der Präsident als Meister literarischen Stils Sätze mit versteckten und gewandt eingeflochtenen Drohungen bringen würde, aber am Ende war der Krieg unvermeidlich, wenn nicht die deutsche Regierung den Präsidenten von einer Sinnesänderung und einer neuen Einstellung zu internationalen Pflichten überzeugte. Der Präsident steuerte einen Kurs, der geradewegs zu einem offenen Konflikt mit Deutschland hinführte, und offenbar würden weder Zeit noch Flut warten, bis Staatssekretär Bryan das Ruder herumwerfen oder dem Piloten den Hafen der Versöhnung zeigen konnte.

Kapitel X

Die „Lusitania" trifft ihr Schicksal

In dem Kampf für die amerikanische Neutralität, in dem er in den folgenschweren Jahren 1914–1917 in vorderster Front stand, legte Bryan ein viel tieferes und weit besseres Verständnis für amerikanische Denkweise an den Tag als Präsident Wilson und die Koterie seiner klugen Ratgeber. In geradezu geheimnisvoller Weise konnte er sich in jeden wichtigen Meinungsstrom „einschalten", und selten ließ er es zu, daß die lärmend vorgebrachte Meinung einzelner die Botschaft übertönte, die ihm so deutlich aus den amerikanischen Massen zukam. Manches Mal konnte er über all den lauten volkstümlichen Wünschen die zagende Stimme der Vernunft vernehmen, die die anrief, die den Mut aufbrachten, den üblichen ausgetretenen Pfad politischen Handelns zu verlassen, um neue Wege einzuschlagen, die besser den neuen Sachlagen entsprachen.

Bryan benutzte das Wissen um Zukünftiges, um immer wieder zu versuchen, seine Vorausschau denen nahezubringen, die im alten Trott der unmittelbaren Gegenwart weitergehen wollten. Und bald sahen Millionen mit seinen Augen. In der ganzen amerikanischen Geschichte gibt es keinen anderen politischen „Prediger" mit so fanatischen Anhängern, obgleich seine Führung nie zum versprochenen Erfolge führte.

Er war vor allem ein Führer in aussichtslosen Angelegenheiten; seine größte Niederlage war sein Scheitern 1917; es gelang ihm nicht, Amerika vom Kriegseintritt abzuhalten. Alle seine Hoffnungen hatte er auf das zerbrechliche Gebäude der amerikanischen Neutralität gesetzt, das bald erschüttert wurde von Kräften, deren Stärke er nicht beurteilen konnte. Es wäre ihm leicht gefallen und hätte ihm mehr Nutzen gebracht, wenn er mit den hochgehenden Wogen der Kriegsbegeisterung, die 1916/17 über das Land gingen, mitgeschwommen wäre. Er aber zog den Kampf vor und kämpfte ihn mit seiner ganzen erstaunlichen Lebenskraft, bis er unterlag, nach vieler Meinung in ruhmloser Niederlage. Seine Ehrenrettung für diesen tapferen Kampf ist schon längst überfällig.

Es ist nicht leicht, eine kritische Welt davon zu überzeugen, daß es Bryan war, der oft den Weg wies für entscheidende politische Neuerungen. Einige unserer intellektuellen Kreise glauben immer noch, er sei lebenswahr getroffen mit der beißenden Charakterisierung John Hays: „ein blökender wilder Prärie-Esel". In der gleichen Kritikerrunde von Cleveland, in der Herr Hay mit seinem beißenden Witz solchen Eindruck machte, war auch der hoffnungsvolle Geschichtsprofessor Herr James Ford Rhodes. Herr Rhodes konnte nie die ätzende Schärfe John Hays ganz vergessen; immer betrachtete er Bryan als eine Art politischen Quacksalber. Viele andere, die seine ablehnende Ansicht teilten, sahen in Bryan nichts weiter als einen hemmungslosen Schauspieler, der sich in jeder Pose gefiel, nach der die Menge verlangte. Doch der „Great Commoner" war eine zu überragende Persönlichkeit, um in irgend eine übliche Form zu passen. Er war vorausschauend ohne den starren Blick des Sehers, und selbst die oberflächlichste Beschäftigung mit seiner Haltung gegenüber der amerikanischen Neutralität zeigt, daß er ein mit prophetischer Voraussicht begabter Politiker war, dessen Prinzipien Amerika heute mit verspäteter Begeisterung in die Wirklichkeit umsetzt.

Bei seinem Kampf, Amerika neutral zu halten, wies Bryan den Präsidenten immer wieder darauf hin, daß es zweckmäßig wäre, den amerikanischen Bürgern das Reisen auf Handelsschiffen der Kriegführenden zu verbieten. Oft erklärte er, daß es ein großes Unrecht wäre, wenn „ein Mann, der auf eigene Verantwortung und in eigenem Interesse, ohne seine Regierung zu fragen, handelt", Amerika in den Krieg zieht, dadurch, daß er auf einem Schiff der Kriegführenden reist, das vielleicht torpediert wird. Er begriff nur zu gut die vielen Gefahren, die der ständige Gebrauch der amerikanischen Flagge auf den Schiffen der kriegführenden Mächte in sich barg. Obgleich diese Kriegslist von den Sachverständigen des Völkerrechts als einwandfrei erklärt wurde, war sich Bryan klar darüber, daß daraus ernste Verwicklungen entstehen konnten. Er hatte sich ganz entschieden dagegen gewehrt, daß kriegführende Mächte in den Vereinigten Staaten große Anleihen durch öffentliche Zeichnung aufnahmen, denn er war der Ansicht, daß alle die, die ihr Geld so unterbrachten, für die Nation Partei ergreifen würden, der sie ihr Geld geliehen hatten.

Wenn es Bryan gelungen wäre, die Unterstützung des Präsidenten für seine Ansicht zu erhalten, nämlich daß amerikanische Bürger nicht auf Schiffen der Kriegführenden reisen sollten, dann hätte es keinen „Lusitania"-Zwischenfall gegeben, und die Auseinandersetzung mit Deutschland über den U-Bootkrieg hätte sich nicht so weit entwickelt, daß sie unvermeidlich zum Krieg führte. Ebenso waren Bryans Ansichten über die Rechtslage bei bewaffneten Kauffahrteischiffen der kriegführenden Mächte genau so klar und einleuchtend, und der Präsident wäre sehr viel besser gefahren, wenn er auch nur in ähnlicher Weise danach gehandelt hätte.

Seit der Beendigung des Weltkriegs ist die amerikanische öffentliche Meinung rasch zugunsten der Vorschläge Bryans umgeschwenkt, obgleich in einer Hinsicht Bryan selbst die spätere Entwicklung falsch voraussah. Als Staatssekretär hatte er sich dem Handel mit Kriegsmaterial nicht widersetzt. Vielleicht hatte er angenommen, daß, falls die kriegführenden Mächte daran gehindert würden, Anleihen in den Vereinigten Staaten aufzunehmen, dieser Handel nie größeren Umfang annehmen könnte. Auf jeden Fall unternahm er keine weiteren Schritte, um die amerikanischen „Kriegsgewinnler" von ihrem Geschäft abzuhalten.

Es zeigte sich bald, daß die öffentliche Meinung in Amerika den Einbau der Vorschläge, für die Bryan in den Jahren 1914–1917 gekämpft hatte, in die Bundesgesetzgebung verlangen würde. Im April 1934 veröffentlichte Charles Warren (von August 1914 bis April 1917 Stellvertretender Generalstaatsanwalt) eine wertvolle Untersuchung über das ganze Neutralitätsproblem. Warren war sich klar darüber, daß die amerikanische Regierung zur Erhaltung der Neutralität bei Ausbruch jedes größeren Krieges irgendwo auf der Welt, die Maßnahmen ergreifen müsse, die Bryan damals als Staatssekretär so dringend empfohlen hatte.[1]

Es ist sehr aufschlußreich, die Vorschläge Warrens mit den damaligen Vorschlägen Bryans zu vergleichen. Zweifellos hält Warren diese Ratschläge für gut, und offenbar ist Präsident F.D. Roosevelt und der amerikanische Kongreß der gleichen Ansicht. Nach dem Gesetz vom 31. August 1935 hat der Präsident die Ermächtigung, bei einem Krieg im Ausland eine Proklamation zu erlassen, die die amerikanischen Bürger ersucht, nicht auf Schiffen der kriegführenden Mächte zu reisen. Nach Ausbruch der Feindseligkeiten zwischen Italien und Abessinien erließ Präsident Roosevelt eine solche Proklamation (am 5. Oktober 1935), die die amerikanische Presse warm begrüßte.[2] Eine ähnliche Proklamation im Februar 1915 hätte bestimmt den Weg in den Krieg versperrt.

Wenn wir uns vorstellen, was „hätte geschehen sollen", können wir am besten die Lage überblicken, die aus der Versenkung der „Lusitania" entstand. Bis zum Mai 1915 waren durch den deutschen U-Bootkrieg eine große Zahl englischer Handelsschiffe versenkt worden, und Amerikaner waren bei Angriffen auf den englischen Dampfer „Falaba" und das amerikanische Tankschiff „Gulflight" umgekommen. In den Memoranden und Noten, die zwischen Präsident Wilson, Staatssekretär Bryan und Lansing gewechselt worden waren, hatte man die verschiedenen Gesichtspunkte des U-Bootkrieges eingehend erörtert. Der Präsident hatte sich Lansings Standpunkt, daß Deutschland strikt verantwortlich gemacht werden müsse, genähert. Wenn man die Noten und Memoranden Lansings durchliest, sieht man deutlich, daß er überzeugt war, Deutschland wolle den Krieg. Ständig riet er dem Staatssekretär, in den Unterhandlungen mit der deutschen Regierung eine scharfe Sprache zu führen. Amerika muß seine Rechte verteidigen! Man prüft deshalb auch mit großer Überraschung ein langes Memorandum, das Lansing am 3. Mai 1915 „zur eigenen Orientierung" verfaßte. Dieses Dokument war lange im Besitz des Herrn Allen W. Dulles, eines Neffen Lansings, gewesen. Am 31. Januar 1937 wurde es im New York „Times Magazine" veröffentlicht. Der Gegensatz zwischen dem gemäßigten und versöhnlichen Ton dieses Memorandums und der drohenden Sprache seiner anderen Noten und Memoranden ist ganz erstaunlich. Über das Verhalten der europäischen Nationen während des Weltkriegs läßt sich Lansing in dem Memorandum vom 3. Mai in folgender zurückhaltenden und ruhigen Weise aus: „Was bedeutet schon die Beachtung eines Gesetzes im Vergleich zum Leben eines Volkes? Können wir ... den Regierungen des vom Krieg erschütterten Europas ... wegen ihrer Gleichgültigkeit gegen unsere gesetzlichen Rechte einen Vorwurf machen? Die Bedingungen sind außergewöhnlich. Die Geisteshaltung der Leute, die die Angelegenheiten der kriegführenden Mächte leiten, ist außergewöhnlich ... Es ist klar, daß eine neutrale Regierung, bestrebt die Handelsrechte ihrer Bürger gegenüber der Verzweiflung und Ungesetzlichkeit der Kriegführenden zu schützen, eine nahezu hoffnungslose Aufgabe vor sich hat. Was kann unternommen werden? Ein Appell an die übliche Regelung, die ein Kriegführender einem Neutralen gewähren sollte? Würde das überhaupt Eindruck machen? Mit Wiedervergeltung drohen? Was hätte das für einen Wert? ... Eine Drohung ohne

Das Passagierschiff „Lusitania" in New York. Finanzier des gigantischen Schiffsprojektes war die britische Regierung. Sie hatte der Cunard Line, die den 239,3 Meter langen Dampfer gebaut hatte, zur Auflage gemacht, das zivile Schiff müsse in ein Kriegsschiff umwandelbar sein.

Umsetzung in die Tat, wäre schlimmer als wertlos. Sie wäre demütigend und könnte leicht ernste Folgen nach sich ziehen. Das beste ist vielleicht, die Geduld zu bewahren und die kriegführenden Nationen so zu behandeln, als seien sie für ihre Taten nicht verantwortlich."[3]

Wenn Lansing dem Rat seines eigenen Memorandums gefolgt wäre, hätten sich die Beziehungen zwischen den Vereinigten Staaten und Deutschland nicht so verschärft, und der Krieg hätte vermieden werden können. Genau am gleichen Tag, an dem er das Friedensmemorandum verfaßte, sandte er eine Note an Staatssekretär Bryan, die einen vollständig anderen Geist atmete. Wegen der U-Bootangriffe auf die „Falaba", „Cushing" und „Gulflight" lasse es sich nicht vermeiden, daß die amerikanische Regierung seiner Ansicht nach „energischen" Protest einlege. Ein „bloßer Appell oder eine rücksichtsvolle Beschwerde" würde „der amerikanischen Bevölkerung nicht genügen, noch stünde das im Einklang mit den Pflichten der Regierung oder den Rechten der Vereinigten Staaten". Er stellte fest, daß die Lage „kritisch" sei, und seinem Gefühl nach standen die Vereinigten Staaten „zwangsweise vor dem Bruch" mit Deutschland. Überdies nehme die deutsche Regierung, infolge einer falschen Auffassung der Lage in den Vereinigten Staaten, „absichtlich" eine aggressive Haltung ein. Bei dieser kritischen Einstellung Lansings brauchte nur noch *ein* weiterer „U-Boot-Zwischenfall" dazu zu kommen, um ihn zu überzeugen, daß die einzige Lösung der deutsch-amerikanischen Schwierigkeiten ein Krieg mit Deutschland sei. Die „Geduld", über die er in seinem Memorandum predigte, sollte bald auf eine harte Probe gestellt werden, und sie war in dem Augenblick ganz verschwunden, da er vom Untergang der „Lusitania" hörte.

Liest man das Tagebuch oder das Logbuch des Kapitänleutnants Schwieger von U 20 durch, so könnte man meinen, die Torpedierung der „Lusitania" am Nachmittag des 7. Mai sei eine Tücke des Schicksals gewesen. Schwieger selbst hatte gerade den Rückmarsch nach Emden angetreten, als er die „Lusitania" sichtete. Trotz ausdrücklicher Gegenbefehle hatte Kapitän Turner die Geschwindigkeit seines Schiffes auf etwa 18 Knoten ermäßigt, und um 1.40 Uhr nachmittags änderte er den Kurs der „Lusitania" in Richtung Steuerbord und begann in aller Ruhe eine „Vier-Punkt-Peilung", um seinen genauen Standort festzulegen. Obgleich er drahtlos von der britischen Admiralität gewarnt worden war, daß deutsche Unterseeboote in der Nähe seien, ließ er weiterhin seine Instruktionen außer acht und kam nicht nur dicht an das Vorgebirge Head of Kinsale (U-Boote lauerten nämlich oft in der Nähe von Vorgebirgen oder Landzungen), sondern er steuerte auch keinen „Zickzackkurs".

Die Wendung nach Steuerbord um 1.40 Uhr nachmittags und die Unterlassung des Zickzackkurses, der es einem U-Boot erschwert hätte, sorgfältig zu zielen, waren Faktoren, die bei der Vernichtung der „Lusitania" wesentlich mithalfen. Tatsächlich brachte die Veränderung des Schiffskurses nach Steuerbord U 20 in Reichweite der „Lusitania" und machte so eine „Annäherung zum Schuß möglich".

Um 3.10 Uhr nachmittags traf der Torpedo die „Lusitania" auf der Steuerbordseite dicht hinter der Brücke. Es erfolgte eine außergewöhnlich große Detonation mit einer sehr starken Sprengwolke weit über den vorderen Schornstein hinaus. Bald hörte man eine zweite Explosion, die „Lusitania" stoppte sofort und bekam sehr schnell große Schlagseite nach Steuerbord, als ob sie kentern wollte. Das U-Boot beobachtete die „große Verwirrung", die auf dem torpedierten Schiff ausbrach, es sah die tragischen Versuche, wie man verschiedene Rettungsboote, die dann umkippten, zu Wasser lassen wollte. Dann ging U 20 auf Tiefe und lief „nach See zu". Kurz bevor Kapitän Schwieger den sinkenden Dampfer seinem Schicksal überließ, erspähte er einige goldene Buchstaben am Bug und erkannte den Namen „Lusitania".[4]

Als U 20 später den Schauplatz durch das Periskop absuchte, war die „Lusitania" vollständig verschwunden. Zur Überraschung des Kommandanten sank der riesige Cunard-Dampfer in ungefähr 18 Minuten; teils wegen der Verwirrung, die unter der ungeübten Mannschaft ausbrach, teils weil durch eine zweite Explosion ein weiterer ernster Schaden zu dem Torpedoschuß dazukam – ertrank mehr als die Hälfte der Passagiere und Besatzung. Es war eine der größten Schiffskatastrophen in neuerer Zeit, und die Wirkung auf die deutsch-amerikanischen Beziehungen war tiefgehend.

Seit langem war vielen Freunden Deutschlands in den Vereinigten Staaten klar gewesen, welche unglücklichen Folgen sich aus der Vernichtung eines großen Handelsschiffes der Entente, das Amerikaner an Bord hatte, ergeben würden.[5] Einige Wochen vor dem Untergang der „Lusitania" bemühte man sich, eine so furchtbare Möglichkeit zu verhindern. Im April 1915 hielt die deutsche „Propaganda-Abteilung"[6] in Amerika eine wichtige Zusammenkunft ab, um über den Erfolg ihrer Anstrengungen zur Schaffung einer pro-deutschen Stimmung in gewissen Kreisen zu reden.

Die Mitglieder waren in „guter Stimmung" über das Ergebnis ihrer Bemühungen, aber S. Viereck, der Herausgeber der Zeitschrift „The Fatherland", erhob warnend seine Stimme: „Früher oder später wird irgend ein großer Passagierdampfer mit Amerikanern an Bord von einem Unterseeboot versenkt werden. Dann aber wird der Teufel los sein."

Ein deutscher Marinesachverständiger, der ihm erwiderte, wies auf die Tatsache hin, daß durch die englische Blockade Tausenden deutscher Kinder der Hungertod drohe, die Amerikaner müßten doch von der Gewalttätigkeit dieses englischen Unternehmens tiefer beeindruckt werden, als von den Taten der deutschen U-Boote. Seine Ausführungen hatten jedoch nur geringe Wirkung und riefen folgende schlagende Antwort Dr. Dernburgs hervor: „Die amerikanische Bevölkerung kann sich nicht hunderttausend oder eine Million Kinder vorstellen, die infolge der englischen Blockade langsam dem Hungertod entgegengehen, aber sie kann sich sehr wohl das schmerzerfüllte Gesicht eines kleinen Kindes vorstellen, das in den Trümmern ertrinkt, die der Torpedoschuß eines deutschen U-Bootes verursachte."[7]

Dr. Dernburg sprach so zwingend, und seine Darlegung war so eindrucksvoll, daß Dr. Fuehr sich nach dem Abfahrtsdatum des nächsten Passagierdampfers nach England erkundigte. Als man entdeckte, daß die „Lusitania" binnen kurzem abfahren würde, rief Viereck ganz erregt: „Dann veröffentlicht doch eine Warnung, bevor die ‚Lusitania' wegfährt."

Die Propaganda-Abteilung nahm diesen Vorschlag einstimmig an und entwarf eine Warnung, die umgehend in den führenden New Yorker Blättern veröffentlicht werden sollte, aber infolge „technischer Schwierigkeiten" verschob sich ihr Erscheinen bis zum 1. Mai, und das war der Tag, an dem die „Lusitania" nach England abfuhr.[8] Die außergewöhnliche Anzeige wurde dann auch von Amerikanern, die sich auf der „Lusitania" einschiffen wollten, bemerkt und erregte bei ihnen ausgesprochene Besorgnis. Ihre Befürchtungen wurden teilweise zerstreut durch Versicherungen, die britische Admiralität würde der „Lusitania" nach Erreichung der

Kriegszone einen Begleitzug entgegenschicken. Der Generalvertreter der Cunard Linie, Charles P. Sumner, bemühte sich ebenfalls, ängstliche Gemüter zu beruhigen; er kam am 1. Mai an den Landesteg und verbreitete die erfreuliche Nachricht, die Fahrt der „Lusitania" wäre von absolut „keinerlei Gefahr" begleitet.[9]

Aber trotz dieser Versicherungen hegte man in New York noch große Befürchtungen, daß die „Lusitania" von einem deutschen U-Boot torpediert werden könnte: Am 3. Mai veröffentlichte die Washingtoner „Post" eine Depesche von New York, in der es hieß, daß man für die Sicherheit des großen Dampfers „sehr in Sorge sei".

Am 7. Mai fand im Weißen Haus eine Kabinettssitzung statt. Nachdem die Sitzung vertagt worden war und die Kabinettsmitglieder sich in ein nahes Hotel begeben hatten, um sich über einige dringende Fragen noch weiter zu unterhalten, entschloß sich der Präsident zu einer kleinen Autofahrt. Aber ehe er das Regierungsgebäude verlassen konnte, brachte man ihm die Nachricht vom Untergang der „Lusitania". Jetzt kam die erste wirkliche Krise in den deutsch-amerikanischen Beziehungen.

Amerika reagierte auf den Untergang der „Lusitania" mit einer überaus scharfen Verurteilung der deutschen Regierung. Der Des Moines „Register and Leader" betrachtete die Zerstörung eines Passagierdampfers ohne hinreichende Vorsichtsmaßnahmen für die Sicherheit von Mannschaft und Fahrgästen als „vorsätzlichen Mord"; der New York „American" war der gleichen Meinung und nannte dies „Massenmord"; der Boston „Transcript" dachte, es sei nichts weniger als ein „Blutbad"; die New Orleans „Picayune" sprach von einem „Verbrechen"; während das Louisville „Courier-Journal" äußerte, daß „in der Geschichte der Seeräuberei nichts an mutwilliger, wilder Grausamkeit der Zerstörung der ‚Lusitania' gleichkommt". Die Los Angeles „Times" war bemüht, gegenüber dem Zwischenfall objektiv zu bleiben; sie faßte ihren Gesichtspunkt folgendermaßen zusammen: „Ein Amerikaner, der einen fairen Standpunkt bewahren will, darf nicht vergessen, daß ‚Krieg auch Krieg' bedeutet, und daß Deutschland seine Absicht kundgetan hatte, die ‚Lusitania' als feindliches Schiff mit Waffen und Munition für den Feind an Bord, kriegsmäßig zu torpedieren."[10]

Aber trotz der Woge der Empörung, die wegen der Versenkung der „Lusitania" über Amerika ging, war in den Zeitungen wenig Stimmung für einen Krieg mit Deutschland. Die Chicago „Tribune" konnte keine beachtenswerte Strömung entdecken, die auf Krieg deutete; die Atlanta „Constitution" war überzeugt, daß „die Volksmassen in den Vereinigten Staaten keinen Krieg wollen"; und der New York „American" empfand, daß „der ‚Lusitania'-Zwischenfall an sich selbstredend kein Grund zu einer Kriegserklärung ist". David Lawrence zeichnet die Lage tatsächlich ganz richtig mit folgenden Sätzen: „Es ist höchst sonderbar, daß, während einige Leute an der Ostküste nach Krieg riefen, eine sorgfältige Prüfung der Leitartikel zeigte, daß von 1.000 Leitartikeln, die in drei Tagen nach dem Untergang der ‚Lusitania' im Mai 1915 gesammelt worden waren, weniger als ein halbes Dutzend die Ansicht vertraten, es müßte ein Krieg erklärt werden."[11]

Die Reaktionen einzelner Persönlichkeiten auf den Untergang der „Lusitania" waren ebenso grundverschieden wie die Zeitungskommentare, aber die große Mehrheit der Amerikaner lehnte diese Art des U-Bootkrieges ganz entschieden ab. Als die Nachricht Frank A. Munsey, den Besitzer verschiedener Zeitungen, erreichte, der an sich schon cholerisch veranlagt war, telephonierte er eilends an J. Edwin Murphy, den Hauptschriftleiter eines der Munsey-Blätter, der Washingtoner „Times":

„Hat Wilson schon den Krieg erklärt?"
„Nein, Herr Munsey."
„Wird er ihn bald erklären?"
„Ich glaube nicht. Er hat nichts darüber geäußert."
„Gut, wo ist er?"
„Er spielt jetzt eben Golf."
„Mein Gott! Schickt nach ihm und holt ihn. Sagt ihm, er müsse auf der Stelle an Deutschland den Krieg erklären."

Aus Zorn darüber, daß Präsident Wilson sich nicht sofort in einen Krieg gegen Deutschland stürzte, schrieb Munsey in aller Eile einen Leitartikel, der folgendermaßen schloß: „Als sich all dies ereignete, Ursachen, die die Seele der ganzen Menschheit, außer Deutschland, erschütterten, ging der Präsident aufs Land zum Golfspielen. Großer Gott! Hat es ein solches Schauspiel gegeben, seit Nero zum Brand von Rom die Harfe schlug?"[12]

Es gab jedoch manche Amerikaner, die nicht in den allgemeinen Sturm der Entrüstung über die Vernichtung der „Lusitania" durch ein deutsches U-Boot einstimmten. Der Vize-Präsident meinte, wenn „jemand ein englisches Schiff betritt, ist er tatsächlich auf englischem Boden und muß deshalb auch die entsprechenden Folgen auf sich nehmen". Verschiedene andere einflußreiche Amerikaner, wie Senator Stone von Missouri, Senator Jones von Washington und A. Mitchell Palmer von Pennsylvanien, verurteilten den bestehenden Brauch der Amerikaner, mit Schiffen der kriegführenden Mächte zu fahren. Staatssekretär Bryan selbst war ganz entschieden dieser Ansicht, und in einem Brief an Präsident Wilson (9. Mai) erklärte er, daß Deutschland ein Recht habe, „zu verhindern, daß Konterbande die Alliierten erreiche, und ein Schiff, das Konterbande führe, solle sich nicht darauf verlassen, daß die Passagiere es vor einem Angriff bewahren – das wäre genau so, wie wenn man Frauen und Kinder vor ein kämpfendes Heer stellen würde".

Vizeadmiral F.E. Chadwicks Ansicht schloß sich eng an Staatssekretär Bryans Anschauung an, und in einem Brief an Henry White (23. Mai) äußerte er sich klar und bestimmt: „Ich glaube nicht, daß die ‚Lusitania', die eines der beiden besonders subsidierten englischen Hilfskriegsschiffe war, die Erlaubnis hätte bekommen dürfen, unsere Häfen anzulaufen. Sie hatte auch eine Ladung von 5.700 Kisten Munition an Bord … Wood [General Leonard Wood] drückte sich mir gegenüber in Mohonk folgendermaßen aus: ‚Man kann nicht 10 Tonnen Munition mit einem Unterrock zudecken'. So sind die Verluste, trotz aller Sympathie für die Beteiligten, ihrer eigenen unpatriotischen Kurzsichtigkeit und dem Verbrechen (man kann es nicht geringer bezeichnen) der Engländer zuzuschreiben, die eine solche Fracht in einem Postdampfer beförderten. Krieg ist Krieg, und kann ein Gegner ohne jede Rücksicht den sicheren Transport des Materials zu seiner eigenen Vernichtung zulassen? Ich sehe nicht ein, wie wir unter allen Umständen verlangen können, daß das Leben unserer Bürger auf einem solchen Schiff garantiert werden soll."

In Deutschland herrschte über die Versenkung der „Lusitania" ein allgemeines Gefühl der Befriedigung, daß jetzt England zur Vergeltung für die Hungerblockade einen ernsten Schlag erhalten hatte. Zufällig befand sich Mary Heaton Vorse, die bekannte amerikanische Schriftstellerin, kurz nach der Vernichtung der „Lusitania" zu Besuch in Deutschland. Ihr Bericht über das, was sie in dem vom Krieg erschütterten Land hörte, ist recht anschaulich. In einem deutschen Kaffeehaus in der Nähe der holländischen Grenze, hörte sie vielen Unterhaltungen zu: „Was mich betrifft", sagte eine Frau, „ich habe überhaupt kein Mitleid mit den Leuten auf der ‚Lusitania'. Warum reisen sie auf einem Munitionsschiff? Leute, die auf Munitionsschiffen reisen, müssen damit rechnen, daß sie in die Luft fliegen …" Ein großer Mann mit Hängebacken und einem riesigen Schnurrbart, wischte den Mund und trat zu der Gruppe. „Ja, sie haben die ‚Lusitania' in die Luft gesprengt", sagte er lustig, „ein gutes Stück Arbeit".

„Unsere U-Bootkommandanten sind Prachtskerle!" Alles nickte und stimmte bei … Die gleiche Unterhaltung, die ich auf dem Bahnhof gehört hatte, hörte ich wieder im Zug. Weder im Norden noch im Süden vernahm ich ein Wort des Mitleids oder des Bedauerns für die Opfer der „Lusitania". Die Leute wiederholten immer wieder: „Ja, es geschieht ihnen ganz recht! Wenn sie doch auf einem Munitionsschiff reisen!"[13]

Einzelne bedeutende Persönlichkeiten in Deutschland veröffentlichten sofort Artikel, um die Versenkung der „Lusitania" zu rechtfertigen. Sie betonten vor allem den Gesichtspunkt, daß der Cunard-Dampfer ein Hilfskriegsschiff gewesen sei und deshalb beim Antreffen versenkt werden konnte. In dieser Richtung äußerte sich Professor Max Fleischmann von der Universität Königsberg, Professor Karl Binding von der Universität Leipzig und Professor Siegfried Brie von der Universität Breslau. Professor Brie vertrat ganz positiv seinen Anspruch, die „Lusitania" sei wirklich ein Kriegsschiff gewesen: „Es besteht kein Zweifel, daß die ‚Lusitania', ebenso wie ihr Schwesterschiff ‚Mauretania', unter Mitwirkung der britischen Admiralität gebaut und alsbald mit starken Geschützen armiert worden ist, um im Falle eines Seekriegs unmittelbar als Hilfskreuzer der britischen Kriegsmarine verwendet zu werden … Unter diesen Voraussetzungen war ein feindlicher Angriff auf die ‚Lusitania' ohne vorherige Warnung oder Untersuchung völlig berechtigt."[14]

Andere deutsche Professoren waren überzeugt, daß, wenn die „Lusitania" schon kein Hilfskreuzer der englischen Flotte war, sie zum mindesten als bewaffnetes Handelsschiff fuhr und deshalb bei Sichtung versenkt werden konnte. Dieser Meinung waren Professor Heinrich Harburger von der Universität München, Professor Johannes Niedner von der Universität Jena und Professor Heinrich Triepel von der Universität Berlin. Die deutsche Presse verteidigte die Versenkung der „Lusitania" ebenso entschieden. Die „Kölnische Zeitung" berichtete, daß die Nachricht von der Vernichtung der „Lusitania" „vom deutschen Volk mit unverhohlener Befriedigung" vernommen wurde, „denn sie beweist England und aller Welt, daß es Deutschland mit dem Tauchbootkrieg ernst ist."[15]

Das „Berliner Tageblatt" war überzeugt, daß es niemanden in Deutschland gebe, „der nicht mit tiefstem Bedauern die Tatsache erführe, daß bei dem Untergang der ‚Lusitania' so viele Zivilpersonen als ein Opfer der kriegerischen Operationen ihr Leben eingebüßt haben. Aber man darf keinen Augenblick daran vorbeigehen, daß sie zugleich als ein Opfer englischen Hochmuts und englischer Verantwortungslosigkeit und ihres eigenen Leichtsinns umgekommen sind. Sie waren gewarnt worden und hatten diese Warnung zu ihrem eigenen Schaden in den Wind geschlagen."[16]

Die „Münchener Neuesten Nachrichten" glaubten, es sei niemand in Deutschland, der nicht tiefstes Mitgefühl empfände für „die zahlreichen Opfer beim Untergang der ‚Lusitania'. Und wenn etwas die Tragik des Schicksals dieser Opfer erhöhen kann, dann ist es der Umstand, daß sie vorher gewarnt worden waren, wie nur jemals ein Mensch gewarnt worden ist. Sie sind durch die Gewissenlosigkeit der englischen Admiralität und der englischen Reederei und zum Teil von der amerikanischen Presse um den Wert dieser Warnung betrogen worden. Es ist unsere Ansicht, daß es nicht mehr als die einfachste Pflicht und Schuldigkeit der amerikanischen Behörden gewesen wäre, auch von sich aus die Warnung des deutschen Botschafters vor einer Fahrt mit der ‚Lusitania', überhaupt mit Schiffen der mit Deutschland im Krieg befindlichen Mächte ... mit allem Ernst zu unterstützen."[17]

Ein großer Teil der deutschen Presse drückte sein Bedauern über die vielen Verluste an Menschenleben auf der „Lusitania" aus. Die Verantwortung wurde England zugeschoben wegen der Blockade Deutschlands. In einigen Zeitungen erklang jedoch ein grimmiger Ton der Befriedigung über den Erfolg des U-Bootkriegs, und an die Vereinigten Staaten wurde wegen der wohlbekannten Sympathien für die Sache der Alliierten eine deutliche Herausforderung gerichtet. Der folgende Auszug aus den „Berliner Neueste Nachrichten" ist in dieser Hinsicht sehr bezeichnend: „Die Torpedierung des riesigen englischen Dampfers ‚Lusitania' erfüllt uns mit Befriedigung, obwohl man an das grausame Schicksal der ‚Titanic' erinnert wird. Jetzt wird endlich die Firma Wilson und Grey einsehen, daß wir uns durch nichts abhalten lassen und entschlossen sind, in vollem blutigem Ernst weiterzugehen. Ein englisches Blatt meint, nun müßte Wilson handeln, da jetzt so viele Bürger des freien Amerika ein nasses Grab gefunden hätten. Wenn er mit uns anfangen will, nur zu! Mit der italienischen Kriegserklärung nehmen wir gern auch noch die amerikanische an. Der Sieg ist uns gewiß."[18]

Für Präsident Wilson war die Nachricht von der Vernichtung der „Lusitania" ein entsetzlicher Schlag. Kurz nachdem er über die Tragödie unterrichtet worden war, verließ er rasch das Weiße Haus und machte einen langen Spaziergang, bei dem er weder nach rechts noch nach links blickte. Wie tief er bewegt war, beschreibt sehr eingehend Tumulty, der versucht hatte, den Präsidenten auf einige Einzelheiten, die in der Presse erschienen, aufmerksam zu machen. Es wurde ihm rasch Einhalt geboten durch die Ermahnung, daß es „viel besser wäre, nicht zu sehr auf diese Sachen einzugehen". Dann wandte sich der Präsident mit Tränen in den Augen an Tumulty und erzählte ihm von seinem Bemühen, objektiv zu bleiben: „Wenn ich über die tragischen Einzelheiten, die täglich in den Zeitungen über die ‚Lusitania' erscheinen, nachdenken würde, würde alles auf mich wie ein rotes Tuch wirken, und ich fürchte, wenn ich dann in dieser Lage handeln müßte, könnte ich niemand Gerechtigkeit widerfahren lassen ... Ich habe in vielen schlaflosen Stunden über die Tragödie nachgedacht."[19]

Es ist natürlich möglich, daß der überwältigende Kummer des Präsidenten über die Verluste an Menschenleben auf dem Unglücksschiff zum Teil darauf beruhte, daß er über die Bitten des Staatssekretärs Bryan, etwas zu unternehmen, um die amerikanischen Bürger abzuhalten, auf Handelsschiffen der Kriegführenden zu reisen, hinweggegangen war. Tatsächlich ist, sofern man Senator La Follette Glauben schenken kann „Präsident Wilson vier Tage vor der Ausreise der ‚Lusitania' persönlich von Staatssekretär Bryan gewarnt worden, daß die ‚Lusitania' neben ‚Explosivstoffen' sechs Millionen Schuß Munition an Bord hatte ... Bryan ersuchte Präsident Wilson dringend, die Fahrgäste davon abzuhalten, auf der ‚Lusitania' zu reisen."[20]

Bei der geistigen Überreizung des Präsidenten und der immer größer werdenden Neigung Lansings, die diplomatischen Beziehungen zu Deutschland abzubrechen, war nur zu erwarten, daß die diplomatischen Noten der amerikanischen Regierung über die Versenkung der „Lusitania" in sehr scharfem Ton gehalten würden. Es oblag Lansing, die Noten zu verfassen. Die Stimmung, in der er dies unternahm, ist heute aus verschiedenen Abschnitten seiner „Kriegs-Erinnerungen" gut bekannt: „Es war schwer, seine Gefühle zurückzuhalten und eine leidenschaftslose Korrespondenz mit der deutschen Regierung über die ‚Lusitania'-Angelegenheit zu führen, wenn die Natur revoltierte über die Herzlosigkeit der Täter des Verbrechens und der Regierungsbeamten, die ohne Zögern die Tat verteidigten. Erklärungen des guten Willens und Höflichkeitsbezeugungen schienen ganz fehl am Platze."[21]

Die amerikanischen Noten und die deutschen Erwiderungen befaßten sich im einzelnen mit den Tatsachen, die mit der Versenkung der „Lusitania" zusammenhingen. Die Ansichten, was nun die wirklichen Tatsachen waren, gingen weit auseinander. Eine kurze Erörterung der neuesten Angaben über den Zwischenfall wird zur Klärung der Lage beitragen. Man weiß jetzt, daß Kapitänleutnant Schwieger nicht ausdrücklich zu dem Zweck, die „Lusitania" zu torpedieren, am Eingang des Bristol-Kanals auf der Lauer lag. Sein Zusammentreffen mit dem riesigen Cunard-Dampfer war ganz zufällig. Wenn Kapitän Turner seinen Befehlen nachgekommen wäre, ist es wahrscheinlich, daß die Tragödie nie geschehen wäre. Er hatte Instruktion bekommen, im Kanal einen mittleren Kurs zu halten; Vorgebirge oder Landzungen zu meiden; mit Höchstgeschwindigkeit zu fahren und Zickzackkurs zu steuern. Er ließ alle diese wichtigen Anweisungen außer acht und trug dadurch zur Vernichtung seines eigenen Schiffes bei. Der Kommandant von U 20 hatte nicht erwartet, daß die „Lusitania" in der erstaunlich kurzen Zeit von 18 Minuten sinken würde. Am Tage vorher war er von der Tatsache beeindruckt worden, daß Schiffe, nicht einmal ein Fünftel so groß wie die „Lusitania", sich entweder überhaupt schwimmend erhielten oder nur ganz langsam untergingen, nachdem sie von einem Torpedo getroffen waren. In seinem Logbuch vom 7. Mai notiert er die „außergewöhnlich große Detonation", die auf den Torpedoschuß folgte. Er schloß daraus, daß es eine zweite Explosion gegeben haben mußte, wahrscheinlich durch „Kessel oder Kohle oder Pulver".

Ob nun die zweite Explosion durch die von dem Torpedo getroffenen Kessel verursacht wurde, oder durch Kriegsmunition, die durch die erste Explosion in Brand geraten war, ist eine Frage, die viele Jahre hindurch die Aufmerksamkeit zahlreicher Publizisten erregt hat. Schon am 8. Mai meinten einige Schiffssachverständige in Washington, daß „innere Explosionen, die auf den Angriff folgten, vielleicht bei dem Zerstörungswerk mitgeholfen haben, da ja das Schiff, so viel man weiß, eine große Menge Kriegsmaterial für die Alliierten, einschließlich vieler Munition, mitführte."[22]

Es steht jetzt endgültig fest, daß die „Lusitania" in ihrer Fracht 4.200 Kisten Metallpatronen und 1.250 Kisten Schrapnell mitführte. Die Patronen waren zu je zwanzig in einer Schachtel und zu je „tausend in einer Kiste", sie enthielten „fünf Pfund Pulver auf tausend Hülsen". In den Schrapnellkisten befanden sich „keine Zünder und überhaupt keinerlei Pulverladung".[23]

Die in den 4.200 Patronenkisten enthaltene Pulvermenge belief sich auf etwa 10,5 Tonnen. Es ist möglich, daß dieser Teil der Ladung mit gewaltiger Wucht explodierte. Es besteht auch eine weitere Möglichkeit, daß vielleicht andere Explosivstoffe an Bord der „Lusitania" geschmuggelt worden waren, deren Explosion den von dem Patronenpulver herrührenden Schaden weitgehend vergrößerte. Dudley Field Malone, der Zolleinnehmer des New Yorker Hafens, gibt in seinem Bericht an den Schatzsekretär (vom 4. Juni 1915) zu, daß es „vollständig undurchführbar ist, jede einzelne Packung oder Kiste, die in die Ladung eines ausfahrenden Schiffes kommt, tatsächlich zu durchsuchen". In einer Unterhaltung mit Professor Thomas A. Bailey im August 1934 gibt Malone weiter zu, daß es möglich gewesen sei, daß „beträchtliche Mengen hochexplosiver Stoffe" an Bord der „Lusitania" geschmuggelt worden waren.[24]

Angesichts der Erklärungen Malones ist Professor Bailey geneigt, der Theorie einer Munitionsexplosion, als einer der Ursachen für das rasche Sinken, Glauben zu schenken. Seit 1915 liegen endgültige Beweise vor, daß U 20 nur einen Torpedoschuß abgab. Nachdem das also feststeht, „ist die Wahrscheinlichkeit zugunsten der Theorie einer Munitionsexplosion ganz beträchtlich gestiegen, obgleich die Möglichkeit einer Kesselexplosion oder einer aus irgendwelchen anderen Gründen nicht außer acht gelassen werden kann."[25]

Schade ist nur, daß die amerikanischen Sachverständigen des Dampfschiffahrt-Überwachungsdienstes am 2. Mai 1911 festlegten, daß „Munition für Handfeuerwaffen ohne Einschränkung auf Passagierdampfern" befördert werden könne. Dieser Entscheid war getroffen worden, nachdem Versuche über die Verladung von Munition für Handfeuerwaffen auf Passagierdampfern angestellt worden waren. Der Dampfschiffahrt-Überwachungsdienst war überzeugt, daß der Transport derartiger Munition keinerlei „Risiko oder Gefahr durch Feuer oder Explosion" nach sich ziehen würde.

Eine weitere wichtige Frage bei der Versenkung der „Lusitania" ist, ob sich an Bord des Cunard-Dampfers irgendwelche Bewaffnung befand. Die deutsche Presse war überzeugt, daß die „Lusitania" bewaffnet war, und aufgrund dieser Annahme rechtfertigte sie die Versenkung ohne Warnung. Es war sehr wohl bekannt, daß die „Lusitania" und ihr Schwesterschiff, die „Mauretania", von der Cunard Company mit Geld gebaut worden war, das die englische Regierung zu einem ganz geringen Zinsfuß vorgestreckt hatte. Der Cunard Company wurde auch eine jährliche große Subvention bezahlt, damit sie die beiden Dampfer zu Regierungszwecken im Kriegsfalle bereithalte. Nach Ausbruch des Weltkrieges wurde die „Lusitania" von der englischen Admiralität übernommen; wegen ihres großen Kohlenverbrauchs wurde sie aber der Cunard Company bald wieder zurückgegeben.

In der Ausgabe des Handbuches von Jane, „Fighting Ships", des Jahres 1914 war eine Silhouette der „Lusitania" abgedruckt, und in dem „Naval Annual" war sie aufgezählt als „bewaffnetes Handelsschiff". In den Planzeichnungen, die in der englischen technischen Zeitschrift „Engineering" veröffentlicht worden waren, befanden sich Geschützstände für zwölf Sechszoll-Schnellfeuerkanonen. Nach den Zeichnungen schienen die Kanonen schon montiert zu sein. Am 14. Mai 1915 brachte die Zeitschrift „Engineering" wieder diese Pläne der „Lusitania", die ausweisen, daß die Kanonen montiert waren. Die deutsche Presse wies sofort darauf hin, daß der Cunard-Dampfer offensichtlich bewaffnet war. In der Berliner „Vossischen Zeitung" erklärte Vizeadmiral Hofe, daß die Bewaffnung sich auf drei Batterien verteilte – eine auf dem Vordeck, eine mittschiffs, und eine auf dem Hinterdeck. Seiner Ansicht nach war es wahrscheinlich, daß die Batterie auf dem Mitteldeck nie aufgestellt worden war, aber die beiden anderen Batterien hätten leicht vor den forschenden Blicken der Passagiere verborgen werden können. Es sei sogar möglich, daß die amerikanischen Hafenbeamten bezüglich der Bewaffnung getäuscht worden waren. Der Verdacht der deutschen Presse wurde verstärkt durch einige Bemerkungen von Winston Churchill im Unterhaus (am 16. März 1914), in denen er zugab, daß etwa 40 englische Handelsschiffe „Verteidigungswaffen" erhalten hätten. Er wurde weiter bestärkt durch einen bezeichnenden Abschnitt, der in der New York „Tribune" über die angebliche Bewaffnung der „Lusitania" erschien: „Als Grund, warum der Luxusdampfer ‚Lusitania' so lange in Liverpool zurückgehalten wurde, hatte man angegeben, daß seine Turbinenanlage vollständig erneuert würde, aber Beamte der Cunard-Linie gestanden heute dem ‚Tribune'-Korrespondenten, daß der Ozeanschnelldampfer nach Englands neuer Politik, Passagierdampfer zu bewaffnen, mit Schnellfeuerschiffsgeschützen ausgerüstet wird."[26]

Im Widerspruch zu diesen Angaben über eine Bewaffnung der „Lusitania" steht der offizielle Bericht Malones, in dem er eindeutig feststellt, daß „der Dampfer ‚Lusitania', als er am 1. Mai 1915 zu seiner letzten Fahrt nach England aus dem Hafen von New York auslief, keine Geschütze irgendwelchen Kalibers oder Bauart auf irgend einem Deck oder verschiedenen Decks, auf dem Vorder- oder Hinterschiff, montiert oder nicht montiert, offen oder verborgen, besaß."

In einem Memorandum, das Lansing für das Staatsdepartement am 10. Mai 1915 bearbeitet hatte, macht er folgende unbedingte Feststellung: „Es ist eine absolute Tatsache, daß die ‚Lusitania' keine montierten oder nicht montierten Geschütze besaß und deshalb gänzlich unbewaffnet war."

Als weiteren Beweis haben wir einen Brief von Staatssekretär Lansing an Präsident Wilson (12. September 1915), in dem er bemerkt, daß die „englische Admiralität aufgrund einer inoffiziellen Verständigung englische Handelsschiffe, die amerikanische Häfen anliefen, nicht mit Geschützen versah. Über ein Jahr lang ist die Frage deshalb nicht erörtert worden, da sich zudem kein Zwischenfall ereignete".

Zur weiteren Bestätigung von Lansings Erklärung, daß die „Lusitania" nicht bewaffnet war, haben wir die Aussagen von 109 Zeugen, die während der Mersey-Untersuchung oder vor dem Richter Mayer erklärten, daß sie keinerlei Geschütze an Bord des Dampfers gesehen hatten.

Daraus ergibt sich, daß die „Lusitania" allem Anschein nach nicht bewaffnet war, aber selbstredend erhebt sich die Frage, warum Lansing und Staatssekretär Bryan Stillschweigen bewahrten über die angebliche Tatsache, daß die englischen Handelsschiffe, die amerikanische Häfen anliefen, ohne jede Bewaffnung waren. Wenn es eine „inoffizielle Verständigung" gab, daß solche englischen Schiffe überhaupt keine Kanonen führen sollten, warum wurde diese Tatsache nicht veröffentlicht? Eine solche Erklärung hätte die deutschen Befürchtungen beruhigt und jeden Zweifel beseitigt, daß englische, aus amerikanischen Häfen kommende Handelsschiffe wirklich unbewaffnet waren.

Unglücklicherweise aber hatten die Kommandanten der deutschen U-Boote diese Zusicherung nicht, und überdies mußten sie noch mit der Tatsache rechnen, daß die Führer englischer Handelsschiffe Befehle hatten, sich nie „zahm" einem U-Boot zu ergeben. Die Instruktionen wiesen darauf hin, daß alle Schiffe eine „glänzende Möglichkeit" hatten, „U-Booten durch rasches Manövrieren und Zickzackfahren" zu entkommen. Sollte ein U-Boot plötzlich „dicht voraus" auftauchen, dann sei es ratsam, „mit höchster Fahrt direkt darauf los" zu steuern. Falls ein U-Boot ein Handelsschiff verfolgen sollte und aufzuholen scheine, wiesen die Instruktionen das

Handelsschiff an, den Bug des Schiffes auf das U-Boot zu drehen und „direkt darauf los zu steuern“. Zu der offensichtlichen Gefahr, von einem feindlichen Handelsschiff, das angerufen worden war und Befehl erhalten hatte, seine Papiere vorzuzeigen, „gerammt“ zu werden, kam noch hinzu, daß die deutschen U-Boote auch noch dem Feuer bewaffneter Handelsschiffe ausgesetzt waren. Ihnen drohte, falls sie längsseits eines angehaltenen Schiffes kamen, auch die Gefahr, mit Bomben beworfen zu werden. Ferner bestand die Möglichkeit, daß Schiffe, die feindliche Handelsschiffe zu sein schienen, in Wirklichkeit vielleicht zur Vernichtung von U-Booten besonders eingerichtete U-Bootfallen waren.

Die deutsche Regierung hatte schon im Februar 1915 erfahren, daß den Führern englischer Handelsschiffe große Belohnungen für die Versenkung von U-Booten versprochen worden waren. Solche Belohnungen wurden bald von unternehmungslustigen englischen Kapitänen beansprucht, die deutsche U-Boote gerammt oder ihre Angriffe erfolgreich abgeschlagen hatten. Ein derartiges Verfahren war selbstredend Gegenstand bitterer Kritik in der deutschen Presse, die darauf hinwies, wie unmöglich es für ein U-Boot sei, angesichts dieser Instruktionen ein feindliches Handelsschiff anzuhalten und zu durchsuchen. Im Falle der „Lusitania“ bestand bestimmt kein Zweifel, daß Kapitän Turner mit Befehlen fuhr, durch deren Ausführung es für U 20 äußerst gefährlich gewesen wäre, an der Oberfläche zu erscheinen und die Schiffspapiere zu verlangen.

Der deutsche Gesichtspunkt kommt klar zum Ausdruck in einem Artikel der „Kölnischen Zeitung“, der einige Wochen nach der Vernichtung der „Lusitania“ erschien: „Die Londoner ‚Shipping Gazette‘ brachte folgende, von keiner Seite bestrittene und zweifellos authentische Mitteilung: Dem Handelskapitän Bell vom Dampfer „Thoris“ der Manchester Ship Canal Co., der in der ersten Hälfte des März ein ihn anhaltendes deutsches Unterseeboot im Kanal gerammt hatte, wurde bei seiner Rückkehr ein Brief der Admiralität ausgehändigt, worin er zum Leutnant der Reserve der Königlichen Marine ernannt wurde. Der Brief enthielt gleichzeitig die Mitteilung, daß ‚Seine Majestät, der König, geruht habe, dem Leutnant Bell für seine Dienste auf der „Thoris“, und zwar für das Rammen eines deutschen Unterseebootes, das Verdienstkreuz zu verleihen‘ … Jedenfalls hat König Georg hiermit auf die amerikanische Forderung, deutsche Unterseeboote müßten englische Handelsschiffe erst anrufen und zum friedlichen Ausschiffen der Besatzung auffordern, bevor sie torpedieren, vorweg die königliche Antwort gegeben, daß es eine verdienstvolle, der allerhöchsten Auszeichnung werte Handlung sei, solche Ausübung der Menschlichkeit mit dem Rammen des deutschen Unterseebootes zu erwidern.“[27]

Es ist unmöglich, zu sagen, was nun gerade Kapitän Turner von der „Lusitania“ unternommen hätte, wenn U 20 dicht voraus aufgetaucht wäre und ihn aufgefordert hätte, zu stoppen. In den vorhergehenden Monaten hatten verschiedene große Dampfer angreifenden U-Booten entkommen können, und es war eine wohlbekannte Tatsache, daß bis zum Mai 1915 kein Dampfer, der mehr als 15 Knoten in der Stunde lief, von den Deutschen torpediert worden war. Es ist offensichtlich, daß die Beamten der Cunard-Linie großes Vertrauen in die Fähigkeit der „Lusitania“ gelegt haben mußten, jedem U-Boot davonzufahren, das den Versuch machte, sie anzuhalten. Und dieses Vertrauen mußte die englische Admiralität geteilt haben, denn sie machte keine Anstrengung, der „Lusitania“ einen Begleitzug zu senden, als sie sich der Kriegszone näherte. Im Hafen von Queenstown lagen drei Torpedobootzerstörer vor Anker, während sich die „Lusitania" der irischen Küste näherte, aber sie erhielten keine Befehle, dem riesigen Cunard-Dampfer entgegenzufahren. Eine solche Tatenlosigkeit ist schwer zu erklären, wenn man sich daran erinnert, daß die englische Admiralität der „Lusitania" ständig drahtlose Berichte sandte und sie vor dem Erscheinen von U-Booten an verschiedenen Punkten längs der irischen Küste warnte.

In England wurde an der Admiralität offen Kritik geübt, weil sie für keinerlei Schutz der „Lusitania" gesorgt hatte, besonders nachdem von der deutschen Regierung am 1. Mai in den bedeutendsten New Yorker Blättern eine Warnung veröffentlicht worden war. Im Unterhaus wurde Churchill über diesen Punkt sehr in die Enge getrieben. Er gab schließlich zu, daß die Admiralität bei zwei vorhergehenden Gelegenheiten Begleitzüge ausgeschickt hatte, um englische Schiffe mit Ladungen amerikanischer Pferde zu schützen. Das offene Eingeständnis erschütterte sowohl in Europa wie in den Vereinigten Staaten viele Leute aufs tiefste. Der Kaiser wies Botschafter Gerard darauf hin, daß „England der wahre Schuldige war, weil England die ‚Lusitania' langsam durch englisches Gewässer fahren ließ, damit die Deutschen sie torpedieren konnten, und dadurch Schwierigkeiten heraufbeschworen".

Daß die Annahme des Kaisers nicht nur der tolle Einfall eines voreingenommenen Geistes war, wird dadurch bewiesen, daß der ausgezeichnete amerikanische Historiker Professor Samuel F. Bemis eine beinahe ähnliche Ansicht äußerte. Über die mangelnde Vorsorge der englischen Admiralität, einen Begleitzug für die „Lusitania" durch die Kriegszone bereitzustellen, bemerkt Professor Bemis: „Man möchte wohl gern wissen, ob die englische Regierung absichtlich die ‚Lusitania' und andere englische Passagierdampfer mit amerikanischen Bürgern an Bord Angriffen aussetzte, um die Deutschen zu einer unvorsichtigen Tat zu verleiten, die vielleicht die Vereinigten Staaten in den Krieg führen könnte ... Die gleiche, wahrscheinlich absichtliche Preisgabe, lag in dem Fall des unbewaffneten Kanaldampfers ‚Sussex' vor ... Er fuhr ganz langsam, ohne Begleitung, durch ein Gebiet, das mit den Trümmern kürzlich torpedierter Schiffe übersät war. Die Wahrheit, ob die englische und französische Regierung diese Schiffe absichtlich im Interesse hoher Politik preisgaben, wird wohl nie an den Tag kommen."[28]

1915 hätte wohl Präsident Wilson jede Andeutung, englische Beamte hätten in irgendeiner Weise mit der Versenkung der „Lusitania" zu tun gehabt, mit großem Zorn erfüllt. Nie wäre er auf den Gedanken gekommen, daß verantwortliche Staatsmänner amerikanische Menschenleben in einem grausigen Spiel einsetzen würden, bei dem der Tod als sicherer Gewinner teilnahm. Eine solche Handlungsweise würde in der Tat die Diplomatie zu einem „dunklen Gewerbe" machen, und der Präsident hätte entrüstet geleugnet, daß irgendein englischer Führer sich soweit erniedrigen würde, ein so übles Gewerbe zu erlernen.

Es ist mehr als wahrscheinlich, daß der Präsident bürokratische Vergeßlichkeit als einzigen Vorwurf annahm, der sich gegen die englische Regierung in der „Lusitania"-Tragödie erheben ließ. Er war zu sehr Idealist, um sich die Tatsache immer vor Augen zu halten, daß die gleiche negative Eigenschaft seit langem mit dem englischen Erfolg in der Weltpolitik Hand in Hand ging. Die Leitsätze eines weltumspannenden Empires waren dem politischen Neuling, dessen Gesichtsfeld sich lange auf einen Universitätshof beschränkte, nicht geläufig.

Kapitel XI

Lansing treibt zum Krieg

Die Versenkung der „Lusitania" bedeutete für die englischen und amerikanischen Staatsmänner mehr eine plötzliche Erschütterung als eine Überraschung. Von dem Zeitpunkt an, da die deutsche Kriegszonenerklärung wirksam wurde, bis zum 7. Mai, hatten viele Leute im öffentlichen Leben eben diese Möglichkeit vorausgesehen. Durch irgendein seltsames Zusammentreffen der Umstände fuhren Oberst House und Sir Edward Grey am Morgen des 7. Mai hinaus nach Kew. Sie unterhielten sich unter anderem über die „Möglichkeit der Versenkung eines Ozeandampfers" durch ein deutsches Unterseeboot. Oberst House erklärte Sir Edward, daß, „falls dies geschähe, eine Woge der Empörung über Amerika gehen würde, die uns wahrscheinlich allein schon in den Krieg tragen würde".

Eine Stunde später unterhielt sich Oberst House mit König Georg im Buckingham-Palast. Wieder wurde über diese verhängnisvolle Möglichkeit gesprochen, und der König richtete eine höchst bezeichnende Frage an den Oberst: „Nehmen wir an, sie [die Deutschen] würden die ‚Lusitania' mit amerikanischen Passagieren an Bord versenken …?"[1]

Die Antwort des Oberst ist nicht aufgezeichnet, aber sie hatte wahrscheinlich einen kriegerischen Ton. Am Abend des 7. Mai waren Oberst House und seine Frau Gäste bei einem Essen, das ihnen zu Ehren in der amerikanischen Botschaft stattfand. Als ihm die Nachricht von der Versenkung der „Lusitania" gebracht wurde, erklärte er sofort: „Innerhalb eines Monats werden wir mit Deutschland Krieg haben."

Für Botschafter Page schien es klar, daß Deutschland „unter der Seeräuberflagge" Krieg führte. Amerika müsse entweder „den Krieg erklären oder die europäische Achtung verlieren". Botschafter Gerard war so überzeugt von dem sofortigen Abbruch der diplomatischen Beziehungen zwischen den Vereinigten Staaten und Deutschland, daß er eilends Vorbereitungen traf, die Botschaft zu schließen, und Brand Whitlock in Brüssel unternahm ähnliche Schritte, um der Lage zu begegnen. Die amerikanische öffentliche Meinung in industriellen Kreisen zeigte Kriegsstimmung, und dies wirkte sich sofort auf den Börsenmarkt aus. Nachdem am 7. Mai die Nachricht von der Versenkung der „Lusitania" Wall-Street erreicht hatte, wechselten etwa 600.000 Börsenpapiere in „einer Stunde lärmenden Feilschens" ihre Besitzer. Die Notierungen bekannter Aktien sanken ganz urplötzlich: Bethlehem Steel von 159 auf 130; Amalgamated Copper von 74 3/4 auf 63; National Lead von 65 1/2 auf 56 und Westinghouse Electric von 100 auf 79.

Bedeutende Finanzzeitschriften nahmen einen kriegerischen Ton an, der mithalf, die Atmosphäre der Unsicherheit noch zu verstärken. Die Zeitschrift „Commerce and Finance" erklärte, „Deutschland hat sich der ganzen Welt entfremdet", und daß es „nicht nur unseretwegen, sondern der ganzen Menschheit wegen unsere Pflicht ist", die Kräfte einzusetzen, die notwendig sind, um die „Achtung vor dem Gesetz" zu erzwingen. Das „Wall Street Journal" erinnerte eilends alle Amerikaner, daß „ein schändlicher Friede schlimmer ist als Krieg".[2]

In Präsident Wilsons Kabinett waren einige Mitglieder, die schon vor Versenkung der „Lusitania" glaubten, Amerika habe sich Deutschland gegenüber feige benommen und müsse jetzt mehr Mut zeigen. Sekretär Lane, einer der ausgeglichensten Berater Wilsons, schrieb am 5. Mai an Oberst House, und äußerte sein offenes Mißfallen über die versöhnliche Art, in der die Angriffe auf die „Falaba", die „Gulflight" und die „Cushing" von der Regierung behandelt wurden. Ihm schien, daß der Präsident „trotz aller Beschimpfungen von seiten Deutschlands entschlossen ist, bis zum äußersten zu gehen, die linke Wange hinzuhalten und nötigenfalls auch noch den Rücken; aber selbstredend kann er nicht Schimpf auf Schimpf bis zur Demütigung hinnehmen, denn das Land würde revoltieren. Wir sind ein empfindliches Volk, wie unsere englischen Freunde schon vor hundert Jahren entdeckten."

Nach der Vernichtung der „Lusitania" war Sekretär Lane sogar noch mehr davon überzeugt, daß sich mit der Ehre Amerikas nicht vereinbaren lasse, zu versöhnlich gegen Deutschland zu sein, und die meisten, die Zugang zum Präsidenten hatten, waren der gleichen Ansicht. Lansing als Rechtsberater des Staatsdepartements trug eine große Verantwortung bei seinen Rechtsauskünften über Einzelheiten des Völkerrechtes für den Präsidenten. Er unterließ es nicht, gegen Deutschland einen feindseligen Ton anzuschlagen. In seinem „Tagebuch" vom 7. Mai befindet sich eine interessante Einzelheit über die Torpedierung der „Lusitania": „W.K. Kavanaugh rief an und erzählte, daß er heute morgen um 9.30 Uhr im Aufzug zuhörte, wie ein Bote der deutschen Botschaft Fräulein Cleaves [Klees?] erzählte, daß heute der Tag sei, an dem die ‚Lusitania' in die Luft gesprengt würde."

Am folgenden Tag hatte er Unterredungen mit Staatssekretär Bryan und Sekretär Garrison über den „Lusitania"-Zwischenfall; weiter unterhielt er sich in der gleichen Angelegenheit mit dem Gesandten von Belgien, mit Herrn Henry Breckinridge und mit Herrn Wayne McVeagh. Am 10. Mai sprach er mit dem englischen und französischen Botschafter über die Versenkung der „Lusitania". Angesteckt von dem kriegerischen Ton ihrer aufgeregten Stimmung besprach er die Angelegenheit noch mit dem kriegslustigen Wayne McVeagh, der ihm zum Rücktritt riet, falls der Präsident nicht „handle". Er wurde von diesem kühnen Schritt abgehalten durch eine Versicherung von Sekretär Garrison, daß der Präsident eine scharfe Note an Deutschland richten werde.

Während Lansing über die Haltung, die seiner Meinung nach der Präsident gegenüber Deutschland einnehmen sollte, in immer größere Aufregung geriet, betrachtete Staatssekretär Bryan die Lage weit objektiver. Am 9. Mai schrieb er dem

Präsidenten und schlug ihm vor, daß es „Schiffen, die Konterbande führen, verboten werden sollte, Passagiere zu befördern". Er sprach auch mit Lansing über eine Lösung der noch in der Schwebe befindlichen Schwierigkeiten mit Deutschland. Ihm schien, daß „Amerikaner, die auf einem englischen Schiff nach einem englischen Hafen und durch die ‚deutsche Kriegszone' fuhren, dies, zum mindesten bis zu einem gewissen Grad, auf eigene Gefahr taten, und deshalb nicht auf vollen Schutz der Regierung Anspruch hatten".

Lansing war jedoch ganz anderer Ansicht. Die Annahme eines solchen Standpunktes wäre gleichbedeutend mit der Einräumung, daß „die Regierung der Vereinigten Staaten ihrer Pflicht gegenüber den eigenen Bürgern nicht nachkommt und ihnen erlaubt, sich in Gefahren zu begeben, ohne jeden Versuch, sie daran zu hindern. In der Note vom 10. Februar an die deutsche Regierung erklärte die amerikanische Regierung, daß sie Deutschland strikt verantwortlich mache für den Verlust amerikanischen Lebens oder amerikanischen Eigentums innerhalb der ‚Kriegszone'. Sie machte keinen Unterschied bezüglich der Schiffe, die amerikanische Bürger oder amerikanisches Eigentum beförderten. Hätte sie Unterschiede machen wollen, dann wäre es ihre klare Pflicht gegenüber dem eigenen Volke gewesen, dies zu erklären und eine öffentliche Warnung zu erlassen, um sie von englischen Schiffen fernzuhalten".

Wenn man irgend jemand für die Unterlassung der amerikanischen Regierung, eine solche Warnung im Februar 1915 herauszugeben, verantwortlich machen kann, dann war es gewiß Lansing. Lange hatte er sich der Behauptung Staatssekretär Bryans widersetzt, daß Amerikaner nicht auf Handelsschiffen der Kriegführenden reisen sollten. Es war ihm sogar gelungen, den Präsidenten für seine Ansicht zu gewinnen. Um konsequent zu bleiben, mußte er sich jedem Plan einer Einschränkung des Rechts aller Amerikaner, überallhin, auf allen sieben Meeren, zu jeder Zeit zu fahren, auch jetzt widersetzen. Er mußte auch gewappnet sein, jedes Argument, das die deutsche Regierung vielleicht zur Rechtfertigung der Vernichtung der „Lusitania" vorbringen könnte, zu widerlegen. Deshalb verfaßte er am 10. Mai ein ins einzelne gehendes Memorandum, das seiner Ansicht nach die wichtigsten Punkte, die vorgebracht werden könnten, deckte. Voraussichtlich würde das deutsche Auswärtige Amt behaupten, die „Lusitania" habe eine große Ladung Kriegsmunition geführt und sei deshalb „ordnungsgemäß vernichtet" worden.

Dieses Argument hielt Lansing für sehr schwach. Das bloße Vorhandensein von Kriegsmunition in der Ladung der „Lusitania" an sich entbinde die deutsche Schiffsführung „nicht davon, das Schiff anzuhalten und den an Bord Befindlichen zu erlauben, sich in die Boote zu retten, bevor der Torpedoschuß abgefeuert wird".

Als weitere Rechtfertigung des Angriffs auf die „Lusitania" würde die deutsche Regierung wahrscheinlich vorbringen, daß der Dampfer bewaffnet gewesen sei. Eine solche Behauptung betrachtete Lansing als gänzlich falsch, weil ihm versichert worden war, die „Lusitania" hätte „keine montierten oder unmontierten Geschütze" geführt.

Schließlich würde voraussichtlich die deutsche Regierung versuchen, ihre Verantwortung abzuschütteln, indem sie angibt, sie habe alle amerikanischen Bürger öffentlich gewarnt, nicht auf englischen Schiffen, die die Kriegszone passierten, zu reisen. Aber die Warnung, die in der amerikanischen Presse am 1. Mai veröffentlicht worden war, könne nach Ansicht des Staatsdepartements die deutsche Regierung von keinerlei Verantwortung entbinden, die ihr durch die Versenkung der

„Lusitania" auferlegt war. Die Warnung sei der Regierung der Vereinigten Staaten nicht mitgeteilt worden, sondern sei an die amerikanische Bevölkerung gerichtet gewesen. Eine solche Handlungsweise sei nichts weniger als eine „Anmaßung".[3]

Nachdem Lansing dieses Memorandum, das er vor allem zur eigenen Orientierung benutzen wollte, fertiggestellt hatte, sandte er Staatssekretär Bryan eine Note, die den Kurs vorschlug, der Deutschland gegenüber eingeschlagen werden sollte. Zuerst müsse ein „ernster Protest" an die deutsche Regierung gerichtet werden wegen der Torpedierung eines unbewaffneten Passagierdampfers ohne Warnung und ohne Vorsorge für die Sicherheit von Fahrgästen und Mannschaft. Diese Tat hätte die „bestehenden Regeln des Völkerrechts und die Prinzipien der Menschlichkeit verletzt".

Die amerikanische Regierung sollte dann wiederum ihre Absicht erklären, Deutschland „strikt verantwortlich" zu machen für jeden Verlust amerikanischer Menschenleben und amerikanischen Eigentums, und darauf sollte man „folgende Forderungen" stellen:

„1. daß die deutsche Regierung die Tat verwerfe und sich dafür entschuldige;

2. daß die Schuldigen offiziell bestraft werden;

3. daß die deutsche Regierung die Verantwortung anerkenne und verspreche, eine gerechte Entschädigung zu bezahlen und

4. daß die deutsche Regierung Garantie übernehme, daß in Zukunft hinreichende Maßnahmen ergriffen werden, um das Leben amerikanischer Bürger auf hoher See zu sichern". – Für den Fall, daß die deutsche Regierung sich weigere, diesen Forderungen nachzukommen, „könnten die diplomatischen Beziehungen abgebrochen werden".

Bevor der Präsident Zeit fand, irgendein Memorandum Lansings zu prüfen, hatte er schon viele ruhelose Stunden an dem Entwurf einer Note an Deutschland verbracht. Es war für ihn eine sehr anstrengende Aufgabe, und Tumulty bemerkte, wie „ernst und sorgenvoll" er aussah. Zwischendurch entschloß er sich, nach Philadelphia zu fahren, um vor einer großen Menge kürzlich naturalisierter amerikanischer Bürger eine Ansprache zu halten. Im Verlauf dieser Rede (10. Mai) gab er den Gefühlen Ausdruck, die ihn am tiefsten bewegten; es waren Gefühle, die für alle Kriegsgewinnler eine Herausforderung bedeuteten:

„Das Beispiel Amerikas muß ein besonderes Beispiel sein. Das Beispiel Amerikas muß nicht nur ein Beispiel des Friedens sein, weil es nicht kämpfen will, sondern weil Friede, nicht Kampf, das heilende und erhebende Element in der Welt ist. Es gibt so etwas wie einen Mann, der zu stolz ist, um zu kämpfen".

Aber der erhabene Ton, den der Präsident anschlug, fiel auf keinen empfänglichen Boden. Teile der amerikanischen Presse verurteilten einen solch offenen Pazifismus scharf, und das Haupt der Regierung trat bald einen hurtigen Rückzug an und begann seine Rede in Philadelphia abzuschwächen. Die herausfordernden Worte, Amerika sei „zu stolz, um zu kämpfen", dürften nicht auf die „Versenkung der ‚Lusitania'" bezogen werden. Seine Rede stelle in keiner Weise eine „außenpolitische Erklärung dar".

Nachdem diese bezeichnenden Einschränkungen dem Präsidenten abgerungen worden waren, brachte der New York „Herald" folgenden erläuternden Kommentar: „Es ist gut für das Land, daß er sich zurückzog! Es war unglücklich, daß er einen Ausdruck gebrauchte, der so leicht zu falscher Auslegung Anlaß gab!"

Feuerköpfe, wie Theodore Roosevelt, hatten das Gefühl, die Seele Amerikas sei erstickt worden, und sogar enge Freunde des Präsidenten waren in Verlegenheit, wie sie diese Haltung offensichtlicher niederster Feigheit erklären sollten. Oberst House war tief bestürzt. Als er in London spazieren ging, las er zufällig auf einem Plakat, das ein Londoner Sandwich-Mann trug, einen höchst aufreizenden Satz: „Wir sind zu stolz, um zu kämpfen – Woodrow Wilson." Es war ihm, als hätte ihn ein vertrauter Freund verraten, und klagend berichtete er dem voll Sympathie zuhörenden Botschafter Page, ihm sei zumute, als hätte man ihm, „als er die Straße herunterging, bei jedem Laternenpfosten einen Fußtritt" versetzt.

Am Morgen des 11. Mai fand eine ziemlich lange Kabinettsitzung statt, um die Beziehungen mit Deutschland zu erörtern. Als Einleitung zur Aussprache über die Lage las der Präsident ein Telegramm vor, das er von Oberst House erhalten hatte. Es atmete deutlich Kriegsstimmung. Nach Ansicht des Oberst war es klar, daß Amerika am „Scheideweg angekommen war, wo es sich entschließen mußte, ob es für eine zivilisierte oder unzivilisierte Kriegführung eintreten will. Wir können nicht länger neutraler Zuschauer bleiben ... Das Schicksal hat uns auf der Waage, und die Menschheit wird unsere Stellung unter den Völkern festsetzen".[4]

Nachdem sich verschiedene Kabinettsmitglieder „sehr günstig" über das Telegramm geäußert hatten, las der Präsident den Entwurf einer Note vor, die er der deutschen Regierung senden wollte. In dem Entwurf wiederholte er einige Sätze aus der Note vom 10. Februar. Die Vernichtung unbewaffneter Handelsschiffe, ohne die Formalität des Anhaltens und der Durchsuchung, stimme nicht mit dem Völkerrecht überein, und die deutsche Regierung würde „strikt verantwortlich" gemacht werden für alle amerikanischen Verluste an Menschenleben oder Eigentum.

Während er die Note verlas, sah man, daß er tief bewegt war. Als er geendet hatte, erhob sich eine lange Diskussion, was wohl die deutsche Regierung nach Empfang der Note unternehmen würde. Falls sie es rundweg ablehnte, die amerikanischen Forderungen zu erfüllen, würde dies dann den Abbruch der diplomatischen Beziehungen zwischen den beiden Ländern bedeuten? Wäre ein solcher Bruch das Vorspiel zum offenen Krieg? Garrison, der Kriegssekretär, vertrat die Meinung, jeder Bruch der diplomatischen Beziehungen würde wahrscheinlich bedeuten, daß Amerika bald mit Deutschland in offene Feindseligkeiten verwickelt wäre. Der Präsident war anderer Ansicht, und führte verschiedene Beispiele an, wo die diplomatischen Beziehungen zwischen Nationen abgebrochen worden waren, ohne unvermeidbar zum offenen Krieg zu führen.

Dann warf Staatssekretär Bryan ein, die bestehende Spannung brauche sich nicht so weit zu entwickeln, daß ein Abbruch der Beziehungen notwendig sei. Dabei wurde er von Burleson, dem Generalpostmeister, unterstützt, der seit langem sein enger Freund gewesen war. Es war jedoch schwer zu irgendeiner Übereinstimmung der Ansichten in dieser Kabinettsitzung, die sich etwa drei Stunden lang hinzog, zu kommen. Verschiedene Kabinettsmitglieder waren entschieden pro-alliiert, und der Präsident selbst war in seiner Haltung gegenüber den Kriegführenden weit davon entfernt, objektiv zu sein.

Am Tage vorher (10. Mai) hatte Staatssekretär Bryan dem Präsidenten ein Memorandum Lansings übersandt, das Vorschläge enthielt, die vielleicht beim Entwurf der Note an Deutschland von Nutzen sein konnten. Der Präsident übernahm einige dieser Vorschläge in die Note, die er dem Kabinett am 11. Mai vorlas. Später übergab er den Entwurf Lansing zur weiteren Bearbeitung. Lansing erbat „wegen der Dringlichkeit" der Absendung einer Protestnote an Deutschland den Rat des Sekretärs Garrison. Nach drei Konferenzen mit dem sehr selbstsicheren Kriegssekretär konnte Lansing die Note in die endgültige Form bringen und dem Präsidenten zusenden.

Die Bedeutung der Konferenzen mit Sekretär Garrison ist offensichtlich, wenn man sich daran erinnert, daß gerade der Kriegssekretär ständig den Geist der Feindschaft gegen Deutschland vertrat. Nach David Lawrence Meinung war es größtenteils den Ratschlägen Garrisons zuzuschreiben, daß die erste „Lusitania"-Note so „nachdrücklich ausfiel. In jenen Tagen war Garrisons Einfluß im Wachsen, und je mehr er anstieg, desto geringer wurde der Einfluß Bryans auf den Präsidenten".

Das Gefühl, daß Deutschland strikt verantwortlich gemacht werden müsse für seine Handlungen in der Kriegszone, wurde noch weiter verstärkt durch die Veröffentlichung des Berichtes der Bryce-Kommission in den amerikanischen Zeitungen (11.–12. Mai). Gerade die Tatsache, daß die sensationellen Enthüllungen des Bryce-Berichts in der Woche nach der Versenkung der „Lusitania" der Presse übergeben wurden, bewies vielen die große Leistungsfähigkeit der englischen Propaganda. Manchen amerikanischen Zeitungsleuten schien es schändlich, anzunehmen, daß die Propaganda bei der plötzlichen Veröffentlichung dieser in hohem Maße gefärbten und zweifelhaften Angaben eine Rolle gespielt haben könnte. Die New Yorker „Evening Post" war betroffen über eine solche Andeutung: „Man kann vielleicht voreilig den Vorwurf machen, die Veröffentlichung des Berichts in Amerika sei in geschickter Weise zeitlich so erfolgt, um die Gefühle, die durch die Versenkung der ‚Lusitania' verursacht wurden, noch zu verstärken. Aber das ist ja unsinnig!"

Die Tatsache ist nicht zu verkennen, daß die Veröffentlichung des Berichtes der Bryce-Kommission in Amerika von weitreichender Wirkung war. Von 1907 bis 1912 hatte Lord Bryce als englischer Botschafter in Washington gedient, und sein Buch „American Commonwealth" hatte ihn zu einem gründlichen, aber freundschaftlichen Kritiker amerikanischer Einrichtungen gestempelt. Seine offensichtliche Gelehrsamkeit und sein untadelhafter Charakter hatten ihm einen hohen Platz in der amerikanischen Achtung errungen. Wenige Kritiker hätten gewagt, irgendeinen Bericht mit seiner Unterschrift anzugreifen.

Auf den Präsidenten selbst mußten die Ergebnisse der Bryce-Untersuchung einen tiefen Eindruck gemacht haben. Er kannte den berühmten englischen Schriftsteller schon lange und hatte die größte Achtung vor seinen Ansichten. Für ihn gab es keinen Grund zu dem Verdacht, Lord Bryce wäre vielleicht zu alt und verknöchert, um noch länger Beweisstücke unparteiisch gegeneinander abwägen zu können, oder zu glauben, daß er nur als Propaganda-Agent der englischen Regierung handelte. Der wohlbegründete Ruf von Lord Bryce als kritischer Wissenschaftler schien eine Garantie zu sein gegen Schlußfolgerungen, die die Kriegspsychose hätte diktieren können. Von den ersten Tagen des Weltkrieges an hatten Amerika zahlreiche Gerüchte über deutsche Greueltaten erreicht. Eine Zeitlang waren diese Gerüchte teilweise entkräftet worden durch ein Telegramm, das von so berühmten Zeitungskorrespondenten wie Roger Lewis, Irwin S. Cobb, Harry Hansen, O'Donnell Bennett und John T. McCutcheon unterzeichnet war. Nach diesem Telegramm waren die laufenden Geschichten über deutsche Greuel „grundlos".

Das Staatsdepartement hatte weitere Beweise, daß Greuelgeschichten zu Propagandazwecken angefertigt wurden. Am 17. September 1914 schrieb der amerikanische Konsul in Aachen an Staatssekretär Bryan über das deutsche Verhalten in Belgien. Er sei überzeugt, daß die Geschichten, die von angeblichen deutschen Grausamkeiten erzählten, große Übertreibungen enthielten. Es habe wohl einzelne Fälle gegeben, bei denen Belgier hart behandelt worden seien, aber diese Strenge sei immer von mildernden Umständen begleitet gewesen.

Solche Depeschen wurden jedoch mehr als ausgeglichen durch Erzählungen, die den deutschen Soldaten als herzlosen Mörder wehrloser Belgier darstellten.

Brand Whitlock, der amerikanische Gesandte in Brüssel, war schon bald von der deutschen Brutalität überzeugt; und während er zugab, daß vielleicht die eine oder andere Geschichte einen zweifelhaften Wahrheitsgehalt besäße, glaubte er, daß die meisten der Berichte „dem Geist nach" echt seien. Walter Hines Page, der enge Freund des Präsidenten, hatte sich frühzeitig und eifrig zu dem Glauben bekannt, daß die deutschen Truppen beinahe jede Untat in der Liste der Verbrechen begangen hatten. In der zweiten Septemberwoche des Jahres 1914 stand für ihn fest, daß man „unmöglich länger an dem ganzen barbarischen Verhalten der Preußen zweifeln" könne.

In der amerikanischen Presse bestand eine starke Neigung, die Schlußfolgerungen der Bryce-Kommission anzuerkennen. Der Philadelphia „Public Ledger" dachte, es gäbe keinen Zweifel, daß die Worte der Kommission, „von den Amerikanern als endgültig angenommen werden". Der „Public Ledger" glaubte auch, daß „keine Denunziation die Überzeugungskraft dieser klaren Schilderung deutschen Barbarentums verstärken könnte". Die New York „Evening Post" erklärte, Deutschland sei „gebrandmarkt mit dem Zeichen der Schande, so wie noch nie in unserer Zeit ein Volk gezeichnet worden ist", und der Washington „Herald" bemerkte, daß die deutsche Führung, die für die „Schrecklichkeit" in Belgien verantwortlich zeichnete „die gleiche Führung ist, die die ‚Lusitania' versenkte und 115 Amerikaner ermordete, weil England ihren Handel störte, und weil sie an der Neutralität Amerikas zweifelte".[5]

Präsident Wilson war Pressemeinungen gegenüber sehr empfindlich. Nachdem er am 10. Mai in Philadelphia seine Rede („zu stolz, um zu kämpfen") gehalten hatte, wich er bald vor den feindlichen Zeitungskommentaren zurück und erklärte eilends, daß dieser pazifistische Satz keinerlei Beziehung zu der durch die Versenkung der „Lusitania" geschaffenen Lage habe. Es ist sehr wohl möglich, daß die scharfe Verurteilung Deutschlands in der amerikanischen Presse nach der Veröffentlichung des Bryce-Berichts seine Absicht noch stärkte, der deutschen Regierung die „strikte Verantwortung" aufzubürden. Er hatte ohne Zweifel das Gefühl, es sich nicht leisten zu können, angesichts einer entschieden feindlichen öffentlichen Meinung eine versöhnliche Haltung einzunehmen.

Staatssekretär Bryan erkannte die Gefahren der Lage ganz klar. So sandte er am 12. Mai dem Präsidenten den Entwurf einer Note an Deutschland mit den Abänderungen Lansings. Ihm gefiel der Originalentwurf des Präsidenten viel besser, weil „die Worte, die Lansing verwendet, ein wenig schärfer sind, als Ihre Worte". Das war ganz besonders richtig in dem Satz, der die U-Bootangriffe auf unbewaffnete Handelsschiffe berührte. Präsident Wilson hatte geschrieben, solche Angriffe ließen alle „Regeln des Anstands, der Vernunft, der Gerechtigkeit und Menschlichkeit, die nach moderner Ansicht unbedingt nötig sind, außer acht". Lansing wollte an Stelle der Worte „moderner Ansicht" den schärferen Ausdruck „die zivilisierte Welt" setzen. Dieser Ausdruck würde nach Bryans Dafürhalten „Deutschland tatsächlich beschuldigen, unzivilisiert zu sein".

Zum Schluß erklärte Staatssekretär Bryan, daß es ratsam wäre, die Note chiffriert nach Berlin zu senden und sie erst der Presse zu übergeben, nachdem sie Berlin erreicht hatte.

In einem zweiten Schreiben an den Präsidenten äußerte Staatssekretär Bryan seine Befürchtung, die amerikanischen „Jingoisten" würden vielleicht aus dem Ton der Note an Deutschland den Schluß ziehen, daß der Krieg bevorstehe. Um jeglicher Verlegenheit, die sich aus einer solchen Auslegung ergeben könnte, vorzubeugen, wäre es seiner Meinung nach klug, der Presse nicht nur die Note an Deutschland zu übergeben, sondern dazu eine weitere Erklärung, die amerikanische Regierung wolle nicht, daß die Note als Ultimatum angesehen werde. Die Erklärung könne folgendermaßen abgefaßt werden: Da der Ausdruck „strikte Verantwortlichkeit" von einigen Zeitungen dahingehend ausgelegt wurde, als ob er eine sofortige Regelung der Angelegenheit bedeute, halte ich es für richtig, zu erklären, daß diese Auslegung nicht unbedingt gegeben ist. Bei persönlichen Angelegenheiten halten es Freunde oft für klug, die Regelung von Streitigkeiten so lange zu verschieben, bis die Streitpunkte in aller Ruhe und ihrer Bedeutung nach betrachtet werden können. So kann man auch bei Völkern handeln. Die Vereinigten Staaten und Deutschland, zwischen denen eine ununterbrochene, lange Freundschaft herrscht, finden es vielleicht für ratsam, alle Streitigkeiten, die sich auf diplomatischem Wege nicht lösen lassen, zu verschieben, bis der Frieden wiederhergestellt ist."

Aber der Präsident hatte einige Skrupel über ein solches Verfahren. Er schrieb deshalb am andern Morgen an Staatssekretär Bryan und schlug eine andere Lösung vor. Es sei für den Staatssekretär besser, der Presse nur den Text der Note an Deutschland zu geben. Währenddessen könne das Weiße Haus eine Erklärung herausbringen, die die versöhnliche Haltung der Regierung gegenüber Deutschland darlege. Diese Erklärung sollte nach Ansicht des Präsidenten in folgenden Ausdrücken abgefaßt sein: „In Regierungskreisen hegt man großes Vertrauen, daß Deutschland auf die Note im Geiste der Verständigung antworten wird. Man weist darauf hin, daß Deutschland zwar nicht zu den vielen Nationen gehört, die kürzlich Schiedsgerichtsverträge mit den Vereinigten Staaten über alle ernsten Streitpunkte unterzeichneten, als brauchbares Mittel, die gewöhnlichen diplomatischen Methoden zu ergänzen und soweit als durchführbar, die Möglichkeit eines Konflikts zu verhindern, aber daß es doch dem Prinzip nach einem solchen Vertrag zugestimmt hat. Die entscheidenden Punkte sind jetzt klar ersichtlich, und es ist zu hoffen, daß sie in Ruhe und mit dem Wunsch zur Verständigung behandelt werden, trotz der Leidenschaften des Augenblicks – Leidenschaften, an denen die Vereinigten Staaten keinen Anteil haben – oder aber, daß die ganze Angelegenheit so erörtert wird, daß sich eine dauernde Befriedung ergibt."

Diese versöhnliche Geste wurde nie gemacht. Wieder einmal frönte Lansing seiner liebsten Beschäftigung, den Präsidenten näher an den Krieg mit Deutschland zu schieben. Am Nachmittag des 12. Mai zeigte Staatssekretär Bryan Lansing die Erklärung, die er für die Presse vorbereitet hatte. Lansing „lehnte es sofort ab, sie zu bestätigen".

Am nächsten Morgen (13. Mai) erwähnte Staatssekretär Bryan zufällig im Verlauf eines Telephongespräches mit Tumulty, daß er „sehr zufrieden" sei mit der Erklärung, die der Präsident für die Presse vorbereitet hatte. Als Tumulty gestand, er wisse nichts von einer solchen Erklärung, erkannte Staatssekretär Bryan sofort, daß er mit seiner Anspielung einen Fehler gemacht hatte. Um ein Scheitern seiner Pläne zu vermeiden, sandte er umgehend dem Präsidenten eine kurze Notiz und bat ihn, Tumulty zu „warnen", damit er in der wichtigen Angelegenheit reinen Mund halte.

Unglücklicherweise erhielt der Präsident das Schreiben des Staatssekretärs Bryan erst, nachdem Tumulty schon über den Text der vorgeschlagenen Erklärung mit Lansing telephoniert hatte. Und Lansing hatte auch am gleichen Morgen die Angelegenheit mit Sekretär Garrison besprochen, der entschieden gegen die Herausgabe irgendeines „Pressetips" vom Weißen Haus war. Es gefiel Lansing sehr, als er erfuhr, daß Tumulty und Garrison in diesem Punkte einig waren. Alle drei fanden sich in der gemeinsamen Ablehnung jeglicher versöhnlichen Andeutung gegenüber Deutschland, und das Kleeblatt konnte jetzt insgeheim aushecken, wie man am schnellsten die Friedenspläne Bryans vereiteln könne. Bryan selbst war ein zu wenig geriebener Politiker, um irgendeine Kabale hinter seinem Rücken zu vermuten.

Um Tumulty zu helfen, eilte Lansing in das Büro Bryans und verschaffte sich einen Durchschlag der geplanten Presseerklärung. Nachdem er sie dem Sekretär des Präsidenten geschickt hatte, wartete er nur kurze Zeit und rief dann Tumulty telephonisch an. Es sei wichtig, erklärte er, daß der Präsident über diesen „Pressetip" recht bald zu einer Entscheidung komme, weil er fühle, daß seine eigene Lage „immer schwieriger werde". Es ginge niemals an, Deutschland gegenüber zu verbindlich zu sein.

Nach dieser Ermahnung beeilte sich Tumulty, die ganze Frage mit dem Präsidenten zu besprechen. Es besteht nur wenig Zweifel, daß er auf die verhüllte Rücktrittsdrohung Lansings anspielte, falls der freundschaftliche „Tip" an die Presse gehe. Es ist auch mehr als wahrscheinlich, daß er auf die starke Unterstützung hinwies, die Sekretär Garrison dem Standpunkt Lansings angedeihen ließ. Auf jeden Fall gab der Präsident den dringenden Bitten Tumultys nach und beschloß, die Presseerklärung zurückzuhalten.

Freudig erregt über seinen leichten Erfolg eilte Tumulty ins Shoreham-Hotel, wo er Lansing und Garrison die frohe Botschaft vom Entscheid des Präsidenten mitteilte. Daraufhin ging Lansing ins Staatsdepartement zu einer Konferenz mit Staatssekretär Bryan zurück. Der Sekretär hatte eben eine kurze Note vom Präsidenten erhalten, in der dieser ausführte: „ich habe etwas indirekt von der deutschen Botschaft gehört, was mich überzeugt, daß wir alle Aussicht verlieren, die Deutschen zur Vernunft zu bringen, wenn wir in irgend einer Art und Weise ihnen oder unserem eigenen Volk andeuten, daß die Note nur das erste Wort zu einer langen Debatte ist. Ich werde Ihnen mündlich erzählen, was mir bekannt ist … Bitte, ziehen Sie die Botschaft (die Ergänzungserklärung) ganz zurück. Wenn wir etwas derartiges äußern wollen, muß es später geschehen, nachdem die Note ihren ersten Eindruck gemacht hat".

Die Wortwahl in dieser Notiz ist sehr aufschlußreich. Der Präsident hatte *indirekt* von der deutschen Botschaft etwas erfahren, das ihn überzeugte, wie höchst unvorteilhaft es wäre, den „Tip" der Presse zu übergeben. Dieses *etwas* war so vertraulich, daß der Präsident es nicht „schreiben" konnte, aber es dem Staatssekretär beim nächsten Zusammentreffen mitteilen wollte. Es war so geheim, daß Tumulty nichts davon gewußt hatte, als er mit Lansing an jenem Morgen sprach, und der fragwürdige Charakter liegt für jeden klar auf der Hand, der mit Lansings Vorurteil gegenüber Deutschland vertraut ist.

Sekretär Bryan gestand Lansing, daß er die „Gesinnungsänderung" des Präsidenten „nicht verstehen konnte". Wenn er von den geheimen Konferenzen zwischen Lansing, Tumulty und Garrison gewußt hätte, wäre vielleicht sein „Verständnis" für die Lage sehr viel größer gewesen.

Der Präsident hatte offensichtlich das Gefühl, Sekretär Bryan eine weitere Erklärung schuldig zu sein. Er sandte deshalb eine zweite Note, in der er sehr bedauerte, daß er es für notwendig gehalten habe, auf der Zurückziehung der Presseerklärung zu bestehen. Es habe ihn Kampf genug gekostet, aber „die Andeutung von der deutschen Botschaft (und ich kann an der Quelle meiner Informationen nicht zweifeln) zeigte klar, daß man annahm, wir sprächen nicht im Ernst und es sei eine Spitzbüberei, wenn wir bestimmt aufzutreten scheinen. Ich wagte nicht, diesen Eindruck zu unterstützen".

Durch solche abwegige Kunstgriffe zerstörte Lansing jede Möglichkeit, die „Lusitania"-Verhandlungen im Geiste der Verständigung durchzuführen. Aber das war noch nicht alles. Als Sekretär Bryan am 13. Mai den Entwurf der Note, die jetzt an Deutschland gesandt werden sollte, überlas, fiel ihm plötzlich auf, daß sie „keine abschließende Wiederholung unserer Freundschaft, wie andere Botschaften, die wir abgesandt hatten, enthielt." Als er Lansing auf die Auslassung aufmerksam machte, erhielt er die kühle Antwort, es liege wirklich kein Grund vor, warum die lange Vergangenheit der deutsch-amerikanischen Freundschaft irgendwie erwähnt werden solle. Aber Staatssekretär Bryan weigerte sich, diesen Gesichtspunkt anzuerkennen. Er hielt es für wichtig genug, über eine solche bedeutungsvolle Auslassung die Rückäußerung des Präsidenten zu erhalten. Er schrieb deshalb an das Weiße Haus und bat um Antwort über die Frage.

Das Antwortschreiben kam umgehend und zeigte, daß der Präsident und Lansing jetzt derselben Ansicht waren: „Es tut mir leid, Ihnen mitteilen zu müssen, daß in dieser Angelegenheit mein Urteil mit Herrn Lansing übereinstimmt. Ich denke, der Hauptteil der Note enthält einen ausreichenden Ton ernster Freundlichkeit."

Bryan konnte nichts mehr einwenden, und so wurde am 13. Mai die Note an die deutsche Regierung gesandt. Der Ton war scharf und ihre Formulierung so klar, daß niemand über ihre Bedeutung im Zweifel bleiben konnte. Selbst ein flüchtiges Durchlesen der scharfen Sätze enthüllte die unbestreitbare Tatsache, daß der Präsident eher die Gedankengänge Lansings übernommen hatte, als die des Staatssekretärs. Bryan war darauf bedacht, amerikanische Menschenleben zu retten durch Einführung einer Beschränkung des angeblichen Rechtes der amerikanischen Bürger, auf Handelsschiffen der Kriegführenden sogar durch die Kriegszone zu fahren. Der Präsident hatte sich jeder Einschränkung widersetzt, selbst wenn ein derartiges Verfahren Amerika vielleicht verhindert hätte, mit Deutschland in ernste Schwierigkeiten zu geraten. Jetzt, da Amerika so dringend einen Realisten im Weißen Haus brauchte, war es unglückselig, daß sich Präsident Wilson so sehr von den Rechtsgrundsätzen Lansings beeinflussen ließ. Die eindeutig festliegende Haltung des Präsidenten bezüglich des uneingeschränkten Rechts amerikanischer Bürger, die offenen Meere zu befahren, kommt in dem folgenden Auszug aus der Note vom 13. Mai gut zum Ausdruck: „Die Regierung der Vereinigten Staaten hatte bereits Gelegenheit, die kaiserliche Regierung davon in Kenntnis zu setzen, daß sie die Einführung derartiger Maßnahmen oder Warnungen vor Gefahren an amerikanische Schiffer oder amerikanische Staatsangehörige, die berechtigterweise als Passagiere auf Schiffen kriegführender Staaten reisen, nicht zulassen könne, und daß sie die kaiserliche deutsche Regierung für jede absichtliche oder zufällige Verletzung dieser Rechte streng verantwortlich machen müsse... Die kaiserliche deutsche Regierung wird nicht erwarten, daß die Regierung der Vereinigten Staaten irgend ein Wort ungesprochen oder irgendeine Tat ungeschehen lassen wird, die notwendig sein sollten, um ihrer heiligen Pflicht zu genügen, die Rechte der Vereinigten Staaten und ihrer Bürger zu wahren und ihre freie Ausübung und Genuß zu gewährleisten."[6]

Aber die Note verfocht nicht nur das Recht amerikanischer Bürger, in voller Sicherheit auf kriegführenden Handelsschiffen zu reisen; sie griff auch scharf den U-Bootkrieg an und erklärte, er stehe im Gegensatz zu allen „jenen Regeln der Billigkeit, der Vernunft, der Gerechtigkeit und der Menschlichkeit, die von der modernen Anschauung als gebietend angesehen werden".

Die entschiedene Haltung des Präsidenten wurde von der amerikanischen Presse in eindeutiger Weise unterstützt. Die Washingtoner „Post" meinte, die Note an Deutschland habe den „wahren amerikanischen Klang in ihren Forderungen für die Freiheit der Meere und ihrem Eintreten für den Schutz von Leben und Eigentum der Bürger der Vereinigten Staaten".

Die Baltimore „Sun" glaubte, hier sei „all die Kraft in der Botschaft, die eine kraftvolle Nation verlangen kann". Der Bostoner „Transcript" erklärte, der Präsident „stehe ein für Regierung und Bevölkerung", und sicherlich stünden die Amerikaner „hinter ihm wie ein Mann". Die „New York Times" war ähnlicher Ansicht und trat dafür ein, daß der Präsident „die geeinte Unterstützung der amerikanischen Bevölkerung hatte". Die Chicago „Tribune" bemerkte nachdrücklich, der Präsident habe ohne Zweifel „die Gefühle der Nation ausgesprochen", während die Los Angeles „Times" die Überzeugung vertrat, die Note an Deutschland sei im „besten Stil der Staatskunst geschrieben und im richtigen Ton verfaßt".[7]

Inzwischen hatte die deutsche Regierung sorgfältig die Lage geprüft. Am 6. Mai (am Tage vor der Versenkung der „Lusitania") schrieb der Reichskanzler an Admiral Bachmann, den Chef des Admiralstabes der Marine, und beklagte sich über die Führung des U-Bootkrieges. Eine große Zahl neutraler Schiffe sei in letzter Zeit torpediert worden. Dieser Umstand habe ernste Schwierigkeiten mit neutralen Staaten hervorgerufen und könne diese schließlich in das Lager der Feinde Deutschlands treiben. Die diplomatischen Vertreter der Regierungen dieser neutralen Staaten hätten nachdrückliche Vorstellungen wegen der Art und Weise erhoben, in der der U-Bootkrieg geführt würde. Bei der gespannten Lage, in der sich die Gesamtpolitik des Reiches gegenwärtig befinde, erklärte der Reichskanzler, könne er nicht länger „die Verantwortung übernehmen für eine weitere Verschlechterung der Beziehungen zu den neutralen Mächten durch die Fortführung des U-Bootkrieges in der bisherigen Art. Ich muß daher mit aller Entschiedenheit darauf bestehen, daß von der Oberleitung der deutschen Seestreitkräfte die nötige Gewähr geschaffen wird, um den getroffenen Vereinbarungen gemäß weitere Angriffe unserer U-Boote auf neutrale Schiffe zu verhindern".[8]

Am 9. Mai sandte Admiral Bachmann ein Telegramm an den Admiral v. Müller, den Chef des Marinekabinetts, in dem er Bezug nimmt auf die Beschwerde des Kanzlers über die Führung des U-Bootkrieges. Seiner Ansicht nach sei es unmöglich, irgendwelche Gewähr gegen die Versenkung neutraler Schiffe in der Kriegszone zu schaffen: „Es ist alles geschehen, was Vorsicht gebietet. Über jetzige Befehle hinausgehende Fesselung der U-Bootkommandanten aber gänzlich unmöglich.

Würde U-Bootkrieg vollständig aufheben ... Weitere Beschränkung ... würde nur als Schwäche aufgefaßt werden und von nachteiliger Wirkung sein."

Dann beantwortete Admiral Bachmann die Note des Reichskanzlers vom 6. Mai. Nachdem er den Wunsch des Kanzlers erwähnt hatte, eine Gewähr zu schaffen, die die neutrale Schiffahrt vor allen U-Bootangriffen schützen würde, bemerkte Admiral Bachmann: „Ich gestatte mir zunächst zu bemerken, daß mir Vereinbarungen, weitere Angriffe unserer U-Boote auf neutrale Schiffe unter allen Umständen zu verhindern, nicht bekannt sind. Sie würden nach Lage der Dinge auch nicht eingehalten werden können ... Die Denkschrift des Auswärtigen Amtes vom 4. Februar 1915 sagt ausdrücklich, daß ... auch neutrale Schiffe einem auf feindliche berechneten Angriff zum Opfer fallen können ... Die seitdem von der englischen Admiralität in wachsendem Umfange durchgeführten Maßnahmen ... erhöhen die Möglichkeit der Verwechslung ... Unsere U-Boote haben zu Beginn des U-Bootkrieges durch den Befehl vom 22. Februar ... die Anweisung erhalten, daß insbesondere das Versenken amerikanischer und italienischer Schiffe zu vermeiden sei ... Alle diese anfänglich nicht beabsichtigten, einschränkenden Zusätze zum ursprünglichen Befehl haben die an sich schon schwierige Aufgabe der U-Boote aufs äußerste erschwert und zeitweise fast einen Stillstand des U-Bootkrieges verursacht, ohne daß durch sie eine Gewähr für die Sicherheit der Neutralen geschaffen werden konnte ... Wenn, wie Euere Exzellenz betonen, die neutralen Regierungen durch ihre diplomatischen Vertreter Vorstellungen erheben, so ist dem entgegenzuhalten, daß sie die wiederholten eindringlichen deutschen Warnungen vor Befahren des Kriegsgebiets außer acht gelassen haben ... Den U-Bootkommandanten noch weitere Beschränkungen aufzuerlegen, würde der Einstellung des U-Bootkrieges gleichkommen."

In dem Antworttelegramm, das Admiral v. Müller an Admiral Bachmann richtete, werden die politischen Verwicklungen des U-Bootkrieges klar herausgestellt. Als Chef des Marinekabinetts stand Admiral v. Müller dem Kaiser nahe, und er gab den kaiserlichen Wunsch wieder, Amerika zu beruhigen. Er unterrichtete den Chef des Admiralstabes, daß es des Kaisers Wunsch sei, daß „in der nächsten Zeit" die Versenkung neutraler Schiffe „vermieden" werde. Es sei besser, ein feindliches Schiff jetzt durchzulassen, als fälschlicherweise ein neutrales zu versenken. Er halte es für „unerläßlich", daß der Reichskanzler und der Admiralstab über den U-Bootkrieg zu einer Einigung kämen. Auf keinen Fall dürfe der Kaiser in die Lage gebracht werden, in einer so politischen Frage eine Entscheidung gegen den Kanzler treffen zu müssen. Er sei überzeugt, die erfolgreichsten U-Bootführer seien in der Lage gewesen, die Neutralität der Schiffe, die sie antrafen, zu prüfen. Zum Schluß gab er der Ansicht Ausdruck, daß „innerhalb der nächsten paar Tage" sich doch ein Weg finden ließe, „die Bedenken des Reichskanzlers zu berücksichtigen".

Zur gleichen Zeit, während der Reichskanzler um ein scharf eingeschränktes U-Bootprogramm kämpfte, bemühte sich Botschafter Bernstorff in Washington, einen Bruch der diplomatischen Beziehungen abzuwenden. Am 9. Mai telegraphierte er dem Auswärtigen Amt, der „Lusitania"-Zwischenfall habe „große Aufregung" verursacht, aber Präsident Wilson betrachte die „Sachlage ruhig". Er empfehle, das Bedauern über den Verlust so vieler amerikanischer Menschenleben auszudrücken in „irgendeiner Form, was geschehen könnte, ohne unsere Verantwortung anzuerkennen".

Am anderen Morgen (10. Mai) hatte Botschafter Bernstorff eine Unterredung mit Staatssekretär Bryan, ausdrücklich zu dem Zweck, sein „tiefes Bedauern" über den Verlust amerikanischer Menschenleben auf der „Lusitania" zu übermitteln. Staatssekretär Bryan ergriff sofort die Gelegenheit, um mit dem Botschafter die gespannten Beziehungen zwischen Amerika und Deutschland „sehr ernst" zu erörtern. Sein freundschaftliches Verhalten gab Bernstorff „guten Grund" zu der Hoffnung, daß der Friede erhalten bleiben würde, dagegen blase Theodore Roosevelt eifrig die „Kriegstrompete", und seine wütenden Bemühungen könnten eine Kriegsstimmung in Amerika heraufbeschwören. Bernstorff glaubte, es ließe sich vielleicht eine Ablenkung erreichen durch eine Ermutigung der amerikanischen Vermittlung zwischen den Kriegführenden. Eine Erörterung über die Friedensbedingungen wäre vielleicht ein geschickter Weg, die „Lusitania"-Schwierigkeit in den Hintergrund zu schieben. Auch sei es noch möglich, die Frage neu aufzurollen durch das Angebot, „den U-Bootkrieg aufzugeben, falls England sich an die Regeln des Völkerrechts hält und seine Aushungerungspolitik aufgibt".

Das deutsche Auswärtige Amt war sich vollkommen klar über die Bedeutung irgendeiner Botschaft an die amerikanische Regierung, die mithelfen würde, die aufgebrachte öffentliche Meinung in den Vereinigten Staaten zu beruhigen. Am 10. Mai übergab Staatssekretär v. Jagow Botschafter Gerard eine Note, die „tiefstes Bedauern" ausdrückte über den Verlust amerikanischer Menschenleben auf der „Lusitania". Die Verantwortung für die Tragödie wurde auf die englische Regierung geschoben, die „durch einen Plan, der die Einfuhr von Lebensmitteln und Rohmaterialien für die Zivilbevölkerung verhindert, Deutschland zwang, Gegenmaßnahmen zu ergreifen, und die auf das deutsche Angebot, den U-Bootkrieg einzustellen, falls dieser Plan aufgegeben würde, sogar mit noch schärferen Blockademaßnahmen antwortete".

In der deutschen Presse wurde der Hinweis auf die englische Verantwortung für die Versenkung der „Lusitania" in unendlichen Abweichungen wiederholt. Die „Norddeutsche Allgemeine Zeitung" dachte, jeder könne deutlich genug erkennen: „Die Direktion der Cunard-Linie hat amerikanische Bürger als Schutzschild für einen einigermaßen gefährlichen Transport von Bannware benutzt. In der Annahme, daß für die Deutschen amerikanische Bürger ‚Pflänzchen Rühr-mich-nicht-an' sein würden, hat die Direktion der Cunard-Linie zu der Fracht amerikanische Bürger hinzugelassen; dies ist ausschließlich geschehen, um das Transportwagnis zu verringern und noch dazu auf eine Weise, die Geld brachte! Smart … smart! Solche ‚Bürgerfracht' hat den Engländern gerade gepaßt, dazu waren ihnen die Amerikaner gerade gut genug! … Amerikanerfracht gilt den Engländern nicht mehr als Sklavenfracht. So und so viel pro Kopf."[9]

Der gleiche Standpunkt wurde in einem Artikel der Berliner „Vossische Zeitung" vertreten, der kühn versicherte, die amerikanischen Passagiere auf der „Lusitania" seien nicht die Opfer eines deutschen Torpedos, sondern seien von der amerikanischen Munition getötet worden. Die Verantwortung „für den Tod so vieler amerikanischer Bürger, der in Deutschland von jedermann auf das tiefste bedauert wird, trifft in starkem Maße mit die amerikanische Regierung. Sie durfte nicht zulassen, daß Amerikaner als Schutzschild vor englische Konterbande gestellt wurden. Amerika hat sich hier von England in schmählicher Weise mißbrauchen lassen. Und nun richtet es, statt England dafür zur Verantwortung zu ziehen, eine Note an die deutsche Regierung".[10]

Die Berliner „Neueste Nachrichten" schoben eine Erklärung von Richmond P. Hobson, Mitglied des Kongresses der Vereinigten Staaten, in den Vordergrund. Hobson weist auf die Tatsache hin, daß nicht nur viele englische Handelsschiffe bewaffnet waren, sondern daß ihre Führer Befehl hatten, deutsche U-Boote zu rammen. Da dies so sei, meinte Hobson, „und die amerikanische Regierung ihre Stellung gegenüber Deutschland aufrechterhalten will, wie es in der Note des Präsidenten festgelegt ist, ohne zur gleichen Zeit die Zurückziehung der Befehle der englischen Admiralität zu verlangen, ist dies gleichbedeutend mit der Forderung, deutsche U-Boote dürften englische Handelsschiffe mit Amerikanern an Bord nicht angreifen, während eben diese Handelsschiffe die Freiheit, ja sogar den Befehl haben, deutsche U-Boote anzugreifen".

Hobson erzählt dann eine höchst interessante Einzelheit, die von amerikanischen Geschichtswissenschaftlern bisher übersehen wurde: „Die Witwe eines Vetters von mir wollte im New Yorker Büro der Cunard-Linie einen Platz auf der ‚Lusitania' belegen. Der Schiffsagent, ein alter Freund ihrer Familie, nahm sie auf die Seite und erzählte ihr, das Schiff stehe unter Befehl der britischen Admiralität, und sie dürfe unter keinen Umständen damit reisen. Sie mußte ihm versprechen, diese Angelegenheit bis nach der Ausreise des Schiffes geheim zu halten."[11]

Die meisten Leitartikel der deutschen Presse stimmten der Erklärung des „Berliner Tageblatt" zu, die amerikanische Note vom 13. Mai sei nur einer „kurzen Beachtung" wert. Die Antwort des deutschen Auswärtigen Amtes auf die amerikanischen Forderungen müsse eine ablehnende sein. Amerika würde dann erkennen, daß ihm „jedes Recht fehlt, irgendwelchen Protest wegen der Torpedierung der ‚Lusitania' zu erheben".

Während die deutsche Regierung sich überlegte, welche Antwort sie auf die amerikanische Note vom 13. Mai erteilen sollte, verwandte Lansing einen Teil seiner Zeit auf die angenehme Beschäftigung, die Frage des „Abbruchs der diplomatischen Beziehungen" mit Deutschland zu studieren. Nachdem er mit Herrn Gregory im Metropolitan Club gespeist hatte, war er so glücklich, seinen Freund Wayne MacVeagh zu treffen, der ihm zu seinem Wissen und seiner Gewandtheit, die er in der Note vom 13. Mai offenbart habe, gratulierte. Als er in das Staatsdepartement zurückkehrte, wurde seine kriegerische Stimmung plötzlich von Bryan erschüttert, der darauf hinwies, wie wichtig es sei, die Note an Deutschland vom 13. Mai durch eine scharfe Note an England auszugleichen.

Der Entwurf einer solchen Note würde jedoch einige Zeit in Anspruch nehmen, und Lansing erklärte dem Staatssekretär, sie könne unmöglich vor dem 17. Mai bereit sein. Lansing erörterte dann noch einen anderen Vorschlag, den ihm Sekretär Bryan gemacht hatte über die Herausgabe einer öffentlichen Notiz, mit dem Rat an die amerikanischen Bürger, nicht auf Handelsschiffen der Kriegführenden zu fahren. Für Lansing war es klar, daß das einzige, was die amerikanische Regierung in diesem Falle tun konnte, die *Bitte* an amerikanische Bürger war, nicht auf solchen Schiffen zu reisen. Es gäbe kein Gesetz, das die Vollmacht erteilt, die Amerikaner, die auf Schiffen der kriegführenden Mächte reisen wollten, irgendwie einzuschränken. Allein durchführbar sei eine Notiz mit folgendem Wortlaut: „In Anbetracht der gegenwärtigen diplomatischen Lage bittet der Präsident, daß die amerikanischen Bürger, die die Absicht haben, ins Ausland zu reisen und die Gewässer an den Küsten von Großbritannien und Frankreich zu durchqueren, davon Abstand nehmen, auf Schiffen kriegführender Nationalität zu fahren, solange der

Die Versenkung der „Lusitania" wurde in Amerika zum Anlaß genommen, deutschfeindliche Propaganda zu machen und nach dem Kriegseintritt der USA Freiwillige für die Armee anzuwerben (links) und Kriegsanleihen zu verkaufen (rechts).

Meinungsaustausch zwischen dieser Regierung und der deutschen Regierung über den Einsatz von U-Booten beim Aufbringen von Handelsschiffen in diesen Gewässern noch in der Schwebe ist."

Zum Schluß führte Lansing noch aus, seiner Meinung nach sei die Veröffentlichung einer solchen Warnung unzweckmäßig. Warum hatte man die Warnung so lange hinausgeschoben? Warum hatte man sie nicht schon vor der Versenkung der „Lusitania", der „Falaba" und der „Gulflight" herausgebracht?

Am Mittag des 14. Mai sandte Staatssekretär Bryan eine Note an Präsident Wilson, in der er auf die vorgeschlagene Warnung an die amerikanischen Bürger, sich von den Schiffen der kriegführenden Nationen fernzuhalten, hinwies. Er legte auch eine Abschrift der Note bei, die Lansing ausgearbeitet hatte. Zur Beantwortung der Befürchtungen Lansings, viele Leute würden fragen, warum die Warnung nicht schon vorher herausgegeben worden war, hielt es Bryan für das beste, „lieber diese Frage stellen zu lassen und zu beantworten, als das Risiko weiterer Angriffe zu übernehmen. Ich glaube, die Veröffentlichung einer solchen Warnung würde voraussichtlich nicht nur einigen Amerikanern das Leben erhalten und die Möglichkeit eines weiteren Unglücks verringern, sondern sie würde auch auf den Ton der deutschen Warnung einwirken und vielleicht den Weg zu einer Verständigung weisen".

Die Antwort des Präsidenten auf das Schreiben Bryans zeigt, wie vollkommen er den Standpunkt Lansings angenommen hatte. Es war jetzt nur noch wenig Übereinstimmung zwischen seinen Ideen und denen des Staatssekretärs. Für ihn war offensichtlich, daß eine Warnung an die amerikanischen Bürger, auf Schiffen der kriegführenden Nationen zu reisen, überhaupt keinen wirklichen Wert besaß.

Eine Warnung sei unnötig, „wenn sie zum Gegenstand hat, Menschenleben zu retten, weil die Gefahr schon vollkommen bekannt ist. Diejenigen, die sich nicht von der Gefahr zurückhalten lassen, werden sich aller Wahrscheinlichkeit nach auch nicht zurückhalten lassen, weil wir sie darum bitten; und jetzt ist auch der Zeitpunkt nicht dazu geeignet, nicht nur wegen dem Grund, den Lansing anführt, sondern auch, weil die Warnung, wie ich heute morgen schon ausführte, die Wirkung unserer Behauptung gegenüber Deutschland schwächt, daß wir entschlossen sind, unsere Bürger in der Ausübung ihres Rechts zu unterstützen, sowohl auf unseren als auch auf kriegführenden Schiffen zu reisen".

Später, am selben Nachmittag, mußte der Präsident etwas das Gefühl gehabt haben, daß er in der letzten Zeit wenig Sympathie für die Ideen des Staatssekretärs gezeigt hatte, daß irgendeine kleine Geste der Freundschaft am Platze war, um Bryan zu besänftigen. Aus diesem Grunde sandte er dem „Great Commoner" ein kurzes Schreiben, in dem er ihm gestand, wie schwer es ihm gefallen sei „jeden Vorschlag zurückzuweisen, der vielleicht unseren Überseereisenden Sicherheit verbürgt hätte, aber alles was vorgeschlagen ist, scheint mir sowohl schwach als nutzlos. In solch feiger Weise vor Drohung und Gefahr zurückzuweichen, würde die Angelegenheit nur noch schlimmer machen".

Für Lansing verlief jetzt alles so sehr nach Wunsch, daß ihm Staatssekretär Bryan ein wenig leid getan haben muß. Er hatte Anweisungen erhalten, eine scharfe Note an England vorzubereiten über die Zurückhaltung amerikanischer Schiffe und Ladungen, und er machte keine Anstrengung, sich dieser Verantwortung zu entziehen. Trotz seiner warmen Sympathien und offenen Bewunderung für die alliierten Mächte, entwarf er für Botschafter Page eine Instruktion, die sich beinahe wie ein Ultimatum las. Es war eine „rücksichtslose Darlegung" des amerikanischen Falles; eine Darlegung, die offen „die Zähne" zeigte.

Es ist nicht nötig, zu erwähnen, daß der Entwurf mit seinem heftigen Ton nie nach London geschickt wurde, wo er Botschafter Page erneut in Wut gebracht und vielleicht sogar die stoische Ruhe Sir Edward Greys gestört hätte. Jeder entschiedene Protest nach England wurde sofort abgeschwächt. Die vorliegende Beschwerde ging in dem Durcheinander eines Planes von Oberst House, einen Vergleich zwischen England und Deutschland zustande zu bringen, verloren. Dem Oberst schien die Zeit reif zu sein für ein Übereinkommen, demnach Deutschland den U-Bootkrieg einstellen sollte, unter der Bedingung, daß England, ohne Prüfung, die Einfuhr der wichtigsten Nahrungsmittel nach neutralen Ländern erlauben würde. Seine dahingehenden Bemühungen waren gänzlich nutzlos, und sie dienten nur zur Ablenkung, um England vor der Arbeit zu bewahren, eine Antwort auf eine amerikanische Note auszuarbeiten, die keinen Anspruch auf Höflichkeit machte.

Aber dies bedeutet nicht, daß durch die Taktik des Oberst House alle Kritik von England abgewendet wurde. In vielen amerikanischen Kreisen herrschte tiefe Empörung über die Art, in der der amerikanische Handel in englischen Gewässern beschränkt wurde, und der Präsident selbst erhielt einen Brief von Admiral Chadwick, der in feindschaftlichem Ton gegen die englischen Praktiken abgefaßt war. Seiner Überzeugung nach war England kein Freund, dem Amerika trauen konnte. England spielte „ein großes Spiel; hüten wir uns; es ist nichts für uns. Nie in unserer Geschichte war mehr Grund zur Vorsicht; nie herrschte größere Not nach aller Weisheit einer Schlange. Die englische Diplomatie spielt ein tiefes und feines Spiel, von dem unsere Leute im allgemeinen so viel wissen wie junge Kätzchen. Man muß behutsam handeln ... Die Zukunft unseres Landes ist in diesem Krieg im Spiel, und England wird gegen uns den Ausschlag geben, wenn wir nicht vorsichtig sind."

Der heftige Brief von Admiral Chadwick hatte wenig Gewicht gegen die vielen Mitteilungen, in denen Oberst House den Präsidenten ersuchte, den deutlichen Ruf der englischen Kultur zu beachten. Englische Staatsmänner, wie Grey und Balfour, machten den denkbar günstigsten Eindruck auf den empfindlichen Oberst, und er erkannte sofort die Fähigkeit und den Schwung Lloyd Georges. Es kam ihm nie ganz zum Bewußtsein, daß ihn diese schlauen Engländer gönnerhaft behandelten. Sie hatten den Amateurdiplomaten sofort richtig eingeschätzt. Sogar ein so kühler Mensch wie Lord Kitchener legte eine überraschende Verbindlichkeit an den Tag, als Oberst House ihn aufsuchte. Kitchener war gewöhnlich abweisend und zurückhaltend gegen Zivilisten, aber bei Oberst House wurde er plötzlich gesprächig. Natürlich war auch der Gesprächsstoff ein anregender – es handelte sich um die amerikanische Intervention in dem europäischen Krieg. Begeistert von dem Zukunftsbild einer anglo-amerikanischen Zusammenarbeit versicherte Kitchener Oberst House, der Krieg sei ein Krieg der „Abnützung", und von dem Augenblick an, da Amerika mit England gemeinsame Sache mache, würden sich die Deutschen beeilen, möglichst günstige Friedensbedingungen zu bekommen.

Der Oberst zeigte immer sofort Interesse für alle vorgeschlagenen Friedensbedingungen, sofern sie einem englischen Rezept folgten. Solche Friedensbedingungen konnten nur aus einem vollständig besiegten Feind herausgeholt werden, und Kitchener entwarf ihm jetzt mit farbigen Worten ein Bild, das das patriotische Blut des Oberst in wilde Wallung versetzte: „Mit den vereinigten amerikanischen und englischen Truppen brauchen wir an der Westfront keine französischen Truppen, sondern können sie in Reserve halten."

Der verzückte Oberst betrachtete solch dummes Gerede als „stolze Anerkennung" amerikanischer Tapferkeit. Er war überzeugt, daß Kitchener nicht versuchte, ihn einzuwickeln, denn, wie er es so unschuldig ausdrückt, wie konnte solch ein ungeschickter Engländer wirklich wissen, „was mich beeinflußt oder nicht beeinflußt?" Ja, wie könnte er es auch wissen?

Aber die betriebsamen Stunden in London waren nicht immer so angenehm. Eines der unangenehmen Zwischenspiele war der sogenannte „Dumba-Zwischenfall" mit seinen zahlreichen Nachwirkungen. Er begann mit einer Unterhaltung zwischen Staatssekretär Bryan und Dr. Constantin Dumba, dem österreichisch-ungarischen Botschafter. Dr. Dumba erklärte, er wolle gern mithelfen, den Streit zwischen den Vereinigten Staaten und Deutschland wegen der Versenkung der „Lusitania" zu einem freundschaftlichen Abschluß zu bringen. Ihm sei bekannt, daß Deutschland „keinen Krieg wolle, sondern daß ihm im Gegenteil viel daran liege, die freundschaftlichen Beziehungen mit den Vereinigten Staaten aufrecht zu erhalten". Nach dieser liebenswürdigen Einleitung fragte er, ob es, „falls für die Zukunft Zusicherungen gegeben würden, nicht möglich wäre, die Frage zu schlichten, soweit es sich um Vergangenes handelte".

Staatssekretär Bryan kam dieser Einleitung freundlich entgegen und versicherte Dr. Dumba, daß er vielleicht die deutsche Regierung darauf hinweisen könne, daß in den Vereinigten Staaten „kein Wunsch nach Krieg" bestehe. Überdies erwarte die amerikanische Regierung, daß Deutschland „die Note im gleichen Geist der Freundschaft beantworten werde, den unsere enthielt".

Dr. Dumba meinte dann, es sei vielleicht für Deutschland leichter, wenn es in seiner Antwort sagen könne, es erwarte, daß die Vereinigten Staaten „in der gleichen Weise auf Handelsfreiheit mit den Neutralen" bestehen werden. Bryan wandte sofort dagegen ein, daß ein solcher Ausdruck in der deutschen Antwort auf die amerikanische Note vom 13. Mai der amerikanischen Regierung vielleicht „hinderlich" wäre, und es „schwieriger" machen würde, „mit den Alliierten in dieser Richtung zu verhandeln". Es wäre besser für Berlin, „anzunehmen", daß Amerika auf seinen Rechten bestehen werde. Als Dumba fragte, ob der deutschen Regierung dahingehende „vertrauliche Versicherungen" gegeben würden, bekam er sofort die Antwort, solche „Versicherungen" wären nicht „notwendig". Falls die deutsche Regierung den Wunsch habe, die Annahme der in der amerikanischen Note entwickelten Anschauung vor dem eigenen Volk zu rechtfertigen, sei es das beste, eine öffentliche Erklärung herauszugeben, die besagt, sie habe keinen Zweifel, daß Amerika auf eine Respektierung aller neutralen Rechte durch England bestehen würde.

Der Vorteil, diese allgemeine Erklärung eher an das deutsche Publikum zu richten als an die amerikanische Regierung, liege darin, daß die Vereinigten Staaten sie so nicht zu beantworten brauchten. Dies würde jede Anspielung verhindern, Amerika befleißige sich einer festen Haltung gegenüber England auf deutschen Druck.

Dr. Dumba war so stark beeindruckt von der freundlichen Haltung Bryans, daß er sofort folgendes Telegramm an das Außenministerium in Wien sandte: „Die Vereinigten Staaten wünschen keinen Krieg. Die scharfen Noten seien nicht so bös' gemeint, müßten aber geschrieben werden, um die erregte amerikanische öffentliche Meinung zu befriedigen. Die Berliner Regierung solle sich dadurch nicht gekränkt fühlen, sondern eine geeignete Konzession machen, um den Konflikt aus der Welt zu schaffen."[12]

Dieses Telegramm wurde von Dr. Dumba auf drahtlosem Weg über Berlin geschickt und war deshalb Zimmermann, dem deutschen Unterstaatssekretär, schon bekannt, ehe man es in Wien gelesen hatte. Zimmermann war alles andere als ein geschickter Diplomat. Dazu hatte er einen kleinen Zorn auf Botschafter Gerard über die „barsche und kurz angebundene Art", die der amerikanische Botschafter gezeigt hatte, als er seine Forderungen überreichte, Deutschland müsse den U-Bootkrieg aufgeben. Nach der Darstellung des Botschafters Dumba hatte Gerard den Unterstaatssekretär weiter gereizt durch einen dramatischen Einfall. Botschafter Gerard wollte Zimmermann über den Ernst der Lage beeindrucken, er ging deshalb persönlich zu dem Bureau der Schlafwagengesellschaft „Unter den Linden" und „ließ Plätze für sich und seine Familie reservieren, als ob der Abbruch der diplomatischen Beziehungen zwischen Deutschland und den Vereinigten Staaten unmittelbar bevorstünde".

Zimmermann beschloß darauf, dem „Bluff" Gerards einen eigenen „Bluff" entgegenzustellen. Als Botschafter Gerard seinen nächsten Besuch im Auswärtigen Amt machte, beging Zimmermann die Indiskretion, ihm den Text des Dumba-Telegramms vorzulesen und zu bemerken: „Sie ersehen aus Dumbas Telegramm, daß die Note des Staatsdepartements gar nicht so ernst gemeint ist, sondern nur die eigene öffentliche Meinung zum besten haben soll."

Diese kleine Szene zwischen Zimmermann und Botschafter Gerard fand am 21. Mai statt. Am folgenden Tage sandte Gerard ein Telegramm an Staatssekretär Bryan und unterrichtete ihn von dem Vorfall: „Zimmermann sagte mir gestern, daß

Dumba, der österreich-ungarische Gesandte, gekabelt habe, Sie hätten ihm erzählt, die ‚Lusitania'-Note sei gar nicht so ernst gemeint und nur gesandt worden als Beschwichtigung für die öffentliche Meinung."

Am 17. Mai war inzwischen an Präsident Wilson in New York eine Abschrift des Memorandums geschickt worden, das einen Bericht von der Unterhaltung zwischen dem Staatssekretär und Botschafter Dumba enthielt. Sie wurde überbracht von Herrn Yardley, einem Sonderkurier, der in der gleichen Nacht mit dem 12.30 Uhr-Zug zurückkehren sollte. Yardley erreichte den Präsidenten planmäßig und brachte Sekretär Bryan eine hastig „hingekritzelte Notiz" zurück, die seine Zustimmung zu dem Bryan-Memorandum enthielt. Am 20. Mai schickte Präsident Wilson dem Staatssekretär ein weiteres kurzes Zustimmungsschreiben: „Ich denke, Ihre Stellungnahme in der Unterredung mit dem österreichischen Botschafter war bewundernswert."

Erst am Nachmittag des 23. Mai erhielt Staatssekretär Bryan das Telegramm von Botschafter Gerard, in dem es hieß, Dr. Dumba habe zu verstehen gegeben, die amerikanische Note über die Versenkung der „Lusitania" sei nicht ernst zu nehmen. Bryan war sich nur zu klar darüber, daß dieser falsche Eindruck sofort korrigiert werden müsse. In seinem Antworttelegramm an Botschafter Gerard erklärte er, Dr. Dumba würde ins Staatsdepartement gebeten werden, um einen Widerruf zu erhalten. Das Dumba-Telegramm, das Zimmermann dem amerikanischen Botschafter gezeigt hätte, beruhe auf einem Mißverständnis bei der Dumba-Bryan-Unterhaltung. Es bestehe „absolut keine Berechtigung" zu einer solchen Lesart, und die deutsche Regierung solle nicht „für einen Augenblick die Sprache oder Absicht der Note über die U-Bootangriffe auf die ‚Lusitania', ‚Gulflight' ‚Cushing' und ‚Falaba' mißverstehen".

Am 24. Mai sandte Bryan einen Brief an Präsident Wilson und fügte die Abschrift einer Note bei, die er eben von Dr. Dumba erhalten hatte. In dieser Note „bestätigte" Dr. Dumba die „Richtigkeit" der Bryan-Version der Unterredung. Seiner Ansicht nach müsse das „deutsche Auswärtige Amt versucht haben, Gerard zu bluffen".

Am selben Tag übermittelte Bryan dem Botschafter Gerard die Abschrift eines Telegramms, das Botschafter Dumba chiffriert herübersandte. Gerard hatte den Auftrag, die Abschrift dem deutschen Auswärtigen Amt zur Information zu übergeben. Es war eine vollständige Bestätigung der Bryan-Version des Zwischenfalls. Botschafter Dumba erwähnte die Erklärung Zimmermanns, das erste Dumba-Telegramm führe aus, die amerikanische Note vom 13. Mai sei nur als „Beschwichtigungsmittel für die öffentliche Meinung" abgesandt worden. Diese Erklärung sei unrichtig, und Dr. Dumba führte aus, er könne nicht verstehen, wie dieses Telegramm „einen solch falschen Eindruck hervorbringen konnte. Herr Bryan betonte den Unterschied zwischen der Vernichtung vieler Menschenleben und materiellem Schaden, die Aufgebrachtheit der öffentlichen Meinung und den entsprechenden Ernst seines Protests, der einen freundlichen Ton und Geist nicht ausschließt. Es wäre ein großer Fehler, den Ernst des Protests zu verkleinern."

Der „Dumba-Zwischenfall" war damit „offiziell" erledigt, aber er hatte noch viele Nachwirkungen. Am 27. Juli, nachdem Bryan als Staatssekretär zurückgetreten war, machte Botschafter Gerard Oberst House folgendes Geständnis: „Ich fürchte, der frühere Staatssekretär verursachte ein beträchtliches Durcheinander – gewiß erzählte er Dumba und Bernstorff Dinge, die hierher weiterberichtet wurden – mir erzählt wurden – und die mich und die amtlichen Stellen hier über die Absichten des Präsidenten ein wenig ‚hinter den Berg' führten. Wenn es Schwierigkeiten mit Deutschland gibt, ist er verantwortlich. Durch ihn kam der Glaube von unserer Schwäche hierher."

Lansing urteilte ebenso ungünstig über die „unglückliche Vertrauensseligkeit" Bryans gegenüber Dr. Dumba, „dem er offensichtlich sagte, oder im Vertrauen zu verstehen gab, daß die Vereinigten Staaten trotz allem, was sie vielleicht in ihren Noten an Deutschland erklären, wegen der U-Bootfrevel nicht in den Krieg ziehen würden ... Es ist sehr wohl möglich, daß die deutschen Antworten in anderem Ton abgefaßt worden und weiter gegangen wären, den Streit zu einem befriedigenden Ende zu führen, wenn nicht diese unglückselige Unterhaltung mit dem schlauen Österreicher dazwischen gekommen wäre ... Man kann sich unmöglich dem Schluß entziehen, daß er etwas äußerte, was Dr. Dumba die Andeutung vermittelte, die er seiner Regierung schickte. Ein so kluger Diplomat wie Dumba hat die Unterhaltung ‚nicht nur aus den Fingern gesogen'."

Es ist schwer zu sagen, wie weit der Präsident selbst durch die Kritik des Oberst House über den „Dumba-Zwischenfall" beeinflußt wurde. Der Oberst war der vertrauteste Ratgeber des Präsidenten, und Botschafter Gerard unterrichtete ihn sofort von dem Dumba-Telegramm und wie es Zimmermann ausgelegt hatte. Der Oberst kabelte Präsident Wilson umgehend eine Übersicht über die Lage. Seine tatsächlichen Bemerkungen über die Politik Bryans sind nicht veröffentlicht worden. Es ist jedoch sehr wahrscheinlich, daß die Wertschätzung des Präsidenten gegenüber Bryan als Staatssekretär durch diese Episode nicht gesteigert wurde.

Wie zu erwarten war, wurde der „Dumba-Zwischenfall" immer wieder aufgewärmt und brachte Bryan in späteren Jahren in wirkliche Verlegenheit. Im Jahre 1917 veröffentlichte ein Schriftleiter, Carl Ackermann, ein Buch mit dem Titel: „Deutschland, die nächste Republik?" In diesem Band widmete er dem „Dumba-Zwischenfall" einige Aufmerksamkeit und bemerkte schließlich folgendes: „Gerard ist vorgeworfen worden, er sei in seinen Verhandlungen mit dem Berliner Auswärtigen Amt nicht entschieden genug aufgetreten. In Berlin wurde ihm genau das Gegenteil vorgeworfen. Es war Aufgabe des Botschafters, die Ideen Wilsons durchzuführen. So versuchte er tage- und wochenlang den maßgebenden Leuten in Berlin den Ernst der Lage näherzubringen. Am entscheidenden Punkt bei den Verhandlungen begannen verschiedene inoffizielle Diplomaten aufzutauchen ... Einer davon war ein Politiker, der durch seine Empfehlungsschreiben von Bryan Zugang zu vielen hohen Regierungsbeamten fand und ihnen mitteilte, Präsident Wilson verfasse seine Noten zu „innerpolitischen Zwecken". Staatssekretär Bryan hatte auch den früheren Botschafter Dumba wissen lassen, die Vereinigten Staaten würden sich nie ernstlich gegen Deutschland stellen, trotz der Andeutungen in der ‚Lusitania'-Note. Dumba telegraphierte dies nach Wien, und Berlin wurde sofort davon verständigt. Infolge Gerards persönlicher Freundschaft ... mit dem Unterstaatssekretär Zimmermann erhielt er Kenntnis von Bryans Schritt. Er telegraphierte Präsident Wilson, und das Ergebnis war der Rücktritt Bryans."

Kurz nach der Veröffentlichung des Buches von Herrn Ackermann wurde Bryan auf die Darstellung aufmerksam gemacht. Er schrieb am 8. Dezember 1917 an Präsident Wilson und bat um eine Richtigstellung. Tumulty antwortete am 11. Dezember, der Präsident „sei vollkommen damit einverstanden, daß Sie in seinem Namen erklären, die Ausführungen, oder vielmehr die Schlußfolgerungen Ackermanns seien vollständig falsch. Selbstredend verlangte oder wünschte der Präsident Ihren Rücktritt nicht, und Ihr Ausscheiden hatte überhaupt keinerlei Beziehung zu dem sogenannten Dumba-Zwischenfall."

Bryan wollte jedoch gerne von dem Präsidenten eine eingehende und ausdrückliche Erklärung über den „Dumba-Zwischenfall". Am 13. Dezember 1917 schrieb er an Tumulty und dankte ihm für seinen Brief vom 11. Dezember. Das Schreiben habe endgültig „die Folgerung erledigt, der Dumba-Zwischenfall hätte meinen Rücktritt *verursacht*, aber es erwähnt nicht die Kritik des Dumba-Zwischenfalls, und ich weiß nicht, ob der Präsident vielleicht gewillt ist, sich darüber zu äußern. Die Kritik ist seit meinem Rücktritt da und dort in den Zeitungen aufgetaucht. Ich habe verschiedentlich darauf geantwortet, ohne sie weiter zu beachten, aber da sie jetzt in *Buchform* erscheint, allem Anschein nach auf einer Unterhaltung mit Botschafter Gerard beruht, und den Präsidenten mit hereinzieht, muß ich mich damit beschäftigen. Wenn man die Rücktrittsdarstellung zurückweist, ohne die Dumba-Angelegenheit zurückzuweisen, so sieht es aus, als ob die Kritik, die auf der Dumba-Unterhaltung fußt, gerechtfertigt sei. Es ist mir gleichgültig, was die feindliche Kritik über meine inoffiziellen Handlungen sagt, aber ich lasse es nicht zu, daß mein offizielles Verhalten falsch gedeutet wird ... Ich kann einen Widerruf gerichtlich erzwingen, aber die Sache kann ohne Gericht erledigt werden, wenn der Präsident es für richtig hält, seinen Brief zu erweitern, so daß der Dumba-Zwischenfall auch noch erwähnt wird.".

Der Präsident erfüllte die Bitte sofort und sandte am 17. Dezember Bryan folgenden Brief, der die Sache vollständig klärte: „Ich wurde auf ein Buch aufmerksam gemacht, in dem der Verfasser in klaren Folgerungen feststellt, daß ich Ihren Rücktritt als Staatssekretär verlangte, wegen Ihrer Äußerungen in einem Interview mit Botschafter Dumba kurz nach der ersten ‚Lusitania'-Note. Sie können erklären, daß ich nie Ihren Rücktritt verlangte oder wünschte, wie übrigens jedermann aus meiner Note, in der ich Ihren Rücktritt annahm, ersehen kann. Diese Erklärung dürfte auch eine hinreichende Antwort sein auf die Vorwürfe gegen Sie wegen der Dumba-Unterredung, denn ich könnte sie nicht abgeben, wenn ich Sie für verantwortlich hielte für die falsche Auslegung, die die Unterredung in Berlin erfuhr. Aber da mir damals alle Tatsachen bekannt waren, habe ich die Angelegenheit gar nicht ernst genommen, und ich darf vielleicht zu Ihrer Rechtfertigung noch hinzufügen, daß die Angelegenheit die diplomatische Lage gar nicht beeinflussen konnte, da Sie ja die falsche Darstellung sofort, nachdem Sie davon Kenntnis hatten, innerhalb weniger Tage richtigstellten."

Der Brief war so ausführlich, daß er in den meisten Kreisen alle weiteren Gerüchte über einen Zusammenhang des Bryan-Rücktritts mit dem „Dumba-Zwischenfall" erledigte; aber wie die kürzlich veröffentlichten Kriegsmemoiren Robert Lansings klar zeigen, unterhielten auch weiterhin manche einflußreichen Amerikaner den Glauben, die Indiskretion Bryans habe den Verlauf der „Lusitania"-Verhandlungen ernstlich beeinträchtigt.

Kapitel XII

Der „Great Commoner" hört auf den Ruf seines Gewissens

Es war nicht einmal ein „Dumba-Zwischenfall" nötig, um das Vertrauen des Präsidenten Wilson zu Staatssekretär Bryan zu erschüttern. Von Beginn der U-Bootblockade an hatte er immer mehr und mehr auf die Ratschläge Lansings gehört, und Ende Mai 1915 fanden nur noch ganz wenige Vorschläge Bryans die Zustimmung des Präsidenten. Die Haltung, die der Präsident in der Orientierung der amerikanischen Politik gegenüber England einnahm, zeigt ganz deutlich die Abkehr von Bryan. Staatssekretär Bryan empfahl dringend, eine scharfe Note an England zu richten, um die Note vom 13. Mai an Deutschland auszugleichen. Unter diesem Gesichtspunkt beauftragte er Lansing, eine Protestnote gegen die englischen Verletzungen amerikanischer Rechte zu entwerfen. Doch der Präsident widersetzte sich sofort einer solchen Maßnahme. Je mehr er über die ganze Lage nachdenke, desto „klarer" erkenne er, daß die amerikanische Regierung „diese oder irgendeine andere Note nicht an England schicken solle, bevor wir nicht die Antwort der deutschen Regierung auf unsere Note in Händen haben, weil wir es uns nicht leisten können, daß es auch nur so aussieht, als ob wir es Deutschland erleichtern wollten, unseren Forderungen nachzukommen, indem wir uns in ähnlicher Weise an England wenden, und zwar in Fragen, bei denen wir Deutschland schon gesagt haben, daß sie es nichts angehen. Es würde so offensichtlich nach Unsicherheit und Drückebergerei aussehen, wodurch meiner Ansicht nach unsere ganze Lage unheilvoll geschwächt würde ... Immer, wenn ich eine solche Entscheidung treffen muß, empfinde ich außerordentlich das Gewicht Ihrer entgegengesetzten Ansicht, und ich kann nicht versichern, daß ich von der Richtigkeit meiner eigenen Schlüsse voll und ganz überzeugt bin".[1]

Es sollte also Deutschland gegenüber nicht die geringste Versöhnlichkeit gezeigt werden, um ihm zu helfen, „die Fassade zu retten", falls es in die amerikanischen Forderungen einwilligte. Der Ausdruck „strikte Verantwortung" schien dem Präsidenten immer gegenwärtig zu sein. Am 27. Mai erhielt Bryan den Auftrag, folgende warnende Note durch Botschafter Gerard an das Auswärtige Amt zu senden: „Bitte bringen Sie in aller Freundlichkeit, inoffiziell, aber mit allem Ernst zur Kenntnis, daß die in der Sperrzone herrschenden Bedingungen der ganzen Welt sehr rasch unerträglich zu werden beginnen."

Gerard antwortete umgehend, er habe aus den „besten, der Marine nahestehenden Quellen" erfahren, daß in der Art des U-Bootkrieges keine Änderung eintreten werde, „selbst wenn sich aus den Folgen ein Krieg zwischen Deutschland und den Vereinigten Staaten ergibt". Am folgenden Tag sandte er die langerwartete Antwort der deutschen Regierung auf die amerikanische Note vom 13. Mai. Die wichtigsten Punkte der deutschen Antwortnote waren:

1. Die „Lusitania" war ein Hilfskreuzer der englischen Flotte;
2. sie war *bewaffnet;*
3. die englische Regierung hatte den Gebrauch der amerikanischen Flagge als Kriegslist gestattet;
4. die englischen Kauffahrteischiffe hatten Anweisung, deutsche U-Boote zu rammen oder auf andere Weise zu zerstören;
5. die „Lusitania" beförderte Kriegsmunition.[2]

Nach einer langen Aufzählung dieser Anklagen schloß die deutsche Regierung und drückte ihre Hoffnung aus, daß die Vereinigten Staaten nicht unterlassen würden, eine „sorgfältige Untersuchung" über die Tatsachen anzuordnen, die die Versenkung der „Lusitania" umgeben. Mit besonderem Hinweis auf Angriffe neutraler Schiffe durch deutsche U-Boote, betonte die Note die Schwierigkeit der U-Bootkriegführung in der Sperrzone. Solche Angriffe könnten zurückgeführt werden auf den Mißbrauch neutraler Flaggen durch englische Schiffe oder auf die Fahrlässigkeit oder verdächtiges Verhalten der Kapitäne neutraler Schiffe. In allen Fällen, in denen ein neutrales Schiff „ohne eigenes Verschulden nach den von der deutschen Regierung getroffenen Feststellungen durch deutsche Unterseeboote oder Flieger zu Schaden gekommen ist, hat die deutsche Regierung ihr Bedauern über den unglücklichen Zufall ausgesprochen und, wenn es in der Sachlage begründet war, Entschädigung zugesagt".

In der amerikanischen Presse wurde an der deutschen Note scharfe Kritik geübt. Es stimmt zwar, daß George Sylvester Viereck in der Zeitschrift „Fatherland" meinte, Deutschlands Antwort sei „angenehm vernünftig", aber die meisten amerikanischen Zeitungsleute waren ganz anderer Ansicht. Der Philadelphia „North American" charakterisierte die Note als „dem Geist nach unverschämt läppisch und in der Sache eindeutig unehrlich"; der Chicago „Herald" glaubte, die Note lasse „das ganze Völkerrecht und die Rechte amerikanischer Bürger auf hoher See außer acht"; der Springfield „Republican" versicherte, die deutsche Note bringe „nichts Neues", das „möglicherweise die Kritik der ganzen neutralen Welt beeinflussen oder die Haltung des Präsidenten der Vereinigten Staaten im geringsten ändern könnte"; und die St. Louis „Times" erklärte offen, sie habe „keine Sympathie für eine Kriegführung, die Schiffe mit Frauen und Kindern an Bord versenke".[3]

Kurz nachdem der Präsident die deutsche Note erhalten hatte, begann er seine Antwort festzulegen. Nach verschiedenen Stunden angestrengtester Arbeit vollendete er den Entwurf am Abend des 31. Mai. Am nächsten Morgen 11 Uhr berief er das Kabinett. In der Sitzung herrschte eine erregte Stimmung. Staatssekretär Bryan schien mit einer „großen inneren Spannung" zu kämpfen und saß die meiste Zeit mit geschlossenen Augen da und sprach nur wenig. Nachdem der Präsident die ausgearbeitete Note vorgelesen hatte, erhob sich eine hitzige Auseinandersetzung über die Zweckmäßigkeit, sowohl nach London als auch nach Berlin eine Protestnote zu schicken. Als verschiedene Kabinettsmitglieder einwandten, man stelle dadurch England und Deutschland gleich, beschuldigte sie Staatssekretär Bryan, nicht „neutral" zu sein. Bei diesen Worten wandte sich der Präsident mit einem „stahlharten Blick" in den Augen an ihn und wies ihn scharf zurecht: „Herr Bryan, Sie sind nicht berechtigt, eine solche Behauptung aufzustellen ... Niemand von uns kann mit Recht beschuldigt werden, ungerecht zu sein."

Obgleich sich Bryan für seine Bemerkung entschuldigte, war er durchaus nicht durch die Versicherung des Präsidenten überzeugt, es sei jetzt ein „besonders ungeeigneter Zeitpunkt", gleichzeitig Protestnoten nach London und Berlin zu senden. Am Schluß der Kabinettssitzung erklärte er dem Präsidenten, er könne die Note in ihrem jetzigen Entwurf nicht unterzeichnen; er glaube, „ein schiedsgerichtliches Verfahren sei das geeignete Mittel". Der Riß im Kabinett lag jetzt nahe.

Am selben Tag, da diese ereignisreiche Kabinettsitzung stattfand, sandte Lansing eine Note an Staatssekretär Bryan, die dieser nur als Herausforderung auslegen konnte. Lansing war gänzlich gegen den Geist der Versöhnung, den Staatssekretär Bryan ständig Deutschland gegenüber an den Tag legte, und die Note klang wie eine Herausforderung gegen die pazifistische Haltung des Staatssekretärs. Lansing schien es klar zu sein, daß die deutsche Note vom 28. Mai „mit der Absicht verfaßt war, die amerikanische Regierung in einen Streit über Tatsachen zu ziehen und den Fragen der zu Grunde liegenden Prinzipien auszuweichen. Meiner Meinung nach müßte die Antwort auf die deutsche Note erklären, daß eine Diskussion über Tatsachen einzelner Fälle verfrüht sei, bevor nicht die in der amerikanischen Note geltend gemachten Rechte zugestanden und Versicherungen gegeben worden waren, daß diese Rechte in Zukunft nicht verletzt werden würden".

Lansing mißfiel der Ton der deutschen Presse ganz entschieden. Sie schien ihm ein unfreundliches Gefühl gegenüber den Vereinigten Staaten an den Tag zu legen. Er dachte, sie enthülle „die unbeugsame Absicht, in einer Handlungsweise fortzufahren, die die amerikanische Regierung offen als ungesetzlich und unmenschlich erklärt hatte. Angesichts des Tones der deutschen Note glaube ich nicht, daß die Antwort weniger entschieden sein sollte oder die freundschaftlichen Ausdrücke der Note vom 13. Mai wiederholt werden sollten".

Dieser Gesichtspunkt gleicht auffallend dem des Botschafters Gerard, der an Oberst House schrieb, das Auswärtige Amt habe die Hoffnung, mit „der ‚Lusitania'-Angelegenheit solange ‚herumzuscharwenzeln', bis sich die amerikanische Bevölkerung über ihre Schlagballspiele oder einen neuen Skandal aufregt und alles vergißt. Inzwischen wird aber der Haß Amerikas von Tag zu Tag größer".

Am 2. Juni sandte Lansing ein weiteres Schreiben an Staatssekretär Bryan, über die zu wählenden Ausdrücke in der amerikanischen Antwort auf die deutsche Note vom 28. Mai. In der amerikanischen Note vom 13. Mai hatte man vorgebracht, das Leben von Zivilpersonen könne nach Gesetz und Recht nicht in Gefahr gebracht werden durch die Zerstörung *unbewaffneter* Handelsschiffe der kriegführenden Mächte, ohne ausreichende Vorsorge für die Sicherheit von Fahrgästen und Mannschaft. Nach Ansicht Lansings wäre es besser gewesen, wenn die amerikanische Note den Ausdruck „keinen Widerstand leistende" an Stelle von „unbewaffnete" Handelsschiffe gebraucht hätte. Es sei vollkommen gesetzlich für ein Handelsschiff, eine „defensive" Bewaffnung zu führen, ohne „die Eigenschaft eines Kauffahrteischiffes" zu verlieren. Das Staatsdepartement habe darüber ein

Rundschreiben herausgegeben. Es sei deshalb unklug gewesen, den Ausdruck „unbewaffnet“ an Stelle von „keinen Widerstand leistend“ zu verwenden, weil dies dann bedeutet „mit Bewaffnung ändert ein Schiff seinen Charakter und unterliegt damit einer anderen Behandlung, und das widerspricht doch praktisch der Erklärung des Staatsdepartements“. Es sei auch richtig, daß der Ausdruck „keinen Widerstand leistend“ im Gebrauch einen umfassenderen Sinn besitze. Man könne es gewiß nicht nur verwenden, um die Bewaffnung eines Schiffes zu decken, sondern es erstrecke sich auch auf jeden Versuch, „ein U-Boot zu rammen, das einem Schiff Befehl zum Halten erteilt hat“.

Die deutsche Regierung habe sich den unglücklichen Ausdruck in der Note vom 13. Mai zunutze gemacht und die Behauptung aufgestellt, die „Lusitania“ sei bewaffnet gewesen. Die Beweisunterlagen, die die deutsche Regierung dem Staatsdepartement über die angebliche Bewaffnung übersandt hatte, seien von zweifelhaftem Wert, aber trotzdem sei die Frage jetzt einmal erhoben, und es wäre besser gewesen, wenn man keine Basis für ein solches Argument geliefert hätte.

Während Bryan diese Note Lansings durchsah, erhielt er von Präsident Wilson eine Aufforderung, beim Entwurf einer Antwort an Deutschland mitzuarbeiten. Der Präsident betonte ausdrücklich, ein Memorandum Lansings über die einzelnen Punkte der vorgeschlagenen Antwort an Deutschland sei ihm willkommen, den „Hauptwert“ lege er aber auf jeden Rat, den Bryan selbst ihm zukommen lassen würde.

Staatssekretär Bryan folgte mit Freude der Aufforderung des Präsidenten und sandte ihm umgehend einen langen Brief, in dem er einen Standpunkt vertrat, der in scharfem Gegensatz zu Lansings Ansicht stand. Zu allererst wollte er jegliche Übereilung bei der Bereinigung der Angelegenheit mit Deutschland vermeiden. Aus zwei Gründen sei es nicht nötig, sofort eine Antwort auf die deutsche Note vom 28. Mai zu senden:

„a) weil es wichtiger ist, die Antwort reiflich zu überlegen, als sie rasch abzusenden;

b) weil die Zeit an sich ein Faktor von nicht geringer Bedeutung ist. Bei unserem Friedensplan haben wir nachdrücklich den Vorteil der Zeit für Untersuchung und Überlegung betont … Unsere Note an Deutschland war, während sie eindeutig die Haltung dieser Regierung festlegte, in freundlichem Ton verfaßt, und die deutsche Antwort ist in der gleichen Tonart. Offensichtlich wünscht kein Teil den Krieg; und wo keine Seite den Krieg will, besteht immer Hoffnung auf eine freundschaftliche Regelung“.

Bryan war dann vollständig anderer Ansicht als Lansing über den Gebrauch des Wortes „keinen Widerstand leistend“ an Stelle von „unbewaffnet“ in der Anwendung auf Handelsschiffe der Kriegführenden: „Ich halte es, im Gegensatz zu Herrn Lansing, nicht für zweckmäßig, an Stelle des Wortes „unbewaffnet“ den Ausdruck „keinen Widerstand leistend“ zu setzen. Mir scheint, daß der Charakter eines Schiffes bestimmt ist nicht dadurch, ob es sich widersetzt oder nicht, sondern ob es bewaffnet ist oder nicht … Wenn wir den Ausdruck „keinen Widerstand leistend“ anwenden, ist der Angreifer erst berechtigt, Gewalt anzuwenden, nachdem das Schiff wirklich seine Waffen gebraucht hat, und das gäbe dem angegriffenen Schiff einen großen Vorteil gegenüber dem Angreifenden.“

Schließlich beschäftigte Bryan sich noch mit Lansings Standpunkt, die deutsche Regierung müsse gewisse amerikanische Rechte anerkennen, ehe irgendeine Diskussion über die „Tatsachen" des „Lusitania"-Falles, wie z.B. die Bewaffnung und die Munitionsbeförderung, begonnen werden sollte. Bryan war überzeugt, es sei „Brauch beim Staatsdepartement, zuerst die Tatsachen zu prüfen und dann Stellung zu nehmen". Im Falle der „Lusitania" „vertraten wir unsere Stellung aufgrund der Auslegung der Tatsachen nach unserer Meinung. Wenn nun die Richtigkeit der vorgebrachten Tatsachen in Frage gestellt wird, sehe ich keinen Grund, warum wir uns weigern sollten, die Tatsachen selbst zu prüfen".

In einer Nachschrift in dem Brief an den Präsidenten wies Bryan darauf hin, Botschafter Bernstorff habe durchblicken lassen, die deutsche Note hätte die Tatsachenfrage aufgegriffen, um „der deutschen Regierung eine glaubwürdige Entschuldigung zu verschaffen, unsere Stellung anzunehmen, falls die Grundlagen, auf die sie fußte, sich als falsch erweisen sollten. Wenn Deutschland wirklich nach einem Ausweg sucht, können wir nichts anderes tun, als mitzuhelfen".[4]

Der Präsident war aber gar nicht in Stimmung, Deutschland zu helfen, „einen Ausweg" aus den Schwierigkeiten mit den Vereinigten Staaten über die Versenkung der „Lusitania" zu finden. In der ersten von drei Noten, die er Bryan am 2. Juni sandte, bemerkte er, wie „interessant und bezeichnend" es ihm scheine, daß die deutsche Regierung immer wieder „mit verschiedenen Worten den gleichen Grund beackert und immer den Hauptpunkt dabei verfehlt, nämlich daß Englands Verletzung neutraler Rechte grundverschieden ist von Deutschlands Verletzung der Menschenrechte".

Am selben Tag, einige Zeit später, sandte er eine zweite Note, in der er Bryan für seine Ratschläge dankte, aber er brachte klar zum Ausdruck, daß er nicht den Glauben teilte, es sei unnötig, umgehend eine Antwort auf die deutsche Note vom 28. Mai zu schicken. Der Präsident meinte: „Zeit (doch natürlich keine Übereile) hat in der Sache eine große Bedeutung. Die deutsche Regierung muß nämlich fühlen, daß wir die Angelegenheit als dringend betrachten, denn sie zeigt nicht die geringste Neigung oder Absicht, ihre Methoden zu ändern, sogar jetzt noch nicht, während der Meinungsaustausch im Gang ist".

Die dritte Note, die der Präsident Bryan zugehen ließ, enthüllte seine enge Anlehnung an Lansings Gedankengänge. Lansing hatte Staatssekretär Bryan dringend empfohlen, an Stelle des Ausdrucks „unbewaffnetes Handelsschiff" den Ausdruck „Handelsschiff, das keinen Widerstand leistet" zu setzen. Der Präsident hielt diesen Vorschlag für besonders glücklich. Das sei „genau das", was er gesucht habe.

In zwei von diesen Noten, die der Präsident Bryan am 2. Juni sandte, bat er um Vorschläge für eine Antwortnote an Deutschland. Nach sorgfältiger Prüfung entwarf Bryan zwei Briefe mit Ratschlägen. In dem ersten Brief erörterte er die Angriffe auf die amerikanischen Schiffe „Cushing" und „Gulflight". Die deutsche Regierung hatte jegliche Absicht, neutralen Schiffen Schaden zuzufügen, entschieden in Abrede gestellt und eine Entschuldigung, sowie entsprechenden Schadenersatz versprochen. Sie hatte auch eine Bereinigung durch einen Bericht einer „Internationalen Untersuchungskommission" aufgrund des Haager Abkommens vom 18. Oktober 1907 vorgeschlagen.

Den Vorschlag, eine Untersuchungskommission einzusetzen, begrüßte Bryan. Es sei klar, meinte er, daß sich die Vereinigten Staaten „einem schiedsgerichtlichen Verfahren, wo es möglich ist, nicht widersetzen können. Auch gegen eine Untersuchung können wir in keinem Falle etwas einwenden. Unsere dreißig Schiedsverträge verpflichten uns zur Untersuchung *in allen Fällen*, und da wir diese Vertragsart Deutschland angetragen haben und Deutschland das Prinzip annahm (Deutschland war die zwölfte Nation, die das Prinzip annahm), können wir uns nicht fortwährend weigern, das Dokument auf alle Fragen anzuwenden, die zwischen den beiden Staaten entstehen können ... Der Plan, alle Schwierigkeiten zu untersuchen, ist der einfachste Weg, den es gibt, um Streitfragen zu erledigen und verspricht trotz seiner Einfachheit die größte Wirkung".

Staatssekretär Bryan glaubte, daß besonders im Hinblick auf die Fragen, die sich infolge der Versenkung der „Lusitania" erhoben hatten, der Schutz amerikanischer Bürger von höchster Bedeutung für die Regierung sei. Im Hinblick darauf sei es jetzt vor allem von außerordentlicher Wichtigkeit, die Bürger davor zu bewahren „unnötigerweise in Gefahren zu geraten. Beispiele dafür gibt es mehr als genug. Nehmen wir z.B. einmal den Fall eines Aufstandes. Die Behörden sind nicht von der Pflicht entbunden, die Ordnung aufrecht zu erhalten und die zu bestrafen, die Gewalttaten begehen, aber vorsichtshalber gestatten sie den Bürgern nicht, ihre Rechte auszuüben, um Schäden zu verhüten, die sonst unbeabsichtigt angerichtet werden könnten. Der Zuschauer ist immer in Gefahr, wenn auf der Straße geschossen wird ... Aus dem gleichen Grunde rieten wir allen amerikanischen Bürgern, Mexiko zu verlassen, nicht etwa weil sie kein Recht hatten, dort zu bleiben, sondern weil wir es für unklug hielten, sich den Gefahren auszusetzen, die der Aufenthalt dort in sich barg".

Aufgrund dieser vorhergehenden Entscheidungen habe die amerikanische Regierung nicht nur das Recht, sondern die Pflicht, die amerikanischen Bürger zu warnen, „auf ausländischen Schiffen sich in die Gefahrenzone zu begeben – besonders auf Schiffen, die durch die Beförderung von Munition außerordentlich stark gefährdet sind. Es genügt nicht zu sagen, daß die amerikanischen Bürger nach internationalem Gesetz ein Recht haben, überallhin zu gehen, und zwar unter dem Schutz der Regierung, gleichgültig in welche Gefahren sie sich begeben. Wenn die Behörden einer Stadt das Recht haben, die Leute von den Straßen der Stadt, in der sie wohnen, fernzuhalten, dann hat bestimmt ein Volk das Recht, seine Bürger von den Wasserstraßen fernzuhalten, die nicht einem Volk allein, sondern allen Völkern gemeinsam gehören".

Noch einmal erklärte Staatssekretär Bryan, er glaube, Deutschland suche „einen Ausweg". Wenn die amerikanische Regierung erklären würde, daß „Passagierdampfer in Zukunft keine Munition befördern dürften, glaube ich, würde Deutschland sehr wahrscheinlich erklären, daß keine Passagierdampfer angegriffen würden, wenn Versicherungen abgegeben werden, daß sie keine Munition befördern".

Am Abend des 3. Juni sandte Staatssekretär Bryan einen zweiten Brief an Wilson, dem er eine von Lansing vorbereitete Denkschrift beilegte. Obgleich die Argumente, die Lansing vorbrachte, „zum größten Teil vernünftig" waren, zögerte Bryan doch nicht, zu erklären, daß er einige davon mißbillige. Lansing hatte ausgeführt, daß die „Lusitania", obgleich „vollständig im Besitz der englischen Regierung, doch als Handelsschiff lief und demnach genau denselben Charakter besitze wie ein Handelsschiff in Privatbesitz". Eine solche außerordentliche Feststellung hielt Bryan für etwas weit hergeholt.

Lansing hatte weiter erklärt, für ein Schiff von der Größe der „Lusitania" sei es „unmöglich", ein Unterseeboot zu rammen. Obgleich Lansings Argument in diesem Punkt „ganz überzeugend" erscheine, gäbe es doch gewisse Folgerungen, die man in Betracht ziehen müsse. Wenn es wahr sei, daß die Kapitäne der Handelsschiffe geheime Instruktionen erhalten hatten, U-Boote zu rammen, dann verdiene diese Tatsache einige Aufmerksamkeit. Mit anderen Worten, „wenn ein U-Boot sich an die Regeln halten soll, die für Handelsschiffe gelten, dann müssen die Handelsschiffe auch den Regeln unterworfen sein, die gelten, wenn ein Handelsschiff von einem Kreuzer angegriffen wird".

Zum Schluß bemerkte Staatssekretär Bryan, ihm scheine, die ernsteste Frage, die die deutsche Note vom 28. Mai erhoben hätte, stehe im Zusammenhang mit der angeblichen Munitionsladung an Bord der „Lusitania". Bryan konnte Lansings Ansicht nicht teilen, „daß wir die angeschnittene Frage, ob unsere Gesetze verletzt worden waren, gänzlich auf die Seite schieben können. Selbst wenn wir erklären, daß die strenge Durchführung unserer Gesetze unseren eigenen Beamten anvertraut werden muß und nicht den Kommandanten kriegführender U-Boote, müssen wir doch die moralische Wirkung unserer Stellungnahme in Betracht ziehen; es würde so aussehen, als ob wir damit einverstanden wären, daß amerikanische Bürger, in Verletzung des Gesetzes, gleichzeitig mit Kriegsmunition befördert würden".

Die Noten Bryans an Wilson betonen immer wieder, wie wichtig es sei, mit Deutschland zu einer freundschaftlichen Verständigung zu kommen. Während die Antworten des Präsidenten nicht in gleich freundlichem Ton gehalten waren wie Bryans Noten, zeigten sie doch keinerlei Wunsch nach Krieg. Es ist deshalb offensichtlich, daß das dramatische Bild, das Botschafter Bernstorff von seiner Unterredung mit Präsident Wilson am 2. Juni und von seiner eigenen Tätigkeit bei der Verhinderung des Kriegsausbruchs entworfen hat, allzu einseitig gefärbt ist, um der Wirklichkeit zu entsprechen. Seiner eigenen Erzählung nach war er sich am 2. Juni klar darüber, daß irgend etwas getan werden mußte, um ernste Verwicklungen zu verhindern. Ohne Instruktionen aus Berlin abzuwarten, bat er um eine Audienz bei Präsident Wilson, und diesem Ersuchen wurde stattgegeben. Er kam keinen Augenblick zu früh: „Wie ich später erfuhr, waren an dem Tage, als ich Herrn Wilson aufsuchte, schon alle Vorbereitungen für den Abbruch der Beziehungen und einen darauf folgenden Krieg getroffen und wurden dann rückgängig gemacht. Ich hatte eine lange Unterredung unter vier Augen mit dem Präsidenten, den ich tief erschüttert und von dem dringenden Wunsch beseelt fand, den Krieg zu vermeiden. Wir waren beide darin einig, daß Zeit gewonnen werden müsse, und diese Übereinstimmung führte zur Anwendung eines Palliativmittels ... Wir verabredeten auf meinen Vorschlag, daß ich den Geheimen Regierungsrat Meyer-Gerhard, der mit Dr. Dernburg nach Amerika gereist war ... sofort nach Deutschland senden sollte, um meiner Regierung mündlichen Bericht zu erstatten. Herr Wilson versprach, keine unwiderruflichen Schritte zu tun, bis die Mission Herrn Meyer-Gerhards Ergebnisse gezeitigt hätte ... Inzwischen ging der scharfe Notenwechsel zwischen Washington und Berlin weiter ... aber die Erregung in den Vereinigten Staaten legte sich allmählich, und die erste schwere Krisis in den deutsch-amerikanischen Beziehungen wurde dadurch überwunden".[5]

Wenn man die Manuskripte Bryans und Lansings durchsieht, zeigt sich deutlich, daß Graf Bernstorff nicht irgend einen Bruch der diplomatischen Beziehungen durch seine Audienz bei Präsident Wilson am 2. Juni verhindert hat. In keiner dieser beiden Sammlungen privater Briefe ist die allergeringste Andeutung, daß die Lage kritisch war. Wenn das der Fall gewesen wäre, hätte sich in Lansings „Tagebuch" irgend ein Hinweis befinden müssen, daß die Lage ernst geworden sei, und Lansing hätte die ihm sympathische Aufgabe aufgenommen, den Abbruch der diplomatischen Beziehungen mit Deutschland zu studieren.

Nach seiner Audienz beim Präsidenten sandte Graf Bernstorff ein Chiffretelegramm an das Auswärtige Amt, in dem er darauf hinwies, daß Wilsons wichtigstes Bestreben auf „Aufhebung des Unterseebootkrieges gerichtet ist. Gegenüber diesem Endziel würden geringere Konzessionen unsererseits nur ein Kompromiß sein. Würden wir den Unterseebootkrieg aufgeben, so werde er dann auf Aufhebung der englischen Aushungerungspolitik dringen ... Die amerikanische Antwortnote wird wahrscheinlich die ganze juristische Frage beiseite schieben und nur die humane betonen, letztere sehr stark, aber ... in scharfer Form... Die sehr freundschaftlich verlaufene Unterredung darf nicht über den Ernst der Lage täuschen. Wenn uns nicht gelingt, in der nächsten Note zu beruhigen, wird Wilson an Abbruch der Beziehungen nicht vorbeikommen".[6]

Am 4. Juni widerfuhr Lansing die Ehre, von Präsident Wilson ersucht zu werden, der Kabinettssitzung, wegen der Antwort auf die deutsche Note vom 28. Mai beizuwohnen. Am folgenden Tag hatte er eine Unterredung mit Staatssekretär Bryan, der ihm den Entwurf einer Antwort an Deutschland, die der Präsident ausgearbeitet hatte, übergab. Bryan ließ Lansing wissen, daß er gegen die vom Präsidenten entworfene Antwort sei.

Am gleichen Tag (5. Juni) hatte sich Bryan bemüht, den Präsidenten zu überzeugen, daß die Note an Deutschland, wie sie der Präsident in der Kabinettssitzung am Tage zuvor skizziert hatte, wahrscheinlich zum „Bruch der diplomatischen Beziehungen" mit Deutschland führen würde. Er trug dann dem Präsidenten drei Vorschläge zur Prüfung vor: 1. Regelung aller Streitigkeiten mit Deutschland durch ein schiedsgerichtliches Verfahren; 2. sofortiges Eingreifen der Regierung, um zu verhindern, daß Passagierdampfer Munition befördern; 3. Absendung einer Protestnote an England, ehe eine Antwort an Deutschland auf die Note vom 28. Mai geschickt würde.

Das war Bryans letzter Versuch, den Präsidenten zu Gunsten einer versöhnlicheren Haltung gegenüber Deutschland zu beeinflussen. Er erwies sich als ebenso erfolglos wie seine früheren Bemühungen. Die Antwortnote des Präsidenten zeigte eine ganz geringe Anlehnung an Bryans Anschauungen, aber es war kaum mehr als eine Geste. Der Präsident versicherte, welche große Achtung er vor dem Urteil Bryans habe, dessen Meinungen immer „so einleuchtend" seien, daß er sie nur mit „großer Besorgnis" zurückweise. Über die Frage, ob amerikanische Bürger auf Handelsschiffen der kriegführenden Mächte reisen sollten, schien der Präsident nahe daran zu sein, mit dem Staatssekretär übereinzustimmen: „Ich neige dazu, zu erwägen, daß wir Schritte unternehmen sollten, wie Sie es vorschlagen, um unsere Bürger daran zu hindern, auf Schiffen zu reisen, die Kriegsmunition befördern. Ich will mich bemühen, einen gesetzlichen Weg zu finden, um das zu verhindern. Ich fürchte aber, daß es, ohne Rücksicht darauf, was man unternimmt, vollkommen unmöglich ist, zu handeln, ehe eine neue Note an Deutschland abgeht."

Bryan konnte nicht verstehen, warum der Präsident eine solche Eile an den Tag legte, die Note an Deutschland abzusenden. Durch ein kurzes Hinausschieben der Antwort auf die deutsche Note vom 28. Mai konnte nichts verloren gehen. Darüberhinaus war er tief enttäuscht darüber, daß sich der Präsident weigerte, eine Protestnote nach London zu schicken, als eine Art Gegenrechnung auf die geplante Note nach Berlin. Er fürchtete immer mehr, daß die Politik des Präsidenten zum Krieg mit Deutschland führen würde. Seine Besorgnisse wurden noch verstärkt durch einen gemeinsamen Brief, den er von zwei bedeutenden Führern der Demokratischen Partei, Senator Thomas S. Martin und Kongreßmitglied H.D. Flood, erhielt. Am 4. Juni hatten die beiden Politiker vom Staate Virginia eine Unterredung mit Staatssekretär Bryan, besonders über die öffentliche Meinung in ihrem Staate. Sie waren tief beeindruckt von dem Ernst der Lage, der das Land gegenüberstand und sandten am anderen Morgen Bryan einen Brief, der ihre Befürchtungen kundgibt: „Wir glauben, wir haben guten Grund, unsere großen Befürchtungen und unseren heißen Wunsch, der Friede möge erhalten bleiben, auszusprechen. Wir möchten nur sagen, daß wir, bei den beschränkten Kenntnissen, die wir haben, nicht in der Lage waren, zu dem Schluß zu kommen, daß ein Krieg sich aus irgendwelchen Fragen der Zerstörung der ‚Lusitania' und dem zufälligen Verlust amerikanischer Menschenleben ergeben sollte. Wir sagen dies trotz der Tatsache, daß die Beweisführung des Präsidenten in seiner ersten Note an Deutschland außerordentlich zwingend ist und wir nicht erkennen können, wie Deutschland eine zufriedenstellende Antwort erteilen kann ... Wir möchten hinzufügen, daß nach unserer Ansicht die öffentliche Meinung in Virginia vollständig mit diesen unseren Anschauungen übereinstimmt."

Der Brief vermehrte die Besorgnis Bryans, daß die Vereinigten Staaten unaufhaltsam einem Krieg mit Deutschland zutreiben, außerordentlich. Vielleicht könnte ein ganz großes Opfer von seiner Seite die gefährliche Entwicklung aufhalten, ehe sie soweit fortgeschritten war, daß nur noch der Krieg übrig blieb. Möglicherweise würde sein Rücktritt als Staatssekretär den Präsidenten veranlassen, seine Außenpolitik einer Prüfung zu unterziehen!

Beherrscht von diesem Gedanken, rief Staatssekretär Bryan Lansing in sein Amtszimmer und gab ihm den Entwurf der Antwortnote des Präsidenten. Es war Samstagmittag, und Lansing wollte die Spannung der letzten paar Tage ausgleichen und einem Baseballspiel im American League Park zusehen. Er beeilte sich nicht allzusehr, die Note fertigzustellen, und in seinem „Tagebuch" ist vermerkt, daß er und Herr Lester H. Woolsey am Sonntagabend (6. Juni) die letzte Hand an den Entwurf legten.

Inzwischen hatte sich Bryan ganz zu dem Entschluß durchgerungen, daß sein Rücktritt als Staatssekretär nötig sei, um den Präsidenten zu veranlassen, seine unglückliche Neigung zum Krieg mit Deutschland zu ändern. Am Samstagabend suchte er Schatzsekretär McAdoo zu Hause auf, um sein Herz auszuschütten. Sein abgehärmtes Gesicht und seine Nervosität enthüllten sein inneres Ringen. In der Unterhaltung bemerkte er, er habe gerade Schatzsekretär McAdoo ausgewählt, weil er ihm außerordentlich zugetan sei und weil McAdoo in engen persönlichen Beziehungen zu dem Präsidenten stehe. Er fürchte ernstlich, daß, „falls der Präsident die zweite ‚Lusitania'-Note absenden würde ... es sicherlich zu einem Krieg mit Deutschland käme". Ihm sei sehr viel daran gelegen, daß der Präsident irgendeinen Versuch unternehme, den Streit über die Versenkung der „Lusitania" durch ein schiedsgerichtliches Verfahren zu schlichten.

Nach dieser kurzen Einleitung über den „Lusitania"-Zwischenfall erklärte Bryan, er denke, er könne als Staatssekretär nichts mehr ausrichten und wolle seinen Rücktritt einreichen. Er berede die Angelegenheit deswegen mit Schatzsekretär McAdoo, um einen Weg zu finden, damit sein Rücktritt „der Regierung die geringst mögliche Verlegenheit" bereite. Als sich McAdoo bemühte, ihn von dem Entschluß abzubringen, bekam er immer wieder von Bryan die Antwort, es gäbe „keine andere Wahl als zurückzutreten".

Schatzsekretär McAdoo ging dann in Bryans Wohnung und besprach die Angelegenheit mit Frau Bryan. Er erfuhr, daß Staatssekretär Bryan schon lange darüber unglücklich war, daß der Präsident die Gewohnheit hatte, alle wichtigen Staatspapiere selbst auszuarbeiten; das hatte in ihm das Gefühl erweckt, er sei nur ein Strohmann. Keine der Erläuterungen McAdoos schien auf Frau Bryan irgendwelchen besonderen Eindruck zu machen. Daraufhin begab sich der Schatzsekretär geradewegs ins Weiße Haus, um dem Präsidenten die Lage klarzulegen. Wilson war von der Nachricht über den bevorstehenden Rücktritt des Staatssekretärs nicht überrascht. Bryan hatte sich „infolge der Auseinandersetzungen mit Deutschland immer mehr und mehr der Regierung entfremdet". Der Präsident bat McAdoo, die Familie Bryan am Montag noch einmal aufzusuchen.

Bei der nächsten Unterredung (7. Mai) wiederholte Bryan seinen Entschluß, zurückzutreten. Als McAdoo ihn warnte und ihm sagte, daß eine solche Handlung ihn politisch unmöglich machen werde, dachte Bryan nur einen Augenblick lang nach und bemerkte dann: „Ich glaube, Sie haben recht; das wird mich politisch vernichten; aber ob das nun der Fall ist oder nicht, ich muß meine Pflicht tun nach meinem Gewissen, und wenn ich dabei zu Grunde gehe, so ist das ja nur ein Opfer, das man Gott und dem Vaterland gerne bringen muß."

Nach dieser Unterredung mit Schatzsekretär McAdoo ging Bryan in die Wohnung des Marinesekretärs Josephus Daniels. Und während er mit ihm zur Stadt fuhr, erzählte er ihm von seiner Absicht, als Staatssekretär zurückzutreten. Er begab sich dann ins Staatsdepartement und fand dort ein Schreiben des Präsidenten über den Brief des Senators Martin und des Kongreßmitgliedes Flood. Die Ansichten, die die beiden Politiker äußerten, hatten einen „tiefen Eindruck" auf den Präsidenten gemacht, der nicht daran zweifelte, daß sie „einen großen Teil der öffentlichen Meinung vertreten. Ich wünsche von ganzem Herzen, daß ich einen Weg finde, den doppelten Wunsch unseres Volkes zu erfüllen, fest zu bleiben in unseren Forderungen an Deutschland und doch nichts zu unternehmen, was uns möglicherweise in den Krieg führen könnte".

Da der Präsident noch so unentschlossen war, bestand vielleicht doch die Möglichkeit, ihn zu überzeugen, daß es nicht angebracht sei, die Note an die deutsche Regierung in der von Lansing entworfenen Form abzusenden. Staatssekretär Bryan begab sich eilends ins Weiße Haus, um mit Präsident Wilson zu reden. Eine Stunde lang trat er für eine Änderung der Haltung zu Deutschland ein, aber der Präsident teilte nicht seine Befürchtungen, daß ein Krieg bevorstehe. Gänzlich entmutigt und gebrochen vor Erregung, kehrte Bryan ins Staatsdepartement zurück, um sein Rücktrittsgesuch vorzubereiten.

Am nächsten Morgen (8. Juni) übergab er das Gesuch dem Präsidenten, der es mit einem „Gefühl persönlichen Schmerzes" entgegennahm. Er beteiligte sich dann an der letzten Kabinettssitzung, und am Morgen des 9. Juni verabschiedete er sich vom Personal des Staatsdepartements. Seine Aufgabe als Staatssekretär war beendet. Die Nachricht von Bryans Rücktritt brachte eine Flut teilnehmender Briefe und Telegramme von seinen vielen Freunden. John Skelton Williams, Leiter der Währungsaufsicht, glaubte, daß die Bekanntgabe des Rücktritts im ganzen Land „nicht nur als bloße Überraschung, sondern mit Erschütterung aufgenommen würde. Sie haben einen so großen Anteil an der Regierung gehabt, und Sie haben in jeder Weise so wundervoll zur erfolgreichen Durchführung der lebensnotwendigen und aufbauenden Maßnahmen beigetragen, die die Regierung ausgezeichnet haben, daß man sich die Administration ohne Sie kaum denken kann."

Sekretär Daniels war ebenso freundlich und versicherte dem scheidenden Staatssekretär: „Ich fühle, daß uns nichts trennen kann im Leben oder Tod". Tumulty war tief bestürzt bei dem Gedanken an den Rücktritt Bryans und konnte seine tiefen Gefühle „nicht in Worte fassen". Andere bedeutende Demokraten sandten ähnliche Briefe und Telegramme. Eine interessante Botschaft kam von Dr. William E. Dodd, damals Professor für amerikanische Geschichte an der Universität von Chicago und in jüngster Zeit amerikanischer Botschafter in Deutschland. Sie kam etwas spät, war aber deswegen nicht weniger aufrichtig. Professor Dodd gestand zuerst, daß er „mehrere Male" für Bryan als Präsidentschaftskandidat seine Stimme abgegeben habe. Wenn Bryan im Jahre 1896 zum Präsidenten gewählt worden wäre, fuhr er fort, hätte Amerika vielleicht „aus den Klauen mächtiger Interessen gerettet werden können, die all das, was in unserem Volksleben wertvoll ist, zu zerstören suchen ... Ich möchte Ihnen sagen, wie sehr ich Sie schätze; was für eine glänzende Stelle werden Sie einst in unserer Geschichte einnehmen, wenn sie einmal ganz unparteiisch geschrieben wird ... Es hat mich doppelt bekümmert, als Sie es für nötig hielten, das Wilsonkabinett zu verlassen, sowohl Ihretwegen als auch wegen der Regierung ... Wilsons Fehler ist, daß er den militaristischen Machtströmungen unserer Zeit nachgibt".

Andere bedeutende Amerikaner äußerten sich ganz anders. Senator Henry Cabot Lodge war überzeugt, daß Bryans Rücktritt als Staatssekretär „für das Land nur gut war, weil er für die Stelle des Staatssekretärs ganz besonders ungeeignet war ... Warum er gerade jetzt geht, ist schwer verständlich, weil die Note vom 13. Mai, die auch seine Unterschrift trägt, gut war und die richtigen Forderungen stellte, während die Note, die gestern herauskam, ein sehr mildes Dokument ist und einfach bedeutet, daß die überaus ernste Frage der Vernichtung amerikanischer Menschenleben sich in einem weitschweifigen Notenwechsel verlieren wird".

Die amerikanische Presse stimmte mit dem Gefühl Senator Lodges überein, daß Bryan für den Posten des Staatssekretärs ungeeignet war, und während sie ihn bitter kritisierte, weil er mitten in einer politischen Krise zurücktrete, begrüßte sie seinen Rücktritt als Vorteil für das Land. Die „New York Times" schrieb: „Bryan hat gut daran getan, zurückzutreten. Es ist vielleicht das klügste, was er in seiner politischen Laufbahn tat ... Er konnte unmöglich länger Staatssekretär bleiben."

Andere Zeitungsleute dachten ähnlich. Die New York „World" leugnete nicht die „Ehrenhaftigkeit" der Überzeugungen Bryans oder die „Lauterkeit seiner Absichten", aber sie stellte seine Urteilsfähigkeit in Frage, die sich nie „beklagenswerter auswirkte, als bei dem Bruch mit Wilson in einer Angelegenheit, die zur Zeit noch rein akademisch ist".

Die „World" verurteilte später Bryans Handeln als „verächtlich"; der New York „Herald" war überzeugt, daß sein Einfluß „schädlich" gewesen sei; der Brooklyn „Eagle" hielt seine Haltung für weit schlimmer als „pflichtvergessen"; und das Louisville „Courier-Journal" war so aufgebracht über seinen Rücktritt, daß es folgende bittere Anklage veröffentlichte: „Für weniger scheußliche Verrätereien sind Menschen schon erschossen und enthauptet, ja sogar gehenkt, gemartert und gevierteilt worden".[7]

In Deutschland fand Bryan wenig Sympathie für seinen Austritt aus dem Wilson-Kabinett. Die Berliner „Vossische Zeitung", die „Berliner Neueste Nachrichten" und das „Berliner Tageblatt" konnten nicht einsehen, warum Bryan, nachdem er die amerikanischen Noten vom 10. Februar und 13. Mai unterzeichnet hatte, lieber zurücktrat, als seine Unterschrift unter die Note vom 9. Juni zu setzen. Die „Berliner Morgenpost" betrachtete Bryans Rücktritt mit Freude: „Man hat in Deutschland ziemlich allgemein angenommen, daß Staatssekretär Bryan die stärkste Triebfeder der den Deutschen gegenüber bewiesenen amtlichen Unfreundlichkeit der amerikanischen Regierung sei, und daß Präsident Wilson sich von seinem Kanzler auf diese Bahn habe drängen lassen ... Als gestern die Nachricht von dem Rücktritt Bryans hier bekannt wurde ... ging ... die allgemeine Auffassung dahin, daß mit Bryan der gefährlichste Deutschenfeind in Amerika dahingegangen sei."[8]

Die „Berliner Neueste Nachrichten" teilten die falsche Ansicht, Bryan sei antideutsch gewesen: „Weite Kreise in Deutschland werden geneigt sein ... den Abgang William Jennings Bryans als glückliches Ereignis zu begrüßen. Bryan als Wilsons Staatssekretär ... hat uns Deutsche bitter enttäuscht."

Die heftigen Angriffe der amerikanischen Presse gegen Bryan wegen seines Rücktritts als Staatssekretär dürfen nicht als Anzeichen aufgefaßt werden, daß sein Einfluß bei dem Durchschnittswähler des Mittelwestens unwiderbringlich vorbei war. In wenigen Monaten erkannte man seine Volkstümlichkeit in den Landesteilen westlich der Alleghenies so klar, daß die Führer der Demokratischen Partei fieberhaft um sein Eintreten für Präsident Wilson in dem Wahlkampf 1916 warben. Im Sommer 1916 waren die Reden Bryans ein wichtiger Faktor beim Zurückhalten der immer mehr anwachsenden Republikanischen Partei im Mississippi-Tal. Ein Sieg Hughes würde die amerikanische Teilnahme am Weltkrieg bedeuten: Die Wiederwahl Wilsons würde die Aufrechterhaltung der amerikanischen Neutralität garantieren. Das war die Botschaft, mit der Bryan den Mittelwesten für die Demokratische Partei gewann.

Kapitel XIII

Das Ende einer deutschen Komödie der Irrungen

In den Beziehungen zu Amerika während der Vorkriegsjahre hat sich am meisten gerächt, daß die deutsche Regierung es nicht verstand, mit Staatssekretär Bryan in enge Fühlung zu kommen. Aus einem unerklärlichen Grund schien v. Bethmann-Hollweg die Bedeutung des Kampfes nicht aufzugehen, den Bryan um die Aufrechterhaltung einer unparteiischen Politik gegen die europäischen Kriegführenden ausfocht. Vielleicht war Bernstorff daran schuld, daß die deutsche Regierung Bryans ernste Bemühungen um eine Mäßigung des Tons der amerikanischen Protestnoten gegen den U-Bootkrieg nicht würdigte. Auf jeden Fall war es unklug, daß das deutsche Auswärtige Amt Bryan nicht mit jeder Entscheidung des Kaisers auf dem laufenden hielt, die ein Zugeständnis an Amerika bedeutete.

Es besteht kaum ein Zweifel daran, daß v. Bethmann-Hollweg und v. Jagow aufrichtig darauf bedacht waren, die freundschaftlichen Beziehungen zwischen den Vereinigten Staaten und Deutschland zu erhalten, aber es scheint ihnen am notwendigen Mut und an der Kraft gefehlt zu haben, um sich den Wünschen gewisser Marinekreise entgegenzustellen. Früher wäre v. Bismarck über einen solchen Widerstand hinweggegangen und hätte durch die Macht seiner beherrschenden Persönlichkeit ein Programm durchgesetzt, in dem politische Rücksichten maßgebend gewesen wären und nicht militärische. Aber v. Bethmann-Hollweg war kaum mehr als der Schatten des alten eisernen Kanzlers.

Der Streit zwischen dem Kanzler und den Admiralen v. Tirpitz und Bachmann begann schon mehrere Monate vor der Versenkung der „Lusitania". Nach der Erklärung der Kriegszone im Februar 1915 nahmen die Gegensätze rasch zu. Bethmann-Hollweg beklagte sich bitter bei Admiral Bachmann über die Vernichtung so vieler neutraler Schiffe. Von neutralen Nationen liefen nachdrückliche Proteste ein; die Beziehungen würden täglich gespannter.

Admiral Bachmann blieb aber darauf bestehen, es dürften keine weiteren Zugeständnisse mehr gemacht werden trotz des Druckes wichtiger Neutraler wie die Vereinigten Staaten. Diese Ansicht drang beim Kaiser nicht durch. Er billigte sofort die Auffassung des Kanzlers und ordnete besondere Vorsichtsmaßregeln an, um ein weiteres Versenken neutraler Schiffe zu verhindern. Die Einstellung des Kaisers erfuhr Admiral Bachmann am 10. Mai, aber ohne sie zu billigen. Einige Tage später erhob der Admiral sofort Protest bei v. Jagow, als er vernahm, das Auswärtige Amt habe an Botschafter Gerard eine Note über den U-Bootkrieg geschickt. Er bedauerte, daß er bei der Abfassung dieser Note an den amerikanischen Gesandten nicht zu Rate gezogen worden war und brachte dann seine Einwände gegen die Politik v. Bethmann-Hollwegs und v. Jagows vor: „Eines der Hauptziele der Erklärung vom 4. Februar war, die neutrale Schiffahrt durch eindringliche Betonung der ihr im Kriegsgebiet drohenden Gefahren von dem Verkehr nach England abzuschrecken. Dies war nicht nur geboten, um den Druck auf England zu verschärfen, sondern vor allem auch notwendig, um Anlässe zu Konflikten mit neutralen Mächten nach Möglichkeit auszuschließen ... Die dem amerikanischen Botschafter übergebene Aufzeichnung spricht im Gegensatz zu diesen Grundlagen des U-Bootkrieges ... nur von Maßnahmen und freiwillig übernommenen Verpflichtungen unsererseits, die Härten des U-Bootkrieges in weitestgehender Weise zu mildern. Sie hebt dadurch die beabsichtigte Wirkung jener Warnung auf, so daß die neutrale Schiffahrt nunmehr im Verkehr mit England aller Sorge um materielle Verluste enthoben ist ..."[1]

Der Kanzler wollte, wenn möglich, diese Meinungsverschiedenheiten ausgleichen. Daher bat er den Kaiser, eine Konferenz zwischen den Vertretern des Auswärtigen Amtes, des Heeres und der Marine anzuberaumen, die in Pleß am 31. Mai zusammentreten sollte. Bei der Zusammenkunft war der Kaiser selbst anwesend, ferner der Kanzler, General v. Falkenhayn, die Admirale v. Tirpitz, v. Müller und Bachmann.

Der Kanzler erklärte sofort, er könne nicht länger die Verantwortung für den U-Bootkrieg übernehmen, wie er jetzt geführt werde. Er wurde darin von General v. Falkenhayn mit den Worten bestärkt, die militärische Lage lasse nicht zu, daß eine neutrale Macht auf Seite der Feinde Deutschlands trete.

Dagegen bestanden die Admirale v. Tirpitz und Bachmann darauf, eine Gewähr für die Schonung der Neutralen könne nicht übernommen werden. Eine solche Garantie bedeute das Ende des U-Bootkrieges. Der Kaiser bemerkte dazu, der Kanzler müsse die Verantwortung für das Einstellen des U-Bootkrieges übernehmen, sonst blieben die bestehenden Befehle weiter in Kraft.

Aufgrund der folgenden Besprechung erhielten die Kommandanten der U-Boote (am 1. Juni) einen neuen Befehl mit der Anweisung, einen Angriff auf ein Schiff nicht zu unternehmen, wenn sie nicht die begründete Überzeugung hätten, daß das betreffende Schiff ein feindliches sei: es wäre besser, ein feindliches Schiff durchkommen zu lassen, als aus Versehen ein neutrales Schiff zu versenken.[2]

Durch diesen Erfolg ermutigt, schrieb der Kanzler am 2. Juni an Admiral Bachmann und schlug vor, *große feindliche* Passagierschiffe sollten von U-Bootangriffen verschont bleiben. Bachmann lehnte den Vorschlag sofort ab, aber der Kanzler wandte sich an den Kaiser um Unterstützung. In Anbetracht des humanitären und pazifistischen Standpunktes, den Wilhelm II. schon zu Beginn des U-Bootkrieges eingenommen hatte, war eine Entscheidung im Sinne des Kanzlers vorauszusehen. Am 5. Juni benachrichtigte Admiral v. Müller die Admirale v. Tirpitz und Bachmann, der Kaiser verordne, die U-Bootkommandanten seien anzuweisen, *große* Passagierdampfer des Feindes zu schonen. Die Admirale telegraphierten sofort an den Kaiser und wiesen auf die ernsten Folgen eines solchen Befehls hin. Ein solcher Befehl würde „den völligen Verzicht" auf den U-Bootkrieg bedeuten und auf einen „nicht wiedergutzumachenden Verlust an militärischem Prestige" hinauslaufen. Er konnte bei den „Gegnern Deutschlands, den Neutralen, im eigenen Volk und in der eigenen Marine nur als ein gefährliches Zeichen der Schwäche ausgelegt werden. Die Unterzeichneten bitten dringend Ihre Majestät, von der Ausgabe dieses Befehles abzusehen. Wir sind nicht in der Lage, dafür eine Verantwortung zu übernehmen".[3]

Der Kaiser ließ sich von seinem Standpunkt nicht abbringen, und am 6. Juni ging der Befehl hinaus. Die Admirale v. Tirpitz und Bachmann reichten sofort ihr Rücktrittsgesuch ein, das „höchst ungnädig" abgelehnt wurde. Sie blieben im Amt, aber waren für keine weiteren Zugeständnisse zu haben. Unglücklicherweise veranlaßte dies den Kaiser und den Kanzler zu einem sehr ernsten Mißgriff. Der am 5. Juni gebilligte Befehl sollte „völlig geheim" gehalten und nicht an den Botschafter Bernstorff in Washington geschickt werden, damit er nicht als ein Zeichen der Schwäche gedeutet würde.[4] Wenn er am Morgen des 6. Juni an Bernstorff gekabelt worden wäre, so hätte er sehr wahrscheinlich die Stellung Bryans so gestärkt, daß er seinen Rücktritt in diesem kritischen Augenblick nicht eingereicht hätte. Wäre er als Staatssekretär geblieben, so hätte es sehr wohl sein können, daß Amerika nicht in den Konflikt im April 1917 eingegriffen hätte.

Aber selbst wenn Bryan seinen Rücktritt nicht eingereicht hätte, besteht wenig Grund zu der Annahme, daß die amerikanische Note vom 9. Juni im großen und ganzen wesentlich geändert worden wäre. Der Ton der Note war nicht derart, daß sie auf die deutsche Regierung wie ein Ultimatum wirkte. Bezüglich der Versenkung der „Lusitania" wies sie verschiedene Behauptungen zurück, die in der deutschen Note vom 28. Mai enthalten waren: „In der Note [die deutsche Note vom 28. Mai] wird behauptet, daß die ‚Lusitania' zweifellos bewaffnet gewesen sei, im besonderen versteckte Geschütze geführt habe, daß sie mit ausgebildeter Bedienungsmannschaft für die Geschütze und besonderer Munition versehen gewesen sei, Truppen von Kanada befördert, eine Ladung an Bord gehabt habe, die nach den Gesetzen der Vereinigten Staaten für ein Schiff, das auch Passagiere befördert, nicht zulässig gewesen sei und daß sie ihrem Wesen nach als Hilfsschiff der englischen Seestreitkräfte gedient habe. Glücklicherweise sind dies Angelegenheiten, über die die Regierung der Vereinigten Staaten in der Lage ist, der kaiserlich deutschen Regierung amtliche Aufklärung zu geben ... Sie ist imstande ... der kaiserlichen Regierung zu versichern, daß sie falsch unterrichtet war.

Die amerikanische Regierung legte bei der Versenkung der „Lusitania" auf den Verlust amerikanischer Menschenleben das Hauptgewicht, weil dies durch einen Bruch allgemein anerkannter Grundsätze des Völkerrechts geschehen sei: „Die Versenkung von Passagierdampfern berührt Grundsätze der Menschlichkeit, denen gegenüber die besonderen Einzelumstände, die in den Versenkungsfällen mitsprechen könnten, in den Hintergrund gedrängt werden ... Was auch die sonstigen, die ‚Lusitania' betreffenden Tatsachen sein mögen, die Hauptsache bleibt, daß ein großer Dampfer, der in erster Linie und vorzugsweise als Beförderungsmittel für Passagiere diente ... torpediert und versenkt wurde ohne geringsten Anruf oder Warnung, und daß Männer, Frauen und Kinder in den Tod gesandt wurden, für die es in der modernen Kriegführung kein Beispiel gibt ... Die Regierung der Vereinigten Staaten kann nicht zugeben, daß die Erklärung einer Kriegszone, vor der neutrale Schiffe gewarnt worden sind, sich entfernt zu halten, irgendwie als

Reichskanzler v. Bethmann-Hollweg (links) im Gespräch mit Vizekanzler Dr. Karl Helfferich (Mitte) und dem Staatssekretär des Äußeren, Gottlieb v. Jagow.

eine Verkürzung von Rechten amerikanischer Schiffseigentümer oder amerikanischer Bürger ausgelegt werden kann, die sich auf erlaubten Reifen als Passagiere an Bord von Handelsschiffen einer kriegführenden Macht befinden."

Zum Schluß wies die Note auf die Haltung der amerikanischen Regierung zu der vielerörterten Frage der bewaffneten Handelsschiffe hin. Das Staatsdepartement glaubte auch, daß „das Leben von Nichtkämpfern gesetz- oder rechtmäßig nicht in Gefahr gebracht werden dürfe durch Kaperung oder Zerstörung eines Handelsschiffes, das keinen Widerstand leistet".[5]

Die amerikanische Note vom 9. Juni wurde in Deutschland „gut aufgenommen". Sie erweckte die Hoffnung, es könne zwischen den beiden Regierungen in kurzer Zeit „eine Einigung" erzielt werden. Botschafter Gerard ließ sich besonders davon beeindrucken, daß „viele Wirtschaftsführer" einzig und allein zu dem Zweck nach Berlin gekommen waren, um auf die deutsche Regierung einen Druck zugunsten eines Friedens mit Amerika auszuüben.

Aus Washington sandte Graf Bernstorff Depeschen, die dazu beitrugen, die Besorgnisse des deutschen Auswärtigen Amtes zu zerstreuen. Am 9. Juni berichtete er, politisch herrsche in Amerika „die übliche Sommerstille". Er hatte sogar den Eindruck, der Präsident und sein Kabinett seien „neutraler, als gewöhnlich angenommen wird".[6]

Bethmann-Hollweg und v. Jagow, die schwer mit der Marineleitung zu kämpfen hatten, beruhigte diese Nachricht Bernstorffs. Eine Unterstützung erfuhren sie auch durch General v. Falkenhayn, der Admiral Bachmann (am 17. Juni) rund heraus erklärte, die für die deutsche Marinepolitik verantwortlichen Offiziere müßten ein Mittel finden, um den Frieden mit den Vereinigten Staaten zu erhalten. Diese Notwendigkeit ergebe sich nicht etwa aus Furcht vor der bewaffneten Macht Amerikas, sondern weil ein amerikanisches Eingreifen auf andere Neutrale wie Rumänien, Bulgarien und Holland einen verhängnisvollen Eindruck machen würde.[7]

Es war unmöglich, Botschafter Gerard die offenen Meinungsverschiedenheiten zwischen v. Bethmann-Hollweg und v. Jagow einerseits und den Admiralen v. Tirpitz und Bachmann andererseits völlig zu verbergen. Am 18. Juni informierte er Sekretär Lansing, persönliche Streitigkeiten dieser deutschen Führer würden die Lage verwickeln, und General v. Falkenhayn sei wahrscheinlich auf Seite des Kanzlers. Eine Woche später berichtete er dem Staatssekretär erneut, welche Wirkung der innere Streit auf die deutsch-amerikanischen Beziehungen haben würde. Das Auswärtige Amt entwerfe eine Note, die den im Passagierverkehr eingesetzten Handelsschiffen Sicherheit gewährleiste. Dem stelle sich v. Tirpitz entgegen, wenn man nicht garantiere, daß diese Schiffe keine Waffen und Munition befördern. Sollte der Präsident eine solche Garantie unterstützen, so würde das sehr dazu beitragen, die bestehenden Schwierigkeiten zwischen Deutschland und den Vereinigten Staaten zu lösen. Gleichzeitig gäbe es dem Kanzler den so notwendigen Auftrieb, um gegen seine Gegner auftreten zu können.

Der Präsident erachtete die Anregungen Botschafter Gerards als „gänzlich unklug oder mindestens völlig unannehmbar". Ohne Unterstützung Präsident Wilsons geriet der deutsche Kanzler auch noch durch eine Denkschrift in eine schwierige Lage, die am 28. Juni von drei Offizieren der Marine vorgelegt wurde. Diese Offiziere, deren Ansichten von den Admiralen v. Tirpitz und Bachmann sehr beachtet wurden, rieten nachdrücklichst von weiteren Beschränkungen in der Führung der U-Bootoperationen ab.[8]

Natürlich bestand für v. Bethmann-Hollweg immer noch die Möglichkeit, in seinem Kampf um die Versöhnung Amerikas trotz des erbitterten Widerstandes der Marineführer fortzufahren. Er konnte das Staatsdepartement von der Entscheidung des Kaisers (5. Juni), große Passagierschiffe zu schonen, informieren und auf diese Weise Präsident Wilson vom aufrichtigen Wunsch der deutschen Regierung überzeugen, die deutsche U-Bootkriegführung entsprechend den amerikanischen Wünschen zu ändern. Aber ein solches Beginnen würde auf sein Haupt einen Sturm der Entrüstung von vielerlei Seiten heraufbeschwören, und er zweifelte an seiner Geschicklichkeit, solche Gefahren zu meistern. Er zog es vor, Zeit zu gewinnen, obwohl infolge der amerikanischen Ungeduld sich in jedem Augenblick Schwierigkeiten ergeben konnten.

Die deutsche Note vom 8. Juli versuchte wegen zahlreicher Verletzungen des Völkerrechts, England die Last der Verantwortung aufzubürden. Nach einer längeren Aufzählung dieser Übergriffe brachte die deutsche Regierung folgenden Vorschlag vor und hoffte, damit zu einer Einigung zu kommen: „Um unvorhergesehene Gefährdungen amerikanischer Passagierdampfer auszuschließen ... werden die deutschen Unterseeboote angewiesen werden, solche durch besondere Abzeichen kenntlich gemachte und in angemessener Zeit vorher angesagte Passagierdampfer frei und sicher passieren zu lassen. Dabei gibt sich die kaiserliche Regierung allerdings der zuversichtlichen Hoffnung hin, daß die amerikanische Regierung die Gewähr dafür übernimmt, daß diese Schiffe keine Konterbande an Bord haben ... Zur Schaffung ausreichender Reisegelegenheit für amerikanische Bürger über den Atlantischen Ozean stellt die Deutsche Regierung zur Erwägung, die Zahl der verfügbaren Dampfer dadurch zu vermehren, daß eine angemessene, der genaueren Vereinbarung unterliegende Zahl neutraler Dampfer unter amerikanischer Flagge in den Passagierdienst unter den gleichen Bedingungen wie die vorgenannten amerikanischen Dampfer eingestellt wird ... Die kaiserliche Regierung glaubt annehmen zu dürfen, daß auf diese Weise ausreichende Gelegenheiten für amerikanische Bürger zur Reife über den Atlantischen Ozean zu schaffen sind. Eine zwingende Notwendigkeit für amerikanische Bürger, in Kriegszeiten auf Schiffen unter feindlicher Flagge nach Europa zu reisen, dürfte demnach nicht vorliegen."

Dieser Kompromiß war dem Durchschnittsamerikaner so unangenehm wie deutschen Marineleuten, z.B. v. Tirpitz. In den Vereinigten Staaten nahm die Stimmung gegen Deutschland rasch zu. Theodore Roosevelt wetterte einige Wochen, ehe die deutsche Note eintraf, gegen den Präsidenten, weil er die Hände in den Schoß lege. Seiner Überzeugung nach hatte der Präsident nur die Absicht „über die ‚Lusitania' zu reden und Zeit verstreichen zu lassen, damit der Fall in Vergessenheit gerät. Ich glaube, die Leute haben ihn jetzt auch vergessen. Sie sind kaltherzig; sie sind durch diese höllische Friedenspropaganda der letzten zehn Jahre schwerfällig und mutlos geworden.[9]

Der Präsident hatte jedoch keine Absicht, den „Lusitania"-Zwischenfall rasch in die Vergessenheit versinken zu lassen. Die deutsche Regierung sollte die Ungesetzlichkeit der Versenkung des großen Cunarddampfers zugestehen und sich verpflichten, U-Boothandlungen aufzugeben oder sie nach den Vorschriften des Kreuzerkrieges zu führen. Am 10. Juli schrieb Oberst House an den Präsidenten, um ihm Vorschläge zu unterbreiten, die bei der Beantwortung der letzten deutschen Note verwendet werden könnten. Es sei unbedingt notwendig, auf den ungeschmälerten Rechten amerikanischer Bürger, auf hoher See zu fahren, zu bestehen. Wenn die amerikanische Regierung über weniger verhandeln wolle, als um „unsere unveräußerlichen Rechte, dann könnte jede kriegführende Nation die Rechte unserer Bürger in anderer Hinsicht übertreten und sich darauf verlassen, wir würden mit ihnen über Zugeständnisse unterhandeln".

Der Präsident war über diese Gedanken sehr erfreut, die so „ziemlich seinen eigenen Ansichten" entsprächen. Es wäre, wie er glaube, zweckdienlich, das deutsche Auswärtige Amt darauf hinzuweisen, daß die amerikanische Regierung „kein Interesse daran habe, den Personenverkehr zu organisieren, sondern beabsichtige, neutrale und allgemein menschliche Rechte festzulegen".

Während der Präsident über den Wortlaut einer Note an Deutschland nachsann, fragte Graf Bernstorff bei Oberst House an, ob er etwas „in der gegenwärtigen Krise" tun könne. Er habe es fertig gebracht, „unsere Leute so weit zu beeinflussen, daß unsere Note äußerst freundlich ist, und daß viel von ‚Freiheit der Meere' geredet wird. Bezüglich des Restes müssen wir einen Ausweg finden"

Nach Empfang dieses Briefes schrieb Oberst House sofort an Präsident Wilson, um sich zu vergewissern, ob es ratsam sei, das Anerbieten von Bernstorff zu benutzen. Die Antwort lautete bejahend: „Vielleicht kann es nichts schaden, Bernstorff aufzusuchen, wenn auch nur, um ihn fühlen zu lassen, daß ein Ausweg nicht allein gefunden werden sollte, sondern gefunden werden muß, und daß seine Regierung es sich und der übrigen Welt schuldig ist, dabei mitzuhelfen ... Anscheinend ändern tatsächlich die Deutschen ihre Methoden: man muß sie dazu ermutigen, in der neuen Bahn fortzufahren, wenn sie nicht absichtlich uns beweisen wollen, daß sie unfreundlich gesinnt sind und Krieg wollen."[10]

Während des Gedankenaustausches mit Oberst House wandte sich Präsident Wilson auch an Lansing um Rat. Dieser meinte, die amerikanische Regierung könne mit dem deutschen Auswärtigen Amt keine „besonderen Abmachungen" treffen, „wobei ein paar Schiffe Rechte genießen sollten, die allen zustehen". Es sollte auch klar herausgestellt werden, daß die amerikanische Regierung nicht „bloß für die Rechte der Amerikaner kämpfe, die Meere nach ihrem Gutdünken befahren zu dürfen, ohne gewollte Verletzungen des Völkerrechts befürchten zu müssen, sondern daß sie für die Rechte aller Neutralen eintrete, Rechte, an denen die ganze Welt ein Interesse hat und die jeder Nation heilig sein müssen."

Dieses Recht aller Amerikaner, ungehindert und ohne Schaden durch eine Kriegszone auf feindlichen Schiffen mit Konterbande fahren zu dürfen, schien dem Präsidenten so unantastbar, daß er keine Beweise zur Rechtfertigung für nötig erachtete. Gewisse Schwierigkeiten verursachten ihm jedoch Kopfzerbrechen. Die amerikanische Bevölkerung hatte sichtlich genug an dem Notenwechsel, bei dem nichts herauskam. Außerdem war die öffentliche Meinung offenbar dagegen, diese Noten in einem so feindseligen Ton zu halten, daß ein Krieg daraus entstehen müsse. Zeit gewinnen, ohne den Anschein zu erwecken, war die Aufgabe des Präsidenten.

Ehe Sekretär Lansing den Brief des Präsidenten aus Cornish, New Hampshire, erhalten konnte, schilderte er ihm in einem Schreiben seine ersten Eindrücke von der deutschen Note des 8. Juli. Gewisse sarkastische Sätze in dieser Note seien zu dem Zweck aufgenommen worden, um auf die deutsche öffentliche Meinung einzuwirken. Es sei ein alter Kunstgriff bei diplomatischen Verhandlungen, starke Ausdrücke zu gebrauchen, die eigens für „heimische Bedürfnisse" bestimmt sind. Die amerikanische Regierung brauche diese Wendungen nicht zu ernst zu nehmen. Überdies sehe er sich einem ähnlichen Dilemma gegenüber wie Präsident Wilson. Die große Mehrheit der amerikanischen Bevölkerung wünsche keinen Krieg, aber „zugleich solle die Regierung keinen Schritt von ihrem Standpunkt abgehen, sondern Deutschland zwingen, unsere Forderungen anzunehmen". Beides auszuführen sei „nahezu unmöglich".[11]

Am folgenden Tag, nach dem Empfang des Briefes des Präsidenten vom 13. Juli, sandte ihm Sekretär Lansing eine ausführliche Antwort. Er sei völlig mit der Ansicht des Präsidenten einverstanden und halte es für gut, daß die in Aussicht genommene Note die Sache der Moral vertrete. Er sei jedoch im Unklaren über die Forderungen, die der deutschen Regierung unterbreitet werden sollen. Würde es möglich sein, „fest zu bleiben und zugleich auf Verhandlungen einzugehen?"

Einige Mitglieder aus dem Kabinett des Präsidenten hatten wenig Lust zu einem Vergleich. Franklin K. Lane, ein sonst vernünftiger Mann, verlor jede Selbstbeherrschung, wenn er an die deutsche Note vom 8. Juli dachte. Die einzig denkbare Antwort wäre seiner Meinung nach gekleidet in „kurze und häßliche angelsächsische Wörter, die mit Diplomatie nichts zu tun hätten". Eine solche Sprache wäre in Mitteilungen an die anmaßenden Deutschen gerade gut genug, die „in ihrer Überspanntheit" grundsätzlich „auf die amerikanische Flagge gespuckt" hätten.

Botschafter Gerard war ebenso kampflustig. In einem Brief an Oberst House schreibt er, es sei einen Krieg mit Deutschland wert, eine Entscheidung darüber zu bekommen, ob die „Vereinigten Staaten von Amerika von Washington oder von Berlin aus regiert werden. Die Leute sind fest davon überzeugt, man könne uns mit Füßen treten, beleidigen und mißhandeln, ohne Strafe befürchten zu müssen, und achten unsere Noten geringer als Makulatur"

Die amerikanische Note blieb fest in ihren Forderungen an die deutsche Regierung. Nach dem Urteil des Botschafters Gerard war sie „geradezu ein Meisterstück". In einem der ersten Abschnitte wurde dem deutschen Auswärtigen Amt bedeutet, englische Rechtsverletzungen seien, soweit sie amerikanische Rechte betreffen, in diplomatischen Noten zwischen Deutschland und den Vereinigten Staaten nicht Gegenstand der Besprechung. Auch das angebliche Recht der Vergeltung wurde scharf zurückgewiesen: „Ungesetzliche und unmenschliche Handlungen, so gerechtfertigt sie auch immer einem Feind gegenüber erscheinen mögen, von dem angenommen wird, daß er unter Verletzung von Recht und Menschlichkeit gehandelt hat, sind offenbar nicht zu verteidigen, wenn sie Neutrale ihrer anerkannten Rechte berauben, insbesondere, wenn sie das Recht auf das Leben selbst verletzen … Die Rechte der Neutralen in Kriegszeiten beruhen aufgrundsätzen, nicht auf Zweckmäßigkeit, und die Grundsätze sind unabänderlich. Pflicht und Obliegenheit der Kriegführenden ist es, einen Weg zu finden, ihnen die neuen Verhältnisse anzupassen."

Zwei Monate lang hätten die deutschen U-Boote großenteils ihre Kampfhandlungen nach den Regeln des Kreuzerkrieges geführt. Die ganze Welt habe „mit Interesse und mit wachsender Genugtuung auf die Darlegung dieser Möglichkeit geblickt. Es ist mithin offenbar möglich, das ganze Verfahren bei Unterseebootangriffen der Kritik, die es hervorgerufen hat, zu entheben, und die Hauptursachen des Anstoßes zu beseitigen"

Angesichts dieses Umstandes könne die Regierung der Vereinigten Staaten nicht glauben, daß die kaiserliche deutsche Regierung noch länger „davon absehen wird, das unbekümmerte Vorgehen ihres Seeoffiziers bei der Versenkung der ‚Lusitania' zu mißbilligen, oder Entschädigung für die Verluste an amerikanischen Menschenleben anzubieten, insoweit für zwecklose Vernichtung von Menschenleben durch eine ungesetzliche Handlung überhaupt Ersatz geleistet werden kann ... Die Regierung der Vereinigten Staaten ... fühlt sich verpflichtet ... auf dem Schutz ihrer eigenen Bürger zu bestehen ... Die Freundschaft selbst drängt sie, der kaiserlichen Regierung zu sagen, daß die Regierung der Vereinigten Staaten eine Wiederholung von Handlungen, die Kommandanten deutscher Kriegsschiffe in Verletzung der neutralen Rechte begehen sollten, falls sie amerikanische Bürger betreffen, als vorsätzlich unfreundliche Akte betrachten müsse".

Um die in den Worten „vorsätzlich unfreundlich" liegende offensichtliche Drohung abzuschwächen, nahm die amerikanische Note vom 21. Juli einen Abschnitt auf, in dem die Vereinigten Staaten Deutschland einluden, mit ihnen um die „Freiheit der Meere" zu kämpfen. Die deutsche Regierung sollte mit Amerika diesem Ziel zu einer Zeit zustreben, „wo diese Mitarbeit am meisten sich durchsetzen, und dieses große Ziel am schlagendsten und wirksamsten erreicht werden kann".

Dieser kleine Wink zu einer Zusammenarbeit mit Deutschland, um eine internationale Annahme des Grundsatzes der „Freiheit der Meere" zustandezubringen, verhüllte nicht, daß die amerikanische Note unzweifelhaft scharf abgefaßt war. Lord Newton schrieb kurz darauf an Henry White. Seine Worte geben die Ansicht vieler angesehener Engländer wieder: „Eure Antwort auf die deutsche Note ist hier eben veröffentlicht worden; sie schlägt einen ordentlich scharfen Ton an. Vermutlich werden sich die Deutschen zu einer Antwort Zeit lassen, in der Hoffnung, eine Verzögerung könne für sie von Vorteil sein."

Die deutschen Zeitungen sahen die Note ganz ähnlich wie Lord Newton. Die „Münchener Neuesten Nachrichten" waren der Meinung: „Würde Deutschland den in dieser Note festgelegten Standpunkt anerkennen, so würde das das praktische Ende des Unterseeboothandelskriegs gegen England bedeuten. Damit ist schon ausgesprochen, daß die amerikanische Regierung unter der theoretischen Form der völkerrechtlichen Grundsätze ... praktisch gegen den ganzen Unterseebootkrieg Stellung nimmt. Sie kommt damit England zu Hilfe; und wir mögen aus dem Eifer, mit dem die Engländer seit Monaten diese Hilfeleistung herbeizuführen bestrebt waren, unschwer erkennen, wie nötig ... England diese Hilfe zu haben glaubt."

Die „Berliner Neueste Nachrichten" glaubten, Präsident Wilson sei so pro-englisch, daß es für ihn unmöglich sei, in seiner Haltung gegen die Kriegführenden neutral zu sein. Er sei „unbelehrbar, weil er nicht länger belehrt zu werden wünscht. Die amerikanische Frage sah er durch die Brille des nordamerikanischen Kapitalismus an und die europäische Lage sieht er durch die Brille Englands".

Die „Frankfurter Zeitung" neigte der Ansicht zu, auf die Forderungen der amerikanischen Note könne nicht eingegangen werden. Wegen des Verlangens, die Tat des U-Bootkommandanten, nämlich die Versenkung der „Lusitania", müsse desavouiert werden, machte die Zeitung folgende Bemerkung: „Entweder hat der Kommandant des U-Bootes gemäß dem Befehl gehandelt, dann verdient er nicht Tadel ... oder er hat nicht nach dem Befehl gehandelt, dann verdient er ebenfalls nicht Tadel, sondern Strafe."

Die „Kölnische Zeitung" kündigte offen an, die deutsche Regierung würde die Forderung der amerikanischen Note vom 21. Juli nicht annehmen: „Wir werden

Herrn Wilson weder den Gefallen tun, die Handlung des Kommandanten, der die ‚Lusitania' versenkte, zu mißbilligen, noch werden wir eine Entschädigung anbieten für das Leben der leichtsinnigen Amerikaner, die mit der ‚Lusitania' umgekommen sind ... zuoberst steht uns die Pflicht der nationalen Selbsterhaltung."

Der kämpferische Ton der amerikanischen Note beunruhigte Graf Bernstorff so sehr, daß er am 23. Juli im Staatsdepartement vorsprach, um die Lage mit Lansing zu besprechen. Der Staatssekretär hielt mit seiner Ansicht nicht hinter dem Berg: „Ich sagte ihm ... wir könnten nicht ewig Noten schreiben; wenn wir nicht bestimmte Versicherungen erhalten würden, daß U-Bootangriffe auf Handelsschiffe aufhören, wäre die amerikanische Regierung für die Folgen nicht verantwortlich."[12]

Graf Bernstorff wandte sich in seiner Not um Beistand an Oberst House. Die letzte amerikanische Note sei so „scharf gefaßt", daß er fürchte, er könne „in der Angelegenheit nicht viel tun". Es sei sehr fraglich, ob seine Anstrengungen beim deutschen Auswärtigen Amt „zu einem Erfolg" führen würden, wenn die erwartete amerikanische Note an England gemäßigter im Ton wäre als die an Deutschland. Von einem sei er überzeugt: die Veröffentlichung „scharfer und unbefriedigender Noten" müsse aufhören, oder es könnten ernste Folgen eintreten.

Nachdem sich Bernstorff bei Oberst House die Last vom Herzen geredet hatte, sandte er eine Depesche mit vielen guten Ratschlägen nach Berlin. Er sei dessen sicher, daß Präsident Wilson „weder den Krieg mit uns herbeiführen, noch für England Partei nehmen will. Darüber darf man sich nicht durch die Presse des Ostens der Vereinigten Staaten täuschen lassen. Diese . . nimmt allerdings für England Partei und würde zum Teil einen Krieg mit Deutschland freudig begrüßen. Dies ist jedoch hinsichtlich Herrn Wilsons und der weit überragenden Mehrheit der amerikanischen Bevölkerung nicht der Fall."

Schließlich hoffte Graf Bernstorff, Deutschland und die Vereinigten Staaten könnten zusammen darauf hinarbeiten, daß der Ausdruck „Freiheit der Meere" seine volle Bedeutung erlange. Präsident Wilson habe kürzlich einem Freund gegenüber die Bemerkung gemacht: „Wenn ich eine günstige Antwort von Deutschland erhalte, werde ich diese Sache mit England bis zum Ende durchfechten."[13]

Dr. Karl Helfferich, dem deutschen Staatssekretär des Innern, kam diese Gelegenheit zu einer deutsch-amerikanischen Zusammenarbeit wie von oben. Am 5. August 1915 schickte er eine umfangreiche Denkschrift an den Kanzler, in der er die zahlreichen Vorteile unterstrich, die sich aus einem solchen Einvernehmen ergeben mußten. Würden Deutschland und Amerika zusammen vorgehen, so bestünde sehr wohl die Möglichkeit, diesem alten Grundsatz der „Freiheit der Meere" weitgehend Anerkennung zu verschaffen und England zu zwingen, amerikanische Erzeugnisse nach deutschen Häfen durchzulassen. Ein solcher Plan würde kräftig von den Baumwollpflanzern in dem südlichen Teil der Vereinigten Staaten unterstützt werden.[14]

Die Möglichkeiten der vorgeschlagenen deutsch-amerikanischen Zusammenarbeit waren so weittragend, daß Lansing sich in späteren Jahren wunderte, warum die deutsche Regierung nicht sofort dem Rat Bernstorffs und Helfferichs gefolgt war: „Ich habe mir manchmal überlegt, wie es gegangen wäre, wenn die deutsche Regierung Graf Bernstorffs Rat befolgt hätte ... Wären die Vereinigten Staaten nicht gezwungen gewesen, weiterhin in England wegen vieler unleugbarer Rechtsbrüche der Marine nutzlos Verwahrung einzulegen? ... Hätte ein Zusammenstoß mit der englischen Marine vermieden werden können? ... Die Alliierten können deutscher Verblendung und Halsstarrigkeit für die Rettung der Lage danken."

Am 7. August besprach der Kanzler mit Admiral v. Tirpitz die Denkschrift Dr. Helfferichs. Der Admiral war gegen eine Zusammenarbeit mit Amerika um den Preis von Zugeständnissen, die der Führung des U-Bootkrieges weitere Beschränkungen auferlegt hätten. Wenn das Auswärtige Amt nicht den „Mut hat, den Amerikanern die Antwort zu geben, die ihnen auf ihre Unverschämtheit gebührt, dann lieber gar keine".[15] Während der Kanzler und v. Jagow sich überlegten, welchen Kurs sie einschlagen sollten, entging ihnen die günstige Gelegenheit; eine neue Krise in den deutsch-amerikanischen Beziehungen stand bevor. Die Geschichte dieser Krise verläuft wie die Handlung eines Schauerfilms. Erwartungsgemäß waren der deutsche Botschafter und einige seiner Agenten in diesem Stück die Bösewichter; Onkel Sams Spürhunde sorgten dann für Handlung. Die Ereignisse beginnen etwa im Mai 1915, als Präsident Wilson William J. Flynn, den Chef des Geheimdienstes der Vereinigten Staaten, kommen ließ und ihn beauftragte „diskret, aber sorgfältig die Handlungen des Grafen von Bernstorff und seines Stabes überwachen zu lassen, da berichtet worden ist, sie verletzten alle Regeln der Neutralität. Tatsachen wären erwünscht."

Um dem Tun und Treiben Bernstorffs und seiner Agenten auf die Spur zu kommen, mußten die Telephondrähte der deutschen und österreichischen Botschaft in Washington angezapft werden. Dieser Plan wurde vom „Staatsdepartement gebilligt und von den besten Elektrikern Amerikas ausgeführt". Dazu kam ein Stab Sprachenkundiger, um die in mehreren Fremdsprachen geführten Unterhaltungen niederzuschreiben.

Jede Nacht gelangte ein stenographischer Bericht dieser Unterhaltungen in die Hände Flynns, der sie an das Staatsdepartement weitergab. Einigemale finden sich „unhöfliche Anspielungen auf hohe Persönlichkeiten im Weißen Haus und im Staatsdepartement". Was nützten dann Bernstorffs Beredsamkeit und die Versicherung seines guten Glaubens, „wenn Berichte dieser Art das Herz des Präsidenten und des Staatssekretärs vergifteten". Daß sie eine Wirkung auf die Einstellung des Präsidenten zu dem deutschen Botschafter hatten, ist aus einem Brief an Oberst House zu ersehen. Er machte hier die Bemerkung: „Ich habe das Gefühl, als verhandle Bernstorff letzten Endes nicht offen mit uns. Wenn Sie Gelegenheit haben, so legen Sie ihm möglichst nahe, es liege bei ihm, mehr zu tun als bis jetzt, um seiner Regierung die Tatsachen so deutlich vor Augen zu führen, wie sie sind."

Allein schon das Anzapfen der Telephondrähte, um die Gespräche der deutschen Botschaft abzuhören, zeigt, wie wenig neutral die Regierung wirklich war. Aber nicht zufrieden damit, die Ferngespräche der Botschaft in Washington abzuhören, ging die amerikanische Regierung weiter und berechtigte das Justizdepartement, auch die Fernsprechleitungen der deutschen Agenten in New York City anzuzapfen. In kurzer Zeit harrte eine ungeheure Menge gegen Deutschland sprechender Daten der Durchsicht der amerikanischen Beamten. Man hielt dies alles trotzdem nicht für genügend, um eine Anklage gegen die redseligen Teutonen zu rechtfertigen. Die deutschen Agenten selbst sollten bei jeder Bewegung von Detektiven des Geheimdienstes beschattet werden. Ein solches Ausspionieren mußte auf alle Fälle Ergebnisse zeitigen.

Die „Bombe" platzte an einem heißen Samstagnachmittag in den letzten Julitagen 1915, als Georg Sylvester Viereck und Dr. Heinrich Albert in die Hochbahn der Sixth Avenue an der Rector Street einstiegen. W.H. Houghton und Frank Burke von der Geheimpolizei überwachten sie genau. An der 23. Straße verließ Viereck den

Zug; Houghton folgte ihm. Dr. Albert nickte infolge der Hitze und übermäßigen Arbeit ein. Plötzlich schrak er in dem Augenblick auf, als die Hochbahn in die Haltestelle der 50. Straße einfuhr. Noch im Halbschlaf verließ er eilends den Wagen und ließ seine Mappe mit wichtigen Papieren auf seinem Platz liegen. Dies war die Gelegenheit, auf die Burke gewartet hatte. Er ergriff die Mappe, stieg gleichfalls aus und begab sich sofort in die Zentrale. Eine rasche Durchsicht schien den Glauben zu bestätigen, daß greifbare Beweise deutscher Verschwörungen in den Vereinigten Staaten vorlagen. Schatzsekretär McAdoo wurde von der Entwendung der Mappe unterrichtet; er und Sekretär Lansing lasen sorgfältig Dr. Alberts Papiere durch und wählten die aufsehenerregendsten zu Veröffentlichungen aus. Die New York „World" erhielt diese „Sensation" und am 15. August 1915 erschien die erste Artikelreihe über deutsche Verschwörungen und Intrigen.

Zu einem großen Teil waren die Dokumente nur „Blindgänger", die keinen Schaden anrichteten. Nachweislich hatten deutsche Agenten den Versuch gemacht, Munitionsfabriken aufzukaufen, um die Herstellung von Kriegsmaterialien für die alliierten Regierungen zu verhindern. Ferner kam ein Brief an Dr. Albert zum Vorschein, der ein Angebot enthielt, Streiks in Industriebezirken anzuzetteln, aber ein Nachweis ließ sich nicht finden, daß man darauf eingegangen wäre. Aus anderen Dokumenten konnte man den Plan entnehmen, die American Press Association um ungefähr 900.000 Dollar aufzukaufen, um mit ihrer Hilfe eine große Zahl Zeitungen mit für Deutschland günstigen Angaben zu versorgen.[16]

Die Dokumente enthielten jedoch nichts Belastendes gegen deutsche Agenten, so daß man gesetzlich nicht gegen sie vorgehen konnte. Aber durch die Veröffentlichung in der „World" entstand doch große Erregung in den ganzen Vereinigten Staaten, und in Pressekommentaren kam der weitverbreitete Argwohn gegen deutsche Verschwörungen und lichtscheue Pläne zum Ausdruck. Oberst House ließ sich rasch von der deutschen Perfidie überzeugen. In einem Brief an den Präsidenten (2. August) erwähnte er, er habe kürzlich mehrfach mit Spring Rice und Burns gesprochen, und beide befürchteten, Amerika stünde auf einem Vulkan, der jeden Augenblick ausbrechen könne.

In jener Zeit schien der Präsident den Oberst als einen Quell des Wissens zu betrachten, dessen reinen Strahl kein Vorurteil trübte. Wenn schon einmal der Oberst die deutschen Verschwörungen ernst nahm, so mußte an den Verschwörungen etwas Wahres sein; er hatte den Eindruck, „das ganze Land sei mit einem Netz deutscher Intrigen überzogen und von deutschen Spionen durchsetzt. Jeder Tag bringt neue Beweise dafür".

Nach einer zweiten Warnung des hysterischen Oberst wurde der Präsident wirklich unruhig: „Ich habe Ihre Worte [23. August], man müsse auf einen möglichen Aufstand in unserem Land vorbereitet sein, wohl beachtet, aber *wo* und *wie*? Ich habe natürlich darüber nachgedacht, und zwar mit größter Sorgfalt; wir sind jedem Anhaltspunkt, selbst dem verschwommensten, nachgegangen, haben aber trotzdem nichts Greifbares herausgebracht, das uns als Hinweis dienen könnte, *wo* wir bereit sein sollen."[17]

Auf einem so düsteren Hintergrund der Hysterie und des Mißtrauens gegen Deutschland müssen wir die Haltung der amerikanischen Regierung gegen die Versenkung der „Arabic" am 19. August sehen.[18] Dieser große englische Passagierdampfer wurde ohne Warnung und ohne Vorsichtsmaßregeln für die Sicherheit der Passagiere versenkt. Zwei Amerikaner verloren dabei das Leben.[19]

In seinem Tagebuch gibt der Kommandant des deutschen U-Bootes (U 24) an, er habe den Torpedo abgefeuert, weil er am 14. August von einem großen englischen Passagierdampfer angegriffen worden sei und deshalb keinerlei Gefahr laufen wollte. Er berichtet ferner, der torpedierte Dampfer habe keine Flagge oder sonst eine Bezeichnung geführt. Zweifelsohne hatte er eine Annäherung an die „Arabic" vermeiden können und hätte sich keinem Angriff auszusetzen brauchen. Nach dem Befehl vom 6. Juni war er verpflichtet, *große* Passagierdampfer zu schonen, selbst wenn sie dem Feinde gehörten. Seine Haltung war eine klare Verletzung der genauen gegenteiligen Anweisungen.

U 24 kam erst am 26. August in Wilhelmshaven an, eine Woche nach der Versenkung der „Arabic", und erst am 2. September sandte der Kommandant einen genauen Bericht an den Chef des Admiralstabes. In dieser Darstellung versichert er, er sei überzeugt, die „Arabic" habe U 24 eben zu rammen versucht, als er den Torpedo abschoß. In der New York „World" am 20. August 1915 ist eine kurze Schilderung, die die Behauptung des U-Bootkommandanten unterstützt: „Die ‚Arabic' war zum letztenmal am 23. Juli in New York. Das Schiff erweckte den Anschein, als erwarte man einen Angriff, denn die Reeling am Heck war hoch mit Sandsäcken versehen, um die Steuerung gegen Geschützfeuer zu sichern. Als weitere Vorsichtsmaßregel stellte man, wie bekannt wurde, aus Mitgliedern der Mannschaft eine Schützenabteilung auf. Abends wurde geübt. Die Zielscheiben bestanden aus 100 Yard hinter dem Schiff hergezogenen Flößen, die Stöcke in der ungefähren Größe von Periskopen trugen. Tagsüber schossen die Leute auf Drachen, als Flugzeugattrappen."

In der Zwischenzeit wurde die amerikanische Regierung am Nachmittag des 19. August von der Vernichtung der „Arabic" benachrichtigt, und die Kontroverse über den U-Bootkrieg nahm eine Wendung, die geradewegs zum Krieg zu führen schien. Am folgenden Tag kabelte Graf Bernstorff nach Berlin, er könne „diesmal Bruch nicht verhindern, wenn unsere Antwort betreffs ‚Arabic' nicht versöhnlich ist".[20] Um die amerikanische öffentliche Meinung zu beruhigen, deren Feindseligkeit[21] allmählich heftige Formen annahm, kündigte er, ohne auf weitere Instruktionen zu warten, an: „Den Vereinigten Staaten würde volle Genugtuung gegeben werden, falls der Kommandant der ‚Arabic' falsch gehandelt haben sollte."

Nach diesen fortgesetzten Bemühungen, Amerika von einem Krieg aus Anlaß der U-Bootoperationen abzuhalten, legte Graf Bernstorff Oberst House in einem Brief die Lage offen dar. Anscheinend werde kein wirklicher Fortschritt zu einer friedlichen Beilegung des „Arabic"-Zwischenfalls erzielt, und er fürchte, ein neuer Vorfall könne „sehr ernste Ergebnisse zeitigen und eine Lage schaffen, die einen Krieg unvermeidlich macht. Obgleich ich bestimmt weiß, daß die englische Darlegung des ‚Arabic'-Zwischenfalls in England eigens zu dem Zweck verfaßt wurde, Amerika zu beeinflussen, so sitzen wir doch sozusagen auf dem Pulverfaß. Ich habe mich bemüht, von Berlin Anweisungen zu erhalten, um mit der Regierung der Vereinigten Staaten vertrauliche Unterhandlungen einzuleiten, die zu einer günstigen Beantwortung der letzten amerikanischen Note führen würden. Wie mir bekannt ist, werden wir sicher Zugeständnisse machen, aber die deutsche öffentliche Meinung muß für solche Konzessionen vorbereitet sein … Ehe ich etwas in dieser Angelegenheit unternehmen kann, muß ich meinem Volk … meine Behauptung beweisen können, daß Präsident Wilson zu einem Entgegenkommen bereit ist."

Präsident Wilson bat gleichfalls Oberst House um Rat. Zweierlei schien ihm festzustehen:

„1. Die amerikanische Bevölkerung vertraut darauf, daß ich sie vom Krieg fernhalte.

2. Es wäre ein unermeßliches Unglück für die Welt, sollten wir tatsächlich in den Konflikt hineingezogen werden und so jeden Einfluß als Unbeteiligte bei seiner Beilegung verlieren".

Dieser Brief an Oberst House beweist eindeutig, daß Präsident Wilson den „Arabic"-Zwischenfall nicht als Vorwand für einen Krieg mit Deutschland zu nehmen wünschte. Er hatte das größte Interesse daran, ein Mittel zu finden, um den Kampf in Europa rasch zu beenden und dann eine Mächtegruppe zur Ächtung weiterer Kriege zusammenzubringen. Er war weit mehr für den Frieden als seine Ratgeber und sah die feindseligen Berichte Gerards aus Berlin als „Geschwätz" an, das keinen Wert habe.

Oberst House gab viel auf Gerards Bemerkungen und hatte wenig Geduld mit der deutschen Regierung. Seiner Ansicht nach wünschte die amerikanische Bevölkerung Taten zu sehen und keine weiteren Noten an Deutschland. Ginge es nach ihm, so würde er „Bernstorff nach Hause senden und Gerard zurückrufen". In einem Brief an den Präsidenten (22. August) stellte er seine Auffassung nicht in den Vordergrund, sondern flocht sie diskret ein: „Wenn Sie Bernstorff nicht nach Hause schicken und Gerard nicht zurückbeordern, dann sollte man den Kongreß zusammenrufen, um eine Entscheidung zu treffen und die Verantwortung zu übernehmen."

Für einen selbstbewußten Präsidenten war das ein deutlicher Wink. Um schließlich alle Gewissensbisse des Präsidenten wegen eines sofortigen Schrittes gegen Deutschland zu beruhigen, stellte der Oberst die kühne, eher naiv als eindrucksvoll wirkende Behauptung auf: „Zum erstenmal in der Weltgeschichte hat ein großes Volk jede Überlegung verloren, und es kann sein, daß wir verpflichtet sind, Einhalt zu gebieten."

Doch hatte er die Befürchtung, der Präsident fühle sich so an den Frieden gebunden, daß er keine kriegerische Haltung gegen Deutschland einnehmen würde. Er schreibt in seinem Tagebuch: „Er wird offensichtlich sehr weit gehen, um einen Krieg zu vermeiden ... Alles hat ein Ende und auf die Dauer würde meiner Ansicht nach das Volk mehr unter der Untätigkeit leiden, als dadurch, daß man einen entschiedenen Standpunkt einnimmt."

Ein solcher Hinweis von einem vertrauten und hochgeschätzten Berater wie Oberst House war nicht dazu angetan, den Präsidenten zu einer versöhnlichen Politik wegen der Versenkung der „Arabic" zu veranlassen. Die Lage war kritisch, aber glücklicherweise übergab Graf Bernstorff in diesem Augenblick ein Schreiben an Sekretär Lansing. Das deutsche Auswärtige Amt hatte ihm mitgeteilt, es sei keine verläßliche Nachricht über den „Arabic"-Zwischenfall eingegangen. Die deutsche Regierung hoffe, die Regierung der Vereinigten Staaten würde „sich jedes entscheidenden Schrittes enthalten, solange sie nur die von einer Seite gekommenen Berichte kennt, die ... in keiner Weise den Tatsachen entsprechen können". Wenn wirklich amerikanische Menschenleben durch die Torpedierung der „Arabic" verloren gegangen seien, wünsche die deutsche Regierung ihr „tiefstes Bedauern" und ihre „aufrichtigste Teilnahme" auszudrücken."[22]

Lansing ließ sich von dem Brief des deutschen Botschafters nicht beeinflussen, in dem die amerikanische Regierung gebeten wurde, ihr endgültiges Urteil über die Versenkung der „Arabic" solange aufzuschieben, bis eine genaue Information eingegangen wäre. Er war wie Oberst House der Ansicht, man müsse energisch mit Deutschland verhandeln. Er glaubte auch nicht wie der Präsident, daß durch eine amerikanische Teilnahme am Weltkrieg die Vereinigten Staaten weitgehend ihren Einfluß auf die Gestaltung der Friedensbedingungen verlieren würden. Seiner Meinung nach hatte Amerika die Freundschaft Deutschlands und nahezu die Gunst der Alliierten infolge seiner neutralen Haltung eingebüßt. Aus diesem Grund hätten die Vereinigten Staaten „wenig Einfluß [auf beide Mächtegruppen], sobald es sich darum handelt, Unterhandlungen anzuknüpfen und Friedensbedingungen festzulegen. Es würde nur wenig fehlen und wir wären völlig bei der endgültigen Abmachung ausgemerzt ... Angenommen, wir unterbrechen die diplomatischen Beziehungen mit der deutschen Regierung, die darauf mit einer Kriegserklärung antwortet, so wäre voraussichtlich die Wirkung auf die internationale Lage die: völlige Wiederherstellung der Freundschaft und des Vertrauens mit den Alliierten, und die notwendige Anerkennung der Vereinigten Staaten als Partner bei den Friedensverhandlungen ... Wenn die eben dargelegten Ansichten richtig sind, so hätte es den Anschein, als könnte der Kriegszustand zwischen Amerika und Deutschland unseren Bemühungen um die Wiederherstellung des Friedens mehr nützen als schaden."

Am 25. August bereitete Lansing eine Denkschrift vor, in der er festlegte, wie er sich zu verhalten gedachte. Sein Plan bedeutete ein Wagnis. Er war überzeugt, die Zeit für bloße Worte sei vorbei; sofort zu handeln, sei ein Gebot der Stunde. Sein Entschluß stand fest, „den Stier bei den Hörnern zu packen" und dem deutschen Botschafter die Lage so deutlich und nachdrücklich darzulegen, daß er verstehen würde, wenn seine Regierung nicht von der Versenkung der „Arabic" abrückte, würde es „wahrscheinlich Krieg bedeuten".

Die „Billigung" des Präsidenten für diesen „radikalen Kurs" gedachte er nicht einzuholen, um dem Präsidenten im Fall, daß der Plan mißglückt, die Möglichkeit offen zu lassen, die Worte des Staatssekretärs zu desavouieren und zu erklären, Lansing habe nicht die Vollmacht gehabt, eine „Kriegsdrohung" auszusprechen. Er erkannte nur zu gut, daß er, falls seine kriegerischen Worte von Graf Bernstorff aufgegriffen würden, den Fehler nicht mehr „gut machen" konnte. Er hatte aber nun einmal beschlossen, „mit dem Säbel zu rasseln und es darauf ankommen zu lassen, ob Deutschland einlenkt".

Am selben Tag, an dem diese Denkschrift verfaßt worden war, hatte Lansing mit Präsident Wilson eine fernmündliche Unterredung und erfuhr dabei, der deutsche Botschafter habe im Weißen Haus vorgesprochen und um Aufschub für die Antwort seiner Regierung gebeten. Der Präsident habe eine Verzögerung der strittigen Frage rundweg abgeschlagen und „eine sofortige Antwort" verlangt. Dies beruhigte den Staatssekretär; er war jetzt so weit, um den deutschen Botschafter mit seinem Ultimatum zu überraschen. Am 27. August sprach Graf Bernstorff im Staatsdepartement verabredetermaßen vor. Ohne Umschweife erklärte ihm Lansing, die „Zeit zur Erörterung der Frage des U-Bootkrieges sei vorbei; wenn die deutsche Regierung nicht offen erkläre, Angriffe auf Passagierdampfer ohne Warnung würden aufhören, und wenn sie sich nicht an diese Erklärung halten würde, so käme es zweifellos zum Krieg zwischen den Vereinigten Staaten und Deutschland."

Graf Bernstorff muß über diesen rücksichtslosen Ton betroffen gewesen sein, aber er machte keinen Versuch, anzuzweifeln, ob der Staatssekretär das Recht hatte, mit dem Krieg zu drohen. Er hatte nur die Hoffnung, daß der Präsident friedliebender war. In dieser Beziehung waren seine Erwartungen durchaus begründet. Am 25. August hatte der Präsident bei Oberst House angefragt, wie man sich zu der Bitte Bernstorffs stellen solle, die Regierung möge „mit ihrer Entscheidung warten, bis wir die deutsche Darstellung der Versenkung der ‚Arabic' hören. Ich bin mißtrauisch genug, um anzunehmen, daß sie nur Zeit gewinnen wollen, damit ein Schritt unsererseits nicht das labile Gleichgewicht im Balkan stört. Meinen Sie, der Verdacht sei zu weit hergeholt? Und wie lange sollen wir nach Ihrer Meinung warten?"

Die Antwort des Oberst war für Deutschland nicht günstig. Er „mißtraute immer der deutschen Diplomatie". Den Versprechungen des Auswärtigen Amtes könne man nicht trauen, und hinter ihre Absichten komme man am besten durch Anwendung „umgekehrter Methoden". Wie er die Sache sehe, sei es ganz gut möglich, daß die deutsche Regierung „etwas vormachen wolle". Nach dieser großzügigen Verurteilung deutscher Heuchelei nahm der Oberst ein Lieblingsthema wieder auf – die deutschen Umtriebe in den Vereinigten Staaten. Er fürchtete, die Deutschen würden versuchen, Wasserwerke, elektrische Lichtanlagen, U-Bahnen und Brücken in die Luft zu sprengen. Es wäre kein wohlvorbereitetes Losschlagen, sondern „nur eine gewisse Beunruhigung, um das Land einzuschüchtern".

Die unfreundliche Haltung des Oberst House gegen Deutschland mag infolge seines Briefwechsels mit seinem intimen englischen Freund Sir Edward Grey entstanden sein. Grey hatte schon lange bemerkt, wie herzlich die Freundschaft zwischen dem Oberst und dem Präsidenten war; zweifellos hoffte er, einige seiner Anspielungen auf die deutsche Politik würden an den Herrn des Weißen Hauses weitergegeben werden. Bemerkungen über die Versenkung der „Arabic" unterließ er, weil es nur „ein Fall in der Reihe der wöchentlichen Versenkungen von Kauffahrtei- und Passagierdampfern ohne Rücksicht auf das Leben der Zivilbevölkerung war. Aber man beobachtet hier natürlich mit großem Interesse, was Sie in dieser Sache unternehmen werden. Soviel ich sehe, ist man darüber enttäuscht, daß die Stimmung in Amerika nicht kampffreudiger ist. Die rücksichtslose Invasion Deutschlands in Belgien, die Enthüllungen über dort begangene Verbrechen, die Versenkung der ‚Lusitania' und jetzt der ‚Arabic' bringen jedesmal Erregung und Entrüstung in Amerika hervor, die sich in nichts aufzulösen scheinen. Die Hoffnung wird geringer, daß die Vereinigten Staaten eingreifen, und die Kritik am Präsidenten nimmt zu."

Ehe der Oberst diesen mißmutigen Brief Sir Edward Greys erhielt, vernahm er von Sekretär Lansing recht optimistische Töne. Er sehe die deutsche Lage „weit günstiger an, als sie je gewesen war". Es herrsche das „entschiedene Bestreben auf seiten der deutschen Regierung eine freundschaftliche Erledigung zu erreichen". Selbstverständlich würde die amerikanische Regierung nicht davon abgehen, „Warnung und Vorsorge für die Sicherheit der Passagiere und Mannschaften auf torpedierten Schiffen" zu fordern. Die Haltung des deutschen Auswärtigen Amtes sei die der „Nachgiebigkeit" gegen amerikanische Forderungen.

Graf Bernstorff schrieb gleichfalls an Oberst House und drückte seine Freude über die „große Verbesserung der politischen Lage" aus. Obgleich seine Information noch „sehr bruchstückhaft" sei, und er „bis jetzt nicht ganz wisse", wie weit seine Regierung gehen werde, sei er überzeugt, das Auswärtige Amt sei zu „Zugeständnissen bereit, um den Wünschen des Präsidenten entgegenzukommen".

Oberst House gab sofort diesen Brief Graf Bernstorffs an den Präsidenten weiter. Am 31. August antwortete der Präsident, die Haltung der amerikanischen Regierung auf „Deutschlands Versöhnungseröffnungen hängen zu einem großen Teil von den Bedingungen ab, in denen sie tatsächlich gemacht werden. Bernstorff hat nur den Grundsatz festgestellt, der angenommen werden wird, und Sie wissen, ich traue weder seiner Genauigkeit noch seiner Aufrichtigkeit. Aber es sieht tatsächlich aus, als ob ein Weg aus unseren Schwierigkeiten offen stünde, so weit Deutschland in Frage steht."

In Berlin führte die Versenkung der „Arabic" zu weiterer Reibung zwischen dem Kanzler und v. Tirpitz. Auf die Bitte v. Bethmann-Hollwegs wurde der kommandierende Admiral der Hochseeflotte durch ein Fernschreiben angewiesen, die U-Bootkommandanten auf den Befehl des Kaisers (6. Juni) aufmerksam zu machen, wonach große Passagierdampfer zu schonen seien.[23] Am 26. August fand im Schloß Pleß eine Versammlung statt, bei der v. Bethmann-Hollweg, Admiral Bachmann, Admiral v. Tirpitz, Admiral v. Müller, General v. Falkenhayn und Herr v. Treutler vom Auswärtigen Amt anwesend waren. Der Kaiser führte den Vorsitz.

Der Kanzler berichtete über die Schwierigkeiten, denen er infolge der Versenkung der „Arabic" gegenüberstand. Seinem Eindruck nach sei die Lage sehr ernst, und er könne nicht dauernd auf einem Vulkan wandeln. Man müsse der amerikanischen Regierung unbedingt versichern, daß in Zukunft die U-Bootkommandanten überhaupt *keine* Passagierdampfer (große so gut wie kleine) versenken würden ohne vorhergehende Warnung und ohne entsprechende Vorkehrungen für die Sicherheit der Passagiere und der Mannschaft getroffen zu haben. Überdies solle der amerikanischen Regierung ein Angebot unterbreitet werden, ein Schiedsgericht möge die Frage der Entschädigung für die Verluste an amerikanischen Menschenleben auf der „Lusitania" entscheiden. Um diese Zugeständnisse auszugleichen, würde die amerikanische Regierung ersucht werden, England zur Beachtung der Bestimmungen der Londoner Erklärung zu veranlassen.

Admiral v. Tirpitz widersetzte sich heftig diesen Vorschlägen des Kanzlers. *Alle* Passagierdampfer von Angriffen ohne Warnung auszunehmen, würde das Ende des U-Bootkrieges bedeuten. Überdies sei die Erwartung vergeblich, diese Zugeständnisse würden zu besseren Beziehungen mit Amerika führen. Das könne man schon daraus ersehen, daß die amerikanische Regierung nicht im gleichen Sinn auf die freundlichen Noten geantwortet hätte, die von Berlin ausgegangen waren.

Nach einer lebhaften Erörterung der verschiedenen Ansichten über den U-Bootkrieg wurde schließlich beschlossen, der Kanzler solle zusammen mit den Admiralen v. Tirpitz und Bachmann die Fassung einer Note an Amerika aufsetzen. Am folgenden Tag (27. August) hielt jedoch der Kanzler beim Kaiser Vortrag und erhielt seine Zustimmung für das Programm, das er bei der Zusammenkunft in Pleß umrissen hatte. Danach dürfte von nun an kein Passagierdampfer ungeachtet der Größe, ohne Warnung und ohne Vorsorge für die Sicherheit der Passagiere und Mannschaft versenkt werden. Wegen des „Lusitania"-Falles würde man schiedsgerichtliche Entscheidung vorschlagen und Amerika bitten, England auf den Boden der Bestimmungen der Londoner Deklaration zurückzuführen.[24]

Die Anweisungen wurden am 27. August an Graf Bernstorff geschickt trotz der entschiedensten Proteste der Admirale Bachman und v. Tirpitz. Am 30. August teilte der Kaiser telegraphisch dem Chef des Admiralstabes den neuen Befehl mit. Als die Anweisung Admiral v. Pohl, dem Kommandanten der Hochseeflotte, übermittelt wurde, zog er es vor, eher um seine Enthebung zu bitten, als den Befehl auszuführen. Aber Admiral v. Müller weigerte sich, den Rücktritt dem Kaiser vorzulegen, der nachdrücklich betont hatte, kein Marineoffizier habe das Recht, Vorstellungen gegen einen kaiserlichen Befehl zu erheben, der bei voller Kenntnis der militärischen und politischen Lage ausgegeben worden sei.[25]

Mit den Anweisungen versehen sprach Graf Bernstorff beim Staatsdepartement am 1. September vor und unterrichtete Sekretär Lansing dahingehend, die kaiserliche Regierung habe die amerikanische Note vom 21. Juli *im Prinzip* angenommen. Aber Lansing war mit einer nur mündlichen Feststellung nicht zufrieden; aus diesem Grunde schickte der Botschafter am selben Nachmittag an das Staatsdepartement eine formelle Note, die folgenden wichtigen Abschnitt enthielt: „Unsere U-Boote versenken keine Dampfer ohne Warnung und Rettung der Nichtkämpfer, vorausgesetzt, daß die Dampfer nicht zu entkommen oder Widerstand zu leisten versuchen."

Die Veröffentlichung dieser Note hatte eine Rüge Graf Bernstorffs vom deutschen Auswärtigen Amt zur Folge. Man hielt ihm vor, seine Anweisungen hätten vertraulich bleiben und nur der amerikanischen Regierung mitgeteilt werden sollen.[26]

Graf Bernstorff ließ sich durch diesen Tadel in seiner Friedenspolitik nicht beeinflussen und schrieb an Oberst House, er hoffe jetzt, die Unterhandlungen würden „rasch dem Ziel, das Sie und ich immer erreichen wollten", zustreben. Aber ernstliche Schwierigkeiten mußten überwunden werden, ehe die Frage des U-Bootkrieges erledigt werden konnte. Die deutsche Regierung hatte den Angriff auf die „Arabic" nicht desavouiert, und als die „Hesperian" am 4. September ohne Warnung torpediert wurde, schienen die Versprechungen des deutschen Auswärtigen Amtes ohne große Bedeutung. Die „Hesperian" war ein großer Passagierdampfer von annähernd 11.000 Tonnen und hatte keinen Versuch gemacht, auf das U-Boot, das den Torpedo abfeuerte, zu schießen oder es zu rammen.

Die Handlungsweise des U-Bootkommandanten stand in diesem Fall klar im Widerspruch zu der kürzlich erlassenen kaiserlichen Order vom 30. August. U 20 verließ Emden am 29. August; es ist deshalb sehr wahrscheinlich, daß Kommandant Schwieger nichts von dieser neuesten Order wußte, aber ihm war sicherlich der frühere Befehl vom 6. Juni bezüglich *großer* Passagierdampfer bekannt. Zu seiner Verteidigung gibt er an, die „Hesperian" habe wie ein Hilfskreuzer ausgesehen und sich außerhalb der üblichen Handelsverkehrswege befunden.[27]

Der Angriff auf die „Hesperian" überzeugte Botschafter Gerard, daß die Marineführer die Versprechungen des Auswärtigen Amtes kaum beachten würden. In einem Brief an Oberst House bemerkt er, „die Marine erklärt offen, sie würde mit dem *U-Bootkrieg nicht aufhören*, gleichgültig, auf welche Zugeständnisse der Kanzler und das Auswärtige Amt eingingen. Wir haben darauf in Kabeltelegrammen hingewiesen; der Beweis dafür liegt in der Torpedierung der ‚Hesperian' vor."

Der Präsident stimmte der Ansicht Botschafter Gerards bei und schrieb an Oberst House pessimistisch, er beschäftige sich dauernd mit dieser „‚Hesperian'-Angelegenheit. Ich fürchte, es sieht aus, als sei es außerordentlich schwierig, festen Boden unter die Füße zu bekommen; und doch bilden Tatsachen die Grundlage für eine vernünftige Behandlung des Falles. Werden wir je aus dem Irrgang herauskommen, in den uns dieser ganze ‚deutsche Schrecken' hineingebracht hat?"

Während der Präsident gespannt auf eine verläßliche Nachricht über den Angriff auf die „Hesperian" wartete, schrieb Graf Bernstorff an Oberst House einen Brief, der das mangelnde Verständnis des Botschafters für den amerikanischen Standpunkt zeigt. Seiner Ansicht nach ändere der „Hesperian"-Zwischenfall „in keiner Weise unsere allgemeine Politik der Führung des U-Bootkrieges. Nach allen Berichten war die ‚Hesperian' bewaffnet. Dies scheint ungemein wichtig, da der ganze Streit zwischen den Vereinigten Staaten und Deutschland sich um ‚unbewaffnete Handelsschiffe' dreht. Deshalb hat meiner Meinung nach der Fall der ‚Hesperian' überhaupt keinen Einfluß auf die schwebenden Verhandlungen."

In Wirklichkeit hatte die Versenkung der „Hesperian" eine sehr große Bedeutung für die „schwebenden" Unterhandlungen Graf Bernstorffs. Die amerikanische Regierung hatte beständig den Grundsatz vertreten, Kauffahrteischiffe dürften rechtmäßig *Verteidigungs*waffen führen. Die einzige Unterscheidung, die Staatssekretär Lansing bei Kauffahrteischiffen zuließ, bestand in „Widerstand leistend" und „keinen Widerstand leistend". Die amerikanische Regierung mußte die Versenkung der „Hesperian" als den deutschen Bürgschaften über die Führung des U-Bootkrieges direkt zuwiderlaufend ansehen. Die amerikanische Presse machte sich dieselbe Auffassung zu eigen. Graf Bernstorff sah bald, daß die gefährliche Spannung in den deutsch-amerikanischen Beziehungen noch nicht beseitigt war.

Am 7. September wies Lansing Botschafter Gerard an, sich sofort beim deutschen Auswärtigen Amt über die Einzelheiten des Angriffs auf die „Hesperian" zu erkundigen. Er sollte die Bedeutung einer „sofortigen Antwort mündlich hervorheben". Zwei Tage später telegraphierte Lansing an Botschafter Gerard, das Staatsdepartement „erwarte ungeduldig" den Inhalt der Anweisungen der deutschen Regierung an die U-Bootkommandanten. Darauf hatte Graf Bernstorff in seiner Note vom 1. September nur angespielt.

Am Nachmittag des 9. September, als Lansing die letzte Note an Botschafter Gerard geschickt hatte, erhielt das Staatsdepartement von Graf Bernstorff eine Erklärung, aus der zu ersehen war, in welcher Richtung sich seine Anweisungen über die zukünftige Führung des U-Bootkrieges bewegten. Er war ermächtigt, vertraulich dem Staatssekretär mitzuteilen, „seit verschiedenen Monaten hatten die Kommandanten unserer U-Boote Befehl erhalten, die großen Ozeandampfer ohne Warnung und Rettung der Nichtkämpfer nicht anzugreifen. Wenn deshalb die ‚Arabic' ohne Warnung angegriffen wurde, so wäre das entgegen den an die Kommandanten ergangenen Anweisungen. Diese Befehle sind jetzt abgeändert worden, so daß alle Dampfer erfaßt werden."

Staatssekretär Lansing schien es bezeichnend, daß Graf Bernstorff davon Abstand nahm, den wirklichen Text der Anweisungen an die Kommandanten der deutschen U-Boote mitzuteilen. Seine Unzufriedenheit steigerte sich noch durch den Empfang (9. September) einer Note des deutschen Auswärtigen Amtes, die die Versenkung der „Arabic" verteidigte. Aus dem Bericht des U-Bootkommandanten sei zu entnehmen, daß er die Überzeugung gehabt hatte, die „Arabic" mache den Versuch, ihn zu rammen und, um sich zu schützen, habe er den Torpedo abgefeuert. Während die deutsche Regierung ihr Bedauern über den Verlust amerikanischer Menschenleben aussprach, weigerte sie sich, „eine Verpflichtung, hierfür Schadenersatz zu leisten, anzuerkennen, selbst für den Fall, daß der Kommandant sich über die Angriffsabsicht der ‚Arabic' geirrt haben sollte". Sie war jedoch bereit, diese „Meinungsverschiedenheit" dem „Haager Schiedsgericht" zwecks einer endgültigen Regelung zu unterbreiten. Die Entscheidung sollte natürlich keinen Einfluß auf den U-Bootkrieg im allgemeinen haben.[28]

Zu Beginn des Ersten Weltkrieges betrug die Stärke der deutschen U-Bootwaffe nur 21 Stück; doch diese waren die besten ihrer Zeit. Großadmiral v. Tirpitz setzte die U-Boote nicht defensiv ein – wie es üblich war und Großbritannien es erwartete –, sondern offensiv.

Lansing mißfiel der Ton der deutschen Note vom 7. September sehr, und ein Telegramm von Botschafter Gerard, das das Staatsdepartement am 11. September erreichte, verstimmte ihn noch mehr. Als Antwort auf die Bitte des amerikanischen Botschafters um einen Bericht über die Versenkung der „Hesperian" sagte Staatssekretär v. Jagow, er könne nicht einsehen, „was es die Vereinigten Staaten angehe, wenn keine amerikanischen Bürger ums Leben gekommen seien"; wenn amerikanische Menschenleben nicht verloren gegangen sind, würde er keinen Bericht geben. Er ließ durchblicken, die Explosion sei durch eine Mine verursacht worden.

Diese kurz angebundene Antwort auf Lansings Bitte um eine Schilderung des „Hesperian"-Zwischenfalles beweist die Unfähigkeit v. Jagows für die Stellung eines Staatssekretärs für Auswärtige Angelegenheiten. Es wäre eine Sache der Klugheit gewesen, Lansing durch eine höfliche Beantwortung seiner einfachen Bitte um eine Information zu versöhnen, besonders mit Rücksicht auf die ungünstigen Berichte über den „Dumba-Zwischenfall", die zu jener Zeit amerikanische Zeitungen überschwemmten. Der Botschafter Österreich-Ungarns war so unvorsichtig gewesen, einige für das Auswärtige Amt in Wien bestimmte Dokumente einem amerikanischen Bürger, James F.J. Archibald in Verwahrung zu geben. Am 30. August verhafteten die englischen Marinebehörden Archibald und beschlagnahmten die Dokumente, die er mit sich führte. Abschriften einiger von ihnen gab man dem amerikanischen Botschafter Page, der sie an Lansing schickte.

Dadurch kam an die Öffentlichkeit, daß Dr. Dumba den Plan begünstigt hatte, unter den ungarischen Arbeitern in amerikanischen Fabriken, die Kriegsmunition für die Alliierten herstellten, einen Streik anzuzetteln. Insofern als Dr. Dumba Archibald als Kurier benutzt hatte, verletzte er auch die „wohlbekannten Vorschriften über das Verhalten eines diplomatischen Vertreters, der von einer kriegführenden Regierung bei einer neutralen Macht beglaubigt war".

Nach einer kurzen Unterredung mit Dr. Dumba bat Lansing die österreichisch-ungarische Regierung um Abberufung des Botschafters. Ehe dieser Bitte nachgekommen war, wurde ein anderes der Archibald abgenommenen Dokumente in der englischen und amerikanischen Presse veröffentlicht. In ihm stand ein Satz, der folgende Wendung enthielt: „Mit Rücksicht auf das eigensinnige Temperament des Präsidenten". Eine solche ungeziemende Anspielung auf den Präsidenten wurde vom Staatsdepartement übelgenommen; es verlangte am 22. September die sofortige Abberufung Dr. Dumbas.

Die lange Komödie deutscher und österreichischer Irrungen brauchte nur einen weiteren Auftritt, um die amerikanische Entrüstung auf den Gipfel zu treiben. Das geschah durch die Veröffentlichung eines Briefes des Hauptmann v. Papen an seine Frau. Nach einer Anspielung auf die Enthüllungen in der New York „World" (15. bis 21. August) schloß Hauptmann v. Papen geringschätzig: „Wie glänzend im Osten! Ich sage immer zu diesen blödsinnigen Yankees, sie sollten ihren Mund halten oder noch besser, diesem Heldentum die entsprechende Bewunderung zollen."

Diese spöttischen Bemerkungen wurden vom Präsidenten und dem amerikanischen Publikum nicht gut aufgenommen, aber man versuchte nicht sofort, v. Papen von der deutschen Regierung abberufen zu lassen. Allerdings wäre es eine freundliche Geste v. Jagows gewesen, wenn er dieser feindseligen amerikanischen Stimmung Rechnung getragen und einen anderen Posten für den unpopulären Militärattaché gesucht hätte. Statt dessen ließ er v. Papen unvernünftigerweise in Washington, wo allein schon seine Anwesenheit dem Haß gegen Deutschland neue Nahrung gab.

Wahrscheinlich ahnte v. Jagow nicht, wie ernst die „Arabic"-Krise geworden war. Aber Graf Bernstorff bemerkte alsbald den kriegerischen Ton der amerikanischen Presse. Seine Befürchtungen kommen in einem Brief an Oberst House zum Vorschein: „Die Presseberichte über den ‚Arabic'-Fall sind so beunruhigend, daß ich wieder nach Washington muß, obwohl Lansing bis jetzt nicht den Wunsch geäußert hat, mich zu sehen. Wenn auch nur etwas Wahres an den Zeitungsberichten ist, sieht die Lage sehr ernst aus ... Nachdem wir jetzt den Grundsatz angenommen haben, wie es der Präsident haben wollte, würde unsere Heimat bestimmt keine andere scharfe amerikanische Note verstehen, und meiner Überzeugung nach würde eine solche scharfe Note unweigerlich zum Kriege führen ... So weit ich sehen kann, ist der ‚Arabic'-Zwischenfall allein eine Frage widerstreitender Beweise. Es wäre schrecklich, wenn eine solche Meinungsverschiedenheit einen Krieg verursachen würde, nachdem die grundsätzliche Frage geregelt ist. Ich habe die Beweise gegen uns nicht unter die Augen bekommen und kenne sie nur durch die Zeitungen. Wenn sie nicht stichhaltiger sind, als das, was die Presse uns bietet, stehen sie auf schwachen Füßen ... Die amerikanische Presse ist uns gegenüber nie gerecht verfahren, aber ich hoffte immer auf die Regierung. Ich halte noch an dieser Hoffnung fest, obgleich ich allmählich fürchte, enttäuscht zu werden."

Im Staatsdepartement glaubten manche, wie z.B. Frank L. Polk, der Rechtsberater, es wäre „schwierig, wenn nicht unmöglich, einen Bruch mit Deutschland zu vermeiden". Oberst House sah gleichfalls schwarz. In einem Brief an Botschafter

Gerard meinte er düster, „die Lage scheint sich immer mehr zuzuspitzen; ich kann Ihnen nicht sagen, wie kritisch sie in diesem Augenblick ist". Am folgenden Tag teilte er Sir Edward Grey mit, die Verhältnisse seien „gespannter denn je, und ein Bruch kann eintreten, ehe dieser Brief Sie erreicht".

Am 7. September übergab Botschafter Gerard die Darstellung des deutschen Auswärtigen Amtes über die Versenkung der „Arabic". Sie stellte den Versuch dar, die Handlungsweise des U-Bootkommandanten zu verteidigen und enthielt die Weigerung, eine Verpflichtung zur Bezahlung einer Entschädigung für amerikanische Bürger anzuerkennen. Als Lansing die Darlegung durchgelesen hatte, schrieb er Präsident Wilson, er betrachte die Mitteilung der deutschen Regierung als eine „kalte und unnachgiebige Erklärung dahingehend, daß die U-Bootkommandanten praktisch freie Hand haben, obwohl sie technisch durch allgemein gehaltene Anweisungen gebunden sind und daß sie, wenn ihnen ein noch so unverantwortliches Versehen unterläuft, ihre Regierung unterstützt ... Mir scheint, die grundsätzliche Feststellung Bernstorffs ist wertlos."

Nachdem Lansing von Grund aus mit der deutschen Haltung im U-Bootkrieg nicht einverstanden war, oblag es dem deutschen Botschafter, Schritte zu unternehmen, um eine Entspannung herbeizuführen. Am 13. September hob Lansing in einer Unterredung mit Graf Bernstorff den „fortdauernden Ernst der Lage" hervor, den die Note der deutschen Regierung über die Versenkung der „Arabic" in „keiner Weise gemindert, noch viel weniger beseitigt" habe. Es sei wichtig, so erklärte der Staatssekretär, die Erklärung des deutschen Auswärtigen Amtes so zu erweitern, daß „alle Kauffahrteischiffe" inbegriffen sind „und nicht nur Passagierdampfer erfaßt werden".

Die Unterredung mit Lansing machte auf Graf Bernstorff großen Eindruck; er wurde gewahr, wie nahe man dem Krieg gewesen war. In einem Telegramm an das Auswärtige Amt erklärte er, Staatssekretär Lansing anerkenne den deutschen Standpunkt nicht, daß der U-Bootkommandant berechtigt gewesen sei, die „Arabic" zu versenken. Er hatte „nicht den geringsten Zweifel, daß Abbruch diplomatischer Beziehungen erfolgen wird, wenn eine Einigung nicht erzielt werden kann".[29]

Trotz des Ernstes der Lage rechnete Graf Bernstorff mit einer gütlichen Beilegung der Angelegenheiten. In einem Brief an Oberst House beschrieb er seine „freundliche Unterhaltung" mit Lansing. Aufgrund dieses offenen Gesprächs glaubte er, eine Einigung könne zustande kommen „jetzt, nachdem ein weiterer Austausch von Noten nicht mehr stattfindet". Da Deutschland wegen des „fraglichen Grundsatzes nachgegeben habe", könne er nicht „begreifen, daß wir uns über sämtliche Einzelheiten nicht einigen könnten".

Oberst House hielt den Brief Graf Bernstorffs für so wichtig, daß er ihn sofort dem Präsidenten Wilson sandte. Der Präsident freute sich über die Wendung der Dinge, aber er konnte über seinen Argwohn gegen Bernstorff nicht hinwegkommen; für ihn war Bernstorff eine „ganz besondere Persönlichkeit". Der deutsche Botschafter schien „darauf abzuzielen, seiner Regierung jede eindeutige und formelle Desavouierung des Angriffs auf die ‚Arabic' zu ersparen; aber ich sehe nicht ein, wie wir das mit unserer Selbstachtung vereinbaren können. Das Land würde von uns behaupten, wir nähmen „den Mund voll", und würde jedes allgemeine Zugeständnis von deutscher Seite für recht unglaubwürdig halten ... Sie gehen mit vorbedachter und erbitternder Langsamkeit in der ganzen Sache vor. Ich fürchte, wenn sie die nötige Zeit gewonnen haben ... nehmen sie ihre rücksichtslosen Operationen zur See wieder auf, und wir stehen wieder dort, von wo wir ausgegangen sind. Das Land steht zweifelsohne in der ganzen Sache hinter mir, und ich habe das verpflichtende Gefühl, bis zum äußersten geduldig zu sein."

Die Geduld des Präsidenten war mit Zähigkeit gepaart: er bestand weiterhin auf einer ausdrücklichen Desavouierung des Angriffs auf die „Arabic" durch die deutsche Regierung. In diesem Punkt wollte der Präsident in keinem Fall nachgeben. Graf Bernstorff telegraphierte deshalb am 22. September an das Auswärtige Amt, er hoffe, es würde sich eine „Form für die Desavouierung" finden.

Als das deutsche Auswärtige Amt seine Anweisungen tatsächlich in den letzten Septembertagen Graf Bernstorff sandte, stand von einer Desavouierung der Handlungsweise des U-Bootkommandanten bei der Versenkung der „Arabic" nichts darin. Die deutsche Regierung war bereit, „den feindlichen Aussagen englischer Schiffsoffiziere der ‚Arabic' den guten Glauben nicht zu versagen, und danach zuzugeben, daß tatsächlich ein Rammversuch nicht vorgelegen hat". Der Angriff auf den großen englischen Dampfer hat „somit den erteilten Befehlen nicht entsprochen; dem Kommandanten ist eine dahingehende Eröffnung gemacht worden". Um der freundschaftlichen Erledigung des bestehenden Streites willen würde die deutsche Regierung zwar eine Verpflichtung nicht anerkennen, aber wäre bereit, eine Entschädigung zu zahlen.[30]

Lansing bestand jedoch auf einer eindeutigen Mißbilligung der Handlungsweise des Kommandanten bezüglich der Torpedierung der „Arabic". Diese Forderung brachte Graf Bernstorff in eine peinliche Lage. Seine Anweisungen enthielten keine Desavouierung, aber „angesichts der Tatsache, daß es die einzige Hoffnung war, einen Bruch" mit den Vereinigten Staaten „zu vermeiden", handelte er auf seine „eigene Verantwortung" und sandte folgende Note an den Staatssekretär: „Die von Seiner Majestät dem Kaiser den deutschen Unterseebootskommandanten erteilten Befehle, von denen ich Ihnen bei einer früheren Gelegenheit Kenntnis gab, lauten so bestimmt, daß eine Wiederholung ähnlicher Zwischenfälle wie des ‚Arabic'-Falles als ausgeschlossen gilt ... Der Angriff des Unterseebootes hat somit den erteilten Befehlen nicht entsprochen. Die kaiserliche Regierung billigt diesen Vorgang nicht und bedauert ihn. Dem Kommandanten Schneider ist eine dahingehende Eröffnung gemacht worden.

Unter diesen Umständen ist meine Regierung bereit, eine Entschädigung für die zu ihrem großen Bedauern auf dem ‚Arabic' verlorengegangenen amerikanischen Menschenleben zu zahlen. Ich bin ermächtigt, mit Ihnen in bezug auf die Höhe dieser Entschädigung zu verhandeln."

Zum zweiten Male überschritt Botschafter Bernstorff seine Anweisungen und fand eine friedliche Lösung für eine Krise, die sein Land an den Rand eines Krieges mit den Vereinigten Staaten gebracht hatte. Das deutsche Auswärtige Amt, das auf die strikte Einhaltung der Anweisungen sah, wiederholte seinen Vorwurf. Anscheinend folgte es der alten bürokratischen Überlieferung, daß der Verlust einer Schlacht durch Befolgen der Regeln dem Sieg durch Verletzung der Regeln vorzuziehen sei. Aber Bernstorff „drückte" dieser Vorwurf „nicht schwer". Er wußte, daß er sein Land vor einem Fehler bewahrt hatte, der sich später als verhängnisvoll herausstellte: Kein Diplomat könnte eine vollkommenere Rechtfertigung wünschen.[31]

Kapitel XIV

Der Tod hält inne bei seiner Ernte

Die Unterhandlungen, die zu der Erledigung des „Arabic"-Zwischenfalls notwendig waren, ließen in v. Bethmann-Hollweg die Überzeugung reifen, eine weitere Versenkung von Passagierdampfern durch deutsche Unterseeboote machte ein befriedigendes Übereinkommen mit den Vereinigten Staaten unmöglich. Er stellte diese Ansicht Admiral v. Holtzendorff, dem neuen Chef des Admiralstabes, so einleuchtend dar, daß dieser am 18. September einen Befehl herausgab, der jede Unterseeboottätigkeit an der Westküste Englands und im Kanal aufhob.[1] Einige Wochen später veränderten jedoch politische Faktoren grundlegend die allgemeine Lage und v. Holtzendorff faßte eine Wiederaufnahme der U-Bootoperationen ins Auge.

Am 14. Oktober trat Bulgarien in den Weltkrieg auf seiten der Mittelmächte ein. Der rasche Fortschritt im Feldzug gegen Serbien brachte viele deutsche Generale zu der Ansicht, die Lage im Balkan sei durchaus günstig. Holtzendorff wollte aus diesen deutschen Erfolgen Vorteile ziehen und sandte deshalb am 27. Oktober an das Auswärtige Amt eine Mitteilung, in der er die Wichtigkeit der Wiederaufnahme des U-Bootkrieges mit der früheren Energie so bald wie möglich hervorhob. Er schlug vor, man solle eine Note an die amerikanische Regierung schicken mit der Versicherung, bestimmte englische Schiffe mit amerikanischen Passagieren an Bord hätten keinen Angriff zu befürchten, wenn sie besonders bezeichnet würden, um ihre Identität erkennen zu lassen.

Staatssekretär v. Jagow war völlig anderer Ansicht als der Chef des Admiralstabes. Die amerikanische Regierung hatte nachdrücklich alle Vorschläge, bestimmte Schiffe besonders zu bezeichnen, zurückgewiesen. Überdies hatte die deutsche Regierung formelle Versicherungen abgegeben, *alle feindlichen Passagierdampfer* von Angriffen ohne Warnung zu verschonen. Ein solches Zugeständnis in Frage zu ziehen, würde bedeuten, daß der Streit mit Amerika mit neuer Erbitterung beginnen würde. Darüberhinaus müsse man der amerikanischen Regierung Zeit lassen, auf England wegen der Verletzungen des Seerechts einen Druck auszuüben.

Angesichts des entschlossenen Widerstands des Auswärtigen Amtes war Admiral v. Holtzendorff bereit, jeden Gedanken an eine sofortige Wiederaufnahme des U-Bootkrieges aufzugeben. Aber seine Überzeugung stand fest, das U-Boot sei die wirksamste Waffe gegen die englische Seemacht; sie sollte entwickelt und mit lähmender Gewalt im Frühjahr 1916 eingesetzt werden. Ein solcher Feldzug würde jedes drohende amerikanische Eingreifen wertlos machen.

Die zeitweilige Untätigkeit der U-Boote bedeutete nicht, daß Lansing weiterhin keine Protestnoten an Deutschland senden würde. Er hatte nicht die Absicht, sein ganzes diplomatisches Feuer auf England zu konzentrieren und so eine verspätete Anerkennung amerikanischer, beständig verletzter Rechte zu erreichen. Den „Lusitania"-Zwischenfall konnte er immer noch benutzen, um auf Deutschland einen Druck auszuüben und die amerikanische Mißstimmung lebendig zu erhalten.

Die Versenkung der „Lusitania" gab zu einer Besprechung der wichtigsten Frage des U-Bootkrieges Anlaß – ob bewaffnete Kauffahrteischiffe ohne Warnung versenkt werden dürfen. Das Völkerrecht hatte den Handelsschiffen das Führen von *Verteidigungs*waffen zuerkannt. Diese Bewaffnung war gegen gewöhnliche Handelskreuzer von geringem Wert, aber gegen U-Boote konnte sie mit vernichtender Wirkung angewendet werden. Darüberhinaus hatte die britische Admiralität die bewaffneten Handelsschiffe angewiesen, U-Boote bei Sicht anzugreifen, und bekanntlich hatte die „Arabic" geplant, auf jedes in den Weg kommende U-Boot zu feuern. War es unter diesen Umständen vernünftig, von den deutschen U-Booten zu verlangen, in Übereinstimmung mit den Vorschriften des Kreuzerkrieges vorzugehen? Bewiesen nicht englische „U-Bootfallen" (sogenannte Q-Schiffe) mit ihren erfolgreichen Angriffen auf U-Boote fraglos die Tatsache, daß die alten Regeln des Betretens und Durchsuchens nicht länger auf den Seekrieg anwendbar waren, wenn U-Boote eingesetzt wurden? Man konnte kaum daran zweifeln, daß die „U-Bootfallen" einen großen Prozentsatz von U-Booten auf dem Gewissen hatten. Ihre Angriffsmethode wurde in den sogenannten „Baralong-Zwischenfällen" einwandfrei nachgewiesen.

Am 19. August hielt U 27 den englischen Frachtdampfer „Nicosian" an und ließ der Mannschaft reichlich Zeit, in die Boote zu gehen. Dann versuchte es, die „Nicosian" durch Granatfeuer zu versenken; in der Zwischenzeit näherte sich ein Schiff mit amerikanischer Flagge und mit einem „Schild an der Bordwand, auf dem eine kleine amerikanische Flagge aufgemalt war".[2] U 27 ließ das Schiff auf ein paar hundert Meter herankommen; plötzlich eröffnete dieses das Feuer.

U 27 wurde von verschiedenen Granaten getroffen und sank innerhalb weniger Minuten. Einige der Mannschaft konnten zu der „Nicosian" hinüberschwimmen, die von den Engländern verlassen worden war. Während sie an den Seilen emporkletterten, die über Bord des englischen Schiffes herabhingen, wurden verschiedene von ihnen durch Gewehrfeuer von der „Baralong" getötet. Vier Deutsche, die an Bord der „Nicosian" gelangen konnten, wurden von englischen Marinesoldaten verfolgt und niedergeschossen, sobald man sie sah. Der Kommandant des U 27, der Zeuge dieser kaltblütigen Morde war, ergriff einen Rettungsgürtel und sprang in die See. Hier wurde er erschossen, während er seine Hände zum Zeichen der Ergebung in die Höhe hielt.

Lansing erkannte sofort die gefährlichen Verwicklungen, die der erste „Baralong-Zwischenfall" mit sich bringen konnte und bat den Neutralitätsrat um Meinungsäußerung. Der Kommission bereitete jedoch der Gebrauch der amerikanischen

Flagge durch die „Baralong" keine großen Sorgen, obwohl sogar nach der Zeugenaussage Currans die Flagge erst niedergeholt wurde, *nachdem* auf das U-Boot geschossen worden war. Die Kommission bemerkte nur: „anscheinend sei kein Protest der deutschen Regierung über diesen Zwischenfall eingegangen; sie ist die geschädigte Partei, wenn der Gebrauch einer falschen Flagge nicht als Kriegslist erlaubt ist ... Wenn die eidesstattlichen Erklärungen richtig sind, so handelte es sich um ein Schiff der britischen Marine, und der Gebrauch einer falschen Flagge bei einer zum Angriff führenden Annäherung ist völkerrechtlich erlaubt, vorausgesetzt, daß die Feindseligkeiten nicht beginnen, ehe die falsche Flagge niedergeholt und die richtige Flagge gesetzt ist. Die Kommission sieht in diesem Zwischenfall keinen Grund, der britischen Regierung Vorstellungen zu machen".

Der Staatssekretär nahm die Tat der „Baralong" nicht auf die leichte Schulter.[3] Am 18. Oktober ersuchte er Botschafter Page telegraphisch, sich zu erkundigen, ob die mitgeteilten Einzelheiten über die Vernichtung des deutschen U-Bootes (U 27) stimmten. Vor allem wünsche er „einen eingehenden und vollständigen amtlichen Bericht über die oben erwähnten Nachforschungen, um entscheiden zu können, ob die amerikanische Regierung, falls die Richtigkeit der Berichte erwiesen ist, nicht die Pflicht hat, ihre nachsichtige Haltung gegen die Bewaffnung von Handelsschiffen zu Verteidigungszwecken zu ändern. Kürzlich fuhr die ‚Waimana', ein englisches Schiff, in Norfolk mit einer montierten Kanone an Bord ein; angesichts der obigen Berichte weigerte sich die amerikanische Regierung, das Schiff abzufertigen, bis die Kanone beseitigt worden war".

Die Antwort von Botschafter Page ging in keiner Weise auf Lansings Anfrage ein. Offenbar habe das Staatsdepartement andere eidesstattliche Aussagen vor Augen gehabt, als die, welche die amerikanische Botschaft in London geschickt hatte. Nach diesem Nasenstüber versicherte Botschafter Page, die Londoner eidesstattlichen Aussagen seien so einwandfrei und umfassend, daß kein Grund vorliege, bei Sir Edward Grey über den Gebrauch der amerikanischen Flagge Nachforschungen anzustellen. Überdies hatte der Botschafter den Eindruck, die englische Praxis, U-Bootfallen gegen U-Boote zu gebrauchen, sei nicht ungewöhnlich. Sir Edward Grey hatte sogar in einer informatorischen Unterhaltung mit dem amerikanischen Botschafter „eine solche Täuschung als berechtigt und sogar als übliche Kriegslist" hingestellt. Nach dieser Erklärung sei eine weitere Erörterung über diesen Punkt nutzlos.

Botschafter Page schloß seine Depesche mit dem Hinweis, der Staatssekretär sei in Gefahr, von deutscher Propaganda beeinflußt zu werden. Er wies darauf hin, gemäß den Grundsätzen des Völkerrechts sei es völlig rechtmäßig, wenn die Völker ihre Handelsschiffe mit einer der *Verteidigung* dienenden Bewaffnung ausrüsteten. Gerade diesen Punkt habe Sir Edward Grey mit dem Botschafter besprochen und dabei die Hoffnung ausgedrückt, die amerikanische Regierung würde nicht ernstlich auf einer Abänderung dieser stets geübten Praxis bestehen: „Er redete sehr ernst ... und hoffte, der Grundsatz werde nicht in Frage gestellt werden. Er sagte nicht wörtlich, er vermute, dieser Zwischenfall sei auf deutsche Veranlassung hin entstanden, aber ich hatte den Eindruck, dies sei seine Auffassung."

Lansing war sich des englischen Bestrebens voll bewußt, in der international üblichen Bewaffnung von Handelsschiffen keine Veränderung eintreten zu lassen. Manchmal wurden englische Staatsmänner geradezu hysterisch, wenn sie über diese Frage sprachen; sogar Arthur Balfour verlor seine philosophische Ruhe, sobald er damit zu tun bekam. In einem Brief an Oberst House brachte er zahlreiche gefühlsmäßige Gründe gegen den Vorschlag, Handelsschiffen das Führen von Bewaffnung zu verbieten, vor. Die deutsche Praxis, Schiffe ohne Warnung zu versenken, sei „unmenschlich". Es müsse geradezu von den Kapitänen der Handelsschiffe der Versuch erwartet werden, U-Boote ohne weiteres zu rammen. Wenn er Kapitän wäre, würde er es selbst tun, „wenn auch mit dem Bewußtsein, daß das U-Boot beim Scheitern meines Versuchs darnach trachten würde, mich zu versenken". Die Deutschen seien Feinde, „die kein Gesetz kennen". Ihre Führung des U-Bootkrieges sei in ein „kaltblütiges Gemetzel ausgeartet"; man dürfe keine Maßnahme ergreifen, um ihre Niederträchtigkeit zu unterstützen.

Die Meinung Balfours machte auf Oberst House mehr Eindruck als auf Lansing. Am 2. Oktober hatte er eine Unterredung mit dem Staatssekretär über die Frage der bewaffneten Handelsschiffe. In seinem Tagebuch macht Oberst House an diesem Tag folgenden lakonischen Eintrag: „Lansing steht auf dem Standpunkt, wenn wir die Deutschen für die Versenkung von Schiffen ohne Warnung verantwortlich machen wollen, müssen wir auch darauf bestehen, daß Handelsschiffe nicht bewaffnet werden. Wenn ein Handelsschiff bewaffnet ist, und wir verlangen, daß U-Boote nicht ohne Warnung versenken, so liegt der Vorteil ganz bei dem Handelsschiff und ist gegen das U-Boot gerichtet. Ich verstehe den englischen Gesichtspunkt besser als Lansing, aber ich halte ihn nicht für ganz gerecht."

Oberst House schien es völlig danebengegriffen, wenn Lansing sich in eine ausgedehnte rechtliche Diskussion mit der britischen Regierung über die Frage der bewaffneten Handelsschiffe einließe. Die Alliierten kämpfen um die Erhaltung der Kultur, und dieser Kampf verdiene amerikanische Teilnahme, und wenn nötig, amerikanische Hilfe. Für gesetzliche Haarspaltereien sei keine Zeit. Würde Deutschland die Alliierten besiegen, „kämen wir als nächste an die Reihe; wir wären nicht nur nicht vorbereitet, sondern es wäre niemand da, um uns gegen den ersten Ansturm zu helfen". Zusammenarbeit mit den Alliierten gegen den deutschen Militarismus wäre der einzig sichere, für Amerika gangbare Weg.

Im September (1915) schien der Präsident selbst einem amerikanischen Eingreifen auf seiten der Alliierten nicht abgeneigt zu sein. Es dauerte nicht lange, bis das Staatsdepartement ähnliche Gedanken zu verfolgen begann. Am 11. Oktober brachte Oberst House bei einem Lunch mit Polk das Gespräch auf eine amerikanische Hilfe der Alliierten. Es ginge für die „Vereinigten Staaten nicht an, die Alliierten fallen zu lassen und zuzusehen, wie Deutschland die ausschlaggebende militärische Rolle in der Welt spielt. Wir wären sicherlich das nächste Ziel des Angriffs und die Monroe-Doktrin wäre in Wirklichkeit wertloser als „ein Fetzen Papier".

Polk hielt den Gedanken des Oberst House „in jeder Hinsicht für gut". Lansing war ganz auf seiner Seite und eröffnete Oberst House, er werde für „einen scharfen Kurs" eintreten. Um einen solchen Kurs entsprechend zu unterbauen, durfte die amerikanische Abneigung gegen Deutschland nicht einschlafen. Ein Mittel, um dieses Ziel zu erreichen, bestand darin, auf eine sofortige Erledigung des „Lusitania"-Streites zu drängen und an Deutschland solche Forderungen zu stellen, daß eine Zustimmung schwierig sein würde.

Am 2. November besprach Lansing mit Botschafter Bernstorff den „Lusitania"-Fall. Er wies den Botschafter darauf hin, die deutsche Regierung habe Anweisungen herausgegeben, die Angriffe auf Passagierschiffe verboten. Infolgedessen schien „kein greifbarer Grund" vorhanden zu sein, „warum sie darauf bestehen sollte, daß der Angriff auf die ‚Lusitania' gerechtfertigt war". Natürlich würde die deutsche öffentliche Meinung jedes Eingeständnis der *Verantwortung* für den Verlust an amerikanischen Menschenleben auf der „Lusitania" übel aufnehmen, aber es dürfe auch nicht übersehen werden, daß die amerikanische öffentliche Meinung gerade darauf bestehe.

Graf Bernstorff war überzeugt, seine Regierung würde sich weigern, eine solche Verbindlichkeit anzuerkennen; es müsse unbedingt „irgendeine andere Art" der Erledigung gefunden werden. Wenn Amerika auf diesem Punkt beharre, habe er geringe Hoffnung, weiter zu kommen.

Lansing hatte gerade den strittigen Punkt gefunden, den er suchte; er würde dazu dienen, um die deutsch-amerikanischen Beziehungen gerade noch vor dem Abbruch zu bewahren, bis der Präsident den Zeitpunkt für geeignet hielt, zugunsten der Alliierten einzugreifen. Am Schluß der Unterhaltung mit Graf Bernstorff ließ der Staatssekretär einige Bemerkungen fallen, die versteckte Drohungen enthielten: „Ich sagte auch zu ihm, meiner Ansicht nach solle die Sache ins reine gebracht werden; wir hätten nämlich schon sehr viel Geduld bewiesen ... Ich erklärte ihm ... meinem Gefühl nach müsse die Sache erledigt werden und zwar sehr bald."

Am 11. November legte Lansing in einem Schreiben an den Präsidenten eine „Formel" bei, die er für die Beilegung des „Lusitania"-Falles für die zufriedenstellendste hielt. Die deutsche Regierung solle anerkennen, daß die „Lusitania" im Verlauf der Vergeltungsmaßnahmen gegen die Feinde Deutschlands versenkt worden sei. Aber solche Vergeltungsmaßnahmen seien dem Wesen nach „Handlungen, die die anerkannten Regeln der Kriegführung verletzten". Amerikanische Bürger an Bord der „Lusitania" hätten jeden Grund zur Annahme gehabt, daß die deutsche Regierung an diesen „anerkannten Regeln" festhalten würde. Die Versenkung der „Lusitania" sei „ungesetzlich" eben infolge der Verletzung dieser Regeln. Da die deutsche Regierung in ihren kürzlichen Anweisungen angegeben habe, sie halte die Versenkung der „Lusitania" für eine „Verletzung des Völkerrechts", so solle sie sich bereit erklären, „Genugtuung für das Leben der Bürger der Vereinigten Staaten zu leisten ... durch Zahlung einer angemessenen Entschädigung".

Der Präsident war mit dieser Formel nicht völlig einverstanden, meinte aber, sie sei wahrscheinlich „die bestmögliche". Er hoffe, Sekretär Lansing würde sie bei „der deutschen kaiserlichen Regierung durchdrücken". Lansing kam seinen Wünschen an jenem Nachmittag sofort in einer Unterredung zwischen ihm und Graf Bernstorff nach. Er war offen und ging aufs Ganze und teilte dem deutschen Botschafter mit, „der ‚Lusitania'-Fall solle, wenn möglich, innerhalb sehr kurzer Zeit erledigt sein". Nach dieser Drohung händigte er die aufgesetzte Formel dem Grafen ein und wies ihn darauf hin, er habe das Wort „Mißbilligung" nicht verwendet. An seine Stelle habe er eine Anerkennung der „Ungesetzlichkeit" gesetzt.

Als Graf Bernstorff erklärte, er würde die Formel nach Berlin senden und Anweisungen abwarten, unterstrich Lansing die Wichtigkeit der Erledigung des „Lusitania"-Streites, ehe der Kongreß im Dezember zusammenkam. Wenn keine Einigung erzielt werde, sei es möglich, daß der Kongreß mit Rücksicht auf die erregte öffentliche Meinung Krieg gegen Deutschland erkläre.

Lansing glaubte an den Ernst der Drohungen, die er Botschafter Bernstorff gegenüber geäußert hatte. Anzeichen waren genug vorhanden, daß in ganz Amerika die Geduld mit Deutschland nahezu erschöpft war. Gründe für die wachsenden Feindseligkeiten gab es genügend; einer der wesentlichsten Punkte war die

Führung des deutschen U-Bootkrieges. Am 7. Dezember versenkte U 38 (unter dem Kommando von Kapitänleutnant Max Valentiner) den italienischen Passagierdampfer „Ancona“ im Mittelmeer, nahe der Insel Sardinien.[4] Etwa zwanzig Amerikaner verloren bei dieser Versenkung das Leben. Die Presse in den Vereinigten Staaten prangerte rücksichtslos die Tat des U-Bootkommandanten an. Die „New York Times“ betrachtete die Vernichtung der „Ancona“ als „sinnlose Barbarei“; das „Journal of Commerce“ fällte das Urteil, es sei eine „Schmach“, die die ganze Sympathie der amerikanischen Bevölkerung den Alliierten zuwende; der Brooklyn „Eagle“ fürchtete ein „vorsätzliches Wiederaufleben des U-Bootschrecks“; während die New York „Evening Sun“ diese Art der Kriegführung als „dumm und zugleich brutal“ ansah.

Lansing schien die Versenkung der „Ancona“ „schrecklicher als einer der U-Bootangriffe früherer Zeit“. Was „kaltblütige Unmenschlichkeit anbelangt, findet das Verhalten des U-Bootkommandanten kaum seinesgleichen in den Annalen des modernen Krieges“. Wenn auch die österreichische Regierung die Verantwortung für die Torpedierung der „Ancona“ übernahm (Kapitänleutnant Valentiner führte die österreichische Flagge auf U 38), war Lansing doch überzeugt, ein deutsches U-Boot habe den Angriff tatsächlich unternommen. „Das konnte nur ein Preuße und nicht ein Österreicher getan haben.“[5]

Lansings empfindliche Nerven wurden weiter durch die Hinrichtung der englischen Krankenschwester Edith Cavell in Anspruch genommen. Selbst die deutschsprachige Presse in den Vereinigten Staaten hatte einige Schwierigkeit, die deutschen Militärbehörden zu verteidigen; Hermann Ridder, der Herausgeber der New Yorker „Staats-Zeitung“ lehnte die Tat mit folgenden Worten ab: „Es ist etwas schreckliches ... Eine Frau sollte man unter keinen Umständen erschießen ... Es gibt Zeiten, in denen deutsche Befehlshaber im Eifer des Krieges Dinge tun, für die selbst das eigene Volk nicht einstehen kann.“

Die Wirkung der unglücklichen Zwischenfälle auf die Haltung des Präsidenten und des Staatssekretärs ist schwer abzuschätzen, aber fraglos trugen sie dazu bei, ihre Überzeugung vom deutschen „Schrecken“ zu festigen. Die feindselige und mißtrauische Einstellung gegen die deutsche Regierung erhielt neue Nahrung durch die Entdeckung deutscher Pläne, amerikanische Munitionsfabriken in die Luft zu sprengen und Handelsschiffe mit amerikanischem Kriegsmaterial zu versenken. Es wird nicht eher möglich sein, die geheimnisvollen Vorgänge zu entwirren, als bis die deutschen Archive offen, und die Berichte des Staatsdepartements, des Schatzamtes und der Justiz Forschern zugänglich sind. Sehr viel ist über die deutschen Machenschaften geschrieben worden; im Herbst 1915 war die amerikanische Presse voll von sensationellen Geschichten über Bombenverschwörungen, die deutsche Agenten ausgeheckt haben sollen. Lansing erinnert in seiner Darstellung dieser Zeit an die „ungewöhnliche Sucht, die wie die Pest das ganze Land erfaßt zu haben scheint und alle Klassen in ihren Bann zieht, wie die Hexenverfolgung im 17. Jahrhundert“.

Die Verhaftung von Robert Fay, Walter Scholz, Paul Däche, Herbert Kienzle und Max Breitung unter der Anklage, die Zerstörung von Munitionstransportern geplant zu haben, bildete den Höhepunkt in der Angst vor deutschen Verschwörungen. Der New York „Herald“ schrieb, wenn die deutsche Regierung um diese Verschwörungen wisse, so bedeutet das, daß „Deutschland jetzt innerhalb der Vereinigten Staaten Krieg führt“. Die New York „Evening Sun“ war überzeugt, „deutsche Intriganten einschließlich des militärischen Attachés" [Hauptmann v. Papen] seien lange schon in Amerika mit zweifelhaften Plänen beschäftigt gewesen; während die Washingtoner „Times" von „einer offenkundigen Verletzung der Neutralität der Vereinigten Staaten" spricht.

Die angeblichen deutschen Anschläge teilte man in verschiedene Arten ein. Lansing stellt folgende Gruppen auf: „feindselige Handlung, die unmittelbar gegen die Engländer gerichtet ist, entlang der kanadischen Grenze und gegen Schiffe mit der Bestimmung nach Häfen der Alliierten; der Ankauf oder das Fälschen amerikanischer Pässe für deutsche und österreichische Reservisten in den Vereinigten Staaten; Verschwörungen, um die Herstellung und Beförderung von Waffen, Munition und anderem Kriegsmaterial an die alliierten Mächte zu verhindern; Intrigen in lateinamerikanischen Ländern, um Streitigkeiten zwischen deren Regierungen und der Regierung der Vereinigten Staaten zu verursachen".

Im November 1915 kamen in manchen amerikanischen Zeitungen deutliche Anspielungen, Hauptmann v. Papen, der Militärattaché an der deutschen Botschaft und Kapitän Boy-Ed, der Marineattaché, seien beide in diese Verschwörungen verwickelt. In den Spalten des Providencer „Journal" erhob Dr. Joseph Goricar, der früher mit dem österreichischen Konsulardienst in Verbindung stand, ernstliche Beschuldigungen gegen Hauptmann v. Papen und Kapitän Boy-Ed. Nach seinem Bericht befanden sich etwa 3.000 deutsche Spione in den Vereinigten Staaten; die Spitze der Organisation sei in v. Papen, Boy-Ed und dem österreichischen Generalkonsul Nuber in New York City zu suchen. Trotz ihrer „Beteuerungen, sie hätten das Gesetz in keiner Weise übertreten und wüßten nichts von der Vernichtung von Munitionsfabriken oder der Zerstörung von Schiffen, sind sie doch die Drahtzieher eines jeden derartigen Verbrechens".

Diese Angriffe Dr. Goricars veranlaßten Graf Bernstorff, sich bei Lansing am 16. November in einem Schreiben über die „niederträchtigen Angriffe auf mich und die Angehörigen meiner Botschaft in dem Providence ‚Journal'" zu beklagen. In den letzten 15 Monaten sei jeder, der mit der deutschen Botschaft etwas zu tun hatte, „von dem gesamten Heer amerikanischer Privatdetektive beobachtet worden. Tag und Nacht sind sie uns gefolgt im Dienst unserer Feinde. Trotzdem und obwohl offizielle deutsche Dokumente gestohlen wurden, ist es ihnen nicht gelungen, auch nur einen einzigen Beweis für gesetzwidrige Handlungen gegen irgend einen von uns zu finden".

Lansings Vertrauen auf die Versicherungen Graf Bernstorffs war gering. Am Tage zuvor hatte er einen Brief von Charles Warren, dem zweiten Generalstaatsanwalt, erhalten, der anderes zu berichten wußte: „In dem persönlichen und vertraulichen Brief, den ich an Sie am letzten Freitag gerichtet habe, lenkte ich Ihre Aufmerksamkeit auf die Tatsache, daß wir in den vor kurzem stattgefundenen Schwurgerichtsverfahren in New York den direkten Nachweis besaßen, daß Kapitän Boy-Ed Gelder zum Ankauf des Dampfers ‚Evelyn' bereitstellte, um deutsche Kriegsschiffe im letzten Herbst mit Kohle zu versorgen. Beiliegend finden Sie überdies den Nachweis, daß Kapitän Boy-Ed 750.000 Dollar zur Verfügung stellte, um aus amerikanischen Häfen unter Verletzung der neutralen Verpflichtungen der Vereinigten Staaten Schiffe mit Lebensmitteln abgehen zu lassen; 350.000 Dollar der obengenannten Summe kamen nach San Franzisko, um das Dampfschiff ‚Sacramento' auszurüsten; den einwandfreien Beweis dafür erbrachte das ‚Sacramento'-Schwurgerichtsverfahren in San Franciso."

Etwas später hielt Bruce Bielaski vom Justizdepartement das angesammelte Material für ausreichend, um v. Papen und Boy-Ed der Übertretung amerikanischer Gesetze zu überführen: „Mindestens hätten wir v. Papen und Boy-Ed überführen können, unter Umständen auch noch andere, wenn nicht ihre diplomatische Immunität gewesen wäre."

Wenn „diplomatische Unantastbarkeit" der Schutzmantel der beiden Attachés war, unter dem sie gegen amerikanische Interessen eine Verschwörung anzetteln konnten, so war es nach Ansicht Sekretär Lansings höchste Zeit, ihre Abberufung zu verlangen. Überdies hatte Oberst House in einem Brief an den Präsidenten (21. November) die Frage angeschnitten, ob es nicht „möglich wäre, sofort einige dieser Schadenstifter der betreffenden Botschaft abzuschieben?" Lansing war mit diesem Vorschlag ganz einverstanden. Am 29. November schrieb er Präsident Wilson, die amerikanische Regierung habe, wie er glaube, gegen v. Papen und Boy-Ed „übermäßige Geduld" bewiesen. Darauf bat er, Graf Bernstorff mündlich mitteilen zu dürfen, die betreffenden Attachés seien Personae non gratae.

Als Lansing der Zustimmung des Präsidenten zu der Zurückberufung v. Papens und Boy-Eds sicher war, erklärte er Graf Bernstorff (1. Dezember), beide Attachés seien für die amerikanische Regierung „unannehmbar". Auf die Frage Graf Bernstorffs nach den Gründen der geforderten Abberufung teilte ihm der Staatssekretär mit, Hauptmann v. Papen und Kapitän Boy-Ed seien in Handlungen verwickelt gewesen, die „Verletzungen" amerikanischer Gesetze „zur Folge hatten" und aus diesem Grunde dürften sie nicht „durch diplomatische Vorrechte vor der Verfolgung durch unsere Gerichtshöfe" geschützt werden. Als Graf Bernstorff bat, die Veröffentlichung des Antrags auf Abberufung der Attachés hinauszuschieben, weigerte sich Lansing. Am 3. Dezember erhielt die Presse die Mitteilung.[6]

Das etwas überstürzte Vorgehen des Staatssekretärs läßt erkennen, wie wenig Lust die offiziellen Stellen hatten, auf deutsche Gefühle Rücksicht zu nehmen. Nur wenn man die offene Abneigung und den bitteren Argwohn in Betracht zieht, kann man die Haltung Lansings in den letzten beiden Novemberwochen 1915 im richtigen Licht sehen. Bereits am 19. November hatte er mit Sekretär Tumulty die allgemeine Lage besprochen. Beide kamen zu der Ansicht, der Politik des Präsidenten fehle das „Rückgrat". Diese Gewissenserforschung veranlaßte Lansing, sofort ein Schreiben an Präsident Wilson zu senden, in der er die amerikanischen Beziehungen zu Deutschland sehr pessimistisch beurteilte. Er fürchte, die Unterhandlungen über den „Lusitania"-Fall strebten einer „Sackgasse" zu. Graf Bernstorff habe ernstlich angezweifelt, ob seine Regierung „eine Verbindlichkeit für amerikanische Menschenleben, die an Bord englischer Schiffe verloren gegangen waren", anerkennen würde. Wenn dem so war und die amerikanische Regierung von ihrem Standpunkt nicht abging, wäre der tote Punkt bald erreicht.

Das Staatsdepartement hatte gerüchteweise gehört, die deutsche Regierung wolle die Besprechung des „Lusitania" Falles so lange hinauszögern, bis die amerikanische Bevölkerung „nicht mehr daran denkt und die amerikanische Regierung ihn habe fallen lassen". Diesen klugen Plan gedachte Lansing nachdrücklichst zu vereiteln. Jede weitere Verzögerung in der „Lusitania" Angelegenheit würde zu der Kritik führen, die Regierung sei „ohne Unternehmungsgeist und zu jedem Zugeständnis bereit, um einer offenen Streitfrage mit Deutschland auszuweichen". Infolgedessen könne der Präsident nur zwei Wege einschlagen: Die diplomatischen Beziehungen mit Deutschland abbrechen oder den Fall vor den Kongreß bringen und erklären, da die Verhandlungen zu einem Stillstand gekommen seien, obliege es der Körperschaft, die über Krieg und Frieden zu entscheiden habe, etwas zu unternehmen. Eine andere Möglichkeit gäbe es nicht, wenn die Regierung nicht Gefahr laufen wolle, die Unterstützung des Volkes zu verlieren. Dazu kämen infolge der Wiederwahl des Präsidenten politische Erwägungen von großer Bedeutung. Die pro-deutschen Stimmen seien „unwiederbringlich" für die Demokratische Partei verloren. Würde kein entschlossener Standpunkt im „Lusitania"-Fall vertreten, so bestünde die ernste Gefahr, auch die Stimmen der Amerikaner zu verlieren, die „Deutschland feindlich gesinnt" seien.

Der Präsident verwarf beides. Es genüge, Graf Bernstorff mitzuteilen, vom Standpunkt der Regierung aus sei „heute die ‚Lusitania'-Frage ebenso wichtig und ebenso brennend wie sie an dem Tag, als die Nachricht von der Versenkung eintraf, war". Zugleich solle man ihm mitteilen, falls der „Lusitania"-Streitfall nicht nach denselben Richtlinien wie der „Arabic"-Fall erledigt würde, sähe dies die amerikanische Regierung „geradezu als eine Zurückweisung der uns damals gegebenen Versicherungen" an.

Graf Bernstorff berichtete sofort dem Auswärtigen Amt die Entwicklungen im „Lusitania"-Fall und die damit verbundenen persönlichen Faktoren. Die Regierung fürchte, im Kongreß wegen der scheinbar tatenlosen Politik angegriffen zu werden. Präsident Wilson glaube kaum an die Möglichkeit, eine Lösung für den „Lusitania"-Streit zu finden, aber hoffe, „die Sache in der Schwebe bis zum Friedensschluß zu halten". Er habe große Pläne für die Zukunft, aber seine Freiheit des Entschlusses sei „ernstlich von dem Wunsch beeinträchtigt, wiedergewählt zu werden".[7]

Offenbar glaubte Graf Bernstorff, der Präsident sei wirklich pazifistisch gegen Deutschland eingestellt und habe nicht den Wunsch, den „Lusitania"-Streit zum Krieg zu treiben. Er war sich nicht darüber im klaren, welchen Eindruck die Berichte über deutsche Umtriebe in den Vereinigten Staaten auf den Präsidenten gemacht hatten. An dem Nachmittag, an dem der deutsche Botschafter seinen beruhigenden Bericht an das deutsche Auswärtige Amt sandte, gewährte der Präsident Henry Ford eine Unterredung. Der Autokönig wünschte nichts dringender als den Weltkrieg zu beenden. Wie er glaubte, könne dies am besten durch eine internationale Friedenskonferenz geschehen, die so lange arbeiten würde „ohne aufzuhören, bis der Friede erreicht ist". Dem Präsidenten schien ein solcher Plan zu verschwommen, um greifbare Ergebnisse zu zeitigen. Eine vom Krieg zerrüttete Welt würde nur dann zu Ruhe und Frieden kommen, wenn der deutsche Militarismus erbarmungslos vernichtet wäre. Ein neuer Kreuzzug würde leicht und geschickt von den Anhängern der Alliierten gepredigt. Bei dem Gedanken an einen neuen Kampf für Recht und Gerechtigkeit kam das alte Schottenblut des Präsidenten in Wallung. Aber Ford ließ sich nicht durch die Formel „Krieg, um dem Krieg ein Ende zu bereiten", locken und war „betroffen" über die unerwartete Äußerung der Sympathien des Präsidenten für die Bestrebungen der Alliierten.

Wenn schon der Präsident in solcher Stimmung war, so mußte Lansing natürlich versuchen, möglichst viel aus diesem Augenblick herauszuschlagen. Im „Lusitania"-Fall wurde jetzt von Graf Bernstorff eine sofortige Erledigung verlangt. Am 24. November erhielt der deutsche Botschafter eine kurze und bündige Mitteilung: „Ich habe seit unserer Unterredung bezüglich des ‚Lusitania'-Falles keine Antwort erhalten. Ich hoffe, Sie konnten etwas erreichen. Es ist dringend notwendig, rasch den Streitfall zu erledigen, und zwar aus Gründen, die ich Ihnen anläßlich unserer Besprechung dargelegt habe. Es wäre mir angenehm, wenn wir innerhalb von ein paar Tagen zu einem Abschluß kämen."

Graf Bernstorff merkte, daß man ihn an die Wand drücken wollte. In seiner Antwort wies er darauf hin, die Vorschläge der amerikanischen Regierung habe er nur wenige Tage zuvor erhalten; es dauere mehrere Wochen, ehe er (brieflich) vom Auswärtigen Amt hören könnte. Er sei überzeugt, seine Regierung sei auf „weitere Zugeständnisse nicht vorbereitet". Die öffentliche Meinung in Deutschland würde ein solches Zurückweichen nicht verstehen „ohne Gegenleistung". Aus diesem Grund fürchte er, wenn im „Lusitania"-Fall „meine Regierung zu sehr bedrängt würde, entstünde die entgegengesetzte Wirkung als gewünscht".

Graf Bernstorff schrieb außerdem noch „streng vertraulich" an Oberst House und legte Abschriften des Schriftwechsels mit Lansing bei. Er habe die größte Hoffnung, der Oberst würde bei seiner „üblichen Freundlichkeit einen Weg" finden, um die Lage zu retten. Wenn die deutsche Regierung „überhaupt etwas zu tun bereit wäre", so sei sie bestimmt nicht bereit, „so plötzlich zu handeln".

Oberst House nahm die Bitte Bernstorffs ganz anders auf als der Botschafter erwartet hatte. Am 28. November vermerkt der Oberst in seinem „Tagebuch" das Ergebnis einer Besprechung mit Lansing: „Ich versuchte, Lansing klar zu machen, es sei für die Vereinigten Staaten notwendig, den Alliierten reinen Wein einzuschenken und ihnen zu bedeuten, wir würden ihre Sache für die unsere ansehen und hätten keine Absicht, einer Militärmacht die Herrschaft über die Welt einzuräumen, wenn wir dazu beitragen konnten, es zu verhindern … Ich wies darauf hin, es sei unmöglich, herzliche Beziehungen mit Deutschland aufrechtzuerhalten … Lansing war damit einverstanden, und wir sprachen über das beste Mittel, eine Verständigung zu erreichen."

Der Oberst unterhielt sich dann darüber mit dem Präsidenten in „so ziemlich derselben Art" wie mit Lansing. Die Antwort Wilsons war für ihn angenehm: „Er meint, wir sollten die Alliierten durchblicken lassen, wie wir denken". Der Oberst sollte es übernehmen, den Alliierten die beruhigende Nachricht zu unterbreiten und der Staatssekretär möge weiterhin auf Graf Bernstorff einen Druck ausüben.

Am 29. November sprach Rathom, dessen „Providence Journal" sensationelle Geschichten über angebliche deutsche Intrigen brachte, beim Staatsdepartement vor, um Lansing zu besuchen. Am folgenden Tag hatte Lansing zwei Unterredungen mit Rechtsrat Polk über das geläufige Thema „deutsche Umtriebe". Allmählich geriet er in die geeignete Stimmung für eine Besprechung mit Graf Bernstorff.

Am 1. Dezember kündigte Lansing dem deutschen Botschafter bei einem offiziellen Empfang an, Hauptmann v. Papen und Kapitän Boy-Ed seien Personae non gratae. Außerdem machte er allgemeine Bemerkungen über die deutsch-amerikanischen Beziehungen. Es bestehe wirklich die Gefahr, daß der Kongreß sich entschließen würde, in die Beilegung der deutsch-amerikanischen Streitigkeiten einzugreifen, und das könne zu ernsten Schwierigkeiten führen.

Graf Bernstorff sandte sofort ein Telegramm an das Auswärtige Amt und riet, ohne länger abzuwarten, im „Lusitania"-Fall etwas zu unternehmen, um „unangenehme Überraschungen" zu vermeiden. Sollte der Kongreß ein aktives Interesse an der Führung der amerikanischen auswärtigen Beziehungen nehmen, so wäre es unmöglich, vorauszusehen, welche Politik er in den bestehenden Streitigkeiten mit Deutschland einschlagen werde.

Ein paar Tage später sandte Graf Bernstorff eine zweite Depesche an das Auswärtige Amt und betonte die Notwendigkeit weiterer Unterhandlungen über den „Lusitania"-Fall. Falls die deutsche Regierung sich weigere, Zugeständnisse zu machen, würde Amerika seiner Meinung nach die diplomatischen Beziehungen abbrechen; ein Krieg sei dann unvermeidlich. In seinem Bericht heißt es: „Eine Formel zu finden, welche die öffentliche Meinung beider Länder befriedigt, halte ich für ausgeschlossen. Indessen läßt sich vielleicht eine Formel finden, die über die strittigen Punkte hinweggeht, wie dies in der ‚Arabic'-Frage geschehen ist."[8]

Während Graf Bernstorff diese Depesche an das Auswärtige Amt sandte, hielt Präsident Wilson seine alljährliche große Rede im Kongreß (7. Dezember 1915). In wenig Worten erwähnte er die deutschen Bombenattentate und griff die angeblich daran beteiligten Deutsch-Amerikaner scharf an. Es tue ihm außerordentlich leid, „sagen zu müssen, daß unser nationaler Frieden und unsere Sicherheit am ernsthaftesten innerhalb unserer eigenen Grenzen bedroht worden sind. Es gibt Bürger der Vereinigten Staaten – es ist eine Schande, darüber zu sprechen – ... die das Gift der Untreue in das Herz unseres nationalen Lebens geträufelt haben ... Ihrer sind nicht viele, aber sie sind überaus tückisch; der Arm der Gerechtigkeit soll sie ohne Verzug treffen".[9]

Aber nicht nur die Deutsch-Amerikaner machten dem Präsidenten schwere Sorge. Am 15. Dezember vormittags wurden Oberst House und Sekretär Lansing in das Weiße Haus zu einer Besprechung der internationalen Lage gerufen. Auf Vorschlag des Oberst las Präsident Wilson dem Staatssekretär eine Depesche vor, die kürzlich von Botschafter Gerard eingegangen war. Der Inhalt gab Anlaß zur Unruhe. Im Verlauf einer Unterredung mit dem amerikanischen Botschafter habe der Kaiser eine Drohung gegen die Vereinigten Staaten geäußert, die man nicht überhören konnte: „Er würde sich mit Amerika befassen, wenn dieser Krieg vorbei sei".

Man kann mit Fug und Recht daran zweifeln, ob der Kaiser je einen solch verschrobenen Unsinn zu Botschafter Gerard sagte, aber Lansing war schon lange überzeugt, die deutsche Regierung sei gegen die Vereinigten Staaten feindlich gesinnt, und warte nur auf eine günstige Gelegenheit, um anzugreifen. Die Abneigung gegen Deutschland veranlaßte ihn, Graf Bernstorff noch einmal zu einer umgehenden Erledigung des „Lusitania"-Falles zu drängen. Der deutsche Botschafter war eben in New York City. Sobald er Lansings Brief empfangen hatte, telegraphierte er, es sei nicht seine „Schuld, wenn die Ereignisse der letzten Wochen eine Lösung der älteren Frage aufschieben". Er werde jedoch ein „drahtloses Telegramm nach Berlin" senden.

Ein paar Tage später benachrichtigte Graf Bernstorff Staatssekretär Lansing, die deutsche Regierung habe ihm mitgeteilt, sie hätte schriftliche Anweisungen abgehen lassen, die sich auf den „Lusitania"-Fall beziehen würden. Der Staatssekretär bedauerte sofort, daß die Anweisungen mit der Post und nicht telegraphisch übermittelt worden waren. Er hielt es für möglich, die „Zeit, die durch die Beförderung der Briefe verloren geht, könne die Verhandlung ernstlich beeinflussen". In Amerika werde die öffentliche Meinung wegen der andauernden Hinauszögerung des Falles täglich verbitterter. Derartige Verhältnisse könnten nicht länger „ohne die ernstesten Folgen" bleiben.

Der Plan, Graf Bernstorff ständig zu drängen, wurde am 21. Dezember in Frage gestellt, als Senator Stone bei Lansing vorsprach. Der Senator vertrat die Ansicht, die amerikanische Regierung gehe „zu energisch gegen die Mittelmächte" vor und übe auf Großbritannien nicht den „Druck" aus, der nötig wäre. Dagegen brachte

Lansing sein wichtigstes Beweisstück vor, das er beständig dem deutschen Botschafter gegenüber im Munde führte. Der Verlust an Menschenleben infolge des U-Bootkrieges verlange „ein durchgreifenderes Vorgehen als der Verlust an Eigentum": das Lebensrecht sei ein naturgegebenes Recht, das Eigentumsrecht nur ein gesetzliches Recht. Diese Lansing'sche Formel hatte vortrefflich beim deutschen Botschafter gewirkt. Entgegnungen hatte der Staatssekretär eben verächtlich beiseitegeschoben. Bei Senator Stone war der Erfolg zweifelhaft, denn er erwiderte sofort mit der Behauptung, deutsche Kinder „sterben, weil uns Großbritannien daran hindern will, ihnen kondensierte Milch zu schicken". Lansing war auf diesen Einfall nicht vorbereitet, der ihn später noch, wie er dem Präsidenten gestand, „beunruhigte". Eine solche Einstellung des Vorsitzenden der Senatskommission für auswärtige Beziehungen sei eine „ernste Geschichte", denn sie beweise, daß er die Schritte der Regierung nicht mit „vollem Herzen oder Begeisterung" unterstützen würde. Da noch Senator Lodge völlig auf seiten der Entente stehe, sei die Gefahr politischer Verwicklungen nicht ausgeschlossen, weil er nur eine Minderheit des Senatsausschusses hinter sich habe.

Lansing sah so schwarz, daß er es wagte, die Flitterwochen des Präsidenten nach seiner zweiten Heirat mit einem kurzen Schreiben zu stören, in dem er die wesentlichsten Punkte seiner Unterredung mit Senator Stone zusammenfaßte. Drei Tage später antwortete der Präsident mit ein paar Zeilen: „Anlaß zur Unruhe ist nicht vorhanden ... Ich werde mit dem Senator bei der ersten Gelegenheit nach meiner Rückkehr reden."

Es war eine schlimme Zeit für Flitterwochen. Lansing hielt es für höchst wahrscheinlich, daß Mars bald die Göttin der Liebe verdrängen werde. In dieser trüben Stimmung schrieb er von neuem an den Präsidenten und wies darauf hin, wie nahe der Krieg sei. Falls die österreichisch-ungarische Regierung die amerikanischen Forderungen im „Ancona"-Fall ablehnen würde, könne die Notwendigkeit eintreten, die diplomatischen Beziehungen mit Österreich-Ungarn abzubrechen. Nach Lage der Dinge würde der Abbruch der Beziehungen wahrscheinlich zum Krieg führen. Da nun aber der Kongreß die Macht habe, über Krieg und Frieden zu entscheiden, könne eine Politik des Präsidenten, die den Ausbruch des Krieges überstürze, heftig in diesen Kreisen kritisiert werden. Einwände könnten dadurch vermieden werden, daß man dem Kongreß die diplomatische Korrespondenz im „Ancona"-Fall übergeben und so der gesetzlichen Körperschaft die Verantwortung für einen weiteren Schritt aufladen würde. Eine solche Wendung sei sehr zu begrüßen, denn sogar Sekretär Lansing wollte eine ungebührliche Ausdehnung des Machtbereiches des Präsidenten nicht auf sein Gewissen nehmen.

Präsident Wilson kannte sich jedoch in Geschichte und Politik zu gut aus, um eine Überschreitung der ihm nach der Verfassung zustehenden Macht zu befürchten. Er war völlig überrascht, daß Lansing plötzlich den Eindruck hatte, ein Abbruch der Beziehungen mit Österreich-Ungarn bedeute unweigerlich Krieg. Darin war er nicht derselben Meinung, und er hielt es „auf keinen Fall für klug, die Sache öffentlich vor den Kongreß zu bringen". Er könne natürlich mit den „Führern im Kongreß" in Fühlung treten, denn der Auswärtige Ausschuß des Senats „weise etliche kluge und erfahrene Köpfe auf". Im Hinblick auf die diplomatische Lage, meinte er, habe die Regierung die Pflicht, weiterhin die Erklärungen der österreichisch-ungarischen Regierung sorgfältig in Erwägung zu ziehen „bis alles davon überzeugt ist, daß es nicht mehr weitergehen kann".

Die Weigerung, sich in eine übereilte Entscheidung im „Ancona"-Fall hineintreiben zu lassen, wurde gerechtfertigt, als sich das österreichische Auswärtige Amt in einer Note an Botschafter Penfield mit den amerikanischen Forderungen einverstanden erklärte. Anstatt abzuwarten, bis sich Wien über die Versenkung der „Ancona" geäußert hatte, sandte Lansing ein persönliches Schreiben an Graf Bernstorff mit den üblichen drohenden Wendungen: „Der ‚Lusitania'-Fall verursacht mir Kummer, weil die Verhandlungen fortdauernd in der Schwebe bleiben. Ich möchte bei Ihrer Regierung darüber keine förmliche Vorstellung erheben, um Ihnen keine Verlegenheit zu bereiten, aber so weit ich sehe, wird es nicht mehr lange dauern, bis ich dazu gezwungen bin."

Zum Glück für Graf Bernstorff trafen die Anweisungen des deutschen Auswärtigen Amtes über den „Lusitania"-Fall in Washington ein. Am 31. Dezember hatte der Botschafter eine Unterredung mit Lansing aufgrund der Anweisungen aus Berlin. Die deutsche Regierung war nur bereit, einem Schiedsgericht die Frage zu unterbreiten, ob und inwieweit sie eine Entschädigung für die Amerikaner bezahlen müsse, die „durch die Versenkung der ‚Lusitania' ihr Leben verloren hätten". Das Urteil des Gerichtshofes sei keine „Entscheidung über die Frage, ob der deutsche U-Bootkrieg nach dem Völkerrecht berechtigt ist oder nicht".

Staatssekretär Lansing versuchte nicht seine Enttäuschung über die Anweisungen zu verbergen. Er hatte schon die „Ungesetzlichkeit" der deutschen Vergeltungsmaßnahmen erörtert, die neutralen Ländern ernstliche Schwierigkeiten bringen würden. Soweit es sich um „rechtliche Fragen handelte", konnte er nicht einsehen, „was das Schiedsgericht entscheiden sollte". Er wies Graf Bernstorff schließlich auf den letzten Abschnitt in der Antwort der deutschen Regierung im „Frye"-Fall (29. November) hin, in der ausdrücklich festgestellt wurde, „Personen an Bord eines Schiffes, das versenkt werden soll, müssen in Sicherheit gebracht werden". Der deutsche Botschafter schien dieses Zugeständnis nicht zu kennen und stellte die Frage: „Sind sie so weit gegangen?" Lansing versicherte, seine Angabe stimme, und der Wortlaut der Note beziehe sich „sowohl auf kriegführende wie auf neutrale, im Konterbandedienst eingesetzte Kauffahrteischiffe, weil der einzige gesetzliche Grund für die Versenkung eines neutralen Schiffes seine zeitweilige Verwendung für Kriegszwecke sei".

Als Graf Bernstorff die Auslegung der „Frye"-Note vom 29. November gehört hatte, drückte er die Hoffnung aus, es möge ein Übereinkommen nach diesen Grundsätzen zustande kommen. Am 7. Januar sprach er beim Staatsdepartement vor und übergab Lansing zwei Denkschriften des Auswärtigen Amtes. Die erste befaßte sich mit dem U-Bootkrieg und enthielt die Klausel, auf der Lansing bestanden hatte: „Deutsche U-Boote ... dürfen im Mittelmeer feindliche Handelsschiffe, d.h. Passagier- so gut wie Frachtschiffe, wenn sie keinen Fluchtversuch machen oder keinen Widerstand leisten, nur versenken, *nachdem Passagiere und Mannschaften in Sicherheit gebracht worden sind.*"

Die zweite Denkschrift bezog sich auf den U-Bootkrieg und den „Lusitania"-Fall. Sie verteidigte das Recht der Wiedervergeltung gegen ungesetzliche Handlungen feindlicher Mächte und verwarf den amerikanischen Standpunkt, eine solche Vergeltung dürfe die Rechte neutraler Länder nicht ernstlich beeinträchtigen. Sie ließ jedoch die Bereitwilligkeit zu Zugeständnissen erkennen, um das gute Einvernehmen mit den Vereinigten Staaten zu erhalten. Als Beweis des guten Willens drückte die kaiserliche Regierung „ihr tiefstes Bedauern über den Tod amerikanischer

Bürger aus, der durch die Versenkung der ‚Lusitania' verursacht worden ist", und erklärte sich bereit, für die dadurch entstandenen Verluste aufzukommen.

Den Versuch der deutschen Regierung, einen Kompromiß im „Lusitania"-Streit zu erreichen, sah Lansing nicht gern. In einem Brief an Präsidenten Wilson wies er darauf hin, die deutsche Denkschrift enthalte keine Anerkennung der Verbindlichkeit für die Vernichtung amerikanischer Menschenleben und amerikanischen Eigentums auf der „Lusitania". Eine Entschädigung werde nur bezahlt, um weiterhin die freundlichen Beziehungen mit den Vereinigten Staaten aufrecht zu erhalten. Könnte dagegen eine Entschädigung aus der „Anerkennung der Verpflichtung abgeleitet werden, so stünde wahrscheinlich die endgültige Erledigung des Falles nahe bevor".

Der Präsident konnte, selbst wenn er gewollt hätte, die zweite deutsche Denkschrift nicht als befriedigend bezeichnen. Obgleich die deutsche Regierung eine Entschädigung für die amerikanischen Verluste auf der „Lusitania" zahlen wollte, so komme ein solches Zugeständnis einer „Gnade gleich und sei keineswegs eine Frage des Rechts". Wesentlich sei, daß das deutsche Auswärtige Amt sich bereit erkläre, „rückhaltlos die Berechtigung der Ansprüche der Vereinigten Staaten aus den Rechten amerikanischer Bürger anzuerkennen und die Verantwortung zu übernehmen, die sie ... durch die ... Ignorierung dieser Rechte ... auf sich genommen hatte".

Ehe Lansing den Brief des Präsidenten erhielt, hatte er eine Unterredung mit Graf Bernstorff, dem eben aus Berlin Nachrichten zugegangen waren. Die Denkschrift, die das deutsche Auswärtige Amt an Graf Bernstorff gesandt hatte, bezog sich auf die ungesetzliche Blockade Englands. Der deutsche U-Bootkrieg sei eine Folge englischer ungesetzlicher Handlungen und ein Mittel der Vergeltung. Infolge amerikanischer Proteste habe Deutschland seine Führung des U-Bootkrieges umgestaltet, und wenn trotzdem neutrale Schiffe durch Torpedos versenkt worden seien, sollten diese Zwischenfälle als „bedauerliche Versehen, für die eine gebührende Vergütung geleistet worden ist, betrachtet werden".

Die Wahrscheinlichkeit war gering, daß Lansing die Denkschrift günstig aufnehmen würde. Er wies sofort darauf hin, „streng genommen" sei der Grundsatz der Vergeltung ungesetzlich; die deutsche Regierung solle deswegen anerkennen, daß eine solche Politik, wenn sie neutrale Länder in Mitleidenschaft zieht, notwendig eine klare Verbindlichkeit mit sich bringt. Die deutsche Anerkennung dieser Verpflichtung sei unumgänglich notwendig, weil eine solche Einräumung „auf eine Desavouierung hinauslaufe" und eine „Desavouierung in irgendeiner Form" werde von der amerikanischen Regierung verlangt.

Der Präsident hatte den Eindruck, als würde das deutsche Auswärtige Amt sich gegen die amerikanische Forderung nachgiebig erweisen; am 12. Januar schrieb er an Oberst House, es sehe so aus, als ob „unsere verschiedenen Schwierigkeiten mit Deutschland nun in Ordnung gebracht würden". Dieser Optimismus wurde mit rauher Hand zerstört, als Graf Bernstorff (22. Januar) Staatssekretär Lansing zwei neue Denkschriften des deutschen Auswärtigen Amtes über den „Lusitania"-Fall übergab. Während die deutsche Regierung bereit war, ihr tiefes Bedauern darüber auszudrücken, daß infolge der Versenkung der „Lusitania" amerikanische Menschenleben verloren gegangen waren, und sich auch bereit erklärte, eine Entschädigung für die Verluste zu bezahlen, ging sie doch nicht bis zu einer Anerkennung der Verbindlichkeit und deckte die Tat des U-Bootkommandanten nach wie vor.

Lansing wollte von dem Standpunkt, den er von Anfang des „Lusitania"-Streites an eingenommen hatte, nicht abgehen: das gegenwärtige Angebot einer Entschädigung sei nur „auf gutem Willen" aufgebaut und „keine Sache des Rechtes". Er glaube, es gebe keinen anderen Ausweg, „als ein formelles Verlangen an die deutsche Regierung zu stellen, das ungesetzliche Verhalten des U-Bootkommandanten und die Verantwortung für die bei der Versenkung des Schiffes verlorengegangenen Menschenleben amerikanischer Staatsangehöriger anzuerkennen". Wenn Deutschland mit dieser amerikanischen Forderung nicht einverstanden sei, bleibe nichts anderes übrig, als Bernstorff nach Hause zu schicken oder anzukündigen, ein solcher Schritt werde innerhalb einer bestimmten Zeit ergriffen, falls nicht volle Genugtuung geleistet würde.

Der Präsident war nicht zu einem sofortigen Schritt bereit, der zu einem Abbruch der diplomatischen Beziehungen mit Deutschland führen konnte. Er hielt es nicht für „umsichtig, auf einen diplomatischen Bruch loszusteuern", bis Nachricht von Oberst House eingetroffen wäre. Der Oberst hatte ihn gebeten, „keine Schritte gegen Deutschland zu unternehmen" bis er einen Brief erhalten habe, der Washington (von London aus) am 27. Januar erreichen solle.

Den Eindruck des Präsidenten, die Zeit sei noch nicht reif für einen Abbruch der diplomatischen Beziehungen, teilte Polk, der Rechtsberater des Staatsdepartements, der sich über die englische Nichtbeachtung amerikanischer Rechte Sorgen machte. In einem Brief an Oberst House befürchtete er, „wenn wir nicht sehr vorsichtig sind, werden wir mit Deutschland gegen die Alliierten in einer Reihe kämpfen, da die Alliierten nicht so, wie sie sollten, auf unsere Neutralität bedacht sind".

Lansing war weiterhin entschlossen, auf Graf Bernstorff einen Druck auszuüben, ohne auf eine Antwort von Oberst House zu warten. Am 25. Januar hatte er eine Unterredung mit dem deutschen Botschafter, in deren Verlauf er ihm darlegte, da die deutschen Denkschriften eine Verantwortung für den Verlust an amerikanischen Menschenleben auf der „Lusitania" nicht zugestanden hätten, seien sie für die amerikanische Regierung nicht annehmbar. Als Graf Bernstorff sich erkundigte, welchen Kurs der Präsident dann einschlagen würde, wenn Deutschland sich weigerte, die amerikanischen Forderungen zu erfüllen, antwortete Lansing sogleich, die diplomatischen Beziehungen würden sofort abgebrochen.

Graf Bernstorff hatte kein Mittel, um nachzuprüfen, ob Lansing ohne besondere Ermächtigung des Präsidenten drohte. Aus Furcht vor einem bevorstehenden Kriegsausbruch kehrte er am nächsten Morgen in das Staatsdepartement zurück und entwarf zusammen mit Lansing ein Memorandum, das der deutschen Regierung zur Annahme vorgelegt werden sollte. Es war ein völliges Einverständnis mit den amerikanischen Forderungen und räumte vorbehaltlos ein, eine Politik der Vergeltung sei ungesetzlich, „wenn außer den Staatsangehörigen des Feindes auch andere betroffen werden"; im besonderen anerkannte sie die „Ungesetzlichkeit" der Versenkung der „Lusitania".

Graf Bernstorff hatte allerdings geringe Hoffnung, daß seine Denkschrift vom Auswärtigen Amt angenommen würde. Am 29. Januar telegraphierte dann auch Botschafter Gerard an Lansing, Unterstaatssekretär Zimmerman habe ihm mitgeteilt, der „Vorschlag Bernstorffs" werde abgelehnt, da die öffentliche Meinung in Deutschland dagegen sei.

Botschafter Gerard schickte noch ein zweites Telegramm mit dem Inhalt eines Briefes, den Oberst House eben von Unterstaatssekretär Zimmermann erhalten hatte. Ernste Einwände seien gegen das Zugeständnis in der Denkschrift Bernstorffs erhoben worden, daß Vergeltung ungesetzlich sei, wenn sie neutrale Rechte in Mitleidenschaft ziehe. Es sei gegen Bernstorffs Anerkennung der „Ungesetzlichkeit" der Versenkung der „Lusitania" protestiert worden. Wenn die amerikanische Regierung auf diesem Wortlaut bestehe, so sei nach Unterstaatssekretär Zimmermann ein „Bruch" zwischen den beiden Nationen „unvermeidlich".

Bevor die Depeschen Gerards beim Staatsdepartement eingegangen waren, setzte Lansing ein weiteres drohendes Schriftstück an Graf Bernstorff auf. Er verlangte, die deutsche Regierung solle die Versenkung der „Lusitania" für ungesetzlich erklären, eine Verantwortung für die getöteten Amerikaner übernehmen, zu einer gerechten Entschädigung für die Verluste bereit sein und den für die Vernichtung der „Lusitania" verantwortlichen U-Bootkommandanten bestrafen. In seinen „Kriegserinnerungen" behauptet er, die Note sei nie abgeschickt worden, weil Deutschland „halbwegs unseren Wünschen entgegengekommen" sei. Dies kann der Wahrheit entsprechen, aber es ist auch möglich, daß Lansing seine Drohnote zurückhielt, als er den Inhalt eines Briefes des Oberst House an Präsident Wilson erfuhr (16. Januar). In diesem Schreiben unterstrich der Oberst, wie wichtig es sei, Deutschland solche Bedingungen zu stellen, „daß unsere diplomatischen Beziehungen aufrecht erhalten werden können".

Der „halbe Weg", den Deutschland den Wünschen der amerikanischen Regierung entgegenkam, ergab sich aus einem Telegramm Botschafter Gerards an Lansing. Am Abend zuvor war der Botschafter beim Essen im Hause v. Jagows zu Gast gewesen; dieser sagte ihm dabei, Deutschland würde die „Verantwortung" für die Versenkung der „Lusitania" übernehmen, würde aber die Forderung zurückweisen, die Vernichtung sei „ungesetzlich".

Mehrere Tage später (5. Februar) gab der Unterstaatssekretär Zimmermann der „Associated Press" eine Erklärung ab, in der er die Auffassung v. Jagows bestätigte. Die deutsche Regierung sei bereit, „alles in ihrer Macht gelegene zu tun … um amerikanischen Wünschen entgegenzukommen, aber es gibt Grenzen, über die selbst die Freundschaft nicht hinausgehen kann". Die deutsche Regierung habe die U-Bootfrage für erledigt angesehen, als die Vereinigten Staaten plötzlich „neue Forderungen erhoben, die wir unmöglich annehmen können … Sie dürfen Deutschland nicht demütigen wollen".

Die Andeutungen v. Jagows und des Unterstaatssekretärs Zimmermann über die an Graf Bernstorff gesandten Anweisungen stellten sich als richtig heraus; am 4. Februar übergab Graf Bernstorff dem Staatsdepartement eine entsprechende Denkschrift. Hierin wurde anerkannt, wenn auch Vergeltungsmaßnahmen gegen einen Feind gerechtfertigt seien, so sollen sie sich nicht „auf andere als auf feindliche Untertanen erstrecken". Außerdem bedauerte die deutsche Regierung aufrichtig die Verluste an amerikanischen Menschenleben durch die Versenkung der „Lusitania" und erbot sich aufgrund der übernommenen Verantwortung eine entsprechende Entschädigung zu zahlen.

Obgleich in der Denkschrift von der „Ungesetzlichkeit" der Versenkung der „Lusitania" nicht geredet wurde, glaubte Lansing, sie komme „all unseren Forderungen so nahe", daß er sie mit großer Sorgfalt durchsehen müsse, um feststellen zu können, ob sie „annehmbar" sei. Es könne für die amerikanische Regierung möglich sein, ihre Annahme so auszudrücken, als habe ihrer Auffassung nach das deutsche Auswärtige Amt „das Unrecht unumwunden zugestanden".

Während Botschafter Bernstorff mit Lansing den Wortlaut der deutschen Denkschrift vom 4. Februar besprach, zerstörte v. Jagow jede Möglichkeit einer Einigung. In einer Unterhaltung mit Botschafter Morgenthau, der in Berlin auf Besuch war, ließ er die Bemerkung fallen, Deutschland „habe sich nicht verpflichtet, Schiffe nicht mehr ohne Warnung zu torpedieren, sondern nur erklärt, es sei Befehl gegeben worden, Schiffe nicht mehr ohne Warnung zu torpedieren; Deutschland behalte sich das Recht vor, diese Befehle jederzeit zu ändern".

Diese Erklärung war wie eine Warnung, daß die deutsche Regierung bald den U-Bootkrieg in ausgedehnterem Maße als seit dem „Arabic"-Zwischenfall wieder aufnehmen werde. Ein zweiter Schritt in dem Programm der Wiederaufnahme der U-Boottätigkeit war das Interview, das Kanzler v. Bethmann-Hollweg Karl H. v. Wiegand von der New Yorker „World" gewährte. Der Kanzler erklärte, er sei „bereit, Amerika alles zuzugestehen, was Deutschland in den Grenzen der Vernunft und der Billigkeit zugestehen könne und den Grundsätzen des Rechtes und der Ehre entspreche. Aber ich kann auf eine Demütigung Deutschlands und des deutschen Volkes nicht eingehen, ebensowenig auf einen Verzicht auf die U-Bootwaffe, selbst nicht, um Amerika zufrieden zu stellen".

Diese Vorboten einer Wiederaufnahme des uneingeschränkten U-Bootkrieges übten keinen Einfluß auf die ausgeglichene Haltung Graf Bernstorffs aus, als er am Nachmittag des 8. Februar eine angenehme Unterhaltung mit Staatssekretär Lansing hatte. Wegen gewissen Änderungen in der deutschen Denkschrift war Graf Bernstorff bereit, sich sofort mit dem Auswärtigen Amt in Verbindung zu setzen und meinte sogar, sie würden angenommen werden. Lansing teilte zwar diesen Optimismus nicht, aber es schien doch so, als sei eine Grundlage für ein Übereinkommen geschaffen. Den Zeitungsleuten, die ihn interviewten, zeigte sich Graf Bernstorff „mit strahlendem Lächeln". Nach dem Bericht des Korrespondenten der New York „World" betrat er das Amtszimmer des Staatssekretärs „lächelnd und verließ es lächelnd. Er war offensichtlich glücklich. Graf Bernstorff bestätigte die aus offiziellen Quellen stammende Nachricht, die beiden Regierungen hätten über alle wesentlichen Punkte eine Übereinstimmung erzielt und eine Gefahr des Abbruchs der freundschaftlichen Beziehungen sei vorbei. ‚Alles ist in Ordnung, aber es ist noch nicht fertig', fügte von Bernstorff hinzu … Man kann daraus entnehmen, daß weitere Vorschläge auf keiner Seite notwendig sein werden und daß Botschafter Bernstorff seine Regierung von der Annahme der letzten Denkschrift benachrichtigen wird, um der amtlichen Vorschrift zu genügen."

Die optimistische Stimmung in Washington wurde am 11. Februar plötzlich gestört, als das Staatsdepartement von Botschafter Gerard die Abschrift einer Denkschrift des deutschen Auswärtigen Amtes erhielt, die sich mit dem bald einsetzenden Vorgehen gegen bewaffnete Handelsschiffe befaßte. Diese Schiffe sollen wie Kriegsschiffe behandelt und ohne Warnung und ohne Vorsorge für die Sicherheit der Passagiere und Mannschaften versenkt werden.

Eine weitere Erregung zwischen den beiden Nationen ergab sich aus Presseerklärungen von Unterstaatssekretär Zimmermann und Lansing. Am 5. Februar ließ sich Zimmermann über die „neuen" amerikanischen Forderungen aus, auf die die deutsche Regierung nicht eingehen könne. Zwei Tage später gab Lansing eine Gegenerklärung heraus, in der er sehr stark bezweifelte, ob Dr. Zimmermann „je eine solche Erklärung abgegeben habe, weil er wissen müsse, daß sie völlig falsch ist". Am 11. Februar veröffentlichte die amerikanische Presse eine zweite Erklärung Zimmermanns, die ihm in den Zeitungen vom 5. Februar zugeschriebenen Bemerkungen seien richtig und von ihm gebilligt worden, ehe sie nach Amerika gekabelt wurden. Es erhob sich somit die Frage, ob Unterstaatssekretär Zimmermann oder Staatssekretär Lansing die Wahrheit gesagt hatten.

Der Streit der Meinungen über die wahre Natur der amerikanischen Forderungen fesselte weiterhin die Aufmerksamkeit, als sich Lansing mit dem auseinandersetzte, was dem Kanzler v. Bethmann-Hollweg in einem Interview vom 8. Februar zugeschrieben wurde. Der Kanzler soll behauptet haben, die amerikanischen Forderungen seien so drückend, daß ihre Annahme Deutschland eine „unmögliche Demütigung" auferlegen würde. Am 12. Februar veröffentlichte die amerikanische Presse eine Erklärung Lansings, in der bestritten wurde, es sei etwas von Deutschland verlangt worden, das „nicht vernünftig und billig" wäre und dem eine Nation nicht zustimmen könne, ohne ihrer Ehre und Würde Gewalt anzutun. Auf diese Erklärung folgte eine weitere des Senators Stone, in der die Überzeugung zum Ausdruck kam, „kein Mitglied der Regierung der Vereinigten Staaten habe den Wunsch oder die Absicht, die deutsche Regierung oder das deutsche Volk zu demütigen". Abgeordneter Flood und Vizepräsident Marshall äußerten sich ähnlich.

Die freundlichen Gesten machten auf das deutsche Auswärtige Amt geringen Eindruck. Am 16. Februar übergab Graf Bernstorff Staatssekretär Lansing eine Denkschrift, die im wesentlichen mit der vom 4. Februar übereinstimmte. Sie enthielt keine neuen Zugeständnisse, die zu einer Erledigung des „Lusitania"-Falles beitragen konnten. Noch einmal wurde eingeräumt, Vergeltung, wie sie von deutschen U-Bootkommandanten geübt wurde, dürfe neutrale Nationen nicht in Mitleidenschaft ziehen, sondern solle auf „feindliche Untertanen" beschränkt sein. Erneut drückte die deutsche Regierung wegen des Verlustes an amerikanischen Menschenleben ihr tiefes Bedauern aus samt der klaren „Anerkennung" einer „Verpflichtung" für diese Vernichtung. Die „Ungesetzlichkeit" der Versenkung der „Lusitania" wurde jedoch bezeichnenderweise nicht erwähnt. In dieser Beziehung würde die deutsche Regierung also fest bleiben und Präsident Wilson würde auf einen Sieg verzichten und mit einem Kompromiß zufrieden sein müssen.

Obgleich sich Lansing wohl bewußt war, daß die deutsche Regierung die „Ungesetzlichkeit" der Versenkung der „Lusitania" nicht zugegeben hatte, hielt er die deutsche Denkschrift vom 16. Februar für günstig. „Dem Wesen nach" habe das deutsche Auswärtige Amt alle amerikanischen Vorschläge angenommen. Die Hauptschwierigkeit liege in der Erklärung vom 8. Februar bezüglich bewaffneter Handelsschiffe. Wegen dieses neuen Standpunktes der deutschen Regierung könne er nicht einsehen, wie die Vereinigten Staaten „diese Antwort als eine Erledigung des ‚Lusitania'-Falles anzunehmen" vermochten.

Die friedliche Haltung des Präsidenten gegen Deutschland zeigt sich in seiner offensichtlichen Enttäuschung, als es nicht gelang, eine Lösung für die „Lusitania"-Schwierigkeit zu finden. Wenn die deutsche Regierung sich nicht entschlossen hätte, gegen bewaffnete Handelsschiffe vorzugehen, hätte er es für seine Pflicht gehalten, die deutsche Denkschrift vom 16. Februar als „zufriedenstellend" anzunehmen. Jetzt müsse man „die Lage von neuem überdenken".

Das Bedürfnis nach einer neuen Formulierung zur Erledigung des „Lusitania" Streites war nicht besonders dringend. Die Frage der bewaffneten Handelsschiffe sollte bald im Mittelpunkt des Interesses stehen; so blieb der „Lusitania"-Fall in der übrigen Zeit der amerikanischen Neutralität ruhig in der Schwebe. Zuletzt tauchte er am 17. Februar in einer Unterredung zwischen Lansing und Graf Bernstorff auf. Der Staatssekretär sprach gerade von der verhängnisvollen Wirkung der deutschen

Der „Lusitania"-Zwischenfall wurde von der amerikanischen Presse so hochgespielt, daß eine zivilisierte Diskussion über die Hintergründe unmöglich wurde. Deutschfeindliche Kreise in der US-Regierung instrumentalisierten das Thema.

Erklärung vom 8. Februar auf die Erledigung der wichtigsten Frage der deutsch-amerikanischen Beziehungen. Auf diese Bemerkung hin sagte Graf Bernstorff, er könne nicht einsehen, wie die Erklärung über die bewaffneten Handelsschiffe die deutschen Versicherungen bezüglich des U-Bootkrieges beeinträchtigen könne: Die Versicherungen hätten sich nur auf „Passagierboote" (Liners) bezogen. Lansing wies diese Auslegung sofort zurück. Für ihn stand fest, daß die deutschen Versicherungen „in keiner Weise eingeschränkt waren und kein Wort über bewaffnete oder unbewaffnete Schiffe enthielten". Als sich Graf Bernstorff schließlich erkundigte, ob er seiner Regierung sagen könne, abgesehen von der Erklärung vom 8. Februar, sei die letzte deutsche Denkschrift befriedigend, gab der Staatssekretär eine vorsichtige Antwort: „Die deutsche Regierung könne dahingehend informiert werden, ihren Vorschlag könne man eher als ‚annehmbar', denn als ‚zufriedenstellend' bezeichnen."

Nach dem Gespräch mit Graf Bernstorff sandte Lansing ein Telegramm an Botschafter Gerard und unterrichtete ihn über die Lage: „Deutschlands neuerliche Erklärung über das zukünftige Verhalten gegen Handelsschiffe kommt in einem Augenblick, in dem wir daran waren, ein befriedigendes Abkommen über das Vergangene abzuschließen. Das Dekret hat die Verhandlungen völlig über den Haufen geworfen, so daß der ‚Lusitania'-Fall unerledigt bleibt."

Das Nachwort zum „Lusitania"-Fall schrieb Graf Bernstorff selbst in einer Antwort auf einen Brief Andrew Carnegies. Der hervorragendste Fürsprecher des Weltfriedens war aufrichtig über die Verwicklungen des „Lusitania"-Streites in Sorge und hatte dem deutschen Botschafter seine Befürchtungen mitgeteilt: „Ich kann mich des Eindruckes nicht erwehren, als sei Präsident Wilson von Deutschland, das doch versprochen hat, den ‚Lusitania'-Fall zu regeln, nicht anständig behandelt worden. Der Kaiser ist, wie ich weiß, von vielen und dringenden Pflichten übermäßig in Anspruch genommen, doch möchte ich nicht versäumen, durch Sie seine Aufmerksamkeit auf die Tatsache zu lenken, daß Deutschlands zögernde Erfüllung seiner Versprechungen an die Vereinigten Staaten die Ursache der kürzlichen, aufsehenerregenden Rede eines unserer bedeutendsten Staatsmänner, Elihu Root, gewesen ist. In Übereinstimmung mit bedeutenden Meinungsführern Amerikas hat er das Empfinden, daß die Vertreter des Kaisers ihre Pflicht nicht voll erfüllt haben … es ist meine feste Überzeugung, wenn eine rasche Erledigung der Unterhandlungen zwischen Deutschland und den Vereinigten Staaten nicht erreicht wird, ein Bruch der diplomatischen Beziehungen sicher ist … Ich ersuche Sie, den Kaiser dahinzubringen, sein Land zu drängen, den Forderungen der Vereinigten Staaten in den ‚Lusitania'-Verhandlungen entgegenzukommen. Der Kaiser weiß wohl, daß ich mit vollem Herzen in allem mit ihm bin, was friedlichen Zielen dienlich ist."

Graf Bernstorffs Antwort war eine kraftvolle Verteidigung der deutschen Lage – ein letztes Wort über einen dornigen Gegenstand: „Über den ‚Lusitania'-Fall scheinen Sie falsch unterrichtet zu sein, da am 16. Februar eine Übereinkunft erreicht wurde, in der Deutschland praktisch allen Forderungen der Vereinigten Staaten nachgekommen ist. Ich kann schriftlich auf keine dieser Fragen mit Ihnen eingehen, obgleich ich nicht mit Ihnen übereinstimme, Präsident Wilson sei ‚nicht anständig von Deutschland behandelt worden'. Im Gegenteil bin ich fest überzeugt, daß Deutschland – einschließlich seiner Verbündeten – die einzige kriegführende Macht gewesen ist, die den Einwänden der Vereinigten Staaten Aufmerksamkeit geschenkt und die einzige, die ehrlich versucht hat, die amerikanischen Wünsche zu erfüllen."

Kapitel XV

Oberst House verhindert eine friedliche Lösung

Das dringendste Problem, dem sich Präsident Wilson und Staatssekretär Lansing bei der Führung der amerikanischen Außenpolitik im Jahre 1915–1916 gegenübersahen, betraf das Recht der Kauffahrteischiffe, *defensive* Bewaffnung zu führen. Nach den alten Prinzipien des internationalen Gesetzes war dieses Recht gut begründet, aber gesetzliche Prinzipien sind Änderungen unterworfen, gerade so wie die Kriegführung und die Kriegswaffen sich wandeln, um neuen Sachlagen gerecht zu werden. Mit dem Erscheinen des Unterseebootes als eines wesentlichen Faktors des Seekriegs, war es wichtig, daß die Arten der Kriegführung, die am meisten zum Erfolg des U-Boots beitrugen, einer Prüfung unterzogen wurden.

Die britische Admiralität erkannte bald, daß die deutschen U-Boote ernstlich drohten, der englischen Flotte die Kontrolle über die Meere zu entreißen. Das war eine neue und außerordentlich besorgniserregende Drohung. Jahrhundertelang war England vor einer Invasion sicher gewesen durch eine Kriegsflotte, der keine europäische Macht die Spitze bieten konnte. Das weite englische Weltreich stand auf der sicheren Grundlage einer unbestrittenen Flottenüberlegenheit, und hundert Jahre waren vergangen, seit Amerika den Kampf um die Freiheit der Meere verloren hatte. War Deutschland jetzt daran, die Herausforderung, die einst die amerikanischen Blaujacken in Seekämpfen, die immer im amerikanischen Gedächtnis einen Ehrenplatz behalten werden, an England gerichtet hatte, zum erfolgreichen Ende zu führen?

Für die englischen Kriegsschiffe bildeten die deutschen U-Boote keine so große Gefahr. Der englischen Handelsmarine aber drohte die Vernichtung, und alle großen Verluste, die sie erlitt, würden den Reichtum beeinträchtigen, der von allen Himmelsrichtungen des Erdballs nach England strömte. Das Gleichgewicht zwischen einem englischen Erfolg und einem deutschen Sieg schien so empfindlich, daß diejenigen, die die Geschicke des Empire leiteten, schon aufgeregt wurden bei dem bloßen Gedanken, eine neutrale Macht könnte den Mittelmächten irgendwelche Zugeständnisse einräumen. Schon die Frage, ob Kauffahrteischiffe das Recht hätten, *defensive* Bewaffnung zu führen, betrachtete man als Einleitung zu einem Angriff auf die englische Seeherrschaft, und das Außenministerium und die Admiralität taten sich zur entschiedenen Verteidigung der durch die Zeit geheiligten Prinzipien des internationalen Rechts zusammen. Jede vorgeschlagene Änderung des Völkerrechts während des Weltkrieges wurde mit großem Mißtrauen betrachtet, jeder Verbesserungsvorschlag, der vielleicht britische Rechte auf hoher See eingeschränkt hätte, wurde als deutsche Propaganda gebrandmarkt.

Der englische Standpunkt wurde von der holländischen Regierung nicht anerkannt. Im Jahre 1914 erließen die Niederlande Bestimmungen, die bewaffneten Handelsschiffen das Anlaufen holländischer Häfen verboten. Die holländische Regierung war bereit, das Recht eines Handelsschiffes, defensive Bewaffnung zu führen, anzuerkennen, aber sie war entschlossen, strenge Neutralität zu wahren, indem sie einem solchen Schiff keine Erlaubnis gab, holländische Häfen anzulaufen.

Um zu prüfen, wie weit die niederländische Regierung in dem Ausschluß bewaffneter Handelsschiffe gehen würde, entschloß sich der Kapitän des englischen Dampfers „Princess Melita", in holländisches Hoheitsgewässer bei Hoek van Holland einzufahren. Er wurde sofort zurückgewiesen. Später kam er wieder und hatte die Kanone, die er als Bewaffnung führte, abmontiert, aber das genügte nicht. Bevor er in den Hafen einlaufen konnte, mußte er das Geschütz über Bord werfen.

Ein ähnlicher Zwischenfall führte zur Wiederaufnahme der Besprechungen zwischen dem Staatsdepartement und der englischen Regierung über die verwickelte Frage bewaffneter Handelsschiffe. Am 12. September schrieb Lansing an den Präsidenten und machte ihn darauf aufmerksam, daß das englische Handelsschiff „Waimana" im Hafen von Newport News eingelaufen war, mit einem eingebauten 4,7-zölligen Geschütz als defensive Bewaffnung. Die britische Admiralität war ersucht worden, die Entfernung des Geschützes zu veranlassen, aber sie hatte sich geweigert, der Forderung nachzukommen und hatte versichert, diese geringe Bewaffnung sei nach den Bestimmungen des Rundschreibens des Staatsdepartements (vom 19. September 1914) erlaubt.[1]

Dieses Rundschreiben des Staatsdepartements war erlassen worden, ehe der U-Bootkrieg gegen Kauffahrteischiffe sich zu größerer Wirksamkeit entwickelt hatte. Es sei richtig, schrieb Staatssekretär Lansing, daß man zu Beginn des Weltkrieges nur wenig von der Verletzbarkeit eines U-Bootes durch das Feuer kleiner Geschütze von Handelsschiffen wußte. In den letzten Monaten habe es sich aber gezeigt, daß das, was man früher gewöhnlichen Überwasserschiffen gegenüber als defensive Bewaffnung ansah, jetzt gegen ein so „kleines und ungepanzertes Fahrzeug wie ein U-Boot" als offensive Bewaffnung angesehen werden kann. Die deutsche Regierung hatte sich kürzlich über Angriffe auf U-Boote durch englische Passagierdampfer beklagt, und Lansing neigte zu der Ansicht, daß diese Angriffstaktik es erschwere, „zu verlangen, ein U-Boot solle anhalten und warnen und sich selbst so den schweren Geschützen aussetzen, die einige der englischen Passagierdampfer führen".

Infolge der neuen Entwicklung hielt es Lansing für notwendig, daß das Rundschreiben vom 19. September 1914 ergänzt würde durch folgende Erklärung: „In Anbetracht des erfolgreichen Einsatzes der U-Boote als Handelszerstörer und der Möglichkeit offensiver Handlungen gegen sie durch ein bewaffnetes Handelsschiff, wird die amerikanische Regierung von jetzt an ohne Rücksicht auf Zahl, Kaliber oder Unterbringung der Geschütze jedes Kauffahrteischiff der kriegführenden Mächte, das einen amerikanischen Hafen mit irgend einer Bewaffnung anläuft, als Kriegsschiff behandeln".

Präsident Wilson war sofort mit der vorgeschlagenen Ergänzung zu dem Rundschreiben vom 19. September einverstanden. Er gab Lansing Anweisung, eine neue „allgemeine Regelung" auszuarbeiten, aber „nicht zu veröffentlichen oder in Kraft treten zu lassen, bis wir sehen, was sich aus der ‚Arabic'-Geschichte machen läßt".

Staatssekretär Lansing fand auch Unterstützung beim Neutralitätsrat, der sich in einem Gutachten scharf dagegen wandte, den bewaffneten Handelsschiffen Zugeständnisse zu machen. Der Rat wies zuerst auf einen Artikel von Professor A. Pearce Higgings im „American Journal of International Law" (Oktober 1914) hin, der endgültig feststellte, daß ein Kauffahrteischiff ein Recht zur defensiven Bewaffnung habe. Nach dieser Einräumung untersuchte der Rat ob es ratsam sei, Handelsschiffe zu bewaffnen: „Eine Frage erhebt sich sofort: Trägt eine Bewaffnung zur Sicherheit der neutralen Passagiere oder der Ladung bei? Zum ersten muß die Frage verneint werden. Ein Schiff, das kämpft, ist weniger sicher, als ein Schiff, das die Flucht ergreift, oder das sich ohne Kampf ergibt, wenn es nicht schnell genug ist, mit Erfolg zu fliehen. Ein unbewaffnetes Schiff, das einen oder zwei Schüsse bekam, wird sich ergeben, wenn es nicht gelingt, rasch von dem Verfolger loszukommen; ein bewaffnetes Schiff wird, falls es seine Bewaffnung entsprechend einsetzt, um sie zu rechtfertigen, weiterkämpfen bis der Kampf hoffnungslos geworden ist."

Der Rat stellte dann fest, daß die Gefahr für die Fahrgäste bei einem bewaffneten Schiff größer ist, als bei einem unbewaffneten: „Es scheint also, daß es für einen neutralen Fahrgast oder eine neutrale Ladung keinen Gewinn bedeutet, auf einem bewaffneten Kauffahrteischiff eines Kriegführenden zu fahren". Dann erhob sich die Frage, ob neutrale Waren unverfänglicher Art bei einem Prisengericht ungünstig belastet würden, wenn sie zur Ladung eines bewaffneten feindlichen Schiffes gehört hatten? Zur Beantwortung dieser Frage stellte der Rat fest, daß nach den Entscheidungen englischer und amerikanischer Gerichtshöfe unverfängliche neutrale Waren durch die Beförderung mit einem neutralen Handelsschiff nicht anrüchig werden. Einige deutsche Stellen seien aber ganz anderer Ansicht, und man könne nicht mit aller Sicherheit behaupten, „daß durch die Beförderung auf einem bewaffneten Handelsschiff eine unverfängliche Ladung bei den Prisengerichten nicht vorbelastet wird".

Zum Schluß gestand der Neutralitätsrat offen, daß der Brauch, Handelsschiffe zu bewaffnen „sehr fragwürdig ist und viele Möglichkeiten zu Reibereien und Verwicklungen einschließt. Außer der Möglichkeit, einem Kriegführenden militärische Vorteile zu verschaffen, spricht nichts dafür und alles dagegen ... Falls der Allgemeine Ausschuß[2] (der US-Marine) feststellt, daß die vermuteten militärischen Vorteile illusorisch sind, empfiehlt der Vereinigte Staats- und Marine-Neutralitäts-Rat[3], daß die Regierung der Vereinigten Staaten die ganze Frage der nächsten Haager Konferenz zum Entscheid vorlegt und in der Zwischenzeit die Absicht bekannt gibt, bewaffnete Handelsschiffe der Kriegführenden nach den Regeln als Kriegsschiffe zu behandeln oder sie einer anderen besonderen Regelung zu unterwerfen".

Die Ansicht des Neutralitätsrats, daß „nichts für den überlieferten Brauch, Handelsschiffe zu bewaffnen, sprach, und alles dagegen", war eindeutig in ihrem Urteil. Sie war grundlegend verschieden von der Ansicht englischer Staatsmänner und Marinesachverständiger. In einer Rede im Unterhaus (21. Februar 1917) erklärte Winston Churchill die Vorteile, die sich aus der Bewaffnung von Handelsschiffen ergeben: „Handelsschiffe mit Geschützen auszurüsten hat den Zweck, die U-Boote zu zwingen, unterzutauchen. Wenn ein Handelsschiff nicht bewaffnet ist, kann es von einem U-Boot mit einem Geschütz in aller Ruhe vernichtet werden; wir müssen uns daran erinnern, daß U-Boote aufgetaucht, beinahe zweimal so schnell fahren wie unter Wasser. Der Zweck der Bewaffnung eines Handelsschiffes ist also, das U-Boot zu verhindern, sein Geschütz zu benutzen, die rasche Fortbewegung bei Überwasserfahrt unmöglich zu machen und ihm nur die viel geringere Geschwindigkeit unter Wasser und den Torpedoschuß zu lassen. Der Torpedo ist im Vergleich zum Geschütz eine Waffe mit viel geringerer Einsatzmöglichkeit".

Eine Woche vorher hatte Lord Curzon bei der Beantwortung einer Frage von Lord Beresford einige wichtige Erklärungen über die bewaffneten Handelsschiffe abgegeben. Er hob nachdrücklich hervor, daß die Geschütze auf Kauffahrteischiffen für die U-Boote eine solche Bedrohung bedeuteten, daß bewaffnete Handelsschiffe bei sehr vielen Gelegenheiten in der Lage waren, Angriffe abzuschlagen, die bei einem unbewaffneten Handelsschiff Erfolg gehabt hätten: „Der edle Lord [Beresford] hatte recht, als er darauf hinwies, daß bewaffnete Schiffe viel weniger U-Bootangriffen ausgesetzt sind als unbewaffnete. Das genaue Verhältnis zwischen bewaffneten Schiffen, die einem U-Bootangriff entkamen, und unbewaffneten Schiffen ist wie drei zu eins."[4]

Im Sommer 1915 standen diese Zahlen den Engländern nicht zur Verfügung, aber sie waren nichtsdestoweniger überzeugt, daß jede Beeinträchtigung des Rechtes, Handelsschiffe zu bewaffnen, für die englische Seeherrschaft einen ernsten Schlag bedeuten würde. Am 12. September schrieb Arthur Balfour einen Brief an Oberst House, in dem er eifrig gegen jede Einschränkung des Rechtes, Handelsschiffe zu bewaffnen, Einspruch erhob. Sir Horace Plunkett schrieb bald darauf einen weiteren Brief in ähnlichem Sinn.

Lansing war von dem englischen Argument für die Bewaffnung von Handelsschiffen nicht besonders beeindruckt, und Präsident Wilson zeigte offen seine Zweifel darüber. In einem Brief an Oberst House bemerkte er, er habe die Schreiben von Sir Horace Plunkett und Balfour mit dem „größten Interesse" gelesen, aber die Angelegenheit der bewaffneten Handelsschiffe sei nicht „so einfach, wie sie Balfour gern machen möchte. Es geht kaum in Ordnung, daß man von den U-Bootkommandanten verlangt, sie sollen anhalten und warnen, und wenn man sie dann, da sie dazu nahe heran müssen, beschießt, wie das Balfour offensichtlich haben will. Die Frage hat verschiedene Seiten und macht Lansing und mir einige Schwierigkeiten".

Die Nachricht von dem zweiten „Baralong"-Zwischenfall bereitete Lansing beträchtliches Unbehagen. Er wies Botschafter Page an, „vollständig alle Einzelheiten" über die Versenkung des deutschen U-Bootes durch eine englische „U-Bootfalle" zusammenzutragen. Wenn sich einige der Berichte, die das Staatsdepartement über diesen Zwischenfall erreicht hatten, als wahr erweisen sollten, müßte vielleicht die amerikanische Regierung „ihre duldsame Haltung gegenüber der Bewaffnung von Handelsschiffen zu defensiven Zwecken ändern".

Botschafter Page war unangenehm überrascht durch das unerwartete Hinneigen Lansings zu der Stellung, die die deutsche Regierung gegenüber bewaffneten Handelsschiffen einnahm. Das Außenministerium würde sich nie auf einen Kompromiß in diesem Punkt einlassen, und Sir Edward Grey hatte dem amerikanischen Botschafter die Hoffnung kundgetan, „daß das Prinzip nicht in Frage gestellt würde". Im Falle des englischen Schiffes „Waimana", das wegen seiner Bewaffnung eine Zeitlang in Norfolk zurückgehalten wurde, entschied die britische Admiralität, daß das Geschütz entfernt werden könne, „ohne Beeinträchtigung des zugrunde liegenden Prinzips".

Da jetzt die Angelegenheit in der Schwebe hing, machte sich die englische Regierung ernste Sorgen, welche Haltung Lansing schließlich gegenüber bewaffneten Handelsschiffen einnehmen würde. Vielleicht konnte man von Leuten, die Kabinettskreisen nahestanden, einige Hinweise bekommen. Aus diesem Grund sprach Sir Horace Plunkett bei Franklin D. Roosevelt, dem Hilfsmarinesekretär, vor, um dessen Ansichten über die Angelegenheit festzustellen. Im Laufe der Unterhaltung erklärte Sir Horace, er habe eine Frage, die er gerne Roosevelt vorlegen wolle „als Privatmann und als häufiger Fahrgast über den Atlantik. Ich hatte gehört, daß die Vereinigten Staaten jede Bewaffnung von Handelsschiffen untersagten. Da ich der Sohn eines Seemannes bin und ein Neffe von mir Kapitän in der Marine ist und ich viele Freunde in der Flotte habe, erfuhr ich, daß die U-Boote, gleichgültig, welche Gesetze vielleicht herauskommen werden, weiterhin genau so verfahren, wie deutsche U-Boote eben bisher verfahren sind, und daß alle Amtsstellen sich über die Notwendigkeit einig sind, Handelsschiffen, besonders gerade Passagierdampfern, Erlaubnis zur Ausrüstung mit Defensivwaffen zu geben".[5]

F.D. Roosevelt habe darauf erwidert: „die ganze Schwierigkeit liege darin, irgendwelche Mittel zu finden, um zwischen einer reinen Defensivbewaffnung und einer Bewaffnung, die das Schiff zu einem verwandelten Kreuzer macht, unterscheiden zu können ... Er glaube, es ließe sich eine befriedigende Lösung finden. Kapitän Oliver von seinem Departement habe vorgeschlagen, das Kaliber der einen oder zwei erlaubten Geschütze zu beschränken und festzulegen, daß sie nur am Heck des Schiffes aufgestellt werden dürften. Das würde allen Anforderungen entsprechen".[5]

Demnach scheinen die Ansichten Roosevelts nicht mit den Anschauungen Lansings übereinzustimmen, der seine Haltung gegenüber bewaffneten Handelsschiffen in einer Note an den italienischen Botschafter vom 31. Dezember 1915 klar festlegte. Der Botschafter hatte eine Abschrift vom Rundschreiben des Staatsdepartements (vom 19. September 1914) erbeten. Lansing übersandte die Abschrift mit einem erläuternden Brief, der die Änderung in der Anschauung des Staatsdepartements auswies: „Seit diese Denkschrift verfaßt wurde, hat sich die Lage durch den Einsatz von U-Booten als Handelskreuzer geändert. Aus diesem Grund glaubt die Regierung, daß auch die aufgestellten Bestimmungen anders gefaßt werden müssen, da ja ein kleinkalibriges Geschütz genau so wirkungsvoll bei Angriffen gegen ein U-Boot ist wie ein großkalibriges. Das Vorhandensein irgendeines Geschützes auf einem Kauffahrteischiff kriegführender Nationalität kann deshalb sehr wohl zu der Vermutung Anlaß geben, daß die Bewaffnung offensiven Zwecken dienen soll."[6]

In einer Unterhaltung mit Colville A. Barclay, dem Rechtsberater der englischen Botschaft, erklärte Lansing: „Ein Handelsschiff, das ein Geschütz oder Geschütze führt, muß als Kriegsschiff betrachtet und behandelt werden, wenn es unsere Häfen anläuft." Er schrieb auch sofort nach Neujahr an den Präsidenten und betonte wieder, daß es ratsam sei, das Rundschreiben vom 19. September 1914 in grundlegender Weise zu verbessern. Das geänderte Rundschreiben sollte „die neuen Bedingungen vorbringen, die sich aus dem erfolgreichen Einsatz von U-Booten bei der Aufbringung und Zerstörung von Handelsschiffen ergeben; die Unmöglichkeit für ein Unterseeboot, mit einem bewaffneten Handelsschiff in Verbindung zu treten, ohne sich der äußersten Gefahr auszusetzen durch Geschützfeuer versenkt zu werden infolge seiner Verletzbarkeit bei Angriffen; die Unvernunft, von einem U-Boot zu verlangen, sich der Gefahr auszusetzen, durch das Warnen eines bewaffneten Schiffes ziemlich sicher zerstört zu werden. Deshalb sollten Handelsschiffe davon Abstand nehmen, Geschütze aufzustellen, die groß genug sind, ein Unterseeboot zu versenken".[7]

Einige Tage später sandte Lansing dem Präsidenten die Abschrift eines Memorandums, das er über die Angelegenheit bewaffneter Handelsschiffe vorbereitet hatte. In seinem Begleitbrief erklärte er, er könne den „deutschen Gesichtspunkt würdigen", und er könne nicht sehen, was die Ententemächte an der Regelung, die er ausgearbeitet hatte, „vernünftigerweise einzuwenden hätten". Die Denkschrift selbst wiederholte nur seine bekannten Argumente gegen bewaffnete Handelsschiffe und schloß mit folgendem bezeichnendem Satz: „Ein Handelsschiff, ... das eine Bewaffnung führt, sollte von einem Kriegführenden oder einem Neutralen als bewaffnetes feindliches Schiff behandelt werden und nicht die Unverletzbarkeit besitzen, die ein privates Kauffahrteischiff kriegführender Nationalität nach den jetzigen Regeln des Völkerrechtes hat."

Wenn man die Denkschrift vom 7. Januar durchliest, wird einem klar, daß sich Lansing sehr weit von der Stellung, die er in dem Rundschreiben vom 19. September 1914 vertrat, entfernt hatte. Er konnte den deutschen „Gesichtspunkt würdigen" und war sogar bereit, ihn aktiv zu unterstützen. Diese Vertretung des deutschen Standpunktes ist ganz rätselhaft, wenn man in Lansings „Kriegserinnerungen" eine Denkschrift liest, die er am 9. Januar 1916 verfaßte, um sich selbst „Klarheit" zu verschaffen über die deutsch-amerikanischen Beziehungen. Sie ist voll von Bitterkeit gegen Deutschland. Er war überzeugt, daß die „militärische Oligarchie, die Deutschland beherrscht, ein bitterer Feind jeglicher Demokratie ist; und daß, wenn diese Oligarchie über die liberalen Regierungen von England und Frankreich triumphiert, sie sich uns zuwenden wird, als dem nächsten Hindernis einer kaiserlichen Herrschaft über die Welt; und daß es sicherer und besser und klüger für uns ist, jetzt einer von den vielen Feinden zu sein, als in Zukunft ganz allein einem siegreichen Deutschland gegenüberzustehen".[8]

Lansing erklärt den Lesern seiner „Erinnerungen" die Gründe für die Denkschrift vom 7. Januar, die in der Frage der bewaffneten Handelsschiffe den deutschen Gesichtspunkt vertrat. Er spielte ein schlaues Spiel. Die amerikanische öffentliche Meinung war hoffnungslos geteilt über die Frage, auf welcher Seite Recht und Unrecht in dem Kampf zwischen den alliierten Regierungen und den Mittelmächten liege. Es war notwendig, sie in die geeignete Richtung zu bringen, und dazu brauchte man offenbar Lansings Meisterhand. Die Regierung sollte noch eine Zeitlang den Anschein der Neutralität aufrecht erhalten, um eine zweifelnde Öffentlichkeit zu überzeugen, daß „alles getan worden war, um den Krieg zu vermeiden". Die scheinbare Unparteilichkeit und Deutschlands ablehnende Haltung würden schließlich ein „öffentliches Verlangen" nach amerikanischer Intervention auf seiten der Alliierten wachrufen.

In seinen „Kriegserinnerungen" gibt sich Lansing selbst eine Aufgabe, die eines Talleyrand würdig gewesen wäre, und man möchte gerne wissen, ob die doppelte

Rolle, die er gespielt haben soll, nicht nur ein späterer Einfall war, den er vorbrachte, um bei der Nachwelt Eindruck zu machen. Es wäre ein Höchstmaß von Geschick nötig gewesen, vor der amerikanischen Öffentlichkeit als aufrichtiger Anwalt des deutschen Gesichtspunktes über bewaffnete Handelsschiffe zu erscheinen, und dann irgend einen deutschen Fehler abzuwarten, der die amerikanische Feindschaft erregen und dadurch dann gestatten würde, die feindliche Rolle zu übernehmen, die einem so sehr am Herzen liegt. Bei einem solchen Spiel müßte Präsident Wilson mitmachen, und Wilson würde sich nie so weit erniedrigen, um einen Vorteil zu erringen. Der Präsident betrachtete Lansings Memorandum vom 7. Januar nicht als leere Geste, um die deutsche Glaubwürdigkeit zu betrügen; er hielt es für ein Mittel, den U-Bootkrieg einer Regelung zu unterwerfen, und er sandte Lansings Entwurf mit folgender Bemerkung zurück: „Das scheint mir vernünftig und gut geeignet zu einem Versuch". Sein echter Glaube, daß Amerika jetzt auf dem Weg der Versöhnung mit Deutschland vorankomme, wird durch einen Brief an Oberst House bezeugt, in dem er hoffnungsvoll bemerkte, es sähe so aus, „als ob unsere verschiedenen Schwierigkeiten mit Deutschland gleich beigelegt sein würden".

Lansing bemühte sich, die Regelung zu beschleunigen, indem er am 17. Januar dem Präsidenten den Entwurf eines Briefes an den englischen Botschafter über die Angelegenheit der bewaffneten Handelsschiffe übersandte. Er wiederholte nur die Argumente, die in dem Memorandum enthalten waren, das er dem Präsidenten schon vorgelegt hatte und erhielt sofort seine Zustimmung: „Der Entwurf hat meine volle Billigung. Ich hoffe, Sie werden ihn an die angegebenen Regierungen weiterleiten ... und ich hoffe allen Ernstes, diese möchten empfinden, daß wir mit unseren Argumenten Recht haben."

Der Eifer des Präsidenten, die alliierten Regierungen möchten die Argumente, die Lansing vorbrachte, annehmen, zeigt klar, daß Wilson am Vorabend des House-Grey-Übereinkommens (22. Februar) noch eher auf Frieden durch Verhandlung als durch Intervention hoffte. Da Oberst House drüben in Europa war, bekam der Präsident für den Augenblick nicht die düsteren Vorschläge eines Ratgebers, der nur selten keine Kriegsanzeichen im politischen Horoskop fand. Wenn der Oberst im Januar 1916 in Washington gewesen wäre, hätte man die Note an den englischen Botschafter (18. Januar) über die bewaffneten Handelsschiffe nie abgesandt.

Die Note vom 18. Januar folgte den Gesichtspunkten der verschiedenen Memoranden, die in den letzten Monaten die Genehmigung des Präsidenten erhalten hatten. Sie betrachtete die herrschende Praxis der Völker in der Seekriegführung und prüfte sorgfältig die neue Sachlage, die die Entwicklung der Unterseeboote geschaffen hatte. Infolge der Tatsache, daß ein Unterseeboot besonders durch Geschützfeuer verwundbar war, wenn es an die Wasseroberfläche kam, schien es Lansing, daß „jeglicher Bewaffnung ... auf einem Handelsschiff offensiver Charakter zukommen würde". Es wäre deshalb ein vernünftiges und gegenseitig gerechtes Übereinkommen, „wenn sich die gegenüberstehenden Kriegführenden einigen könnten, daß Unterseeboote veranlaßt würden, sich streng an die Regeln des internationalen Rechts beim Anhalten und Durchsuchen von Kauffahrteischiffen zu halten ... und Mannschaft und Fahrgäste vor der Versenkung der Schiffe in Sicherheit zu bringen ... und daß Handelsschiffen kriegführender Nationalität verboten wird, überhaupt irgendwelche Bewaffnung zu führen".

Solchen hervorragenden amerikanischen Publizisten wie Professor Charles C. Hyde und Professor Edwin Borchard ist die Note vom 18. Januar vom Standpunkt des Völkerrechtes aus immer sowohl vernünftig als auch unangreifbar erschienen. Dabei sprachen sie nur die Meinung vieler Amerikaner aus. Der New Yorker „American" betrachtete es außerhalb jeder Diskussion, daß „ein bewaffnetes Schiff ein Kriegsschiff ist"; die Washingtoner „Post" dachte, daß das Bewaffnen von Handelsschiffen „eine Widersinnigkeit" sei, die die Vereinigten Staaten „nicht gutheißen könne"; während die Brooklyner „Times" der Ansicht zuneigte, daß „sobald die Zentralmächte die Zusicherung geben, daß Schiffe des Friedens unter keinen Umständen angegriffen würden, sogleich der Grund und die Rechtfertigung zu deren Bewaffnung wegfällt".[9]

Die Reaktion in England auf die Lansing-Note vom 18. Januar kam sofort und war höchst ungünstig. Am 25. Januar lud Sir Edward Grey Botschafter Page ein, in das Außenministerium zu kommen, um die Angelegenheit der bewaffneten Handelsschiffe zu besprechen. Es war für Page eine niederdrückende Erfahrung. Sir Edward schien „ernst und enttäuscht" über die Wendung in der Angelegenheit und sprach darüber, „wie man über ein großes Unglück spricht". Der Lansing-Vorschlag sei theoretisch und praktisch „ganz zugunsten der Deutschen". Sir Edward gab Page gegenüber offen zu, er würde nicht wagen, den Lansing-Brief im Unterhaus zu erwähnen, aus Furcht vor dem „Sturm", der sofort losbrechen würde.

Botschafter Page war ebensosehr in Aufregung über die Lage, wie Sir Edward Grey. Wenn das Staatsdepartement weiterhin darauf dringe, sein Programm in bezug auf die bewaffneten Kauffahrteischiffe durchzusetzen, würde „größte Erbitterung" in alliierten Kreisen gegen die Vereinigten Staaten aufkommen. Dieses Feindschaftsgefühl könne sich gut dahin auswirken, daß zukünftige Kriegsmaterialbestellungen eher in Kanada als in Amerika untergebracht würden, und das wäre für den ganzen Aufbau der amerikanischen Prosperität ein ernster Schlag.[10]

Lansing ließ sich aber nicht einschüchtern von dem Schreckgespenst englischer wirtschaftlicher Maßnahmen gegenüber dem amerikanischen Beharren auf Entwaffnung feindlicher Handelsschiffe. Botschafter Page hatte schon so oft „Wolf!" gerufen, daß seine aufgeregten Warnrufe nicht mehr länger ernst genommen wurden. In einem Brief an Präsident Wilson (27. Januar) geht Lansing auf die Botschaft von Page ein und erklärte dann, er habe es äußerst satt, die andauernden Ausbrüche des Botschafters zu lesen. Er sei „äußerst betroffen über Pages Haltung in allen Angelegenheiten, die in irgend einer Weise die Politik Englands berühren. Er ist gewiß sehr stark beeinflußt von der Atmosphäre, in der er lebt, und ich zweifle häufig, ob er auch in den Fällen, in denen amerikanische Rechte in Frage stehen, mit der Entschiedenheit und Kraft auftritt, wie das ein amerikanischer Botschafter tun sollte".

Was den Vorschlag vom 18. Januar betreffe, so glaube Lansing, England würde sich der empfohlenen Regelung widersetzen. Für die amerikanische Regierung bestehe kein Grund, sofort etwas zu unternehmen, aber es sei zweckmäßig sich zu überlegen, welcher Kurs eingeschlagen werden solle bezüglich der amerikanischen Bürger, die auf bewaffneten Schiffen reisen. Er hege große Zweifel, ob das Staatsdepartement darauf bestehen könne, „daß derartig bewaffnete Schiffe anders betrachtet werden können, denn als Hilfskreuzer der entsprechenden Flotten der Alliierten".

Einige Tage später sandte er ein ähnliches Telegramm an Oberst House. Nachdem er auf die Befürchtungen des Botschafters Page über die Weiterleitung von Munitionsbestellungen an Kanada Bezug genommen hatte, erklärte Lansing, sein

Vorschlag vom 18. Januar sei „gerecht und die einzige menschliche Lösung des Unterseebootkrieges. Wenn Handelsschiffe bewaffnet sind und Geschütze benutzen, um angreifende U-Boote zu versenken, und da dies geschehen ist und Handelsschiffe jetzt angehalten werden es zu tun – ist es unvernünftig darauf zu bestehen, daß U-Boote es wagen sollten an die Wasseroberfläche zu kommen, um vorher zu warnen".

Wie das Telegramm an Oberst House klar zeigt, hielt Lansing an seiner Meinung fest, daß bewaffnete Handelsschiffe von den U-Booten nicht erwarten konnten, vor Beginn eines Angriffs gewarnt zu werden. An diesem Gesichtspunkt hatte er ganze sechs Monate festgehalten, und sowohl der Präsident, als auch der Neutralitätsrat hatten ihn darin unterstützt. Es gab aber zwei Faktoren, die er nicht genügend beachtet hatte, und diese begannen nun das ganze Gleichgewicht zu stören. Der eine war der Einfluß des Oberst House, der entscheidend auf die Geisteshaltung des Präsidenten Wilson einwirkte, und der andere war das Handeln der deutschen Regierung im Unterseebootkrieg. Der zweite Faktor führte Lansing dazu, seine Haltung zu überprüfen und gab ihm eine Entschuldigung, um dem Druck des Präsidenten nachzugeben. Der Frage der Wiederaufnahme des Unterseebootkrieges werden wir jetzt unsere eingehende Betrachtung zuwenden.

Nach dem Eintritt Bulgariens in den Weltkrieg auf seiten der Zentralmächte (14. Oktober 1915) kämpften einige deutsche Marineoffiziere, wie Admiral v. Holtzendorff, für eine Wiederaufnahme des U-Bootkrieges ohne die Einschränkungen, die seine Wirksamkeit behinderten. Es gelang v. Jagow, alle derartigen Pläne im Herbst 1915 zu verhindern, aber die Admiralität sicherte sich die Erlaubnis, am 21. November einen wichtigen Befehl an die U-Bootkommandanten herauszugeben über die militärischen Transporte zwischen Dünkirchen und Le Havre. Der Befehl sah vor: „Mit Ausnahme von Lazarettschiffen und den zwischen Folkestone und Boulogne verkehrenden Passagierdampfern dürfen Schiffe, die offensichtlich die französischen Häfen zwischen Dünkirchen einschließlich und Le Havre einschließlich ansteuern oder verlassen, ohne Warnung vernichtet werden. Dies gilt nicht für Schiffe unter neutraler Flagge und mit neutralen Abzeichen, es sei denn, daß auf ihnen eine erhebliche Menge von Truppen bemerkt worden ist."[11]

Dieser Geheimbefehl, der die deutschen U-Bootkommandanten anwies, militärische Transporte zwischen Dünkirchen und Le Havre *ohne* Warnung zu versenken, war nur der erste Schritt in dem neuen deutschen Programm, den Unterseebootkrieg in wirkungsvoller Art wieder aufzunehmen. In den Anfangsmonaten des Jahres 1915 hatte v. Falkenhayn den Kanzler und das Auswärtige Amt in den Bemühungen unterstützt, die U-Bootoperationen einzuschränken, um einen Bruch mit Amerika zu vermeiden. Die Lage war jetzt vollständig anders, und der General war durchaus bereit, eine entschiedene U-Bootoffensive gegen die englische Handelsmarine zu unterstützen. In einer Unterredung mit dem Reichskanzler bemerkte er, er könne nicht „verstehen, warum wir nicht rücksichtslos den U-Bootkrieg gegen England wieder aufnehmen". Als Antwort auf den Einwand, daß dies den Bruch mit Amerika unvermeidlich mache, versicherte der General dem Reichskanzler, Amerika sei „nicht länger in der Lage, uns Schaden zuzufügen".

Admiral v. Holtzendorff sprach sich in ähnlicher Weise aus. Seit Beginn des Jahres 1915 hatte er eine große Zahl von Wirtschaftswissenschaftlern eingesetzt, um die Wirkungen des Weltkrieges auf das englische Weltreich zu untersuchen, und er war jetzt in der Lage, mit einiger Sachkenntnis von den wirtschaftlichen Seiten des

U-Bootkrieges zu sprechen. Er war überzeugt, daß eine Wiederaufnahme des Unterseebootkrieges im Frühjahr 1916 „mit allen uns zu Gebote stehenden Mitteln und ohne Einschränkung, die seine Wirksamkeit schon am Anfang beeinträchtigen", einen solchen Erfolg haben würde, daß der englische Widerstand „innerhalb höchstens 6 Monaten" gebrochen sein würde.

Sowohl bei der Konferenz vom 30. Dezember als auch in einer Denkschrift an v. Bethmann-Hollweg (13. Februar 1916) erklärte Admiral v. Tirpitz, daß er den Ansichten von General v. Falkenhayn und Admiral v. Holtzendorff von ganzem Herzen zustimme. Es bestehe große Möglichkeit, daß die Wiederaufnahme des uneingeschränkten U-Bootkrieges Amerika auf seiten der Alliierten in den Krieg führen würde, aber eine amerikanische Intervention dürfe nicht als ernste Folge betrachtet werden. Vom militärischen Gesichtspunkt aus sei der Beistand, den Amerika den Alliierten geben könne, von geringem Wert.

Zum Schluß der Konferenz kam man überein, daß gegen eine Wiederaufnahme des uneingeschränkten Unterseebootkrieges kein „militärischer" Einwand zu erheben sei. Eine solche Kriegführung würde England sehr ernsten Schaden zufügen und es so weit bringen, daß es gern vor Ende 1916 um Frieden bitten würde. Das Datum zum Beginn der neuen Operationen wurde auf 1. März festgelegt.

Die Übereinstimmung zwischen Heerführung und Marineleitung wurde vom Reichskanzler nicht geteilt, der immer noch Zweifel hegte über eine Wiederaufnahme des uneingeschränkten Unterseebootkrieges. Im Verlauf einer Unterhaltung mit Admiral v. Holtzendorff (8. Januar) sprach er sich entschieden und eindeutig aus. Er sei nicht bereit, dem Programm, das von der Konferenz vom 30. Dezember gutgeheißen worden war, zuzustimmen, außer er komme zu der Überzeugung, daß es durch irgendwelche andere Mittel unmöglich sei, einen ehrenhaften Frieden zu sichern. Er betrachtete den U-Bootkrieg als die letzte Zuflucht, der für die ganze Welt eine solche Beleidigung bedeuten würde, daß er, falls er keinen Erfolg hätte, den Untergang Deutschlands bedeuten würde.

Admiral v. Holtzendorff hatte mehr Glück beim Kaiser. In einem Bericht über die Notwendigkeit der Wiederaufnahme des U-Bootkrieges fügte er Abschriften der von der britischen Admiralität an die Kapitäne bewaffneter Handelsschiffe herausgegebenen Instruktionen bei. Nach diesen vertraulichen Befehlen sollten sich die Kapitäne bewaffneter Handelsschiffe nie „zahm ergeben", sondern sollten entweder versuchen, das Unterseeboot zu rammen oder „zu ihrer Verteidigung" das Feuer eröffnen, selbst wenn das U-Boot „noch keine entschieden feindliche Handlung begangen hat".[12]

Nachdem der Kaiser den Bericht von Admiral v. Holtzendorff gelesen hatte, schien es ihm klar, daß sich die bewaffneten Handelsschiffe der alliierten Mächte nicht nur defensiv verhielten, sondern Unterseeboote angriffen, ehe irgend eine feindliche Handlung ausgeführt wurde. Aus diesem Grund müsse man notwendigerweise bewaffnete Handelsschiffe als Kriegsschiffe ansehen, die ohne Warnung versenkt werden konnten.

Der Reichskanzler war so überrascht von dem plötzlichen Entscheid des Kaisers, daß er keinen Einwand gegen die vorgeschlagene Aktion gegen bewaffnete Handelsschiffe erhob. Das Auswärtige Amt machte jedoch darauf aufmerksam, daß man der amerikanischen Regierung versprochen habe, keine Passagierdampfer zu versenken, ohne Warnung oder ohne Vorsorge zu treffen für die Sicherheit von Fahrgästen und Mannschaften. Es müsse auch daran erinnert werden, daß die Verhandlungen zur Beilegung des „Lusitania"-Streites jetzt zum erfolgreichen Abschluß gekommen waren, und daß die Wiederaufnahme des uneingeschränkten U-Bootkrieges die Fortschritte, die in der Richtung gemacht worden waren, ernstlich gefährden könne.

Der Kaiser erwog sorgfältig diese wichtigen politischen Faktoren, aber entschloß sich schließlich, das Programm, das die Land- und Seekriegsführung vorgeschlagen hatte, zu unterstützen. Am 8. Februar vollendete das Auswärtige Amt seine Denkschrift über bewaffnete Kauffahrteischiffe, und zwei Tage später telegraphierte sie Botschafter Gerard an das Staatsdepartement. Nachdem die Praxis der englischen Regierung, Handelsschiffe zu *offensiven* Operationen zu bewaffnen, dargelegt worden war, weist die Denkschrift auf die zukünftige Politik Deutschlands gegenüber solchen Schiffen hin: „Die deutsche Regierung hat keinen Zweifel, daß ein Kauffahrteischiff durch die Armierung mit Geschützen kriegsmäßigen Charakter erhält, und zwar ohne Unterschied, ob die Geschütze nur der Verteidigung oder auch dem Angriff dienen sollen ... Es ist ... klar, daß die bewaffneten englischen Kauffahrteischiffe den amtlichen Auftrag haben, die deutschen Unterseeboote überall, wo sie in ihre Nähe gelangen, heimtückisch zu überfallen, also rücksichtslos gegen sie Krieg zu führen ... Unter den vorstehend dargelegten Umständen haben feindliche Kauffahrteischiffe, die mit Geschützen bewaffnet sind, kein Recht mehr darauf, als friedliche Handelsschiffe angesehen zu werden. Die deutschen Seestreitkräfte werden daher nach einer kurzen, den Interessen der Neutralen Rechnung tragenden Frist den Befehl erhalten, solche Schiffe als kriegführende zu behandeln."[13]

Am 11. Februar ging folgender kaiserlicher Befehl an das Kommando der Hochseestreitkräfte, des Marinekorps und der U-Flottille Pola: „Feindliche Kauffahrteischiffe, die mit Geschützen bewaffnet sind, sind Kriegsschiffen gleich zu achten und mit allen Mitteln zu vernichten.

Die Kommandanten müssen sich dabei vor Augen halten, daß Verwechslungen zum Bruch mit neutralen Mächten führen werden, daß also zur Vernichtung eines Kauffahrteischiffes der Armierung wegen nur dann geschritten werden darf, wenn die Armierung erkannt ist. Dieser Befehl tritt mit Rücksicht auf die auf diplomatischem Wege erfolgende Warnung der Neutralen erst am 29. Februar in Kraft."[14]

Staatssekretär Lansing kannte natürlich nicht den genauen Wortlaut des kaiserlichen Befehls vom 11. Februar, aber er war vertraut mit dem Text der deutschen Denkschrift über die bewaffneten Handelsschiffe. Es war nicht schwer zu erkennen, daß ein neuer deutscher Unterseebootkrieg nahe bevorstand. Das allein würde nicht genügt haben, jedes Programm aufzuschieben, das den Anschein einer Zusammenarbeit mit Deutschland trug. Aber da war doch ein gewichtigerer Grund, warum Lansing so bereitwillig eine gesetzmäßige und folgerichtige Politik aufgab, der er monatelang gefolgt war, zugunsten einer Politik, die von gewissen pro-alliierten Kreisen diktiert war. Wieder einmal fiel der Schatten des Oberst House auf Lansings Weg zu einer besseren Einstellung. Das erstemal war dies geschehen im Zusammenhang mit den Verhandlungen über die Deklaration von London, als der Oberst eine Instruktion an Botschafter Page einfach auf die Seite schob, und eine Anweisung, die von ihm und dem englischen Botschafter entworfen war, an deren Stelle setzte. Jetzt erließ der Oberst zum zweitenmal Befehle an das Staatsdepartement und Lansing hatte sein Amt zu gern, um den Wünschen des vertrautesten Beraters des Präsidenten die geeignetsten Einwände entgegenzustellen.[15]

Überdies ist es sehr wahrscheinlich, daß der Präsident einem Rat Lansings, der nicht den Wünschen von Oberst House entsprach, nur wenig Beachtung geschenkt hätte. Seit vielen Wochen hatte der Oberst die internationale Lage mit den führenden Staatsmännern in Europa besprochen, und seine Perspektive der Weltpolitik mußte doch sicherlich klarer sein, als das nebelhafte Bild eines Staatssekretärs, der nur selten Washington verließ! In dieser Überzeugung schrieb der Präsident am 13. Februar an Oberst House und gestand ihm, wie sehr er von den Ratschlägen eines so vertrauten Ratgebers abhänge: „Wir versuchen uns von Ihren Ideen führen zu lassen, und wir werden Ihren vollen Bericht bei Ihrer Rückkehr abwarten, ehe wir irgendwelche Schritte unternehmen, die uns vielleicht eine günstige Gelegenheit verbauen, vorausgesetzt, daß die Marineoperationen der Mittelmächte es uns ermöglichen, den status quo aufrecht zu erhalten."[16]

Der Oberst erwiderte mit einem Telegramm an Staatssekretär Lansing, das dieser nur als Befehl auslegen konnte. Es war kurz und entschieden: „Mit dem Streit über die bewaffneten Handelsschiffe hängt so viel anderes zusammen, daß ich bestimmt hoffe, Sie werden in der Lage sein, ihn in der Schwebe zu halten bis zu meiner Rückkehr. Ich kann nicht nachdrücklich genug darauf hinweisen, wie wichtig dies ist."[17]

Der Präsident zog sofort aus dem Telegramm an Lansing die Folgerung, daß die deutsche Regierung so schlecht sei, daß man ihrem Wort nicht trauen könne. Vielleicht spielten die deutschen Führer ein doppeltes Spiel und versuchten, die Unterstützung Amerikas zu irgend einem dunklen Zweck zu bekommen. Der Argwohn Wilsons war sofort erwacht, und in dem Telegramm an Oberst House vom 16. Februar zeigt sich seine enge Übereinstimmung mit dem Gesichtspunkt des Oberst: „Deutschland sucht nach einer Entschuldigung, um alle Einschränkungen im U-Bootkrieg fallen zu lassen. Wenn man zuläßt, daß es annimmt, alle englischen Dampfer seien bewaffnet, hat es die Entschuldigung gefunden."[18]

Angesichts der engen Zusammenarbeit zwischen dem Präsidenten und Oberst House war sich Lansing klar darüber, daß er sich beeilen müsse, um einen „strategischen Rückzug" auszuhecken von der Stellung, die er in seinem Vorschlag vom 18. Januar bezüglich der bewaffneten Handelsschiffe eingenommen hatte. In einem Zirkulartelegramm (16. Februar 1916) an die „Diplomatischen Beamten in den europäischen Ländern" zeigte er deutlich, daß sein Rückzug schon im Gange war. Um sein Zurückweichen etwas zu verdecken, erklärte er noch, die amerikanische Regierung sei von der Vernünftigkeit des Argumentes beeindruckt, daß ein Kauffahrteischiff „wahrscheinlich zu offensiven Zwecken bewaffnet ist, wenn es heutzutage eine Bewaffnung führt, die es angriffsmäßig über ein Unterseeboot stellt ... Man hat das Empfinden, daß die jetzige Regel des Völkerrechts, die die Bewaffnung von Kauffahrteischiffen erlaubt, geändert werden sollte."

Nach dieser kleinen Konzession an die Stellung, die er so viele Monate lang behauptet hatte, zeigte Lansing, daß sein rasches Zurückweichen ihn ganz bis in das alliierte Lager geführt hatte. Die Regierung der Vereinigten Staaten habe nicht das Gefühl, „daß sie während des Krieges die festgelegte Regel [über bewaffnete Kauffahrteischiffe] ohne Zustimmung der verschiedenen Kriegführenden ändern oder außer acht lassen kann... Wenn die Entente-Mächte ihn [den Vorschlag Lansings vom 18. Januar] zurückweisen, wird sich die Regierung natürlich genötigt sehen ihre Bemühungen, den modus vivendi zur Annahme zu bringen, einzustellen und sich auf die jetzige festgelegte Regelung des Völkerrechtes verlassen, daß Kauffahrteischiffe zu einer Bewaffnung nur für defensive Zwecke berechtigt sind."

In seinen Schlußsätzen enthüllte Lansing, wie leicht es ihm fiel, alliierte Propagandamunition anzuwenden. Er erklärte mit aller Energie, daß „zur Zeit nicht die Absicht besteht, Amerikaner abzuhalten, auf kriegführenden Kauffahrteischiffen, die nur mit Geschützen zu Verteidigungszwecken bewaffnet sind, zu reisen. Sollten Amerikaner auf derartig bewaffneten Kauffahrteischiffen bei U-Bootangriffen ohne Warnung ihr Leben einbüßen, so muß dies als Bruch des Völkerrechts betrachtet werden."[19]

Es ist klar, daß dieser letzte Absatz des Zirkular-Telegramms vom 16. Februar eher den alliierten Gesichtspunkt, als den amerikanischen, wiedergab. Staatssekretär Lansing war ein zu guter Rechtsanwalt, um den Trugschluß in dieser Beweisführung zu übersehen. Es gab keine Regel des Völkerrechts, die ein bewaffnetes Kauffahrteischiff davor bewahrte, bei Sichtung von einem U-Boot versenkt zu werden. Während hundert Jahren hatten amerikanische Juristen den Kriegscharakter eines bewaffneten Kauffahrteischiffes anerkannt und in dem berühmten „Nereide"-Fall hatte der Oberste Richter John Marshall ganz klar die Meinung des Obersten Gerichtshofes dargelegt. Er erklärte: „Sie befährt nicht den Ozean und schleudert die Geschosse des Krieges unter dem Olivenzweig des Friedens. Sie besteht nicht zum Teil aus dem neutralen Charakter des Herrn Pinto und zum Teil aus dem feindlichen Charakter ihres Eigentümers. Sie trägt offen und ausdrücklich Kriegscharakter; ihr stehen alle die Rechte und alle die Gefahren ihres Kriegscharakters zu."[20]

Falls Amerikaner darauf bestanden, auf *bewaffneten* Kauffahrteischiffen zu reisen, liefen sie ernstlich Gefahr, das Leben durch U-Bootangriffe ohne Warnung einzubüßen, und im Gegensatz zu Angriffen auf *unbewaffnete* Handelsschiffe war diese Tat der Unterseeboot-Kriegführung vollständig gesetzlich. Die deutsche Regierung stand bei ihrer Erklärung vom 8. Februar (die einfach die Gedanken in Lansings Vorschlag vom 18. Januar weiter ausführte) auf festem Grund, und wäre nicht der unzeitige Eingriff von Oberst House gekommen, dann hätte das Staatsdepartement dem Beispiel der Niederlande folgen können, bewaffneten Kauffahrteischiffen das Anlaufen amerikanischer Häfen nicht zu gestatten. Das hätte die Entwaffnung englischer Handelsschiffe erzwungen und zu einer friedlichen Verständigung zwischen den Vereinigten Staaten und Deutschland über die Führung des U-Bootkrieges beigetragen. Damit wäre die einzige ernste Ursache zu den Reibereien in den deutsch-amerikanischen Beziehungen beseitigt gewesen. Amerikas Eintritt in den Weltkrieg kann zum Teil darauf zurückgeführt werden, daß der Präsident es unterließ, einem Kurs zu folgen, der eher von amerikanischen als von alliierten Interessen bestimmt war. Oberst House aber ist hauptsächlich schuld daran, daß eine solche tragische Entscheidung fiel.

Kapitel XVI

Amerika sucht den Weltfrieden in einem Erfolg der Alliierten

Der Weltkrieg brach zu einer Zeit aus, als der Präsident und seine vertrautesten Ratgeber von einer neuen Weltordnung träumten, in der Gerechtigkeit unter amerikanischer Führung herrschen sollte. In seiner Einführungsrede hatte Präsident Wilson von einer Regierung gesprochen, die „im Dienste der Menschlichkeit" stünde, und einige Monate später vertrat er ernstlich die Meinung, starke Nationen seien verpflichtet, festzulegen, was „rechtens und allgemein menschlich" sei. Die amerikanische Flagge solle nicht länger allein das Symbol Amerikas sein, sondern ein Banner, auf das die ganze Menschheit schwören könne. Die alte politische Schablone internationaler Selbstsucht solle von einem neuen und segensreichen Plan amerikanischer Herkunft abgelöst werden.

Staatssekretär Bryan glaubte schon früh, der amerikanische Idealismus werde eine neue Zeit der Weltverständigung und des Völkerfriedens einleiten. Er war überzeugt, die Vereinigten Staaten würden der „oberste moralische Faktor im Fortschritt der Welt und der anerkannte Schiedsrichter in den Streitigkeiten der Völker" werden. Walter Hines Page war gleichfalls begeistert von den Möglichkeiten amerikanischer Hilfe in einem Programm der Weltverbesserung und träumte davon, Präsident Wilson und König Georg V. „Seite an Seite" stehen zu sehen, um einer bewundernden Welt ein klares Bild wahrer personifizierter, aufrechter Gesinnung zu geben. Oberst House erkannte rasch, wie wichtig es wäre, die Weltmeinung durch entsprechende Vorstellungen zu beeinflussen. Am 17. Juni 1914 schlug er Sir Edward Grey in aller Unschuld vor, „er, der Kaiser, und ich sollten einander in Kiel treffen", um alle Mißverständnisse beiseite zu räumen, die lange den Weg zu einer englisch-deutschen Freundschaft versperrt hätten. Vor den erstaunten Augen des alten Europa könne dieses neue Triumvirat mit eindrucksvoller Majestät Entscheidungen treffen, die die Weltgeschichte nach klügeren Richtlinien neu gestalten würden. Aber Sir Edward Grey war nicht bereit, eine so malerische Pose einzunehmen; Oberst House berichtet niedergeschlagen in seinem „Tagebuch", dieser fesselnde Gedanke sei „nicht weiter besprochen worden".

Es ist schade, daß die offenkundige Bereitwilligkeit der amerikanischen Staatsmänner, ihre Dienste der Sache der Menschlichkeit zu widmen, keine entsprechende Gelegenheit zur Betätigung gefunden hat. Wäre ihr Weitblick größer gewesen und hätten sie mehr Erfahrung in den Schlichen europäischer Diplomatie gehabt, wären die Bemühungen, den Weltkrieg zu verhindern, erfolgreicher gewesen. Bereits am 28. Juli erkannte Botschafter Herrick in Paris, daß in Europa eine Krise eingetreten war. Es sei sehr wohl möglich, daß eine „dringende Bitte um Aufschub und Mäßigung von seiten des Präsidenten der Vereinigten Staaten von Europa geachtet und gebilligt werden würde".

Das Telegramm Herricks stellt jeden, der sich mit den kritischen „zwölf Tagen" vor dem Ausbruch des Weltkrieges befaßt, vor eines jener großen „Fragezeichen" der Geschichte. War dies die glänzende Gelegenheit, die Präsident Wilson verpaßt hatte? Hätte Amerika erfolgreich in diesem Augenblick vermitteln und einen Weg zum Frieden weisen können, den die Nationen Europas lieber eingeschlagen hätten, als unbekümmert in diesen furchtbaren Krieg hineinzuschlittern? Diese Frage kann nie beantwortet werden, aber bedauerlich bleibt, daß der Präsident die Sache nicht in die Hand nahm und keinen leidenschaftlichen Aufruf zum Frieden erließ.

Am selben Tag (28. Juli) trat v. Bethmann-Hollweg energisch für des Kaisers wohlbekannten „Faustpfandplan" ein, der eine *zeitweilige* militärische Besetzung Serbiens vorsah, bis gewisse, Österreich-Ungarn gemachte Versprechungen erfüllt waren. Die deutsche Regierung wollte sicher keinen Krieg, und eine nachdrückliche amerikanische Note, mit einem Vorschlag zu einer friedlichen Erledigung des österreichisch-serbischen Konflikts, hätte Berchtolds kriegerischen Plänen vielleicht Einhalt geboten. In Wirklichkeit schickte Bryan an Botschafter Page (in London) eine Anfrage, inwiefern Amerikas Mithilfe „in der gegenwärtigen Krise annehmbar" wäre.

Botschafter Page hatte eben diese Frage Sir Edward Grey vorgelegt, der sich nur dafür bedankte. Am 31. Juli drückte Sir Edward von neuem seinen Dank für das Angebot einer amerikanischen Vermittlung aus, aber ohne zu versuchen, es Frankreich oder Rußland vorzulegen oder ernstlich Gebrauch davon zu machen, um den Krieg zu verhindern. Augenscheinlich war sein Vertrauen auf den Erfolg der amerikanischen Bemühungen nicht groß; er trägt somit die unleugbare Verantwortung für die großzügige Geste, mit der er ein Mittel von sich wies, den Kriegsausbruch zu verhindern.

Sir Edward Grey war nicht der einzige einflußreiche Politiker jener Tage, der von einer amerikanischen Einmischung in den Weltkrieg nichts wissen wollte. Wäre nicht der bedenkliche Rat gewesen, mit dem Oberst House dauernd Präsident Wilson im August 1914 in den Ohren lag, so hätte vielleicht Staatssekretär Bryan einen Weg gefunden, um den Frieden zu bewahren. Um diese Zeit schien der Oberst nichts anderes zu tun zu haben, als jeden Versuch des Staatssekretärs unmöglich zu machen, tätig an einem Plan mitzuwirken, der die Schwierigkeiten, die Europa in einen Krieg hineinzuziehen drohten, friedlich gelöst hätte. Die Hauptsache war nach Ansicht des Oberst, Bryan von jeglicher Bemühung um die Erhaltung des Friedens fernzuhalten: „Ich möchte Ihnen gern den Rat geben [schrieb er an den Präsidenten], Herrn Bryan keine Vorschläge an irgend eine der in Frage kommenden Mächte machen zu lassen. Sie halten ihn für einen Ideologen, und es würde Ihrem Einfluß schaden, wenn Sie sich später zu einem ähnlichen Schritt entschließen wollten."

In einem Telegramm aus London berichtete Botschafter Page dem Staatssekretär, es bestehe „keinerlei Möglichkeit", daß die kriegsbereiten europäischen Mächte eine amerikanische Vermittlung annehmen würden. Daraufhin erhielt der Präsident von Oberst House ein Schreiben, in dem auf die an der Regierung geübten Kritik angespielt wurde, weil die Administration nicht sofort etwas unternommen habe, um den Frieden zu erhalten. Das brachte den Präsidenten in Verwirrung, denn er wollte nicht dastehen, als erfülle er seine Pflicht gegen die Menschheit nicht. Er war sich nicht im klaren, welchen Kurs er einschlagen sollte, und erkundigte sich deshalb bei dem Oberst telegraphisch, ob er „jetzt handeln könne und solle und wie". Oberst House beriet sich zunächst mit Richard Olney, einem Staatssekretär, der bekanntermaßen gern für Krieg und Kriegsgeschrei eintrat, und erwiderte darauf dem Präsidenten, es sei unklug, einen Vermittlungsversuch zu machen, ehe der „geeignete Augenblick" käme. Auf diese orakelhafte Antwort folgte ein Brief, in dem er den Präsidenten erneut warnte, Bryan an einem Schritt zu einer Vermittlung mitwirken zu lassen.

Ehe der Rat des Oberst den Präsidenten erreichte, hatte er bereits beschlossen, die „guten Dienste" der Vereinigten Staaten den vor dem Ausbruch der Feindseligkeiten stehenden Mächten anzubieten. Am 4. August ging eine kurze Note an die amerikanischen Botschafter in Berlin, London, Paris, St. Petersburg und Wien ab, den betreffenden Regierungen zu übermitteln, der Präsident würde jede Gelegenheit begrüßen, etwas „im Interesse des europäischen Friedens" tun zu können.

Erst als dieser Schritt zu einer amerikanischen Vermittlung getan war, las der Präsident das Telegramm des Oberst House, der ihm abriet, seine „guten Dienste" anzubieten, bis der „geeignete Augenblick" gekommen sei. Er bedauerte es lebhaft, daß der Oberst eine andere Auffassung hatte als er. Sofort legte er seinem vertrauten Berater die Gründe dar, die ihn zu seinem Schritt veranlaßt hatten: „Die Ereignisse überstürzten sich gestern, so daß ich annahm, Sie würden mir bei voller Kenntnis der Sachlage in Ihrem Telegramm anders geraten haben. Auf jeden Fall nahm ich das Risiko auf mich und sandte an die verschiedenen Staatsoberhäupter eine Mitteilung. Schaden kann es mindestens nicht."

Der Brief des Oberst vom 5. August war dem Präsidenten noch unangenehmer. Seine sofortige Antwort war geradezu eine Entschuldigung: „Hoffentlich mißbilligen Sie meinen schwachen Versuch zu einer Vermittlung nicht ... Ich wollte Ihnen nur zeigen, daß ich zu Diensten stehe."

Offensichtlich sah der Präsident damals in Oberst House seinen Mentor, dessen Rat größte Beachtung verdiente. Er vermochte kaum, sich mit Gedanken zu befassen, mit denen der Oberst nicht einverstanden war. Deshalb hielt er es für das beste, mit weiteren Angeboten amerikanischer Dienste an die kriegführenden Mächte zurückhaltend zu sein. Die Antworten der Mächte auf das amerikanische Angebot vom 4. August waren ausweichend und entmutigend. Am 25. August schrieb er an Oberst House, Amerika könne weder etwas tun, noch auch nur „einen Versuch machen". Der „geeignete Augenblick" des Oberst war eben noch nicht gekommen.

Staatssekretär Bryan war ganz anderer Ansicht und entschlossen, keine Gelegenheit zu versäumen, um dem Europa heimsuchenden Kriege ein Ende zu bereiten. Nach dem Empfang der Note des Zaren, der meinte, es sei „verfrüht, die Möglichkeit eines Friedens ins Auge zu fassen", schrieb Bryan folgendes an den Präsidenten: „Wenn Sie die fünf Antworten genau durchsehen, wird Ihnen jenes Wort in der Heiligen Schrift einfallen, das lautet ‚Und sie fingen an, alle nacheinander sich zu entschuldigen'. Jeder erklärt, er sei gegen den Krieg und möchte ihn vermeiden und schiebt dann die Schuld auf einen andern ... Da sie alle gegen einen Krieg sind und seinen Ausbruch bedauern, so müßte es doch verhältnismäßig leicht sein, erneute Vorstellungen zu erheben, sobald sich eine Möglichkeit dazu bietet. Ein Aufruf könnte nachdrücklicher wirken, indem man aus ihren Antworten Stellen anführt."

Staatssekretär Bryans Darstellung wurde durch ein an den Präsidenten gerichtetes Schreiben des Botschafters Page wieder aufgewogen. Er hob darin hervor, in England hoffe man allgemein, „weder die amerikanische Regierung noch die öffentliche Meinung unseres Landes möge einen Friedensvorschlag ernstlich erwägen, der nicht vor allem auf die völlige Vernichtung der deutschen Bürokratie abzielt".

Ein derartiges englisches Friedensdiktat machte auf den Präsidenten keinen Eindruck. Er wollte von sich aus alles tun, um ein Ende des Ringens herbeizuführen. Deshalb begrüßte er auch ein seltsames Zwischenspiel, das wirklich ein Aufhören der Feindseligkeiten zu versprechen schien. Dieses Intermezzo begann am Samstagabend, den 5. September, im Hause James Speyers, eines bekannten deutsch-amerikanischen Bankiers. Speyer hatte Frank A. Vanderlip, Graf Bernstorff und Oscar S. Straus als Gäste geladen. Straus war lange amerikanischer Botschafter in Konstantinopel gewesen und mit den Gepflogenheiten der Diplomatie völlig vertraut. Er horchte deshalb auf, als Graf Bernstorff mit Wärme von den Segnungen des Friedens sprach. Als sich Straus sofort erkundigte, wie die deutsche Regierung eine amerikanische Vermittlung aufnehmen würde, erteilte Graf Bernstorff eine günstige Antwort.

Voll aufrichtiger Begeisterung für einen Frieden verließ Straus in derselben Nacht New York City und hatte am folgenden Morgen eine lange Unterredung mit Staatssekretär Bryan. Mit der Billigung des Präsidenten ließ Bryan Graf Bernstorff sofort nach Washington kommen und drängte Straus, mit dem britischen und französischen Botschafter in Washington in Fühlung zu treten. Am 7. September ging ein Telegramm an Botschafter Gerard ab, das ihn von der Lage unterrichtete; am nächsten Tage ähnliche Telegramme an die Botschafter Page und Herrick.[1]

Wenn die Regierung dieselbe Energie in den kritischen Tagen zwischen dem 28. Juli und 3. August gezeigt hätte, dann wäre der Ausbruch des Weltkriegs vielleicht verhindert worden. Nachdem nun aber der Kampf entbrannt war, war die Wahrscheinlichkeit gering, daß Friedensvorschläge einer neutralen Nation, wie die Vereinigten Staaten, bei der leidenschaftlichen Erregung ein geneigtes Ohr finden würden. Überdies verwickelten mehrfach „Indiskretionen" des Staatsdepartements, die der amerikanischen Presse zur Kenntnis gelangten, die Lage weiter. An demselben Tag, an dem Staatssekretär Bryan seine Anweisung an die Botschafter Page und Herrick hinausgehen ließ, erschien in dem Chicago „Herald" ein langer Artikel von John C. O'Loughlin, in dem im einzelnen genau der Bryan-Strausssche Vermittlungsversuch geschildert wurde.[2]

Die vorzeitige Veröffentlichung der Bemühungen Bryans zugunsten des Friedens, war ein harter Schlag gegen das Vorhaben der Regierung. Weder Botschafter Herrick noch Botschafter Page übermittelten ihre Instruktion vom 8. September der jeweiligen Regierung. Bei einer zwanglosen Unterredung mit Sir Edward Grey schnitt Botschafter Page die Frage einer amerikanischen Vermittlung an und erhielt keine ermutigende Auskunft. Er wurde an die angebliche Tatsache erinnert, Deutschland habe „mit aller Überlegung den Krieg geplant und die Vorbereitungen dafür getroffen". Mit den Mittelmächten könne kein Friede geschlossen werden, ehe der Militarismus nicht völlig vernichtet und dem ruinierten Belgien nicht entsprechend Schadenersatz geleistet worden sei.

Botschafter Herrick maß der Instruktion vom 8. September so geringe Bedeutung bei, daß er sich nicht einmal um eine *zwanglose* Unterredung mit einem Beamten des französischen Außenministeriums bemühte. Er war überzeugt, ein Vermittlungsvorschlag würde „von den Entente-Mächten" zurückgewiesen werden. Überdies hielt er die Anregung für einen deutschen Propagandatrick, um die Sympathien der Pazifisten aller Länder für den Standpunkt Deutschlands zu gewinnen.

Straus in New York City erfuhr von all den Depeschen nichts, die die europäischen Bevollmächtigten dem Staatsdepartement sandten. Sein optimistischer Glaube an die Möglichkeit einer amerikanischen Vermittlung wurde nicht erschüttert. Wie aus einem Brief an Staatssekretär Bryan hervorgeht, hoffte er zuversichtlich, die europäischen Mächte würden die guten Dienste der Vereinigten Staaten annehmen: „Mit der Zeit wird mein Vertrauen immer stärker, daß der Vermittlungsvorschlag nicht beiseite gelegt, sondern Beachtung finden wird. Natürlich sehe ich ein, daß wir zuerst die Antwort des deutschen Kanzlers abwarten müssen. Ich kann nicht verstehen, wie er sich weigern könnte, Ihren Vermittlungsvorschlag in Erwägung zu ziehen. Infolgedessen bleibt den Alliierten auch nichts anderes übrig, als dasselbe zu tun. Danach ist es eine Frage von Bedingungen und Abmachungen, über die natürlich verhandelt werden müßte. Ich erhielt gestern einen Brief von Spring Rice, aus dem ich folgendes zu Ihrer Orientierung anführe: ‚Grey sagte mir, er sei natürlich für den Frieden, aber Belgien, das schrecklich gelitten habe, müsse zuerst ins Auge gefaßt werden'. Und dann fügt er hinzu: ‚Ich hoffe, sie werden alle auf dasselbe Ziel hinarbeiten wie Sie, um jeden zukünftigen Krieg von vornherein unmöglich zu machen.' … Ich bin überzeugt, Sie wie ich hegen die begründete Hoffnung, daß der Vermittlungsvorschlag schließlich angenommen wird. Wenn wir so weit sind, müssen wir die Durchführung der Verhandlungen den Kriegführenden überlassen, wobei unsere Regierung sicher gern zu jeder Hilfe bereit ist."

Straus sollte aber eine schwere Enttäuschung über eine amerikanische Vermittlung erleben. Wieder gefährdete die „Indiskretion" einer Zeitung die wohlbedachten Friedenspläne. Diesmal ließ sich der Chicago „Herald" (10. September) über eine Unterredung zwischen Sir Edward Grey und Botschafter Page aus. Diese Besprechung solle entweder am 8. September abends oder am 9. morgens stattgefunden haben. Über eine angebliche Erklärung Sir Edward Greys gab der „Herald" folgenden Kommentar heraus: „Man kann daraus herauslesen, daß Großbritannien sich nicht mit einem Frieden begnügen wird, der nur ein Waffenstillstand ist: ein Ende dieses Krieges soll zugleich ein Ende aller Kriege sein. Ferner scheint England entschlossen, Belgien nicht im Stich zu lassen und von Deutschland unter allen Umständen eine Entschädigung für die furchtbaren Verluste an Leben und Eigentum zu verlangen, die dieses kleine Volk bei der Verteidigung seiner Neutralität auf sich genommen hat. Ob die Unterhandlungen … sehr weit gedeihen werden, ist höchst zweifelhaft."

Der unversöhnliche Ton, den Sir Edward Grey in diesem Bericht einer Unterhaltung mit Botschafter Page anschlug, machte es für Deutschland unmöglich, sich Amerikas Vermittlung zu bedienen. Die Möglichkeit einer gütlichen Beilegung schien hoffnungslos. Am 16. September erhielt das Staatsdepartement die deutsche Antwort. Sie ließ eine Einstellung erkennen, die der Englands und Frankreichs sehr nahe kam. Deutschland wolle keinen Krieg: „Er ist uns aufgezwungen worden." Es liege jetzt „bei den Vereinigten Staaten", von Deutschlands Feinden neue Friedensvorschläge einzuholen. Diese Vorschläge würden nur dann beachtet, wenn sie einen „wirklichen und dauernden Frieden" versprächen. Eine augenblickliche Annahme eines amerikanischen Vermittlungsangebotes würde von Deutschlands Feinden als ein „Zeichen der Schwäche" ausgelegt werden.

Obgleich die Note der deutschen Regierung klar und deutlich eine amerikanische Vermittlung ablehnte, ließ Graf Bernstorff durchblicken, Deutschland sei trotzdem bereit, aufgrund von „gemäßigten Bedingungen" Frieden zu schließen. Um England nicht in dem Licht erscheinen zu lassen, als wolle es alle Bemühungen um einen Frieden vereiteln, telegraphierte Sir Edward Grey an Spring Rice, die britische Regierung sei unter gewissen Bedingungen zu einem Frieden bereit. Zuerst müsse unbedingt der deutsche Militarismus völlig ausgerottet werden und Belgien eine Entschädigung erhalten, um wieder aufbauen zu können, was der „Vandalismus" der deutschen Armee zerstört habe.

Wenn auch die von Sir Edward Grey skizzierten Friedensbedingungen wahrscheinlich nicht die deutsche Zustimmung finden würden, so hatte es doch den Anschein, als könnten weitere Erörterungen über einen Frieden zu Ergebnissen führen. Bryan ließ sich nicht von einer friedlichen Lösung der europäischen Schwierigkeiten abbringen. So drängte er den Präsidenten in einem Brief (19. September), ein neues Angebot einer amerikanischen Vermittlung zu machen. Es lohne sich für den Präsidenten, eine Note an alle kriegführenden Mächte zu richten, die Schrecken des Krieges aufzuzählen und darauf hinzuweisen, daß „alle die Verantwortung für den Krieg ablehnen und den Wunsch nach Frieden haben ... daß die Verantwortung für die Fortsetzung eines solchen Krieges ebensowenig jemand zu tragen wünscht, wie die Verantwortung für den Ausbruch, und daß eine solche Verantwortung der amerikanischen Bevölkerung ebenso obliegt, wie den zunächst Beteiligten".

Wegen dieser Verantwortung, die auf den Vereinigten Staaten laste, müsse der Präsident alle Kriegführenden zu einer Konferenz zusammenberufen zum Zweck „einer ersten Fühlungnahme, um über die Bedingungen zu sprechen, die die Grundlage eines dauerhaften Friedens abgeben könnten".

Wie gewöhnlich versuchte Oberst House, beim Präsidenten Mißtrauen gegen die Punkte des Straus-Bryanschen Friedensplanes zu säen. Am selben Tag, an dem Bryan den Präsidenten drängte, nachdrücklich an die kriegführenden Nationen heranzutreten, Friedensbedingungen in Betracht zu ziehen, riet Oberst House dem Präsidenten telegraphisch davon ab: „Von vornherein hielt ich es für einen Fehler, die Friedensbewegung gleich zu sehr zu forcieren. Die Veröffentlichung der Unterhaltung zwischen Bernstorff-Straus hatte keine gute Wirkung. Man muß ungemein vorsichtig zu Werke gehen; ein falscher Schritt kann Ihrem entscheidenden Einfluß sehr Abbruch tun."

Oberst House wollte natürlich alle Friedensverhandlungen selbst übernehmen. Der Präsident telegraphierte ihm auch, er könne „keinen Nachteil darin erblicken, wenn *Sie* weitermachen".[3]

Mit dieser Erlaubnis des Präsidenten begann der Oberst ein ausgeklügeltes Gebäude diplomatischen Hin und Hers aufzurichten. Am 18. September hatte er eine Besprechung mit Graf Bernstorff, der bereit schien, mit Spring Rice über eine mögliche Friedensgrundlage zu sprechen. Ohne Aufsehen zu erregen, ließ er dann Spring Rice sofort nach New York kommen. Den Einwand des britischen Botschafters, er könne Washington nicht verlassen, beachtete der Oberst nicht; so fuhr Spring Rice um Mitternacht nach New York. Am 20. September holte der Oberst Spring Rice am Bahnhof ab und führte ihn geradewegs in sein ungestörtes Arbeitszimmer.

In der folgenden offenherzigen Aussprache führte der Oberst aus: Das Wohlwollen Amerikas für die Alliierten erhalte ernstlich einen Stoß, wenn der vorherrschende Eindruck bliebe, daß nur die Mittelmächte bereit wären, über Friedensbedingungen zu sprechen. Bernstorff, mit dem er verhandelt habe, meine, der Kaiser würde eine amerikanische Vermittlung nicht ablehnen. Der Oberst selbst hatte den Eindruck, wenn die „Militärpartei in Berlin eine Schlappe erleiden würde, wäre der Kaiser wieder imstande, seine Macht zu behaupten und seinen Einfluß geltend zu machen". Dann sei es möglich, daß Deutschland bereit wäre, einem Abrüstungsprogramm zuzustimmen und „Belgien eine Entschädigung" zu zahlen.

Obgleich Oberst House alles daran setzte, um Spring Rice mit Bernstorff zusammentreffen zu lassen, weigerte sich der britische Botschafter, weil er den Grafen für „völlig unzuverlässig" hielt. Infolge dieser Ablehnung konnte der Oberst nur erreichen, daß Spring Rice in einem Kabel Sir Edward Grey warnte, es sei für England „gefährlich, in einer Non possumus-Haltung zu verharren".

In England regte sich Botschafter Page weit mehr über diese Friedensversuche auf als Sir Edward Grey. Sein starkes, antideutsches Gefühl ließ ihn jede Anstrengung, die Mittelmächte auszusöhnen, als völlig verfehlt betrachten. Friedensworte bezeichnete er als „Altweibergeschwätz, sonst ist es unaufrichtig". Amerikanische Pazifisten waren „schwachsinnige Opfer deutscher Propaganda".

Der wichtigste amerikanische Befürworter des Friedens war zu jener Zeit Staatssekretär Bryan. Oberst House war ganz der Ansicht von Botschafter Page, der Staatssekretär müsse verschwinden, um anderen Ideen Einfluß zu verschaffen. Der Präsident war anscheinend – wie der Oberst – von den Fähigkeiten Bryans nicht überzeugt: „Der Präsident wünscht, daß ich mit der Lage auf dem laufenden bleibe. Ich glaube nicht, daß sich etwa jemand einmischen wird, außer wenn Herr Bryan auf eigene Faust etwas unternimmt."

Aber auf Staatssekretär Bryan war in dieser Hinsicht kein Verlaß. Seine stete Sorge um den Frieden der Welt veranlaßte ihn zu einem Besuch New Yorks am 4. Oktober, wo er in dem „Broadway Tabernacle" eine Rede hielt. Er sprach über die Pflicht Amerikas, „unseren ganzen Einfluß aufzubieten, um möglichst rasch den Frieden wiederherzustellen". Die Regierung müsse sich unverzüglich erneut bemühen, den Krieg in Europa schnell zu beendigen.

Nach seiner Rückkehr nach Washington machte Bryan von neuem seinen ganzen Einfluß auf den Präsidenten geltend, um unter der Führung der Vereinigten Staaten eine Reihe neutraler Staaten zur Wiederherstellung des allgemeinen Friedens zusammenzubringen. Es war eine einzigartige Gelegenheit, Amerika die Führung der Welt zu sichern, aber Präsident Wilson ließ sie sich entgehen. Statt dessen schrieb er dem Staatssekretär, er halte es für besser, wenn sich „eine einzige Nation zur Vermittlung bereit erkläre", als wenn mehrere sich einmischen. Infolge dieser vorsichtigen Haltung erlitten die Friedensbestrebungen einen schweren Rückschlag. Das hieß allerdings nicht, daß Bryan weiterhin nicht mehr für seine berühmten Friedensabmachungen eingetreten wäre; ihnen zufolge sollte nämlich, falls zwischen den Unterzeichnermächten ein ernster Streitfall entstehen würde, zunächst eine Untersuchungskommission einen Bericht erstatten, ehe man sich zu Feindseligkeiten entschloß.

Am 15. September kündigten Großbritannien und Frankreich ihre Ratifikation dieses Bryanschen Friedensvertrages an. Am 6. Oktober ließ sich Spring Rice in einem Schreiben an Bryan sehr anerkennend darüber aus. Es könne sein, „daß mancher zunächst geringschätzig von Ihrem Plan gesprochen hat. Keiner, der sich mit der diplomatischen Geschichte der Ereignisse befaßt hat, die zu dem gegenwärtigen unheilvollen Krieg führten, kann die Bedeutung Ihres Gedankens übersehen. Denn es steht fest, daß selbst ein erzwungener Aufschub von nur einer Woche wahrscheinlich den Weltfrieden gerettet hätte".

Sehr erfreut über diesen Erfolg bat Bryan Andrew Carnegie, dem deutschen Kaiser nahezulegen, den Vertrag zu ratifizieren, der ihm Monate zuvor vorgelegt worden war. Carnegie versprach es, aber ohne große Hoffnung: „Der Kaiser ist augenblicklich nicht in Berlin, aber ich werde einen guten Augenblick abwarten und ihm, wie Sie wünschen, schreiben. Ich glaube, er ist einer unserer am tiefsten getroffenen Zeitgenossen. Siebenundzwanzig Friedensjahre sagen genug. Ich werde nicht verfehlen, ihm unsere Ansichten zu unterbreiten … Aber mir scheint, wir müssen geduldig warten, bis die Erschöpfung der einen oder anderen Partei den Frieden bringt. Dann ist der Augenblick gekommen, um die Wunden mit den Mitteln zu heilen, über die wir verfügen."

Bryans Optimismus ließ sich nicht unterkriegen. Immer noch hoffte er, Carnegie könne etwas für den Frieden tun, wenn er an den deutschen Kaiser schriebe und darauf hinwiese, daß „die Verantwortung für die Fortsetzung eines Krieges ebenso ernst sei wie die Verantwortung für seinen Ausbruch". Die Annahme einer amerikanischen Vermittlung würde „die Welt in den Stand setzen, festzustellen, wer an der Fortsetzung des Krieges schuldig ist, denn eine Nation, die sich weigerte, einen Frieden unter vernünftigen Bedingungen einzugehen, übernähme vor der Welt die Verantwortung für die Fortsetzung der furchtbaren Schrecken des Krieges".

Carnegie erreichte beim deutschen Kaiser nichts; die Anbahnung einer Vermittlung erfolgte nicht. Staatssekretär Bryan hatte nicht mehr Glück als Andrew Carnegie und konnte die deutsche Regierung nicht einmal dazu bringen, dem Beispiel Frankreichs und Englands zu folgen und einen der Friedensverträge Bryans zu ratifizieren. Dieses Versäumnis der deutschen Regierung, auf den Friedensvertrag einzugehen, stellte sich als einer der folgenschwersten Fehler der deutschen Diplomatie während des Weltkrieges heraus. Seine Ratifizierung hätte bedeutet, daß selbst nach dem Abbruch der diplomatischen Beziehungen zwischen den beiden Ländern erst dann ein Krieg ausbrechen konnte, wenn der Bericht eines Untersuchungsausschusses vorlag. Das hätte Monate in Anspruch genommen und eine friedliche Erledigung aller Streitfragen ermöglicht. Im April 1917 wäre es für Amerika unmöglich gewesen, in den Krieg zu ziehen, wenn die deutsche Regierung einen solchen Vertrag abgeschlossen hätte.[4]

Trotz mehrfacher mißlungener Versuche, ließen sich so aufrichtige Verfechter des Friedensgedankens wie Carnegie und Staatssekretär Bryan nicht völlig von der Idee einer amerikanischen Vermittlung im Weltkrieg abbringen. Beständig wandten sich neutrale Nationen an das Staatsdepartement und erbaten Amerikas Hilfe zur Schaffung einer Liga neutraler Staaten für eine Wiederherstellung des Friedens.

Andrew Carnegie erhoffte von einer solchen Liga sehr viel; aber nach der Auffassung seines Freundes John Morley war England nicht bereit, auf die Stimme der Vernunft zu hören: „Sie können recht haben, wenn Sie auf einen Tag hoffen, an dem ein Bund neutraler Staaten den Frieden *erzwingen* kann. Das mag sein. Aber Großbritannien will heute nichts hören. Solange ich mich erinnern kann, hat sich nie ein solcher Irrsinn der Geister bemächtigt ... Diesmal spricht aus Bryce nicht gerade der gesunde Menschenverstand."

Trotz der gegenteiligen Ansicht John Morleys hielt Carnegie an seinem Glauben an einen Frieden fest und schrieb am 23. November an Präsident Wilson, er wäre wirklich enttäuscht, wenn eine amerikanische Vermittlung „von den Alliierten nicht angenommen werden würde. Selbst der deutsche Kaiser ... würde Ihnen persönlich nicht ablehnend gegenüberstehen".

Ebensowenig ließ sich Bryan die Hoffnung auf einen Frieden durch amerikanische Vermittlung rauben. In einem langen Brief an Präsident Wilson (1. Dezember) wies er darauf hin, es sei notwendig, sofort etwas zu unternehmen. Amerika habe den anderen neutralen Nationen gegenüber die Pflicht, „alles in unserer Macht zu tun, ein Ende des Krieges herbeizuführen. Sie leiden verhältnismäßig mehr als wir und können weniger als wir die Nöte erdulden, die ohne ihre Schuld ihnen auferlegt worden sind ... Wir sind es den kriegführenden Nationen, als Freund aller, schuldig, ihnen ernstlich anzuraten, eine friedliche Erledigung ihrer Streitigkeiten ins Auge zu fassen ... Vermittlung bedeutet nicht, daß einer der Kämpfenden unbefriedigende Bedingungen annehmen soll; aber irgendwelche Bedingungen müssen sie vorschlagen, und als christliche Völker sollten sie auch dazu bereit sein, der Welt die Bedingungen zu nennen aufgrund ... deren sie die Feindseligkeiten einstellen wollen".

Der Präsident war nach wie vor noch nicht entschlossen, welchen Kurs er einschlagen sollte. In einem sehr aufrichtigen und geradezu entschuldigenden Brief an Oberst House legt er seine Zweifel an seiner persönlichen Fähigkeit dar, derartige dringende Fragen lösen zu können: „Die Fragen der unmittelbaren Zukunft betreffen unsere Beziehungen mit dem Ausland. Ich bin keineswegs sicher, ob meine Einsicht ausreicht, um sie richtig anzufassen und zu lösen; aber mit Hilfe solcher Berater wie Sie, hoffe ich, das alte Schiff so zu steuern, daß ihm keine Schande widerfährt und der Welt einen Dienst leistet. Solche Gedanken, das können Sie mir wohl glauben, bekümmern mich sehr und machen mir viel Sorge."

Oberst House konnte diesen Brief nur als eine Bitte auslegen, sofort nach Washington zu kommen und dem Präsidenten seine guten Ratschläge zur Verfügung zu stellen. Diese Aufforderung entsprach seinen Wünschen. Ohne Schwierigkeit gelang es ihm, den Präsidenten davon zu überzeugen, die Zeit sei noch nicht reif für eine amerikanische Vermittlung zwischen den kriegführenden Mächten. Es sei besser, wenn er selbst in geheimer Mission nach Europa gehe, um ein genaues Bild der Lage zu bekommen.

Nach Erledigung der wichtigen Frage, in welcher Eigenschaft er nach Europa gehen solle, speiste der Oberst zusammen mit Graf Bernstorff, der noch immer glaubte, seine Regierung wünsche dadurch dem Frieden zu dienen, daß sie gegen ein Programm „drastischer Abrüstung" nichts einwendet. Darüberhinaus würde Deutschland Belgien räumen und für zerstörtes Eigentum eine Entschädigung zahlen. Kein Wunder, daß House in seinem „Tagebuch" bemerkt, diese Unterhaltung mit Graf Bernstorff sei „befriedigend" gewesen.

Der amerikanische Großindustrielle Andrew Carnegie (1835–1919) machte sich besonders durch die Schaffung vieler wohltätiger Einrichtungen einen Namen. Er war um Verständigung zwischen Amerika und dem Deutschen Reich bemüht, blieb jedoch erfolglos.

Die Unterredung mit Spring Rice war nicht so angenehm. Er teilte Oberst House mit, Sir Edward Grey sehe „persönlich gern" eine amerikanische Vermittlung, aber er habe noch keine Zeit gefunden, das „Angebot bei seinem eigenen Kabinett, noch viel weniger bei den Alliierten" zur Sprache zu bringen. Eine solche Gleichgültigkeit überraschte den Oberst und den Präsidenten; es schien von allergrößter Wichtigkeit, House sofort nach Europa zu schicken, um eine weitere Verzögerung zu verhindern.

Aus dem Beglaubigungsschreiben, das Oberst House am Abend vor seiner Abreise nach Europa erhielt, ersieht man deutlich das grenzenlose Vertrauen, das der Präsident in das Urteil seines engsten Ratgebers setzte: „Es ist mir ein besonderes Vergnügen, Sie als persönlichen Bevollmächtigten zur Erfüllung einer diplomatischen Mission fortgehen zu lassen, die Sie nun so großherzig auf sich nehmen und die sich, so Gott will, als ein Mittel zum Frieden erweisen möge ... Ihre Besprechungen entspringen nicht dem Wunsch, eine andere Regierung zu etwas zu zwingen, sondern sind einzig und allein die Bemühungen eines unbeteiligten Freundes. Mögen Ihre Anregungen und Angebote nicht mißverstanden und zum Nutzen der Menschheit benutzt werden ... Wir wollen nur helfen, wenn wir können, indem wir die notwendige Bereitwilligkeit zu verhandeln, zu erreichen suchen; dies muß der erste Schritt zu einer Besprechung und Festsetzung der Friedensbedingungen sein.

Ehe der Oberst nach England abfuhr (30. Januar), hörte er indirekt von Sir Edward Grey, England könne sich solange auf keine Zustimmung zu einer amerikanischen Vermittlung einlassen, bis die anderen Entente-Mächte auch befragt worden seien. Es wäre aber von Nutzen, wenn der Oberst sich vergegenwärtigen würde, daß die englische öffentliche Meinung infolge der Haltung der amerikanischen Regierung gegen neuerliche britische Maßnahmen immer „ungünstiger werde und peinlich davon berührt sei". Er möge wissen, ganz England sei überzeugt, Deutschland habe „absichtlich einen Krieg aus reiner Angriffslust geplant". Es habe auch große Gebiete in Rußland, Belgien und Frankreich verwüstet. Die amerikanische Regierung sei nie gegen solche Frevel aufgetreten, sondern habe sich im Gegenteil in Stillschweigen gehüllt; „Großbritannien dagegen habe man als einzige Macht herausgegriffen, die einen Vorwurf verdiente".[5]

Dieser scharfe Ton Sir Edward Greys in seiner Depesche an Spring Rice (22. Januar) klang zu einer recht lieblichen Musik in seiner Unterhaltung mit Oberst House ab. Der Oberst erreichte London am 6. Februar und war bald bei Sir Edward zum Lunch. Es dauerte nicht lange, so war der Oberst ebenso von dem englischen Außenminister eingenommen wie Page. In zahlreichen vertrauten Gesprächen unterhielten sie sich über vielerlei, was mit Weltpolitik nichts zu tun hatte. Oberst House vermerkt durchaus zutreffend: „Wir sprachen von Natur, Einsamkeit und Wordsworth". Solcherlei schien ungefährlich; der Oberst merkte kaum, wie gewandt Sir Edward seine Worte schmiedete, so daß jedes von Bedeutung sein Ziel nicht verfehlte.

Der englische Außenminister besaß einen ganz eigenen Zauber, dem sich viele Amerikaner so wenig entziehen konnten, wie die Sterne dem Gesetz der Schwere. Darin unterschied sich Sir Edward grundsätzlich von Präsident Wilson, der manchmal einen verschlossenen Eindruck machte und mit Leuten umgehen konnte, ohne etwas für sie übrig zu haben. Bei Sir Edward dagegen schimmerte das Menschlich-Allzumenschliche hindurch, und dieser Zug gewann ihm Freunde. Man konnte sich ihn leicht vorstellen, wie er an Menschen schreibt, die sich haben etwas zuschulden kommen lassen, ohne ihr Vergehen zu erwähnen, aber doch mit dem Unterton, menschliche Schwächen seien auch ihm nicht fremd. In einer solchen Umgebung fiel von Oberst House die letzte Spur Neutralität ab, und bald sah er nur noch durch Sir Edward Greys Augen.

Das rasche Aufgehen in der Gedankenwelt des englischen Außenministers beeinflußte den Plan einer amerikanischen Vermittlung sehr ungünstig. Oberst House nahm die sich ihm bietende Gelegenheit nicht wahr und trägt eine schwere Last der Verantwortung für den eingeschlagenen Kurs. Am 10. Februar schrieb Botschafter Gerard an den Präsidenten, „Berlin habe Neigung", auf angemessene Friedensvorschläge einzugehen. Ein paar Tage später schrieb Gerard an Oberst House, Deutschland mache zwar keine Friedensvorschläge, wäre aber für einen „vernünftigen Frieden" zugänglich. Die Alliierten möchten an die amerikanische Botschaft in Berlin ihre Friedensbedingungen „mündlich und geheim" schicken. Dies müsse aber unbedingt sofort geschehen, denn der „Friede" sei beinahe eine Frage von „Stunden". Am 19. Februar telegraphierte er an Staatssekretär Bryan, der günstige Augenblick für eine Verständigung „gehe eben vorüber". Wenn Oberst House mit einem „vernünftigen Vorschlag" nach Berlin komme, würde er „mit aller Wahrscheinlichkeit" angenommen werden.

Die wiederholten dringenden Vorstellungen Gerards wurden durch eine Note des Unterstaatssekretärs Zimmermann vom Auswärtigen Amt ergänzt. Der Oberst erhielt die Versicherung, die deutsche Regierung sei bereit, ihren Teil dazu beizutragen, um die „gewünschte Beendigung des Krieges herbeizuführen". Es bestünden aber „gewisse Grenzen", die das Auswärtige Amt nicht „überschreiten" könne, so sei die vorgeschlagene Entschädigung an Belgien „kaum möglich".

Oberst House besprach umgehend mit Sir Edward Grey die Folgerungen aus dem Brief Zimmermanns und hatte zunächst das Empfinden, je „früher" er nach Deutschland gehe, desto „besser". Aber das dauerte nicht lange. Sir Edward wies auf gewisse deutsche militärische Maßnahmen gegen Rußland hin, die die allgemeine Lage bedeutend beeinflussen könnten. Angesichts des ungewissen Standes der Dinge sei es für den Oberst klüger, seine Reise nach Berlin aufzuschieben. Dies gab Sir Edward dem Oberst zu bedenken und lenkte dann die Unterhaltung auf eine Zukunft, wenn es möglich wäre, den Krieg zu ächten und die Menschheit von der drückenden Bürde einer großen Bewaffnung zu befreien. Die pazifistischen Worte bestärkten den Oberst in dem Glauben, er und Sir Edward seien verwandte Geister; „mehrere Male" wiederholte er, es sei seine feste Überzeugung, Sir Edward Grey und Präsident Wilson hätten „dasselbe Ziel" im Auge, das in den „Friedensbedingungen" verwirklicht werden sollte.

Nach der Unterredung mit Sir Edward schrieb der Oberst dem Präsidenten, er sei „noch unentschlossen, wie er es mit Berlin halten solle". Die englische Regierung sei „äußerst vorsichtig", wenn es um die Frage einer Vermittlung gehe; niemand in England glaube, Deutschland sei zum Frieden bereit. Es sei wohl besser, „die Sache sich weiter entwickeln zu lassen", ehe er nach Berlin gehe.

Ehe der Präsident diesen Brief aus London erhalten konnte, drängte er House in einem Telegramm, er solle die „sich bietende Gelegenheit" ergreifen und „den größten Frieden stiften, der je unterzeichnet worden ist". Das Unheil sei nicht abzuschätzen, wenn er länger „zögere oder einen Augenblick warte".

Der Oberst erhielt die Nachricht des Präsidenten am 16. Februar, und am 18. hatte er den Brief Botschafter Gerards in den Händen, der darauf bestand, es sei dringend notwendig, sofort mit der Vermittlung zu beginnen. Die Mitteilungen machten jedoch kaum Eindruck auf ihn. Er hatte mit Sir Edward Grey und Premierminister Asquith gesprochen, und Asquith hatte immer wieder betont, es sei „nutzlos", Berlin zu besuchen, ehe der deutsche Feldzug gegen Rußland bis zu einem gewissen Ende gekommen sei. Schließlich gewann der Oberst die Überzeugung, „der psychologische Moment zur Beendigung des Krieges sei der ... erste Dezember". Man wird sich daran erinnern, daß dies gerade die Zeit war, die Staatssekretär Bryan für einen weiteren Schritt vorgesehen hatte, als Oberst House zum Abwarten riet.

Der Präsident wurde ungeduldig, als er merkte, daß sich der Oberst von britischen Staatsmännern in eine Verzögerungspolitik hineinziehen ließ, die jeden Erfolg einer Vermittlung zunichte machen mußte. Am 20. Februar sandte er ein Telegramm, das weit schärfer gefaßt war, als seine gewöhnlichen Mitteilungen, an den Oberst: „Ihre Depesche vom 17. empfangen. Sie dürfen natürlich nicht zu weit gehen und die englische Regierung bestimmen lassen, wann es am besten ist, nach Deutschland zu gehen. Sie wollen selbstredend eine Zeit abwarten, bis sie infolge einer günstigen Gefechtslage oder sonstwie im Vorteil sind. Wenn der Eindruck in Berlin entstehen würde, Sie kommen nur auf Anraten der britischen Regierung, so könnte man Sie dort eher als Sprecher Englands denn Amerikas ansehen."

Der Oberst kümmerte sich auffallend wenig um diesen Tadel des Präsidenten. Das Vertrauen auf die Macht über den Präsidenten wurde gerechtfertigt, als mehrere Tage später ein anderes Telegramm aus dem Weißen Hause eintraf, das wie gewöhnlich freundlich und vertrauensvoll gehalten war: „Ich lasse mich natürlich gern von Ihrem Urteil in jedem Falle leiten."

Seiner Sache sicher, wartete der Oberst bis 7. März, als Sir Edward Grey schließlich meinte, es sei für den amerikanischen Friedensmann an der Zeit, Berlin zu besuchen. Ehe der Oberst in die deutsche Hauptstadt kam, hielt er sich in Paris auf, zu einer Unterredung mit Delcassé, dem französischen Minister des Äußeren. Der Oberst hatte einen kühlen Empfang in Paris befürchtet, und selbst Sir Edward war ein „wenig besorgt" darüber, wie sich Delcassé stellen werde. Aber der Oberst hielt sich sehr zurück und versicherte seinen französischen Zuhörern, Präsident Wilson wolle „ihre Gefühle in keiner Weise dadurch verletzen, daß er einen verfrühten Friedensvorschlag mache". Diese diplomatische Abfassung der Wünsche des Präsidenten hatte die gewöhnlichen höflichen Antworten zur Folge – und der Oberst fuhr weiter nach Berlin.

Er wurde vom Kanzler und dem ganzen Auswärtigen Amt herzlich empfangen. Daraus meinte er den Schluß ziehen zu dürfen, die Diplomaten Englands und Deutschlands wollten eher einen Frieden als die Bevölkerung im allgemeinen. Die freundliche Haltung der deutschen maßgebenden Persönlichkeiten zu der vielerörterten Frage der Freiheit der Meere überraschte ihn, und er hütete sich, „in Berlin etwas davon verlauten zu lassen, daß seiner Ansicht nach den Engländern der Löwenanteil zufallen würde". Es sei die „große Ironie" des Krieges, meinte er, daß sein Vorschlag der Freiheit der Meere „so eifrig von den Deutschen aufgegriffen und mit Hohn von England zurückgewiesen wurde". Der Oberst konnte aber trotzdem wenig erreichen. Zimmermann teilte ihm offen mit, der Beginn von Friedensbesprechungen aufgrund von „Bedingungen, die möglicherweise angenommen werden könnten, bedeute den Sturz der Regierung und des Kaisers".

Es blieb dem Oberst nichts anderes übrig, als nach Paris zurückzukehren, ohne dort einen weiteren Versuch zu machen, die Frage einer amerikanischen Vermittlung anzuschneiden. Für die französischen Politiker schien der Präsident „prodeutsch eingestellt zu sein", und manche behaupteten, er sei auf „Fang der prodeutschen Stimmen" in den Vereinigten Staaten aus. Delcassé selbst besaß allerdings „die Freundlichkeit", die „Unterhandlungen und Bemühungen" des Oberst zu „billigen und die „Unparteilichkeit" des Präsidenten in seinen Beziehungen mit den kriegführenden Mächten zu würdigen.

Dieses Lob des Außenministers eines Volkes, das den Präsidenten von Grund auf falsch beurteilt hatte, machte auf Wilson den besten Eindruck. Jemand in Frankreich zu finden, der nicht kritisch eingestellt war, schien so erstaunlich, daß sich der Präsident bei der Würdigung dieser völlig unbedeutenden französischen Geste zu einem lyrischen Erguß hinreißen ließ: „Ich freue mich besonders über das, was Sie über Ihre Unterredung mit dem französischen Außenminister berichten. Danken Sie bitte dem Minister und dem Präsidenten herzlich für die großmütige Aufnahme unseres Freundschaftsangebotes in demselben Geist, wie wir das Anerbieten gemacht haben und mit völligem Verständnis für die von uns in Aussicht genommene Aufgabe. Amerika wird sich daran erinnern, wie es der Großmut Frankreichs gegenüber den Vereinigten Staaten stets eingedenk ist."

Oberst House übermittelte den wesentlichen Inhalt dieses widerlichen Briefes an Delcassé und kehrte dann nach England zurück. Am 5. Juni fuhr er nach Amerika weiter und war überzeugt, ein Krieg mit Deutschland sei nur eine Sache von Wochen. Er hatte eine ausgezeichnete Gelegenheit, den Frieden der Welt wiederherzustellen, kläglich vertan. Im nächsten Jahre bestand seine Aufgabe darin, die Bande, die die Vereinigten Staaten an die Entente-Mächte knüpften, so eng zu gestalten, daß eine amerikanische Teilnahme am Weltkrieg von den Launen Sir Edward Greys abhing. Das House-Grey-Abkommen (22. Februar 1916) war das Ergebnis geheimer und hinter verschlossenen Türen geführter Abmachungen. Bereits ehe House nach Amerika abfuhr, legte ihm Sir Edward nahe, Amerika solle seine alte Isolierungspolitik aufgeben und dafür die Führung in einem Parlament der Weltmächte übernehmen. Die Vereinigten Staaten müßten „dabei sein, wenn die großen Ideale des Friedens in Frage stehen und es sich darum handelt, ob die Menschlichkeit höher steht als materieller Militarismus und politischer Ehrgeiz und ob sie ihre Stellung behauptet. Deutschland ist heute eine Gefahr, aber die Gefahr kommt jedes Jahrhundert von neuem, wenn Europa sich selbst überlassen bleibt. Die Gefahr kann nicht auf einen Kontinent beschränkt werden – die Welt ist zu eng miteinander verbunden durch moderne Erfindungen und Verhältnisse".

Sir Edward Grey schrieb dann Oberst House über Friedensvorschläge, die ihm durch die Vermittlung eines amerikanischen Korrespondenten für die Chicago „Tribune" überbracht worden waren: „Herr Bell von der Chicago ‚Tribune' ließ durch meinen Privatsekretär anfragen, ich möchte Herrn Swinge von seiner Zeitung empfangen. Dieser sei in Berlin gewesen und habe kürzlich mit v. Bethmann-Hollweg gesprochen, der sich über einen Frieden geäußert und Herrn Swinge erlaubt hat, die Äußerungen weiterzugeben … Ich empfing Herrn Swinge vor ein paar Tagen. Bethmann-Hollweg scheint etwa folgendes gesagt zu haben: Letzten Februar hätte ein Friede zustande kommen können, wenn wir damals Vorschläge gemacht hätten; Deutschland könne noch immer mit England Frieden schließen, aber es sei eine Sache von Tagen, denn die Gelegenheit könnte vorübergehen. Die Bedingungen für einen Frieden zwischen Deutschland und England seien: Zurückgabe aller Kolonien an Deutschland, die Wiederherstellung der Unabhängigkeit

Belgiens und die Bezahlung einer Kriegsentschädigung Englands an Deutschland ... Ich sagte, es sei Schimpf und Schande, eine Kriegsentschädigung von einem Land zu verlangen, das nicht besiegt worden sei. Eine Kriegsentschädigung bedeutet, ein Volk muß für ein anderes so lange Sklavenarbeit verrichten, bis die Schulden abbezahlt sind. Herr Swinge gab zu, es sei ihm ein Schauder über den Rücken gelaufen, als v. Bethmann-Hollweg eine Kriegsentschädigung erwähnte, aber er vermute, sie sei eine Entschädigung Deutschlands für den Verzicht auf Belgien."

Die wohlgemeinten Anstrengungen nichtzünftiger Diplomaten und „Zwischenträger" mußten mit einem Mißerfolg enden. Sir Edward teilte Oberst House mit, aussichtsreiche Schritte zu einer Vermittlung könnten nur von den Vereinigten Staaten ausgehen. Aber selbst wenn eine amerikanische Vermittlung erfolgreich den Weltkrieg beendigen würde, bestünde immer die Gefahr eines neuen Konflikts, sobald ein paar Jahre verflossen seien. Die Welt brauche vor allem einen Bund von Völkern, um zukünftige Kriege zu verhindern.

Oberst House war lebhaft an einer Ächtung zukünftiger Kriege interessiert. Er betonte in einem Brief an Sir Edward (3. September), wie wichtig es sei, in den vorgesehenen Friedensbedingungen „Militarismus und Seerüstung auszumerzen". Sir Edward erwiderte sofort, am besten könne man auf eine starke Bewaffnung in der Zukunft verzichten, wenn eine feste Mauer von Nationen jede Drohung eines Angriffskrieges ausschließe: „Hat etwa der Präsident die Absicht, einen Völkerbund vorzuschlagen, der verpflichtet wäre, gegen jede einen Vertrag brechende Macht vorzugehen ... oder die im Streitfall eine Entscheidung ausschließlich durch einen Krieg erzwingen wollte?"

In einem unveröffentlichten Teil des Briefes vom 22. September erkundigte sich Sir Edward Grey nicht nur, wie sich Präsident Wilson zu dem Gedanken eines Völkerbundes stellen würde, sondern erörterte auch die Möglichkeit eines amerikanischen Eingreifens in den Weltkrieg auf seiten der Alliierten: „Ich freue mich sehr, über Ihre Feststellung, daß Ihr Volk langsam aber sicher erkennt, um was es in diesem Kriege geht, und daß es Ihrer Ansicht nach sich zu Entschlüssen mit vorher unvorstellbarer Tragweite aufraffen wird, um eine gerechte Lösung zustandezubringen, ob ihr letzten Endes in den Krieg verwickelt werdet oder nicht. England ist verpflichtet, mit seinen Alliierten bis zum Sieg weiterzukämpfen, solange sie fechten wollen. Wenn wir und Frankreich besiegt würden, so hätten wir als Weltmächte unsere Rolle ausgespielt."

Eine englisch-amerikanische Entente stand bevor, und Oberst House bemühte sich, sie in die Wirklichkeit zu überführen. Das hätte zur Folge, daß die Vereinigten Staaten aufgefordert würden, Friedensbedingungen zu unterschreiben, die die alliierten Regierungen Deutschland auferlegen wollten, ferner, daß amerikanische Menschenleben und amerikanisches Gut auf dem profanen Altar des europäischen Imperialismus geopfert würden. Wahrscheinlich hatte Oberst House tatsächlich keinen Überblick über alle die Folgerungen, die sich aus seinen gutgemeinten Friedensbemühungen ergaben; seltsam berührt aber sein geringes Verständnis für die Wirklichkeiten der Politik. Mit Billigung des Präsidenten umriß er in einem Brief an Sir Edward Grey die Haltung Amerikas: „Meiner Meinung nach wäre das Unglück nicht auszudenken, wenn der Krieg so weit ginge, daß die Alliierten mit Hilfe der Vereinigten Staaten keinen Frieden nach unseren oft besprochenen Gesichtspunkten zustande bringen würden ... Wenn Sie einen Zeitpunkt für unser

Eingreifen für günstig erachten, werde ich mich mit dem Präsidenten in Verbindung setzen … Ich würde nach einer Besprechung mit Ihrer Regierung nach Berlin weiterfahren und ihnen mitteilen, der Präsident wolle eingreifen und diesen Vernichtungskrieg beendigen … Ich würde Berlin natürlich nicht wissen lassen, daß eine Verständigung mit den Alliierten stattgefunden hat, sondern durchblikken lassen, die Alliierten würden unsere Vorschläge zurückweisen. Dies könnte Berlin zur Annahme der Vorschläge veranlassen, und wenn sie sich ablehnend verhielten, hätten wir trotzdem die Absicht, einzugreifen."

Dieser Brief mit seinen verlogenen, an Berlin gerichteten Vorschlägen, die die deutsche Regierung arglistig zur Annahme einer amerikanischen Vermittlung bringen sollten, zeigt offen, wie weit sich der Oberst herabließ, um sein Ziel zu erreichen. Er zeigt auch, wie unangebracht es ist, Amateurdiplomaten die Führung der amerikanischen Außenpolitik anzuvertrauen. Der Oberst war bar jedes klaren Verständnisses der Kräfte, die seit langem die europäische Diplomatie beeinflußt hatten; und sicher war er sich über die geheimen „Abmachungen" und Verpflichtungen der Entente nicht völlig im klaren. Er vertraute ganz auf den Idealismus Sir Edward Greys, ohne zu bedenken, daß Sir Edward bei der Gestaltung eines europäischen Friedens keine „freie Hand" hätte.

Der Präsident ließ sich gleichfalls durch einen Idealismus blenden, der mit der Wirklichkeit nichts mehr gemein hatte. Der Brief des Oberst schien ihm des höchsten Lobes wert: „Der Brief ist ganz in Ordnung. Ich bitte Gott, er möge zu einem Erfolg beitragen".

Am 9. November erkundigte sich Sir Edward telegraphisch bei Oberst House, ob der in seinem Brief vom 17. Oktober enthaltene Vorschlag in Zusammenhang mit dem Vorschlag für einen Völkerbund gebracht werden solle, auf den in dem Brief an den Oberst vom 22. September besonders hingewiesen worden war. Oberst House antwortete sofort, mit Billigung des Präsidenten, zustimmend. Der Weg zu einer grundlegenden Änderung der amerikanischen Politik war beschritten. Sollte Deutschland amerikanische Friedensvorschläge nicht beachten, so würde Präsident Wilson dies als ausreichenden Kriegsgrund ansehen. Am Ende eines solchen Krieges würde Amerika seine übliche Isolierung aufgeben und einer internationalen Liga beitreten, um den Weltfrieden zu garantieren.

Aber Sir Edward Grey zweifelte noch daran, ob eine amerikanische Hilfe ernst zu nehmen sei und teilte Oberst House bezüglich einer Vermittlung mit, die Alliierten könnten sich nicht „mit gebundenen Händen auf einen Vorschlag einlassen, ohne genau zu wissen, worin er bestand und ob die Vereinigten Staaten … zu einer Intervention bereit wären und ihr Wort hielten, wenn die Alliierten zustimmten". Diese übermäßige Vorsicht des britischen Außenministers ärgerte Oberst House; er schreibt deshalb in seinem „Tagebuch": „Sir Edward sieht die Lage offensichtlich pessimistisch an. Das Angebot in meinem Brief – das letztlich den Sieg der Alliierten zur Folge hätte – hätte einen wärmeren Empfang verdient. Die Briten sind in vieler Hinsicht schwer von Begriff."

Um die Briten trotz ihrer eigenen Verblendung zu retten, beschloß der Präsident, Oberst House nach London zu schicken, um Sir Edward Grey und andere Mitglieder des britischen Kabinetts davon zu überzeugen, daß Amerika bereit sei, „unbegrenzte Opfer" für die Alliierten zu bringen.[6] Er würde sie retten, ob sie wollten oder nicht.

Als der Oberst eiligst Vorbereitungen zu einer unauffälligen Abreise nach Europa traf, um jedem Gerede aus dem Wege zu gehen, erhielt David Lawrence von dem Auftrag Kenntnis und berichtete darüber in der New Yorker „Evening Post". Nach Lawrence sollte der Besuch des Oberst dazu dienen, „die Aussichten für den Frieden zu untersuchen". Der Besuch bedeute nicht notwendigerweise, daß „von Frieden geredet werden dürfe – man habe dazu keinerlei Grund". Der Präsident habe großes Vertrauen auf das „treffsichere Urteil und die scharfe Beobachtungsgabe, die völlige Vertrautheit mit der europäischen Diplomatie und Politik und überdies die Fähigkeit des Oberst, genau sagen zu können, aus welcher Richtung der politische Wind weht ... Man darf auch nicht vergessen, daß William Jennings Bryan immer wieder gedrängt worden war, nach Europa zu gehen; er hat auch diese Gedanken noch nicht aufgegeben. Sollte er sich plötzlich zu einer Reise über den Atlantik entscheiden, dann würde ihn das Prestige seiner Freundschaft mit dem Präsidenten und der Ruhm begleiten, Staatssekretär und dreimal Führer gerade der Partei gewesen zu sein, die jetzt an der Macht ist".

Oberst House war über den „sensationellen" Artikel David Lawrences überrascht und verärgert. Der Präsident selbst war „ob der Mitteilung der ‚Evening Post' sehr verstimmt. David Lawrence hat uns in eine unangenehme Lage gebracht. In einem langen Brief erklärt er, er habe erfahren, Herr Bryan wolle am 28. abfahren, und er habe sich überlegt, es wäre das beste, zuerst über Ihre Fahrt zu berichten, um zu vermeiden, daß man eine Beziehung zwischen Herrn Bryans Auftrag und Ihrem eigenen vermutet".

Schließlich konnte Oberst House trotz dieser kleineren Widerwärtigkeiten New York am 28. Dezember verlassen und erreichte am 6. Januar 1916 London.[7] Er nahm sofort Besprechungen auf mit Sir Edward Grey und anderen britischen Staatsmännern über das gefährliche Thema der Freiheit der Meere. Sir Edward war für eine freie See, vorausgesetzt, daß der Militarismus zu Land vernichtet und die Vereinigten Staaten zur Wahrung des Weltfriedens „einem allgemeinen Pakt beitreten" würden.

Als Oberst House sich telegraphisch erkundigte, ob Amerika einem Völkerbund anzugehören wünsche, gab der Präsident folgende Antwort: „Freue mich, wenn Sie meine Versicherung weitergeben würden, ich sei dazu bereit und froh, wenn Gelegenheit sich bietet, bei dem Bestreben mitzuwirken, einen dauernden Frieden unter zivilisierten Nationen zustandezubringen und aufrechtzuerhalten."

Dieses geschichtliche Kabel, das eine völlige Änderung der amerikanischen Außenpolitik vorsah, machte in England nicht den Eindruck, den Oberst House erwarte hatte. Arthur Balfour schien nicht übermäßig begeistert und machte dem Oberst gegenüber die Bemerkung, er wolle zusehen, „welche Zugeständnisse seine Kollegen der amerikanischen Meinung zu machen gewillt seien". Diese Bemerkung veranlaßte House zu dem Protest, Amerika sei die Nation, die zu Zugeständnissen bereit sei, weit eher als England. Man könne nichts erreichen, wenn die englische Regierung nicht die amerikanischen Vorschläge in einem „Geist der Selbstlosigkeit" prüfen wolle.

Nach dieser sachten Zurechtweisung Balfours hatte Oberst House eine Zusammenkunft mit Botschafter Page, Lloyd George, Reginald McKenna, Austen Chamberlain und Lord Reading. Um von vornherein einen herzlichen Ton in die Unterhaltung zu bringen, bat Botschafter Page Oberst House, er möge erklären, wie sich England in dieser kritischen Zeit verhalten solle. Der Oberst war in Form; seine Antwort war genau das, was man von einem treuen Diener der Krone erwarten konnte: „Die Vereinigten Staaten wünschen, daß sich England so verhält, daß die Vereinigten Staaten England zum Sieg verhelfen können".

Ein solcher Eifer, mitzuarbeiten, wie ihn der Oberst durch diese Äußerung bewies, konnte nicht unberücksichtigt bleiben. Als engster Ratgeber des Präsidenten wurde er eingeladen, vertraulichen Beratungen beizuwohnen, in denen über wichtige Staatsgeheimnisse verhandelt wurde. Der nächste Schritt war, dem Oberst zu gestatten, einen Chiffre-Code des Außenministerium zu benutzen, eine Gunst, die nie zuvor einem Ausländer zuteil wurde. Stets wurde ihm jedes wünschenswerte Entgegenkommen erwiesen; er vergalt die Begünstigungen durch sein rückhaltloses Eintreten für die englische Sache. Aber so weit ließ er sich nicht bringen, Pläne, die auf eine Zerstückelung oder Vernichtung Deutschlands hinausliefen, zu unterstützen. Die Friedensbedingungen, die er für angebracht erachtete, enthielten die Punkte: Abtretung Elsaß-Lothringens an Frankreich; Wiederherstellung Belgiens und Serbiens; Abtretung Konstantinopels an Rußland. Um diese Neuordnung zu garantieren, hielt er die Schaffung eines Völkerbundes für sehr zweckdienlich. Mit diesen Vorstellungen verließ er England am 20. Januar und kam sechs Tage später in Berlin an.

Am 27. Januar hatte der Oberst eine sehr interessante Unterredung mit Dr. Solf, dem deutschen Staatssekretär für die Schutzgebiete, der ihm als „der anständigste und weitblickendste aller deutschen Beamten" vorkam. Aus einem Brief, den Dr. Solf an Staatssekretär v. Jagow einen Tag nach seiner Unterredung mit Oberst House (am 28. Januar) schrieb, scheint hervorzugehen, daß der Oberst mitteilsamer als gewöhnlich war. Er teilte Dr. Solf mit, Sir Edward Grey sei sehr für den Frieden, aber andere, für den Frieden weniger eingestellte Politiker seien gegen ihn. Oberst House ließ sich dann gegen englische Politiker aus. Der König sei ein „nobody", und im englischen Kabinett sei kein Staatsmann von besonderer Fähigkeit. Obgleich man ihn von der unfreundlichen Stimmung in Deutschland gegen Amerika unterrichtet habe, müsse er jetzt einsehen, daß in England die Stimmung gegen Amerika „vielleicht schlimmer" als in Deutschland sei.

Im Verlauf einer Unterredung mit dem Kanzler besprach der Oberst die Frage der Freiheit der Meere und versicherte, der Präsident würde den Grundsatz der Freiheit der See lebhaft unterstützen. Als man auf die Frage möglicher Friedensbedingungen kam, dämpften die Erklärungen des Kanzlers die Erwartungen des Oberst beträchtlich. Deutschland dürfe „weder von Polen noch von Belgien bedroht werden", und es müsse auch eine Entschädigung für die Räumung Nordfrankreichs verlangen.

Die Friedensbedingungen, wie sie der Kanzler umriß, standen so außerhalb der üblichen Gedankengänge des Oberst, daß er eilends Berlin mit der Überzeugung verließ, die deutsche Regierung würde „Friedensbedingungen selbst der gemäßigtsten alliierten Staatsmänner nicht zustimmen".[8] Paris bedeutete für ihn eine Erleichterung. Briand und Jules Cambon teilte er mit, Amerika wünsche nichts mehr, als daß die französischen Politiker „sich so verhalten, daß man ihnen die größte Unterstützung zuteil werden lassen kann". Nach dieser herzlichen Eröffnung beschloß der Oberst, „den Chefs der französischen Regierung seine Auffassung völlig darzulegen". Wenn sie meinten, Frankreich könne ohne Hilfe Deutschland besiegen, würde der Präsident sich „fern halten, und sie könnten ihre eigenen Bedingungen diktieren". Wenn sie jedoch einmal befürchten, Boden zu verlieren, würde der Präsident „eingreifen, um sie zu retten und einen auf Gerechtigkeit aufgebauten Frieden garantieren". In anderen Worten, „je mehr die Aussichten der Alliierten sinken, je enger wären die Vereinigten Staaten mit ihnen verbunden".

Nach dieser folgenschweren Verpflichtung – wodurch Oberst House und der Präsident ohne Wissen des Kongresses oder der amerikanischen Bevölkerung bereit waren, amerikanische Waffenhilfe den Alliierten zur Verfügung zu stellen reiste der Oberst nach London, um diese Versprechung schriftlich festzulegen. In einer Denkschrift vom 22. Februar 1916 wurde das wohlbekannte House-Grey-Übereinkommen entworfen, und am 8. März teilte Oberst House Sir Edward Grey die Bestätigung des Präsidenten mit einer nur geringfügigen Änderung mit. Die ersten beiden Abschnitte der Denkschrift lassen erkennen, wie weit die amerikanischen Verpflichtungen gingen: „Oberst House [schreibt Sir Edward Grey] sagte mir, daß Präsident Wilson bereit wäre, auf die Nachricht aus Frankreich und England [hin], daß der geeignete Zeitpunkt gekommen sei, eine Konferenz einzuberufen, um dem Krieg ein Ende zu setzen. Nähmen die Alliierten diesen Vorschlag an und wiese ihn Deutschland zurück, so würden die Vereinigten Staaten wahrscheinlich in den Krieg gegen Deutschland eintreten.

Oberst House gab seiner Meinung Ausdruck, daß eine solche Konferenz, wenn sie zusammenträte, den Frieden unter für die Alliierten nicht ungünstigen Bedingungen sichern würde; scheiterte sie aber in ihrem Bemühen, den Frieden zu sichern infolge der Maßlosigkeit Deutschlands, so würden die Vereinigten Staaten [wahrscheinlich[9]] die Konferenz an der Seite der Alliierten als Kriegführende verlassen."[10]

In dem Augenblick, als die Unterhandlungen, die zu dem House-Grey-Abkommen führten, vor einem erfolgreichen Abschluß standen, erkannte Oberst House erst völlig, wie sich Staatssekretär Lansing neuerdings zu der Frage der bewaffneten Kauffahrteischiffe einstellte. Jede Begrenzung der Rechte der alliierten Mächte auf hoher See konnte er nur als Wahnsinn ansehen. Amerikas Pflicht sei es, die Anstrengungen der Alliierten, den deutschen Militarismus zu zerschlagen, eher zu unterstützen, als ihnen entgegenzutreten. Diese Überzeugung veranlaßte ihn, an Lansing ein kurzes, unmißverständliches Telegramm zu senden (14. Februar) und auf die Notwendigkeit hinzuweisen, vorläufig alles zu vermeiden, was die alliierten Regierungen behindern würde.

Präsident Wilson war sich sofort im klaren, worauf der Oberst abzielte. Offenbar war es ihm gelungen, die Alliierten dazu zu überreden, die amerikanische Vermittlung zwecks einer raschen Beendigung des Weltkrieges anzunehmen. Das Rundschreiben Lansings vom 18. Januar müsse demnach sofort zurückgenommen werden, und die amerikanische Außenpolitik würde sich von nun an in anderen Bahnen bewegen. Der amerikanischen Neutralität sollte in aller Stille vollständig der Garaus gemacht werden.

Kapitel XVII

Der Kongreß erhebt Einspruch gegen Wilsons Kriegspolitik

Es ist nur zu klar, daß Oberst House sowohl auf den Präsidenten als auch auf Staatssekretär Lansing entscheidend einwirkte bei der Festlegung der endgültigen Haltung der Administration in der Frage der bewaffneten Kauffahrteischiffe. Das Telegramm des Oberst vom 14. Februar, in dem das Staatsdepartement ersucht wird, vorläufig nichts zu unternehmen, zeigte Lansing, daß es zweckmäßig sei, rasch den Standpunkt zu ändern. Sein Zirkulartelegramm vom 16. Februar an die „Diplomatischen Beamten in den europäischen Ländern" verriet den strategischen Rückzug aus einer Stellung, die er am 18. Januar so selbstsicher behauptet hatte. Lansing begab sich Hals über Kopf ins alliierte Lager, und sein Gefühl sagte ihm, daß das Zustandekommen einer anglo-amerikanischen Entente nur noch eine Angelegenheit von ein paar Tagen sei.

Die neue Haltung Lansings fand sofort Unterstützung bei Botschafter Page, der dem Präsidenten ein langes Telegramm schickte, in dem er ihn dringend aufforderte, die diplomatischen Beziehungen zu Deutschland abzubrechen und sofort Vorkehrungen zur Vernichtung des deutschen Kreditmarktes zu treffen. Wenn der Präsident das tue, würde ihm „selbst das deutsche Volk dies ewig zugute halten, und er würde sich die volle und dankbare Treue des ganzen britischen Reiches, der englischen Flotte und aller Alliierten verdienen. Die großen, englischsprechenden Nationen werden ohne formales Bündnis die Bedingungen ewigen Friedens in der Hand halten".[1]

Aber die plötzliche Gesinnungsänderung Lansings kam nicht nur vom Druck des Präsidenten oder von Oberst House. Graf Bernstorff selbst war in gewissem Sinn für die Neuorientierung verantwortlich; damit ist eine interessante Geschichte diplomatischen Intrigenspiels verbunden. Sie beginnt mit einer Konferenz zwischen Staatssekretär Lansing und Baron Zwiedinek am 26. Januar. Der österreichische Geschäftsträger tat Lansing eilends kund, die Mittelmächte würden den neutralen Staaten bald ihre Absicht mitteilen, alle bewaffneten Kauffahrteischiffe als Kriegsschiffe zu behandeln, die ohne Warnung versenkt werden können. Lansing wollte nun gern haben, daß eine solche Erklärung sofort herauskäme, so daß die amerikanische Regierung deren Widerruf als eine der notwendigen Bedingungen zur Regelung des noch nicht beigelegten „Lusitania"-Falles verlangen könnte. Als er deshalb Baron Zwiedinek versicherte, je „eher" eine solche Erklärung erlassen würde, desto „besser" ließen sich die Unebenheiten der amerikanischen Beziehungen zu den Mittelmächten glätten, sandte der österreichische Geschäftsträger sofort ein Telegramm nach Wien, Lansing würde eine solche Entscheidung „begrüßen". Der Baron selbst glaubte, das Staatsdepartement sei froh, wenn die Zentralmächte etwas unternehmen würden, damit die Alliierten gezwungen wären, die Vorschläge Lansings vom 18. Januar anzunehmen. Ein paar Tage später hörte ein Agent des amerikanischen Geheimdienstes durch das angezapfte Telephon der deutschen Botschaft eine Unterredung zwischen Graf Bernstorff und einem seiner amerikanischen Freunde ab. Der Graf war in jubelnder Stimmung. Jetzt wisse er gewiß, daß er den Staatssekretär Lansing zum Rücktritt zwingen könne, weil er „so indiskret gewesen war, die deutsche und österreichische Erklärung über die zukünftige Behandlung bewaffneter Kauffahrteischiffe gutzuheißen, ehe sie veröffentlicht worden war".[2]

Als Lansing von der Bernstorffäußerung erfuhr, bat er sofort Baron Zwiedinek zu sich und ersuchte ihn, sogleich etwas zu unternehmen, um ein offensichtliches „Mißverständnis" richtigzustellen. Das Mißverständnis beruhe darauf, ob das Wort „begrüßt" gefallen sei. Der Baron erklärte bestimmt, Lansing habe das Wort „begrüßt" gebraucht, und betonte nachdrücklich, vollkommen „in gutem Glauben" gehandelt zu haben. Lansing versicherte ihm, er zweifle nicht im mindesten daran, aber trotzdem sei richtig, daß Wien glaube, das Staatsdepartement würde eine Erklärung der Zentralmächte „begrüßen", um einen Druck auf die Alliierten auszuüben, während in Wirklichkeit eine solche Erklärung nur „begrüßt" würde, weil der Staatssekretär Deutschland zwingen konnte, sie sofort als eine der Vorbedingungen zu der schwebenden „Lusitania"-Regelung wieder zurückzuziehen.[3]

Baron Zwiedinek beeilte sich, Lansings Version des Wortes „begrüßen" nach Wien zu melden; dadurch verhinderte er einen zweiten „Dumba-Zwischenfall". Das kleine Mißverständnis hatte weitgehende Wirkungen, weil es Lansing die Überzeugung vermittelte, Graf Bernstorff sei ein höchst fragwürdiger Charakter, dem man niemals trauen könne. Der vollständige Mangel an Vertrauen gegenüber Bernstorff war ein entscheidender Faktor bei dem raschen Rückzug Lansings aus der Stellung, die er im Januar 1916 in der Frage der bewaffneten Handelsschiffe eingenommen hatte.

Sein Rückzug kam gerade zur rechten Zeit. Es gab im Kongreß schon eine starke Stimmung, die dafür eintrat, die bewaffneten Kauffahrteischiffe als Kriegsschiffe anzusehen und sie von amerikanischen Häfen auszuschließen. Für diese Stimmung war Lansing selbst zum großen Teil verantwortlich. In seinen Vorschlägen an die alliierten Regierungen (18. Januar) gab er zu, wie sehr das Staatsdepartement von der Vernunft des Arguments beeindruckt sei, daß „ein Kauffahrteischiff, das irgendeine Bewaffnung trägt, im Hinblick auf den Charakter des U-Bootkrieges und die Schwäche der U-Boote gegen Angriffe, als Hilfskreuzer betrachtet und dementsprechend, sowohl von einer neutralen als auch von einer kriegführenden Regierung, behandelt werden muß. Das Staatsdepartement erwägt ernstlich, seine Beamten in diesem Sinne zu instruieren".[4]

Obgleich viele Kongreßmitglieder nicht für ein solch drastisches Vorgehen gegen bewaffnete Handelsschiffe waren, fand doch der Plan, die amerikanischen Bürger vor der Reise auf bewaffneten Schiffen zu warnen, ihre Zustimmung. Diesen Gesichtspunkt vertrat auch das Kongreßmitglied Jeff McLemore von Texas, der im Repräsentantenhaus (17. Februar) eine Resolution einbrachte, die eben eine solche Warnung vorsah. Am folgenden Tag hielt er eine Rede, in der er mit der Behauptung des Präsidenten, die amerikanischen Bürger hätten ein unbeschränktes Recht, auf dem offenen Meer in bewaffneten Schiffen kriegführender Nationalitäten zu reisen, scharfe Abrechnung hielt. Seine Haltung bezüglich der Versenkung der „Lusitania" war eine Herausforderung für die Administration: „Als die ‚Lusitania' ... durch den Torpedo eines deutschen Unterseebootes vernichtet wurde, reagierten die Amerikaner in deutlich verschiedener Weise. Einige behaupteten, die deutsche Tat ... sei ein Verbrechen und eine Schande. Andere empfanden sofort, daß diejenigen, die ihr Leben verloren hatten, in erster Linie selbst zu tadeln seien, weil sie auf einem Schiffe reisten, von dem sie wußten, daß es in Gefahr war; und viele empfanden außerdem, daß ein Volk, das gegen eine Welt von Feinden um sein Leben kämpft, schon aus Rücksicht auf seine eigenen Krieger und auf die Frauen und Kinder, die diese verteidigen, gerechterweise gar nicht vermeiden könne, jedes erreichbare feindliche Schiff zu versenken, das todbringende Waffen an Bord hat."[5]

Die tiefe Besorgnis, die der Kongreß über die Gefahren empfand, die den Amerikanern drohten, die auf bewaffneten Handelsschiffen der kriegführenden Mächte reisten, rührte vor allem daher, daß der neue deutsche Unterseebootkrieg bald einsetzen sollte. Nach der deutschen Erklärung vom 8. Februar „haben alle feindlichen Kauffahrteischiffe, die mit Geschützen bewaffnet sind, nicht länger ein Recht, als friedliche Handelsschiffe betrachtet zu werden"; sie können deshalb ohne Warnung versenkt werden. Was würde geschehen, wenn verschiedene bewaffnete Kauffahrteischiffe versenkt würden und Amerikaner ihr Leben einbüßten?

Die Beantwortung dieser Frage machte dem Staatsdepartement gerade so viel zu schaffen wie dem Kongreß. Am 16. Februar gab ein „hoher Beamter" des Staatsdepartements zu, daß ein bewaffnetes Kauffahrteischiff „einem U-Boot überlegen sei", und er ließ sich aus über die „große Schwierigkeit, eine Linie zwischen ‚offensiv' und ‚defensiv' zu ziehen". Um dem Staatsdepartement die Arbeit zu erleichtern, machte Spring Rice, der englische Botschafter, folgenden Vorschlag: „Wenn die Vereinigten Staaten die Gewähr übernehmen, daß Deutschland sein Versprechen hält, unbewaffnete Schiffe nicht ohne Warnung zu versenken, glaube ich, werden die Entente-Mächte gerne die Vorschläge des Staatsdepartements annehmen."[6]

Die Vereinigten Staaten waren selbstredend nicht in der Lage, eine solche Gewähr zu übernehmen; der Vorschlag war also wertlos. Die Lage blieb weiterhin entschieden gefährlich, und die Beamten der Administration wurden „ganz aufgeregt", wenn man sich nach dem raschen Rückzug des Staatssekretärs von dem kühnen Standpunkt vom 18. Januar über bewaffnete Kauffahrteischiffe erkundigte. Lansing selbst hatte das Empfinden, Graf Bernstorff habe „zu offen mit den Zeitungsreportern geredet". Er war so „aufgebracht" über die Handlungsweise des deutschen Botschafters, daß es in seinen Beziehungen zu Bernstorff zu einer „Spannung kam".[7]

Es war für Staatssekretär Lansing nicht leicht, Graf Bernstorff dafür zum „Sündenbock" zu stempeln, daß er selbst nicht rechtzeitig erkannt hatte, daß Oberst

House dem Staatsdepartement nie erlauben würde, in der Frage der bewaffneten Kauffahrteischiffe eine pro-deutsche Haltung einzunehmen. In einem Leitartikel der New York „Evening Post" wird die Lage klargelegt: „Bei der außerordentlich verfahrenen Lage, die sich in der U-Bootangelegenheit entwickelt hat, scheint eines endgültig festzustehen, daß nämlich die Vereinigten Staaten an ihrer bisherigen Auffassung bezüglich der Kauffahrteischiffe, die rein defensive Bewaffnung führen, festhalten werden. Was die Klagen betrifft, die in Washington gegen die Botschafter der Mittelmächte geäußert werden, so muß gesagt werden, daß unsere eigene Administration auch manchen Fehler begangen hat, mag man ihnen auch vielleicht gerechterweise vorwerfen, sie hätten zur Erschwerung der Lage beigetragen. Die Botschafter sind vielleicht bei ihrer Auslegung der Erklärungen Lansings etwas zu weit gegangen ..., aber die Schlußsätze seiner Modus vivendi-Note wiesen so auffallend auf eine Absicht unserer Regierung hin, ihre Haltung in der Frage der bewaffneten Handelsschiffe zu ändern, daß es nicht überrascht, wenn dies als Aufmunterung an Deutschland und Österreich aufgefaßt wurde, einen Vorstoß zu unternehmen."[8]

Die „verfahrene Lage" wurde nicht verbessert durch eine Warnung des früheren Staatssekretärs Bryan, der erklärte, der Präsident „vergnüge sich mit den Jingoisten und werde von Tribünenbesuchern mit Beifall überschüttet, deren Stimmen demokratischen Ohren ganz ungewohnt klingen". Nach dem unfreundlichen Vorspiel richtete Bryan an den Präsidenten eine Herausforderung, die nicht übergangen werden konnte. In der Februarnummer der Zeitschrift „Commoner" wurde die Absicht Wilsons, die „Aufrüstungspropaganda" (preparedneß) zu unterstützen, einer eingehenden Prüfung unterzogen. Aufrüstung, wozu denn? Wollte der Präsident Heer und Flotte der Vereinigten Staaten auf die Höhe bringen, um vielleicht entscheidend im europäischen Krieg eingreifen zu können? Diese Ansicht vertrat Bryan, und er zögerte nicht, seine Meinung offen auszusprechen. Wenn die letzten Reden des Präsidenten überhaupt irgend etwas bedeuteten, dann schienen sie zu zeigen, daß die „Aufrüstung, die er fordert, nicht den Zweck hat, zukünftige Kriege unmöglich zu machen, *sondern zum Einsatz in diesem Krieg bestimmt ist*, wenn er es für nötig hält ... Die Reden des Präsidenten sind viel, viel ernster zu nehmen, als das Gerede der Munitionsfabrikanten. Die Kriegsmaterialienhändler wollen nur das Geld, das sich bei der ‚Aufrüstung herausschlagen läßt; sie wollen aus der Politik des ständig hohen Rüstungsstandes Profit schlagen. Aber die Reden des Präsidenten zeigen, daß er tatsächlich an einen Krieg denkt, in dem die Vereinigten Staaten Angreifer sein werden; *das heißt, daß er zum Schutz internationaler Rechte in den Krieg ziehen will*".[9]

Der Präsident und die bedeutenden Führer im Kongreß waren sich klar darüber, daß zur Klärung der Lage sofort etwas unternommen werden müsse. Senator Stone befürchtete sehr, daß gewisse Senatoren, wie Gore von Oklahoma und Hoke Smith von Georgia, vielleicht in der Lage wären, die Administration bezüglich des Rechtes amerikanischer Bürger, auf bewaffneten Handelsschiffen der kriegführenden Mächte zu reisen, ernstlich in Verlegenheit zu setzen. Senator Gore bemühte sich, eine Resolution zur Abstimmung zu bringen, die verlangte, daß alle bewaffneten Handelsschiffe der Kriegführenden, die amerikanische Passagiere an Bord hatten, keine Ausreisegenehmigung erhalten sollten. Eine solche Resolution stand in direktem Gegensatz zu Wilsons Gesichtspunkt, die amerikanischen Bürger hätten ein unzweifelhaftes Recht, sowohl auf *bewaffneten* als auch auf *unbewaffneten* Kauffahrteischiffen kriegführender Nationalität zu reisen. Es mußten also Pläne geschmiedet werden, um den Aufstand im Kongreß niederzuschlagen. Aus diesem Grund bat der Präsident den Senator Stone, den Vorsitzenden des Auswärtigen Ausschusses des Senats, Senator Kern, den Mehrheitsführer im Senat und den Abgeordneten Flood, den Vorsitzenden des Auswärtigen Ausschusses im Repräsentantenhaus, zu einer Konferenz ins Weiße Haus.

Obgleich Flood den Zeitungsleuten später versicherte, die Konferenz sei „ohne besondere Bedeutung" gewesen, konnte man bemerken, daß in gewissen Kreisen in Washington der Pessimismus über das Weiterbestehen freundschaftlicher Beziehungen zu Deutschland immer größer wurde. Ein „hoher Beamter" drückte sich folgendermaßen aus: „Es ist alles durcheinander. Alles hängt vom Präsidenten ab."[10] Bei der Konferenz im Weißen Haus beschäftigte man sich hauptsächlich mit der Frage, wie sich die amerikanische Regierung verhalten solle, falls amerikanische Bürger infolge von U-Bootangriffen auf bewaffnete Kauffahrteischiffe der kriegführenden Mächte das Leben verlieren sollten. Präsident Wilson zögerte nicht, seine Haltung darzulegen. Wenn Deutschland „auf seinem Standpunkt bestehe, würden die Vereinigten Staaten an dem ihrigen festhalten; das würde wahrscheinlich auf einen Abbruch der diplomatischen Beziehungen hinauslaufen; das Abbrechen der diplomatischen Beziehungen würde voraussichtlich in den Kriegszustand übergehen; und ein Krieg würde an und für sich und notwendigerweise kein Unglück bedeuten, sondern, falls die Vereinigten Staaten jetzt in den Krieg zögen, wären sie vielleicht in der Lage, ihn bis Mitte des Sommers zu beenden und würde damit der Zivilisation einen großen Dienst erweisen".[11]

Die entschiedene Erklärung, daß sich aus jedem Verlust amerikanischer Menschenleben bei der Versenkung bewaffneter Handelsschiffe durch U-Boote Krieg mit Deutschland ergeben werde, schien Senator Stone zum sofortigen Handeln aufzureizen. Er schlug mit der Faust auf den Tisch und brach mit plötzlicher dramatischer Wucht los: „Herr Präsident, wollen Sie mich vielleicht verhindern, zu sehen und nachzudenken? Sie haben kein Recht, von mir zu verlangen, Ihnen auf einer solchen Bahn zu folgen. Das kann Krieg für mein Land bedeuten. Ich muß in dieser Angelegenheit meinem Gewissen folgen."[12]

Aber der Präsident blieb fest; er ließ seine Zurückhaltung fallen und wurde sehr deutlich. Jede akademische Pose wurde beiseitegeschoben, und er versuchte nicht, die Lage mit schönen Sätzen zu bemänteln. Viele seiner Worte waren „nicht derart, wie sie Präsidenten für gewöhnlich äußern".[12] Die Konferenz wurde in einer etwas stürmischen Atmosphäre fortgesetzt; schließlich verlor Senator Stone wieder die Haltung und rief heftig: „Herr Präsident! Ihrer innerpolitischen Leitung bin ich gefolgt, aber – bei Gott! – in einen Krieg mit Deutschland werde ich Ihnen nicht folgen."[13]

Die kriegslustige Haltung des Präsidenten erfüllte die Kongreßführer, die an der Konferenz vom 21. Februar teilgenommen hatten, mit ernster Besorgnis. Als sie in ihre Amtsräume im Kapitol zurückkehrten, war Senator Stone noch so erregt, daß er den Gang des Amtsgebäudes hinunterging „fluchend wie ein Landsknecht". Er wollte eben die ganze Geschichte von der Konferenz dem Senator Gore erzählen, als Senator Ollie James auftauchte und die Unterhaltung plötzlich zum Stillstand brachte. Aber die Neuigkeit von der Neigung des Präsidenten zum Krieg verbreitete sich bald im ganzen Kongreß, und „bei den Demokraten erhob sich große Bestürzung". Das Mitglied des Repräsentantenhauses, C.B. Miller, bemerkte ganz richtig: „Diese demokratischen Herren kamen vom Präsidenten und hatten das Gefühl, daß unser Regierungshaupt direkt einem Krieg mit Deutschland zusteuerte, nicht nur ganz unnötigerweise, sondern aufgrund eines sehr zweifelhaften Vorschlags.“ [14]

Je länger sich die Führer der Demokratischen Partei über die Lage unterhielten, desto aufgeregter wurden sie, bis schließlich geradezu „Verwirrung“ im Kongreß herrschte. Der Abgeordnete McLemore hatte sich so hineingesteigert, daß sein Zorn nur mit großen Schwierigkeiten besänftigt werden konnte. Seine Freunde überredeten ihn schließlich, die Absicht aufzugeben, eine tadelnde Resolution gegen den Präsidenten einzubringen. Um 4 Uhr am Nachmittag des 21. Februar rief endlich Sprecher Clark das Weiße Haus telephonisch an und bat um eine Konferenz für den nächsten Tag. Um 11 Uhr abends ließ der Präsident wissen, die geeignete Zeit zu einer Besprechung sei um 7.30 Uhr am kommenden Morgen. Diese sogenannte „Sonnenaufgangs-Konferenz“ beschränkte sich auf den Präsidenten und drei Mitglieder des Repräsentantenhauses: Champ Clark, den Sprecher; Claude Kitchin, der Führer der Demokratischen Mehrheit, und Henry D. Flood, den Vorsitzenden des Auswärtigen Ausschusses im Repräsentantenhaus. Offensichtlich informierte der Präsident diesen Dreierausschuß, daß „seiner Meinung nach der Zeitpunkt gekommen war, die Vereinigten Staaten in den Krieg zu führen, und er wünsche, daß die Führer von Repräsentantenhaus und Senat mit ihm zusammenarbeiten, um dies durchzuführen. Er vertrat die Ansicht, daß mit der amerikanischen Teilnahme der Krieg in sechs Monaten beendet sein würde. Clark, Kitchin und Flood waren alle anderer Ansicht und erklärten dem Präsidenten rundweg, daß sie, falls irgendwelche Anstrengung gemacht würde, eine Kriegserklärung gegen Deutschland zustandezubringen, im Kongreß offen und mit aller Entschiedenheit dagegen kämpfen würden. Daraufhin ... meinte Wilson, es sei nicht notwendig, Deutschland den Krieg zu erklären. Wenn man dem Grafen von Bernstorff, dem deutschen Botschafter, seine Pässe aushändige, könne man dasselbe erreichen durch eine Kriegserklärung Deutschlands an Amerika“.[15]

Einen weiteren Bericht über die „Sonnenaufgangs-Konferenz“, der ganz ähnlich lautet wie der, den Gilson Gardner gibt, findet man in einem Artikel von David Lawrence in der New Yorker „Evening Post“. Nach dieser Lesart stellte einer der drei Demokratischen Führer im Verlauf der Konferenz dem Präsidenten folgende Fragen:

„Nehmen wir einmal an, wir unterlassen es, die Amerikaner zu warnen, auf bewaffneten Schiffen der Kriegführenden zu reisen und ... ein Schiff wird versenkt und Amerikaner büßen ihr Leben ein, was dann?“

„Ich glaube, wir würden die diplomatischen Beziehungen abbrechen.“

„Was wird dann geschehen?“

„Graf v. Bernstorff hat Staatssekretär Lansing erklärt, daß Deutschland nach Abbruch der diplomatischen Beziehungen den Krieg erklären würde.“[16]

Die Demokratischen Führer sahen ganz klar, daß die deutsch-amerikanischen Beziehungen einen Krisenpunkt erreicht hatten, aus dem sich sehr wohl ein Krieg ergeben konnte. Beeindruckt von dem Ernst der Lage glaubte Senator Stone, nicht länger schweigen zu können. Am 24. Februar richtete er einen Brief an den Präsidenten, in dem er offen seine Befürchtungen darlegte, daß es zum Krieg kommen würde, falls man weiter darauf bestehe, amerikanische Bürger hätten ein Recht, auf bewaffneten Kauffahrteischiffen der kriegführenden Mächte zu reisen: „Ich glaube, ich muß Ihnen sagen, daß die Mitglieder beider Häuser außerordentlich beunruhigt und besorgt sind über das, was sie hören und lesen ... Die Lage im Kongreß ist derartig, daß sie bei vorsichtigen und überlegenden Männern ein Gefühl ernster Beunruhigung hervorrufen muß ... Ich denke, Sie kennen meine persönliche Stellungnahme in dieser Angelegenheit. So sehr und so tief ich es bedauern würde, in einem entschiedenen Widerspruch zu Ihnen zu stehen, finde ich es doch bei meiner Auffassung von Pflicht und Verantwortlichkeit schwer, darein zu willigen, daß unsere Nation in den Strudel des Weltkrieges gezogen wird, ... weil unsere Mitbürger aus Engstirnigkeit, die beinahe zu einer Art moralischen Staatsverrates wird, leichtsinnig auf bewaffneten Kauffahrteischiffen der Kriegführenden ihr Leben aufs Spiel setzen."[17]

Der Präsident antwortete umgehend in einem Brief, der seine Stellung so klar festlegte, daß ein Mißverständnis über seinen Gesichtspunkt nicht mehr möglich war: „Keine Nation und keine Gruppe von Nationen hat das Recht, während des Krieges die Grundsätze zu ändern oder außer acht zu lassen, über die alle Nationen zur Milderung der Schrecken und Leiden des Krieges übereingekommen sind; und falls die eindeutigen Rechte amerikanischer Bürger jemals unglücklicherweise durch irgendeine solche Handlung geschmälert oder geleugnet würden, hätten wir, meinem Dafürhalten nach, ehrenhafterweise kein Wahl in unserem Handeln. Ich für meinen Teil kann keinerlei Schmälerung der Rechte amerikanischer Bürger in irgendeiner Hinsicht zulassen ... Es geht hier um die Grundlage der Dinge, die Amerika zu einer souveränen Nation gemacht haben."[18]

Die gespannte Lage im Kongreß und der beruhigende Einfluß des Briefes Wilsons an Stone treten klar hervor in folgendem Eintrag in Lansings „Tagebuch": „25. Februar 1916: Montag abend (21. Februar) wurden viele Mitglieder des Hauses davon unterrichtet, daß der Präsident Krieg mit Deutschland wolle. Das kam von einer Unterredung zwischen dem Präsidenten und den Senatoren Stone und Kern und dem Mitglied des Repräsentantenhauses Flood. Am Dienstag herrschte großes Durcheinander im Hause. Mittwoch und Donnerstag desgleichen. Die Kriegsopposition entwickelte sich zu ansehnlicher Stärke. Donnerstag abend sandte der Präsident einen Brief an Senator Stone. Freitag war die Stimmung weniger hysterisch."[19]

Die „Aufregung" im Repräsentantenhaus wurde zum Teil durch die Einbringung einer Resolution durch McLemore von Texas verursacht, die vom Präsidenten verlangte, die amerikanischen Bürger vor den Gefahren einer Reise auf bewaffneten Schiffen der kriegführenden Mächte zu warnen. Die Resolution war von dem federgewandten irisch-amerikanischen Dichter Shaemas O'Sheel entworfen worden, der sowohl mit den deutschen als auch mit den irischen Propagandisten in enger Verbindung stand. O'Sheel war überzeugt, daß eine Mehrheit der Mitglieder des Abgeordnetenhauses für eine Warnung an die amerikanischen Bürger war, und als McLemore die Resolution eingebracht hatte, konnte man bald erkennen, daß sie große Unterstützung finden würde.

Am Tage nach der Einbringung der McLemore-Resolution wuchs der offene Widerstand im Kongreß gegen die tatenlose Politik des Präsidenten so rasch, daß „alte Kongreßveteranen" erklärten, sie hätten „seit vielen Jahren keine so dramatische und sensationelle Lage" erlebt. Es war ersichtlich, daß „eine Mehrheit des Hauses bereit war, zu handeln. Diese Mehrheit – im Bewußtsein ihrer Stärke kampflustig und zum Handeln getrieben durch so etwas wie eine Panik – verlangte sofortiges Handeln auf die Resolution McLemores ... daß die Amerikaner gewarnt werden sollten, auf bewaffneten Schiffen der Kriegführenden zu reisen. Zur Prüfung der Lage wurde sofort eine Sitzung der Demokratischen Mitglieder des Ausschusses für Auswärtige Angelegenheiten vom Repräsentantenhaus anberaumt. Nachher erklärten Mitglieder, die an der Sitzung teilnahmen, daß alles einstimmig für die McLemore-Resolution oder eine ähnliche Maßnahme eingetreten war".[20]

Sprecher Clark und Abgeordneter Kitchin gaben ihren Parteifreunden zwar zu, daß sie „für eine Warnung waren", bemühten sich aber, ihre Parteigenossen davon abzuhalten, den Präsidenten in eine Zwangslage zu treiben. Die beiden Demokratischen Führer waren sich aber einig darüber, daß eine „große Mehrheit" des Hauses für die Annahme einer Warnungsresolution war, trotz des Widerstandes des Präsidenten. Aber diese Mehrheit lag im Kampf gegen ein längst feststehendes Prinzip in der Führung der amerikanischen Außenpolitik – das Recht des Präsidenten, die auswärtigen Beziehungen ohne jeden ernstlichen Einspruch des Kongresses zu bestimmen.[21] Die Abtrünnigen hätten dann auch noch damit zu rechnen, daß sie für die Zukunft vom Wohlwollen und der Unterstützung des Präsidenten ausgeschlossen sein würden, und das war für die Belohnung treuer Wähler von großer Wichtigkeit. Die Art und Weise, wie sich das Mißfallen des Staatsoberhauptes gegenüber rebellierenden Demokraten äußerte, beweist sehr schön der Fall von Claude Kitchin, dem Demokratischen Mehrheitsführer im Repräsentantenhaus.

Im Herbst 1915 hatte sich Kitchin deutlich gegen das Aufrüstungsprogramm des Präsidenten gewandt. Es dauerte nicht lange, und er bekam das Mißfallen des Regierungshauptes zu verspüren. In einem Brief an H.F. Mooney erklärte er: „Ganz im Vertrauen unter uns gesagt, ich bin sicher, daß ich, was Protektion anbelangt, beim Präsidenten wenig Einfluß habe, und zwar deswegen, weil ich nicht von allem, was er durchführen will, übermäßig erfreut bin und durchaus nicht immer mit ihm übereinstimme."[22]

In einem Schreiben an Victor Murdock vom gleichen Zeitraum, legt er seine Schwierigkeiten dar: „Ich würde keine Störung befürchten … wenn ich so veranlagt wäre, daß ich meinen Hut in die Luft werfen könnte und Hurra rufen über alles und jedes, was ‚unser Präsident' will oder vorschlägt. Wenn ich das fertig brächte, säße ich ‚bombenfest' als Parteiführer und würde mich oft der Gunst des Präsidenten erfreuen, und die Bücklinge und Salams der Regierungs-‚Lakaien' wären ein ewiger Genuß. Aber, wie der Nigger sagen würde, ‚Ich nicht so gemacht'. Ich fürchte, ich muß viele solcher Vergnügen entbehren."[22]

Er hatte schon bald entdeckt, daß eine „Mehrheit der Demokraten" nicht zögern würde, „ihre Überzeugungen über Bord zu werfen, um dem Präsidenten zu gefallen". Im Februar 1916 erkannte er, daß der Präsident „den Kongreß ganz und gar beherrscht". Er kam zu diesem Schluß, als er gesehen hatte, wie rasch die Opposition auf den Druck des Präsidenten einschwenkte. Am 24. Februar, nach zweitägiger wilder Aufregung, konnte man einen „ruhigeren Ton" in den Kongreßäußerungen feststellen. Am Morgen des 25. Februar berief der Präsident wieder die drei Herren, die an der „Sonnenaufgangs-Konferenz" teilgenommen hatten – den Sprecher Champ Clark, den Mehrheitsführer Claude Kitchin und den Vorsitzenden des Auswärtigen Ausschusses vom Repräsentantenhaus, Henry D. Flood ins Weiße Haus. Als er ihnen erklärte, er halte noch daran fest, der Kongreß solle „nichts gegen seine Forderung unternehmen, daß die Rechte amerikanischer Bürger auf den

Meeren um jeden Preis verteidigt werden müßten", unterrichtete ihn Sprecher Clark davon, daß eine „Warnungsresolution mit zwei zu eins durchgehen würde, wenn sie je zur Abstimmung käme. Einige ganz Begeisterte … nähmen sogar an, sie ginge mit drei zu eins durch".[23]

Der Präsident aber lehnte die Schätzung Clarks ab und wurde noch weiter ermutigt durch die offene Unterstützung von Republikanern wie Senator Lodge, der erklärte, er stimme vollkommen mit den Ansichten des Regierungshauptes überein. Innerhalb der Demokratischen Partei hatte jedoch der Präsident auch weiterhin Schwierigkeiten. Senator Gore äußerte die Befürchtung, daß das „Staatsschiff, Bug voraus, den Klippen zutrieb". Der beunruhigenden Erklärung folgte ein Telegramm Bryans an den Abgeordneten Bailey, in dem die Hoffnung ausgesprochen wird, der Kongreß würde „mit aller Beschleunigung ein Gesetz herausbringen, daß Amerikanern, die auf Schiffen der Kriegführenden reisten, keine Pässe ausgestellt würden; oder noch besser, daß Schiffen kriegführender Nationen, die Passagiere befördern, die Ausreisepapiere verweigert würden".

Senator Gore brachte, von Bryan beeinflußt, eine gleichlautende Resolution ein, in der es hieß, der Kongreß sei der Ansicht, daß alle Bürger der Vereinigten Staaten „zu ihrer eigenen Sicherheit und im Interesse der Vereinigten Staaten auf das Recht verzichten sollten, als Fahrgäste auf irgend einem bewaffneten Schiff einer kriegführenden Macht zu reisen; … der Kongreß ist weiter der Ansicht, daß der Staatssekretär oder dessen Stellvertreter keinem Untertan der Vereinigten Staaten zu solchem Zweck einen Paß ausliefern oder erneuern soll".[24]

Doch bald zeigte sich, daß die Resolution wenig Aussicht hatte, im Senat eine Mehrheit zu erringen. Obgleich man bemerkte, daß der Kongreß dem Präsidenten einen „starken Dämpfer" aufsetzen würde, falls er „übermäßig kriegerisch" werden sollte, stellten die meisten Beobachter fest, daß in Kongreßkreisen die Abneigung wuchs, dem Regierungshaupt bei der Führung der außenpolitischen Beziehungen Schwierigkeiten in den Weg zu legen. Senator Stone erklärte, er unterstütze die Administration „aktiv", und der Sprecher Clark vergaß seine früheren Befürchtungen und gab bekannt, jede Bemühung, die Außenpolitik des Präsidenten in Mißkredit zu bringen, würde „sofort von einer großen Mehrheit niedergestimmt".

Am folgenden Tag (26. Februar) machte Staatssekretär Lansing seinen Einfluß geltend, um die Opposition gegen die Pläne des Präsidenten im Kongreß zu beruhigen. Er erklärte Flood, dem Vorsitzenden des Auswärtigen Ausschusses im Repräsentantenhaus, „daß die Agitation im Kongreß schon unberechenbaren Schaden angerichtet und den Deutschen bei den Verhandlungen mit den Vereinigten Staaten ganz spürbar den Rücken gesteift hatte". Flood „hörte teilnahmsvoll zu" und versprach, im Kongreß „mit der Exekutive" zusammenzuarbeiten. Das Eingreifen des Staatsdepartements in den Streit zwischen dem Präsidenten und der Opposition im Kongreß half beträchtlich mit, eine Situation zu retten, die „Wilson beinahe aus der Hand geglitten" war. Nach der Ansicht von David Lawrence „trug Präsident Wilson ganz sicher einen Teil der Schuld an der Auseinandersetzung; er hatte die Gewalt über die Lage allmählich verloren". Die „erstaunliche Taktik" Wilsons gab seinen Feinden im Kongreß Gelegenheit zu dem Vorwurf, seine Führung sei so „wankelmütig, daß er den einen Tag das Land vielleicht der passiven Neutralität verschreibt und es am nächsten Tag plötzlich zu kämpferischer Kriegsbereitschaft bekehrt".[25]

Es besteht kein Zweifel, daß einige der einflußreichsten Demokratischen Führer ernstlich die Befürchtung hegten, der Präsident sei bereit, Amerika in den Krieg zu führen. Der wichtigste davon war Claude Kitchin, der von den kriegerischen Neigungen des Präsidenten überzeugt war. Schon am 26. Februar schrieb er an Victor V. Aderholdt, es überraschte ihn nicht, wenn Amerika „mit Deutschland innerhalb dreißig Tagen Krieg hat, falls der Kongreß nicht eine Resolution durchbringt, die amerikanischen Bürger zu warnen, auf bewaffneten Schiffen der Kriegführenden zu reisen".[26]

Drei Tage später äußerte er, der Präsident hätte gern, daß Amerika auf seiten der Alliierten in den Krieg einträte: „Der Präsident begeht mit seinem unvernünftigen und hartnäckigen Standpunkt im gegenwärtigen U-Bootstreit den größten Fehler seines Lebens. Ich denke aber, es ist dem Kongreß gelungen, ihn etwas zu beeinflussen. *Im Vertrauen*: Ich glaube, der Präsident möchte gern Krieg mit Deutschland, – seine Sympathien sind so sehr für die Alliierten ... Ich fürchte, der Präsident paßt die erste Gelegenheit ab, gegen Deutschland loszuziehen und unser Land in einen weltumspannenden Krieg zu verwickeln."[27]

Das Handeln des Präsidenten in dieser Hinsicht würde in hohem Maße von der Handlungsweise der deutschen Regierung bezüglich der angedrohten Versenkung bewaffneter feindlicher Kauffahrteischiffe abhängen. Man muß sich daran erinnern, daß am 8. Februar das Auswärtige Amt bekannt gegeben hatte, daß „in kurzer Zeit" die bewaffneten Handelsschiffe feindlicher Mächte ohne Warnung versenkt würden. In dem kaiserlichen Befehl an die maßgeblichen U-Bootstellen (11. Februar) war klar herausgestellt, daß feindliche Handelsschiffe nur vernichtet werden sollten, wenn die U-Bootkommandanten „sicher" waren, daß sie eine Bewaffnung führten. Am 23. Februar wurde durch die Vermittlung von Admiral v. Holtzendorff und Vizeadmiral Scheer ein neuer Befehl aufgesetzt, der vorsah, daß Passagierdampfer, auch wenn sie bewaffnet waren, nicht versenkt werden sollten. „Passagierdampfer" wurden in anschließenden mündlichen Instruktionen als „große Schiffe, die *nur* zum Transport von Fahrgästen dienen", definiert.

Es war unglücklich, daß dieser letzte Befehl über die U-Bootkriegführung nicht sofort der amerikanischen Regierung mitgeteilt wurde. Statt dessen wiederholte Graf Bernstorff in einer Presseerklärung (vom 28. Februar) einfach die Bestimmungen des kaiserlichen Befehls vom 11. Februar: „Zur Eröffnung des neuen Kampfabschnittes haben die deutschen U-Bootkommandanten positive Befehle, keine Handelsschiffe ohne Warnung anzugreifen, außer wenn sie absolut sicher wissen, daß sie bewaffnet sind."[28]

Er übermittelte auch Staatssekretär Lansing eine Denkschrift, in der erklärt wurde: „Die kaiserliche Regierung wiederholt die Zusagen, die sie am 1. September und 15. Oktober 1915 gegeben hat, ist aber nicht der Ansicht, daß diese Versicherungen durch die seitdem eingetretenen Ereignisse geändert worden sind. Die zwischen der amerikanischen und der deutschen Regierung über die ‚Lusitania' geführten Verhandlungen haben sich niemals auf bewaffnete Kauffahrteischiffe bezogen ... Die Befehle, welche an die deutschen Schiffskommandanten erlassen wurden, sind so abgefaßt, daß feindliche Schiffe (Liners) aufgrund ihrer Bewaffnung nicht zerstört werden dürfen, wenn diese Bewaffnung nicht erwiesen ist."[29]

Es ist schade, daß Graf Bernstorff keine Instruktion erhielt, der amerikanischen Regierung zu versichern, daß *„alle Passagierdampfer"*, bewaffnet oder unbewaffnet, von der Vernichtung durch deutsche U-Boote ausgenommen sein sollten. Dies war ja der tatsächliche Inhalt der Befehle, die den U-Bootführern am 24. Februar gegeben worden waren, und wenn Lansing davon unterrichtet worden wäre, hätte dies wahrscheinlich die Spannung zwischen den beiden Regierungen gemildert. Das war eine Unterlassungssünde der deutschen Regierung, und die Nachrichten, die von Berlin nach Washington kamen, waren ganz entmutigend. Nach Karl H. v. Wiegand hatte man in „verantwortlichen Kreisen" in Deutschland den Eindruck, Präsident Wilson wünsche „den Bruch mit Deutschland, und Deutschland müsse dieser Möglichkeit offen ins Gesicht sehen".[30]

Die beunruhigende Pressenotiz von Berlin half mit, bei vielen Kongreßmitgliedern die Befürchtung wachzuerhalten, daß der Präsident immer noch zu einem Krieg mit Deutschland geneigt sei. Sein hartnäckiges Bestehen auf den Rechten amerikanischer Bürger, auf bewaffneten Handelsschiffen kriegführender Mächte zu reisen, hielten einige Demokratische Führer für abenteuerlich und zum Krieg aufreizend. Die Gore-McLemore-Resolutionen waren eingebracht worden, um den Präsidenten von der Stärke der kriegsfeindlichen Stimmung im Kongreß zu überzeugen, und man hatte mit aller Zuversicht vorausgesagt, daß sie mit großer Mehrheit durchgehen würden. Der Präsident hatte diesen Voraussagungen nie Glauben geschenkt. Am 29. Februar entschloß er sich plötzlich, eine Entscheidung zu erzwingen, und die Resolutionen einer Abstimmung zu unterwerfen. Am selben Tag schrieb er an den Abgeordneten Edward W. Pau, den stellvertretenden Vorsitzenden des Geschäftsordnungsausschusses, einen Brief und ersuchte ihn offen, auf eine baldige Abstimmung zu drängen.

Nach diesem Brief lud der Präsident die Senatoren Stone und Kern zusammen mit dem Abgeordneten Flood ins Weiße Haus zu einer Konferenz über die Frage des amerikanischen Reiseverkehrs auf bewaffneten Kauffahrteischiffen kriegführender Mächte. Kurz nach der Konferenz berief der Präsident den Sprecher Clark und den Abgeordneten Kitchin ins Weiße Haus, um mit ihnen über das gleiche zu verhandeln.

Im Kongreß gab es ein ungewöhnliches Durcheinander, als die Nachricht von den Konferenzen durch die Demokratischen Reihen ging. Es war klar, daß der Präsident keine „persönliche Popularität im Kongreß besaß", und wenn es „nur eine persönliche Frage" gewesen wäre, hätte er wohl „die Hälfte der Demokraten gegen sich" gefunden. Aber die Mitglieder des Kongresses wußten „nur zu gut, daß der Präsident bei Fragen von internationaler Bedeutung im Vorteil war", und daß er in außenpolitischen Angelegenheiten „immer den Patriotismus des Landes zu seiner Unterstützung aufrufen konnte."[31]

Nach dem Wunsch des Präsidenten wurde die Frage der bewaffneten Kauffahrteischiffe am 2. März 1916 im Senat zur Debatte gestellt. Senator Stone nahm die Gelegenheit wahr, den Standpunkt des Präsidenten aufzuzeigen: „Meines Wissens nimmt der Präsident folgende Haltung ein: Er hat beschlossen, die Behauptung zu unterstützen, daß Handelsschiffe kriegführender Nationen nach internationalem Gesetz das Recht haben, zu Verteidigungszwecken Waffen zu führen. Was er nun als defensive Bewaffnung ansehen will, weiß ich nicht … überdies, sollte ein deutsches Kriegsschiff ein bewaffnetes Handelsschiff beschießen und versenken, dann würde er den Angriff als ungesetzlichen Akt betrachten und, falls amerikanische Bürger darunter leiden sollten, die deutsche Regierung zur Verantwortung ziehen. Sollte die deutsche Regierung trotzdem auf ihrer Politik beharren, dann würde er die diplomatischen Beziehungen abbrechen und die Angelegenheit vor den Kongreß bringen, der nach der Verfassung über Krieg und Frieden entscheidet."

Der Senator legte dann seine eigene Haltung dar, die in scharfem Gegensatz zu der des Präsidenten stand: „Ich kann nicht umhin, zu glauben, daß ein schwer bewaffnetes feindliches Handelsschiff – gleichgültig, ob man dies nun defensive oder offensive Bewaffnung nennt – das unter Konterbande stehendes Kriegsmaterial für die Armee oder Flotte seines Landes befördert, in allen wesentlichen Punkten einem richtigen Kriegsschiff gleichkommt."[32]

Nach einer kurzen Debatte, bei der sich die Senatoren Lodge, Williams und James der Resolution widersetzten und sie als Eingriff in das Recht des Präsidenten erklärten, die auswärtige Politik der Vereinigten Staaten zu leiten und zu kontrollieren, fuhr der Senat mit der Beratung laufender Geschäfte fort. Am nächsten Tag (3. März) brachte der Senator Gore folgende Änderung seiner Resolution ein: *„Der Senat (in Übereinstimmung mit dem Repräsentantenhaus) wolle beschließen*: daß die Versenkung ohne Anruf oder Warnung eines bewaffneten Handelsschiffes einer Deutschland feindlichen Macht durch ein deutsches Unterseeboot, die den Tod eines Bürgers der Vereinigten Staaten zur Folge hat, einen gerechten und ausreichenden Grund zum Kriege zwischen den Vereinigten Staaten und dem Deutschen Reich abgeben würde."[33]

Mit der Abfassung dieser verbesserten Resolution nahm Senator Gore dem Präsidenten den Wind aus den Segeln und enthüllte den wirklichen Gesichtspunkt der Administration. Es ging natürlich nicht an, daß der widerspenstige Senator von Oklahoma als Wortführer des Präsidenten auftrat, und überdies wollte ja der Präsident gar keine klare Abstimmung über die Haltung der Administration. Er hätte viel lieber seine Kriegsneigung unter dem Deckmantel einer feurigen Verteidigung des Rechtes amerikanischer Bürger, auf bewaffneten Kauffahrteischiffen der kriegführenden Mächte zu reisen, verborgen. Das beste würde sein, die herausfordernde Resolution zurückzustellen; dies geschah mit 68 Ja- zu 14 Nein-Stimmen.

Die Handlungsweise des Senats bedeutete durchaus nicht einen glatten Sieg für den Präsidenten. Sogar Senator Gore stimmte für die Zurückstellung seiner eigenen geänderten Resolution, und Senator Jones erklärte, der Senat habe nicht „über die vorgebrachte Streitfrage entschieden. Wir haben nur Vogel-Strauß-Politik getrieben und angesichts der Gefahr den Kopf in den Sand gesteckt."[34]

Die innere Hohlheit des Sieges des Präsidenten wurde sofort von Zeitungsleuten wie David Lawrence erkannt. Lawrence meinte, die zustimmende Wahl sei „ein geringer Trost" für das Regierungshaupt. Er sei überzeugt, der Präsident habe „sehr wenig" gewonnen, und könne sich „mit solchen widersprechenden, unklaren und nebelhaften Abstimmungsergebnissen wie heute nicht zufrieden geben. Die wesentlichen Streitpunkte der ganzen Auseinandersetzung sind ungeklärt. Genau so viele Senatoren wie zuvor sind noch für die Herausgabe einer Warnung. Deutschland weiß, daß es sehr viele sind, und ist weiter durch die ausweichende Handlungsweise des Senates deutlich ermutigt, zu glauben, daß der Schutz der Amerikaner auf hoher See nie ein Kriegsgrund zwischen den Vereinigten Staaten und Deutschland sein werde."[35]

Im Repräsentantenhaus verlief die Abstimmung über die McLemore-Resolution ebenso unbefriedigend. In einem Brief des Präsidenten an Herrn Pau, den stellvertretenden Vorsitzenden des Geschäftsordnungsausschusses, war ausgeführt, daß eine Abstimmung über die schwebenden Resolutionen (Gore-McLemore) von großer Wichtigkeit sei, weil sie alle „Zweifel und Vermutungen" über die Haltung des Kongresses in der Frage der bewaffneten Handelsschiffe beseitigen würde. Dem Präsidenten lag eine Abstimmung über die McLemore-Resolution besonders am Herzen, weil er genau wußte, daß sie ungeschickt abgefaßt war. Sie hatte eine lange, abschweifende Einleitung, die viele Kongreßmitglieder als höchst unbefriedigend ansahen; aus diesem Grund erhielt die Resolution keine Mehrheit. Was die Gegner des Präsidenten hauptsächlich wollten, war eine einfache Resolution zur Warnung amerikanischer Bürger, auf bewaffneten Kauffahrteischiffen der kriegführenden Mächte zu reisen. Eine solche Resolution wäre sehr gut in der Lage gewesen, eine Mehrheit zu erringen. Der Präsident war entschlossen, jede solche Möglichkeit zu verhindern. Der Wille vieler Mitglieder des Repräsentantenhauses sollte absichtlich dadurch abgelenkt werden, daß der Präsident auf einer Abstimmung über die ungeänderte McLemore-Resolution bestand.

Als McLemore bemerkte, daß die lange Einleitung zu seiner Resolution vielen bedeutenden Demokraten nicht zusagte, erschien er vor dem „Geschäftsordnungsausschuß und bat, seine ganze Resolution zu streichen, ausgenommen den Warnungsabsatz, aber der Ausschuß lehnte das ab."[36]

Unter dem Druck des Präsidenten weigerten sich sowohl der Geschäftsordnungsausschuß als auch der Auswärtige Ausschuß, eine einfache Warnungsresolution an Stelle der unbeliebten McLemore-Resolution zuzulassen. Kitchin beleuchtet die Lage klar in einem Brief an einen Freund: „Wenn wir eine freie Abstimmung über den Vorschlag im Repräsentantenhaus erhalten könnten, bin ich überzeugt, daß eine große Mehrheit des Kongresses für eine solche Resolution wäre, aber unter der Geschäftsordnung des Repräsentantenhauses kommen wir nicht zur Abstimmung darüber, außer der Auswärtige Ausschuß referiert über eine Resolution und der Geschäftsordnungsausschuß bringt sie ordnungsgemäß zur Abstimmung. Der Auswärtige Ausschuß wird aber nicht über eine solche Resolution referieren."[37]

Nachdem der Präsident jeden Versuch seiner Gegner, eine Abänderung der McLemore-Resolution vor das Repräsentantenhaus zu bringen, niedergeschlagen hatte, ließ er von Staatssekretär Lansing Herrn Flood eine lange Denkschrift überreichen, die eine Anzahl von Argumenten gegen die unbeliebten Maßnahmen McLemores aufzählte. Es sei „nutzlos", erklärte Lansing, die Amerikaner zu warnen, nicht auf bewaffneten Schiffen zu reisen, weil doch „die zur Zeit stattfindende Auseinandersetzung über die Frage ihnen die Angelegenheit noch eindringlicher nahegebracht haben muß, als dies je durch eine Kongreßresolution hätte geschehen können". Überdies, wenn die Amerikaner tatsächlich ein Recht hätten, auf bewaffneten Schiffen zu reisen, dann müsse ihnen jede Warnung, daß sie auf eigene Gefahr reisten, „ein Recht rauben, das ihnen gehört, anstatt zu verteidigen, was ihnen zusteht". Und schließlich gäbe es keinen „rechten Grund, daß der Kongreß bei den Bemühungen, den Standpunkt der Regierung zu ändern oder ihre Stellung mitten in schwebenden diplomatischen Verhandlungen zu schwächen, eingreife."[38]

Aus der Befürchtung heraus, daß diese Gründe noch nicht genügend überzeugend wären, sandte Lansing (am 4. März) eine weitere Denkschrift an Herrn Flood (Vorsitzender des Auswärtigen Ausschusses des Abgeordnetenhauses), die von einer Gruppe sogenannter „Fachleute" über die Frage der Reise auf bewaffneten Schiffen entworfen worden war. Die Denkschrift wies zuerst auf das Recht der Handelsschiffe hin, Bewaffnung zu führen und bei der Aufbringung Widerstand zu leisten. Sie entwickelte dann den Gedanken, daß die Tätigkeit der U-Boote als Handelskreuzer aufhören müsse, insofern als Unterseeboote nicht genügend Vorsorge für die Sicherheit von Fahrgästen und Mannschaften treffen könnten. Die Vereinigten Staaten hätten die heilige Pflicht, Leben und Eigentum ihrer Bürger zu schützen. Jedes Zurückweichen vor dieser Verpflichtung gegenüber einer deutschen Drohung, ungesetzlicherweise bewaffnete Handelsschiffe zu versenken, wäre tiefster Verrat an der Ehre der amerikanischen Nation.[39]

Es ist bemerkenswert, daß in der Denkschrift, die dem Abgeordneten Flood vorgelegt wurde, der Abschnitt aus dem „Nereide"-Fall nicht erwähnt wird, der ausführt, ein bewaffnetes Handelsschiff sei „ein offener und erklärter Kriegführender; mit allen Rechten und mit allen Gefahren seines Charakters als kriegführendes Schiff". Aus dieser ausdrücklichen Erläuterung des Gesetzes im Rechtsfalle folgt klar, daß bewaffnete Handelsschiffe gesetzmäßig sich einer Aufbringung widersetzen können, aber daß sie dadurch auch mit Beschießung und Zerstörung rechnen müssen. Bürger neutraler Länder an Bord bewaffneter Kauffahrteischiffe sind auch nicht sicherer als die aktiv feindliche Mannschaft. Es ist deshalb klar, daß die Denkschriften, die Herrn Flood zur Orientierung vorgelegt wurden, auf einer unrichtigen Auslegung des Gesetzes beruhten. Die Administration hatte keine Basis für ihre Behauptung, ein bewaffnetes Handelsschiff habe „friedlichen Charakter", und sie war ebenfalls im Unrecht, wenn sie vorgab, bewaffnete Handelsschiffe könnten nicht zerstört werden, wenn dadurch an Bord befindliche Amerikaner in Lebensgefahr gerieten.[40]

Die Haltung der Administration bei der McLemore-Resolution war noch unehrlicher, als man im allgemeinen annimmt. Wir haben schon gezeigt, wie der Präsident absichtlich jeden Versuch verhinderte, vor das Repräsentantenhaus eine einfache Warnungsresolution zu bringen. Durch Ausübung eines Druckes auf den Geschäftsordnungsausschuß und den Auswärtigen Ausschuß wollte Wilson eine Abstimmung über die unbeliebte McLemore-Resolution erzwingen, die doch gar nicht dem Gesichtspunkt der Mehrheit des Abgeordnetenhauses entsprach. Er wollte dann die Abstimmung als Anzeichen dafür verwenden, daß das Repräsentantenhaus seinen Gesichtspunkt unterstütze und eine Warnungsresolution ablehne.

Was die Denkschriften betrifft, die Herr Flood von Staatssekretär Lansing und gewissen „Spezialisten" des Völkerrechts vorgelegt bekam, sollte man sich vor Augen halten, daß der Präsident wahrscheinlich über den zweifelhaften Wert dieser Unterlagen im klaren war. Es scheint nicht glaublich, daß der Staatssekretär und die beteiligten „Spezialisten" die Unverfrorenheit gehabt hätten, ohne Wissen des Präsidenten den Abschnitt aus John Marshalls Gutachten im Falle der „Nereide", der ihre Behauptungen Lügen strafte, einfach zu unterdrücken. Das wäre doch bei einem Staatssekretär, der für gewöhnlich Autoritäten gegenüber mehr als rücksichtsvoll war, ein wenig ungewöhnlich gewesen. Die Verantwortung für das kleine Täuschungsmanöver ruhte auf den Schultern des Präsidenten; genaueres darüber gibt folgender Auszug aus einer Erklärung von John Bassett Moore: „Von Marshalls Darlegung in dem berühmten Fall [‚Nereide'] wurde hier eine zurechtgestutzte Lesart herausgegeben; eine Version, die so verdreht war, daß sie praktisch eine Fälschung darstellt; aber sie wurde weit verbreitet und sogar in Reden im Kongreß benutzt. Ich wiederhole, daß diese Version praktisch eine Fälschung darstellt, weil sie aus Marshalls Rechtsgutachten den Absatz wegläßt, in dem erklärt wird, daß das Schiff dadurch, daß es bewaffnet war, als ‚offenes und erklärtes kriegführendes Schiff' betrachtet werden muß, ‚mit allen Rechten und allen Gefahren seines Charakters als kriegführendes Schiff'."[41]

Ausgerüstet mit diesen einseitigen Denkschriften fragwürdigster Art erstattete der Auswärtige Ausschuß am 4. März Bericht über die McLemore-Resolution mit einer Empfehlung, sie zurückzustellen. Dies wurde auch getan, nachdem Schatzsekretär McAdoo und Generalpostmeister Burleson verschiedenen Mitgliedern des Ausschusses erklärt hatten, der Präsident wünsche Berichterstattung über die Resolution ohne jeden weiteren Zusatz des Ausschusses. Der Wunsch des Präsidenten wurde durchkreuzt durch eine ablehnende Abstimmung mit 13 zu 5 Stimmen.

Angesichts der Stärke der Opposition im Kongreß war der Präsident damals durchaus nicht überzeugt, einen Sieg zu erringen; er sandte an Oberst House (auf der Überfahrt von London nach New York) ein drahtloses Telegramm, nach seiner Landung eilends nach Washington zu kommen. Dieser Bitte kam der Oberst gerne nach; House wollte gar zu gern dem Regierungshaupt einige dringend notwendige Unterrichtsstunden in der Führung der amerikanischen Außenpolitik erteilen. Es war ihm peinlich, daß der Präsident und Staatssekretär Lansing die Streitfrage über bewaffnete Handelsschiffe zu neuem Leben erweckt hatten, mit dem daraus hervorgehenden Sturm im Kongreß. Wenn sie „die Lage ruhig gehalten" hätten, wäre es sehr viel leichter gewesen, der amerikanischen Intervention für die Alliierten den Weg zu ebnen.[42]

Am 6. März frühmorgens kam der Oberst in Washington an, und es dauerte nicht lange, bis er den Präsidenten in der reumütigsten Stimmung hatte, darüber, daß er es zuließ, daß der Streit über die bewaffneten Kauffahrteischiffe einen so gefährlichen Umfang angenommen hatte. Wie im „Tagebuch" des Oberst berichtet wird, „ergriff der Präsident die Gelegenheit, sich und Lansing anzuklagen, daß sie den Streit aufkommen ließen. Der Präsident zeigte sich bewundernswert in seiner Weigerung, sich der Verantwortung zu entziehen."[43]

Wie ein ertappter und gescholtener Schuljunge beeilte sich Wilson, allem was der Oberst in Europa getan hatte, seine herzlichste Zustimmung zu geben. Das House-Grey-Übereinkommen vom 22. Februar 1916 wurde sofort angenommen, mit einer einzigen Verbesserung – der Präsident fügte das Wort „wahrscheinlich" ein. In der von Sir Edward Grey entworfenen Denkschrift war vorgesehen, daß Wilson auf die Aufforderung von Frankreich und England hin eine Konferenz einberufen sollte, um dem Krieg ein Ende zu machen. Falls eine solche Konferenz zusammenkäme und sich keine Einigung über die Friedensbedingungen erzielen ließe, würden die Vereinigten Staaten die Konferenz als Kriegführende auf seiten der Alliierten verlassen. Am 6. März verbesserte der Präsident die letzte Klausel, so daß es hieß, „die Vereinigten Staaten würden *wahrscheinlich* die Konferenz als Kriegführende auf seiten der Alliierten verlassen".[44]

Der Präsident beeilte sich dann (am 7. März), das Versprechen des Oberst gegenüber den Alliierten in der „nachdrücklichsten" Weise zu bestätigen, indem er eine Depesche an Sir Edward Grey entwarf zur förmlichen Annahme des Übereinkommens unter Zusatz des Wortes „wahrscheinlich". Aus einleuchtenden Gründen wurde das Telegramm tatsächlich von Oberst House unterzeichnet.

Genau am gleichen Tag, an dem der Präsident seinen Wunsch kundtat, Amerikas Neutralität zugunsten einer Intervention für die Alliierten aufzugeben, wurde im

Repräsentantenhaus über die McLemore-Resolution abgestimmt. Um seine Gegner im Kongreß zu besänftigen, die befürchteten, die Administration bemühe sich, Amerika in den Weltkrieg zu führen, gab der Präsident durch Senator Omen von Oklahoma einige beruhigende Versicherungen ab. Im Verlauf einer Unterhaltung mit dem Senator nahm der Präsident die Gelegenheit wahr, „zu erklären, er habe nie anders gedacht, als daß er, falls die Beziehungen zu Deutschland sich bis zu einem Bruch verschlechtern sollten, die ganze Angelegenheit dem Kongreß unterbreiten würde".[45] Auf diese Weise versuchte der Präsident dem „Stone-Kern-Kriegsgespenst" entgegenzutreten, und er hatte große Hoffnung, daß eine Mehrheit im Kongreß die Friedensgeste für bare Münze nehmen würde.

Im Repräsentantenhaus erfüllte die Abstimmung über die McLemore-Resolution die Erwartungen des Präsidenten. Sie wurde mit 276 Ja- zu 142 Nein-Stimmen zurückgestellt. Aber es war ein unfruchtbarer Sieg. Eine unbeliebte und ungeschickt abgefaßte Resolution war abgelehnt worden, hauptsächlich weil man im Kongreß den Präsidenten bei der Führung der amerikanischen außenpolitischen Beziehungen nicht behindern wollte. Die Abstimmung war aber in keiner Weise eine Zustimmung zu der Kriegspolitik des Präsidenten gegenüber Deutschland. Genau das Gegenteil war richtig. Wie David Lawrence die Lage auslegte, würde der Kongreß „einem Krieg zwischen den Vereinigten Staaten und den Mittelmächten, infolge des Verlustes amerikanischer Menschenleben auf bewaffneten Schiffen der Kriegführenden, nicht zustimmen. Das ist der ungeschriebene, aber unmißverständliche Entscheid beider Häuser. Der zweiwöchige Streifzug des Kongresses auf dem diplomatischen Gebiet hat fraglos keine ausdrückliche Aufgabe amerikanischer Rechte herausgestellt, aber sogar der eifrigste Mitläufer und derjenige, der mit der Administration durch dick und dünn geht, wird widerstrebend zugeben, daß eines ganz klar ist – eine Verletzung des Rechtes der Amerikaner, auf Schiffen Kriegführender zu reisen, wird nicht als gerechter Grund zu einem Krieg betrachtet ... Bei dem Entscheid zwischen Krieg und Frieden stellte der Kongreß vollkommen klar heraus, daß der Friede Amerikas viel, viel wertvoller ist, als die Verteidigung vorwitziger Amerikaner, die sich unter kriegführender Flagge über das Meer wagen ... Die wichtigste Tatsache ist ... der Kongreß wird nicht für den Krieg stimmen, so sehr auch die Exekutive darauf bestehen mag."[46]

Es besteht kein Zweifel, daß David Lawrence die Friedensneigung des Kongresses richtig erkannt hat. Der Kongreß war nicht in Kriegsstimmung, und die Zurückstellung der McLemore-Resolution war in keiner Weise ein Triumph für die Administration. Aber das Weiße Haus lehnte es ab, die Lage so zu betrachten, wie sie wirklich war. Man sandte ein Telegramm an die amerikanischen Botschafter in den „europäischen kriegführenden Ländern" und teilte die sehr fragwürdige Tatsache mit, der Präsident habe einen „entscheidenden Sieg" im Repräsentantenhaus davongetragen.[47]

Nachdem der Präsident das Ergebnis der Abstimmung über die McLemore-Resolution erfahren hatte, berief er den Senator Stone zu einer Konferenz ins Weiße Haus (7. März). Er zerstreute rasch alle Befürchtungen des Senators, die Administration wünsche einen Krieg mit Deutschland. Nach der Konferenz gab der Senator der Presse folgende beruhigende Erklärung: „Gestern abend [7. März] hatte ich eine ganz offene Aussprache mit dem Präsidenten ... Ich bin überzeugt, ich werde keine Indiskretion begehen, wenn ich sage, daß der Präsident weit davon entfernt ist, unser Land in den schrecklichen europäischen Krieg verwickeln zu wollen, daß im Gegenteil sein höchster Wunsch ist, dieses Unglück zu vermeiden. Ich stimme vielleicht mit einigen seiner Ansichten nicht überein; ich habe das schon im Senat erklärt, aber es wäre für jeden Senator unmöglich, zu glauben, daß der Präsident seine Haltung als Anwalt des Friedens, die er so lange innehatte, derart geändert haben könnte, daß er jetzt unser Land zum Kriegsteilnehmer machen wollte."[48]

Als merkwürdiges Nachspiel zu der Friedenserklärung gegenüber Senator Stone genehmigte der Präsident ein Telegramm des Oberst House an Sir Edward Grey (8. März). Es war eine kurze Botschaft, die eine Verpflichtung enthielt, Amerika würde mit den Alliierten zusammenarbeiten, um dem vom Krieg zerrissenen Europa den Frieden zu bringen. Damit Amerika in den Weltkrieg eingreife, erwarte man nur eine Aufforderung von London. Professor Seymour drückt sich anschaulicher aus: „Hier klopfte die günstige Gelegenheit vernehmlich an die Tür der alliierten Kabinette."[49]

Aber dank der britischen Engstirnigkeit und nicht infolge der pazifistischen Wünsche Wilsons verschob sich Amerikas Eintritt in den Krieg um ein weiteres Jahr.[50] Ein merkwürdiges Zwischenspiel über das Thema des „Heiligen Krieges" war zum erstenmal vor einem teilnahmslosen Publikum, das laut nach dem ganzen Stück verlangte, vorübergezogen. Noch verschiedene weitere Monate behauptete sich das Drama der amerikanischen Neutralität auf der Bühne des nationalen Theaters, und es verlor erst dann seine Volkstümlichkeit, als der Präsident als Hauptdarsteller, verlassen von seinem ganzen Ensemble, ungeschickt zu spielen begann.

Kapitel XVIII

Der Kaiser will Frieden mit Amerika

Das offensichtliche Verlangen des Präsidenten, daß die Gore-McLemore-Resolutionen durch eine entscheidende Abstimmung zurückgestellt würden, beruhte nicht allein auf dem Wunsch, die Vorrechte der Präsidentschaft vor dem Drängen eines aufdringlichen Kongresses zu schützen. Es handelte sich um mehr als nur um eine akademische Frage. Noch einmal fiel der dunkle Schatten deutscher Anschläge auf die stillen Gänge des Weißen Hauses und bereitete dem Regierungshaupt große Sorge. Schon seit einigen Monaten mehrten sich die Anzeichen, daß die Nationale Deutsch-Amerikanische Vereinigung (National German-American Alliance) einen Plan vorbereitete, der der demokratischen Administration ernste Schwierigkeiten machen würde. Im März 1916 veröffentlichte die New York „World" eine Artikelreihe, die das angebliche schädliche Treiben verschiedener Mitglieder der Vereinigung enthüllen sollte. Die drei wichtigsten Punkte in diesem Verzeichnis deutscher Verderbtheit waren: ein Gesetz, das den Amerikanern, die auf bewaffneten Handelsschiffen der kriegführenden Mächte reisen wollten, die Pässe verweigern würde; ein Ausfuhrverbot auf Kriegskonterbande; und schließlich ein Gesetz, das den Bundesreservebanken verbieten sollte, ausländische Kriegsanleihe zu zeichnen.

Vom heutigen Standpunkt aus erscheinen die drei Punkte durchaus empfehlenswert. Für die Freunde der Administration vom Jahre 1916 hatten sie einen höchst verdächtigen Anschein und bedeuteten nichts weniger als einen Teil eines organisierten Unternehmens, „Amerika von Potsdam aus zu regieren". Nach einigen Pressedepeschen befürchteten der Präsident und seine Ratgeber, daß eine umfassende deutsche Verschwörung bestünde zur Vernichtung der Demokratischen Partei und zur Sicherung eines beherrschenden Einflusses auf die amerikanische Regierung „im Interesse der deutschen Sache".[1]

Der Präsident schien über die Lage ernstlich besorgt zu sein. Er hatte keinen Grund zu zweifeln, daß wirklich umstürzlerische Verschwörungen von den schlimmen Deutschen ausgeheckt wurden. Oberst House hatte ihn verschiedene

Male gewarnt, sich auf einen „möglichen Aufstand" vorzubereiten, der durch Leute im deutschen Sold angestiftet würde. Andere Leute aus der engeren Umgebung des Präsidenten vermuteten gleicherweise deutsche Intrigen und halfen mit, eine Atmosphäre „gespannter Erwartung" zu schaffen. Es war deshalb auch für den Präsidenten schwer, die Ereignisse unparteiisch zu betrachten.

Am Tage nach der Zurückstellung der McLemore-Resolution hatte Graf Bernstorff eine Unterredung mit Staatssekretär Lansing. Er hinterließ im Staatsdepartement eine lange Denkschrift, die alle englischen Verletzungen des Völkerrechts aufzählte und die deutsche Politik rechtfertigte. Der Schlußabsatz gab der Hoffnung Ausdruck, daß „gemäß den freundschaftlichen Beziehungen, die in einer hundertjährigen Vergangenheit zwischen den beiden Völkern bestanden haben, der hier dargelegte Standpunkt trotz der durch das Vorgehen unserer Feinde erschwerten Verständigung zwischen beiden Völkern von dem Volk der Vereinigten Staaten gewürdigt werden wird".[2]

Graf Bernstorff wollte gern die Denkschrift an die Presse weiterleiten, um die amerikanische öffentliche Meinung zu beeinflussen. Staatssekretär Lansing versicherte ihm, er habe „nichts dagegen einzuwenden", daß die Denkschrift gedruckt würde, da dies „die Verhandlungen zwischen den beiden Regierungen nicht beeinflusse". Präsident Wilson dachte aber ganz anders und legte seine Einwendungen in der folgenden Note an Staatssekretär Lansing dar: „Der Wortlaut des letzten Absatzes der Mitteilung zeigt mir, daß sie in keiner Weise als eigentliche Denkschrift zur Information der Regierung gedacht ist, sondern als Aufruf an die amerikanische öffentliche Meinung, und ich für meinen Teil nehme es übel, daß man mich in dieser Weise ausnützt. Glauben Sie nicht, daß es gut wäre, den deutschen Botschafter zu fragen, warum die Denkschrift überhaupt der Regierung überreicht wurde, da sie sich doch an die amerikanische Bevölkerung wendet und die Regierung der Vereinigten Staaten überhaupt nicht über den Gegenstand ihres Inhalts informieren will?"[3]

Es war klar ersichtlich, daß der Präsident Deutschland nicht freundlich gesinnt war, und es kann nicht überraschen, daß er weitere Schritte in der Richtung einer Entente mit den Alliierten unternahm. Die Gelegenheit, eine freundliche Haltung gegenüber den alliierten Mächten zu zeigen, bot sich durch die Antworten der belgischen, englischen, französischen, italienischen und russischen Regierungen auf den Lansing-Vorschlag vom 18. Januar über bewaffnete Kauffahrteischiffe. Als diese Nationen offen den amerikanischen Vorschlag, die Bewaffnung auf ihren Handelsschiffen zu entfernen, zurückwiesen, weil Deutschlands „Treulosigkeit" sie hindere, seinen Versicherungen Glauben zu schenken, beeilte sich die amerikanische Regierung, eine endgültige Erklärung über ihre eigene Stellung herauszubringen. In einer Denkschrift vom 25. März 1916 kehrte das Staatsdepartement seiner Stellung vom 18. Januar vollkommen den Rücken. Man erklärte jetzt, ein Kriegsschiff müsse zuerst den Status eines bewaffneten feindlichen Handelsschiffes feststellen, ehe es irgend etwas unternehme. Der Entscheid über den eventuellen Kriegscharakter müsse nicht auf Annahmen, sondern auf „schlüssigen Beweisen" beruhen. Eine Annahme, die nur die Anwesenheit einer Bewaffnung an Bord eines feindlichen Handelsschiffes voraussetze, wäre kein genügender Grund, es zum Kriegsschiff zu erklären, das sofort angegriffen werden könnte. Der schlüssige Nachweis der „Absicht, die Bewaffnung zum Angriff zu benutzen, ist entscheidend". Wenn dieser Nachweis fehlt, muß angenommen werden, daß „das Schiff privaten und friedlichen Charakter hat und dementsprechend ist es von einem Kriegsschiff zu behandeln". Auf hoher See könne ein Kriegsschiff durch einen „wirklichen Versuch" den Zweck der Bewaffnung eines feindlichen Handelsschiffes erfahren und so durch direkte Beweisführung den Status des Schiffes festlegen".[4]

Für ein Unterseeboot würde die Erprobung durch einen „wirklichen Versuch" oft recht verhängnisvoll ausgehen. Staatssekretär Lansing hatte dies schon viele Monate vor seinem Vorschlag vom 18. Januar klar erkannt. Die jetzige Regelung der Frage der bewaffneten Handelsschiffe stand sowohl mit der historischen amerikanischen Einstellung, als auch mit dem gesunden Menschenverstand in Widerspruch. Ohne Zweifel handelte es sich hier um eine *politische Regelung*, die den alliierten Standpunkt begünstigte und der amerikanischen Intervention im April 1917 den Weg ebnete. Ihre Brüchigkeit vom Gesichtspunkt des Völkerrechts aus hat Professor Charles C. Hyde eindeutig nachgewiesen.[5]

Das deutliche Hinneigen der Administration auf die Seite der Alliierten brachte den Krieg endgültig in unmittelbare Nähe, als am 25. März in Amerika bekannt wurde, daß die „Sussex", ein französischer Kanaldampfer, von Folkestone nach Dieppe, mit Amerikanern an Bord torpediert worden war. Die Krisis in den deutsch-amerikanischen Beziehungen, die sich aus diesem Angriff ergab, läßt sich am besten verstehen, wenn man sie im Zusammenhang mit dem deutschen U-Bootkrieg betrachtet, der am 29. Februar 1916 begann. In einem vorhergehenden Kapitel ist bereits dargelegt worden, daß die deutsche Admiralität am 24. Februar allen U-Bootkommandanten den Befehl gab, „feindliche Passagierdampfer mit oder ohne Bewaffnung" zu schonen. Diese Lösung beruht zum Teil auf dem entschiedenen Standpunkt des Reichskanzlers v. Bethmann-Hollweg, man müsse Amerika beschwichtigen, um es neutral zu halten. Infolge des heftigen Widerstandes des Kanzlers gegen jeden Plan eines uneingeschränkten U-Bootkrieges hielt es der Kaiser für zweckmäßig, eine Konferenz nach Charleville einzuberufen, um die Lage zu erörtern.

Aber die Konferenz in Charleville führte zu keinem sofortigen Ergebnis. Admiral v. Holtzendorff war überzeugt, daß ein uneingeschränkter U-Bootkrieg England nach sechs oder acht Monaten zwingen würde, um Frieden zu bitten. General v. Falkenhayn glaubte fest, daß Deutschland nicht wieder gutzumachenden Schaden erleiden würde, falls nicht ein drastischer U-Bootkrieg bald beginnen würde. Aber der Kanzler blieb unerschütterlich in seinem Widerstand gegen den uneingeschränkten U-Bootkrieg: Die Mittelmächte könnten es sich nicht leisten, Amerika zum Gegner zu haben.

Der Kaiser erklärte schließlich dem Kanzler v. Bethmann-Hollweg in den „wärmsten und uneingeschränktesten Ausdrücken" seine Übereinstimmung mit der Ansicht, daß nichts unternommen werden sollte, was Deutschland mit den Vereinigten Staaten in Feindseligkeiten verwickeln würde. Er stimmte auch der U-Bootkriegführung zu, wie sie in der Denkschrift des Kanzlers vom 29. Februar dargelegt wurde – eine Kriegführung, die die warnungslose Versenkung feindlicher Handelsschiffe (bewaffnet und unbewaffnet) in der Kriegszone erlauben würde. Daraufhin wurde folgender Befehl an die U-Bootkommandanten erlassen:

„1. Feindliche Handelsschiffe, die im Kriegsgebiet angetroffen werden, sind ohne weiteres zu vernichten.

2. Feindliche Handelsschiffe, die außerhalb des Kriegsgebiets angetroffen werden, dürfen nur dann ohne weiteres vernichtet werden, wenn sie bewaffnet sind.

3. Feindliche Passagierdampfer dürfen weder im Kriegsgebiet noch außerhalb desselben unter Wasser angegriffen werden, gleichgültig, ob sie bewaffnet sind oder nicht.

4. Der Befehl vom 21. November 1915 an das Marinekorps, betreffend das Vorgehen gegen Schiffe, welche die französischen Häfen zwischen Le Havre und Dünkirchen anlaufen, bleibt gültig."[6]

Eine der Folgen des beschränkten Unterseebootkrieges war der Rücktritt des Großadmirals v. Tirpitz als Staatssekretär des Reichsmarineamtes (12. März 1916). Dies veranlaßte den Kanzler, Botschafter Gerard am 17. März zu sich zu bitten, um mit ihm über die Auswirkung des Rücktritts auf die deutsch-amerikanischen Beziehungen zu reden. Gerard glaubte, Amerika würde den Rücktritt als „Gewähr für gute Beziehungen" betrachten. Ermutigt durch diese Erklärung, berichtete v. Bethmann-Hollweg dem amerikanischen Botschafter, Admiral v. Holtzendorff habe „den U-Bootkommandanten strengste Anweisungen" gegeben, damit Reibereien mit neutralen Ländern vermieden würden.[7] Er übergab jedoch dem Botschafter den Text des Geheimbefehles vom 13. März nicht. Die Verfügung, alle „feindliche Handelsschiffe, die in der Kriegszone angetroffen werden, sind sofort zu vernichten", wäre von der amerikanischen Regierung nicht günstig aufgenommen worden. Aber eben die Tatsache, daß ein solcher Befehl von der deutschen Admiralität herausgegeben worden war, bedeutete, daß in kurzer Zeit eine Krisis in den deutsch-amerikanischen Beziehungen kommen würde. Und die Krisis war da mit der Torpedierung der „Sussex".[8]

In dem Tagebuch des Oberleutnant z.S., Pustkuchen, des Kommandanten von U 29, befindet sich eine kurze Beschreibung der Ereignisse, die zur Torpedierung der „Sussex" führten. Am 24. März kurz nach 3.30 Uhr mittags machte U 29 ein Schiff aus, das einem Passagierdampfer glich. Der Dampfer hatte jedoch nur einen Schornstein und besaß ein Heck wie ein Kriegsschiff. Er hielt nicht den Weg ein, den die englische Admiralität den Handelsschiffen vorschrieb. Überdies führte er keine Flagge und war gleichförmig schwarz bemalt.[9]

Oberleutnant z.S. Pustkuchen kannte den Geheimbefehl vom 21. November 1915, der vorsah, daß alle Schiffe, die zwischen den Häfen von Dünkirchen und Le Havre hin- und herfuhren, als Truppentransporter zu betrachten seien und ohne Warnung versenkt werden konnten. Er war auch mit dem letzten Befehl vom 13. März 1916 vertraut, der bestimmte, daß alle feindlichen Handelsschiffe, die in der Kriegszone angetroffen wurden, ohne Warnung versenkt werden konnten. Passagierdampfer sollten von diesem kurzen Verfahren ausgeschlossen sein, aber im Falle der „Sussex" fehlten die üblichen Kennzeichen, und der U-Bootkommandant entschloß sich, das Schiff ohne Warnung zu torpedieren.

Das Torpedo traf die „Sussex" im Vorschiff und beschädigte sie schwer. Etwa 80 der Passagiere, unter denen sich amerikanische Bürger befanden, wurden „getötet oder schwer verletzt".[10] Trotz der großen Beschädigung hielt sich die „Sussex" schwimmend und wurde nach Boulogne eingeschleppt. Gewisse Bruchstücke, die in den Trümmern der „Sussex" gefunden wurden, erklärte man nach sorgfältiger Untersuchung als Teilstücke eines explodierten deutschen Torpedos. Es bestand kein Zweifel, daß das Schiff von einem deutschen U-Boot angegriffen worden war.

Eine der ersten amerikanischen Reaktionen nach dem Angriff auf die „Sussex" war ein hysterisches Telegramm von Botschafter Page, der zum sofortigen Krieg riet: „Unterrichtete Leute hier sind sich einig, daß ein deutsch-amerikanischer

Bruch den Krieg rasch beendigen würde. Niemand glaubt, daß ein Abbruch der Beziehungen Krieg bedeuten würde. Man müßte keinen Schuß abfeuern und keinen Tropfen Blut vergießen".[11]

Staatssekretär Lansing trat für den sofortigen Abbruch der diplomatischen Beziehungen zu Deutschland ein. In einem Brief an den Präsidenten (27. März) erklärte er mit aller Heftigkeit, die amerikanische Regierung könne nicht länger „in der Sache des U-Bootkrieges zaudern, wenn Amerikaner durch die ungesetzliche und unmenschliche Handlungsweise der Deutschen getötet, verwundet oder in Gefahr gebracht werden. Von einem bin ich fest überzeugt, nämlich, daß die Zeit des Notenschreibens und Verhandelns vorbei ist ... Das praktischste wäre meiner Ansicht nach die sofortige Abberufung Graf Bernstorffs und der Abbruch der diplomatischen Beziehungen zu Deutschland ... Ich bin mir bewußt, daß dies drastisch ist, aber ich glaube, daß längeres Zuwarten sowohl hier als auch im Ausland falsch gedeutet werden würde".[12]

Senator Stone hatte vielleicht einen Wink von der kriegerischen Haltung des Staatssekretärs Lansing erhalten. Auf jeden Fall schrieb er dem Staatssekretär einen Brief und forderte eine Konferenz, ehe „irgend etwas getan wird". Er lege großen Wert darauf, „die ganze Lage" sowohl mit dem Staatssekretär, als auch mit dem Präsidenten zu besprechen, bevor „Entscheidendes festgelegt wird".[13]

Im Gegensatz zu dem nüchternen Schreiben des Senators Stone hetzte Oberst House den Präsidenten bald zum Krieg auf. Der Angriff auf die „Sussex" brachte den Oberst so außer sich, daß er, obwohl er sich gesundheitlich nicht wohl fühlte, nach Washington fuhr, um zu einer entschiedenden Haltung gegen den U-Bootkrieg zu raten. Der Präsident war ein wenig ausweichend in seinen Äußerungen über die „Sussex"-Angelegenheit, und der Oberst hatte einige Schwierigkeit, herauszubekommen, „was seine wirkliche Meinung war". Aber schließlich verriet Wilsons Blick so sehr seine Gefühle, daß der Oberst folgendes in sein „Tagebuch" schrieb: „Aus der Art, wie er mich ansah, bin ich geneigt, zu glauben, daß er sich entschuldigen will, weil er nicht sofort in der neuen U-Bootkrisis gehandelt hat ... Er scheint nicht zu wissen, daß einer der wichtigsten Punkte, den ihm die Kritik vorwirft, ist, daß er wohl kühne Reden halte, aber schwächlich handle".[14]

Obgleich der Oberst in seiner Rolle als Mentor des Präsidenten fortfuhr, auf drastischen Maßnahmen gegen Deutschland zu bestehen, blieb der Präsident ruhig und schrieb Staatssekretär Lansing einen Brief, in dem er seine eigene Meinung über die am besten zu ergreifenden Schritte im „Sussex"-Fall darlegt. Er führte aus, seine Ansichten über den Angriff auf den französischen Passagierdampfer seien „nicht ganz die gleichen", wie die des Staatssekretärs. Selbst wenn der Nachweis erbracht worden sei, daß ein deutscher Torpedo die „Sussex" beschädigt hatte, blieben noch immer „viele Einzelheiten, die in Betracht gezogen werden müssen, sowohl beim Entscheid über den einzuschlagenden Weg als auch über das zu Grunde liegende Prinzip. Die Schritte, die wir unternehmen und wie wir es angreifen, scheint mir das Wichtigste an der Sache zu sein, wenn wir uns klar und eindeutig innerhalb der Grenzen halten wollen, die wir uns gesteckt haben".[15]

Eine solche Starrköpfigkeit war zu viel für den überklugen Oberst, dessen Bild der Weltpolitik doch so viel klarer war, als der nebelhafte Eindruck des Präsidenten, der immer zu Hause saß. Er veranstaltete mit seinem hohen „Schützling" eine „Regierungssitzung" und entdeckte bald zu seinem Entsetzen, daß der Präsident hartnäckig an seinem pazifistischen Kurs festhielt. Das Ironische dabei war, daß der Präsident sich diesen Weg mit Hilfe einer Formulierung vorgezeichnet hatte, die von dem Oberst selbst stammte. Der Leitstern der Politik Wilsons war, Amerika unter allen Umständen neutral zu halten, um als Mittler zwischen den kriegführenden Nationen Europas auftreten zu können.

Der Oberst bearbeitete nun den Präsidenten mit zahlreichen Argumenten, um ihm zu zeigen, daß die Friedensformel keinen Wert mehr habe. Amerika könne der Welt am besten den Frieden bringen durch einen Kreuzzug gegen den deutschen Militarismus. Als Kriegsteilnehmer auf seiten der Alliierten könnten die Vereinigten Staaten „Größeres und Besseres" leisten für die Sache des ewigen Friedens.[16]

Man muß dem Präsidenten viel zu gut halten, daß er gegenüber dem Kriegsdrängen seines vertrautesten Beraters fest blieb. Die Umgebung des Präsidenten „vom Staatssekretär an abwärts" fühlte sich „recht unglücklich", weil sie in den Krisentagen überhaupt nicht befragt wurde. Sie wußte so wenig von den Absichten des Präsidenten wie ein „beliebiger Mann auf der Straße", und sogar Oberst House fühlte sich zurückgesetzt. Nach seiner Rückkehr nach New York schrieb er dem Präsidenten, seiner Ansicht nach scheine ein Bruch mit Deutschland „unvermeidlich". Wäre es nicht ratsam, Sir Edward Grey zu kabeln und anzufragen, ob es für die Vereinigten Staaten nicht tunlich wäre, „eher jetzt in den Krieg einzutreten, als zu warten, bis der Bruch da ist".[17]

Auf diesen Brief hin reiste der Oberst wieder nach Washington und setzte seine Konferenzen mit Wilson und Staatssekretär Lansing fort. Am 6. April fand im Weißen Haus zwischen dem Präsidenten, Oberst House und Staatssekretär Lansing eine Besprechung statt über den Entwurf einer Note an Deutschland, die der Staatssekretär vorbereitet hatte. Lansing hatte sie in der kriegerischsten Stimmung verfaßt. Die kaiserliche Regierung habe ihre „feierliche Verpflichtung gegenüber der Regierung der Vereinigten Staaten" gebrochen und zu einer Kriegführung Zuflucht genommen, die die „Verurteilung der zivilisierten Welt" nach sich zöge. Aus diesem Grunde sehen sich die Vereinigten Staaten gezwungen, „die diplomatischen Beziehungen zu der kaiserlich deutschen Regierung solange abzubrechen, bis sie ... den Einsatz von U-Booten gegen Handelsschiffe sowohl kriegführender als neutraler Nationalität aufgibt".[18]

Der Präsident erkannte, daß eine solche Note das Vorspiel zum Krieg gegen Deutschland darstellen würde, und zögerte, sie anzunehmen. Als Lansing ins Staatsdepartement zurückkehrte, blieb der Oberst im Weißen Haus und riet fortgesetzt zum Krieg. Da ein Bruch mit Deutschland „unvermeidlich" sei, müsse der Präsident umgehend handeln, das würde Amerika „den Vorteil einer zwei- oder dreiwöchigen Frist zur Kriegsvorbereitung verschaffen, ehe die Deutschen unsere Absicht erfahren". Man müsse sofort Sir Edward Grey von der Lage unterrichten und ihn bitten, mit Frankreich und Rußland zu verhandeln, „um sofort eingreifen zu können".[19]

Der Präsident gab schließlich dem aufdringlichen Oberst nach, und man sandte Sir Edward Grey ein Telegramm. Amerikas Neutralität hing jetzt von den Launen der Alliierten ab und nicht mehr von den Wünschen der amerikanischen Bevölkerung. Da der Oberst überzeugt war, daß der Krieg nur noch eine Angelegenheit von Wochen sei, begann er zahlreiche Vorschläge zu machen, wie man am besten die Probleme, die mit Amerikas Eintritt in den Weltkrieg zusammenhingen, behandeln müsse. Er unterrichtete eilends Kriegssekretär Baker von dem drohenden Krieg und riet ihm, mit „eiserner Hand" alle Unruhen zu unterdrücken, die vielleicht in großen Städten, wie Newyork und Chicago, ausbrechen würden. Es sei nur „falsche Rücksicht", bei „derartigen" Unruhen zu zaudern.[20]

Nachdem der Oberst solche napoleonischen Vorschläge gemacht hatte, kehrte er wieder nach New York zurück. Hier fand er einen Brief von Sir Edward Grey vor. Obgleich er vom 24. März stammte, stellte er trotzdem eine Antwort auf das Kabel dar, das der Präsident am 6. April entworfen hatte. Es war eine eindeutige Weigerung, aufgrund des House-Grey-„Memorandums" vom 22. Februar irgendwelche Sofortaktionen zu unternehmen. Sir Edward Grey wies darauf hin, daß der Ausgang der Kämpfe um Verdun immer noch zweifelhaft sei. Er sei überzeugt, Frankreich würde jede Andeutung einer möglichen Friedenskonferenz als vollkommen unzeitig ablehnen.

Lloyd George ist der Ansicht, daß der Zusatz des Wortes „wahrscheinlich" zu dem House-Grey-„Memorandum" von Wilson den „Charakter des vorgeschlagenen Übereinkommens so vollkommen änderte", daß es Sir Edward Grey nicht der Mühe wert hielt, den Inhalt der Verhandlungen den Alliierten mitzuteilen.[21]

Lord Lothian ist der gleichen Ansicht. Aber Sir Edward Grey selbst äußerte sich nie in dieser Weise, und Professor Seymour glaubt zuversichtlich, daß der Zusatz des Präsidenten „keinerlei Bedeutung" hatte, soweit es den englischen Staatssekretär für auswärtige Angelegenheiten betraf.[22] Es ist gewiß richtig, daß der Präsident den Alliierten eine „feste Zusicherung" gab über den Kurs, den er bei einer Friedenskonferenz einzuhalten beabsichtigte, und der Satz, die „Vereinigten Staaten würden [wahrscheinlich] die Konferenz als Kriegführende an der Seite der Alliierten verlassen, wenn Deutschland keine Vernunft annehme", war eine so endgültige Zusicherung, wie sie Sir Edward Grey wirklich nur wünschen konnte. Es ist sehr wahrscheinlich, daß Sir Edward den festen Glauben hatte, es sei nicht notwendig, das House-Grey-Übereinkommen zu benutzen, um Amerika in den Weltkrieg zu ziehen. Der deutsche U-Bootkrieg würde die Vereinigten Saaten bald in Feindseligkeiten mit den Mittelmächten verwickeln, und als tatsächlich kriegführende Macht wäre Amerika weit weniger an politischen idealen Plänen interessiert als während seiner Neutralität. Wenn Sir Edward Grey die Haltung des Staatssekretärs gegenüber Deutschland näher gekannt hätte, wäre sein Glaube, Amerika würde bald in den Krieg eintreten, noch mehr gestärkt worden. Am 10. April sandte Lansing an den Präsidenten den neuen Entwurf einer Note an Deutschland zum „Sussex"-Fall. Sie war so aufreizend im Ton, daß ihre Annahme durch den Präsidenten Krieg bedeutet hätte. Der folgende Auszug zeigt dies deutlich: „Selbst wenn die ‚Sussex' irrtümlicherweise oder in absichtlicher Mißachtung gegebener Befehle torpediert wurde, bleibt bestehen, daß die Tat mit dem Geist in Übereinstimmung steht, den die deutschen Marinebehörden in ihrer allgemeinen Politik und Praxis des U-Bootkrieges an den Tag legen. Deshalb wird die Regierung der Vereinigten Staaten keine Entschuldigung, kein Ableugnen, keine Zugabe des Unrechts, keine Bestrafung des schuldigen Offiziers und nicht die Bezahlung einer Entschädigung zufriedenstellen".[23]

Es ist kein Wunder, daß der Präsident den Entwurf zurückwies, weil die Sprache „zu streng und unfreundlich" sei. Das bereitete Staatssekretär Lansing „große Enttäuschung". Er hatte absichtlich die Note so verfaßt, als ob er zu Deutschland sagen wollte: Du hast dein feierliches Versprechen gebrochen und mußt jetzt die Folgen tragen. Das wies deutlich auf Krieg und offenbarte eine Haltung, die noch weit unnachgiebiger war, als die des Oberst House, der den Präsidenten nötigen wollte, zu erklären „falls Deutschland es ablehnte, sofort den U-Bootkrieg einzustellen, habe Botschafter Gerard die Instruktion, um seinen Paß zu bitten".

Staatssekretär Lansing war dagegen, Deutschland irgend eine Gelegenheit zu geben, im U-Bootkrieg den guten Willen unter Beweis zu stellen. Er wollte nicht nur mit sofortigem Handeln *drohen*, falls es in der gegenwärtigen Art des U-Bootkrieges weitermache. Es sei besser, die diplomatischen Beziehungen mit Deutschland sofort abzubrechen, ehe man entschieden handle.[24] Aber bevor er irgendwelche weitere Vorschläge machen konnte, erhielt das Staatsdepartement von Deutschland eine Note über den Angriff auf die „Sussex". Die unbefriedigende Mitteilung gab den Kriegsratschlägen Lansings weiteres Gewicht.

Graf Bernstorff hielt diese Note für das „unglücklichste amtliche Schriftstück, das jemals von Berlin nach Washington gegangen ist. Herr Wilson glaubte ihr die Unwahrhaftigkeit direkt abzulesen, und die Mischung von schlechtem Gewissen und Ungeschick, welche die deutsche Note zu verraten schien, veranlaßte den Präsidenten zu dem scharfen Tone seiner Antwort".[25]

Gewisse Publizisten haben nicht gezögert, die deutsche Note vom 10. April als „albern"[26] zu bezeichnen. Sie haben angenommen, die deutsche Regierung wollte die Tatsache verbergen, daß der Angriff auf die „Sussex" von einem deutschen U-Boot ausging. Daß das Gegenteil richtig ist, beweisen Schriftstücke des deutschen Marinearchives. Daraus geht hervor, daß die deutsche Regierung ehrlichen Glaubens war, die „Sussex" sei nicht das Opfer eines deutschen Torpedos geworden. Das Schiffstagebuch von Oberleutnant z.S. Pustkuchen zeigt, daß der Kommandant von U 29 nicht wußte, daß er am 24. März die „Sussex" torpedierte. Er hatte an diesem Tage zwei Dampfer angegriffen. Der Torpedoschuß auf die „Sussex" war kurz nach 3.30 Uhr nachmittags abgefeuert worden, aber da der Dampfer keine Flagge führte, gleichförmig schwarz angestrichen war, ein eigentümliches Heck wie ein Kriegsschiff besaß, und außerhalb des von der englischen Admiralität für die Handelsschiffahrt vorgeschriebenen Weges fuhr, nahm der Kommandant von U 29 an, es sei ein Truppentransporter. Er wußte nicht, daß er den Passagierdampfer „Sussex" angegriffen hatte.[27]

U 29 kam von seiner Kreuzerfahrt am 26. März zurück. Am anderen Tag sandte das Marinekorps dem Admiralstab ein Telegramm, in dem gemeldet wurde, U 29 habe am 24. März bei Dungeneß zwei Dampfer versenkt – „keiner davon führte neutrale Farben". Der erste Dampfer [die „Sussex"] sei „ein Transportschiff" gewesen, „das viele Truppen beförderte".[28]

Die ganze Welt wußte jetzt bereits, daß am 24. März der französische Passagierdampfer „Sussex" entweder auf eine treibende Mine aufgelaufen war oder ernstlich von einem Torpedo beschädigt wurde. Der Admiralstab wollte nun außerordentlich dringend weitere Nachricht über die Operationen von U 29; schließlich entschloß man sich, telephonisch in Zeebrügge anzufragen. So erfuhr man, daß U 29 am 24. März in der Nähe von Dungeneß zwei Dampfer torpediert hatte, „keiner von beiden führte neutrale Farben. Der eine war ein Frachtdampfer und der andere ein Transportschiff. U 29 ist fest überzeugt, daß weder ein Postdampfer noch ein Passagierdampfer angegriffen wurde, weil beide keine Flagge zeigten. Es wird angenommen, daß die ‚Sussex' auf eine Mine auflief. Das ist sehr wohl möglich, da die Gewässer in dieser Gegend voll von Minen sind".[29]

Am 27. März erhielt Botschafter Gerard von Staatssekretär Lansing die Anweisung, anzufragen, ob die „Sussex" von „einem U-Boot, das Deutschland oder einem seiner Verbündeten gehörte", versenkt worden sei. Das deutsche Auswärtige Amt sandte (29. März) eine Abschrift der Anfrage an den Admiralstab und bat um Antwort, sobald „als es irgendwie geht". Nach Verlauf einiger Tage übergab der Chef des Admiralstabes dem Auswärtigen Amt folgende Antwort: „Um festlegen zu können, ob der Angriff auf die ‚Sussex' von einem deutschen U-Boot gemacht wurde, bitte ich um Unterlagen wann, wo und unter welchen Umständen der Dampfer ‚Sussex' beschädigt wurde. Darf ich es Euer Exzellenz überlassen, bei der amerikanischen Regierung in dieser Angelegenheit Auskunft einzuholen?"[30]

Am Tage zuvor (1. April) erklärte Oberleutnant z.S. Pustkuchen, der Kommandant von U 29, vor dem Admiralstab in Berlin folgendes: „Am Nachmittag des 24. März fuhr ich aufgetaucht etwa in der Mitte des Englischen Kanals zwischen Beachy Head und Dungeness. Um 3.40 Uhr nachmittags mitteleuropäischer Zeit wurde ein Schiff mit zwei hohen Masten gesichtet. Es näherte sich rasch unter großen Rauchwolken. Ich tauchte, um das Schiff aus der Nähe anzusehen. Als es herankam, konnte ich erkennen, daß es ein langes, schwarzes Fahrzeug mit grauem Schornstein und kleinem grauem Aufbau war. Das Auffallendste daran war das schräg nach unten abfallende Heck wie bei einem Kriegsschiff. Ich hatte die bestimmte Überzeugung, daß es ein Kriegsschiff sei, und zwar ein Minenleger der neugebauten ‚Arabic'-Klasse. Ich wurde zu dieser Überzeugung geführt durch:

1. das glatt durchlaufende Deck,
2. die sonderbare Form des Hecks.

Die Annahme, daß es sich um ein Kriegsschiff handelte, wurde dadurch bestätigt, daß der Dampfer nicht den für die Handelsschiffe vorgeschriebenen Kurs einhielt, ... sondern in der Mitte des Kanals fuhr, mit einem etwa nach Le Havre führenden Kurs. Da er keine Flagge oder besondere Anzeichen führte, glaubte ich, es sei ein feindliches Schiff ... Ich entschloß mich infolgedessen zum Angriff. Der Torpedoschuß erfolgte 3.55 Uhr nachmittags ... Das ganze Vorschiff bis zur Brücke wurde durch die Explosion zerstört. Sofort nach der Explosion sah ich, daß eine sehr große Zahl von Menschen an Deck kam, und ich hatte gleich den Eindruck, daß es nicht ein Minenleger, sondern ein Truppentransporter war. Infolge der großen Entfernung von dem Dampfer konnte ich nicht sehen, ob die Leute an Bord in Uniform waren ... Die beiliegende Skizze gibt die Silhouette des Schiffes, wie ich es in Erinnerung habe".[31]

Nachdem der Chef des Admiralstabes diesen ins einzelne gehenden Bericht über die Operationen von U 29 erhalten hatte, sandte er folgendes Schreiben an den Staatssekretär des Äußeren: „Bezugnehmend auf meine telephonische Unterhaltung bitte ich Eure Exzellenz ergebenst, sofort anzufragen [bei der amerikanischen Regierung] wann, wo und unter welchen Umständen der Dampfer ‚Sussex' zu Schaden kam, weil ohne diese Angaben eine Untersuchung nicht durchgeführt werden kann. Soweit es sich bis jetzt beurteilen läßt, ist es wahrscheinlich, daß die ‚Sussex' nicht von einem deutschen Unterseeboot torpediert wurde".[32]

Der Staatssekretär des Äußeren verlor keine Zeit und sandte aufgrund der Information des Admiralstabs eine Note an Botschafter Gerard. Am gleichen Mittag nahm Unterstaatssekretär Zimmermann an einem Tee in der amerikanischen Botschaft teil. Botschafter Gerard führte ihn in aller Stille beiseite und warnte ihn, die Note habe einen „ziemlich schlechten Eindruck auf ihn gemacht". Er benutzte sogar den Ausdruck: „Sie halten mich zum Narren". Am Schluß seiner Bemerkungen riet er Unterstaatssekretär Zimmermann ernstlich, die Note zurückzuziehen.

Diesen Rat nahm Zimmermann an und besprach die Angelegenheit mit dem Admiralstab. Admiral v. Holtzendorff hatte keine Einwendungen gegen eine Zurückziehung der Note vom 5. April, aber er „wies ausdrücklich darauf hin, er sei überzeugt, daß kein deutsches U-Boot in Frage komme". Er konnte absolut gar nicht begreifen, warum der Botschafter den Eindruck bekommen haben könnte, man versuche, ihn hinters Licht zu führen.[33] Nach Beendigung einer weiteren Untersuchung über die Einzelheiten des Angriffes auf die „Sussex" sandte der Admiralstab einen Bericht an das Auswärtige Amt (8. April), der als Grundlage zur deutsche Note an die amerikanische Regierung (10. April) verwandt wurde.[34]

In dieser Note wies die deutsche Regierung zuerst auf die Schwierigkeiten bei ihrer Untersuchung hin. Es seien keine genauen Angaben über Ort, Zeit und Begleitumstände der Versenkung bekannt gewesen, und erst am 6. April habe man ein Bild der „Sussex" erlangen können. Infolge des Fehlens bestimmter Informationen müsse man die Eintragungen im Tagebuch des Kommandanten von U 29 sorgfältig prüfen. Das Tagebuch scheine zu beweisen, daß das Schiff, das um 3.55 Uhr nachmittags von U 29 torpediert wurde, ein Kriegsschiff war und nicht die „Sussex". Dieser Schluß werde bestätigt durch eine Skizze, die Oberleutnant z.S. Pustkuchen von dem ersten Schiff anfertigte, das er am 24. März nachmittags angriff. Die Vergleichung der Skizze und der tatsächlichen Photographie der „Sussex" zeige ganz deutlich, daß ein anderer Dampfer das Opfer des ersten Torpedoschusses von U 29 am 24. März gewesen sein müsse. Angesichts dieser Tatsachen scheine es wahrscheinlich, daß die „Sussex" auf eine treibende Mine aufgelaufen sei. Falls der amerikanischen Regierung weiteres Material zur Beurteilung des Falles „Sussex" zur Verfügung stehe, bitte die deutsche Regierung um dessen Mitteilung. Für den Fall, daß sich hierbei Meinungsverschiedenheiten zwischen den beiden Regierungen ergeben sollten, erkläre sich die deutsche Regierung schon jetzt bereit, den Tatbestand durch eine gemischte Untersuchungskommission gemäß dem dritten Titel des Haager Abkommens zur friedlichen Erledigung internationaler Streitfälle vom 18. Oktober 1907 feststellen zu lassen.

In Amerika machte die Note einen höchst unglücklichen Eindruck. Vielen amerikanischen Regierungsbeamten schien es, als ob die deutsche Regierung nicht ehrlich sei, indem sie leugnete, daß die „Sussex" von einem deutschen U-Boot angegriffen wurde. In der amerikanischen Presse wurde die deutsche Note mit der Begründung angegriffen, sie sei voll von „lächerlichen Ausflüchten". Die Vorstellung eines U-Bootkommandanten, der „Skizzen von seinen torpedierten Schiffen anfertigt, verursachte unendliche Heiterkeit in offiziellen Kreisen. Das Ernste bei einer solchen Verteidigung scheint zu sein, daß die deutsche Regierung zur Zeit in einem solchen Durcheinander sich befindet, daß sie zuläßt, daß Mitteilungen über schwerwiegende Angelegenheiten von Amateurdiplomaten bearbeitet werden".[35]

Graf Bernstorff war sich nur zu klar darüber, daß die deutsch-amerikanischen Beziehungen in eine neue Krise eingetreten waren. Sobald er die Nachricht von dem Angriff auf die „Sussex" erfahren hatte, machte er große Anstrengungen, um einen Bruch der diplomatischen Beziehungen abzuwenden. Am 8. April teilte er in einem Ziffertelegramm nach Berlin mit, Oberst House habe ihm die „Stimmung wegen ‚Sussex' in sehr düsterer Färbung" geschildert. Die Lage im Weißen Haus werde als „hoffnungslos betrachtet, weil man der Ansicht sei, daß deutsche Regierung trotz Abgang Tirpitz U-Bootkrieg selbst mit bestem Willen nicht zügeln kann". Eine

Wiederholung deutscher „Versehen" bei der Führung des U-Bootkrieges müßte die „Vereinigten Staaten von Amerika in Krieg mit uns treiben."[36]

Graf Bernstorff wollte unbedingt über die Haltung Lansings Gewißheit haben und sprach deshalb am 10. April im Staatsdepartement vor. Lansing teilte dem Botschafter in seiner gewöhnlichen barschen Art mit, die Lage sei „ernst wie nur je". Bestürzt über die Warnung meldete Graf Bernstorff dem Staatssekretär v. Jagow wieder, die amerikanische Regierung sei „überzeugt, daß ein deutsches U-Boot die ‚Sussex' torpedierte". Das Auswärtige Amt müsse unbedingt Amerika sofort wieder eine Versicherung seines guten Glaubens schicken.

Staatssekretär v. Jagow erwiderte umgehend: „Wenn Präsident Wilson Frieden wünscht, begegnet er sich hierin völlig mit Wünschen Deutschlands, das hofft, daß Gestaltung deutsch-amerikanischer Beziehungen Zusammenwirken zur Herbeiführung Friedens ermöglichen wird".[37]

Nach Erhalt dieser Anweisung ging Graf Bernstorff sofort zu Oberst House und bemühte sich, ihn von dem guten Glauben der deutschen Regierung bezüglich der U-Bootoperationen zu überzeugen: „Meine Regierung ist bereit, den U-Bootkrieg mit gebührender Rücksicht auf die Rechte Neutraler zu führen. Sie steht zu ihren Versicherungen, die sie den Vereinigten Staaten gegeben hat. Sie hat in dieser Angelegenheit so präzise Instruktionen erlassen, daß nach menschlicher Voraussicht Irrtümer ausgeschlossen sind. Falls wider alles Erwarten irgendwelche Versehen vorkommen sollten, ist meine Regierung bereit, sie in jeder Weise wieder gutzumachen".[38]

Oberst House war jedoch nicht geneigt, den Mitteilungen des Grafen Bernstorff zu diesem Zeitpunkt irgendwelche Aufmerksamkeit zu schenken. In einem Brief an den Präsidenten meinte er, es sei schwierig, mit Bernstorff „irgend etwas zu erreichen", weil er anscheinend „auch nicht viel mehr über die Absichten seiner Regierung" wisse, als die amerikanischen Beamten.

Während Oberst House dem Präsidenten riet, den Bemühungen Graf Bernstorffs, von seiner Regierung Versicherungen des guten Glaubens zu übermitteln, keine Beachtung zu schenken, trieb Lansing den Präsidenten tatkräftig einem Bruch mit Deutschland zu. Am 15. April sandte er einen Brief an Wilson und schlug gewisse Änderungen in der geplanten Note an die deutsche Regierung vor. Die Schlußfolgerung, die er dem Präsidenten zur Prüfung vorlegte, war so kurz und eindeutig wie ein drohendes Ultimatum. Sie wurde mit nur geringfügigen Änderungen, die den Ton nicht abschwächten, angenommen. Dann schickte Staatssekretär Lansing alle Zeugenaussagen von den Fahrgästen und Mannschaftsmitgliedern der „Sussex" über den Angriff vom 24. März ins Weiße Haus. Dazu kamen als Ergänzung weitere Aussagen von französischen Schiffsoffizieren und englischen Beamten.

Für den Präsidenten waren alle diese Dokumente schlüssige Beweise dafür, daß die „Sussex" von einem deutschen U-Boot torpediert worden war. Nach kurzer Durchsicht sandte er sie ans Staatsdepartement zurück mit der Bemerkung, sie seien „vollständig genügend". Falls er noch einige Zweifel hatte, wurden sie rasch von Lansing zerstreut, der darauf brannte, recht bald ein Ultimatum an Deutschland zu schicken. Der Staatssekretär war wirklich sehr verärgert über den Aufschub, und am 17. April schrieb er Oberst House, er warte immer noch „mit begreiflicher Ungeduld, daß der Präsident doch endlich unsere Politik in der U-Bootfrage festlegt. Ich hoffe ernstlich, daß seine Politik mit unseren gemeinsamen Anschauungen übereinstimmen wird".[39]

Die wachsende Ungeduld Lansings fand etwas Entladung bei einem Interview am 18. April mit Graf Bernstorff. Der Staatssekretär brachte sogleich vor, daß verschiedene neutrale Schiffe von deutschen U-Booten torpediert worden waren. Als Graf Bernstorff ihm versicherte, daß dies gegen die vom deutschen Admiralstab erlassenen Instruktionen sei, brach Lansing heftig los: „Es scheint höchst sonderbar, daß sie ihre U-Bootkommandanten nicht kontrollieren können. Anscheinend torpedieren sie ein Schiff und sehen dann hinterher nach seiner Nationalität; das ist ein gefährliches Verfahren. Und das macht die Lage so ernst. Ich kann die Handlungsweise der U-Bootkommandanten nicht begreifen, ohne anzunehmen, daß die Regierung keinerlei Macht über sie hat".

Auf diesen Ausbruch Lansings hin wurde Graf Bernstorff so erregt und sprach so schnell und so abgerissen, daß man ihn kaum verstehen konnte. Schließlich gelang es ihm, herauszubringen, seine Regierung wolle kein „Durcheinander. Ich möchte gerne helfen, weil ich mir solche Sorgen mache. Es ließe sich doch besser hier erledigen. Sie wissen, daß ich alles unternommen habe, um die freundschaftlichen Beziehungen aufrecht zu erhalten".[40]

Die friedliche Geste Graf Bernstorffs machte auf den Präsidenten geringen Eindruck. Er war jetzt überzeugt, daß sich die deutsche Regierung ihrer Verantwortung für den Angriff auf die „Sussex" entziehen wollte. Am 18. April sandte er eine Note an Botschafter Gerard, die unmißverständlich auf das Nahen des Krieges hinwies. Sie legte zuerst den Tatbestand des Angriffs auf den französischen Dampfer dar und kam zu dem „unvermeidlichen Schluß", daß der an dem Schiff verursachte Schaden durch ein Torpedo verursacht war, den „ein deutsches Unterseeboot" abfeuerte. Dann wurde die deutsche Regierung gewarnt, sie verfehle, „den Ernst der Lage zu würdigen", die sich nicht nur durch den Angriff auf die „Sussex" ergeben habe, sondern auch durch „die ganzen Methoden und den Charakter des Unterseebootkrieges, wie sie zutage getreten sind infolge der während eines Zeitraums von mehr als zwölf Monaten von den Befehlshabern der deutschen U-Boote uneingeschränkt gehandhabten Übung unterschiedsloser Zerstörung von Handelsschiffen aller Art, Nationalität und Bestimmung".

Die Note geht dann rasch weiter zu ihrer ominösen Schlußfolgerung: „Die Regierung der Vereinigten Staaten hat eine sehr geduldige Haltung eingenommen ... Sie hat den neuen Verhältnissen, für die es keine Präzedenzfälle gibt, jedes Zugeständnis gemacht und war willens, zu warten, bis die Tatsachen unmißverständlich und nur einer Auslegung fähig wurden. Sie ist nun einer gerechten Würdigung ihrer eigenen Rechte schuldig, der kaiserlichen Regierung zu erklären, daß dieser Zeitpunkt gekommen ist ... Wenn es noch die Absicht der kaiserlichen Regierung ist, unbarmherzig und unterschiedslos weiter gegen Handelsschiffe mit Unterseebooten Krieg zu führen, ohne Rücksicht auf das, was die Regierung der Vereinigten Staaten als die heiligen und unbestreitbaren Gesetze des internationalen Rechts und die allgemein anerkannten Gebote der Menschlichkeit ansehen muß, so wird die Regierung der Vereinigten Staaten schließlich zu der Folgerung gezwungen, daß es nur einen Weg gibt den sie gehen kann. Sofern die kaiserliche Regierung nicht jetzt unverzüglich ein Aufgeben ihrer gegenwärtigen Methoden des Unterseebootkrieges gegen Passagier- und Frachtschiffe erklären und bewirken sollte, kann die Regierung der Vereinigten Staaten keine andere Wahl haben, als die diplomatischen Beziehungen zur Deutschen Regierung ganz zu lösen".[41]

Um der amerikanischen Bevölkerung das Wichtigste aus der amerikanischen Note an Deutschland nahezubringen, hielt der Präsident am 19. April vor dem Kongreß eine Rede über die Beziehungen zu Deutschland. In Kreisen, die dem Präsidenten nahestanden, wurde die Note an Deutschland „nicht als formelles Ultimatum angesehen, da keine Zeitbeschränkung festgelegt war, aber Mitglieder des Kongresses, die heute die Hauptpunkte der Note hörten, betrachten sie in Wirklichkeit als Ultimatum".[42]

Aber die unentschiedene und kriegsschwangere Atmosphäre dämpfte den brennenden Optimismus Graf Bernstorffs in keiner Weise. Am 20. April kam er ins Staatsdepartement zu einer Konferenz mit Staatssekretär Lansing. Auf dem Weg zu der Konferenz umringten ihn die Zeitungsleute und fragten ihn, ob die „scharfen Sätze der amerikanischen Note, nach der Übersetzung ins Deutsche" eine so starke Reaktion in Deutschland hervorrufen könnten, daß die Regierung gezwungen sein würde, die amerikanischen Forderungen zurückzuweisen? Der Botschafter „zeigte sein gewöhnliches Lächeln. Ja, erwiderte er, die Note muß wirklich nicht übersetzt werden".[43]

Es ist sehr wahrscheinlich, daß der Botschafter etwas von seinem munteren Optimismus verlor, als er mit Lansing zusammenkam. Der folgende Auszug aus der Unterhaltung läßt erkennen, daß es da einige unbehagliche Augenblicke gegeben haben muß:

„Bernstorff: ... Deutschland kann den U-Bootkrieg nicht aufgeben. Keine Regierung könnte kommen und sagen: ‚Wir verwenden keine U-Boote mehr'. Sie müßte sofort zurücktreten.

Lansing: Welche Methoden zum Einsatz von U-Booten, die vom Kriegsstandpunkt aus wirkungsvoll sind und gleichzeitig dem Völkerrecht entsprechen, können vorgeschlagen werden?

Bernstorff: Ich hatte immer angenommen, daß vor der Versenkung gewarnt werden müsse.

Lansing: Wir halten es nicht für richtig, daß die Leute an Bord ... sich in Sicherheit befinden, wenn sie Hunderte von Meilen vom Lande weg im offenen Boot ausgesetzt sind ... Ich weiß nicht, wie Ihre Regierung den U-Bootkrieg umgestalten und wirkungsvoll machen kann und gleichzeitig dem Recht und den Gesetzen der Humanität gehorchen will.

Bernstorff: Humanität! Natürlich ist der Krieg nie human ... Unsere Feinde verletzen alle Gesetze, und Sie bestehen darauf, daß Deutschland sie beachtet.

Lansing: In dem einen Fall handelt es sich um Menschenleben; im anderen um Sachwerte ... Die deutsche Methode erscheint mir rücksichtslos. Es ist gerade so, als ob ein Mann, der außerordentlich schlecht sieht, mit einem Revolver in der Hand auf die Straße hinausgeht, um einen Gegner zu suchen. Und wenn er dann die Umrisse eines Menschen erkennt, sofort auf ihn feuert und ihn ernstlich verletzt, dann zu ihm hingeht, sich entschuldigt und sagt, er habe sich geirrt ...

Bernstorff: Ich kann durchaus nicht erklären, wie es kommt, daß so viele neutrale Schiffe angegriffen worden sind ... Die Frage ist, was können wir tun?

Lansing: Zuerst müßte der U-Bootkrieg ganz aufgegeben werden und dann, wenn die deutsche Regierung die Angelegenheit bereden will –

Bernstorff: Ich möchte tun, was ich kann, weil ich fest davon überzeugt bin, daß die deutsche Regierung keinen Bruch will; ganz abgesehen von der sentimentalen Seite glaube ich, will von uns niemand einen Bruch.

Lansing: … Das einzig mögliche ist eine Aufgabe des U-Bootkrieges; ob eingeschränkt oder nicht würde von den Abmachungen abhängen …

Bernstorff: Dann muß ich also annehmen, daß Sie das Recht der Wiedervergeltung nicht anerkennen?

Lansing: Wir anerkennen eine Wiedervergeltung nicht, wenn die Rechte Neutraler berührt werden.

Bernstorff: Aber die Engländer üben Wiedervergeltung, indem sie jeden Handel mit Deutschland verhindern.

Lansing: Das ist etwas ganz anderes. Das Lebensrecht ist ein ererbtes Recht, das der Mensch von Geburt an besitzt; das Eigentumsrecht ist ein reines Gesetzesrecht …

Bernstorff: Ich stimme ganz mit Ihnen überein, daß das warnungslose Versenken gänzlich aufhören muß, es erregt internationalen Anstoß …

Lansing: Wenn sie jetzt ein weiteres Schiff versenken, wäre es sehr schlimm … Ich habe nicht das Empfinden, daß der Abbruch der diplomatischen Beziehungen notwendigerweise Krieg bedeutet.

Bernstorff: Das sage ich auch nicht, aber ich sehe nicht, wie das vermieden werden kann … Ich kam hierher, um zu erfahren, ob nicht etwas unternommen werden könnte."[44]

Der Präsident selbst hegte immer noch die Hoffnung, die deutsche Regierung würde die amerikanischen Forderungen über die Führung des U-Bootkrieges annehmen. Am 21. April schrieb er Oberst House, er denke, es sei „richtig, mit der deutschen Regierung über jeden Plan, den sie vorschlage, zu verhandeln, vorausgesetzt, daß sie ihren Seekrieg während der Unterhandlungen gänzlich einstellt".[45]

Aber die Nachrichten aus Berlin waren alles andere als ermutigend. Als Botschafter Gerard die amerikanische Note (vom 18. April) dem deutschen Auswärtigen Amt übergab, sagte ihm Staatssekretär v. Jagow, es sehe so aus, als ob die amerikanischen Forderungen den Abbruch der diplomatischen Beziehungen bedeuteten. Jagow versprach dann, mit dem Reichskanzler zu verhandeln, aber seiner Ansicht nach „würde Deutschland die warnungslose Versenkung von Handelsschiffen in der Kriegszone nicht aufgeben".[46]

Die Lage sah etwas hoffnungsvoller aus am 25. April, als ein Telegramm von Botschafter Gerard eintraf, aus dem hervorging, daß der Reichskanzler für die Annahme der amerikanischen Forderungen zu sein schien. Die Friedensbereitschaft wurde verstärkt durch eine Deputation aus „allen Kreisen der Sozialisten und von den meisten Gewerkschaften", die dem Reichskanzler vortrug, das deutsche Volk „will keinen Krieg mit Amerika". Die Friedensbewegung wurde weiterhin noch dadurch unterstützt, daß sich Bulgarien und die Türkei gegen einen „Bruch" mit Amerika stemmten.[47]

Das deutsche Auswärtige Amt sandte auf diesen Druck ein Kabeltelegramm an Bernstorff, das den ernsten Wunsch, „den Krieg zu vermeiden", offenbarte. Man erkundigte sich über die Bedeutung des Satzes „ungesetzliche U-Bootkriegsführung", der in der amerikanischen Note vom 18. April enthalten war. Man wollte auch erfahren, was die Vereinigten Staaten voraussichtlich bezüglich der englischen Blockade unternehmen würden, falls die deutsche Regierung auf die amerikanischen Forderungen einginge.

Graf Bernstorff setzte sich sofort mit Oberst House wegen der versöhnlichen Haltung der deutschen Regierung in Verbindung. Er befürchtete aber, daß „eine zeitweilige vollständige Aufgabe des U-Bootkrieges während der Verhandlungen für die deutsche öffentliche Meinung nicht annehmbar sein würde. Ich habe meinen Vorschlag noch einmal dringend vorgebracht, und werde ihn auch weiterhin vorbringen, aber ich fürchte, meine Regierung wird nicht in der Lage sein, ihn durchzuführen. Sie will anscheinend den *gesamten* U-Bootkrieg in Zukunft nach den internationalen Gesetzen des Kreuzerkriegs führen, so wie dies in unseren Noten und Denkschriften über den ‚Frye'- und ‚Persia'-Fall niedergelegt wurde".[48]

Als Antwort auf den deutschen Vorschlag veröffentlichte das Staatsdepartement am 26. April eine von Lansing ausgearbeitete Denkschrift (25. März 1916) über den Status bewaffneter Handelsschiffe. Wie schon in einem vorhergehenden Kapitel dargelegt wurde, bedeutet diese Denkschrift eine vollständige Abkehr von der Haltung, die der Staatssekretär in seinem Vorschlag vom 18. Januar dargelegt hatte. Nach den Bestimmungen der Denkschrift vom 25. März würde man Deutschland zu einer Auslegung des Völkerrechts verpflichten, die amerikanischen Rechtstheorien entgegenstand und dem gesunden Menschenverstand widerstrebte. Aber Staatssekretär Lansing wäre in seiner Einschränkung deutscher U-Boottätigkeit noch weiter gegangen. Er legte jetzt dem Präsidenten den angenommenen Fall vor, bei dem ein deutsches Unterseeboot ungesetzlich ein feindliches Handelsschiff torpedierte. Selbst wenn keine Amerikaner an Bord dieses feindlichen Handelsschiffes waren, habe Deutschland trotzdem einwandfrei das Völkerrecht verletzt, und deshalb wäre Amerika daran interessiert. In der amerikanischen Note vom 18. April habe man einen Standpunkt eingenommen, der sich auf „Menschlichkeit und neutrale Rechte ganz allgemein gründete". Folge daraus dann nicht, daß die amerikanische Regierung „jeden ungesetzlichen Angriff" auf *jedes* Handelsschiff, „ob nun Amerikaner unter den Passagieren sind oder nicht", übelnehmen müsse?[49]

Der Präsident verwarf sofort die überspitzte Auslegung des Völkerrechts, die Lansing hier vorschlug. Seiner Meinung nach seien die Vereinigten Staaten „nicht berechtigt, die allgemeine Vertretung neutraler Rechte in dieser Angelegenheit zu übernehmen, ob nun unsere Bürger in Mitleidenschaft gezogen sind oder nicht".[50]

Inzwischen herrschte in Deutschland ein heftiger Kampf, welche Haltung die Regierung einnehmen sollte gegenüber den amerikanischen Forderungen in der Note vom 18. April. Großadmiral v. Tirpitz beeilte sich, obwohl er keine offizielle Stellung mehr bekleidete, dem Kaiser zu schreiben (27. April) und entschieden für den uneingeschränkten U-Bootkrieg gegen die englische Schiffahrt einzutreten. Er wurde dabei von General v. Falkenhayn unterstützt, der glaubte, jede Einstellung des unbeschränkten U-Bootkrieges würde für England und Frankreich einen solchen Vorteil bedeuten, daß es für Deutschland unmöglich sein würde, die militärischen Operationen bei Verdun fortzusetzen. Admiral v. Holtzendorff war im Gegenteil davon überzeugt, daß es ein ernster Fehler wäre, die U-Bootoperationen so weiterzuführen, daß sich die Vereinigten Staaten ernstlich beleidigt fühlen würden. Deutschland könne es sich nicht leisten, Amerika zum tatsächlichen Gegner zu haben. Am 1. Mai entschied der Kaiser zugunsten einer Annahme der amerikanischen Forderungen, obgleich dies bedeutete, daß der U-Bootkrieg in der Kriegszone vollständig eingestellt würde.

Nach einer freundschaftlichen Konferenz zwischen dem Kaiser und Botschafter Gerard übersandte die deutsche Regierung ihre Antwort auf die amerikanische Note vom 18. April. Sie bedeutete eine Unterwerfung unter die amerikanischen Forderungen. Nachdem die Note zuerst die deutsche Führung des U-Bootkrieges verteidigt, gibt sie schließlich die Zusicherung, die die amerikanische Regierung

Wilhelm II. (1859–1941) berät sich mit Großadmiral Alfred v. Tirpitz (1849–1930) und Admiral v. Holtzendorff. Der deutsche Kaiser neigte eher der Meinung v. Holtzendorffs zu und entschloß sich, den U-Bootkrieg nicht im Sinne von Großadmiral v. Tirpitz weiterzuführen.

für die Aufrechterhaltung der freundschaftlichen Beziehungen zwischen den beiden Ländern für notwendig hielt: „Die deutsche Regierung … teilt der Regierung der Vereinigten Staaten mit, daß Weisung an die deutschen Seestreitkräfte ergangen ist, in Beobachtung der allgemeinen völkerrechtlichen Grundsätze über Anhaltung, Durchsuchung und Zerstörung von Handelsschiffen auch innerhalb des Seekriegsgebietes Kauffahrteischiffe nicht ohne Warnung und Rettung der Menschenleben zu versenken, es sei denn, daß sie fliehen oder Widerstand leisten".

Nach dieser Zusicherung erklärt die deutsche Note, die deutsche Regierung würde dies nur unter der Bedingung tun, daß die neutralen Regierungen die Alliierten zwingen würden, neutrale Rechte zu respektieren. Die Neutralen könnten nicht erwarten, daß Deutschland in dem Daseinskampf, den es zu führen gezwungen sei, sich nur mit Rücksicht auf die Interessen Neutraler „im Gebrauch einer wirksamen Waffe Beschränkungen auferlegt, wenn seinen Gegnern gestattet bleibt, ihrerseits völkerrechtswidrige Mittel nach Belieben zur Anwendung zu bringen … Die deutsche Regierung ist überzeugt, daß … die Regierung der Vereinigten Staaten nunmehr bei der Großbritannischen Regierung die alsbaldigen Beobachtungen … der Regeln des Völkerrechts … mit allem Nachdruck verlangen und durchsetzen wird".[51]

Staatssekretär Lansing nahm auf die deutsche Antwort vom 4. Mai nicht sofort eine eindeutige Haltung ein. Als er die Note zum erstenmal durchlas, betrachtete er sie als unbefriedigend. Beim zweitenmal war er geneigt, zu glauben, daß „sie genügen würde". Beim drittenmal hatte er die ersten Bedenken und schließlich kam er zu dem Schluß, die Note müsse abgelehnt werden, und Graf Bernstorff müsse seine Pässe erhalten und das Land verlassen.

In Übereinstimmung mit der letzten Ansicht schrieb er eilends folgende kurze Note an den Präsidenten: „Je länger ich die deutsche Antwort studiere, desto weniger gefällt sie mir. Ein schöner äußerer Glanz verdeckt den inneren Schwindel, und dazu kommt eine entschieden unverschämte Tonart".[52]

Auch der Neutralitätsrat traute den Zugeständnissen in der deutschen Antwortnote vom 4. Mai nicht ganz. In dem Bericht für Staatssekretär Lansing wies der Neutralitätsrat darauf hin, daß die deutsche Regierung offensichtlich immer noch an der Meinung festhalte, daß ein bewaffnetes Handelsschiff „seinen Charakter als Kauffahrteischiff verliert; dieser Lehre stimmt die amerikanische Regierung nicht zu. Die deutschen Seestreitkräfte könnten deshalb den Ausdruck „Handelsschiff" in ihren Instruktionen nach den Anschauungen ihrer eigenen Regierung und nicht in Übereinstimmung mit den Ansichten der Vereinigten Staaten auslegen".

Der Rat beschäftigte sich dann weiter mit der Frage, ob ein Handelsschiff, das einen Fluchtversuch unternommen hatte, aber schließlich gestellt worden war, „ohne Warnung und ohne Rettungsmaßnahmen für die Besatzung" versenkt werden könne. Nach Ansicht des Rates ließ der Sprachgebrauch der deutschen Instruktionen die Auslegung „vollkommen zu", daß ein solches Schiff versenkt werden könne und daß keine Maßnahmen „ergriffen werden müßten, Menschenleben zu retten, falls es einen Fluchtversuch unternommen hatte".

Der Schlußsatz der deutschen Antwort vom 4. Mai machte dem Rat große Sorge. Es hieß da: „Sollten die Schritte der Regierung der Vereinigten Staaten nicht zu dem gewollten Erfolge führen, den Gesetzen der Menschlichkeit bei allen kriegführenden Nationen Geltung zu verschaffen, so würde die deutsche Regierung sich einer neuen Lage gegenübersehen, für die sie sich die volle Freiheit der Entschließung vorbehalten muß".

Der Rat war der Meinung, daß die deutsche Regierung in diesem Abschnitt sich zum Richter darüber aufwarf, wann die neue Lage sich ergeben würde und sich auch das Recht vorbehielt, die Instruktionen der U-Bootkommandanten zu ändern, wann sie dies für gut hält. Der Rat glaube, die deutsche Note sei so entworfen, um „die Vereinigten Staaten zu zwingen, einen diplomatischen Druck zur Erreichung deutscher Pläne auszuüben, als Ersatz für die Durchführung dieser Pläne durch den ungesetzlichen Unterseebootkrieg. Damit würde den Vereinigten Staaten übertragen, den Beweis zu erbringen, daß der U-Bootkrieg Deutschlands im gesetzlichen Rahmen geführt werde, anstatt die Beweisführung da zu lassen, wo sie hingehört – zu Deutschland".

Zum Schluß erörtert der Rat die Beförderung von Kriegsmaterial auf Handelsschiffen. Obgleich die deutsche Antwort die Kriegsmaterialbeförderung nicht erwähnte, hatte sie doch offen gedroht, daß solche Transportschiffe nicht als gewöhnliche Handelsschiffe behandelt zu werden brauchten. Wenn das stimmte, würde es bedeuten, daß sowohl bewaffnete Handelsschiffe als auch Kriegsmaterialtransporter aus der Klasse der gewöhnlichen Kauffahrteischiffe ausgeschlossen werden konnten und deshalb Angriffen ausgesetzt wären. In diesem Falle wären die Zugeständnisse an Amerika in der deutschen Note vom 4. Mai „zu geringfügig, um großes Gewicht zu besitzen".[53]

Bei früheren Gelegenheiten hatten die Ansichten Lansings mit der Unterstützung des Neutralitätsrates einen gewaltigen Einfluß auf Wilson. Diesmal lehnte das Regierungshaupt die Führung ab und deutete die deutschen Absichten im friedlichen Sinn. Das ist umso bemerkenswerter, wenn wir aus dem „Tagebuch" des Oberst House erfahren, daß der Präsident am 3. Mai einen großen Zorn auf Deutschland hatte: „Er [der Präsident] sprach mit großer Bewegung über Deutschlands Verantwortung an dem Weltunglück und meinte, die Schuldigen sollten persönlich bestraft werden ... Als ich letztes Mal hier [Washington] war, tat ich alles, um ihn zum Auftreten zu bewegen. Offensichtlich bin ich zu weit gegangen, denn ich finde ihn jetzt unnachgiebig und kriegslustig. Und es sollte ihm mehr daran liegen, den Krieg abzuwenden".[54]

Seine Kriegsneigung wurde wirkungsvoll zurückgedrängt durch die Zugeständnisse, die die deutsche Regierung in der Note vom 4. Mai machte und durch den Friedensrat des Oberst House. Am 5. Mai schrieb der Präsident dem Oberst und bat ihn um seine Meinung über die deutsche Note. Er erhielt umgehend eine Antwort mit dem Rat, die deutschen Zugeständnisse anzunehmen. Es sei „keine genügende Entschuldigung zum Bruch" vorhanden. Das wichtigste sei, „alle Auseinandersetzungen abzubrechen", und deshalb solle man die Abschnitte der deutschen Note, die auf die englischen Verletzungen des Völkerrechts Bezug nehmen, nicht weiter beachten.[55]

Obgleich der Präsident dem Rat des Oberst House folgte und die deutsche Note vom 4. Mai als Versicherung des deutschen guten Glaubens über die zukünftige Führung des U-Bootkrieges annahm, überredete ihn Staatssekretär Lansing, eine Note an Deutschland zu richten, um die Lage zu klären.

Der Schlußabsatz der deutschen Note vom 4. Mai schien darauf hinzuweisen, daß Deutschland seine Zusicherung nur unter der Bedingung gab, daß Amerika auf England im Zusammenhang mit der ungesetzlichen britischen Blockade einen Druck ausüben würde. Die bedingte Annahme der amerikanischen Forderungen störte den Staatssekretär. Er entwarf eine Note an Deutschland, in der dargelegt wird: „Die Regierung der Vereinigten Staaten hält es für notwendig, zu erklären, daß sie es für ausgemacht ansieht, daß die kaiserliche Regierung nicht beabsichtigt, zu verstehen zu geben, daß die Aufrechterhaltung der neuangekündigten Politik in irgendeiner Weise von dem Verlauf oder Ergebnis diplomatischer Verhandlungen zwischen der Regierung der Vereinigten Staaten und irgendeiner anderen kriegführenden Regierung abhänge … Die Verantwortlichkeit in diesen Dingen ist getrennt, nicht gemeinsam; absolut, nicht relativ".[56]

Mit der Genehmigung des Präsidenten wurde die Note am 8. Mai an Botschafter Gerard gesandt. Kurz danach gab das Staatsdepartement eine „Presse-Erklärung" heraus mit den Hauptpunkten der Note. Die einzige Antwort, die Deutschland auf die Mitteilung gab, war eine Andeutung von Graf Bernstorff, daß ihn seine Regierung davon unterrichtet habe, daß die „Änderung der Politik" im U-Bootkrieg „eine bleibende sein werde". Mit diesem entschiedenen Abschluß wurde die „Sussex"-Krise zu einem plötzlichen und friedlichen Ende gebracht.

Kapitel XIX

Mißtöne in der anglo-amerikanischen Harmonie

a) England will Kriegsbeute, keinen Frieden

In der Zeit der Neutralität Amerikas von 1914 bis 1917 wählte die englische Regierung immer eine Krise in den deutsch-amerikanischen Beziehungen als günstigste Zeit, um dem vielgeplagten Staatsdepartement eine Note zu schicken, die die zahllosen englischen Verletzungen des Völkerrechts zu verteidigen versuchte. Am 24. April 1916, zu der Zeit, da die Auseinandersetzung über den „Sussex"-Angriff die Möglichkeit eines Krieges zwischen den Vereinigten Staaten und Deutschland anzuzeigen schien, beantwortete die englische Regierung die amerikanische Protestnote vom 21. Oktober 1915. Der unbefriedigende Charakter der englischen Antwort tritt klar zutage, wenn man sie im Zusammenhang mit der dahinter stehenden, weit zurückreichenden anglo-amerikanischen Spannung studiert.

Im Sommer 1915 war die amerikanische Regierung ernstlich aufgebracht über die Zurückhaltung einer großen Anzahl von Schiffen aufgrund der englischen Kabinettsorder vom 11. März des Jahres. Der amerikanische Handel mit neutralen Ländern litt beträchtlich unter der englischen Blockade, die anerkanntermaßen ungesetzlich war. Als Antwort auf amerikanische Proteste machte Sir Edward Grey am 23. Juli einen schwachen Versuch, das zweifelhafte englische Verfahren zu verteidigen. Sein Bemühen, nachzuweisen, daß die englische Politik auf amerikanischen Präzedenzfällen beruhe, überzeugte das Staatsdepartement in keiner Weise. In vielen amerikanischen Kreisen hatte man sehr stark das Gefühl, daß die anrüchige englische Praxis von dem Wunsch geleitet sei, den englischen Handel auf amerikanische Kosten zu stärken.

Präsident Wilson hegte sehr viel Mitgefühl für die Lage Englands nach der Ankündigung der deutschen Blockade, aber auch seine Geduld hatte Grenzen. In einem Brief an Oberst House vom 27. Juli 1915 gab er der Ansicht Ausdruck, die Administration könne England gegenüber „nicht länger untätig bleiben".

Einige Wochen später kam er wieder darauf zurück und erklärte Oberst House, das Staatsdepartement müsse „England schreiben, und zwar in ganz entschiedenem Ton. Glauben Sie, daß irgendwelche Aussicht besteht, daß es uns gelingt, sie zu veranlassen, die Kabinettsorder aufzuheben und sich vollständig auf die Konterbandeliste zu verlassen, um ihre Politik durchzuführen, von Deutschland alles fernzuhalten, was gegen die Alliierten verwendet werden kann? ... Bezüglich Walter Page habe ich das Gefühl: Er sieht ohne Zweifel die Dinge zu sehr durch die englische Brille und braucht ein Erneuerungsbad in amerikanischer Anschauungsweise".[1]

Als es so aussah, als ob die „Arabic"-Krise aufgrund entsprechender deutscher Zugeständnisse erledigt werden würde, kam der Präsident sofort auf die Notwendigkeit zurück, auf England einen Druck auszuüben, um es zu zwingen, sein ungesetzliches Blockadesystem umzugestalten: „Wir haben jetzt keine andere Wahl als zu verlangen, daß England unsere Rechte viel besser respektiert als bisher."[2]

Gerade zu der Zeit schien es mehr als wahrscheinlich, daß England unter dem Zwang wirtschaftlicher Not auf jede vernünftige Forderung der Vereinigten Staaten eingehen würde. Im September 1915 besuchte eine gemeinsame englisch-französische Finanzkommission Amerika, um die Auflage einer Anleihe von 500.000.000 Dollar zum Ankauf amerikanischen Kriegsmaterials für die alliierten Heere durchzubringen. Es kam so deutlich zum Ausdruck, daß die alliierten Regierungen sich auf die Anleihe verließen, daß Schatzsekretär McAdoo Lansing riet, jetzt die amerikanischen Schwierigkeiten mit England zu regeln. Er schrieb ihm, er sei sicher, daß der Erfolg der englisch-französischen Finanzkommission in hohem Maße vom Stand „der öffentlichen Meinung abhängt. Die Anstoß erregenden Punkte ihrer [der englischen] Kabinettsorder sollten soweit als möglich wegfallen. Ich glaube, wenn Sie, unabhängig von den Bankleuten, das Außenministerium jetzt zu einer Regelung drängen, können Sie einiges erreichen. Ich bin überzeugt, der englische Botschafter versteht die Lage; sie wurde ihm übrigens auf meine Veranlassung gestern, was dies betrifft, von Herrn Strong von der Bundesreservebank klargelegt."[3]

Spring Rice zögerte nicht, Sir Edward Grey gegenüber zu erklären, er glaube, die englische Regierung sollte gegenüber der amerikanischen Forderung nach Auflockerung der Blockade etwas Rücksicht zeigen. Die englisch-französische Finanzkommission habe durch das Bankhaus Morgan in den Vereinigten Staaten eine Anleihe von einer halben Milliarde Dollar unterbringen können. Der amerikanische finanzielle Beistand sei zum alliierten Erfolg im Krieg wesentlich, und er hoffe, „die Alliierten werden in der Lage sein, einige Zugeständnisse zu machen, ehe der Kongreß zusammentritt. Wir benutzen dieses Land als Lieferungsbasis für Kriegsmaterial, und wir müssen damit rechnen, gewisse Dinge zu geben, um weiterhin zu erhalten, was wir jetzt bekommen. Das heißt, wir müssen vielleicht einige unserer Rechte im Austausch opfern".[4]

Obgleich Spring Rice dafür eintrat, daß die englische Regierung bestimmte Zugeständnisse gegenüber den amerikanischen Forderungen nach weniger Einschränkungen mache, war der amerikanische Botschafter in London überzeugt, die Zeit sei nicht günstig für eine scharfe amerikanische Note: „Viele unserer besten Freunde hier fürchten, es sei ein unglücklicher Zeitpunkt, während der jetzigen Krise unsere umfangreiche Note vorzubringen. Bryce hat entschieden dieses Gefühl."[5]

Die öffentliche Meinung in Amerika machte dem Präsidenten die größte Sorge. Die Administration war schon lange von verdienten Demokraten im Süden scharf angegriffen worden wegen ihrer Einwilligung zu englischen Maßnahmen, die die Ausfuhr von Baumwolle und Tabak ungünstig beeinflußten. Der Abgeordnete Claude Kitchin, der Mehrheitsführer der Demokratischen Partei im Repräsentantenhaus, hatte von Freunden und Wählern viele Briefe bekommen über die englischen Ausfuhrbeschränkungen der Baumwollerzeugung des Südens. Kitchin hatte auf einen dieser Briefe geantwortet: „Ich glaube, der Präsident wird schließlich doch entschieden auftreten, aber bis jetzt hat er sich in der ‚Öffentlichkeit' England gegenüber nicht so entschlossen und klar ausgesprochen, wie ich gehofft hatte. Wir sind in der Lage, England einwandfreie und gerechte Bedingungen zu diktieren, und wir sollten es auch tun."[6]

Als der Abgeordnete E.Y. Webb, der Vorsitzende des Rechtsausschusses im Repräsentantenhaus, Kitchin schrieb, es sei „für die Regierung höchste Zeit, eine Protestnote an England zu richten über die ungesetzliche Blockade und die ungesetzlichen Beschränkungen unseres Handels", erwiderte Kitchin umgehend: „Ich habe mit großer Befriedigung erfahren, daß Sie ganz entschieden für einen großen Protest gegen England sind. Sie können auf meine Mitarbeit im vollsten Umfange rechnen. Ich muß nächste Woche einmal nach Washington, und ich werde mit einigen Regierungsleuten über die Sache reden."[7]

Es war höchste Zeit, daß gegen die englische Blockade etwas unternommen wurde. In einem Zeitraum von fünfeinhalb Monaten seit der englischen Kabinettsorder vom 11. März 1915 waren annähernd 301 neutrale Schiffe auf der Reise zwischen den Vereinigten Staaten und neutralen Ländern Nordeuropas von der englischen Flotte zurückgehalten worden. Unter dem Druck von Regierungskreisen entwarf Staatssekretär Lansing an England eine Note, die in ihrer Verurteilung der englischen Praktiken so weit ging, daß Lansing das Empfinden hatte, er habe „den Faden zu weiteren Diskussionen" abgeschnitten.

Die Note an England (12. Oktober) tat dem empfindlichen amerikanischen Botschafter in London besonders weh. Er schildert sie als „scheußliches Ungeheuer mit 35 Köpfen und 3 Schwänzen". Sie griff ohne Zweifel die englischen Einschränkungen, die den neutralen Handel so hart trafen, heftig an und enthüllte einwandfrei deren ungesetzlichen Charakter. Einleitend bedauerte sie, daß die englischen Übergriffe gegen amerikanische Ladungen und Schiffe für neutrale Häfen „immer unerträglicher" geworden waren. Die englische Flotte habe das ungewöhnliche Verfahren übernommen, amerikanische Schiffe in den Hafen einzuschleppen, um sie einer eingehenden Durchsuchung nach Konterbande zu unterziehen. Dieses Verfahren werde von der englischen Regierung damit verteidigt, daß die modernen Methoden internationaler Handelsführung eine Durchsuchung im Hafen notwendig machten.

Die amerikanische Note betrachtete eine solche Behauptung als grundlos und führte den Nachweis, daß „in Wirklichkeit das Betreten und Durchsuchen moderner Schiffe viel leichter sei als früher". Sie fuhr dann fort und übte an dem Verfahren englischer Prisengerichte Kritik. In früheren Zeiten seien diese Gerichte nach „festliegendem, erprobtem Verfahren verpflichtet gewesen, bei der ersten Untersuchung nur die Schiffspapiere und Dokumente und die Waren an Bord, zusammen mit den schriftlichen Antworten der Offiziere und Mannschaften, nach feststehender, unter Eid abgenommener Befragung in Betracht zu ziehen ... Nach der neuen Regelung gibt es nicht länger eine ‚erste Untersuchung' aufgrund der Beweise, die vom Schiff selbst kommen, und das Prisengericht wird nicht mehr daran gehindert, von außen kommende Beweise entgegenzunehmen, die ganz unabhängig von der vorbereitenden Beweisaufnahme sind. Das Ergebnis ist, daß unschuldige Schiffe oder Ladungen jetzt auf bloßen Verdacht hin beschlagnahmt und zurückgehalten werden, während man sich bemüht, aus fremden Quellen Beweise zu schaffen, die die Einbehaltung und Einleitung des prisengerichtlichen Verfahrens rechtfertigen".

Die Wirkung des neuen Verfahrens sei, daß die Handeltreibenden so großen und drückenden Verlustrisiken, Verzögerungen und Ausgaben unterworfen seien, daß „praktisch ein großer Teil des Ausfuhrhandels der Vereinigten Staaten nach den neutralen Ländern Europas lahmgelegt" sei.

Nach diesen ernsten Anklagen gegen englische Neuerungen kritisierte Staatssekretär Lansing die Anwendungen der Doktrin des „letzten Bestimmungsortes". Es handelte sich um die englische Behauptung, daß die stark vermehrte Einfuhr neutraler Länder, die an die Mittelmächte angrenzten, die Annahme entstehen ließe, daß gewisse Waren, wie Baumwolle und Gummi, obgleich für die neutralen Länder deklariert, zur weiteren Ausfuhr nach Deutschland bestimmt seien.

Vom Standpunkt des Staatsdepartements aus sei aber die Annahme einer Wiederausfuhr „zu abliegend und bietet zum Mißbrauch durch Kriegführende viel zu große Gelegenheit. Die Kriegführenden könnten, falls die Regel angenommen würde, die neutralen Rechte auf hoher See vollständig außer acht lassen und ungestraft den neutralen Handel vernichten".

Staatssekretär Lansing wies dann darauf hin, daß die englische Ausfuhr nach neutralen Ländern Nordeuropas „seit Kriegsbeginn wesentlich zugenommen" habe. Falls die englische Ausfuhr nach diesen Ländern „sich weiter vermehren sollte, liegt auf der Hand, daß nach der Beweisführung der englischen Regierung die Annahme eines feindlichen Bestimmungsortes noch auf eine größere Zahl amerikanischer Waren angewandt werden wird und der amerikanische Handel in gleichem Umfange leiden würde, wie der englische Handel durch Zuwachs gewinnt. England kann nicht erwarten, daß die Vereinigten Staaten sich einer solch offensichtlichen Ungerechtigkeit unterwerfen".

Nach diesem scharfen Angriff auf die englische Praxis, den amerikanischen Handel nach neutralen Ländern abzudrosseln, um englischen Produkten die Märkte zu öffnen, wiederholte Staatssekretär Lansing seinen Protest gegen die Beschlagnahmung von Schiffen auf hoher See aufgrund von „Mutmaßungen und Annahmen", und gegen das Verfahren, die Schiffe in den Hafen einzubringen, um Beweise für Konterbande oder irgendeinen Bruch der Kabinettsorder vom 11. März 1915 zu erhalten.

Die amerikanische Note war besonders scharf in ihren Bemerkungen über die sogenannte „Blockade" aufgrund der Order vom 11. März. Nach den Bestimmungen der Deklaration von Paris müssen Blockaden wirkungsvoll sein, um Gültigkeit zu erlangen. Das war bei der bestehenden englischen Blockade bestimmt nicht der Fall. Überdies traf die Blockade nicht unparteiisch die Schiffe aller Nationen, weil bestimmte deutsche Häfen „dem Handel mit den Häfen von Dänemark, Norwegen und Schweden offen" standen.

Nach einer eingehenden Anklage laufender englischer Praktiken bei der Aufrechterhaltung einer Blockade neutraler Häfen und der Anwendung von gemeindebehördlichen Gesetzen in englischen Prisengerichtsverfahren, die bezüglich amerikanischer Ladungen gar keine Gültigkeit hatten, schloß Staatssekretär Lansing seine Note, indem er entschieden hervorhob, daß die anglo-amerikanischen Beziehungen von den festgelegten Regeln des Völkerrechts und nicht von „einer Politik der Selbstsucht" beherrscht werden müßten.[8]

Es ist sehr wahrscheinlich, daß Staatssekretär Lansing nicht erwartete, daß seine gewichtige Wortmunition auf die stark befestigte englische Position große Wirkung habe. Sir Edward Grey erklärte Oberst House offen, die englische Regierung könne ihre Blockadepolitik nicht ändern, um Amerika zu versöhnen. Er sei überzeugt, in Wirklichkeit handle es sich nicht um eine Frage „gesetzlicher Spitzfindigkeit über Konterbande und andere Dinge, sondern darum, ob wir tun dürfen, was wir tun, oder ob wir mit allem aufhören müssen".

In England hoffte man, die pro-alliierten Gefühle in Amerika würden großen Auftrieb erhalten, wenn die Einzelheiten über die armenischen Massaker in der asiatischen Türkei bekannt würden. Es war für den Durchschnittsengländer schwer, zu begreifen, wie Amerika neutral bleiben konnte angesichts von Beweisen, die unmißverständlich zu zeigen schienen, daß einer der wichtigsten Bundesgenossen Deutschlands das Mordgeschäft im großen betrieb.[9] Amerika schien nichts von der rauhen Wirklichkeit in dem Kampf gegen den preußischen Militarismus zu wissen, und verschiedene Engländer unternahmen es, ihren eigenen Landsleuten das Rätsel der amerikanischen Gleichgültigkeit zu erklären. Sir Horace Plunkett machte sich Sorgen darüber, daß die amerikanische Note vom 21. Oktober „die gegenseitige geistige Haltung von England und den Vereinigten Staaten beträchtlich verschlimmern" würde. Er versprach Oberst House, er würde sein „bestes tun, in London einige der Schwierigkeiten Aarons [ein Pseudonym für Präsident Wilson in Telegrammen], die man hier nicht versteht, zu erklären".[10]

Es ist möglich, daß die Bemühungen von Sir Horace irgendwelche Wirkung hatten, denn wir finden, wie sich Staatssekretär Lansing in einem Brief an Botschafter Page recht optimistisch über eine Regelung anglo-amerikanischer Schwierigkeiten ausläßt: „Obgleich Sie an Ort und Stelle weit besser Gelegenheit haben, die Haltung der englischen Regierung in unserer Auseinandersetzung über die Handelslage zu beurteilen, hoffe ich immer noch, daß vielleicht etwas getan wird, das in einem gewissen Umfang die Punkte, auf denen wir bestehen, erfüllen wird. Hier ist in den letzten zwei oder drei Wochen ... ein sehr ausgeprägter Umschwung in der Haltung der englischen Vertreter eingetreten; sie scheinen sich zu bemühen, die Gegensätze zu überbrücken."[11]

Dem Präsidenten aber genügte ein bloßes Zutagetreten englischen guten Willens nicht. Er mußte dem ständigen „Verlangen im Senat, unverzüglich weiteren und nachdrücklichen Druck auf England und seine Alliierten auszuüben", nachkommen. Es war unmöglich, über eine Forderung des Senates hinwegzugehen, daß irgendetwas bezüglich der englischen Verletzungen des Völkerrechts unternommen werde. Anfang Januar 1916, als es aussah, als ob alle Schwierigkeiten mit Deutschland in naher Zukunft beendet würden, kabelte der Präsident an Oberst House in London, daß sobald der Streit mit Deutschland geschlichtet sei „die Forderung hier, besonders im Senat, unabweisbar sein wird, daß wir England zwingen, mindestens ähnliche Zugeständnisse in unseren unwiderleglichen Rechtsansprüchen zu machen. Das ist nur recht und billig".[12]

Oberst House, der eifrig daran war, die Grundlagen zu einer anglo-amerikanische Entente zu legen, war bestürzt über den Ton der Botschaft des Präsidenten. In einem Antwort-Telegramm bemühte er sich, die Notwendigkeit herauszustellen, Geduld zu bewahren und der englischen Lage Verständnis entgegenzubringen. Wenn Sir Edward Grey den amerikanischen Forderungen nachkomme, wäre er [Grey] gezwungen, zurückzutreten. Während Grey „bereit sei, alles zu tun", um Amerika zu versöhnen, sei er gegen jede nur „halbe Maßnahme" gegenüber Deutschland. Die öffentliche Meinung in England fordere, daß „die Regierung fest bleibe".[13]

Dem Rechtsbeirat des Staatsdepartements, Polk, schien es ratsam, dem Oberst einen Brief zu schicken, um ihn mit der amerikanischen öffentlichen Meinung über den englischen Eingriff in den neutralen Handel vertraut zu machen. Er habe keinen Zweifel, daß „wir nach der Regelung der deutschen Angelegenheiten in eine scharf gegensätzliche Stellung zur englischen Regierung gezwungen werden. Einer der Gründe für das öffentliche anti-englische Gefühl kommt von dem allgemeinen Eindruck, daß England rücksichtslos über die kleinen neutralen Staaten hinweggeht ... Es bestand auch ein Unterschied im Ton zwischen dem Außenministerium und der englischen Botschaft. Natürlich haben wir uns ständig beschwert, und sie scheinen ein wenig ungeduldig zu werden und ihre Depeschen haben einen scharfen Ton. Spring Rice sagte mir kürzlich, er warte auf eine ‚Sackgasse', wie er sich ausdrückt. Er konnte nicht sehen, wie wir bei vielen Fragen des Eingriffes in den Handel mit neutralen Ländern nachgeben konnten und er wußte auch nicht, wie sie nachgeben konnten".[14]

Oberst House regte sich jedoch über die Lage nicht weiter auf. Als vertrauter Berater des Präsidenten konnte er jede drohende „Sackgasse" in den anglo-amerikanische Beziehungen verhindern. Ja, er war überzeugt, er könne die Annahme einer bestimmten Politik durchsetzen, die bald Amerika veranlassen würde, seine Neutralität aufzugeben und auf der Seite der Alliierten gegen die Mittelmächte zu kämpfen. Das House-Grey-Abkommen vom 22. Februar 1916 war der erste Punkt in seinem Programm, das Amerikas Intervention in den Weltkrieg vorsah. Die Zustimmung des Präsidenten zu der neuen Richtung in der amerikanischen Außenpolitik schien ein neues Zeitalter der Weltpolitik anzuzeigen. Aber die hitzige Opposition im Kongreß gegen jede amerikanische Teilnahme am europäischen Konflikt gebot dem Präsidenten Einhalt und erweckte in England Zweifel über die Wahrscheinlichkeit amerikanischen Beistands für die Alliierten. In diesem kritischen Augenblick entstand eine neue Krise in den deutsch-amerikanischen Beziehungen durch den Angriff auf die „Sussex" und die englische Regierung beeilte sich, die lange hinausgeschobene Antwort auf die amerikanische Note vom 21. Oktober abzusenden.

Schon am 5. Januar 1916 hatte sich Staatssekretär Lansing bei Botschafter Spring Rice erkundigt, zu welchem Zeitpunkt man eine Antwort auf die amerikanische Note vom 21. Oktober erwarten könne. Am 21. Februar wies er Botschafter Page an, Sir Edward Grey zu erklären, die lange Verzögerung in der Beantwortung der amerikanischen Note von Seiten der alliierten Regierungen mache „einen schlechten Eindruck hier, da offensichtlich unseren Vorstellungen keine Beachtung geschenkt wird, und da die unverantwortlichen Maßnahmen, die man uns angedeihen läßt, mit unverminderter Kraft andauern".[15]

Sir Edward schenkte den amerikanischen Protesten wenig Aufmerksamkeit und am 4. April telegraphierte Botschafter Page dem Staatsdepartement den Text einer neuen Kabinettsorder (30. März 1916), die weitere Verletzungen der Londoner Deklaration zum Gesetz erhob.[16]

Staatssekretär Lansing gab sofort seiner Überraschung über die Handlungsweise der englischen Regierung Ausdruck. Es würden so „die Streitpunkte der Vereinigten Staaten mit Gleichgültigkeit behandelt durch den Erlaß einer weiteren Kabinettsorder, die die Praxis, gegen die sich die Vereinigten Staaten wehren, noch weit härter macht. Eine solche Handlungsweise kann hier nicht anders betrachtet werden, als ein Akt, der absichtlich unfreundlich zu sein scheint".[17]

Aber die Grenzen englischer Unfreundlichkeit waren noch nicht erreicht. Am 13. April 1916 wurde ein englisches Weißbuch veröffentlicht, in dem erklärt wurde, daß aufgrund der „besonderen Umstände" des gegenwärtigen Krieges die Unterscheidung zwischen absoluter und bedingter Konterbande nicht länger irgendwelche Gültigkeit besitze. Im weiteren Verlauf des Krieges würde die englische Regierung alle Konterbande in gleicher Weise behandeln.

Am 24. April 1916 sandte die englische Regierung endlich die lang erwartete Antwort auf die amerikanische Note vom 21. Oktober. Es war eine endlose Mitteilung mit 51 Abschnitten. Als Antwort auf den amerikanischen Protest, die britische Admiralität wende neue Methoden an, um „Beweise für den feindlichen Bestimmungsort der Ladungen nach neutralen Ländern zu erhalten und zu benutzen", erklärte die englische Note, der einzige Weg zur Lahmlegung des Handels mit dem Feinde sei die Einführung „neuer Methoden bei der Anwendung des grundlegenden und anerkannten Prinzips des Rechtes, solchem Handel Abbruch zu tun".[18]

Nach diesem schönen Anfang untersuchte Sir Edward den amerikanischen Einwand gegen die englische Praxis, die amerikanischen Schiffe zu zwingen, englische Häfen anzulaufen, um die Untersuchung abzuwarten. In diesem Falle wiederholte er das bekannte englische Argument, „es wäre unter den Bedingungen des neuzeitlichen Seekrieges unmöglich, die Rechte des Betretens und Durchsuchens da anzuwenden, wo man das Schiff antrifft, ohne ein grundlegendes Kriegsrecht zu opfern". Zum Beweis für seine Behauptung zitiert Grey einen Bericht von Admiral Sir John Jellicoe: „es ist kein Zweifel, daß die Größe moderner Schiffe einen der Faktoren darstellt, der die Durchsuchung auf hoher See viel schwieriger macht, als in den Tagen der kleineren Schiffe ... Die Schwierigkeit wird sehr vergrößert durch die Praxis, Konterbande in Heuballen und Passagiergepäck zu verbergen ... Ich bestreite entschieden die Behauptung ... die in der amerikanischen Note vorgebracht wird, daß kein Unterschied besteht zwischen der Durchsuchung eines 1.000 Tonnen- und eines 20.000 Tonnen-Schiffes".

Nach dieser klaren Darlegung aus der Feder Admiral Jellicoes über die Gründe, warum amerikanische Schiffe zur Inspektion in englische Häfen eingebracht werden mußten, behandelt Sir Edward Grey als nächstes die amerikanische Beschwerde über die Änderung des Verfahrens in englischen Prisengerichten. Die amerikanische Note hatte mit Eifer von den Regeln gesprochen, die früher von den Prisengerichten beachtet worden waren, aber Sir Edward wies darauf hin, „die neuzeitlichen Bedingungen hatten die alten Regeln unverwendbar gemacht", und zwanzig Monate Arbeitserfahrung mit den neuen Regeln ... „haben dazu gedient, den Nutzen der Änderungen aufzuzeigen". Sir Edward führte dann Statistiken an, die bewiesen, daß der Handel der Vereinigten Staaten mit den drei skandinavischen Ländern und Holland im Verlauf des Jahres 1915 sehr zugenommen hatte.

Angesichts solcher Zahlen glaube er, sei es unmöglich, „die Behauptung anzuerkennen, das neue Prisengerichtsverfahren … habe praktisch viel von dem Ausfuhrhandel der Vereinigten Staaten nach den neutralen Staaten Europas zerstört".

Zur Verteidigung der englischen Praxis bezüglich der Doktrin der fortgesetzten Reise bemühte sich Sir Edward, noch einmal zu beweisen, daß die englische Regierung nur Präzedenzfällen des amerikanischen Bürgerkrieges folge. Nach einer Erläuterung des „Rationalisierungs-Systems", das bei den neutralen Ländern in Nordeuropa angewandt wurde, geht die englische Note auf die Kritik ein, die englischen Maßnahmen seien auf dem Recht der Wiedervergeltung begründet. Sir Edward vertrat die Ansicht, die englischen Vergeltungsmaßnahmen stünden in Wirklichkeit nicht „im Gegensatz zu irgend einem Prinzip des Völkerrechtes oder der Menschlichkeit oder der Zivilisation; … und sind deshalb juristisch einwandfrei und gültig".

Nach dieser besonderen Beweisführung, deren Unrichtigkeit ein bekannter englischer Gelehrter[19] nachgewiesen hat, enthielt die englische Note zum Schluß die Zusicherung: „Die Regierung Seiner Majestät … wird weiterhin ihre Bemühungen fortsetzen, die Ausübung … kriegführender Rechte den Neutralen so wenig drückend wie nur möglich zu machen."[20]

Staatssekretär Lansing schien die Note vom 24. April sogar bei seinen entschieden pro-alliierten Neigungen gänzlich unbefriedigend und am 1. Mai übergab er sie dem Neutralitätsrat zur Beurteilung. Das Urteil des Rates (15. Mai 1916) war ausgesprochen ungünstig. Nach einer Prüfung der englischen Maßnahmen betrachtete der Neutralitätsrat die allgemeine Lage vom Gesichtspunkt des Völkerrechts aus. Es gebe zwei Möglichkeiten, jeden Handel für ein kriegführendes Land zu unterbinden: erstens durch eine Blockade; zweitens, indem man alles auf die Liste absoluter Konterbande setzt. Die erste Methode sei vom Völkerrecht anerkannt, aber sie sei in ihrer Anwendung beschränkt durch die Tatsache, daß angrenzende Länder nicht der Blockade unterworfen werden konnten. Überdies bestehe seit langem die Ansicht, die Lehre der fortgesetzten Reise könne nur auf Konterbande-Artikel angewandt werden.

Der Neutralitätsrat prüfte dann sorgfältig die Maßnahmen, die die englische Regierung in Kraft gesetzt hatte: „England hat Deutschland keiner Blockade unterworfen, sondern hat sich sorgfältig davor gehütet, was die Ausdrücke der Kabinettsorder betrifft, die die Depesche des amerikanischen Botschafters vom 15. März übermittelte, und die das Wort ‚Blockade' nicht zur Erläuterung der Schritte heranzieht, die die Alliierten darin ankündigen. In der englischen Note und der Denkschrift vom 24. April 1916 wird das Wort ‚Blockade' nicht direkt benutzt und die Denkschrift verwendet den Ausdruck ‚Maßnahmen'. Die englische Regierung befindet sich deshalb in der ungewöhnlichen Lage, daß sie in ihrer offiziellen Ankündigung keine Blockade erklärte, aber die getroffenen Maßnahmen in der Begleitnote des Ministers für Auswärtige Angelegenheiten als Blockade betrachtet."

Der Neutralitätsrat sei der Meinung, die englischen Maßnahmen stellten keine rechtsgültige Blockade dar: „Das Nachlassen von Blockadestrafen, das Sir Edward bekannt gab, unterscheidet die Maßnahme von einer gewöhnlichen Blockade; man will anscheinend die Neutralen besänftigen und sie veranlassen, nicht gegen weitere in der Kabinettsorder angekündigten Schritte zu protestieren … England versucht neue Kriegsrechte in das Blockadegesetz einzuführen und das jetzt in Kriegszeit trotz der beteiligten neutralen Interessen."

Zu diesen zweifelhaften Maßnahmen habe die englische Regierung noch die ungesetzliche Erweiterung der Konterbandeliste hinzugefügt und sei sogar so weit gegangen, auf die Liste „Papiergeld und alle umsetzbaren Dokumente und verwertbaren Papiere" zu setzen. Man habe auch unternommen „die Lehre von der fortgesetzten Reise über alles bisherige auszudehnen. England wendet sie auf den gesamten Ein- und Ausfuhrhandel Deutschlands über neutrale Häfen an anstatt auf Konterbande, die nach Deutschland bestimmt ist ... So verstoßen die englischen Maßnahmen gegen das Völkerrecht in drei ... einzelnen Punkten: erstens, in der unerlaubten Erweiterung der Konterbandeliste; zweitens, in dem unerlaubten Überschreiten der anerkannten Kriegsrechte der Blockade; drittens, in der unerlaubten Erweiterung der Lehre von der fortgesetzten Reise".

Der Neutralitätsrat erklärte dann, daß die ganze Auswirkung der englischen Maßnahmen dem neutralen Handel größere Lasten aufbürde als bisher unter dem Völkerrecht. Sie „anullierten praktisch den Artikel 2 der Deklaration von Paris, nämlich ‚neutrale Flagge deckt feindliches Gut mit Ausnahme von Konterbande'". Wenn die neuen englischen Maßnahmen als berechtigt angesehen werden, würde das bedeuten, daß nicht nur feindliches Gut in neutralen Schiffen Prisengut wäre, sondern auch neutrales Gut auf neutralen Schiffen.

Angesichts dieser Tatsachen kam der Neutralitätsrat zum Schluß, „die Meinungsverschiedenheiten zwischen den beiden Regierungen scheinen sich, soweit aus dem vorliegenden Notenwechsel hervorgeht, durch diplomatische Methoden nicht mehr ausgleichen zu lassen und jede weitere Diskussion hätte kein praktisches Ergebnis".[21]

Der hoffnungslose Charakter der Lage wurde von einzelnen Persönlichkeiten ebenso wie vom Neutralitätsrat erkannt. Arthur Bullard, der seit langem ein entschiedener Freund der alliierten Sache gewesen war, fühlte sich gleichermaßen entmutigt wie Staatssekretär Lansing. In einem Brief an Sir Horace Plunkett, gab er zu, daß er den „Mut verlor", nachdem er die englische Note vom 24. April gelesen hatte. Der Ton der Note sei „der eines schlauen Diskussionsredners, der Wichtiges übergeht ... und der aus Einzelheiten seines Gegners ‚Punkte schinden' will. Da ist keine Spur eines Wunsches nach Versöhnung, den Schwierigkeiten zu begegnen und sie auszugleichen, keine Anstrengung, den Grund zu einer wirklichen Eintracht zu legen. Sie wissen, wieviel mir daran liegt, daß wir zu einer wirklichen Entente kommen ... Aber diese Antwortnote ist äußerst entmutigend. Es ist beinahe unmöglich, nicht den Schluß zu ziehen, daß er [Sir Edward Grey] seine Antwort zurückhielt, bis die Beziehungen zwischen Washington und Berlin so gespannt waren, daß er dachte, er könne unbemerkt eine unbefriedigende Antwort durchbringen ... Was raten Sie, was ein Mann in meiner Lage tun soll? Soll ich meiner Regierung nahelegen, abzudanken – über den Wiedereintritt der Vereinigten Staaten in das englische Empire zu verhandeln – unsere auswärtigen Beziehungen der Downing-Street zu übergeben? Das scheinen die einzigen Grundlagen zu sein, auf denen Sir Edward bereit ist, mit uns zu verhandeln ... Ich bin heute niedergeschlagener als je seit Ausbruch des Krieges".[22]

Sir Edward war aber schlau genug, zu sehen, daß man den Vereinigten Staaten keine Zugeständnisse zu machen brauchte. Präsident Wilson lag sehr viel daran, das House-Grey-Übereinkommen vom 22. Februar 1916 in eine wirkungsvolle Form zur Befriedung der Welt umzusetzen und er war ja in der ganzen Angelegenheit von der englischen Initiative abhängig. Am 10./11. Mai sandte Oberst

House zwei Mitteilungen an Sir Edward, die die Lage darlegten. In Amerika werde „immer dringender gefordert", daß der Präsident etwas unternehme, um den Krieg zu einem Ende zu bringen. Es sei offensichtlich, daß die Bereitwilligkeit der deutschen Regierung, den Forderungen des Präsidenten bezüglich der künftigen Führung des U-Bootkrieges nachzugeben, eine Anerkennung der Macht Amerikas beweise. Im Falle daß eine Friedenskonferenz einberufen werde, sei es höchst wahrscheinlich, daß Deutschland wieder dem amerikanischen Druck nachgeben und eher unangenehme Friedensbedingungen annehmen würde, als „zum Schwert zu greifen".[23] Sir Edward erkannte klar, daß „sich hier eine Gelegenheit bot, die die Alliierten benutzen konnten, die Vereinigten Staaten in dem Krieg auf ihre Seite zu bringen, das wäre gewiß ein großer Schritt zum Sieg gewesen".[24] Aber er mußte sich sagen, daß weder seine eigenen Kollegen, noch die Minister der Alliierten bereit waren, Houses Vorschlag in Erwägung zu ziehen, und sein Antworttelegramm vom 12. Mai enthüllte seine Verlegenheit. Er erklärte, er sei für die Gedanken des Präsidenten und glaube, daß sein Vorschlag eines Völkerbundes der Menschheit den größten Dienst erweisen könnte. Die Schwierigkeit bestehe darin, daß die Alliierten den deutschen Mißerfolg bei Verdun als Anzeichen eines baldigen Zusammenbruches des Deutschen Reiches betrachten. Der Gedanke des nahen Sieges führe nicht dazu, amerikanischer Vermittlung irgendwelche Bedeutung beizumessen.

Der Präsident war genau so verärgert wie Oberst House über die anmaßende Art, in der Sir Edward Grey die amerikanische Bitte behandelte, die auf das House-Grey-Abkommen Bezug nahm. In einem Brief an Oberst House (16. Mai) macht der Präsident keinen Versuch, seinen Ärger darüber zu verbergen, daß das Außenministerium ihm eine Abfuhr erteilt hatte: „Es scheint mir, wir sollten auf festen Grund zurückgehen ... Die wenigstens auf einige Zeit erledigte dringende deutsche Frage hat die Aufmerksamkeit hier auf das gänzlich unhaltbare Verfahren gelenkt, das England bezüglich des Handels von und zu neutralen Häfen anwendet. Wir stehen deshalb der Wahl gegenüber: Die Vereinigten Staaten müssen entweder einen entschlossenen Schritt zum Frieden machen (auf einer Basis, die Dauer verspricht) oder, wenn sie das hinausschieben, müssen sie bis zum äußersten auf ihren Handelsrechten und auf einer solchen Freiheit der Meere bestehen, wie jetzt das Völkerrecht ihnen das Recht gibt, gegenüber England aufzutreten ... Was zieht England vor?"[25]

Der Oberst antwortete recht niedergeschlagen. Je mehr er mit dem „Verkehr der Regierungen unter sich" bekannt werde, desto mehr werde er von der „außerordentlichen Selbstsucht ihrer Voraussicht" beeindruckt. Dankbarkeit sei den Regierungen Europas fremd; aber trotzdem war der Oberst überzeugt, der Präsident sollte auch weiterhin auf eine Friedenskonferenz drängen. Er hatte ein Telegramm an Sir Edward Grey entworfen und er hätte gern die Ansicht des Präsidenten darüber gehört. In dem Telegramm erklärte er Sir Edward in aller Offenheit, Amerika sei am „Scheideweg" angelangt, und wenn nicht bald irgendwelche Friedensbesprechungen begännen, würde die amerikanische Bevölkerung verlangen, daß der Präsident für „unsere unleugbaren Rechte gegenüber den Alliierten mit der gleichen Betonung eintrete, wie gegen die Mittelmächte". Wenn Amerika beginne, „die Alliierten so hart zu bedrängen, wie wir eben müssen, gibt es bestimmt Reibereien".

Der Präsident versicherte dem Oberst, das vorgeschlagene Telegramm an Sir Edward Grey sei „ausgezeichnet", und er wolle es gern sofort abgeschickt haben. Er habe das Empfinden, die englischen Führer seien „gewaltig beschränkt gewesen in der Politik, die sie auf hoher See verfolgt haben und müssen jetzt die Folgen tragen. Sie wären in keinem Fall fähig gewesen, selbst wenn sie es gewollt hätten, mit uns gleichzustehen in der Handelsrivalität, die unvermeidlich nach dem Krieg kommen muß".[26]

Am 19. Mai sandte Oberst House das Telegramm über die Notwendigkeit eines baldigen Friedensschrittes, das der Präsident genehmigt hatte, an Sir Edward Grey. Es kam nicht sofort eine Antwort vom Außenministerium, und am 22. Mai schrieb der Präsident dem Oberst House, es scheine, als ob die Alliierten „in Bestürzung darüber gerieten, daß wir möglicherweise einen Friedensschritt unternehmen würden".

Da Frankreich zu dieser Zeit das Gefühl hatte, Deutschland stehe vor dem Zusammenbruch, bestand für Sir Edward wenig Aussicht, auf Houses Telegramm vom 19. Mai eine günstige Antwort zusammenzubringen. Ehe nicht Frankreich „die Frage anschnitt, konnte England nichts unternehmen". Am 29. Mai erläuterte Sir Edward Grey in einem Brief an Oberst House die englische Stellung. Bezüglich einer Friedenskonferenz könne er sich nicht äußern, ehe er „mit den Alliierten verhandelt und ihre Zustimmung" eingeholt habe. Wenn der Präsident wegen einer solchen Konferenz mit den alliierten Regierungen in Verbindung treten wolle, „sollte er, falls er nicht gleichzeitig an alle herantreten wolle, auf jeden Fall die französische Regierung so direkt ins Vertrauen ziehen, wie er uns ins Vertrauen gezogen hat ... Die Bedingungen müßten für die Alliierten verhältnismäßig günstig sein, um das deutsche Volk fühlen zu lassen, daß der aggressive Militarismus versagt hat".[27]

Ehe der Präsident diese Worte Greys zu Gesicht bekam, hielt er eine Rede vor der League to Enforce Peace, in der er seinen Plan für den Weltfrieden entwickelte. Die Hauptpunkte seines Programms waren: 1. Das Recht der Selbstbestimmung für bedeutende nationale Gruppen; 2. Das Recht kleiner Nationen, daß ihre Souveränität und territoriale Unverletzlichkeit international geachtet werde; 3. Das Recht der ganzen Welt, vor Friedensstörungen gesichert zu sein. Um diesem Recht Nachdruck zu verleihen, sollte es einen Bund der Nationen geben, der den Krieg in Acht und Bann setzen würde.

In dieser Rede, die der Präsident als voraussichtlich „wichtigste" ansah, die er je würde halten müssen, befand sich folgender Satz über den Weltkrieg: „Mit seinen Ursachen und Zielen haben wir nichts zu tun". Eine solche Äußerung verursachte Bestürzung in England und Frankreich. Sir Horace Plunkett war überzeugt, der Satz habe auf den Britischen Inseln „ungeheuren Schaden" angerichtet, und Botschafter Page klagte bei Oberst House, in England herrsche eine „verdammte Aufregung" über die Bemerkung des Präsidenten. Jetzt verlor Page einmal die Geduld mit den Engländern und mußte „zwei Maulkörbe anlegen und ein gutsitzendes Korsett", um nicht seine Entrüstung herauszuplatzen. Aber ein solcher Zornesausbruch war ungewöhnlich, und wir finden den Botschafter bald eifrig bemüht, Oberst House die englische Haltung gegenüber der Blockade der Mittelmächte zu erklären. Viele englische Führer seien in Sorge, ob die amerikanische Regierung weiterhin „an der Blockadenfrage herumbohre. Sie lassen nicht nach, sie können nicht nachlassen. Die öffentliche Meinung würde das keine Stunde zugeben".[28]

Die englische öffentliche Meinung widersetzte sich ebenso einer amerikanischen Vermittlung zu Gunsten des Weltfriedens wie jeder Lockerung der Blockade. Sir Edward Grey war ehrlich genug, Oberst House zu gestehen: „Die unabhängige englische Meinung empfindet ebenso stark wie Frankreich, daß die Zeit zu einem dauerhaften Frieden noch nicht gekommen ist. Auf jeden Fall muß die englische Armee ihren Teil tun und ihre Opfer bringen, wenn es not tut, Frankreich zu helfen, ehe wir als erste Einhalt gebieten können."[29]

Die alliierten Staatsmänner waren zu der Ansicht gekommen, daß man einen baldigen Frieden nicht zulassen könne, um das Leben unzähliger Tausender zu retten, wenn vielleicht durch ihre Opferung irgend ein wichtiger nationaler Vorteil gewonnen werden konnte. Sir Edward Grey hoffte brennend, das Ergebnis des großen englischen „Vorstoßes" würde das Pendel „deutlich" auf die alliierte Seite ausschlagen lassen. Dem „deutschen Volk" könne dann ohne jede Einmischung von Amerika beigebracht werden, daß der „aggressive Militarismus ein Versager ist".

Da der englische Staatssekretär für Auswärtige Angelegenheiten hoffnungsvoll mit einem Sieg rechnete, der den Alliierten sowohl die Kriegsbeute als auch die Vernichtung des deutschen Militarismus bringen sollte, bestand nicht einmal entfernte Aussicht, daß Amerikas Aufforderung zum Frieden Gehör finden würde. Die endgültige Zurückweisung des amerikanischen Vermittlungsvorschlages kam am 28. August, als Sir Edward Grey Oberst House mitteilte, England würde „den Frieden nicht eher in Erwägung ziehen, als bis die Alliierten den Augenblick dafür für geeignet hielten".[30]

b) Die englische „Schwarze Liste"

Die Entrüstung des Präsidenten Wilson und seiner Ratgeber über die englische Blockade wurde noch größer durch die in der „London Gazette" (18. Juli 1916) bekanntgegebene, englische „Schwarze Liste", die manche Amerikaner und amerikanische Firmen berührte. Dadurch wurde nämlich englischen Untertanen verboten, mit Personen oder Firmen in den Vereinigten Staaten Handel zu treiben, deren Namen auf der offiziellen Liste erschienen. Das Staatsdepartement erkannte sofort, daß amerikanische Geschäftsorganisationen dadurch litten und erhob Protest, der ohne Wirkung blieb.[1]

Das englische Verfahren geht bis auf den November 1914 zurück, als alliierte Agenten in neutralen Ländern vertrauliche „Schwarze Listen" von Kaufleuten anfertigten, die im Verdacht standen, den Mittelmächten Kriegsmaterial zu liefern. Die erste *öffentliche* „Schwarze Liste" war die „Statutory List", die am 29. Februar 1916 herauskam. Sie enthielt die Namen von 363 Einzelpersonen und Firmen in Holland, Norwegen, Schweden, Spanien, Portugal, Marokko und Griechenland. Verschiedentlich wurden zwischen 17. März und 10. November 1916 vierzehn Ergänzungslisten mit Namen und Firmen anderer Länder veröffentlicht.[2]

In China begann sich die nachteilige Wirkung der englischen Bestimmungen gegen Ende 1915 auszuwirken. Gewisse amerikanische Firmen wurden auf die englischen „Schwarzen Listen" gesetzt und von der Benutzung englischer Schiffe, Kabel oder Banken ausgeschlossen. Staatssekretär Lansing erhob scharfen Protest gegen ein solches Verfahren. Am 25. Januar 1916 informierte er Botschafter Page, das Staatsdepartement sei zu dem Schluß gekommen, daß bei diesen englischen Maßnahmen „in hohem Grade die Möglichkeit ungesetzlicher Eingriffe in den amerikanischen Handel bestehe, wenn das nicht jetzt schon geschehen ist".

In der Antwort des Außenministerium auf die amerikanischen Protestnoten, befand sich keinerlei Andeutung, daß die englische Regierung etwa ihre Politik der

„Schwarzen Liste“ ändern würde. Bezüglich der chinesischen „Schwarzen Liste“ wurde erklärt, sie enthalte „die Namen von Personen und Firmen feindlicher Nationalität in China und einige weitere englische, neutrale und alliierte Personen oder Firmen, die so eng mit feindlichen Firmen zusammenhängen, daß es unmöglich ist, ihre Transaktionen von einer Handelsbetätigung der feindlichen Firmen, die sie vertreten, zu trennen ... Es wird nicht der Versuch gemacht, Geschäftsbeziehungen zwischen neutralen Firmen und feindlichen Untertanen in den fraglichen Ländern zu verhindern, insoweit als diese Operationen ohne Benutzung englischer Einrichtungen durchgeführt werden. Das Recht der Regierung Seiner Majestät, solche Vorteile dem feindlichen Handel zu verweigern, wird kaum angezweifelt werden“.[3]

In einer weiteren Note vom Außenministerium (16. Februar 1916) wird darauf hingewiesen, daß die englische Regierung ein Recht habe, die Handelstätigkeit der eigenen Untertanen einzuschränken durch Auferlegung von „Verboten und Strafen, die nur für Personen unter ihrer Botmäßigkeit Gültigkeit haben. Bei der Beanspruchung dieses Rechtes ... wünscht die Regierung Seiner Majestät, der Regierung der Vereinigten Staaten zu versichern, daß es mit jeder möglichen Sorgfalt angewandt wird, um den neutralen Handel vor Schaden zu bewahren.“

Von Botschafter Page erhielt die amerikanische Regierung die weitere Versicherung, daß „nicht mehr als ein Dutzend Firmen in den Vereinigten Staaten auf ... [der] ‚Schwarzen Liste‘ sein werden“. Aber diese Versicherung erwies sich als verfrüht, als die englische Regierung offiziell die „Schwarze Liste“ auf die Vereinigten Staaten ausdehnte. Auf der amerikanischen Liste (18. Juli 1916) standen etwa 85 Namen, aber da sowohl die Einzelpersonen, als auch die Firmen, die sie vertraten, besonders aufgezählt waren, enthielt die Liste in Wirklichkeit annähernd 30 Geschäftsbetriebe. Die meisten der Einzelpersonen, deren Namen auf der „Schwarzen Liste“ standen, waren entweder in Deutschland oder Österreich geboren, aber eine beträchtliche Anzahl davon waren naturalisierte amerikanische Bürger geworden. Die formellen Anklagen gegen sie sind folgende: Mißbrauch der Kabel durch Benutzung von Geheimcodes; Verschiebung von Geld nach Deutschland; Zeichnung deutscher Kriegsanleihe; Propagandatätigkeit zugunsten der Mittelmächte.

Obgleich eine so bedeutende Geschäftszeitung wie der „Economist“ der Ansicht war, die englische Regierung habe sich „ohne Zweifel im Recht, hinsichtlich des völkerrechtlichen Brauches“ befunden, als sie die „Schwarze Liste“ auf Amerika ausdehnte, wandte sich ein großer Teil der amerikanischen öffentlichen Meinung heftig dagegen.[4] Am 20. Juli speiste der stellvertretende Staatssekretär Polk mit dem Botschafter Spring Rice, und im Verlauf der Unterhaltung wies er klar und eindringlich auf die „ungeheure Erregung“ hin, die sich überall in den Vereinigten Staaten erheben würde, wenn die „Schwarze Liste“ tatsächlich auf amerikanische Firmen Anwendung fände. Der Protest Polks machte so großen Eindruck auf Spring Rice, daß er meinte, die Vereinigten Staaten sollten beim Außenministerium bezüglich der Lage „entschiedene Vorstellungen“ erheben.

Bei einer zweiten Unterredung über die „Schwarze Liste“ warnte Polk den Botschafter, der Präsident sei „sehr betroffen“ über diese Praxis der englischen Regierung, und einige Kabinettsmitglieder „schienen das Gefühl zu haben, die Regierung wäre genötigt, irgendwelche entscheidenden Schritte zu unternehmen, um amerikanische Interessen zu schützen“. Spring Rice verfiel dann wieder auf das fadenscheinige Argument, die Vereinigten Staaten hätten doch im amerikanischen Bürgerkrieg ähnlich gehandelt. Dies bestritt Polk sofort und versicherte, die „Schwarze Liste" ginge viel „weiter als irgend etwas in dieser Hinsicht im Bürgerkrieg". Nachdem Spring Rice zugegeben hatte, daß er „die Angelegenheit mit dem französischen Botschafter" besprochen hatte und daß sie empfanden, daß die Veröffentlichung „unglücklich gewesen sei", verließ er das Staatsdepartement in beträchtlicher Unruhe, welche Schritte die amerikanische Regierung als Gegenmaßnahme wohl unternehmen würde.

Botschafter Page war eben im Begriff, London zu einem Besuch in Amerika zu verlassen, und offensichtlich hatte er den Entschluß gefaßt, jetzt einmal seine Rolle als Verteidiger englischer Praktiken fallen zu lassen und seine frühere Rolle als einfacher amerikanischer Bürger wiederaufzunehmen. Als solcher war er ganz entrüstet über die englische „Schwarze Liste", die er als „groben Fehlgriff" ansah. Den Ursprung der Liste führte er auf den „einfältigen Eifer akademischer Regierungsberater zurück".

Der Präsident war sich klar darüber, daß die Verantwortung für die englische Gleichgültigkeit gegenüber amerikanischen Rechten nicht einigen englischen „beratenden Wissenschaftlern" zuzuschreiben sei, die alles nur vom akademischen Standpunkt betrachten konnten. Er hatte in jeder Weise versucht, gegenüber englischen Mißgriffen Nachsicht zu üben, aber er war es endlich müde geworden, daß sie sich ständig weigerten, amerikanischen Wünschen auch nur das kleinste Zugeständnis zu machen. In einem Brief an Oberst House gab er zu, daß er beinahe am Ende seiner „Geduld gegenüber England und seinen Alliierten sei. Diese Angelegenheit mit der ‚Schwarzen Liste' geht zu weit. Ich habe das Spring Rice gesagt, und er sieht auch klar ein warum. Sowohl er wie Jusserand, sind der Meinung, dies sei ein dummer Mißgriff. Ich ziehe ernstlich in Erwägung, den Kongreß um Ermächtigung zu bitten, Anleihen zu verbieten und die Ausfuhr für die Alliierten einzuschränken. Es wird mir immer klarer, daß sich hinter dieser Politik der Wunsch verbirgt, unseren Handel daran zu hindern, auf Märkten Fuß zu fassen, die England bis jetzt beherrschte... Polk und ich arbeiten an einer sehr scharfen Note. Ich fühle mich vielleicht genötigt, sie so scharf und endgültig zu machen, wie die Note über den U-Bootkrieg an Deutschland. Was halten Sie davon? Können wir ihre Rücksichtslosigkeit noch länger ertragen?"[5]

Oberst House riet eilends, alle gesetzlichen Gegenmaßnahmen aufzuschieben, bis er die Lage sowohl mit dem englischen als auch mit dem französischen Botschafter durchgesprochen habe. Wenn die alliierten Regierungen merkten, daß die Vereinigten Staaten keine ungebührlichen Beschränkungen ihres Handels zuließen, würden sie vielleicht eine andere Politik einschlagen.

Ehe dieser Brief mit seinem nüchternen Rat im Weißen Haus angekommen war, schrieb Polk an Staatssekretär Lansing, der in Watertown (New York) in Ferien war, einen Brief und erklärte offen seine Meinung über die neue englische Praxis: „Ich nehme an, Sie haben die Geschichte mit der englischen ‚Schwarzen Liste' verfolgt... Die englische Regierung scheint sich bestimmt die größte Mühe zu geben, um Streit zu bekommen. Ich habe zwei Unterredungen mit Spring Rice gehabt und habe ihm gesagt, der Präsident betrachte die Angelegenheit als sehr ernst, und es sei vielleicht schwer, den Kongreß daran zu hindern, irgendwelche gesetzliche Gegenmaßnahmen zu erlassen. Ich persönlich glaube, daß die Zeit gekommen ist, ihnen gegenüber aufzutreten."[6]

Die unnachgiebige Stimmung Polks wurde nicht besänftigt durch einen Besuch von Spring Rice, der erklärte, die englische Regierung habe nicht die Absicht, „in den Handel zwischen Neutralen oder mit Deutschland einzugreifen, und die Furcht, daß amerikanische Firmen auf die ‚Schwarze Liste' kämen, weil sie mit Firmen, die schon auf der Liste stehen, Handel treiben, sei seiner Meinung nach unbegründet".

Am 26. Juli sandte Polk Botschafter Page die „sehr scharfe Note", die er und der Präsident „zusammengestellt" hatten. Es war tatsächlich eine erschreckliche Anklage gegen die „Schwarze Liste", wie sie auf amerikanische Firmen Anwendung fand. Die „harten und sogar verheerenden Wirkungen" einer solchen Politik wurden klar aufgezeigt. Am Schlusse erklang in der amerikanischen Note ein nicht mißzuverstehender warnender Ton: „Es steht bestimmt außer Frage, daß die Regierung der Vereinigten Staaten zu solchen Methoden oder Strafverfügungen gegen Untertanen ihre Zustimmung geben wird".[7]

Jeder, der die amerikanische Note vom 26. Juli durchliest, erkennt klar, daß Polk seine Absicht durchgeführt hatte, gegen die englische Regierung „aufzutreten". Aber offenbar hatte er den Wunsch gehabt, die Note noch schärfer abzufassen, denn am 28. Juli schrieb er einen zweiten vertraulichen Brief an Staatssekretär Lansing, in dem er sich über den von ihm eingeschlagenen Weg ausließ. Bezüglich der Wortwahl in seiner Note an England machte er folgende bezeichnende Bemerkung: „In mancher Hinsicht wäre es, glaube ich, besser gewesen, wenn sie noch etwas mehr Schärfe gehabt hätte".[8]

Der anglophile Staatssekretär Lansing war der Meinung, man dürfe solche Gefühle nicht einen Augenblick ermuntern. In einem umgehenden Antwortschreiben nahm er die Gelegenheit wahr, Polk über die richtige Technik in der Abfassung diplomatischer Noten an England zu instruieren: „Mein lieber Polk! Ich glaube, Ihre Note war genügend scharf und entschieden in der Sprache. Man hätte sie nicht viel stärker machen und dabei höflich bleiben können, und selbstredend müssen wir auf unsere guten Sitten achten."[9]

Im Verfolg seiner nachgiebigen Politik gegenüber England, ging Staatssekretär Lansing in der Angelegenheit der englischen „Schwarzen Liste" sogar so weit, daß er eine besondere Anfrage des Abgeordneten Claude Kitchin in einer außerordentlich unaufrichtigen Weise beantwortete. Kitchin hatte von seinen Wählern viele Briefe erhalten, die sich entrüstet über englische Praktiken, wie z.B. die „Schwarze Liste" ausließen. Auf dieses Drängen schrieb Kitchin an Staatssekretär Lansing (11. August) und stellte eine förmliche Anfrage über die Natur und den Umfang der „Schwarzen Liste". Kitchin war ganz besonders daran interessiert, Angaben zu erhalten über die „behauptete Existenz einer zweiten oder vertraulichen ‚Schwarzen Liste'".

Es war in weiten Kreisen bekannt, daß die englische Regierung eine „vertrauliche" „Schwarze Liste" zusammengestellt hatte, und daß die Namen vieler amerikanischer Firmen darauf standen. In einem Brief an Staatssekretär Lansing gab Generalkonsul Skinner, London seinem Erstaunen darüber Ausdruck, daß die englische Regierung es „für notwendig gefunden hatte, zu diesem Zeitpunkt etwa 80 amerikanische Gesellschaften auszuwählen, um sie auf die sogenannte gesetzliche Liste zu setzen, insofern als doch alle diese Firmen – und viele andere daneben – schon auf der wirklichen ‚Schwarzen Liste' stehen ... Die amerikanischen Firmen, die jetzt in der gesetzlichen Liste genannt werden, umfassen nur einen kleinen Teil der Gesamtzahl, mit denen keine Handelsbeziehungen unterhalten werden sollen".[10]

Sir L. Worthington Evans, der Chef der Abteilung für Außenhandel im Außenministerium, gab in einer Erklärung für die „Associated Press" (am 22. Juli 1916) offen zu, daß „eine inoffizielle ‚Schwarze Liste' existiert". Im Staatsdepartement wußte man über eine englische vertrauliche „Schwarze Liste" so gut Bescheid, daß Polk am 22. Juli folgendes dem Oberst House sagen konnte: „Sie [die ‚Schwarze Liste'] ist nichts neues, und wenn nur die englische Regierung sich ruhig verhalten würde, hätte man sie verhältnismäßig leicht erledigen können". In New York City schätzten gewisse Firmen, daß die vertrauliche „Schwarze Liste" so etwa zwischen 3.000 und 8.000 Personen und Firmennamen enthielt.

Angesichts aller dieser Informationen, die die Existenz einer vertraulichen englischen „Schwarzen Liste" aufzeigten, besaß Staatssekretär Lansing die Kühnheit, Kitchin zu versichern, dem Staatsdepartement sei es nicht gelungen, irgendwelche „greifbare Bestätigung" der Berichte zu bekommen, daß eine solche Liste von der englischen Regierung zusammengestellt worden sei.

Aber wenn Lansing sehr viel daran lag, England gegenüber versöhnlich zu sein, so stimmte das nicht bei Wilson, der Oberst House (27. Juli 1916) schrieb und um seinen Rat bat, in welchem Umfang man den Senat ersuchen sollte, den Präsidenten zu Gegenmaßnahmen zu ermächtigen. Wie weit die Entrüstung des Präsidenten über die englische „Schwarze Liste" ging, geht klar aus der letzten Zeile seines Briefes an House hervor. In dieser Zeile verfällt der Präsident in die farbenreiche Volkssprache jener Tage: „Polk erkannte klar, als er das letzte Mal Spring Rice sah, daß die englische Regierung nicht im mindesten aufgeregt (und überrascht – arme Einfaltspinsel!) war."

Die Entrüstung des Präsidenten führte dazu, daß der Kongreß zwei Gesetze annahm, nach denen unter gewissen Bedingungen gegen die englische „Schwarze Liste" eingeschritten werden konnte. Nach dem „Shipping Board Act" (7. September 1916) war der Präsident ermächtigt, jedem Schiff die Ausreisegenehmigung zu verweigern, das Frachtbeförderung für einen amerikanischen Bürger ablehnt, weil er auf der „Schwarzen Liste" steht.[11] Wichtiger war eine Verfügung im Zollgesetz (8. September 1916), die den Präsidenten ermächtigte, jedem Schiff die Ausreisepapiere zu verweigern, das in ungerechter Weise einen Unterschied machte gegenüber dem Handel der Untertanen der Vereinigten Staaten. Der Präsident erhielt dadurch weiter die Ermächtigung, den Handelsschiffen jeder Nation in amerikanischen Häfen alle Erleichterungen zu verweigern, die den amerikanischen Handel benachteiligten.

Unter der Drohung dieser amerikanischen gesetzlichen Regelung begann die englische Regierung bezüglich der „Schwarzen Liste" Zugeständnisse zu machen. Schon am 31. Juli hatte Spring Rice Sir Edward Grey auf den Ernst der Lage hingewiesen, die sich aus der Veröffentlichung der „Schwarzen Liste" ergab. Als Staatssekretär Lansing die Streichung der Namen gewisser Firmen auf der „Schwarzen Liste" verlangte, ging die englische Regierung darauf ein und entfernte die Namen von mindestens fünf Geschäftsunternehmen. Das Staatsdepartement stellte mit Befriedigung fest, daß keine neuen Namen auf die „Schwarze Liste" gesetzt wurden.

Obgleich die Androhung von Gegenmaßnahmen aufgrund der Gesetze vom September 1916[12] die englische Regierung veranlaßt hatte, bei der „Schwarzen Liste" gewisse Zugeständnisse zu machen, war sich der Präsident bald klar darüber, daß es unklug wäre, die unumschränkte Macht auszunützen, die ihm durch die Verfügungen dieser Gesetze übertragen worden waren. Die anglo-amerikanischen Beziehungen waren alles andere als freundschaftlich, und wie leicht konnte eine Krise entstehen.

Am 22. September sandte Lansing eine kurze Note an den Präsidenten und legte den Entwurf einer Anweisung an den amerikanischen Geschäftsträger in London bei. In dieser Note führte er aus, daß sich die englische Regierung nicht darüber klar sei, daß die Erregung in Amerika über die „Schwarze Liste" „sehr stark" anwachse und eine „Neigung besteht, von der Regierung entschiedenes Handeln zu verlangen". Es sei zweckmäßig, meinte er, dem amerikanischen Geschäftsträger ein Telegramm zu schicken, das ihm „ganz offen und ungeschminkt" die Wahrheit über die „gegenwärtige Lage" mitteilt. In dem Telegrammentwurf wurde die englische Handlungsweise bezüglich der „Schwarzen Liste" scharf angegriffen: „Das Anstößige bei der Aufstellung von ‚Schwarzen Listen' scheint mir so offensichtlich, daß ich nicht verstehen kann, wie die englische Regierung, wenn sie dies überhaupt verteidigen kann, es anders tun kann, als nur in rein technischer Hinsicht. Es liegt ganz klar ein Übergriff in die Unabhängigkeit und Souveränität der Vereinigten Staaten vor bei dem Versuch, indirekt, wenn auch nicht direkt, englische Gesetze auf amerikanischem Boden in Anwendung zu bringen und dem Handel der Vereinigten Staaten Beschränkungen aufzulegen. Die Stimmung der amerikanischen Bevölkerung ist jetzt so aufgebracht über die Haltung und Praxis der Alliierten, daß ich mich um die Folgen sorge, wenn sie ihrerseits sich nicht etwas zurückhalten."[13]

Es war dies nicht das erstemal, daß Staatssekretär Lansing eine Instruktion an den amerikanischen Vertreter in London entwarf und zwar derartig scharf, daß der Präsident sich weigerte, sie anzunehmen. Für Lansing mit seinen ausgesprochen anglophilen Neigungen ist es bemerkenswert, daß sein Eifer, eine Anklage gegen England zusammenzubringen, ihn dahin führte, Noten zu entwerfen, die, wären sie so nach London geschickt worden, die Beziehungen zwischen den beiden Ländern ernstlich belastet hätten. Dieses Mal setzte der Präsident dem Staatssekretär sofort einen Dämpfer auf. Seiner Ansicht nach war es ganz und gar „nicht zu rechtfertigen, etwas um der öffentlichen Meinung willen zu unternehmen, was vielleicht unsere auswärtigen Beziehungen vollständig umgestalten könnte. Ich halte es deshalb für höchst unklug, eine derartige Botschaft abzuschicken. Ich hatte mit Walter Page eine deutliche Aussprache, und ich bin überzeugt, daß er in der Lage sein wird, den maßgebenden Stellen in London ein klares Bild von den bedauernswerten und gefährlichen Mißgriffen zu geben, die sie machen".[14]

Aber Walter Page konnte in jener Zeit mit Sir Edward Grey wenig unternehmen. Am 10. Oktober sandte das Außenministerium seine Antwort auf die amerikanische Note vom 26. Juli bezüglich der „Schwarzen Liste". Grey war wie gewöhnlich entschieden in seinem Entschluß, keine Zugeständnisse zu machen während die englische Stellung angegriffen wurde. Er wies sofort darauf hin, die Handlungsweise der englischen Regierung bezüglich der „Schwarzen Liste" sei „rein handelsrechtlich". Es sei „nichts weiter als die Ausübung des souveränen Rechtes eines unabhängigen Staates über seine eigenen Untertanen". Er könne kaum annehmen, daß die amerikanische Regierung das Recht Englands als souveräner Staat bestreiten wolle, „Gesetze zu erlassen, die allen denen, die unter seiner Botmäßigkeit stehen, den Handelsverkehr mit irgendwelchen besonders bezeichneten Personen verbieten, wenn ein solches Verbot im öffentlichen Interesse als notwendig erachtet wird. Was die Gesetzgebung betrifft, so bedeutet sie keinen Eingriff in die Rechte oder das Eigentum der genannten Einzelpersonen ... Das einzige, was sie erdulden, ist, daß englischen Untertanen verboten ist, ihnen mit englischem Kredit und englischem Eigentum Beistand und Unterstützung zu gewähren".

Er gab die Versicherung ab, die „Schwarze Liste" verfolge nicht die Absicht, den englischen Handel auf Kosten amerikanischer Handelsinteressen zu fördern. Schon allein das englische Selbstinteresse, wenn nicht noch anderes in Betracht käme, würde verhindern, daß unschuldige neutrale Firmen auf die „Schwarze Liste" gesetzt würden, weil die Abdrosselung jeden gesetzlichen Handels auch die englischen Geschäftsinteressen ungünstig beeinflussen würde.

Die unversöhnliche Haltung des Außenministerium hatte Präsident Wilson schon lange ernste Sorgen gemacht. Die Streichung einiger Namen von der „Schwarzen Liste" war eine Geste, die auf die Administration nur wenig Eindruck machte. Die Beziehungen zwischen den beiden Ländern konnten sehr wohl in die Sackgasse geraten, die Spring Rice vorausgesagt hatte. Von diesem Gedanken tief bewegt schrieb der Präsident dem Oberst House, um ihm seine Bestürzung mitzuteilen: „Wir bewegen uns tatsächlich über Abgründen. Ich kann nur sagen, daß, falls unsere freundschaftlichen Beziehungen zu England gefährdet sein sollten, wie dies Guy Gaunt anzunehmen scheint, es nur eine weitere Erläuterung dafür wäre, wie schwer es ist, gut Freund mit England zu sein, ohne immer zu tun, was es von uns gerade verlangt."[15]

Das würde alles so lange gut gehen, als Amerika nichts ernstliches gegen England unternähme. Ernste Reibereien würden sich nur ergeben, wenn sich der Präsident der unumschränkten Vollmachten bedienen würde, die ihm zur Vergeltung gegen Maßnahmen, wie die englische „Schwarze Liste", gewährt worden waren. „Geduld und Überredung" war das sicherste Motto, dem Amerika folgen konnte, wenn es weiterhin mit England auf freundschaftlichem Fuße bleiben wollte. Dies schien besonders richtig nach dem Durchlesen des vertraulichen Berichtes, den Handelssekretär Redfield dem Staatsdepartement (23. Oktober 1916) übersandt hatte. Die Empfehlungen dieses Berichtes gründeten sich auf sorgfältiges Studium gewisser englischer Maßnahmen, wie die Blockade und die „Schwarze Liste", die sich zum offensichtlichen Nachteil des amerikanischen Handels auswirkten. Aufgrund der Verfügungen der Gesetze (Shipping Board and Revenue Act) vom 7. und 8. September 1916 könne durch einen der drei folgenden Wege eine Politik der Wiedervergeltung durchgeführt werden:

„1. Verbot oder Beschränkung der Einfuhr.

2. Verweigerung der Abfertigung oder tatsächliche Zurückhaltung von Schiffen.

3. Entzug der Vorzugsbehandlung bei Schiffen oder Untertanen von Ländern, die Beschränkungen erlassen."

Nach einer Erörterung über die Durchführung der drei Wiedervergeltungsmaßnahmen wies der Bericht des Handelsdepartements auf die Gefahren hin, die ein solches Verfahren in sich schloß. Jede Wiedervergeltung würde unvermeidlich zu neuen und schärferen englischen Maßnahmen führen: „Es ist auf verschiedene mögliche Maßnahmen hingewiesen worden. Keine davon scheint jedoch irgendwie die Wahrscheinlichkeit eines Erfolges zur Zurücknahme der Einschränkungen gegenüber dem amerikanischen Handel zu versprechen, und wahrscheinlich würden wir unsere jetzige Stellung gefährden ... Gegenmaßnahmen wären beinahe unvermeidlich ... Zur Zeit werden Gummi, Wolle, Flachs, Zinn, Graphit und verschiedene andere Rohmaterialien, die für unsere Industrie von Bedeutung sind ... in die Vereinigten Staaten aus englischen Ländern unter besonderen Vereinbarungen zwischen der englischen Regierung und Vereinigungen bedeutender Importfirmen eingeführt ... Es ist klar, daß England durch die Kündigung der Übereinkommen viele unserer Industriezweige lahmlegen könnte."[16]

Das offene Geständnis der absoluten Abhängigkeit vieler bedeutender Industriezweige von der Einfuhr aus dem britischen Reich zeigte der Administration die Schwäche der wirtschaftlichen Stellung Amerikas. Aufgrund dieser Tatsache entschloß man sich sofort, alle Gedanken über Gegenmaßnahmen gegenüber englischen Handelspraktiken aufzugeben. In dem raschen Rückzug von der Stellung einer möglichen Aktion gegen die „Schwarze Liste" zu vorsichtigem Abwarten ging die Administration so weit, einige kleine Zugeständnisse, die die englische Regierung anbot, außer acht zu lassen. Am 16. November berichtete Botschafter Page, daß sowohl Sir Edward Grey als auch Lord Robert Cecil ihre Bereitwilligkeit erklärt hatten, zusammen mit einigen hervorragenden Amerikanern die „Schwarze Liste" auf die kleinstmöglichste Zahl von Namen zu verringern". Zum großen Schmerz des Botschafter Page unternahm jedoch Staatssekretär Lansing nichts weiteres bezüglich der „Schwarzen Liste". England hatte auf amerikanische Kosten einen so leichten Sieg davongetragen, daß das Staatsdepartement den Streit in tiefe Vergessenheit zu begraben wünschte.

Von unserer gegenwärtigen historischen Perspektive aus erscheint es offensichtlich, daß die Administration in ihrer Politik gegenüber England viel zu schüchtern war. Es ist mehr als wahrscheinlich, daß die englische Regierung rasch klein beigegeben hätte vor jeglicher ernsten Drohung eines Embargos auf die Ausfuhr von Kriegsmunition aus amerikanischen Häfen. Nach Paragraph 806 des Zollgesetzes (vom 8. September 1916) hätte der Präsident ein solches Embargo erlassen können, und die Wirkung einer derartigen Maßnahme auf das Schicksal des Krieges wäre entscheidend gewesen. Im Kalenderjahr 1916 erreichte der Gesamtwert des amerikanischen Munitionsexports für die Alliierten die erstaunliche Summe von 1.290.000.000 Dollar.[17] Ohne die ungeheuren Verschiffungen von Kriegsmaterial wäre die Kriegsplanung der alliierten Regierungen ein hoffnungsloser Mißerfolg gewesen. Es ist natürlich richtig, daß jede ernstliche Beschneidung des einträglichen Handels einen schweren Schlag für die amerikanische Prosperität bedeutet hätte. Diese Tatsache war den Alliierten wohl bekannt, aber ihre eigene Lage war im Herbst 1916 so verzweifelt, und ihr Bedürfnis nach amerikanischem Kriegsmaterial war so offensichtlich, daß sehr viel Aussicht bestanden hätte, daß sie sich außerordentlich rasch jeglichen amerikanischen Forderungen unterworfen hätten, die mit einer Embargodrohung verbunden gewesen wären.

Und es war ja nicht nur die Furcht vor einer Unterbrechung des Stromes amerikanischer Kriegsmaterialien, die die Alliierten einem amerikanischen Druck nach einer Änderung englischer Handelsverfahren empfänglich gemacht hätte. Man wußte ganz genau in alliierten Kreisen, daß der finanzielle Bankrott drohte. Nur Amerika konnte die Lage retten. Am 23. August 1916 wurden die Zeichnungslisten für eine Anleihe von 250.000.000 Dollar für die alliierten Regierungen im Büro von J.P. Morgan & Co. in New York City aufgelegt. Bei Geschäftsschluß am 26. August war die Anleihe voll gezeichnet. Aber dies war nur ein Bruchteil der großen Summen, die notwendig waren, um die Alliierten zahlungsfähig zu erhalten. Im Oktober 1916, gerade zu der Zeit, da Sir Edward Grey seine unversöhnlichen Noten bezüglich der „Schwarzen Liste" an Amerika richtete, gestanden Lloyd George und Lord Reading Herrn Henry P. Davison vom Hause Morgan, daß der englischen Regierung außerordentlich viel daran liege, von amerikanischen Finanzleuten für die nächsten fünf Monate etwa 300.000.000 Dollar monatlich geliehen zu bekommen. Davison zerstreute ihre Befürchtungen, indem er ihnen den Rat gab zu handeln, als ob sie „das Geld sofort bekommen" würden. J.P. Morgan selbst überbrachte bald eine ähnliche Versicherung.[18]

Da also die englische Regierung dicht vor einem finanziellen Zusammenbruch stand und Amerika allein für die Rettung Englands in Frage kam, scheint es, als ob der Präsident eine günstige Gelegenheit übersah, die ein erfahrenerer Staatsmann sofort ergriffen hätte. Das entschiedene Auftreten Sir Edward Greys gegenüber amerikanischen Forderungen war nur eine Fassade, die rasch vor einem entschlossenen Drängen des Präsidenten zusammengebrochen wäre.[19] Daß es der Administration nicht gelang, die englische Regierung zu weitgehenden Zugeständnissen bezüglich der Blockade und „Schwarzen Liste" zu zwingen, zeigt die Unfähigkeit des Präsidenten, die Realitäten der Weltpolitik zu erfassen. Als Mitspieler im Weltgeschehen wird er eher als Doktrinär, denn als Mann der Tat erscheinen.

c) Zurückhaltung und Zensur amerikanischer Post

In den ersten Monaten des Weltkrieges gab es zwischen den Vereinigten Staaten und den alliierten Mächten keine Schwierigkeit bezüglich der Behinderung und Zensur amerikanischer Post. Im Juli 1915 aber erreichten das Staatsdepartement gewisse Gerüchte über Eingriffe von Schiffsoffizieren der französischen und englischen Flotte in den Paketpostdienst zwischen den Vereinigten Staaten und Deutschland. Auf eine Anfrage des Staatsdepartements erklärte A.A. Fisher (stellvertretender zweiter Generalpostmeister), er habe keinen Grund zu der Annahme, „daß Eingriffe durch irgend ein dazwischen liegendes Land bei der Paketpost von Deutschland hierher und von hier nach Deutschland vorgekommen" seien.

Kurz nachdem A.A. Fisher die Versicherung über den Paketpostdienst von und nach Deutschland abgegeben hatte, erhielt das Staatsdepartement authentische Beweise über englische Eingriffe in „verschlossene Postsachen" zwischen neutralen Ländern. Staatssekretär Lansing trug die Angelegenheit dem Neutralitätsrat vor, der sehr bald die Ansicht einer Mehrheits- und Minderheitsgruppe zur Verfügung stellte. Der Vorsitzende des Rates (Dr. James Brown Scott) und Kapitän Oliver verzichteten auf jegliche scharfe Verurteilung des alliierten Eingriffes in neutrale Postsachen, aber Kapitän Knapp zögerte nicht, die Handlungsweise der alliierten Regierungen als Verletzung des Artikel 1 und 2 des XI. Abkommens der Haager Konvention von 1907 zu erklären.

Kapitän Knapp gab der Ansicht Ausdruck, die Handlungsweise englischer Beamter beim Öffnen durchlaufender „verschlossener Postsachen" verstoße gegen das Postabkommen von 1906. Als besonders ungesetzlich und als Verletzung des internationalen Anstandes betrachtete er die beiden gemeldeten Fälle, in denen Postsachen, die an Beamte neutraler Regierungen gerichtet waren und in einem Postsack befördert wurden, der von einem neutralen Land in das andere neutrale Land reiste, von der englischen Zensur geöffnet worden waren. Es sei klar, „die englischen Zensoren hatten nur fischen wollen, in der Hoffnung etwas zu erwischen, was vielleicht englischen Interessen entgegenstand. Es hatte sich nicht um eine Aktion gehandelt mit gutbegründetem Verdacht, daß bestimmte Postsachen feindlichen Charakter hatten."[1]

Am 20. August 1915 äußerte der Generalpostmeister seine vollkommene Übereinstimmung mit der Ansicht des Kapitän Knapp: „Ich habe die Denkschrift von Kapitän Knapp sorgfältig durchgelesen und erwogen und möchte über seine allgemeinen Schlußfolgerungen meine Zustimmung bekannt geben".[2]

Der nächste Schritt in der Angelegenheit wurde von Botschafter Spring Rice unternommen. Er schrieb dem Staatssekretär (5. Oktober), daß man eben daran sei, etwa „sechs Tonnen Wolfram" aus New York nach Deutschland mittels Paketpost zu schicken. Eine Woche später schrieb Spring Rice wieder an Lansing über Sendungen von „Mineralien", Gummi und Schuhen an die Mittelmächte.

Nachdem Lansing die Angelegenheit mit dem Generalpostmeister Burleson besprochen hatte, bestritt er, daß Wolfram oder Gummi mit der Paketpost nach Deutschland oder Österreich geschickt worden waren. Es sei richtig, daß Mineralien und Schuhe mit der Paketpost an die Mittelmächte gesandt worden seien, aber keiner dieser Artikel stehe auf der Liste absoluter Konterbande, und es sei deshalb kein Versuch gemacht worden, sie von der Post auszuschließen.

Nun war Staatssekretär Lansing an der Reihe, eine Klage bei Botschafter Page vorzubringen über das neue englische Verfahren, „versiegelte Briefpost", die zwischen den Vereinigten Staaten und neutralen europäischen Ländern lief, zu öffnen, zu zensieren und zurückzuhalten. Gemäß dem Postabkommen von 1906 hätte die englische Regierung, ehe sie so etwas unternahm, die amerikanische Postverwaltung offiziell unterrichten müssen.

In ihrer Antwort führte die englische Regierung aus, die „in Frage kommende Regelung" des Postabkommens könne nicht in Anwendung gebracht werden „in dem Falle der Einführung einer derartigen Zensur durch einen kriegführenden Staat". Nach dieser sonderbaren Antwort auf den Protest Lansings begann die englische Regierung derartig weitgehende Eingriffe in die neutralen Postsachen vorzunehmen, daß man in Amerika sofort dagegen auftrat. Am 13. Dezember schrieb der Gesandte der Niederlande (Herr Rappard) an Staatssekretär Lansing, daß die Engländer von den holländischen Dampfern „Frisia" und „Noordam" neutrale Post heruntergeholt hätten. Ein paar Tage später berichtete der Gesandte von Schweden (Ekengren) über eine ähnliche Wegnahme von Paketpost auf dem Weg nach den Vereinigten Staaten, und der amerikanische Generalkonsul in London (Skinner) teilte mit, daß die Paketpost von den Vereinigten Staaten nach den neutralen Ländern Nordeuropas von der englischen Zollbehörde in Kirkwall beschlagnahmt wurde.

Staatssekretär Lansing war sich klar darüber, daß bei der englischen Regierung gegen diese ungesetzlichen Eingriffe in die amerikanische Post ein offizieller Protest vorgebracht werden mußte. Aber ehe er in dieser Richtung etwas unternahm, wandte er sich an den Neutralitätsrat um Auskunft. Am 27. Dezember 1915 schrieb er an den Vorsitzenden des Neutralitätsrats und gab eine kurze Zusammenfassung des ungesetzlichen englischen Verfahrens: „Es zeigt sich jetzt, daß neutrale Schiffe, die zwischen amerikanischen und europäischen Häfen verkehren und Paketpostsachen befördern, in englische Häfen eingebracht und die Postsachen untersucht werden, und zwar nicht nur nach Konterbande auf nach Europa fahrenden Schiffen, sondern auch nach Artikeln deutschen Ursprungs auf Schiffen aus europäischen Häfen. Es zeigt sich auch, daß Schiffe, die zwischen den Vereinigten Staaten und Europa verkehren und versiegelte Postsachen befördern, in englische Häfen eingeschleppt werden zur Durchsuchung nach Konterbande oder Artikeln deutschen Ursprungs. Während die Schiffe sich dann innerhalb englischen Hoheitsgebietes befinden, wird die Post weggenommen, zensiert und vor der Abfahrt auf das Schiff zurückgebracht. Man muß dabei beachten, daß weder die verschlossenen Postsachen noch die Paketpost, die oben erwähnt wird, im Transit durch englisches Gebiet gehen."[3]

Der Neutralitätsrat erwiderte umgehend (29. Dezember 1915), England habe kein Recht „neutrale Schiffe zurückzuhalten, die direkt von einem neutralen Hafen zu andern neutralen Häfen fahren unter dem Vorwand, sie verletzten die Blockade, und England hat überhaupt kein Recht, irgend einen neutralen Hafen zu blockieren". Neutrale Schiffe könnten nur aus zwei Gründen in englische Häfen eingebracht werden: 1. wegen Beförderung von Konterbande; 2. wegen unneutraler Handlung. Um festzustellen, ob ein Schiff Konterbande befördert oder sich unneutral betätigt, müßte auf *hoher See* eine Untersuchung durchgeführt werden. Es bestehe keinerlei Berechtigung für das Verfahren, Schiffe in englische Häfen einzubringen, um diese zwei Punkte festzustellen.

Bezüglich der Schiffe, die sich von neutralen Häfen unterwegs nach den Vereinigten Staaten befinden, war der Neutralitätsrat der Ansicht, es gäbe überhaupt keinen Grund, warum sie zur Untersuchung ihrer Postsachen in englische Häfen eingebracht werden könnten. Die einzige Grundlage dafür sei die englische Kabinettsorder vom 11. März 1915. Nach Artikel IV der Order konnte verlangt werden, daß jedes Handelsschiff, das nach dem 1. März 1915 von einem außerhalb Deutschlands liegenden Hafen abfuhr und Waren an Bord hatte, die vom Feinde kamen oder sein Eigentum waren, diese Waren in einem englischen oder alliierten Hafen löscht. Aber die Kabinettsorder sei „kein Völkerrecht", und die „Beschlagnahmung von Postschiffen auf hoher See allein aus dem Grund, sie zur Zensur der Postsachen in einen englischen Hafen einzuschleppen, ist unter diesen Umständen ein unberechtigter Eingriff in neutrale Rechte; die tatsächliche Zensur der Briefpost, die diese Schiffe als versiegelte Postsachen befördern, vermehrt nur noch das Unrecht".[4]

Da eine friedliche Beilegung des „Lusitania"-Falles nahe bevorstand, und dadurch die Hauptquelle der Spannung in den deutsch-amerikanischen Beziehungen beseitigt war, hatten Staatssekretär Lansing und Präsident Wilson das Empfinden, daß es jetzt angebracht sei, auf England einen Druck auszuüben hinsichtlich einer einwandfreieren Anerkennung amerikanischer Rechte. Am 4. Januar 1916 übersandte man Botschafter Page einen Protest gegen die englischen Eingriffe in die amerikanische Post. Obgleich das Staatsdepartement geneigt war, anzunehmen, Paketpostartikel seien der gleichen Behandlung unterworfen wie Expreß- oder Frachtgut bezüglich der Durchsuchung, Beschlagnahme und Verurteilung im Kriegsfall, so waren doch die Paketpostartikel zu den üblichen Befreiungen des neutralen Handels berechtigt. Sie sollten nicht einer Rechtsunfähigkeit unterliegen, die sich aus der ungesetzlichen englischen Blockade ergab, noch sollten sie unter der ungehörigen Rechtsgewalt über amerikanische Schiffe und Ladungen leiden, die sich die englischen Gerichtshöfe anmaßten bezüglich der in den englischen Häfen zurückgehaltenen Schiffe.

Die amerikanische Regierung könne „den englischen Behörden nicht das Recht zubilligen, neutrale Schiffe aufzugreifen, die direkt zwischen amerikanischen und neutralen europäischen Häfen verkehrten ... sie in den Hafen einzuschleppen und dort die mitgeführte Post zu beschlagnahmen oder zu zensieren. Nach heutigem Brauch wird allgemein anerkannt, daß Postsachen nicht auf hoher See zensiert, beschlagnahmt oder vernichtet werden dürfen. Die Erreichung der gleichen Wirkung durch Einbringung solcher Postschiffe in englische Rechtsgewalt zum Zwecke der Durchsuchung und Unterwerfung unter örtlichen Regelungen, die die Postzensur gestatten, kann nicht aufgrund eigenstaatlicher Gesetzgebung gerechtfertigt werden. In den Fällen, in denen neutrale Schiffe nur englische Häfen vorübergehend berühren, glaubt das Staatsdepartement, daß die englischen Behörden nach internationalem Recht nicht die verschlossenen Postsachen wegnehmen oder an Bord des Schiffes zensieren können".[5]

Die englische Regierung schenkte dem amerikanischen Protest kaum Aufmerksamkeit, und am 19. Februar wies Staatssekretär Lansing Botschafter Page an, Sir Edward Grey „mündlich mit allem Nachdruck zu erklären", daß die „ungesetzlichen Eingriffe" von seiten englischer Beamter in amerikanische Postsachen, eine sofortige Klarlegung über die Gründe einer solchen Handlungsweise verlangten.

Diese Erklärung wurde Staatssekretär Lansing (3. April) in Form einer Denkschrift übergeben, die von der französischen und englischen Regierung ausgearbeitet war. Die Haltung der alliierten Regierungen gegenüber Postsachen aus neutralen Ländern war klar umrissen in folgenden drei Paragraphen: „Die alliierten Regierungen teilen mit:

1. daß vom Standpunkt ihres Rechtes zur Betretung und etwaigen Zurückhaltung und Beschlagnahmung, Waren, die in Postpaketen verschifft werden, nicht anders behandelt zu werden brauchen und sollen, als Waren, die auf irgendeine andere Weise versandt werden;

2. daß die Unverletzbarkeit der Briefpost, die im XI. Haager Abkommen von 1907 festgelegt ist, in keiner Weise das Recht der alliierten Regierungen zur Betretung und Durchsuchung beeinflußt und daran hindert, Handelswaren gelegentlich zurückzuhalten und zu beschlagnahmen, die in Verpackungen, Umschlägen oder Briefen der Postsäcke verborgen sind;

3. daß die alliierten Regierungen auch weiterhin fortfahren werden, gemäß ihrer Verpflichtungen und mit Rücksichtnahme auf echte ‚Briefpost' davon abzusehen, auf hoher See solche Post, Briefe oder Depeschen zu beschlagnahmen und einzubehalten. Sie werden Sorge tragen, sobald deren einwandfreier Charakter festgestellt ist, daß sie schnellmöglichst weitergeleitet werden".[6]

Aus dem unversöhnlichen Charakter der gemeinsamen Note ging hervor, daß auf den amerikanischen Protest keine Zugeständnisse gemacht würden. Die Engländer würden auch weiterhin an ihrer Politik festhalten, in neutrale Postsachen einzugreifen trotz der amerikanischen Entrüstung. Die Art und Weise, in der die Eingriffe vorgenommen wurden, ist gut beschrieben im folgenden Abschnitt der „Kriegserinnerungen" Staatssekretär Lansings: „Das englische Verfahren bestand darin, die Post von einem neutralen Schiff herunterzuholen, nachdem es gezwungen worden war, seine Fahrt zu unterbrechen und einen englischen Hafen anzulaufen, anstatt die Post auf hoher See zu untersuchen. Wenn das Schiff im Hafen ankam, wurden die Postbeutel der allgemeinen Postsachen heruntergeholt und in eines der Zensurämter gesandt ... Alle Briefe ... zweifelhafter Natur, wurden zur weiteren Untersuchung auf die Seite gelegt ... Die Folgen waren, daß sehr viel harmlose Post nie weitergeleitet wurde aufgrund eines unbedeutenden Argwohns eines Angestellten, der oft nicht sachverständig und überängstlich war".[7]

Anstatt auch nur an eine Kompromißlösung zu denken, schlug die englische Regierung (15. April) Staatssekretär Lansing vor, Amerika solle die Rechtsgültigkeit der englischen Zensur neutraler Post in den Häfen Ramsgate, Falmouth und Kirkwall anerkennen. Es mache der englische Flotte große Mühe, amerikanische Schiffe auf hoher See anzuhalten und sie zur Untersuchung der Post, die sie beförderten, in diese englischen Häfen zu leiten. Als freundschaftliche Geste solle die amerikanische Regierung darauf sehen, daß „die Postsachen zwischen Amerika und den neutralen Ländern Nordeuropas ... von den entsprechenden Poststellen über England gesandt würden".

Staatssekretär Lansing dachte, das ginge doch etwas zu weit im freundschaftlichen Entgegenkommen gegenüber England. Er glaubte, es wäre „praktischer, wie bisher die Postsachen für die Mittelmächte und für verschiedene neutrale Länder, wie Norwegen, Schweden, Dänemark und die Niederlande, auf Dampfern zu befördern, die von New York direkt nach neutralen Häfen fahren". Um wieder an das amerikanische Mißvergnügen über die alliierten Praktiken bezüglich der Postsachen zu erinnern, schloß er, indem er der Erwartung Ausdruck gab, „die Alliierten würden das ungesetzliche und nicht zu verteidigende Verfahren aufgeben, in Briefpost bei der Beförderung zwischen neutralen Ländern einzugreifen".[8]

Diese Note war nur das Vorspiel zu einer langen Mitteilung, die an Botschafter Jusserand (24. Mai) gerichtet wurde. Noch einmal wird gegen das Verfahren protestiert, amerikanische Schiffe zu zwingen, alliierte Häfen anzulaufen, um eine Prüfung der Postsachen abzuwarten. Die „willkürlichen Methoden, die die englische und französische Regierung anwende", verursachten amerikanischen Untertanen ernste Verluste: „Wichtige Papiere, die nie wieder ersetzt werden können ... seltene Dokumente ... und ähnliches, sind verloren gegangen. Verzögerungen in der Ankunft von Frachturkunden haben große Verluste verursacht ... Günstige Geschäfte können nicht durchgeführt werden, weil Angebote, genaue Aufstellungen und Abschlüsse nicht umgehend übermittelt werden können. Schecks, Wechsel, Geldanweisungen ... und ähnliches gehen verloren oder werden wochen- und monatelang zurückgehalten ... Es werden nicht nur amerikanische Handelsrechte verletzt, sondern auch Eigentumsrechte, und die Regeln des Völkerrechts und des Zolls werden offenkundig außer acht gelassen. Die Regierung der Vereinigten Staaten ... kann das Unrecht nicht länger dulden, das Untertanen der Vereinigten Staaten ... durch diese Methoden erlitten haben."[9]

Kapitän Guy Gaunt, der englische Marineattaché in Washington, beklagte sich bei Oberst House über den „scharfen" Ton der Note vom 24. Mai, aber der Oberst vertraute seinem „Tagebuch" an, es sähe ihm so aus, als ob man „einen Knüppel brauche", um die alliierten Regierungen zu zwingen, amerikanischen Protestnoten Aufmerksamkeit zu schenken. Schon am 21. Januar 1916 hatte Polk Oberst House erklärt, die Beschlagnahmung amerikanischer Briefpost durch die Alliierten sei ein „Mißgriff", der „in den Vereinigten Staaten übel vermerkt" worden sei. Auch Präsident Wilson verurteilte das Verfahren und betrachtete es als „unerträglich".

Im Sommer 1916 erreichte die amerikanische Entrüstung über fortgesetzte Eingriffe in amerikanische Postsachen einen neuen Höhepunkt. Nach mehreren Versuchen, auf die amerikanische Note vom 24. Mai eine Antwort zu erhalten, schrieb Polk an Oberst House über diese Weigerung Englands amerikanischen Protesten irgendwelche Beachtung zu schenken: „Englands Haltung bei der Beschlagnahmung der Post ist beunruhigend. Ich habe sie immer wieder aufgefordert, eine Antwort auf unsere Note zu schicken, aber alles, was ich erhalten kann, ist ein Versprechen, sie werde in Kürze abgehen. Ich weiß, daß es gefährlich ist, daran zu rühren, aber ich habe das Empfinden, es wäre ein guter Gedanke, wenn der Präsident eine Ermächtigung bekäme, die man als greifbare Drohung gegen England anwenden könnte … Englands Haltung ist höchst unbefriedigend."[10]

Die ständigen Eingriffe in amerikanische Postsachen erhielten einen noch düstereren Anstrich, als man vermutete, das Verfahren werde von dem Wunsch geleitet, das amerikanische Geschäft zu schädigen und gleichzeitig englische Handelsmöglichkeiten auszudehnen. Nach Ansicht Lansings, gab es viele amerikanische Geschäftsleute, die glaubten, daß „viele Briefe rein geschäftlicher Art und bar jeglichen Konterbandecharakters abgeschrieben und die Abschriften an den Londoner Handelsausschuß gesandt wurden zu seiner Informierung oder zu der ihm gut dünkenden Verwendung bei der Förderung englischer Handelsinteressen. Man braucht nicht zu erwähnen, daß ein solcher Einsatz der Zensur, wenn er wirklich stattfand, sich überhaupt nicht verteidigen läßt. Ich wurde auf Fälle aufmerksam gemacht, bei denen ich damals den Eindruck gewann, daß sie den Verdacht bestätigten, daß der Londoner Handelsausschuß eine Menge amerikanischer Handelspost durchlas, die er von rechtswegen nicht sehen sollte, und sie an englische Handelsgesellschaften und Firmen weiterleitete, damit diese erfahren konnten, was die amerikanische Konkurrenz unternahm … Obwohl der amerikanische Botschafter energisch bestritt, daß sich die Engländer mit solch unsauberen Praktiken abgeben … scheinen die Umstände den Verdacht zu rechtfertigen".[11]

Beeindruckt von der Gefährlichkeit der Lage entwarf Lansing eine Instruktion für den amerikanischen Geschäftsträger in London, die in äußerst warnendem Ton gehalten war. Nachdem er die englischen Völkerrechtsverletzungen erörtert hatte, erklärte Lansing: „In keinem einzigen irgendwie wichtigen Fall hat die englische Regierung ihrerseits ihre Ansprüche auf außerordentliche Kriegsprivilegien soweit geändert, daß sich diese in der Anwendung dem üblichen Brauche fügen. Ich bekenne, daß ich einen äußerst schlechten Eindruck gewann von der absolut rücksichtslosen Haltung der englischen Regierung … wenn sich diese Regierung ihren Maßnahmen widersetzt hat … Nicht ein einziger Rechtsanspruch, um den wir uns bemüht haben, ist von der englischen Regierung anerkannt worden. Die Stimmung der amerikanischen Bevölkerung ist jetzt über die Haltung und die Praktiken der Alliierten so aufgebracht, daß ich für die Folgen fürchte, falls sie nicht ihrerseits irgendwie nachgeben".[12]

Der Ton dieser Instruktion war so herausfordernd, daß Präsident Wilson die Absendung nach London verweigerte. Da kein amerikanischer Protest erfolgte, der wirklich die „Zähne zeigte", fuhr die englische Regierung mit ihren Eingriffen in amerikanische Postsachen fort, und am 12. Oktober wurde Staatssekretär Lansing eine Rechtfertigung des Verfahrens übersandt. Da sich auf seiten der alliierten Regierungen keine Anzeichen eines „Nachgebens" zeigten, gab das Staatsdepartement verzweifelt auf. Am 17. Oktober erklärte Lansing dem Präsidenten, der einzige Ausweg für die Vereinigten Staaten sei, darauf zu „bestehen, daß die Post aus neutralen Ländern Europas als unverletzlich behandelt und nicht zurückgehalten, untersucht oder beschlagnahmt werden soll". Der Umfang und die Anwendung des Rechtes der Zurückhaltung und Prüfung, der nach Europa gehenden Post, sollte einem schiedsgerichtlichen Verfahren unterworfen oder einer gemeinsamen Untersuchungskommission vorgelegt werden.

Dieser neue Geist der Unterwerfung von seiten des Staatssekretärs Lansing nach seinen vorgeschlagenen kühnen Worten in dem Entwurf der Instruktion vom 22. September, zeigt seine unstete Veranlagung. Es ist offensichtlich, daß seine Gemütsstimmung im Gleichklang mit den Wünschen des Präsidenten stieg oder fiel. Wenn das Haupt der Regierung freundlichere Gefühle für England an den Tag legte, mußte der Staatssekretär ihm folgen. Und bei dem sonderbaren Hin und Her der amerikanischen Außenpolitik im Jahre 1916 schien es Lansing, daß freundschaftliche Beziehungen zu England anschließend Reibereien mit Deutschland nach sich zögen. Deshalb sollte Amerika nicht zu laut gegen alliierte Praktiken protestieren. Man tue gut daran, im Auge zu behalten, daß wir, „während wir im jetzigen Kriege neutral sind, im nächsten vielleicht zu den Kriegführenden zählen, und es vielleicht für nötig halten, gewisse Dinge zu tun, die wir jetzt als außerordentliche Einschränkungen Neutraler betrachten".[13]

d) Unternehmungen von Kriegsschiffen aus Beobachtungsstellen außerhalb oder innerhalb der Hoheitsgewässer der Vereinigten Staaten

Die Frage bezüglich der Kriegsschiffe, die sich dicht an der amerikanischen Küste aufhielten, wurde zuerst von Botschafter Spring Rice in einer Beschwerde bei Staatssekretär Bryan erhoben. Der Botschafter teilte mit, zwei deutsche Kriegsschiffe hätten „gerade noch außerhalb der Dreimeilenzone bei der Einfahrt von San Francisco" gelegen. Ihm sei bekannt, daß diese Kriegsschiffe mit dem deutschen Konsul durch drahtlose Telegraphie in „ständiger Verbindung" stünden. Die ausgetauschten Botschaften bezögen sich wahrscheinlich auf „kriegerische Operationen".[1]

Infolge der englischen Flottenvorherrschaft konnten sich deutsche Kriegsschiffe nicht ständig in der Nähe amerikanischer Hafeneinfahrten aufhalten. Die Engländer begannen jedoch bald selbst ihre Kriegsschiffe an der Einfahrt des Hafens von New York zu stationieren, und am 22. September 1914 bemerkte Admiral Fletcher, daß der englische Kreuzer „Lancaster" dicht beim Scotland-Leuchtfeuerschiff lag. Dadurch konnte das Kriegsschiff „die gesamte Aus- und Einfahrt" von New York kontrollieren. Obgleich dies keine Blockade des Hafens bedeutete, war es doch ein Eingriff in den amerikanischen Handel und verletzte amerikanische „Handelsrechte". Die ständige Anwesenheit englischer Kriegsschiffe in allernächster Nähe der amerikanischen Küste konnte sehr wohl als „unfreundliche Handlung" gedeutet werden.

Spring Rice setzte sich sofort mit Sir Edward Grey wegen des Aufenthalts englischer Kriegsschiffe dicht beim New Yorker Hafen in Verbindung, und es wurde ihm mitgeteilt, es seien an die englische Admiralität Instruktionen ergangen, die „notwendigen Schritte zu unternehmen, um eine Wiederholung der Zwischenfälle zu verhindern". Aber diese Instruktionen mußten von der englischen Admiralität nicht besonders beachtet worden sein; sie machte offensichtlich geringe Anstrengung, den Brauch abzustellen. Etwas ungeduldig schrieb Rechtsbeirat Lansing am 22. Dezember an Spring Rice und machte ihn darauf aufmerksam, daß zwei englische Kriegsschiffe „gewöhnlich drei bis sechs Meilen südöstlich vom

Ambrose-Kanal-Leuchtfeuerschiff liegen". Nachdem Lansing Bezug genommen hatte auf den vorhergehenden amerikanischen Protest vom 5. Oktober, erinnerte er Spring Rice, daß die amerikanische Regierung „in der Vergangenheit sehr entschieden gegen den Aufenthalt fremder Kriegsschiffe in der Nähe unserer großen Häfen" aufgetreten sei.[2]

Nachdem Sir Edward Grey Lansings Protestnote erhalten hatte, unternahm er noch einmal einen Schritt. Bei dieser Gelegenheit erhielt die englische Admiralität Anweisung, ihren Kriegsschiffen zu verbieten, dem Ambrose-Leuchtfeuerschiff näher zu kommen als „sechs Meilen". Dieses Zugeständnis war zu unbedeutend, um irgend einen Wert zu besitzen, und im November 1915 berichtete der Kapitän des dänischen Dampfers „Vinland", daß er während einer Fahrt von New York nach Norfolk von einem englischen Kriegsschiff innerhalb der amerikanischen Dreimeilenzone verfolgt worden sei.

Der englische Botschafter setzte sich sofort mit dem Kapitän des englischen Kreuzers, der die „Vinland" verfolgt hatte, in Verbindung. Dieser leugnete ganz entschieden, daß die amerikanische Dreimeilenzone verletzt worden sei. Der Kreuzer sei nie näher als „vier und eine halbe Meile an die Küste" herangekommen.

Als Antwort auf die Note des Botschafters Spring Rice wies Lansing wieder auf die Tatsache hin, daß englische Kriegsschiffe ständig nahe der Einfahrt großer amerikanischer Häfen stationiert seien. Dies sei der amerikanischen Regierung „ausnehmend unangenehm" und lasse sich nicht vereinbaren mit der Behandlung, die man von den Schiffen einer „befreundeten Macht in Kriegszeiten" erwarten dürfe.

Sir Edward Grey war nicht gesonnen, der amerikanischen Regierung Zugeständnisse zu machen. Es besteht kein Zweifel, daß englische Kriegsschiffe nach dem internationalen Gesetz das Recht hatten, an der amerikanischen Küste außerhalb der Dreimeilengrenze zu patroullieren, aber man sollte meinen, Sir Edward Grey hätte doch irgend eine Geste machen können, um die amerikanische öffentliche Meinung durch eine Änderung des Verfahrens zu beruhigen. Die Wirksamkeit der englischen Sperrkette um amerikanische Häfen wäre kaum sehr beeinträchtigt worden, wenn man die Kriegsschiffe etwa zwanzig Meilen weit draußen in See stationiert hätte, anstatt in einer Entfernung von drei bis sechs Meilen. Amerikas Wohlwollen war für den alliierten Erfolg notwendig, aber Sir Edward Grey tat wenig, um es zu verdienen, und es liegt sehr viel Wahres in der Klage Lansings, die englische Regierung habe in der Zeit von 1914 bis 1917 nicht bei „einer einzigen Bestimmung" des Völkerrechtes, um die sich das Staatsdepartement „bemühte", nachgegeben.

Die englische Note vom 20. März 1916 zeigte eine „vollkommen unnachgiebige Haltung" in der Frage der Stationierung englischer Schiffe in der Nähe der amerikanischen Küste. Sie wies sogleich darauf hin, englische Kriegsschiffe hätten nach internationalem Gesetz das Recht, in den amerikanischen Küstengewässern außerhalb der Dreimeilenzone zu patrouillieren. Es sei nötig, den Handel, der in amerikanischen Häfen aus- und eingehe, sehr scharf zu beaufsichtigen. Deutsche Handelsschiffe, die in amerikanischen Häfen Schutz gesucht hätten, würden Fluchtversuche unternehmen, und deutsche Handelszerstörer auf hoher See könnten in amerikanischen Häfen ihre Vorräte ergänzen, wenn nicht eine scharfe Sperre bestünde. Infolgedessen könne die englische Regierung „keines ihrer Rechte" nach internationalem Gesetz aufgeben, das zur Vernichtung der Mittelmächte beitrage.[3]

Die entschiedene Weigerung der englischen Regierung, auch nur die allergeringste Geste der Versöhnung gegenüber den Vereinigten Staaten zu machen, war für Staatssekretär Lansing äußerst unangenehm. Er legte die ganze Frage sofort dem Neutralitätsrat vor, der dann am 10. April 1916 seine Ansicht äußerte. Es wurde darauf hingewiesen, daß die amerikanische Regierung nie behauptet habe, der Aufenthalt der Schiffe in der Nähe der amerikanischen Küste bedeute eine Verletzung des Völkerrechts. Der Protest des Staatsdepartements habe sich darauf gegründet, daß die strenge Bewachung amerikanischer Gewässer von der amerikanischen Bevölkerung unangenehm empfunden werde. Das war seit mehr als einem Jahrhundert ebenso gewesen. Schon am 3. Februar 1807 hatte James Madison als Staatssekretär scharfen Protest eingelegt gegen die Stationierung englischer Kriegsschiffe in der Nähe der amerikanischen Küste. In einem Brief an die amerikanischen Vertragsunterhändler in London (James Monroe und William Pinkney) hatte Staatssekretär Madison ausgeführt: „In keinem Fall ist die Versuchung oder Möglichkeit für Kriegsschiffe, unseren Handel zu belästigen, größer, als wenn sie in der Nähe unserer Küsten und Häfen liegen; auch die nationale Empfindlichkeit ist in keinem anderen Falle gerechter oder stärker erregt, als bei solchen Beleidigungen."[4]

Nach der Erörterung der Tatsache, daß die Küstenbewachung in den Vereinigten Staaten gerade in der Zeit vor Ausbruch des Krieges 1812 starke Erregung hervorgerufen habe, gab der Neutralitätsrat der Ansicht Ausdruck, daß eine solch dichte Absperrung nicht nötig sei. Eine Stationierung „in der Nähe der feindlichen Küste vereinigt alle Vorteile zur Unterbindung des Handels nicht nur von den Vereinigten Staaten, sondern von allen andern neutralen oder feindlichen Quellen, die in die gleichen Häfen gehen". Der Neutralitätsrat zog dann einen Vergleich zwischen der Mobilisierung militärischer Kräfte längs einer Grenze und dem Verfahren der Küstenbewachung: „Eine Nation hat genau so gut das Recht, ihre Armee irgendwo innerhalb ihres eigenen Gebietes zu mobilisieren, wie sie das Recht hat, ihre Schiffe irgendwo auf hoher See außerhalb der Dreimeilenzone anderer Nationen zu stationieren. Und doch kann das erstere ein so ernster Grund sein, daß es zu einem Krieg führen kann … Die Anwesenheit einiger Kreuzer in der Nähe eines neutralen Hafens kann natürlich streng genommen mit der Mobilisation einer großen Armee an den Grenzen einer Nachbarnation nicht verglichen werden, aber das zugrunde liegende Prinzip ist beide Male trotzdem in hohem Maße das gleiche. In beiden Fällen kann eine Nation erklären, sie handle streng im gesetzlichen Rahmen, und in beiden Fällen kann die Handlungsweise dieser Nation für die andere Nation beleidigend sein."

Nach diesem treffenden Vergleich machte der Neutralitätsrat darauf aufmerksam, einige Nationen erklärten „Verteidigungszonen auf See, die, soweit dem Rat bekannt ist, nicht auf eine Entfernung von drei Meilen von der Küste beschränkt sind. Soweit dem Rat bekannt ist, wurden gegen dieses Verfahren keine ernsten Einwände erhoben, und es erscheint ganz vernünftig, daß, wenn eine Nation ihr Gebiet beschränkter freier Schiffahrt über die Dreimeilenzone aus Verteidigungszwecken ausdehnen kann, ein neutraler Staat gleicherweise verlangen kann, daß Schiffe nicht gewohnheitsmäßig zu nahe an die Grenze seiner Hoheitsgewässer kommen".

Es bestand kein Zweifel darüber, daß England es für nötig gehalten hatte, große Gebiete des offenen Meeres als militärische Sperrzonen zu erklären. Es schien deshalb auch keinen triftigen Grund zu geben, warum neutrale Staaten nicht verlangen könnten, daß kriegerische Operationen nicht innerhalb einer bezeichneten Entfernung von ihrer Küste stattfinden sollten.

Zum Schluß schlug der Neutralitätsrat dem Staatssekretär vor, er solle in seiner Antwort auf die englische Note vom 20. März seinen Protest gegen die Küstenpatrouille nicht auf eine Annahme der Ungesetzlichkeit begründen, sondern darauf, „daß die ständige Anwesenheit englischer Kriegsschiffe dicht bei unseren Handelszentren eine unvermeidliche Quelle des Ärgers und der Beleidigung darstellt, die, wie die Regierung hofft, von der englischen Regierung anerkannt wird durch die Zurückziehung ihrer Kreuzer in eine solch angemessene Entfernung, daß jeglicher Anschein vermieden wird, als handle es sich hier um etwas ähnliches wie eine unerklärte Blockade neutraler Häfen".[5]

Die offizielle Antwort Lansings auf die englische Note vom 20. März 1916 schloß sich eng an die Meinung des Neutralitätsrats an. Die amerikanische Regierung behaupte nicht, daß die „englischen Schiffe, die früher und jetzt in der Nähe amerikanischer Häfen außerhalb der Dreimeilenzone kreuzen, sich nicht im Rahmen ihrer streng gesetzlichen Rechte des internationalen Gesetzes befinden". Das Verfahren der Küstenkontrolle sei jedoch für die amerikanische Bevölkerung eine Quelle des Ärgers, und ihre Einstellung wäre eine Geste des guten Willens.[6]

Als die englische Regierung keinerlei Neigung zum Einlenken durch eine Änderung des Verfahrens zeigte, hatten viele Amerikaner das Empfinden, die Administration müßte ihre Unzufriedenheit fühlen lassen. Unter diesen entrüsteten Amerikanern war auch Vizeadmiral F.E. Chadwick, der seit vielen Monaten mit Staatssekretär Lansing über englische Verletzungen des Völkerrechts korrespondiert hatte. Im Juli 1915 hatte er sich mächtig aufgeregt über die Flottensperre, die England um die großen amerikanischen Häfen legte, und gegenüber dem Staatssekretär hatte er sich zornerfüllt Luft gemacht: „Wir sind zurückversetzt in die Zeit von 1806, die Basill Hall, der damals auf einem Schiff in der Nähe New Yorks diente, so schön beschreibt. Mir kocht das Blut. Wir haben vielleicht ein ähnliches Verfahren auf die Bahama-Inseln in unserem Bürgerkrieg angewandt, aber Nassau wurde … zum Hafen für Blockadebrecher erklärt. Glauben Sie, England hätte das gleiche zugelassen in der Nähe von Liverpool und der Themsemündung?"[7]

In einem seiner Briefe an Lansing äußerte sich der Admiral ganz kritisch über angebliche englische Verletzungen amerikanischer Hoheitsgewässer. Diese Anklagen hatten sofort eine Anfrage des Staatssekretärs zur Folge. Er habe nichts davon erfahren, „daß englische Schiffe amerikanische Gewässer besetzt und amerikanische Schiffe innerhalb amerikanischen Hoheitsgebietes durchsucht haben, wie Sie andeuten. Wenn Sie einen Beweis haben für eine solche Handlung von seiten amerikanischer Kreuzer, wäre ich Ihnen sehr verbunden, wenn Sie ihn mir zukommen ließen".[8]

Der Admiral hatte in seinen Anklagen gegen England etwas über das Ziel hinausgeschossen und mußte jetzt seine leichtfertigen Feststellungen klarlegen: „Wenn meine Verwendung des Ausdruckes ‚in unseren Gewässern' … anzugeben scheint, die Schiffe hätten sich innerhalb der Dreimeilenzone aufgehalten, bitte ich, ihn zu ändern in ‚in der Nähe unserer Küste'. Schiffsoffiziere begehen ganz sicher keine derartigen Rechtsverletzungen, obgleich ich nicht zögere zu erklären, daß die Engländer es gegenüber einer schwächeren Macht wohl tun würden … Ich denke, man braucht keine Haare zu spalten über eine Frage, die die Dreimeilenzone betrifft ... Schon die Tatsache, daß die englischen Schiffe, wie sich ein Admiral mir gegenüber vor einigen Tagen ausdrückte: ‚Drei Meilen und einen Zoll' vor unseren Küsten liegen, vermindert wegen dieses ‚Zolls' nicht im geringsten das Beleidigende der heutigen englischen Handlungsweise in der Nähe unserer Häfen ... Es ist eine Lage in der, wie E.I. Phelps bei der Erörterung in der Londoner Legation über die Robbenfängerfrage der Behring-See zu mir sagte, indem er mit der Faust auf den Tisch schlug: ‚Ich *bestimmen* würde, was Völkerrecht ist'. Es ist ja doch immer im Fluß, und an uns liegt es, seine Bestimmungen festzulegen ... so gut wie das England und Deutschland tun."[9]

In diesem und in anderen Briefen an Staatssekretär Lansing gab der Admiral nur den Standpunkt vieler Amerikaner wieder, die fühlten, daß England, während es sich streng an den Buchstaben des Gesetzes hielt, die Freundlichkeit außer acht gelassen hatte, die gewöhnlich bei dem Verkehr zwischen den Nationen so viel bedeutet. Aber die ganze amerikanische Entrüstung war vergebens. Die englische Regierung hielt an ihrer engen Schiffssperre um amerikanische Häfen fest, und im Oktober 1916 finden wir, wie Polk (der stellvertretende Staatssekretär) dem Botschafter Page eine uralte Geschichte wiederholt: „Es ist allgemein bekannt, daß man alliierte Schiffe die ganze Zeit in der Nähe der atlantischen Küste patrouillieren sehen kann. Wir protestierten, daß man die Kreuzer so dicht bei unseren Hoheitsgewässern stationierte, aber die englische Regierung erwiderte, sie könne keines ihrer Kriegsrechte aufgeben ... Es ist kein Grund vorhanden, warum die Angelegenheit nicht offen inoffiziell besprochen werden soll, aber das Staatsdepartement ist nicht in der Lage, irgendwelche freiwillige Erklärung über die Angelegenheit im jetzigen Zeitpunkt abzugeben."[10]

Der Friedensplan des Präsidenten überschattete alles andere im Spätherbst 1916, aber die Wiederaufnahme des uneingeschränkten U-Bootkrieges im Februar 1917 führte die Vereinigten Staaten bald in den Weltkrieg. Während der ganzen Dauer der amerikanischen Neutralität war die englische Regierung in der Lage, die englische Mißachtung amerikanischer Rechte gegen die deutsche Vernichtung amerikanischer Menschenleben auszuspielen. Wenn der U-Bootkrieg nicht gewesen wäre, wäre Amerika gezwungen worden, seine Rechte zu behaupten, oder es hätte seine Stellung als freie Nation verloren. Welchen Weg die Wilsonregierung eingeschlagen hätte, ist recht zweifelhaft.

e) Die Überführung von Handelsschiffen kriegführender Flagge unter amerikanische Flagge zu allgemeinen Handelszwecken

Die amerikanische Regierung hatte lange an der Ansicht festgehalten, ein Untertan der Vereinigten Staaten könne rechtmäßig ein Schiff kriegführender Flagge aus Privathand kaufen und dadurch einen Rechtstitel erwerben, der von den Regierungen der Staaten, die im Feindschaftsverhältnis zum Staat des Verkäufers stehen, anerkannt werden müsse. In verschiedenen europäischen Ländern herrschte jedoch die Auffassung, eine Besitzübereignung nach Ausbruch eines Krieges sei null und nichtig. Nach der Deklaration von London ist die Überführung eines feindlichen Schiffes unter eine neutrale Flagge nach Beginn der Feindseligkeiten nichtig, wenn nicht „nachgewiesen ist, daß eine solche Überführung nicht vorgenommen wurde, um den Folgen auszuweichen, denen ein feindliches Schiff als solches ausgesetzt ist."[1]

In den Vereinigten Staaten erkannte man sofort nach Ausbruch des Weltkrieges klar, daß der Mangel an Schiffsraum ernstlich den amerikanischen Güterexport beeinträchtigen würde. Der Tonnagegehalt der amerikanischen Außenhandelsflotte betrug etwa eine Million Tonnen. Das war etwas mehr als zwei Prozent des Schiffsraumes der Welt und genügte in keiner Weise den rasch ansteigenden amerikanischen Bedürfnissen.

Nach den Bestimmungen eines Kongreßgesetzes vom 24. August 1912 war vorgesehen, daß im Ausland gebaute Schiffe bis zu einem Alter von fünf Jahren, falls sie in amerikanischem Besitz waren, ins amerikanische Schiffsregister übernommen werden konnten. Unter dem Druck der Kriegsforderungen wurde am 18. August 1914 ein neues Gesetz vom Präsidenten genehmigt, das die Zeitbeschränkung aufhob. Aber die Überführungen „erwiesen sich als zu geringfügig, um das große Bedürfnis zur Verschiffung auch nur eines Rohstoffes – Baumwolle – zu befriedigen". Das Haupthindernis bei solchen Überführungen war die Zurückhaltung des Privatkapitals. Schatzsekretär McAdoo faßte deshalb den Plan, eine staatliche Korporation zu schaffen, die die nötigen Schiffe bauen oder kaufen sollte.

Das verursachte sofort große Aufregung in England und Frankreich. Am 18. August berichtete Botschafter Page dem Staatssekretär Bryan, Sir Edward Grey habe ihm angedeutet, die Londoner Deklaration verbiete den Kauf „von Schiffen in einem neutralen Hafen, die einem Untertan eines kriegführenden Staates gehören, sowie die Verwendung dieser Schiffe unter neutraler Flagge, um den Folgen ihrer ursprünglichen Zugehörigkeit zu einem kriegführenden Staat zu entgehen". Dadurch würde verhindert, daß „Amerikaner die deutschen Dampfer, die jetzt in amerikanischen Häfen liegen, aufkaufen und sie unter dem Schutz der amerikanischen Flagge einsetzen".

Die große Bestürzung des Botschafters Jusserand über die neue Gesetzgebung der amerikanischen Regierung geht klar aus folgendem Schreiben Bryans an Präsident Wilson hervor: „Botschafter Jusserand war heute mittag hier und war sehr enttäuscht, daß er Sie nicht bald sehen kann. Er will nicht nur seine Glückwünsche vorbringen, sondern es liegt ihm auch sehr viel daran, mit Ihnen zusammenzukommen wegen der Frage der Schiffsankäufe durch unsere Regierung ... Ich weiß nun nicht, ob er an und für sich nicht ungeduldig wird, aber er sprach mit sehr viel Bewegung über seine Pflicht, so bald als möglich bei Ihnen vorzusprechen."[2]

Am 24. August wurde im Repräsentantenhaus ein Gesetz eingebracht, das die wichtigsten Gedanken des Schatzsekretärs McAdoos enthielt bezüglich einer staatlichen Gesellschaft, die eine große amerikanische Handelsflotte aufbauen würde. Im Kongreß erhob sich sofort ein heftiger Kampf, ganze Schwärme von „Lobbyisten"[3], die die Großindustrie vertraten, arbeiteten mit aller Kraft gegen eine Maßnahme, welche die Bundesregierung zu einem Konkurrenten in der Schiffsbauindustrie machen würde. J.P. Morgan sandte dem Präsidenten eine Warnung, die englische Regierung würde alle von der amerikanischen Regierung gekauften deutschen Schiffe kapern, selbst wenn sie unter amerikanischer Flagge fahren sollten. Einige Tage später überbrachte Botschafter Jusserand einen entschiedenen Protest gegen den Kauf deutscher Handelsschiffe, die in amerikanischen Gewässern interniert waren. Es war klar, daß die Überführung deutscher Schiffe in das amerikanische Schiffsregister ernste Verwicklungen mit den alliierten Regierungen nach sich ziehen würde.

Gewissen republikanischen Senatoren wie Henry Cabot Lodge und Elihu Root schien das Schiff-Ankaufs-Gesetz gefährliche Klippen zu haben. Senator Lodge hielt es vom internationalen Standpunkt aus für „äußerst gefährlich", und er fürchtete, daß ein solches Gesetz die Vereinigten Staaten „in greifbare Nähe des Krieges" bringen würde. Senator Root glaubte, das Gesetz habe seinen Ursprung in einem Plan, die internierten deutschen Schiffe zu kaufen und sie wieder „in den Handelsverkehr mit Deutschland unter dem Schutze der amerikanischen Flagge einzureihen. Ich habe das Gefühl gehabt, die ganze Geschichte kommt daher, daß irgend jemand Geld verdienen will, und daß die Bewegung durch zwei Sorten von Leuten Auftrieb erhielt; die ersten sind diejenigen, die gerne eine verstaatlichte Schiffahrt sehen wollen, und die zweiten sind diejenigen, die sich freuen würden, wenn die Vereinigten Staaten auf Deutschlands Seite dadurch in den Krieg gezogen würden, daß sie Streitigkeiten zwischen uns und den Alliierten heraufbeschwören."[4]

Staatssekretär Bryan wurde immer ängstlicher, die Aufregung der Alliierten über den möglichen Kauf der deutschen Schiffe könnte zu ernsten Schwierigkeiten mit diesen Regierungen führen. Am 22. Januar 1915 unterbreitete er dem Präsidenten in einem Schreiben einen Vorschlag, der seiner Ansicht nach äußerst wichtig war: „Herr Lansing und ich haben uns über die allgemeine Lage unterhalten; wir möchten annehmen, die Befürchtungen in England würden größtenteils zerstreut, wenn von maßgebender Seite bekanntgegeben würde, die Regierung denke nicht daran, aufgrund der Vollmacht des Schiffsgesetzes deutsche Schiffe zu kaufen. Ich glaube, ein großer Teil der Aufregung in England entsteht durch die Befürchtung, daß, falls der ‚Dacia'-Verkauf gestattet wird, die Regierung ihn als Präzedenzfall benutzen würde, und daran ginge, die deutschen Schiffe zu kaufen. Das befürchtete auch Jusserand, und Sie erinnern sich, wie aufgeregt er zu jener Zeit war … Da wir es uns nicht leisten können und deshalb auch nicht eine Streitfrage durch den Ankauf deutscher Schiffe aufwerfen wollen, wäre es nicht der Mühe wert, die Befürchtungen zu zerstreuen, die sich auf die Möglichkeit eines solchen Kaufes gründen?"[5]

Am folgenden Tag sandte Staatssekretär Bryan eine weitere Note an den Präsidenten, der er eine persönliche Erklärung von Spring Rice über die englische öffentliche Meinung gegenüber den Gefahren des Schiff-Ankaufs-Gesetzes beilegte. Der Staatssekretär erklärte, er wisse wohl, daß das englische Publikum in großer Aufregung sei über die Möglichkeit des Kaufes der großen Flotte deutscher Handelsschiffe in amerikanischen Häfen. Irgend eine Erklärung, um diese Befürchtungen zu zerstreuen, sei äußerst notwendig.

Die dringenden Noten des ängstlichen Staatssekretärs machten auf den Präsidenten nur wenig Eindruck. Immer noch betrachtete er den Ankauf der 500.000 Tonnen Schiffsraum der internierten deutschen und österreichischen Schiffe als wichtigen Punkt seines Programmes. Es ist aber mehr als wahrscheinlich, daß er die Absicht hatte, den Schiffsraum eher dazu zu benutzen, engere Handelsbeziehungen mit Südamerika anzuknüpfen, als das Risiko auf sich zu nehmen, die Schiffe in europäischen Gewässern durch die alliierte Flotte aufbringen zu lassen. Eine solche Schlußfolgerung scheint wahrscheinlich im Lichte der Korrespondenz des Präsidenten, die er damals mit Charles W. Eliot, dem Rektor der Harvard-Universität, hatte. Sie wird auch nahegelegt durch eine unklare Versicherung, die er Andrew Carnegie im Februar 1915 gab. Carnegie machte sich Sorgen über die

Schwierigkeiten, die sich aus dem Kauf der internierten Schiffe ergeben würden, und sandte (am 31. Januar 1915) eine gutgemeinte Warnung in das Weiße Haus: „Der Ankauf deutscher internierter Schiffe durch Sie würde unvermeidlich Enttäuschung, Kummer und Abneigung der Alliierten gegen unser Land verursachen, selbst wenn es Ihnen gelänge, mit Erfolg zu behaupten, daß Sie den Buchstaben des Gesetzes beachtet hätten, was zweifelhaft ist. Es ist der Geist, nicht der Buchstabe des Gesetzes, auf den es in dieser Krise ankommt. Wenn Sie die deutschen Schiffe kaufen, ist dies, wie Sie wissen, direkt ein Vorteil für die Deutschen, und ein Nachteil für die Alliierten. Sie werden sich wider besseres Wissen vergehen."[6]

Der Präsident sandte sofort eine Antwort an Carnegie, die eine zweideutige Zusicherung enthielt: „Ich denke, ich bin mir vollständig bewußt, um was es beim Kauf der internierten Schiffe geht, aber ich bin Ihnen deshalb nicht weniger für Ihren freundlichen Rat verbunden ... Ich kann wohl bestimmt versprechen, daß wir in keine derartigen Schwierigkeiten kommen werden."[7]

Dank der fortgesetzten systematischen Verhinderung kam das Schiffsgesetz im Frühjahr 1915 im Senat überhaupt nicht zur Abstimmung. Erst am 30. August 1916 ging es schließlich im Senat durch und am 7. September wurde es vom Präsidenten bestätigt. Die Gegner der Ankaufspolitik des Präsidenten hatten gesiegt; die Regierung gab den Gedanken auf. Aber die Hintertreibung der Abstimmung im Senat, die eine Herausgabe des Gesetzes im Februar bis März 1915 unmöglich gemacht hatte, kostete den Staat eine bedenkliche Summe Geld. Nach der Schätzung McAdoos „wären zum mindesten eine Milliarde Dollar gespart worden, wenn die Republikaner im Kongreß mit Unterstützung profithungriger Schiffskonzerne das Schiffsgesetz in der Sitzungsperiode 1914–15 nicht verhindert hätten."[8]

f) Die Verhaftung feindlicher Untertanen und Reservisten an Bord amerikanischer Schiffe auf hoher See durch Marinebehörden der kriegführenden Mächte

Die amerikanische Regierung hatte lange an der Ansicht festgehalten, ein Unterrechts zustanden, kam klar zum Ausdruck bei den Unternehmungen des französischen Kreuzers „Condé" im Herbst 1914. Im November (1914) hielt die „Condé" den amerikanischen Dampfer „Windber" an und verhaftete August Piepenbrink, der als Steward auf dem Schiff beschäftigt war. Piepenbrink war zwar deutscher Abstammung, hatte aber ordnungsmäßig die Erklärung eingereicht, er wolle amerikanischer Bürger werden.

Am 7. Dezember veranlaßte Staatssekretär Bryan den Botschafter Sharp (in Paris), die französische Regierung zu ersuchen, Piepenbrink sofort freizulassen. Da der Gefangene englischen Beamten in Kingston (Jamaika) zur Verwahrung übergeben worden war, sandte das Staatsdepartement auch eine Bitte um Freilassung an Botschafter Page (in London). Die englische Regierung wartete nahezu einen Monat, und teilte dann Botschafter Page mit, Piepenbrink sei, da er doch nur eine Erklärung über seine Absicht abgegeben hatte, amerikanischer Bürger zu werden, faktisch kein Bürger der Vereinigten Staaten. Unter diesen Umständen könne das Außenministerium nicht erkennen, wie es „möglich sei, ihn freizulassen".

Das Staatsdepartement schien im Falle Piepenbrink mit äußerster Vorsicht zu handeln; erst am 2. März wies Bryan den Botschafter Sharp an, der französischen

Regierung mitzuteilen, ihre Handlungsweise werde von der amerikanischen Regierung als „ungerechtfertigt" betrachtet. Sie stehe klar im Gegensatz zu dem Prinzip, das von der französischen Regierung im Falle der „Trent" im Jahre 1861 anerkannt worden sei. Aus diesem Grunde werde erneut um Freilassung des Herrn Piepenbrink ersucht. Ferner wurde Botschafter Page angewiesen, der englischen Regierung mitzuteilen, Piepenbrink habe nicht nur eine Erklärung abgegeben, Bürger der Vereinigten Staaten zu werden, sondern auch schon einige Zeit in der amerikanischen Handelsmarine gedient. Dieser Dienst bestätige seinen Anspruch auf das amerikanische Bürgerrecht. Überdies bestehe die amerikanische Regierung, unabhängig von jeder Frage über das Bürgerrecht Piepenbrinks, darauf, daß seine Verhaftung an Bord eines amerikanischen Schiffes auf hoher See „ohne gesetzliche Berechtigung geschah". Obgleich auf der Hand liege, daß Piepenbrink in keiner Weise Mitglied der „bewaffneten Streitkräfte des Feindes" sei, komme dieser Tatsache keine entscheidende Bedeutung zu. Die amerikanische Regierung glaube, nach dem internationalen Gesetz bestehe keinerlei Berechtigung „zur Entfernung eines feindlichen Untertanen von einem neutralen Schiff auf hoher See auf der Fahrt in einen neutralen Hafen, selbst wenn er im eigentlichen Sinne als Militärperson betrachtet werden könnte". Diese Regelung sei von der englischen Regierung im Zusammenhang mit dem „Trent"-Fall klar anerkannt worden.

Auf den Druck, den Staatssekretär Lansing auf die englische und französische Regierung ausübte, wurde Piepenbrink freigelassen, und der Zwischenfall war damit erledigt. Aber schon waren andere Zwischenfälle vorgekommen, die auf dem gleichen Prinzip beruhten wie der Piepenbrink-Fall. Am 5., 6. und 9. Oktober 1914 berichtete der amerikanische Konsul in Barranquilla (Kolumbien) dem Staatsdepartement, der amerikanische Dampfer „Metapan" sei auf hoher See von dem französischen Kreuzer „Condé" angehalten worden. Nach peinlich genauer Durchsuchung des Schiffes nach Passagieren deutscher Nationalität hätte man drei Leute, F.W. Scheller, Erwin Bobisch und Otto Morsblech, unter der Drohung, sie als Kriegsgefangene mitzunehmen, gezwungen, sich schriftlich zu verpflichten, in dem jetzigen Krieg in Europa keinen Militärdienst zu tun.

Lansing, als Rechtsberater des Staatsdepartements, bat den Neutralitätsrat, sich über das Vorgehen des Kommandanten des französischen Kreuzers „Condé" zu äußern. Der Neutralitätsrat erstattete am 3. November 1914 seinen Bericht und erklärte, man nehme an, die französische Regierung sei an die Londoner Erklärungen mit „gewissen Änderungen" gebunden. Keine der Änderungen, die die französische Regierung erwähnte, beziehe sich auf die Artikel 45, 46 und 47 des Abschnittes 3 der Londoner Erklärung, und deshalb seien diese Artikel in Kraft. Artikel 47 sehe vor: „Jedes Individuum, das zu der bewaffneten Streitkraft des Feindes gehört und an Bord eines neutralen Handelsschiffes angetroffen wird, kann zum Kriegsgefangenen erklärt werden, selbst wenn kein Grund zur Kaperung des Schiffes vorliegt."

Wenn man die Passagiere an Bord der „Metapan" als „in die bewaffneten Streitkräfte" Deutschlands eingereiht hätte betrachten können, hätte ihre Verhaftung in Übereinstimmung gestanden mit dem Artikel 47 der Londoner Deklaration. Aber die Deutschen seien nicht einmal Reservisten auf der Rückreise nach Deutschland gewesen. Es hätte sich um Zivilpersonen gehandelt, die von New York nach Barranquilla (Kolumbien) reisten.

Der Neutralitätsrat gab der Meinung Ausdruck, ihre Entfernung von der „Metapan" sei vollkommen ungerechtfertigt gewesen. Die ehrenwörtlichen Versicherungen, die man ihnen unter der Drohung der Verhaftung abpreßte, seien nicht rechtsgültig. Überdies stelle die Handlungsweise des Kommandanten der „Condé" in der ganzen Angelegenheit „eine Beleidigung gegen die Würde der Vereinigten Staaten dar".

In Übereinstimmung mit dieser Ansicht des Neutralitätsrates sandte Staatssekretär Bryan eine Note an Botschafter Jusserand, in der er die Handlungsweise des Kommandanten der „Condé" einer Prüfung unterzog. Nach einer Darlegung der Tatsachen erhob der Staatssekretär scharfen Protest gegen „die Ausübung französischer Rechtsgewalt" über ein amerikanisches Schiff auf hoher See, das die amerikanische Flagge führte.

Botschafter Jusserand erwiderte umgehend, die französische Regierung „teile nicht die Ansichten", die in der Protestnote des Staatssekretärs Bryan zum Ausdruck kämen. Der Botschafter zweifle nicht daran, daß die „Condé" befugt gewesen sei, ein Überwachungsrecht über die Passagiere an Bord der „Metapan" auszuüben. Die Erpressung des Ehrenworts von den drei deutschen Fahrgästen stehe in Übereinstimmung mit französischen Marinegesetzen. Gerade die Tatsache, daß der Kommandant des „Condé" dieses Verfahren anwandte, anstatt das Schiff aufzubringen und in den Hafen zur richterlichen Entscheidung zu schicken, zeige ganz klar, in welch freundschaftlicher Art er gehandelt habe.

Einige Monate später warf ein anderer französischer Kreuzer die Rechtsfrage über die Entfernung deutscher Staatsangehöriger von amerikanischen Handelsschiffen erneut auf. Am 13. Dezember 1915 sandte Staatssekretär Lansing ein Telegramm an Botschafter Sharp über die Handlungsweise des Kommandanten der „Descartes", der mehrere Personen deutscher Staatsangehörigkeit von den Schiffen der New York-Porto Rico-Dampfschiffahrtsgesellschaft" entfernt hatte. Einige Tage später teilte er Botschafter Sharp mit, die „Descartes" habe von dem amerikanischen Dampfer „Borinquen" den Proviantmeister William Barbe wegen seiner deutschen Abstammung heruntergeholt. Infolge seiner Verhaftung hätten die Papiere, Manifeste usw. an Bord nicht erledigt werden können. Das habe dem Schiffseigner und den Passagieren „beträchtlichen Verlust und Unannehmlichkeiten" bereitet.

Staatssekretär Lansing wies Botschafter Sharp an, den französischen Außenminister recht eindringlich darauf hinzuweisen, welch „außerordentlich schlechten" Eindruck die Verhaftungen auf die amerikanische öffentliche Meinung gehabt hätten, und wie „notwendig es sei, die verhafteten Männer sofort freizulassen, um diesem Eindruck entgegenzuwirken". Die Verhaftung der deutschen Staatsangehörigen, die nicht zu den bewaffneten Streitkräften des Feindes gehörten, sei „ohne militärischen Wert für die Ententemächte". Es sei dies jedoch ein „ungesetzlicher Eingriff in die Souveränität amerikanischer Schiffe auf hoher See"; die amerikanische Regierung betrachte es als „eine unentschuldbare Ausübung kriegerischer Macht auf hoher See außerhalb des Kampfgebietes des gegenwärtigen Krieges".

Botschafter Sharp telegraphierte Lansing zurück, man habe ihm mitgeteilt, die deutschen Staatsangehörigen, die durch den französischen Kreuzer „Descartes" von amerikanischen Schiffen weggeholt worden seien, stünden im Verdacht, Anschläge und Intrigen in West-Indien angezettelt zu haben. Lansing antwortete sofort, ein solcher Verdacht könne vom Staatsdepartement nicht als Rechtfertigung für die Verhaftungen betrachtet werden, und die „Männer könnten, selbst wenn sie in solche Anschläge und Intrigen verwickelt wären, nicht deswegen ... rechtsgültig zurückgehalten werden".

Angesichts der entschlossenen Haltung des Staatssekretärs Lansing gab die französische Regierung Befehl zur „sofortigen Freilassung" der Gefangenen. Eine ganz andere Haltung nahm die englische Regierung in der Beantwortung amerikanischer Proteste ähnlicher Natur ein. Am 17. Dezember 1915 teilte Lansing dem Botschafter Spring Rice mit, am 5. November sei eine bewaffnete Abteilung von dem englischen Kreuzer „Isis" an Bord des amerikanischen Dampfers „Zealandia" gekommen und habe ihn durchsucht, obwohl das amerikanische Schiff „zu der Zeit im Hafen von Progreso lag und der Zollbehörde von Mexiko unterstand".

Als Antwort überreichte der englische Botschafter eine Denkschrift, in der folgendes dargelegt wurde: „Die ‚Zealandia' fuhr in den Anfangstagen des Oktober von Pensacola unter verdächtigen Umständen ab. Sie hatte eine große Ladung Kohle und Harz an Bord, die angeblich nach Tampico und Malmö (Schweden) bestimmt war. Der Kapitän, Devantier mit Namen, wurde als deutscher Reserveoffizier angesehen; die beiden amerikanischen Steuermänner wurden am 28. September in Pensacola entlassen, und durch zwei Deutsche ersetzt; von der Mehrzahl der Besatzung von 43 Mann sagt man, es seien Deutsche mit skandinavischen Namen. Sie kam etwa am 25. Oktober in Progreso an; bei ihrer Ankunft desertierten sieben amerikanische Matrosen. Der Erste Ingenieur soll hier seine Entlassung gefordert haben. Aufgrund dieser verdächtigen Umstände wurde die ‚Zealandia' ordnungsgemäß von einem Kommando eines der Schiffe Seiner Majestät untersucht. Das Schiff befand sich nicht, wie angegeben, im Hafen von Progreso, sondern lag 6.500 Yards von der Küste entfernt. Die Durchsuchung wurde deshalb außerhalb der Grenze der Hoheitsgewässer durchgeführt und war demnach in strenger Übereinstimmung mit den festgelegten Prinzipien des Völkerrechts. Es wurde mir mitgeteilt, die Durchsuchung habe ergeben, daß weder für das Schiff noch für irgendeinen der Offiziere oder Mannschaft Papiere vorhanden waren. Diese Umstände haben Zweifel über den Status des Schiffes entstehen und es fraglich erscheinen lassen, ob es überhaupt berechtigt ist, die amerikanische Flagge zu führen."[1]

Der Bericht des befehlshabenden Offiziers des amerikanischen Schlachtschiffes „Kentucky" bestritt zahlreiche Behauptungen der Denkschrift des Botschafters Spring Rice. Er ist so bedeutsam, daß es sich lohnt, ihn folgen zu lassen:

„1. Die ‚Zealandia' kam am 21. Oktober in Progreso an.

2. Sie passierte den Zoll und hinterlegte ihre Mannschaftsliste, Schiffsartikel und Register beim amerikanischen Konsul dieses Hafens. Die Papiere wurden in guter Ordnung befunden mit Ausnahme der Ladelisten, die nicht von einem Beamten der Vereinigten Staaten bestätigt waren.

3. Die mexikanischen Zollbeamten kamen am 25. Oktober an Bord der ‚Zealandia'.

4. Am 5. November sandte der englische Kreuzer ‚Isis' eine bewaffnete Abteilung an Bord der ‚Zealandia' und verlangte die Schiffspapiere; dem Offizier des Kommandos der ‚Isis' wurde erklärt, die Papiere seien beim amerikanischen Konsulat hinterlegt worden.

5. Der Offizier durchsuchte dann das Schiff, fand nichts und weigerte sich, einen Eintrag in das Schiffstagebuch zu machen.

6. Die Hafenbehörden in Progreso stellten am 6. November fest, die ‚Zealandia' liege 2,66 Meilen von der Küste entfernt.

7. Der befehlshabende Offizier der ‚Isis' erklärte, die Durchsuchung sei vorgenommen worden, um die Identität von Kapitän und Mannschaft festzustellen, weil man sie für deutsche Staatsangehörige halte und einen Angriff auf englische Öltankschiffe befürchte.

8. Der Kapitän, der Erste Ingenieur und der Erste Steuermann waren amerikanische Staatsbürger; niemand von der Mannschaft war deutscher Staatsangehöriger.

9. Nach der Durchsuchung und nachdem das Kommando die ‚Zealandia' verlassen hatte, wollte der englische Offizier zurückkommen und den üblichen Eintrag ins Schiffstagebuch vornehmen, aber dies lehnte der Kapitän der ‚Zealandia' ab."[2]

Staatssekretär Lansing teilte am 23. November 1915 Botschafter Spring Rice diese Tatsachen aus dem Bericht des befehlshabenden Offiziers des Schlachtschiffes „Kentucky" mit. In seiner Antwort vom 17. Februar 1916 erklärte der englische Botschafter, die englische Regierung halte noch an ihrer Ansicht fest, die „Zealandia" sei zu der Zeit der Durchsuchung außerhalb der Dreimeilenzone gelegen. Die bloße Feststellung, daß sie an einer Stelle ankerte „innerhalb der Grenzen des Hafens von Progreso, und daß sie zu jener Zeit dem mexikanischen Zoll unterstand, kann der Regierung Seiner Majestät nicht die Berechtigung nehmen, das anerkannte Kriegsrecht des Betretens und Durchsuchens auszuüben". Zum Schluß zweifelte der englische Botschafter die Schätzung mexikanischer Zollbeamter bezüglich der genauen Lage der „Zealandia" (2,66 Meilen von der Küste) an. Er sei überzeugt, der Kommandant der „Isis" habe seine Schätzung des Liegeplatzes der „Zealandia" nach einem „vertrauenswürdigeren und genaueren Verfahren vorgenommen."[3]

Die Unterschiede zwischen diesen Erklärungen und den Feststellungen des befehlshabenden Offiziers des Schlachtschiffes „Kentucky" waren so offenkundig, daß sich Staatssekretär Lansing entschloß, die Frage dem Neutralitätsrat vorzulegen. Der Bericht lief am 28. März ein. Zuerst wurde auf die Feststellung des englischen Botschafters hingewiesen, der Kommandant der „Isis" habe ein „vertrauenswürdigeres und genaueres Verfahren" angewandt, um die Entfernung der „Zealandia" von der Küste zu messen. Der Botschafter habe vergessen, die Art dieses „genaueren Verfahrens" anzugeben, das der Kommandant der „Isis" angewandt hätte. Auf der anderen Seite hätten die Aussage des Kapitäns der „Zealandia", die Schätzung der verantwortlichen mexikanischen Beamten und der Bericht des befehlshabenden Offiziers des Schlachtschiffes „Kentucky" auf die Tatsache hingewiesen, daß sich das amerikanische Schiff vollständig innerhalb der Dreimeilenzone befand. Der Neutralitätsrat sei der Ansicht, die Erbringung des Beweises falle dem Kommandanten der „Isis" zu. Es sei klar, daß das Betreten und Durchsuchen der „Zealandia" einen „ungesetzlichen Akt" darstelle, sowohl gegenüber den Vereinigten Staaten als auch gegen Mexiko.

Der Rat ließ sich dann über die Weigerung des Kommandanten der „Isis" aus, einen Eintrag in das Tagebuch der „Zealandia" zu machen, oder den Namen des Schiffes anzugeben, von dem er kam. Seine Haltung während des ganzen Zwischenfalls „weiche von dem offenen und höflichen Benehmen ab, das man von dem prüfenden Kreuzer erwarten muß".

Staatssekretär Lansing war völlig der Ansicht des Neutralitätsrates, der Besuch des Enterkommandos der „Isis" auf der „Zealandia" sei ein „ungesetzlicher Akt". Sofort legte er bei dem englischen Botschafter scharfen Protest ein. Er habe das

Empfinden, die amerikanische Regierung bestehe mit Recht darauf, daß das amerikanische Schiff „Zealandia" innerhalb der Hoheitsgewässer eines neutralen Staates betreten und durchsucht worden ist". Überdies erschwere die Art und Weise, in der die Durchsuchung vorgenommen wurde, das Vorgehen beträchtlich. Der Offizier, der das Suchkommando befehligte, habe sich geweigert, einen Eintrag in das Tagebuch der „Zealandia" zu machen (was englischen Schiffsgesetzen widerspreche), und er habe das ungewöhnliche Verlangen gestellt, der Kapitän der „Zealandia" solle „jemand an Land schicken, um die Papiere zu holen. Sie waren zu der Zeit ordnungsgemäß an Land und zwar entweder in Verwahrung des amerikanischen Konsuls oder der mexikanischen Behörden". Angesichts dieser Umstände erwarte er [Staatssekretär Lansing], daß die Regierung Seiner Majestät „die Ungesetzlichkeit des Verfahrens des Schiffsoffiziers zugebe".[4]

Die Erwartungen Lansings wurden von der Regierung Seiner Majestät schwer enttäuscht; sie hatte nicht die geringste Absicht, die Taten des Kommandanten der „Isis" zu desavouieren. Immer unterstützte die englische Regierung die Schiffsoffiziere, die vom Ausland scharf angegriffen wurden, und auch in diesem Falle folgte das Außenministerium der üblichen Linie. Nach einer Frist von drei Monaten teilte Botschafter Spring Rice Lansing mit, die englische Regierung halte daran fest, die „Zealandia" sei zu der Zeit außerhalb der Dreimeilenzone gelegen, als das Suchkommando der „Isis" an Bord war. Was die Art und Weise der Durchsuchung betreffe, so könne die Regierung seiner Majestät keinen triftigen Grund zur Klage erkennen, und sie gebe sich der Hoffnung hin, das Staatsdepartement würde seine gegenteilige Ansicht berichtigen.[5]

Angesichts der unnachgiebigen Haltung der englischen Regierung änderte das Staatsdepartement seine Ansicht nicht, aber es entschied, es sei nicht angängig, den Streit fortzusetzen. Es benutzte jedoch die Gelegenheit, mit tönenden, aber doch hohlen Worten gegen die „unberechtigte und unfreundliche Ausübung von Kriegsrechten" loszuziehen, wie dies bei der Durchsuchung der „Zealandia" zutage getreten sei. Dieser nutzlose Protest machte wenig Eindruck im Außenministerium, denn es war sich seit langem darüber im klaren, daß die vorherrschende amerikanische Stimmung darauf hinauslief, England nicht vor den Kopf zu stoßen. Sogar in der Angelegenheit der gewaltsamen Entfernung deutscher Staatsangehöriger von amerikanischen Handelsschiffen wehrte sich die englische Regierung außerordentlich gegen amerikanische Forderungen. Im Januar 1916 hatte die französische Regierung eine Forderung der amerikanischen Regierung um Freilassung deutscher Staatsangehöriger, die auf amerikanischen Handelsschiffen verhaftet worden waren, erfüllt. Das Außenministerium war nicht so versöhnlich in seiner Haltung. Im Februar 1916 hielt der englische Kreuzer „Laurentic" den amerikanischen Dampfer „China" etwa zehn Meilen von der Jang-tse-kiang-Mündung entfernt an und verhaftete 28 Deutsche, 8 Österreicher und 2 Türken. Staatssekretär Lansing sandte am 23. Februar eine Protestnote an die englische Regierung, in der er seiner Überraschung über den „ungesetzlichen Eingriff in die Souveränität amerikanischer Schiffe auf hoher See" Ausdruck verlieh. Botschafter Page wurde angewiesen, „sofort und ganz energisch" auf der Freilassung der Gefangenen zu bestehen.

Die Antwort Sir Edward Greys war so polemisch und unnachgiebig wie gewöhnlich. Zu Beginn des Krieges hatte die englische Regierung ihre Zustimmung zu den Artikeln 45 und 47 der Londoner Erklärung gegeben. Die Artikel erlaubten die Entfernung „feindlicher Personen von neutralen Schiffen auf hoher See", wenn diese Personen „in die bewaffneten Streitkräfte des Feindes eingereiht" waren. (Die Entfernung konnte durchgeführt werden ohne Rücksicht auf den Bestimmungsort des Schiffes, auf dem sie reisten.) Es war jedoch ausdrücklich vorgesehen, daß „Reservisten" nicht unter die Bestimmung „eingereiht in die bewaffneten Streitkräfte des Feindes" fallen sollten. Aber die englische Regierung bald entschied, es sei unklug, weiterhin an den Artikeln 45 und 47 der Londoner Deklaration festzuhalten. Man traf Vorkehrungen, alle feindlichen Reservisten an Bord neutraler Schiffe auf hoher See zu verhaften, gleichgültig, wo sie sich nun befanden.

Nachdem die englische Regierung zu diesem Entschluß gekommen sei, habe sie den Eindruck, daß von den meisten Nationen das Prinzip allgemein angenommen worden war, daß es „gewisse Klassen von Personen gibt, die auf hoher See nicht von der neutralen Flagge gedeckt werden und deshalb ohne Eingriff in die souveränen Rechte Neutraler von einem neutralen Schiffe entfernt werden können". Hin und wieder hätte die amerikanische Regierung die alliierten Mächte um freies Geleit für Agenten der Mittelmächte gebeten, deren Gegenwart in den Vereinigten Staaten nicht länger erwünscht war. Gerade diese Tatsache, daß solche Bitten gestellt worden waren, zeige, daß das Staatsdepartement glaube, die Schiffe der alliierten Mächte hätte das Recht, bestimmte Klassen von Menschen von neutralen Schiffen zu entfernen, die nicht zu den bewaffneten Streitkräften eines Kriegführenden gehörten.

Sir Edward Grey könne die Interpretation des „Trent"-Falles durch die amerikanische Regierung nicht annehmen. Die Herren Slidell und Mason seien die „diplomatischen Vertreter" eines Kriegführenden gewesen. Der Unterschied zwischen „solchen Personen und deutschen Agenten, deren Absicht es ist, den Schutz eines neutralen Landes zu benutzen, um Aufstände in britischem Gebiet hervorzurufen, Schiffe zum Raubkrieg gegen den englischen Handel auszurüsten und in den neutralen Ländern selbst Ausschreitungen zu organisieren, liegt klar auf der Hand."[6]

Staatssekretär Lansing sandte umgehend eine Antwort, die die glatten Erklärungen Sir Edward Greys zurückwies. Seiner Auffassung nach könnten „nur Heeres- oder Marineangehörige von neutralen Schiffen auf hoher See entfernt werden". Diese Regel sei von der englischen Regierung im „Trent-Fall" angezogen worden und hätte die offizielle Zustimmung beinahe aller Regierungen Europas gefunden. Die Deutschen, die sich als Passagiere auf der „China" befanden, hatten „weder militärisches Alter noch militärischen Charakter, und wurden einfach als ‚Fahrgäste' befördert". Die angebliche Tatsache, daß sie intrigierten, um Aufruhr in Indien und Kotschinchina anzustiften, könne sie nicht der Verhaftung „auf einem amerikanischen Schiff auf hoher See oder unter neutraler Rechtshoheit" aussetzen. Intrigen in China oder in den Vereinigten Staaten berührten unmittelbar nur die Regierungen dieser Staaten und nicht die alliierten Regierungen. Auch die Tatsache, daß das Staatsdepartement zu Zeiten sicheres Geleit für Agenten der Mittelmächte verlangt hätte, bedeute nur, daß die amerikanische Regierung Mittelsperson gewesen sei zur Weiterleitung „der Bitten der deutschen Botschaft für Antragsteller, die befürchteten – und wie es scheint, nicht ohne Grund – daß sie ungerechterweise auf hoher See von englischen Marinestellen belästigt werden würden."

Was den „Trent"-Fall betreffe, so befinde sich der englische Außenminister offensichtlich im Irrtum. Die Abgesandten der Konföderierten an Bord der „Trent" seien „keine diplomatischen Agenten einer anerkannten Regierung" gewesen, sondern ganz einfach angesehene „Privatpersonen". Man müsse sich auch daran erinnern, daß es in der Zeit des amerikanischen Bürgerkrieges viele Agenten gab, die gegen die Bundesregierung Verschwörungen planten. Militärische Stellen, Flotten- und Finanzierungsstellen seien in England errichtet und Kaperschiffe ausgerüstet worden. Infolge dieser ähnlich gelagerten Umstände würde es schwierig sein, zwei Fälle zu finden, die sich mehr glichen. Die englische Regierung könne jetzt nicht „gerechterweise zu ihren Gunsten die Prinzipien anrufen, die sie damals im ‚Trent'-Fall zurückwies".

Infolge seiner augenblicklichen Bedeutung könne der Staatssekretär nicht zulassen, daß der „China"-Fall „durch rechtliche Argumente auf die lange Bank geschoben" werde. Das einzige, was die amerikanische Regierung befriedigen würde, sei die sofortige Freilassung der Personen, die von der „China" entfernt wurden, samt einer „Entschuldigung für die Mißachtung, die der Flagge der Vereinigten Staaten durch die Verhaftungen zugefügt wurde".[7]

Der lebhafte Ton des Protestes machte einigen Eindruck auf Sir Edward Grey. Am 5. Mai teilte er Botschafter Page mit, die Regierung Seiner Majestät würde die Leute freilassen, die von dem amerikanischen Dampfer „China" heruntergeholt worden waren. Aber das genügte nicht. Staatssekretär Lansing wies Botschafter Page an, Sir Edward Grey daran zu erinnern, daß der amerikanische Protest nicht ganz erledigt wäre, „falls nicht die englische Regierung nach der Freilassung der Männer sich auch noch für die Beleidigung der amerikanischen Flagge entschuldige oder die Handlung des Kommandanten vollständig mißbillige."

Mit einer für das Außenministerium ungewöhnlichen Schnelligkeit sandte Sir Edward Grey eine Denkschrift an Botschafter Page (8. Mai), in der die Absicht der Regierung Seiner Majestät ausgesprochen wurde, „die Personen, wie verlangt, freizulassen und ihr Bedauern über den Vorfall auszudrücken". Nach diesem raschen Zugeständnis teilte Sir Edward Grey dem Botschafter Page mit, er habe einige weitere Unterlagen über die 38 Personen der „China", aufgrund deren 15 von ihnen tatsächlich als Angehörige der bewaffneten Streitkräfte des Feindes angesehen werden könnten. Würde die amerikanische Regierung die Zurückhaltung dieser 15 Leute als Kriegsgefangene erlauben?[8]

Staatssekretär Lansing wies das Verlangen mit der Begründung zurück, Sir Edward Grey habe keine authentischen Beweise, um den angeblichen militärischen Status von 15 der 38 Männer zu belegen. Darüberhinaus könne die amerikanische Regierung die Zurückhaltung der 15 Leute nicht zulassen, „falls die Tatsache, daß sie zu den bewaffneten Streitkräften der Feinde Englands zählten, dem befehlshabenden Offizier der ‚Laurentic' zu der Zeit, da sie auf der ‚China' aufgegriffen wurden, nicht bekannt war". Es sei klar, daß das zugrundeliegende Prinzip außer Kraft gesetzt würde, wenn feindliche Untertanen, „die dem Gegner immer verdächtig vorkommen, auf einem amerikanischen Schiff auf hoher See aufgegriffen werden könnten, und die Verhaftung dann durch nachträglich beschaffte oder in den Händen englischer Amtsstellen liegender Beweise gestützt würde, die aber dem Kommandanten des Kriegsschiffes, der die Verhaftungen vornahm, vorher nicht bekannt waren."[9]

Aber trotz des Versprechens Sir Edward Greys, daß die von der „China" heruntergeholten Männer sofort freigelassen würden, gab es wiederholt Verzögerungen. Am 29. Juni sandte Botschafter Page eine Denkschrift von Sir Edward Grey, in der behauptet wurde, viele der 38 Personen seien Reservisten des Heeres oder

der Marine. Wäre das am 5. Mai bekannt gewesen, dann hätte man der amerikanischen Regierung nie versprochen, sie freizulassen. Die englische Regierung würde jedoch ihr Versprechen „auf den Buchstaben" erfüllen, obwohl der Status der Gefangenen aufgrund kürzlicher Beweisaufnahmen aus China in anderem Lichte erscheine.

Staatssekretär Lansing war „sehr enttäuscht", daß Sir Edward Grey so großen Nachdruck auf die angebliche Tatsache legte, daß einige der Männer von der „China" „Reservisten" waren. Das hätte doch nur geringen Einfluß auf den Fall. Man müsse auf der „sofortigen Freilassung" der 38 Gefangenen bestehen, denn sonst würde die englische Regierung vorläufig nichts unternehmen, in der Hoffnung, Zugeständnisse von den Vereinigten Staaten zu bekommen.[10]

Die englische Regierung schob die Freilassung der auf der „China" verhafteten Männer auf die lange Bank. Am 15. Juli wurde dem Botschafter Page eine Denkschrift übersandt, die klar die Stellung festlegte, die das Außenministerium gegenüber den in Frage stehenden Prinzipien einnahm. Zuerst griff Sir Edward Grey die amerikanische Erklärung an, es sei ungesetzlich für „die Regierung Seiner Majestät, einen deutschen Reserveoffizier der Flotte zu verhaften, der auf einem neutralen Schiff nach Deutschland zurückreist". Der Hauptpunkt der Angelegenheit schien Sir Edward Grey der zu sein, ob Reservisten „eines modernen Volksheeres, die nach Hause fahren, um in das Heer einzutreten, rechtmäßig als Mitglieder des Heeres angesprochen werden können. Die Regierung Seiner Majestät zögert nicht, diese Frage im bejahenden Sinne zu beantworten". Der Reservist eines modernen Heeres sei unter schwersten Strafen verpflichtet, im Heer zu dienen, wenn er aufgerufen wird; seine Verhaftung ist für den gegnerischen Kriegführenden ebenso wichtig, wie die Ergreifung eines unter den Waffen stehenden Mitgliedes der Streitkräfte.

Zum Schluß versuchte Sir Edward Grey darzulegen, daß die Handlungsweise der amerikanischen Regierung in der Vergangenheit nicht übereinstimme „mit den Behauptungen, die sie jetzt vorbringe. Obgleich Amtsstellen in den Vereinigten Staaten Strafverfahren gegen Personen in den Vereinigten Staaten eingeleitet hatten, die es englischen Untertanen, und zwar keinen Reservisten, ermöglichten, hierher zurückzukehren, um in das Heer einzutreten, hatte man nichts dagegen einzuwenden, daß deutsche Konsulatsbeamte die Reisekosten der deutschen Reservisten bezahlten, die nach Deutschland zurückkehrten, um sich bei ihren Truppeneinheiten zu stellen. Der Unterschied, der zwischen den beiden Fällen gemacht wird, soll darin liegen, daß die deutschen Reservisten schon Mitglieder der deutschen Armee sind und in ihrem Fall keine weitere Einstellung stattfindet ... Das würde demnach zeigen, daß, nach der Ansicht der Regierung der Vereinigten Staaten, die deutschen Reservisten innerhalb der Vereinigten Staaten von Amerika als Mitglieder der bewaffneten deutschen Streitkräfte angesehen werden ... aber daß sie, während sie sich auf der Rückreise auf hoher See befinden, nicht als Mitglieder der bewaffneten deutschen Streitkräfte betrachtet und deshalb auch nicht von einem neutralen Schiff entfernt werden können. Die Regierung Seiner Majestät ist nicht in der Lage, auf eine solche Behauptung einzugehen."[11]

Staatssekretär Lansing antwortete auf die Darlegungen Sir Edward Greys ausführlich und verteidigte die Stellung der amerikanischen Regierung außerordentlich überzeugend. Nachdem er darauf hingewiesen hatte, daß der englischen Regierung der Nachweis nicht gelungen sei, daß die Leute der „China" „militärischen

Charakter" hätten, entwickelte er weiterhin den amerikanischen Standpunkt im allgemeinen. Selbst wenn die englische Angabe über den „militärischen Charakter" der Gefangenen richtig gewesen wäre, sei die Regierung der Vereinigten Staaten immer noch der Ansicht, daß sie nicht auf einem amerikanischen Schiff auf hoher See ohne Verletzung des Völkerrechts verhaftet werden könnten. Seit dem „Trent"-Fall im Jahre 1861 herrsche unter den Nationen darüber Einigkeit, daß es „beim Fehlen eines Vertrages nicht länger angängig ist, Personen von einem neutralen Schiff herunterzuholen, sondern daß das Schiff selbst mit den verdächtigen Personen an Bord zur gerichtlichen Untersuchung eingebracht werden muß". Aber nehme man, um die Sache zu beleuchten, einmal an, daß es üblich gewesen sei, feindliche Untertanen von neutralen Schiffen zu entfernen, ohne prisengerichtliche Verfahren gegen die befördernden Schiffe einzuleiten, so könnte nachgewiesen werden, daß ein solches Verfahren auf eine Klasse von Personen beschränkt wäre, zu der feindliche Reservisten und Agenten nicht gehören. Eine sorgfältige Überprüfung der englischen und amerikanischen Praxis zeige, daß „keines der beiden Länder jemals vertrat, es könne ... außer Soldaten, Offizieren und anderen Militärpersonen im aktiven Dienst des Feindes, jemand verhaftet werden ... trotz der Tatsache, daß Reservisten mindestens seit 1870 bei den Militärsystemen Europas bekannt und üblich seien. Deshalb kann unseres Erachtens die Annahme mit Erfolg und Recht nicht aufrechterhalten werden, daß diese verbotene Klasse von Personen ... die feindlichen Reservisten mit einschließt."

Staatssekretär Lansing verteidigte dann die amerikanische Regierung gegen die Anklage, sie sei nicht konsequent in ihrer Behauptung, „Reservisten sind auf hoher See gegen eine Verhaftung immun, weil sie nicht in die bewaffnete Macht des Feindes eingereiht sind, während sie als ‚eingetragen' betrachtet werden nach der Auslegung des Rekrutierungsgesetzes der Vereinigten Staaten. Das ist eine technische Unterscheidung, die auf die Durchführung des deutschen Militärdienstgesetzes zurückgeht; nach diesem bleiben die Reservisten in die Militärstammrolle eingetragen und müssen deshalb, gerade nach den Bestimmungen des Rekrutierungsgesetzes, schon als ‚eingetragen' betrachtet werden. Aber die Eintragung in die Heeresstammrolle ist auf keinen Fall das Gleiche wie Einstellung in das Heer, denn Reservisten stehen nicht im aktiven Dienst, sondern erst von dem Augenblick an, wo sie zum Dienst angenommen sind."

Nach dieser sorgfältigen Darlegung der ganzen Lage zögerte Lansing nicht, die „Richtigkeit der englischen Behauptungen und die Gültigkeit der Schlußfolgerungen der Denkschrift" zu leugnen.[12]

Der englische Außenminister versicherte Botschafter Page, er würde die amerikanische Note mit großer Sorgfalt und möglichster Schnelligkeit prüfen. Mit dieser unbestimmten Erklärung ging die Auseinandersetzung zu Ende. Der Eintritt Amerikas in den Weltkrieg im April 1917 verhinderte das Wiederaufleben eines Streites, der zu gespannten Beziehungen hätte führen können.

Kapitel XX

Die Friedensaktion Wilsons

Der aufrichtige Wunsch des Präsidenten, den Weltfrieden durch eine amerikanische Vermittlung einzuleiten, fand bei Sir Edward Grey wenig Gegenliebe. Am Vorabend der großen Sommeoffensive meinte Grey, „die Zeit für einen dauerhaften Frieden" sei erst dann gekommen, wenn auch das englische Heer „Anstrengungen und Opfer" auf sich genommen hätte. Nur wenn Frankreich zum „Nachgeben" bereit sei, könne von „Frieden" gesprochen werden. Am allerwenigsten könne England „einen darauf abzielenden Vorschlag machen oder annehmen". Bis jetzt sei die englische Armee „praktisch in Reserve geblieben", und Frankreich habe die „schwersten Kämpfe" ausgefochten. Die englische Hingabe an die Sache der Alliierten könne nur durch den Tod zahlloser Engländer als gültig erwiesen werden.

Der Präsident begriff, daß bis zum Außenministerium der unheilverkündende Marschtritt jener endlosen englischen Bataillone herübertönte, die in ihrem Ansturm gegen die deutschen Stellungen an der Somme dem sicheren Verderben entgegengingen. Am 1. Juli 1916 begann der erste Akt der Tragödie englischer Opfer mit einem Angriff, bei dem 60.000 Mann fielen. Das war die blutigste Schlacht in der englischen Geschichte und so entsetzlich, daß ein Australier verzweifelt einen Freund bat: „Schreibe um Himmels willen ein Buch über das Leben eines Infanteristen; Du wirst dadurch diese schrecklichen Tragödien verhindern."

Selbst als die Sommeschlacht zu einem unseligen achtwöchigen Inferno geworden war, blieb der englische Außenminister dabei, die englische Armee müsse für Frankreich weitere Opfer bringen. In einem Brief an Oberst House erklärt er offen, England könne „keinen Frieden ins Auge fassen, ehe die Alliierten den Zeitpunkt für günstig erachteten". Als die Herbstregen jede weitere Offensive nahezu unmöglich gemacht hatten, beliefen sich die englischen Verluste auf die ungeheure Zahl von 412.000 Mann. Das Außen- und das Kriegsministerium konnten sich der beruhigenden Gewißheit hingeben, daß der englische Soldat sein Äußerstes im Dienste der alliierten Sache getan hatte. Aber noch dachten die wenigsten führenden Persönlichkeiten in England an Frieden. Der Krieg mußte bis zur Vernichtung Deutschlands weitergehen.

Ganz im Gegensatz zu der ablehnenden Haltung der Alliierten gegen Friedensverhandlungen war die deutsche Regierung (in Gestalt v. Bethmann-Hollwegs und v. Jagows) durchaus für den Beginn einer „Friedensbewegung". Die deutsche Note vom 4. Mai, die den Streit um den Dampfer „Sussex" zum Abschluß brachte, könnte sehr wohl als erster Schritt in dieser Richtung aufgefaßt werden. Bethmann-Hollweg hatte die Hoffnung ausgedrückt, die deutschen Zugeständnisse würden den „Zustand des Mißtrauens" Amerikas gegen die Mittelmächte „endgültig beseitigen". Präsident Wilson müsse aber unbedingt eine erkennbare Aktion gegenüber England unternehmen, bevor „er als unparteiischer Friedensanreger vom deutschen Volk akzeptiert würde".[1]

Graf Bernstorff faßte wieder Mut. Die versöhnliche deutsche Note vom 4. Mai schien den „Gesprächen um einen Frieden" wieder „Nahrung gegeben zu haben". Wenn der Friedensgedanke schon einmal Gemeingut wurde, so wollte natürlich jeder „mit von der Partie sein". Deswegen hatte man ihm wohl vertraulich mitgeteilt, Melville Stone (von der „Associated Press") wolle dem deutschen Kaiser einen Brief schreiben und ihm einen Frieden vorschlagen. Aber zu viele ungeübte Köche verderben den Brei.

Recht skeptisch beurteilte Graf Bernstorff das Ansinnen, die amerikanische Regierung solle bei England vorstellig werden, um so das Vertrauen Deutschlands zu gewinnen. Staatssekretär Lansing hatte ihm bedeutet, ein Krieg gegen England „komme nicht in Frage", und man habe kein Mittel, „um einen Druck auszuüben".[2] Allerdings nahm der Friedensplan des Präsidenten „immer greifbarere Formen an". Es blieb nur noch die wichtige Frage offen, ob seine „Macht genügen würde", um die alliierten Regierungen dazu zu überreden, „mit Verhandlungen zu beginnen".[3]

Das deutsche Auswärtige Amt zweifelte nach wie vor an der Durchführbarkeit der Wilsonschen Friedenspläne. Man habe auf die amerikanische Regierung die größte Hoffnung gesetzt, sie würde England zur Beobachtung des Völkerrechts anhalten, aber die „völlige Passivität" des Präsidenten mache in der deutschen Öffentlichkeit einen immer schlechteren Eindruck und habe die kaiserliche Regierung in eine „denkbar schwierige Lage" gebracht. Offenbar könne man wenig von der Vermittlung eines „so naiven Staatsmannes wie Präsident Wilson" erwarten, der schon instinktiv dem „englischen Standpunkte" völlig zuneige. Deshalb habe Graf Bernstorff die Aufgabe, sobald die Pläne des Präsidenten „konkretere Formen" anzunehmen drohen und England die Neigung erkennen läßt, auf sie einzugehen, die amerikanische Regierung zu verhindern, mit einem „positiven Vermittlungsvorschlag" an Deutschland heranzutreten. Die Erledigung dieses schwierigen Auftrags überließ das Auswärtige Amt dem „diplomatischen Geschick" Graf Bernstorffs.[4]

Am 12. Juni erkundigte sich v. Jagow ohne Umschweife bei Graf Bernstorff, ob Präsident Wilson nach seiner Wiederwahl noch den Krieg erklären würde, wenn Deutschland den uneingeschränkten U-Bootkrieg wieder aufnähme.[5] Der Botschafter erwiderte v. Jagow sofort, eine Erneuerung des uneingeschränkten U-Bootkrieges würde „zum Bruch und Eintritt Amerikas in den Krieg führen".[6]

Die Anfrage v. Jagows erfolgte infolge des zunehmenden Drucks auf das Auswärtige Amt, gegen England drastische Maßnahmen zu ergreifen. In deutschen Marinekreisen tauchten Vorschläge für einen uneingeschränkten U-Bootkrieg auf, aber der Chef des Admiralstabes war eher für die Erklärung einer Blockade um die britischen Inseln. Das würde den neutralen Handel völlig von englischen Häfen abschneiden und England zwingen, um Frieden nachzusuchen.[7]

Der Kanzler und das Auswärtige Amt wurden immer mehr wegen einer Erneuerung des U-Bootkrieges bestürmt.[8] Botschafter Gerard hatte den Eindruck, die Leute, die eine sofortige Aktion gegen England befürworteten, seien einflußreich genug, um v. Jagow „zu stürzen". Graf Bernstorff brauchte nicht lange, um sich über die gefährliche Lage im klaren zu sein. Er wies Oberst House warnend darauf hin, Offiziere der deutschen Marine „übten beständig auf die Regierung einen Druck aus, und es wird schwierig sein, ihre Partei niederzuhalten, wenn nichts gegen die englische Blockade unternommen und die Friedensbewegung nicht weiter gefördert wird ... In meinem Land spricht niemand mehr von Frieden".

Graf Bernstorffs Hauptaufgabe bestand darin, Amerika davon abzuhalten, mit den Feinden Deutschlands gemeinsame Sache zu machen. Dies veranlaßte ihn, dem Kanzler v. Bethmann-Hollweg zu schreiben (13. Juli), eine amerikanische Intervention zugunsten der Alliierten könne verhindert werden, wenn mit Friedensverhandlungen zwischen den kriegführenden Mächten begonnen würde. Deshalb möge das Auswärtige Amt nochmals die ihm am 7. Juni 1916 gesandten Instruktionen überprüfen. Bis jetzt habe man dem Präsidenten durch den Mund des Oberst House jede Hoffnung genommen, Deutschland werde seine Vermittlung annehmen. Ist es ratsam, sich weiter ablehnend zu verhalten, wenn durch eine positive Einstellung mehr erreichbar zu sein scheint?[9]

Bethmann-Hollweg sah sofort ein, wie wichtig es sei, Graf Bernstorff andere Anweisungen zu schicken. Nach einer Besprechung mit v. Jagow teilte er dem Botschafter in Washington mit, die deutsche Regierung sei „gerne bereit, eine Vermittlung des Präsidenten, die den Beginn von Friedensverhandlungen der Kriegführenden untereinander herbeiführen will, anzunehmen. Bitte hierauf gerichtete Tätigkeit des Präsidenten nachdrücklich ermutigen".[10]

Dieser positiven Einstellung v. Bethmann-Hollwegs zu einer amerikanischen Vermittlung stand die unverkennbar zur Schau getragene Unlust der englischen Regierung gegenüber, Gebrauch von den angebotenen Diensten Amerikas zu machen. In einer Unterhaltung mit Botschafter Page spielte Sir Edward Grey auf die Möglichkeit an, die „Deutschen hätten dem Präsidenten ihre Bereitwilligkeit oder sogar ihren definitiven Wunsch nach einem Waffenstillstand nahegelegt, um unter bestimmten Voraussetzungen die Friedensbedingungen zu erörtern; der Präsident habe außerdem den Wink erhalten, die Stimmung der Alliierten zu erforschen". Sir Edward schien es nicht glaubhaft, daß der Präsident „aus eigener Initiative heraus" handle. Wenn aber tatsächlich die amerikanische Regierung ein Vermittlungsangebot mache, dürfe man nicht außer acht lassen, daß manche Sätze in den Reden des Präsidenten einen keineswegs günstigen Eindruck auf die englische öffentliche Meinung gemacht hätten. Diese Tatsache müsse man sich wohl vor Augen halten, wenn man die ablehnende englische Haltung erklären wolle. Auf jeden Fall wolle keine alliierte Macht im gegenwärtigen Augenblick etwas von Frieden wissen und sich in Verhandlungen einlassen.

Ein paar Tage später äußerte sich Lord Bryce in ähnlichen Worten gegenüber Botschafter Page. Er habe den Eindruck, Amerika erwarte, der Präsident würde am Ende des Krieges aufgefordert werden, bei den Friedensverhandlungen mitzuwirken. Es gäbe sogar Amerikaner, die von einem Vermittlungsangebot des Präsidenten träumten. Diese Leute seien sich nicht bewußt, daß dafür „kein Präzedenzfall vorliege. Natürlich könnte der Präsident auf die ausdrückliche Aufforderung einer Seite eine klar umrissene Anfrage an die andere stellen; aber das käme, genau besehen, nur auf die Übermittlung einer Anfrage heraus ... Er wüßte nichts davon, daß Kriegführende je eine dritte Macht bei einem Friedensschluß zugezogen hätten".

Lansing wußte wohl, wie er die von Botschafter Page übermittelten Unterhaltungen aufzufassen hatte. Am 11. Mai telegraphierte der amerikanische Botschafter in Madrid an Lansing, der König von Spanien wünsche mit Präsident Wilson zusammen den alliierten Mächten ein Vermittlungsangebot zu unterbreiten. Lansing ließ mehrere Monate verstreichen und teilte schließlich der spanischen Regierung durch Botschafter Willard mit, das Staatsdepartement sei sich ganz klar darüber, daß die alliierten Regierungen von neutralen Mächten „keinen auf die Wiederherstellung des Friedens abzielenden Vorschlag" annehmen würden. Aus den letzten Nachrichten von den „Hauptstädten der Alliierten" sei zu entnehmen, daß die Entente-Mächte nach wie vor nichts von einer neutralen Vermittlung wissen wollten. Friedensvorschläge würden „aller Wahrscheinlichkeit nach Verstimmung hervorrufen".

Eine derartige, durch nichts begründete Einstellung der alliierten Regierungen machte es den neutralen Völkern unmöglich, einen Fortschritt in ihren Friedensbestrebungen zu erzielen. Dies führte in Deutschland zu einer heiklen Lage, denn viele Marineführer verlangten die Wiederaufnahme des uneingeschränkten U-Bootkrieges. Am 14. August lehnt der Kaiser die Forderungen ab, weil auch diese nachdrückliche Gestaltung der U-Bootoperationen nicht verhindern könne, daß ausreichende Nahrungsmittel nach England kämen und die Durchführung Amerika in das Lager der Gegenseite treiben würde.[11]

Die Entscheidung des Kaisers wurde durch eine Konferenz in Pleß (31. August) bekräftigt, an der die hervorragendsten politischen, militärischen und in der Marine maßgebenden Persönlichkeiten der deutschen Regierung teilnahmen.[12] Kurz vor dieser Konferenz hatten sich wichtige Umbesetzungen in der Leitung der deutschen Armee vollzogen. General v. Falkenhayn wurde (als Generalstabschef) durch Generalfeldmarschall v. Hindenburg ersetzt, und General Ludendorff wurde zum Ersten Generalquartiermeister befördert. Die oberste Führung des Heeres war diesen beiden Männern anvertraut; ihr Einfluß mußte infolgedessen ausschlaggebend sein.

Admiral v. Holtzendorff eröffnete die Besprechung in Pleß mit einer Verteidigung des uneingeschränkten U-Bootkrieges. Er war fest überzeugt, England sei der wichtigste Gegner, den man zu fürchten habe. Jede Minderung seiner Macht lasse die Erfolgsaussichten der Alliierten fraglich erscheinen. Am wirkungsvollsten könne England durch einen intensiven U-Bootkrieg angegriffen werden; würde man damit sofort beginnen, so sei der englische Kriegswille „bis Jahresende" gebrochen.[13]

Admiral v. Capelle teilte die Überzeugung v. Holtzendorffs, „daß nur ein rücksichtsloser U-Bootkrieg zum Frieden führt".[14] Dagegen wandte sich scharf Staatssekretär Helfferich und wies auf die unvermeidbare Gefahr hin, Amerika in einen Krieg auf seiten der Alliierten zu treiben. Eine amerikanische Hilfe wäre für die alliierten Mächte von ungeheurem Wert; Helfferich konnte „in der Anwendung der U-Bootwaffe heute nur die Katastrophe" sehen.[15]

General Ludendorff zögerte, sich endgültig festzulegen, ob der Beginn des uneingeschränkten U-Bootkrieges ratsam war oder nicht, und Generalfeldmarschall v. Hindenburg meinte, „jetzt sei eine Entscheidung nicht möglich". Auf die Verbündeten Deutschlands könne man sich nicht „verlassen", und die Zukunft sei „jetzt dunkler als je". Am besten wäre es, ein Urteil aufzuschieben.[16]

Generalleutnant Wild v. Hohenborn pflichtete voll und ganz der Ansicht v. Hindenburgs bei; „einstweilen" solle man den U-Bootkrieg ruhen lassen. Reichskanzler v. Bethmann-Hollweg hatte die Freude, feststellen zu können, die Ansicht der Mehrheit laufe auf eine Verschiebung hinaus, bis die militärische Lage günstiger geworden sei. Er hatte einen Sieg über die drängenden Admirale davongetragen, die auf eine frühzeitige Wiederaufnahme des uneingeschränkten U-Bootkrieges hinarbeiteten, aber er sah auch ein, auf wie wackeligen Füßen sein Triumph stand. Jeder günstige militärische Ausblick konnte dazu führen, daß sich die Führer des Landheeres und der Marine gegen ihn zusammenschließen und einen neuen U-Bootkrieg einleiten würden. Um Amerika drehte sich die deutsche Außenpolitik; es war deshalb wichtig, den Präsidenten so rasch wie möglich zu einem Vermittlungsangebot zu veranlassen. Aus diesem Grunde erkundigte sich v. Bethmann-Hollweg am 2. September telegraphisch bei Bernstorff, ob eine Friedensvermittlung Amerikas möglich sei, wenn Belgiens Wiederherstellung zugesichert wird.[17] Graf Bernstorff setzte sich sofort mit Oberst House in Verbindung, der ihm aber mitteilte, der Präsident beabsichtige, „den weiteren Verlauf der Kriegsereignisse abzuwarten"; eine Vermittlung würde er erst nach seiner Wiederwahl in Angriff nehmen.[18] Diese Mitteilung ging an den Kanzler am 6. September ab; zwei Tage darauf sandte Bernstorff ein zweites Telegramm nach Berlin, in dem er darauf hinwies, die Wiederherstellung Belgiens würde auf die amerikanische öffentliche Meinung einen sehr guten Eindruck machen. Würde Präsident Wilson neu gewählt, so sei „seine Vermittlung noch vor Jahresschluß sehr aussichtsreich".[19]

Das lange Hinausschieben der amerikanischen Vermittlung bereitete v. Bethmann-Hollweg große Sorge, denn er sah sehr wohl, wie eng der uneingeschränkte U-Bootkrieg und der Beginn der Friedensverhandlungen miteinander verbunden waren. Auf die Unterstützung der neuen Führung des Feldheeres konnte er sich nicht verlassen; jederzeit konnte sie ihm entzogen werden. Das zeigte sich in Unterhaltungen General Ludendorffs mit Kapitän v. Bülow. Dieser hatte auf eine sofortige Wiederaufnahme des uneingeschränkten U-Bootkrieges gedrängt, aber Ludendorff hielt einen solchen Schritt für „Leichtsinn". Er war jedoch freimütig genug, zuzugeben, daß die Oberste Heeresleitung für einen intensiven U-Bootkrieg eintrete, sobald sich die militärische Lage gebessert habe. Jetzt aber „müsse man sich klar sein, daß unsere militärische Lage heute schlecht ist".[20]

General Ludendorff hatte aber alle Hoffnung, anfangs Oktober militärisch wieder so weit zu sein, daß die Lage als gesichert gelten konnte. Wenn das erreicht sei, dann sei es auch an der Zeit, den U-Bootkrieg wieder aufzunehmen. Inzwischen konnten der Kanzler und das Auswärtige Amt sich um einen Frieden bemühen, aber die Zeit war so kurz bemessen, daß sie nicht gut die Möglichkeit einer amerikanischen Mithilfe außer acht lassen durften. Angesichts einer Wiederaufnahme des uneingeschränkten U-Bootkrieges wandten sich v. Bethmann-Hollweg und v. Jagow an Botschafter Gerard um Unterstützung. In einem Telegramm an Lansing (25. September) teilte der Botschafter mit, Deutschland „bemühe sich um Frieden". Er war überzeugt, wenn der Präsident „ein allgemein gehaltenes Vermittlungsangebot mache ... Deutschland sofort grundsätzlich annehmen und bereit sein würde, Delegierte zu einer vorgeschlagenen Friedenskonferenz zu entsenden".

Um Graf Bernstorff klarzulegen, was man vom Präsidenten wünsche, sandte ihm v. Bethmann-Hollweg ein langes Telegramm, in der er eine Übersicht über die Lage gab. Es sei zweifelhaft, ob die Mittelmächte einen durchschlagenden militärischen Erfolg erringen könnten, der zu einem baldigen Ende des Krieges führen würde. Die Marine verspreche sich von dem uneingeschränkten U-Bootkrieg einen „schnellen Erfolg", und die Oberste Heeresleitung beziehe derartige bestimmte Behauptungen in ihre Maßnahmen ein. Aber die Gesamtlage würde sich sofort ändern, wollte Präsident Wilson einen Vermittlungsvorschlag machen. Ein solcher Schritt müsse jedoch bald erfolgen.[21]

Graf Bernstorff konnte dem Kanzler wenig Mut machen. Präsident Wilson sei nur zu einer Vermittlung bereit, „wenn wiedergewählt". Bezüglich des uneingeschränkten U-Bootkrieges riet der Botschafter dringend, ihn aufzuschieben „mindestens bis nach Wahlen". Sollte er vorher erklärt werden, so „wäre sofortiger Bruch mit den Vereinigten Staaten sicher zu erwarten".[22]

Inzwischen kam v. Bethmann-Hollweg zu Ohren, das Große Hauptquartier halte es für angebracht, um den 18. Oktober mit einem neuen U-Bootkrieg zu beginnen. Wenn auch der Kanzler dessen sicher war, eine so folgenreiche Entscheidung werde ohne ihn nicht gefällt, nahm er doch die Gelegenheit wahr und brachte seine Einwände gegen eine frühe Wiederaufnahme des uneingeschränkten U-Bootkrieges zu Papier.[23]

Generalfeldmarschall v. Hindenburg ließ dem Kanzler umgehend mitteilen, er habe nicht die Absicht, die Wiederaufnahme des U-Bootkrieges durchzudrücken, ohne sich mit der politischen Leitung ins Einvernehmen gesetzt zu haben.[24] Er ließ jedoch deutlich durchblicken, daß die Verantwortung für den U-Bootkrieg allein bei der Obersten Heeresleitung läge". Schließlich bat er den Kanzler um eine Meinungsäußerung über diesen Punkt.[25]

Bethmann-Hollweg weigerte sich, anzuerkennen, die Oberste Heeresleitung trage allein die Verantwortung für die Entscheidung, wann der uneingeschränkte U-Bootkrieg wieder aufgenommen werden solle. Ein derartiges Unternehmen würde Amerika gegebenen Zusagen zuwiderlaufen und damit zum Krieg führen. In der Führung der auswärtigen Politik entscheide allein der Kanzler, und seine Verantwortung sei nicht übertragbar. Wichtige Beschlüsse, die die Beziehungen zwischen Deutschland und anderen Nationen beträfen, könnten nicht ohne Beteiligung des Reichskanzlers beschlossen werden.[26]

Diese Worte klangen wie eine Kampfansage, aber Hindenburg wie Ludendorff wußten, daß die Ausdrucksweise des Kanzlers eher akademisch als realistisch war. Gerade ein paar Tage bevor der Kanzler seinen Brief an die Oberste Heeresleitung abgehen ließ, nahm der Reichstag eine Entschließung an, die seine Machtbefugnisse beträchtlich kürzte. Nach dieser Entschließung „habe sich der Reichskanzler in der U-Bootfrage wesentlich auf die Entschließung der Obersten Heeresleitung zu stützen; damit war tatsächlich die Entscheidung in die Hände der militärischen Stellen gelegt worden".[27]

Wie in Wirklichkeit die Dinge waren, ergibt sich anschaulich aus der Zeugenaussage des Kanzlers selbst vor dem 2. Unterausschuß des Untersuchungsausschusses zur Erforschung der Ursachen des deutschen Zusammenbruchs (31. Oktober 1919): „Das Zentrum hat im Oktober 1916 namens seiner sämtlichen Frak-

Hindenburg, Wilhelm II. und Ludendorff über militärischen Karten. Führende Generale, besonders v. Hindenburg, gerieten mit Kanzler v. Bethmann-Hollweg in Konflikt, der dem Militär keine Entscheidungsfreiheit in der Frage des uneingeschränkten U-Bootkrieges gewähren wollte.

tionsmitglieder erklärt, daß für die politische Entscheidung über die Kriegführung zwar ich dem Reichstage gegenüber allein verantwortlich sei, meine Entscheidung dabei werde ich aber wesentlich auf die Entschließung der Obersten Heeresleitung zu stützen haben; falle die Entscheidung für die Führung des rücksichtslosen U-Bootkrieges aus, so dürfe ich des Einverständnisses des Reichstages sicher sein ... Hiermit war, da Konservative und Nationalliberale schon früher unbedingte und drängende Verfechter des U-Bootkrieges waren, der parlamentarische Ring geschlossen ... Niemals ... hat es einen Zeitpunkt gegeben, wo ich zur Durchsetzung des politischen Übergewichts eine haltbare Mehrheit bei den Parteien gefunden hätte."[28]

Gerade in diesem Augenblick hatte die Oberste Heeresleitung kein Interesse daran, es auf eine Machtprobe ankommen zu lassen und eine Entscheidung zugunsten des uneingeschränkten U-Bootkrieges herbeizuführen. Am 4. Oktober sprach sich der Kaiser Admiral v. Holtzendorff gegenüber „rund heraus" dahingehend aus, „daß vom U-Bootkrieg in nächster Zeit noch keine Rede sein könne".[29] Aber der Kaiser war sich bewußt, daß ein Zusammengehen von Heer und Marine mit der Mehrheit des Reichstages nicht ignoriert werden konnte; Wünschen von dieser Seite hatte man sich letzten Endes zu fügen. Die amerikanische Vermittlung müßte schnell kommen oder der uneingeschränkte U-Bootkrieg war unvermeidlich. Um die amerikanische Regierung zu überzeugen, eine sofortige Aktion sei notwendig, diktierte der Kaiser eine kurze Denkschrift, die Botschafter Gerard, der nach den Vereinigten Staaten unterwegs war, ausgehändigt werden sollte. In diesem Memorandum wurde Gerard an seine Andeutung erinnert: „Präsident Wilson würde möglicherweise gegen Ende des Sommers versuchen, den Kriegführenden seine guten Dienste zur Herstellung des Friedens anzubieten. Die deutsche Regierung hat keine Information, weder ob der Präsident an dieser Idee festhält noch über das eventuelle Datum, an dem sein Schritt stattfinden wird. Unterdessen hat die Kriegskonstellation eine solche Form angenommen, daß die deutsche Regierung den Zeitpunkt voraussieht, an dem sie gezwungen sein wird, die Aktionsfreiheit, die sie sich in der Note vom 4. Mai d.J. vorbehalten hat, wieder in Anspruch zu nehmen, wodurch die Schritte des Präsidenten gefährdet werden könnten."[30]

Ehe Botschafter Gerard amerikanischen Boden betrat, ließ er drahtlos die Erklärung hinausgehen, Deutschland habe ernsthaft eine baldige Wiederaufnahme des rücksichtslosen U-Bootkrieges ins Auge gefaßt. Bernstorff hielt nun Gerard nicht für zuverlässig genug, um ihm diplomatische Geheimnisse anvertrauen zu können und entschloß sich, die Ankunft des redseligen Botschafters nicht abzuwarten und die kaiserliche Denkschrift Oberst House zu übergeben. Bevor er diesen Plan ausführte, wies ihn der Reichskanzler telegraphisch an, Wilson zu einem Friedensappell zu ermutigen. Jeder amerikanische Schritt in dieser Richtung werde von Deutschland „gern angenommen" werden.[31]

Der Kanzler sollte wiederum enttäuscht werden; Amerika half ihm nicht, das erlösende Wort für einen Frieden zu finden. Graf Bernstorff besprach die Sache mit Oberst House und berichtete, der Präsident werde keine Vermittlungsaktion vor seiner Wiederwahl unternehmen. Sollte er jedoch wiedergewählt werden, so würde er wahrscheinlich „sehr bald Friedensvermittlung versuchen und dabei Erfolg haben ... und zwar hauptsächlich, weil die Stimmung gegen England sich hier sehr verschlechtert hat".[32] Mit dieser unklaren und unbefriedigenden Versicherung mußte sich das Auswärtige Amt zufrieden geben, obwohl ihm bekannt war, daß jeden Augenblick eine Krise entstehen konnte, ohne Rücksicht auf die Verzögerungspolitik des Präsidenten. Die geringste nachteilige Entwicklung der militärischen Lage würde eine sofortige Wiederaufnahme zwangsläufig zur Folge haben.

Der Weltfriede hing nun davon ab, ob die militärischen Kreise ihre Forderungen erheben würden und wie lange der Präsident seinen Plan hinauszuschieben gedachte. Es war einleuchtend, daß selbst die geringste Störung des Gleichgewichts zu einer Entscheidung so oder so führen müßte. Die öffentliche Meinung in ganz Amerika stand völlig auf seiten der Alliierten; ihr Einfluß zugunsten eines Eingreifens könnte sich als entscheidender Faktor erweisen.[33] Wie die Stimmung für die Alliierten aufgepeitscht wurde, ist in zahlreichen Werken dargestellt worden und braucht uns hier nicht aufzuhalten. Es wird sich jedoch lohnen, ein paar Auszüge aus unveröffentlichten Briefen hier einzufügen, die den Stand der öffentlichen Meinung in den ersten Jahren des Weltkrieges beleuchten. In der zweiten Septemberwoche 1914 erkundigte sich Lord Bryce bei Elihu Root, ob „Erklärungen" zugunsten der Sache Englands mit der Unterschrift „hervorragender Persönlichkeiten" der Wissenschaft und des Schrifttums einen Einfluß auf die Gestaltung der amerikanischen öffentlichen Meinung für die Alliierten habe. Lord Bryce zweifelte, ob eine derartige Maßnahme notwendig war, denn „die öffentliche Meinung der Vereinigten Staaten ist bereits allgemein auf unserer Seite".

Root war ganz der Ansicht von Lord Bryce, es sei unklug, „sich auf eine Erörterung über die Verantwortung für diesen Krieg einzulassen". Das erste englische Weißbuch bis zur Depesche Nr. 159 war in den Vereinigten Staaten weit verbreitet. Beim Durchlesen „scheinen die Leute überraschend schnell zu einem klaren und bestimmten Urteil gekommen zu sein. Wie rasch dieser Vorgang vor sich ging, wird man größtenteils dadurch erklären können, daß die Leser nicht danach urteilten, was einer sagte oder als Beweis vorbrachte, sondern daß sie die Urkunden selbst vor Augen hatten ... Die Schlußfolgerung, die sie zogen, fand ihre Bestätigung in dem Bericht Goschens über die Unterhaltung, in der das Wort vom „Fetzen Papier" fiel. Jedem ist dieser Satz geläufig und hat, zusammen mit der Zerstörung von Louvain und der furchtbaren Leidenszeit Belgiens, eine tiefen Eindruck hervorgebracht".[34]

In einem Brief an Chandler P. Anderson läßt sich Root nochmals über die Wirkung des ersten englischen Weißbuches auf die amerikanische öffentliche Meinung aus: „Ich habe nie eine so ungewöhnliche Bildung der öffentlichen Meinung miterlebt, wie dieses rasche und feste Urteil, das die Amerikaner aufgrund dieser Dokumente fällten. Der Vorgang wird wohl dadurch beschleunigt worden sein, daß sich niemand mit ihnen über diese Sache auseinandersetzte ... Die Deutschen hatten ein paar sehr geschickte Leute, die auf eine Meinungsänderung hinarbeiteten, aber so weit ich beurteilen kann, haben sie nichts erreicht."

Die deutsche Propaganda hatte deswegen keinen Erfolg, weil „die amerikanische Bevölkerung von Grund auf und ohne zu schwanken, gegen den deutschen Militarismus und seine Folgen eingestellt ist, wie dieser Krieg vor Augen führt. Je deutlicher eine Erörterung dieses Themas von deutscher Seite aus die wahre Natur der Grundsätze und Pläne ans Tageslicht bringt, die die herrschende Klasse in Deutschland vertritt, um so nachteiliger erscheint der deutsche Standpunkt in diesem Streit vor dem Forum Amerikas".[35]

Man kann kaum daran zweifeln, daß die führenden amerikanischen Politiker größtenteils für die Alliierten eintraten. Im Dezember 1915 gestand der Präsident Brand Whitlock offen, er könne nicht begreifen, wie ein „anständiger Mensch, der die Lage und Deutschland kennt", etwas anderes tun könne als „mit Leib und Seele für die Alliierten" eintreten. Staatssekretär Lansing teilte diese Ansicht durchaus und trat im Sommer 1916 als warmer Fürsprecher der Sache der Entente-Mächte auf. Aber es gab eine gewisse Grenze, über die er auch für die Alliierten nicht hinausging. Wenn Engländer amerikanische Rechte verletzten, erhob er unweigerlich energisch Vorstellung beim Außenministerium, auch wenn er mit dem Herzen nicht bei der Sache war. In dieser Beziehung unterschied er sich beträchtlich von Botschafter Page, den man im Sommer 1916 in die Vereinigten Staaten zurückrief, um sein „Amerikanertum" zu stärken. Dieses „Bad" fruchtete wenig; Präsident Wilson und Staatssekretär Lansing stellten bald fest, daß Page weit mehr den englischen als den amerikanischen Standpunkt vertrat. Beständig versuchte er, das Staatsdepartement zu veranlassen „viele gesetzliche Rechte amerikanischer Bürger auf hoher See fallen zu lassen, anstatt zu versuchen, die Engländer zu einer Aufgabe ihrer ungesetzlichen Einmischung in diese Rechte zu bestimmen, besonders bei Eingriffen, die unnötig böses Blut erregten. Er benahm sich als amerikanischer Botschafter höchst ungewöhnlich; sein Verhalten war schwer mit der richtigen Auffassung des diplomatischen Dienstes in Einklang zu bringen, nach dem doch die Sorge um das eigene Land den ersten Platz in den Gedanken eines Beamten einnehmen sollte".[36]

Im Sommer 1916 machten die Engländer gerade ihre große Somme-Offensive; ihre Hoffnung auf einen Erfolg ließ kein Interesse an durch Wilson eingeleiteten Friedensverhandlungen aufkommen. Botschafter Page teilte dem Präsidenten rund heraus mit, viele englische Politiker sähen die Besuche des Oberst House in gewissen europäischen Hauptstädten mit keinem günstigen Auge. Sie hätten ihm bedeutet, Kriegführende hätten „nie eine neutrale Macht zu den Friedensverhandlungen eingeladen" und nähmen den Gedanken des Präsidenten übel auf, sich „durch Oberst House" auf eine „verdächtige Einmischung" in ihre Angelegenheiten einzulassen.

Der Präsident konnte derartigen Auslassungen Pages über die amerikanische Vermittlung keinen Geschmack abgewinnen und weigerte sich, seine Rolle als Friedensstifter aufzugeben. Darin handelte er auch entgegen dem Rat Lansings, der von einem Frieden einen Vorteil Deutschlands befürchtete. In einer Denkschrift, die der Staatssekretär niederschrieb, solange Page in Amerika weilte, legt er dar, wie er sich die amerikanische Politik dachte. Wenn Lansing auch unumwunden die Willfährigkeit Botschafter Pages kritisierte, vertrat er doch die Ansicht „nichts darf in unseren Streitfragen mit England auf die Spitze getrieben werden. Wir müssen weiterhin Noten wechseln, denn wenn wir damit aufhören, müssen wir durchschlagende Maßnahmen ergreifen ... Die wirkliche Gefahr ... liegt darin, daß die Verstimmung des Präsidenten über die englischen Eingriffe in unsere Rechte sich verstärken wird. Sie ist schon sehr bitter, und er spricht davon, er wolle die englische Regierung zur Verantwortung ziehen. Auf keinen Fall dürfen wir uns auch nur den Anschein geben, auf deutscher Seite zu stehen, gleichgültig, wie schwerwiegend die Herausforderungen Englands sein mögen. Ich wundere mich immer darüber, daß der Präsident dessen nicht gewahr wird ... Anscheinend geht ihm die volle Bedeutung ... der strittigen grundsätzlichen Fragen nicht auf ... Es soll und darf keinen auf einem Vergleich mit Deutschland aufgebauten Frieden geben, und darauf liefe es hinaus, käme jetzt ein Friede zustande. Wenn wir eine Vermittlung vorschlagen, bedeutet es für die Alliierten eine Enttäuschung, und Deutschland erhält einen Auftrieb ... Ich habe die einzige Hoffnung, daß der Präsident den richtigen Weg erkennt und „sich so bald wie möglich an die Seite der Alliierten stellt, um die deutschen Autokraten zu zerschmettern".[37]

Aber einen Kreuzzug gegen die deutsche Autokratie konnte man im Sommer 1916 nicht als „gute Politik" bezeichnen. Der Präsident wußte schon lange, daß die amerikanische öffentliche Meinung nicht für eine amerikanische Teilnahme am Weltkrieg auf seiten der Alliierten war. Beim Kongreß der Demokratischen Partei im Juni 1916 kam die starke pazifistische Strömung der amerikanischen Bevölkerung unverkennbar kräftig zum Ausdruck. Der Höhepunkt des Kongresses war die leidenschaftliche Rede des Senators Ollie James, der den Präsidenten als unüberwindliches Bollwerk gegen die stürmischen Fluten des Krieges hinstellte. Die Aussicht auf Wiederwahl war für den Präsidenten gering, wenn er nicht vor allem die Politik einer Isolierung Amerikas vertrat und sich von einem Eingreifen in den Weltkrieg fernhielt. Im Mittelwesten wurde die Forderung laut erhoben, Amerika solle sich „nicht in den Krieg einmischen"; über eine solche Forderung wagte die Regierung nicht hinwegzugehen. Überdies stellte Bryan seine unschätzbaren Dienste als Redner im Wahlkampf nur dann zur Verfügung, wenn der Präsident selbstredend die Verpflichtung zum Frieden übernahm.

Bryan bearbeitete den Westen nach pazifistischen Grundsätzen; wie seine Biographen berichten, trat nur ein Staat, in dem er sprach, nicht hinter Präsident Wilson. Allgemein wurde in demokratischen Kreisen anerkannt, daß die mitreißende Rednergabe Bryans wesentlich dazu beigetragen hatte, den schwer errungenen Sieg vollends abzurunden, der Wilson gestattete, eine zweite Periode im Weißen

Haus zu bleiben. Der Präsident war Bryan zu größtem Dank verpflichtet. Sobald nach den Wahlergebnissen der Erfolg der Demokraten sicher stand, schrieb er einen kurzen Brief an den „Great Commoner", worin er die Anstrengungen Bryans würdigte: „Ich möchte Ihnen sagen, wie sehr ich Ihrer Arbeit in der Wahlschlacht Bewunderung zolle, und wie erfolgreich Sie gerade in dem Teil des Landes gewesen sind, der sich jetzt in die für den Fortschritt kämpfende Partei eingereiht hat. Alle Demokraten sind Ihnen sicherlich dankbar. Auf alle Fälle bin ich es."

Der Oberstaatsanwalt T.W. Gregory schrieb sofort nach den Novemberwahlen an Bryan, seiner Meinung nach seien Bryans unermüdliche Anstrengungen „zu einem großen Teil schuld" an dem „glänzenden Aufschwung im Westen. Die Beweise Ihrer Vaterlandsliebe und Ihres Einsatzes für die Regierung hat alle Ihre Freunde erfreut ... Wir haben zweifellos den größten Sieg für den Gedanken des Fortschritts errungen, den Amerika je erlebt hat".

Tumulty schlug dieselben Töne an und sandte Bryan „herzliche Grüße". Der Wert der Dienste des „Great Commoner" könne nicht „zu hoch angeschlagen" werden. Und schließlich hatte der Präsident den Drang, Bryan ein zweites Mal zu schreiben, um in entsprechenden Worten seine Dankbarkeit für die Hilfe auszudrücken, die zu einem so „klaren" Urteil des Volkes führten. Aber trotz diesen Versicherungen der Freundschaft und der Anerkennung der wertvollen Dienste Bryans für die Sache der Demokratie, war der Präsident entschlossen, jeden Versuch des ehemaligen Staatssekretärs zu verhindern, Friedensverhandlungen unter den kriegführenden Nationen zustandezubringen. Die Rolle eines Friedensstifters sollte ausschließlich dem Präsidenten vorbehalten bleiben. Am 3. Dezember erklärte der Präsident Oberst House in einem Schreiben, Schritte zu einem Frieden müßten „sehr bald" unternommen werden. Einer der Gründe, warum „eine frühzeitige Aktion" notwendig sei, liege in dem glühenden Wunsche Bryans, eine hervorragende Rolle bei allen Friedensverhandlungen zu spielen.

Botschafter Gerard hatte eben dem Präsidenten mitgeteilt,

„1. W.J.B. beabsichtige (wie Sie schon wissen) nach Europa zu gehen, um die ganze Sache selbst in die Hand zu nehmen und wünschte von ihm (Gerard), er solle den Weg dadurch ebnen, daß er eine Audienz beim Kaiser und den Politikern des Auswärtigen Amtes erwirke. Ich wies Gerard an, nichts derartiges zu tun, sondern ihm, wenn er kommt, äußerst höflich entgegenzutreten, aber ihn doch merken zu lassen, er komme in niemandes Auftrag und nur als Privatmann.

2. W.J.B. habe ihm gesagt ... er werde aktiv gegen mich in Amerika auftreten, wenn es mir einfallen sollte, die Beziehungen mit Deutschland abzubrechen.

3. Er habe (meiner Ansicht nach höchst indiskret) W.J.B. gesagt ... er könne mir nicht beständig zuwiderhandeln, wenn ich nur darauf bestünde, die Kriegsziele der Kämpfenden zu erfahren, und er habe W.J.B. eine Erklärung gerade der Politik gezeigt, die auch der ‚Commoner' vertritt; es sei klar, daß W.J.B. sich entschloß, eine solche Politik recht bald erneut aufzunehmen und sie wahrscheinlich seinen eigenen Bemühungen um eine Vermittlung zugrundelegen werde. Ich entnahm seinen Worten nicht, daß er W.J.B. tatsächlich erzählt hat, was ich vorhabe; aber er muß es Bryan leicht gemacht haben, dahinterzukommen, was ich Gerard gesagt habe.

Es wird gut sein, wenn Sie mit Gerard sprechen, ihn warnen und von ihm noch mehr Einzelheiten über sein letztes Gespräch mit W.J.B. in Erfahrung bringen. Offenbar hat der ‚Commoner' vor, uns ziemlich viel Ungelegenheiten zu machen. B.

erklärte Gerard, er ‚erwarte', als Unterhändler bei einer Friedensvermittlung ernannt zu werden, wenn man je so weit ginge".

Es lag ganz in der neuen Richtung, daß der Präsident eine Friedensaktion Bryans als „bedenkliches Unheil" ansah. Als er sich zum ersten Male mit dem Gedanken an eine amerikanische Vermittlung trug, wollte er nicht im geringsten selbst an einer Friedenskonferenz teilnehmen, aber im Herbst 1916 erschien ihm ein solcher Gedanke in immer besserem Licht. Lansing weist deutlich auf die Sinnesänderung hin: „Während zuerst ... der Beweggrund, der Wilson zu seinen Bemühungen veranlaßte, mit seiner Person nichts zu tun hatte ... habe ich den Eindruck, der Gedanke an eine persönliche Teilnahme bei der Friedenskonferenz hat immer mehr an Anziehungskraft gewonnen, bis er, möglicherweise unbewußt, eher zu einem Ziel als zu einem Mittel geworden ist."

Staatssekretär Lansing war wohl allzu zynisch in seinem Urteil über den Wunsch des Präsidenten, einer vom Krieg zerrissenen Welt den Frieden zu bringen. Nie stand die Absicht, sich selbst herauszustellen oder sich zu beweihräuchern, hinter dem Bemühen des Präsidenten, zugunsten des Weltfriedens einzugreifen. Er vertraute völlig auf seine Fähigkeit, die wichtigsten Ziele der kriegführenden Völker verstehen und ausdrücken zu können, und er glaubte, er könne weit besser als seinerzeit v. Bismarck in Berlin die Rolle des „ehrlichen Maklers" spielen. Wenn er eine führende Rolle bei einer Friedenskonferenz übernehmen wollte, so hauptsächlich deshalb, weil er hoffte, zu einer gerechten Regelung beitragen und die Grundlage für eine neue Ordnung legen zu können.

Anfang November 1916 schrieb Oberst House an den Präsidenten, er habe „unwiderlegliche Beweise", daß Deutschland „nicht bereit ist, die Friedensbedingungen anzunehmen, die Amerika den Alliierten nahelegen würde". Der Präsident erhielt dagegen immer mehr die Überzeugung, eine Verzögerungspolitik würde zu einer Wiederaufnahme des uneingeschränkten U-Bootkrieges führen, und das könnte auch die Vereinigten Staaten in die Feindseligkeiten hineinziehen. Am 14. November besprach er sich mit Oberst House und war „tief enttäuscht", weil der Oberst an seiner Politik der „Untätigkeit" festhielt und die „weitere Entwicklung" abwarten wollte. Keiner ließ sich von den Gründen des anderen überzeugen. Der Oberst blieb dabei, „jeder Versuch einer Vermittlung in diesem Zeitpunkt würde nur Schlamm aufrühren".

Daß der Präsident eine echte und starke „Leidenschaft für den Frieden hatte", ergibt sich aus seiner Weigerung, den ständigen Einflüsterungen solcher Ratgeber wie Lansing und House zu folgen. Sie traten bei jeder Gelegenheit dafür ein, über Friedensverhandlungen kein Wort mehr verlauten zu lassen. Mit der Sache der Alliierten waren sie derart verbunden, daß sie die Fortsetzung des Krieges mit einem möglichen Sieg der Entente-Mächte einem raschen Frieden mit ungewissem Ausgang vorzogen. Das Opfer zahlloser Menschenleben, das mit einer Verlängerung des Krieges verbunden war, spielte in ihrer Gedankenwelt keine große Rolle. Kreuzzüge und unabsehbare menschliche Leiden schienen eben eng miteinander verschwistert zu sein.

Lansing und House beklagten sich zuzeiten, der Präsident erfasse anscheinend die „volle Bedeutung des Krieges und die in Frage stehenden Grundsätze nicht". Unmöglich schien er sich von dem Gedanken an eine Neutralität trennen zu können, und so naiv war er nie, anzunehmen, ein völliger Sieg der Alliierten sei das Opfer an Millionen Menschenleben wert, die eine amerikanische Vermittlung zu retten vermochte. Er war einer der wenigen Amerikaner, die etwas zu sagen hatten, und die sich entschieden weigerten, dem Ruf „Zu den Waffen!" Beachtung zu schenken, in den in den letzten Monaten des Jahres 1916 so viele Amerikaner eifrig einstimmten. Langsam und zögernd hatte er sich auf eine nationale Bereitschaft umgestellt, um einer immer nachdrücklicher erhobenen Forderung gerecht zu werden; aber er war entschlossen, diese Waffen erst zu gebrauchen, wenn er dazu durch wiederholte Verletzung amerikanischer Rechte gezwungen würde. In der langen Reihe derer, die an der Spitze der Regierung der Vereinigten Staaten standen, ist keiner ein aufrichtigerer Pazifist gewesen als der Präsident, der Amerika im April 1917 in den Krieg führte.

Trotz der gegenteiligen Ansicht seiner Berater blieb Wilson fest bei seiner Überzeugung, man müsse mit Friedensverhandlungen so bald wie möglich beginnen. Am 21. November schrieb er Oberst House, „die Zeit stehe nahe bevor, wenn sie nicht schon gekommen ist, unsere Friedensaktion ins Werk zu setzen". Ein paar Tage später wies er House darauf hin, es sei wichtig, England zu drängen, um es für eine Friedensnote empfänglich zu machen. Man solle Sir Edward Grey mitteilen, in den Vereinigten Staaten greife infolge der „unhaltbaren Lage, in der sich ein neutraler Staat befindet", eine Unruhe um sich. Die amerikanische Stimmung werde so „aufgebracht gegen England, wie sie zuerst gegen Deutschland war", und die Wahrscheinlichkeit bestehe, daß sie sich „noch mehr gegen eine endlose Fortsetzung des Krieges wendet, wenn kein größerer Fortschritt erreicht wird als bisher". Es könne auch zweckdienlich sein, Sir Edward zu bedeuten, Botschafter Page „vertrete nicht länger die Stimmung und den Standpunkt der Vereinigten Staaten, so wenig wie die in London lebenden Amerikaner".

Gegen den 25. November hatte der Präsident den „ersten Entwurf" seines Friedensdokumentes fertiggestellt und lud Oberst House zu einer Besprechung in das Weiße Haus ein. Er habe das Gefühl, es sei „etwas im Anzug" und die Regierung müsse „sofort" ihre Politik festlegen.

House kam zu dieser Unterredung mit trüben Ahnungen. Infolgedessen war er nicht überrascht, als er im Entwurf des Präsidenten auf eine Stelle stieß, in der behauptet wurde, „die Ursachen und Ziele des Krieges seien im Dunkeln". Sofort warnte er den Präsidenten, ein solcher Satz würde die Alliierten „in die größte Wut" versetzen. Stets hätten sie verfochten, Deutschland habe den Krieg vom Zaun gebrochen, um „Eroberungen" zu machen, und habe aus diesem Grunde „alle internationalen Verpflichtungen und die Gesetze der Menschlichkeit" gebrochen. Es sei weit besser, einen Passus einzufügen, der die Alliierten zu dem Glauben verleiten würde, „er sympathisiere mit ihrer Auffassung".

Als der Oberst nach New York zurückkam, riet er dem Präsidenten sofort in einem Brief, jeden Versuch einer Vermittlung aufzuschieben. Die „Erfolgsaussichten stünden eins gegen zehn", und ein Versagen in diesem Augenblick würde spätere Versuche ernstlich in Frage stellen. Um sich diesen Standpunkt bestätigen zu lassen, besprach er die Frage mit verschiedenen Freunden, die sich ähnlich wie er dazu einstellten. Es kam auch vor, daß dieses Experiment zu einem heftigen Ausbruch führte. Der Oberst war unangenehm überrascht, als Botschafter Jusserand Präsident Wilson wegen seiner pro-deutschen Gesinnung scharf angriff. Bei dieser Gelegenheit wurde die Geduld des Oberst beträchtlich in Anspruch genommen; wäre er nicht entschlossen gewesen, sich zu beherrschen, *hätte* er dem Botschafter etwas sagen können, an das er „sich lange erinnert hätte".

Als Oberst House dem Präsidenten den Inhalt des Gespräches berichtete, sagte er, Jusserand habe zugegeben, die Politik des Präsidenten sei in der Zeit der Neutralität „für die Alliierten recht günstig" gewesen. Er habe auch darauf hingewiesen, „möglicherweise" ergebe sich an der Westfront für mindestens ein Jahr „keine wesentliche Veränderung". Aber als House ihm nahelegte, es sei ein Gebot der Klugheit, eine amerikanische Vermittlung anzunehmen, griff der französische Botschafter zu Ausreden, die darauf hinausliefen, „Frankreich werde lieber bis zum äußersten kämpfen", als mit Deutschland Frieden schließen.

Ganz anders verhielt sich Graf Bernstorff, der stets versuchte, den Oberst zu gewinnen. Im Verlauf einer Unterredung (2. Dezember 1916) ging der deutsche Botschafter sogar so weit, seine Haltung in der Wahlnacht erklären zu wollen: „Er hatte gehört, jemand habe mir erzählt, er [Bernstorff] habe sich in der Wahlnacht so benommen, als freue er sich, daß Hughes anscheinend zum Präsidenten gewählt worden war. Bernstorff sagte, er sei froh, daß er in jener Nacht zufällig im Theater war, wo auch Frau Lansing sich aufhielt, und er sei überzeugt, sie würde sicher das Gegenteil bestätigen".

Aber diese überlegten Versuche, die Gunst des Oberst zu gewinnen, machten auf den kritischen Lansing wenig Eindruck. Man konnte ihn schwer davon abbringen, Deutschland wegen einer Verletzung amerikanischer Rechte unter Druck zu setzen – eine Aufgabe, der er sich gern unterzog. Im September 1916 bemühte er sich, die ungelöste „Lusitania"-Frage wieder aufzuwärmen, aber der Präsident fürchtete, ein derartiger Schritt wäre „den Gegnern Deutschlands diesseits des großen Teiches Wasser auf die Mühle und gäbe ihnen in ihrem Kampf allerlei Material in die Hand infolge aller möglichen falschen Eindrücke". Es sei zweckdienlich, bis nach der Wahl die Fragen aufzuschieben, die die große deutsch-amerikanische Wählermasse beeinflussen könnten.

Als die Wahl glücklich unter Dach und Fach war, begann Lansing erneut, auf eine Aktion gegen Deutschland zu drängen. Am 8. Dezember schrieb er an den Präsidenten wegen der Versenkung der Dampfer „Marina" und „Arabia". Im Fall des Dampfers „Sussex" hatte sich die amerikanische Regierung endgültig auf eine Verurteilung von U-Bootangriffen auf Kauffahrteischiffe festgelegt und vom deutschen Auswärtigen Amt Versicherungen erhalten, daß diese eingestellt würden. Die Vernichtung der Dampfer „Marina" und „Arabia" könne nur als eine Verletzung dieser Bürgschaften betrachtet werden. Die deutsche Regierung hätte zwar versucht, die Angriffe auf die beiden Handelsschiffe zu erklären, aber Staatssekretär Lansing hielt es für das beste, die Erläuterungen zurückzuweisen und „anzukündigen, wir hätten keine andere Wahl, als die diplomatischen Beziehungen abzubrechen".

Der Präsident war sich bewußt, daß Amerika bald mit Deutschland in einen Krieg verwickelt wäre, würde er dem Rat Lansings folgen. Auf dasselbe lief der Vorschlag des Oberst House hinaus; wollte er nichts für einen Frieden unternehmen, mußte man sich auf weitere Reibungen mit Deutschland gefaßt machen, die einen Krieg zur Folge hatten. Die amerikanische Neutralität konnte nur dadurch erhalten werden, daß man sofort ein Friedensprogramm in Angriff nahm. Wie waren die Erfolgsaussichten? Frankreich verhielt sich gegen Friedenseröffnungen „völlig ablehnend", trotz der „trüben Aussichten".[38] England war ähnlich eingestellt. Am 28. September 1916 machte Lloyd George jene kriegerische Äußerung, die jedes Gerede von einem Frieden für unmöglich erklärte, solange Deutschland nicht „am Boden" liege. Lord Robert Cecil hielt Friedensverhandlungen für verfrüht, jede ernstliche Erwägung wäre „verhängnisvoll". Asquith trat für die Fortsetzung des Krieges gegen die Mittelmächte ein; am 11. Oktober lehnte er in einer Rede jeden Gedanken an einen „zusammengeflickten, unsicheren und unehrenhaften Vergleich ab, der unter dem Namen ‚Friede' liefe".

Balfour, der erste Lord der Admiralität, war gleichfalls gegen einen Frieden. In einer Denkschrift (4. Oktober 1916) an das Kabinett stellte er Friedensbedingungen auf, von denen er wußte, daß sie für Deutschland unannehmbar waren. Er verlangte „die Unabhängigkeit Belgiens, die Rückgabe Elsaß-Lothringens, eine selbständige Regierung für Polen, Ausdehnung der Grenzen Italiens, Errichtung eines größeren Serbiens und größeren Rumäniens in Südosteuropa".

Die Mittelmächte müßten für den „in Belgien, Nordfrankreich und Serbien angerichteten Schaden" aufkommen und „einen Schiffsraum abliefern, der den im Laufe des U-Bootkrieges versenkten Schiffen entsprach". Mit anderen Worten: Balfour wollte so lange weiterkämpfen, bis England die Bedingungen diktieren konnte, die nur ein tief gedemütigtes Deutschland annehmen würde.[39]

Ein paar englische Politiker sahen aber mit zunehmender Besorgnis, wie die lange Liste der englischen Verluste immer größer wurde und ein ungeheurer Zug Gefallener den Tag der Tage erwartete. Am 13. November 1916 legte Lord Lansdowne dem Premierminister eine Denkschrift vor, in der er einen genauen Überblick über die Lage gab und den alliierten Regierungen eine Bestandsaufnahme ihrer Hilfsquellen vorschlug, um für die Zukunft die beste Politik danach festzulegen. Er wies darauf hin, die „Schwierigkeit infolge des U-Bootkrieges" werde immer fühlbarer, und trotz der größten Anstrengungen der Admiralität sei es geradezu unmöglich, „dafür eine wirksame Abhilfe" zu schaffen. Die Verluste beliefen sich bereits auf mehr als 1.100.000 Mann. Ging der Kampf weiter, so bedeute das die Vernichtung des „besten Teiles der männlichen Bevölkerung des Inselreiches". Die Aussicht auf einen „vernichtenden Schlag" gegen Deutschland sei, „zum mindesten gesagt, in weiter Ferne". An baldigen Erwägungen über einen Frieden könne man infolgedessen nicht vorbeigehen. Annehmbare Friedensbedingungen könnten selbstredend nur ins Auge gefaßt werden, wenn „die Vergangenheit entsprechend wieder gutgemacht und die Zukunft im selben Maße gesichert würde".

Der Premierminister unterbreitete die Denkschrift Lansdownes Sir William Robertsen (dem Generalstabschef) und Sir Douglas Haig und erbat ihre Ansicht. Sir William wies sofort den Gedanken von sich, es gehe an der Westfront nicht mehr vorwärts. Man könne sich auf einen Endsieg verlassen, wenn der „Rat des Kriegsministeriums in jeder Beziehung gehorsam befolgt und seinen Anforderungen in jeder Einzelheit mit Rücksicht auf das Vaterland Genüge getan wird". Sir Douglas Haig trug denselben Optimismus zur Schau. Die Deutschen hätten an der Somme eine schwere Schlappe erlitten, und ihre Moral sei wesentlich schlechter geworden. Ein „beträchtlicher" Teil des deutschen Heeres bestehe jetzt aus „besiegten Leuten", die „überliefen, sobald sie die Gelegenheit dazu hatten".[40]

Am 27. November brachte Sir Edward Grey eine Denkschrift ein, in der er jeden Gedanken an Frieden ablehnte. Über die militärische Lage war er derselben Ansicht wie Sir William Robertson und Sir Douglas Haig und vertrat den Standpunkt: „Solange Marine und Heer überzeugt sind, Deutschland besiegen und schließlich zufriedenstellende Bedingungen diktieren zu können, ist ein Friede verfrüht; ihn in Betracht zu ziehen, bedeutet Verrat an den Interessen Englands und der Alliierten".

Als die Regierung Asquith am 5. Dezember zurücktrat und Lloyd George Premierminister wurde, änderten sich die Aussichten für einen Frieden nicht.[41] Arthur Balfour, der neue Außenminister, dachte an keinen Vergleich, und Lloyd George selbst vertrat die Meinung, Deutschland müsse am Boden liegen, ehe man über Friedensbedingungen reden könne. Aber der neue Premierminister machte sich nichts vor über die trüben Zukunftsaussichten auf militärischem Gebiet. Am 3. November 1916 hatte er die Kriegskommission daran erinnert, dem Feind unterstehe nicht nur mehr Boden als „je zuvor", sondern er habe „neulich die Initiative" ergriffen. Nirgends hätten die Alliierten einen „einwandfreien" Erfolg davongetragen. Im Dezember 1916 hatte er sogar den Eindruck, das Kriegsglück der Alliierten sei „auf einem Tiefpunkt" angelangt; selbst Sir William Roberts äußerte sich in einer zweiten Denkschrift, es sei möglich, „den Krieg gerade durchzubringen und nicht mehr". Da sich die alliierten Regierungen in dieser verwickelten und ernsten Lage befänden, müsse man sich vor vernünftigen Friedensbedingungen der Mittelmächte in acht nehmen: „Hätte Deutschland die Zurückziehung aller Streitkräfte aus Nordfrankreich und Belgien angeboten und nur gewisse Bedingungen im Falle Belgiens gestellt, die sich auf die Verwendung belgischer Häfen und die Schleifung der Grenzfestungen bezogen hätten, hätten dann die Alliierten die Kriegsbegeisterung von 1914 noch einmal so anzufachen vermocht, daß die Bevölkerung weitere Jahre die furchtbaren Verluste der letzten 2 $^{1}/_{2}$ Jahre ertragen hätte, allein um Elsaß-Lothringen Frankreich zurückzugeben oder um Kurland und die anderen besetzten Gebiete an die unfähige russische Autokratie zurückfallen zu lassen?"[42]

Nachdem im Herbst 1916 Frankreich und England von Friedensverhandlungen nichts wissen wollten, schien kaum eine Hoffnung auf Frieden zu bestehen, höchstens infolge Erschöpfung einer Gruppe der Kriegführenden, oder falls eine Partei einen völlig durchschlagenden Erfolg über den Gegner erringen würde. Aber die Mittelmächte hatten nach wie vor Friedensgedanken. Am 17. Oktober unterbreitete Graf Burian, der österreichisch-ungarische Außenminister, v. Bethmann-Hollweg bestimmte Vorschläge in Pleß. Er erhob die Frage, ob es nicht möglich wäre, einen anderen Weg einzuschlagen, um zu Friedensverhandlungen zu gelangen. Wäre es nicht günstiger, anstatt nur eine Regierung, wie die Vereinigten Staaten zu einer Friedensaktion zu veranlassen, an alle wichtigen neutralen Staaten mit der Bitte heranzutreten, „unser konkret ausgedrücktes Friedensangebot unseren Feinden zu übermitteln"?[43]

Reichskanzler v. Bethmann-Hollweg nahm den Vorschlag Graf Burians bezüglich der Art, wie Friedensverhandlungen eingeleitet werden sollen, an, aber mit zwei wichtigen Punkten war er nicht einverstanden. Graf Burian hielt es für angebracht, „einige Wochen oder Monate" den Friedensvorschlag zurückzuhalten; v. Bethmann-Hollweg vertrat dagegen die Meinung, den Vorschlag sofort hinausgehen zu lassen, nachdem „der Balkanfeldzugsplan der Entente als gescheitert angesehen werden kann". Graf Burian verfocht ferner den Standpunkt, der Friedensvorschlag solle konkrete Friedensbedingungen enthalten, aber v. Bethmann-Hollweg hielt eine öffentliche Bekanntgabe der Bedingungen für unklug.

Graf Burian gab in den genannten Punkten nach; darauf legte v. Bethmann-Hollweg Generalfeldmarschall v. Hindenburg die vom österreichischen Außenminister vorgeschlagenen Friedensbedingungen in großen Zügen vor. Dann gab er seine eigenen Bedingungen an, die schärfer waren als die Graf Burians. Sollten die gewünschten belgischen Garantien durch Unterhandlungen mit König Albert nicht erreicht werden, so sei es zweckdienlich, einen Gebietstreifen einschließlich Lüttichs zum Schutz des deutschen Industriegebietes im Westen zu annektieren. Gegen etwaige Kriegsentschädigungen würden deutsche Truppen französisches Gebiet, ausgenommen Briey und Longwy, räumen. Bei der Grenzziehung im Osten würden Kurland und Litauen an Deutschland fallen.

Generalfeldmarschall v. Hindenburg war mit diesen Bedingungen des Kanzlers einverstanden, meinte aber, Luxemburg müsse auch zu Deutschland geschlagen werden, und England solle für die Wiederherstellung der Unabhängigkeit Belgiens eine Entschädigung bezahlen. Darüberhinaus solle Deutschland zur Übernahme des Eisenbahnwesens Belgiens ermächtigt werden und „die Bodenschätze der Campine" ausnutzen dürfen.

Nachdem die Billigung des Kaisers und der Obersten Heeresleitung für den abgeänderten Entwurf der Friedensbedingungen[44] eingeholt worden war, schickte sie v. Bethmann-Hollweg nach Wien. Inzwischen hatte er versucht, Präsident Wilson zu einer Friedensaktion zu veranlassen. Obwohl Graf Burian nicht damit einverstanden war, hatte er durch Staatssekretär v. Jagow wegen der Möglichkeit einer amerikanischen Vermittlung bei Graf Bernstorff (am 16. November) anfragen lassen. Jagow sandte daraufhin noch einen persönlichen Brief an Graf Bernstorff und ersuchte den Botschafter, Friedensaktionen des Präsidenten zu ermutigen.

In seiner Antwort auf das Telegramm v. Jagows vom 16. November teilte Graf Bernstorff dem Auswärtigen Amt mit, er habe von Oberst House erfahren, der Präsident wolle „möglichst bald in Friedensvermittlung Schritte tun, vermutlich zwischen jetzt und Neujahr". Im Zusammenhang damit mache er jedoch zur Bedingung, daß „bis dahin bei uns möglichst wenig von Friedensvermittlung gesprochen und geschrieben wird, um vorzeitige Ablehnung seitens unserer Feinde zu verhindern, und daß wir ferner U-Bootkrieg strengstens nach unseren Versprechungen führen und keine neuen Kontroversen aufkommen lassen".[45]

Am 22. November teilte das Auswärtige Amt Graf Bernstorff mit, die deutsche Regierung beabsichtige, demnächst ihre Bereitwilligkeit anzukündigen, „in Friedensverhandlungen einzutreten".[46] Vier Tage darauf ließ das Auswärtige Amt Graf Bernstorff wissen, es würde eine „Friedensaktion Wilsons unserer Aktion vorziehen". Zugleich wünschte die deutsche Regierung „dringend", Präsident Wilson solle sich „zu baldigem Handeln, womöglich bei Eröffnung des Kongresses oder unmittelbar nachher, entschließen. Bei Hinziehen bis Neujahr oder später würde Abflauen militärischer Operationen während des Winterfeldzuges Friedensneigung in öffentlicher Meinung bei Gegnern herabstimmen".[47]

Angesichts der Politik der Untätigkeit auf seiten des Präsidenten begann die deutsche Marine, auf eine Revision der Denkschrift des Staatsdepartements (25. März 1916) bezüglich bewaffneter Handelsschiffe zu drängen. Um in dieser Sache mit der Auffassung der Vereinigten Staaten nicht zusammenzustoßen, wies das Auswärtige Amt Graf Bernstorff warnend darauf hin, die Friedensaktion des Präsidenten „müsse schnell einsetzen". Die Vermittlung des Präsidenten wurde jedoch dadurch durchkreuzt, daß die deutsche Regierung eine große Anzahl arbeitsloser Belgier nach Deutschland überführte. Im Sommer 1915 stieg die Zahl der Arbeitslosen auf 650.000 Mann, deren Unterstützung hohe Beträge verschlang. Um diesem Zustand abzuhelfen, brachte die deutsche Regierung im August 1915 zwei Erlasse heraus und verlangte, beschäftigungslose Arbeiter sollten die von den deutschen

Behörden vorgesehene Arbeit annehmen, wenn sie keine genügenden Gründe für eine Befreiung vorbringen konnten. Weitere Erlasse vom 2. Mai und 3. Oktober 1916 bestimmten, Arbeiter könnten in Gebieten, wo eine Beschäftigung möglich sei, eingesetzt werden. Aufgrund dieser Erlasse wurden belgische Arbeiter nach Deutschland „deportiert" und gezwungen, unter deutscher Aufsicht zu arbeiten. In den Ländern der Alliierten und in den Vereinigten Staaten entstand wegen dieser sogenannten „Sklavenzüge" große Entrüstung; das „Tagebuch" Brand Whitlocks zum Beispiel ist voll von niederschmetternden Schilderungen der Art, wie diese Deportationen ausgeführt wurden. Die amerikanische öffentliche Meinung verlangte von der Regierung umgehend, sie müsse gegen diesen neuen Beweis deutschen „Barbarentums" tatkräftig vorgehen.

Am 21. November 1916 sandte Carton de Wiart von London ein Telegramm an seinen amerikanischen Freund, F.W. Whitridge, über diese „Sklavenzüge": „Nachrichten aus Belgien geben ein schreckliches Bild der Lage ... Veranlassen Sie bitte einflußreiche Freunde zu einem großzügigen Propagandafeldzug ... der vielleicht die Sklavenzüge eindämmen kann".

Whitridge begann sofort, ein Komitee zusammenzubringen, das sich zum Ziele setzte, die öffentliche Meinung in den Vereinigten Staaten zugunsten eines offiziellen Schrittes der Regierung gegen die Verpflanzung belgischer Arbeiter mobil zu machen. In einem Brief an Joseph H. Choate schreibt Whitridge, „was Deutschland aber tut ... ist ohne Gegenbeispiel seit der Zeit, als die römischen Kaiser Palästina verwüsteten". „Zur Ehrenrettung der Menschheit" sollte sofort etwas unternommen werden, um die deutsche Brutalität in die Schranken zu weisen.

Am 25. November wurde, dank der unermüdlichen Anstrengungen Whitridges, ein Telegramm an den Präsidenten geschickt und diese Deportationen als eine „Verletzung von Gesetz und Menschenwürde" erklärt. Unterzeichnet war es von einer beträchtlichen Anzahl einflußreicher Amerikaner, darunter Elihu Root, Robert Bacon, Bischof W.T. Manning, Henry L. Stimson und Joseph H. Choate.

Als Antwort auf das Telegramm an den Präsidenten teilte Staatssekretär Lansing Whitridge mit, er könne der Bitte nicht entsprechen, „Tatsachen mitzuteilen über die Deportierung von Belgiern nach Deutschland und über die von der amerikanischen und anderen Regierungen in dieser Angelegenheit unternommenen Schritte; denn es ist alte Übung im Staatsdepartement, über vertrauliche Fragen, die diplomatischer Besprechung unterliegen, keine offizielle Erklärungen abzugeben".

Staatssekretär Lansing hatte aber trotzdem das Telegramm Whitridges und seines Ausschusses an den Präsidenten einer sorgfältigen Prüfung unterzogen. Am 29. November schickte er an Grew, den amerikanischen Geschäftsträger in Berlin, ein Telegramm über die Lage. Grew sollte dem Kanzler „vertraulich und mit allem Ernst" die recht ungünstige Wirkung der belgischen Deportationen auf die amerikanische öffentliche Meinung vorstellen. Diese feindliche Einstellung hätte den Plänen des Präsidenten, eine amerikanische Vermittlung zwischen den kriegführenden Mächten herbeizuführen, „schwere Hindernisse" in den Weg gelegt. Trotzdem wolle der Präsident die ganze Lage weiterhin mit „äußerster Sorgfalt" im Auge behalten und habe den größten Wunsch, bei Friedensverhandlungen „von Nutzen" zu sein.[48] Wie der Präsident über die belgischen Deportationen dachte, geht deutlich aus folgendem Schreiben an Senator John Sharp Williams hervor: „Ich bin mit Ihnen völlig über die ... Deportationen einer Ansicht; der Protest, den wir der deutschen Regierung zugehen ließen, ist sehr ernst gehalten. Es handelt sich hier um einen der betrüblichsten und wohl einen der ungerechtfertigsten Zwischenfälle des gegenwärtigen Krieges. Ich möchte nur, es wäre mir vergönnt, Urteile dieser Art nicht nur als Privatperson aussprechen zu dürfen".

Graf Bernstorff merkte gleich, daß die Frage der Deportierung den Friedensplänen des Präsidenten „im Wege stand". Er riet daher dem deutschen Auswärtigen Amt, etwas zu unternehmen, um die feindselige amerikanische Stimmung zu mäßigen, wenn Friedensverhandlungen gewünscht würden. Ein paar Tage später sandte er, ohne inzwischen von seiner Regierung gehört zu haben, ein zweites Telegramm ab des Inhalts: „für Friedensaktion ist alles vorbereitet, doch bleibt es bei dem unbeständigen Herrn Wilson noch immer zweifelhaft, wann er damit herauskommen wird".

Jedenfalls sei sicher, daß Oberst House „Herrn Wilson fortwähend zur Aktion dränge", infolgedessen könne man nicht daran zweifeln, daß „die Friedenspropaganda hier ständig wächst".[49]

Aus Deutschland berichtete Grew, das Land „als Ganzes" sei mit „Ausnahme gewisser Kreise in Heer und Marine" für Schritte, die „zum Frieden" führen würden. Die Heerführer seien wahrscheinlich gegen Friedensverhandlungen, weil sie nach einer Frühjahrsoffensive günstigere Bedingungen erhofften. Die Marine werde erst dann das Gefühl haben, „ihren Trumpf auszuspielen, wenn der uneingeschränkte U-Bootkrieg aufgenommen worden ist". Aber der Kanzler, sowie Staatssekretär Zimmermann seien für jeden Schritt, „der zum Frieden führen könnte".

Grew hatte mit seiner Darstellung des Kanzlers als eines den Frieden herbeisehnenden Staatsmannes recht. Unbekannt blieb ihm aber, daß der Kanzler in Präsident Wilson den „großen Zögerer" sah, der sich nicht für einen günstigen Augenblick entschließen konnte, um seinen Vermittlungsvorschlag zu machen. Bethmann-Hollweg war über diesen Mangel an Entschlußkraft des Präsidenten sehr enttäuscht und kam zu dem Schluß, die Mittelmächte sollten unabhängig vorgehen und selbst eine Friedensaktion einleiten.[50] Am 27. Oktober gab er Feldmarschall v. Hindenburg schriftlich einen Überblick über die Lage: „Die Aussichten des Angebots bleiben ungewiß ... Präsident Wilson hat vertraulich den Grafen Bernstorff wissen lassen, daß er in der Zeit zwischen jetzt und Neujahr einen Friedensappell zu erlassen gedenke. Ob er seine Ansicht wirklich ausführt, bleibt völlig ungewiß ... Auf der anderen Seite werden wir bei der Unsicherheit, die über den Entschlüssen Wilsons bis zum letzten Augenblick schweben wird ... den psychologischen Moment für ein eigenes Friedensangebot über der Hoffnung auf einen Appell Wilsons nicht ungenützt vorübergehen lassen dürfen".[51]

Der Kaiser und die Oberste Heeresleitung waren der Ansicht, die Friedesnote solle „möglichst nach dem Fall von Bukarest" abgesandt werden. Graf Burian stimmte darin bei. Aber Generalfeldmarschall v. Hindenburg legte eindeutig dar, vom Standpunkt der gegenwärtigen militärischen Lage aus könne das Friedensangebot nur gemacht werden, wenn die „Operationen zu Lande und der U-Bootkrieg zur See unbeeinträchtigt weitergeführt werden können".

Trotz dieser unheilverkündenden Andeutungen des Generalfeldmarschalls verfolgte der Kanzler sein Friedensprogramm weiter. Am 9. Dezember teilte das Auswärtige Amt Graf Bernstorff mit, die deutsche Regierung werde am 12. Dezember voraussichtlich eine Friedensnote ausgeben. An diesem Tage übergab v. Bethmann-Hollweg dem amerikanischen Geschäftsträger eine Note, die den Wunsch

Deutschlands und der mit ihm verbündeten Mächte zum Ausdruck brachte, „sofort auf Friedensverhandlungen einzugehen".

Für Wilson kam es ganz ungelegen, daß die deutsche Regierung durch eine Note die Bereitwilligkeit der vier Mächte zu erkennen gab, sofort Friedensverhandlungen aufzunehmen.[52] Zunächst war er sich darüber im Unklaren, ob „die Vereinigten Staaten später von sich aus" eine Friedensaktion unternehmen werden. Aus Bemerkungen Staatssekretär Lansings entnahm Graf Bernstorff, der Präsident sei überzeugt, die alliierten Regierungen würden „auf eine Konferenz eingehen", und die Vereinigten Staaten hätten dann Gelegenheit, die „Sache des Friedens" zu fördern.

Es ist erstaunlich, wie Graf Bernstorff die Lage in Washington so falsch auffassen konnte. Lansing gab ihm höchst wahrscheinlich keinerlei Andeutung darüber, der Präsident glaube, die Alliierten seien bereit, an Friedensverhandlungen teilzunehmen. Der Staatssekretär war ganz gegen jede Friedensaktion Wilsons, denn er fürchtete, ein vorzeitiger Friede könne sich für die deutsche Autokratie günstig auswirken. Er war der allerletzte, um einen Wink zu geben, die Alliierten seien an Friedensverhandlungen auch nur entfernt interessiert. Der Präsident selbst dagegen war offensichtlich entschlossen, seinen Friedensvorschlag trotz deutscher Einmischung vorzubringen. In der letzten Novemberwoche hatte er eine Note an alle kriegführenden Mächte aufgesetzt und um die Angabe der Kriegsziele gebeten. Lansing bedeutete dem Präsidenten, dieser Entwurf sollte in „Form und Ausdruck" umgeschrieben werden. Mit Rücksicht auf die Vorschläge des Oberst House und Lansings machte Wilson einen neuen Entwurf, den der Staatssekretär als „einwandfreier als den zuerst aufgesetzten" ansah.

Der Präsident konnte nicht dauernd aufgrund von Anregungen seiner Berater handeln – einmal war die Grenze erreicht. Wenn er auch in Zukunft Winke Lansings der Beachtung wert hielt, so schätzte er mit der Zeit die Ansichten des Oberst geringer ein. House hatte in dem Entwurf eines Briefes an Lloyd George den Vorschlag gemacht, der Präsident solle nach seinem Gutdünken gerechte Friedensbedingungen aufstellen. Würde Deutschland die Annahme verweigern, während die Alliierten damit einverstanden wären, so würden die Vereinigten Staaten zugunsten der Alliierten Mächte eingreifen.

Als Oberst House um die Erlaubnis bat, den Brief an Lloyd George senden zu dürfen, lehnte Wilson die Bitte rundweg ab. Der Zeitpunkt stehe nahe bevor „für *etwas*. Aber dies Etwas ist nicht gleichbedeutend mit der Vermittlung, wie wir sie anläßlich Ihres Besuches in Europa vorschlugen; deshalb halte ich es nicht für klug, den Brief, den Sie mir freundlicherweise vorgelegt haben, an Lloyd George zu schicken. Wir können auf die alten Pläne nicht zurückgreifen. Wir müssen Neues ersinnen".

Das House-Grey-Übereinkommen vom 22. Februar 1916 war veraltet. Amerika war nicht mehr bereit, dem Ruf der Alliierten zu folgen, sobald sie es für angebracht hielten. Im Augenblick gedachte die amerikanische Regierung nur, die kriegführenden Mächte um Bekanntgabe ihrer Kriegsziele zu bitten; nach den eingegangenen Antworten würde sich die amerikanische Politik richten. Schlug man einen solchen Kurs ein, so ergaben sich ernste Gefahren. Lansing legte auf sie den Finger in einer Begleitnote zum dritten Entwurf der Friedensnote des Präsidenten. Wenn die Antworten der Entente und der Mittelmächte „im Geist der Vernunft gemacht würden, bleibt dann noch etwas anderes übrig, als sich für die annehmbarste zu entscheiden und eine Neutralität, die immer schwieriger wird, fahren zu lassen? Angenommen aber, die unannehmbare Antwort kommt von seiten der Kriegführenden, deren Niederlage wir uns nicht leisten können mit Rücksicht auf unsere nationalen Interessen und auf die zukünftige Anerkennung der Grundsätze der Freiheit und der Demokratie in der Welt – was dann?"[53]

Nachdem die Friedensnote ein fünftes Mal aufgesetzt und dem Staatssekretär vorgelegt worden war, erhielt sie die endgültige Gestalt zur Absendung an die kriegführenden Mächte. Lansing brachte es fertig, gewisse Ausdrücke auszumerzen, die, wie er fürchtete, „bei einem Teil der Kriegführenden Anstoß erregen würden, vor allem bei den Entente-Mächten, die besonders – grundlos – empfindlich sind". Der Präsident war auf die meisten Vorschläge eingegangen, hatte aber folgenden Satz stehen lassen, der bei den Alliierten einer scharfen Kritik begegnen mußte: „Er [der Präsident] nimmt sich die Freiheit, darauf hinzuweisen, daß die Ziele, die die Staatsmänner beider kriegführender Parteien in diesem Kriege im Auge haben, dem Wesen nach die gleichen sind; sie haben sie ja in allgemeinen Worten ihren eigenen Völkern und der Welt kundgegeben".

Ehe der Präsident die Alliierten mit seiner Note beglücken konnte, mußte er sich gegen eine unerwartete Einmischung in seine Friedenspläne wenden. Bryan erschien plötzlich auf der Bildfläche und hielt die Rede, die eigentlich dem Helden des Stückes gebührte. Am 14. Dezember 1916 sandte Bryan an Lloyd George ein Kabel und ersuchte um seine Zustimmung zu Friedensverhandlungen: „Diesen Streit muß man nicht notwendigerweise mit den Waffen ausfechten. Alle internationalen Fragen kann man friedlich beilegen. Jede Garantie, die möglicherweise durch einen Krieg erreicht werden kann, kann als eine dem Frieden vorausgehende Bedingung angesehen werden. Ich bitte Sie inständig, nicht durch eine Weigerung, an einem Gedankenaustausch teilzunehmen, die Verantwortung für weitere unnennbare Schrecken dieses beispiellosen Ringens sich aufzuladen. Ihre Entscheidung kann für Millionen Leben oder Tod bedeuten".

Botschafter Spring Rice äußerte sich dahingehend, die englische Zensur werde wohl das Telegramm in die Hände des Premierministers gelangen lassen „ohne Angst vor seinen schädlichen Wirkungen". Lloyd George machte sich aber gar nicht die Mühe, eine solche Anfrage zu beantworten. Graf Bernstorff hoffte trotzdem, die Friedensaktionen könnten zu einem guten Ende führen und der Menschheit schließlich „die Verwirklichung der Ideen bringen, für die sie immer so tapfer eingestanden sind".[54] Sekretär Josephus Daniels hielt Bryans Telegramm an Lloyd George für einen „kräftigen Appell", der, wie er hoffe, den neuen Premierminister zum Nachdenken veranlassen würde, „ehe England eine Konferenz ablehnt". Claude Kitchin, ein Mitglied des Kongresses, hielt die Vorschläge in Bryans Telegramm für „durchaus vernünftig und nicht ablehnbar"; John Barrett fürchtete jedoch, Bryans Appell werde nicht die gewünschte Antwort erhalten. Neulich sei er zwei Monate lang in England und Frankreich gewesen, und leider müsse er sagen, die Stimmung in beiden Ländern sei „gegen jede Friedensverhandlung, die die Entscheidung über die deutschen und österreichischen Wünsche nicht völlig" den Alliierten überließ.

Präsident Wilson konnte seine Friedensnote nicht länger aufschieben; am 18. Dezember ging sie allen kriegführenden Mächten zu. Sie bestand aus einer einfachen Bitte an alle kriegführenden Mächte, ihre Bedingungen anzugeben, aufgrund deren ein Frieden erzielt werden könnte. Der Präsident „schlug weder einen Frieden vor", noch „bot er eine Vermittlung an". Er regte „nur eine Untersuchung an, damit die neutralen und kriegführenden Staaten erfahren, wie nahe wohl das Ziel des Friedens sein mag, wonach die ganze Menschheit mit heißem und wachsendem Begehren sich sehnt".

Präsident Wilson sandte diese Note an die kriegführenden Mächte ab, entgegen dem Rat der Mitglieder seines Kabinetts, wie McAdoo und Houston, die für die Alliierten eingestellt waren; beide fürchteten, man könne darin ein Zeichen der Freundschaft für Deutschland erblicken. Noch bezeichnender ist, daß der Präsident davon Abstand nahm, den letzten Entwurf der Note Oberst House vorzulegen. Bei der Sitzung des Kabinetts am 15. Dezember hatte er die einzelnen Punkte erörtert und hatte am 17. Dezember dem Staatssekretär eine Zweitschrift übergeben, aber in den letzten Stadien des Entwurfs hatte er Oberst House nicht zu Rate gezogen. Am Tag nach der Absendung an die kriegführenden Mächte gab er dann dem Oberst eine kurze Erklärung über seine Politik: „Gestern sandte ich an *alle* kriegführenden Regierungen eine Botschaft, von der ich eine Abschrift beilege. Die Dinge haben sich so rasch entwickelt, daß ich Sie nicht herkommen lassen konnte, um mich mit Ihnen zu besprechen. Die Note wurde ... in ein paar Stunden geschrieben und abgeschickt, weil ich fürchtete, die Regierungen der Entente könnten in der Zwischenzeit sich gegen eine Friedensaktion festgelegt haben, so daß die Lage hoffnungsloser geworden wäre, als sie schon war".

Als der Präsident an den Ratschlägen des Oberst House zu zweifeln begann, wandte er sich an Lansing um eine Unterstützung, die er nicht entbehren konnte. Aber auch dieses Vertrauen wurde durch ein Interview erschüttert, das der Staatssekretär am 21. Dezember 1916 Zeitungsberichterstattern gewährte. Im Verlauf der Besprechung erklärte Lansing, Amerika „komme einem Krieg immer näher" und habe deshalb das Recht, zu erfahren, „welches Ziel jede kriegführende Macht eigentlich verfolge", um die amerikanische Politik festlegen zu können. Die Absendung der Friedensnote des Präsidenten an die im Krieg befindlichen Nationen deute auf die Möglichkeit hin, daß Amerika „in den Krieg gedrängt" werden kann.

Diese anscheinend „von zuständiger Seite eingegebene" Erklärung Lansings verursachte in den ganzen Vereinigten Staaten das größte Aufsehen. Weithin wurde sie als Andeutung angesehen, Amerika werde bald zu einer der beiden Mächtegruppen stoßen. Wall Street geriet in die größte Bestürzung. Der Staatssekretär erhielt ungesäumt die Weisung, im Weißen Hause zu erscheinen, wo er angewiesen wurde, eine neue Erklärung auszugeben, die die in das Volk getragene Verängstigung aufheben würde. Er ging sofort auf die Weisung ein und gab die Versicherung ab, die Regierung „beabsichtige, ihre Neutralitätspolitik nicht zu ändern, die sie angesichts beständig zunehmender Schwierigkeiten stets verfolgt hat".[55]

In Amerika waren die Pressestimmen zur Note des Präsidenten im allgemeinen günstig[56], aber es gab doch einzelne, die vor Entrüstung über den unparteiischen Ton außer sich gerieten. Theodore Roosevelt erklärte die Note für „durch und durch unmoralisch" und „von heimtückischer Falschheit". General Leonard Wood sah in ihr das deutliche Zeichen, daß „in Washington die Führung" fehlte, und George Wharton Pepper fühlte sich bemüßigt, alle „Christenmenschen" in Amerika gegen den Versuch zu warnen, „einen vorzeitigen Frieden in Europa herbeiführen zu wollen".

In Frankreich empfing Briand Botschafter Sharp „sehr höflich", als er die Friedensnote des Präsidenten überbrachte, aber er bedauerte, daß sie „zufällig in beinahe dieselbe Zeit fällt, wie die Vorschläge der Mittelmächte; das läßt die Mitteilung des Präsidenten als zu ungünstiger Stunde abgegeben erscheinen. Wäre sie in einem anderen Augenblick und unter anderen Umständen eingetroffen, so hätte sie keine Ungelegenheit verursacht". In Italien äußerte sich der Minister des Äußeren ähnlich gegenüber Botschafter Thomas Nelson Page.

In England entstand eine Flut der Entrüstung, als die Friedensnote veröffentlicht wurde. Sir Henry Wilson vertraute seinem „Tagebuch" an, wie sehr er diesen „Esel von Präsident" verachte. Asquith sah Wilsons Schritt als „höchst entmutigend" an, während König Georg V. offen Tränen vergoß, „als er seine Überraschung und Niedergeschlagenheit" über den Satz in der Note äußerte, der die Ziele der Staatsmänner der kriegführenden Völker auf beiden Seiten für „dem Wesen nach die gleichen" erklärte.

Wie die oberen Klassen Englands dachten, zeigt sich am besten in einem Brief von Lord Bryce an Joseph H. Choate: „Wilsons Friedensnote hat uns sehr überrascht. Wir hatten angenommen, er würde die Nutzlosigkeit einsehen, an die Alliierten mit Unterhandlungen heranzutreten, solange er nicht einen Wink erhalten hätte, sie seien uns angenehm. Wenn ihn das Staatsdepartement richtig beraten oder er einen Blick nach Europa geworfen hätte, wäre ihm aufgegangen, daß wir und Frankreich keine Lust zum Verhandeln haben. Wir sind überzeugt, die deutsche Regierung würde keine Bedingungen anbieten, die den unsrigen entsprechen würden, noch könnten wir ihr Angebot annehmen. Sie wollen als Eroberer verhandeln, und wir gedenken, sie zu besiegen. Wir glauben, ohne ihre Niederlage wird der Friede für die Zukunft nicht gesichert sein. Wozu dann eine Konferenz? Man raunt sich zu, Washington nehme an, es gäbe eine starke Friedenspartei in England. Wir wissen von nichts, sondern glauben uns einig in dem Ziel, den Krieg zu gewinnen.

Sie verstehen, aber anscheinend sind dazu viele Amerikaner nicht imstande, daß die ruchlosen – geradezu barbarischen – Methoden der deutschen Kriegsführung, die in den Sklaventransporten in Belgien ihren Höhepunkt finden, ein Grauen und eine Entrüstung hier und in Frankreich hervorgerufen haben, die uns einen Frieden mit einer solchen Regierung solange unmöglich erscheinen lassen, bis man ihr beigebracht hat, daß sich ein derartiges Verhalten „nicht lohnt". Überdies macht ihre völlige Mißachtung von Ehre und Völkerrecht die Behauptung des Rechtes durch einen Sieg unerläßlich. Ihre Regierung hätte wohl kaum, wenn sie das erkannt hätte, in diesem ungeeigneten Augenblick ihre Vermittlung angeboten oder vorgeschlagen. Ich nehme nicht an, daß der Präsident im mindesten die deutschen Wünsche unterstützen wollte. Zweifellos handelte er in gutem Glauben. Uns würde es hier leid tun, sollte die amerikanische Öffentlichkeit auf den Gedanken verfallen, wir seien kriegerisch gesinnt oder nähmen die amerikanische Bereitwilligkeit übel, der Welt durch Vermittlung des Friedens zu dienen. Wir meinen eben, Gutes könne nicht aus einem Vermittlungsversuch entstehen, wenn die Gegenpartei so ganz andere Vorstellungen von einem Frieden hat – und wir haben ein wohlbegründetes Mißtrauen gegen deutsche Vorschläge, denn wir halten die deutsche Regierung für gänzlich unzuverlässig und hinterlistig."[57]

In Deutschland begrüßten einige liberale Blätter die Note des Präsidenten, aber andere Gruppen trauten der amerikanischen Friedensaktion nicht und hielten sie für einen „diplomatischen Schachzug", der den Zweck verfolge, den Alliierten zu helfen. Staatssekretär Zimmermann zeigte sich sehr über die „hochherzige Aktion" des Präsidenten erfreut, erklärte aber doch offen, Deutschland könne nicht als erste Macht ihre Friedensbedingungen bekannt geben.

Diese Depesche Grews ging am Spätabend des 23. Dezember beim Staatsdepartement ein, das daraufhin am folgenden Tag alle Botschafter und Gesandte in den kriegführenden Ländern telegraphisch anwies, Antworten auf die Note des Präsidenten (mit einer Darlegung der Friedensbedingungen) als vertrauliche Mitteilungen weiterzugeben. Die vorläufigen Grundlagen für einen Frieden könnten dann, ohne Aufsehen zu erregen, „an die Regierungen der andern Mächtegruppe weitergeleitet werden, um auf diese Weise ohne Mitwirkung der Öffentlichkeit feststellen zu können, ob augenblicklich die Hoffnung auf irgendwelche Verhandlungen oder Konferenzen berechtigt oder eine Grundlage dafür vorhanden ist."

Die deutsche Regierung lehnte den Vorschlag ab, Friedensbedingungen anzugeben, aufgrund deren sie bereit wäre, den Krieg zu beenden. Dem Präsidenten Wilson wurde höflich bedeutet, seine Vermittlerrolle nicht weiter spielen zu wollen und es den kriegführenden Nationen zu überlassen, die Sache unter sich auszumachen. Der kaiserlichen Regierung erscheine „ein unmittelbarer Gedankenaustausch" unter den kriegführenden Mächten „als der geeignetste Weg, um zu dem gewünschten Ergebnis zu gelangen". Am selben Tag teilte das Auswärtige Amt Graf Bernstorff mit, das beste sei, eine Friedenskonferenz „an neutralem Ort" abzuhalten, an dem eine „amerikanische Indiskretion und Einmischung" nicht zu befürchten wäre. „Ingerenz" des Präsidenten auch in Form des „clearing house", sei deutschen Interessen „abträglich".[58]

Die Besorgnis Deutschlands, Präsident Wilson könne geneigt sein, die Alliierten auf Kosten der Mittelmächte zu begünstigen, machte jede Hoffnung auf eine Friedenskonferenz zunichte, die die Präliminarien für eine endgültige Regelung erörtert hätte. Nur auf Drängen des Präsidenten befaßten sich die Alliierten überhaupt mit dem Gedanken an einen Frieden. Als Deutschland Wilsons Vermittlung ablehnte, ging auch die schwache Möglichkeit verloren, durch seine Tätigkeit zu einer Grundlage für einen Frieden zu gelangen. Dieses kurze Zwischenspiel, einen Frieden herbeizuführen, sollte mit einer Kriegsdrohung enden. Wieder einmal sollte der Schatten des uneingeschränkten U-Bootkrieges den Ausblick auf eine friedliche Beilegung der Schwierigkeiten versperren.

Am 30. November hatte Generalfeldmarschall v. Hindenburg sich gegenüber Herrn von Heydebrandt geäußert, er sei für einen „baldigen Beginn des rücksichtslosen U-Boot-Krieges."[59] Etwa zehn Tage später teilte Admiral v. Holtzendorff General Ludendorff mit, der uneingeschränkte U-Bootkrieg dürfe nicht länger als bis 1. Februar 1917 hinausgeschoben werden. Die Marine sei „bereit, ihn jederzeit zu beginnen" und sei „mehr denn je überzeugt, daß er zum Ziele führen wird."[60]

Nach der Rede Lloyd Georges im Unterhaus (19. Dezember), in der er starke Bedenken gegen einen verfrühten Frieden mit den Mittelmächten erhob, telegraphierte General Ludendorff dem Auswärtigen Amt, er sei der Überzeugung, der U-Bootkrieg solle „mit *aller Schärfe einsetzen*".[61] Auf die Einwände des Auswärtigen Amtes erklärte er sich bereit, den Erfolg der augenblicklichen Friedensaktion abzuwarten; aber er bestand darauf, der uneingeschränkte U-Bootkrieg müsse Ende Januar aufgenommen werden. Die Folge solle eine völlige Blockade der britischen Inseln sein, „jedes Schiff – auch Passagierdampfer –, das sich England nähere, soll versenkt werden."[62]

Generalfeldmarschall v. Hindenburg unterstützte voll und ganz General Ludendorff im Hinblick auf den uneingeschränkten U-Bootkrieg und erinnerte den Kanzler daran, nach der Entscheidung bei der Besprechung in Pleß (31. August) stehe es der Obersten Heeresleitung zu, den Zeitpunkt zum Beginn des verschärften U-Bootkrieges zu bestimmen. Die Oberste Heeresleitung glaube, „dieser Augenblick wird Ende Januar da sein."[63]

Nach einem weiteren Notenwechsel zwischen Generalfeldmarschall v. Hindenburg und dem Kanzler war vorauszusehen, daß die Oberste Heeresleitung das entscheidende Wort sprechen und die Frage des U-Bootkrieges in dem Sinne entscheiden werde, wie es Armee und Marine wünschten.[64] Die Alliierten konnten ihrer Ansicht nach nur durch einen rücksichtslosen U-Bootkrieg in die Knie gezwungen werden; sie waren auch entschlossen, ihren Entschluß nicht durch täuschende Friedensaktionen durchkreuzen zu lassen. Andererseits glaubten die Alliierten mit Sicherheit an einen Erfolg ihrer Operationen an der Westfront im Frühjahr 1917. Nachdem beide kriegführenden Gruppen so zuversichtlich die militärische Lage beurteilten, war die Aussicht auf eine ernsthafte Erörterung von Friedensbedingungen gering.

Am 30. Dezember beantworteten die alliierten Regierungen die deutsche Note vom 12. Dezember. Sie unterstrichen die Verantwortung der Mittelmächte am Krieg und stellten besonders das an Belgien verübte Unrecht heraus. Der deutsche Vorschlag vom 12. Dezember wurde als „jeden greifbaren Inhalts und jeder Genauigkeit entbehrend" bezeichnet und mit den Worten gebrandmarkt, er sei „weniger ein Friedensangebot, denn ein Kriegsmanöver". Angesichts dieser vorgeblichen Tatsachen erklärten sich die alliierten Regierungen außerstande, sich mit einem Vorschlag „ohne Aufrichtigkeit und ohne Bedeutung zu befassen."[65]

Nach sorgfältiger und genauer Durchsicht der Friedensnote des Präsidenten vom 18. Dezember übergaben die Alliierten schließlich eine gemeinsame Antwort, die jeder noch verbliebenen Hoffnung, ein „Hafen des Friedens" sei nahe, den Todesstoß versetzte. Die angedeuteten Friedensbedingungen mußten die Mittelmächte ablehnen. Die alliierten Staatsmänner hatten offenbar nur den einen Wunsch, der Vernichtungspolitik Lloyd Georges zu folgen.[66] In Wirklichkeit waren diese Bedingungen von den Verpflichtungen bestimmt, die die alliierten Mächte aufgrund geheimer Abmachungen auf sich genommen hatten, und nicht durch idealistische Beweggründe, um die Welt „sicher für die Demokratie" zu machen. Oberst House durchschaute sofort die „selbstsüchtigen Motive" in den Kriegszielen der Alliierten; er war sich auch des Wunsches „alliierter Politiker" bewußt, „Deutschland politisch zu vernichten".[67] Aber diese Erkenntnis brachte weder ihn, noch seine amerikanischen Freunde auf die Seite Deutschlands. Bei der Wahl zwischen zwei Übeln, schlugen sie sich ohne zu zögern auf die Seite der Alliierten.

Kapitel XXI

Amerika zieht in den Krieg

Manche Historiker sehen in den hundert Tagen vor der Schlacht bei Waterloo die dramatischste Zeit der Weltgeschichte. Philip Guedalla hat es verstanden, uns die Erregung jener gewaltigen Zeit miterleben zu lassen, als der eiserne Herzog über Zeit und Umstände verfügte wie über Kinderspielzeug. Aber die Hundert Tage, die Amerikas Eintritt in den Weltkrieg unmittelbar vorausgingen, sind nicht weniger fesselnd. An Stelle Wellingtons steht vor der Welt ein Mann, der immer fieberhafter um den Frieden kämpft, je mehr die Widerstände wachsen. Seine Ratgeber traten für einen Krieg ein, die Politiker, die an keinen Frieden dachten, zeigten ihm die kalte Schulter; trotzdem bemühte sich Präsident Wilson verzweifelt, einen Ausweg zu finden, der nicht nur dem Toben des Krieges Einhalt gebieten, sondern auch die Grundlage für eine neue Weltordnung abgeben würde. Daß diese Anstrengungen nutzlos vertan wurden, war eine Tragödie, an deren üblen Folgen heute noch die Menschheit zu tragen hat.

Zu einer Zeit, als die Alliierten Friedensaktionen mit einem Achselzucken abtaten und das deutsche Auswärtige Amt sich bemühte, „eine Beteiligung Wilsons an den Friedensverhandlungen unter allen Umständen zu vermeiden"[1], war der Präsident mit jedem Gedanken auf ein Mittel bedacht, die beiden kriegführenden Gruppen zu versöhnen. Zum ersten Mal seit dem Ausbruch des Weltkrieges war sein Verhalten gegenüber den Kriegführenden wirklich neutral. Das trat so offen hervor, daß Lansing und die weniger wichtigen Persönlichkeiten des Staatsdepartements sich über die Lage „krank ärgerten".[2] Die unparteiische Haltung blieb aber auch in den folgenden Wochen. Am 2. Januar 1917 beklagte sich einer der Vertrauten des Oberst, der Präsident sei „für Frieden um beinahe jeden Preis", und kurz darauf war ein anderer Freund des Oberst „schrecklich niedergeschlagen", weil das Regierungsoberhaupt seine „Energie" verloren habe.[3] Dem Oberst selbst erklärte der Präsident, Amerika „wolle nicht in diesen Krieg hineingezogen werden. Wir sind die einzige große weiße Nation, die mit dem Krieg nichts zu tun hat; es wäre ein Verbrechen gegen die Kultur, wollten wir uns einmischen".[4]

Bei dieser neutralen Einstellung des Präsidenten war es ein unglücklicher Zufall, daß die Bestimmung über die Geschicke Deutschlands vom Reichskanzler auf die Oberste Heeresleitung übergegangen war. Am 8. Januar fand im Hauptquartier des Generalfeldmarschalls v. Hindenburg eine wichtige Besprechung über die Frage des uneingeschränkten U-Bootkrieges statt. Admiral v. Holtzendorff behauptete, „Volk und Armee schreit nach dem uneingeschränkten U-Bootkrieg"[5]; darin wurde er von General Ludendorff unterstützt. Als sich die Frage erhob, ob der Kanzler lieber zurücktreten, als den uneingeschränkten U-Bootkrieg unterstützen würde, schlug Admiral v. Holtzendorff vor, der Generalfeldmarschall solle selbst die Pflichten eines Reichskanzlers übernehmen. Generalfeldmarschall v. Hindenburg lehnte sofort ab, und die Entscheidung über den U-Bootkrieg wurde bis zum nächsten Tage aufgeschoben, an dem v. Bethmann-Hollweg anwesend sein würde.

Am 9. Januar überprüften der Reichskanzler, Generalfeldmarschall v. Hindenburg und General Ludendorff in Pleß eingehend, ob eine sofortige Wiederaufnahme des uneingeschränkten U-Bootkrieges notwendig wäre. Der Kanzler war es müde, dauernd gegen ein Unternehmen anzukämpfen, das Amerika in den Krieg hineinziehen mußte. Er meinte, „die Erfahrungen der U-Boote in den letzten Monaten, die größere Zahl von Booten, Englands schlechte wirtschaftliche Lage" würden die Erfolgsaussichten eines rücksichtslosen U-Bootkrieges vermehren. Er glaube allmählich wirklich, die Aussichten seien „recht günstig".

Als der Kanzler darauf hinwies, Amerikas Eintritt in den Weltkrieg auf seiten der Alliierten stelle einen wichtigen Faktor dar, den man sehr wohl in Rechnung stellen müsse, versicherte der Generalfeldmarschall sofort, „damit werden wir schon fertig". Angesichts eines so festen Vertrauens konnte der Kanzler nur noch sagen: „Ja, wenn der Erfolg winkt, müssen wir auch handeln".[6] Die Entscheidung zugunsten des uneingeschränkten U-Bootkrieges führte zu einer sofortigen Herausforderung Amerikas infolge der Behandlung bewaffneter Handelsschiffe. Admiral v. Holtzendorff kritisierte die Führung der deutschen Außenpolitik; er behauptete, sie „treibe einer Katastrophe" zu. Sofort müsse nach Amerika eine Note mit der Ankündigung abgehen, *bewaffnete* Handelsschiffe würden wie Kriegsschiffe betrachtet, die man ohne Warnung vernichten dürfe. Telephonisch hatte er sich mit dem Kanzler verständigt; nach einigem Widerstreben war man übereingekommen, den Befehl auszugeben, ohne länger zu zögern. Aber noch immer hegte der Kanzler Besorgnisse wegen dieses rücksichtslosen Vorgehens gegen bewaffnete Handelsschiffe. Das Schreiben Admiral v. Holtzendorffs bezeichnete er als „U-Bootfalle, die den Konflikt mit Amerika herbeiführen würde".[7]

Nachdem Armee und Marine völlig Herr der Lage waren, blieb dem Auswärtigen Amt nichts anderes übrig, als dem Grafen Bernstorff Anweisungen entsprechend den Wünschen der Admiralität zu erteilen. Am 10. Januar sandte der deutsche Botschafter Staatssekretär Lansing eine Mitteilung, der eine Denkschrift über die Frage der bewaffneten Handelsschiffe beilag. Nach einer genauen Erörterung der Angriffsabsichten bewaffneter Handelsschiffe der alliierten Mächte schloß die Denkschrift mit der Unheil verkündenden Erklärung, in Zukunft „sollen bewaffnete Handelsschiffe der Gegner in diesem Krieg wie Kriegsschiffe behandelt werden".[8]

Nachdem diese Warnung der amerikanischen Regierung übermittelt worden war, ging die deutsche Admiralität weiter und erließ am 11. Januar 1917 an die U-Bootkommandanten Anweisungen, „ohne Warnung" jedes alliierte „Frachtschiff, das unzweifelhaft als bewaffnet erkannt wird", zu torpedieren. Dieser Befehl wurde der amerikanischen Regierung nicht mitgeteilt, aber Botschafter Gerard berichtete am 10. Januar, er habe aus „vertraulicher Quelle" erfahren, der deutsche U-Bootkrieg werde „bald dahingehend ausgedehnt werden, daß alle bewaffneten Schiffe ohne Warnung angegriffen würden".

Die Warnung verursachte beim Staatsdepartement ernstliche Unruhe, denn es mußte zugeben, daß die deutsche Denkschrift vom 10. Januar sich auf Tatsachen stützte. Am 6. Januar hatte sich Lansing bei Botschafter Jusserand über das Vorgehen des französischen Dampfers „Mississippi" erkundigt, der ein deutsches U-Boot beschossen hatte, „ehe er von ihm gewarnt oder angegriffen worden war". Aus eidlichen Zeugenaussagen, im Besitz des Staatsdepartements, gehe hervor, daß der Dampfer seine Bewaffnung eher zum *Angriff* als zur *Verteidigung* verwendet habe. Der französische Botschafter beantwortete diese Anfrage nicht.

Die alliierten Regierungen wußten nicht, wie sie sich verhalten sollten. Botschafter Page schrieb, England sei sich im unklaren, „welche Auffassung die amerikanische Regierung über die Bewaffnung englischer Handelsschiffe habe". Die britischen Marinebehörden verträten die Ansicht, „jegliche Bewaffnung eines Kauffahrteischiffes könne heute nur Verteidigungszwecken dienen, da es sich gegen gar keinen Gegner zur See zu wenden habe". Zur Verteidigung gegen deutsche U-Boote müßten Handelsschiffe „eine schwere und bewegliche Bewaffnung" besitzen. Sollte die Gefahr bestehen, daß man wegen dieser Bewaffnung englische Kauffahrteischiffe in amerikanischen Häfen nicht abfertige, so könne dies zum Boykott dieser Häfen führen.

In Erwartung eines drohenden englischen Boykotts übergab Lansing am 17. Januar die ganze Sache dem Neutralitätsrat. In seiner Antwort vom 26. Januar wies der Rat zunächst auf die lang geübte Gepflogenheit hin, Handelsschiffe zu Verteidigungszwecken zu bewaffnen und verwies dann auf eine seiner früheren Entscheidungen, worin erklärt wurde, es sei „mehr als zweifelhaft", ob es angängig sei, bewaffnete Handelsschiffe in amerikanischen Häfen zuzulassen. Allerdings habe die Regierung sich schließlich entschieden, „Kauffahrteischiffe mit mäßiger Bewaffnung" zuzulassen.

Nach einer kurzen Erörterung der Führung von U-Bootoperationen, wobei das deutsche Vorgehen als ungesetzlich verurteilt wurde, weil es den Regeln des Kreuzerkrieges nicht entspreche, erwog der Rat ferner, was man unter einer geeigneten Bewaffnung zu Defensivzwecken auf einem Handelsschiff zu verstehen habe. Handelsschiffe dürften selbstverständlich mit einer „gewissen Anzahl großkalibriger Kanonen mit allseitigem Feuerbereich" ausgerüstet werden. Dies sei die „untere Grenze einer friedlichen Bewaffnung", die man gestatten solle, wenn einmal „eine Bewaffnung für angebracht erachtet wird". Am besten würden vier Kanonen aufmontiert, je eine an Bug und Heck und Steuerbord und Backbord. Das Kaliber dieser Geschütze solle 6 Zoll nicht überschreiten. Diese *Mindest*bewaffnung dürfe auf jedem „friedlichen Handelsschiff gestattet sein, ohne irgendwelche nachfolgende Beeinträchtigung der Vorrechte in unseren Häfen, vorausgesetzt, daß die betreffenden kriegführenden Regierungen unserer Regierung in jedem Falle die formelle Versicherung geben, daß das bewaffnete Handelsschiff seine Bewaffnung ausschließlich zur Selbstverteidigung anwenden wird, und auch vorausgesetzt, daß kein Grund vorliegt, daran zu zweifeln, daß das Schiff den gegebenen Versicherungen getreulich Folge leistet."

Der Rat gab sofort zu, es sei „sehr schwer", eine Höchstbewaffnung für ein Handelsschiff festzulegen. Eine solche Begrenzung sei wahrscheinlich unnötig. Solange ein Handelsschiff daran festhalte, „die Funktion zu erfüllen, zu der es vor allem bestimmt ist, nämlich die friedliche Beförderung von Waren, was ja auch ein neutrales Schiff mit Fug und Recht tun kann ... erscheint es vernünftig, es als friedliches Handelsschiff zu betrachten ohne Rücksicht auf das Maß der Bewaffnung, sei sie nun groß oder klein."[9]

Die Entscheidung des Neutralitätsrates, der sich einfach weigerte, eine Grenze für die Größe der Bewaffnung festzusetzen, die ein Handelsschiff zu Verteidigungszwecken führen konnte, war deutlich zum Vorteil Englands. Die englische Regierung konnte jetzt große Geschützbatterien an Bord der Handelsschiffe aufstellen, und wahrscheinlich würden diese Schiffe, ohne zu zögern, die Offensive gegen U-Boote ergreifen. Obgleich die Ansicht des Neutralitätsrates dem Außenministerium nicht mitgeteilt wurde, mußte es doch rasch auf den springenden Punkt kommen, weil ja eine Begrenzung der Bewaffnung für Handelsschiffe fehlen würde.

Sobald Graf Bernstorff von seiner Regierung den Befehl mitgeteilt erhielt, bewaffnete Handelsschiffe würden ohne Warnung versenkt werden, erkannte er sofort, wie heikel die Lage war. Am selben Tag, an dem er die amerikanische Regierung mit dem Inhalt seiner Instruktion vom Auswärtigen Amt bekannt machte, sandte er auch ein warnendes Telegramm an Staatssekretär Zimmermann. Der uneingeschränkte U-Bootkrieg gegen bewaffnete Handelsschiffe würde die Friedensversuche Wilsons zunichte machen und auch zum Krieg mit Amerika führen.

Als Staatssekretär Zimmermann das Telegramm Graf Bernstorffs an den Kaiser sandte, erwiderte Seine Kaiserliche Majestät nur, man lege „gar keinen Wert auf Wilsons Friedensaktion". Falls der Bruch mit Amerika unvermeidlich sei, „ist es nicht zu ändern! Es wird vorgegangen".[10]

Das war auch die Ansicht v. Bethmann-Hollwegs. Am 16. Januar sandte er ein Telegramm an Graf Bernstorff, in dem er die Erneuerung des uneingeschränkten U-Bootkrieges am 1. Februar ankündigte. Nach diesem Tag würde eine Kriegszone erklärt werden, die den Schiffsverkehr von und nach England und Frankreich gewaltsam verhindern würde. Jedes Schiff, auch neutrale, die man in diesem Gebiet antreffe, würden versenkt. Unter gewissen Bedingungen erhielten eine „beschränkte Anzahl" amerikanischer Schiffe die Erlaubnis, nach Falmouth und zurück zu fahren.[11]

Graf Bernstorff bekam die Instruktion am 19. Januar und drahtete sofort an das Auswärtige Amt zurück, der Krieg sei „unvermeidlich", wenn der uneingeschränkte U-Bootkrieg wieder aufgenommen würde. Es gäbe noch eine Möglichkeit zum Friedensschluß durch Zusammenarbeit mit Präsident Wilson.[12]

Die Anspielung Graf Bernstorffs auf eine Friedensmöglichkeit bezog sich auf eine Instruktion Staatssekretär Zimmermanns (7. Januar 1917), in der er ausführte, die deutsche Regierung sei jetzt bereit, in Erörterungen einzutreten über „schiedsrichterliche Einrichtungen, Friedensliga und Durchprüfung der Abrüstungsfrage und die Frage der Freiheit der Meere". Um den guten Willen in dieser Richtung zu beweisen sei das Auswärtige Amt bereit, mit dem Staatsdepartement Verhandlungen zu beginnen über den Abschluß eines „Schiedsvertrages und Bryanschen Friedensvertrages".[13]

Graf Bernstorff setzte sich sofort nach Erhalt dieser Instruktion mit Oberst House in Verbindung und deutete ihm die Hauptpunkte des Zimmermann-Telegramms an. Daraufhin gab der Oberst an Präsident Wilson einige Andeutungen über den Kurs des deutschen Staatssekretärs weiter, aber ohne sich sehr deutlich auszudrücken. Der Präsident interessierte sich in hohem Maße für jeden Wink, der auf eine Friedensbereitschaft der deutschen Regierung schließen ließ und sandte darüber eine klare Anfrage: „Meinen Sie wirklich, sie ist bereit, die Bedingungen, aufgrund deren der Krieg beendet werden kann, einem schiedsrichterlichen Spruch zu unterwerfen, oder will sie nur einen Bryanschen Friedensvertrag mit uns abschließen?"[14]

Ohne auf eine Antwort zu warten, ersuchte der Präsident den Oberst House um eine weitere Auskunft. Er würde gern erfahren, ob Graf Bernstorff die Frage berührt hatte, „was die deutsche Regierung zu tun bereit wäre während des Untersuchungsjahres, das im ‚Bryanschen Friedensvertrag' vorgesehen ist ... Nehmen wir einmal an, ein solcher Vertrag sei zwischen uns abgeschlossen worden, und nehmen wir weiter an, der Gegenstand des Streites, der mit den Mitteln der gewöhnlichen Diplomatie nicht mehr beizulegen ist, sei der Einsatz von Unterseebooten in der von uns abgelehnten Art – würde sie sich verpflichtet fühlen, dieses Verfahren einzustellen, solange die Untersuchung der internationalen Kommission über Recht und Unrecht in dem Streitfall im Gange ist? Das ist für mich die Hauptfrage. Ich will in keine Falle gehen und ihnen einen Freibrief für das nächste Jahr geben.

Es hat sich heute ein sehr interessanter Vorfall ereignet. Zwei Männer besuchten mich hier; der eine ist ... der ständige Sekretär oder Adjutant, den Henry Ford im Zusammenhang mit seiner laufenden Konferenz im Haag verwendet ... und der andere ... ein englischer Jude ... der sagt, er stehe auf vertrautem Fuß mit verschiedenen Männern ... des Außenministerium ... Er erklärte, die Leute im Außenministerium hätten das Empfinden, daß, falls Deutschland jetzt das Angebot machen würde, mit uns einen ‚Bryanschen Friedensvertrag' abzuschließen, sie [im Außenministerium] anfangen würden, aufzuhorchen und zu glauben, daß es endlich tatsächlich beginne, seine Haltung gegenüber internationalen Auseinandersetzungen zu ändern ...

Ich stimme Ihnen bei, daß es höchst schwierig ist, zu sagen, wie wir uns zu den deutschen Vorschlägen verhalten, und wie wir den veränderten Fall behandeln sollen, den uns Bernstorff übergeben hat."[15]

Am 19. Januar kam der Präsident auf die Schiedsrichterfrage mit Deutschland zurück und fragte bei House an, was Graf Bernstorff meine mit den Worten „schiedsrichterliches Verfahren" und „Programm". Ihm scheine, hier sei eine „auffallende und bedeutsame" Änderung in der Haltung der deutschen Regierung eingetreten „seit den alten selbstsicheren Tagen vor dem Krieg, und es ist der Rede wert, die Punkte im einzelnen aufzuzählen. Es gibt einem ordentlich Mut ... Ich hoffe, Sie *werden* zur sofortigen Verwendung eine Botschaft an Balfour und Lloyd George aufsetzen und chiffrieren; diese soll eine ähnliche zusammenfassende Übersicht enthalten und die Bedingungen und Methoden hervorheben, zu denen die Deutschen bereit sind und die Sie schriftlich von Bernstorff erhielten. Aber warten Sie, bis ich mit Lansing sprechen kann, und bis die Rede, die ich demnächst im Kongreß halten will, in den Hintergrund getreten ist."[16]

Die Rede, die Wilson in dem Brief an Oberst House erwähnt, hatte er seit einigen Wochen vorbereitet. Er hatte sich über die zu entwickelnden Punkte nicht mit Lansing ausgesprochen, weil er den Eindruck hatte, der Staatssekretär habe „für seine Absicht, sich vom Kriege fernzuhalten, keine Sympathie". Mit der seherischen Kraft eines Propheten betonte er, der einzige Weg, dem unruhigen Europa Sicherheit zu bringen, bestehe in einer Regelung, die kein bitteres Gedenken oder den Wunsch nach Rache zurücklasse: es sollte ein Frieden „ohne Sieg" sein. Die Grundlage eines solchen Friedens sollte das Recht jeder Nation bilden, ihre Geschicke auf eigene Weise zu entscheiden. Das frühere System des Mächtegleichgewichts sei jetzt veraltet. Die Völker der Erde sollten sich die Monroe-Doktrin als „Doktrin der Welt" zu eigen machen. Fortan sollte kein Volk danach streben, seine Macht auf irgend ein anderes Volk auszudehnen, und „jedem Volk sollte es freistehen, seine Regierungsform und seinen Entwicklungsgang unbehindert, unbedroht und ohne Furcht selbst zu bestimmen".

Diese Rede vor dem Senat am 22. Januar 1917 war der letzte öffentliche Versuch des Präsidenten, den kriegführenden Völkern den Frieden zu bringen. In England und in Frankreich hatte die Rede wenig Wirkung auf die Staatsmänner, die an der Macht waren, und sogar Lord Bryce mit seiner liberalen Anschauung war der Ansicht, ständiger Friede könne nur nach Vernichtung des deutschen Militarismus erreicht werden. Sir William Wiseman teilte Oberst House mit, die Rede des Präsidenten sei in Entente-Kreisen in Washington „freundlich aufgenommen worden", aber dahinter stecke „ein tiefes Gefühl des Unwillens".

Der Mißerfolg, einen Geist der Zusammenarbeit unter den Kriegführenden zu erwecken, der für einen dauernden Frieden eintreten würde, hatte eine niederdrückende Wirkung auf den Präsidenten. Er gestand Oberst House, er fühle sich „sehr einsam und niedergeschlagen". Aber mit brennendem Eifer hielt er noch an dem Gedanken fest, irgendeinen Kompromiß zustande zu bringen, den alle Kriegführenden annehmen konnten. Er war überzeugt, daß, falls „Deutschland wirklich Frieden will, es ihn haben kann und bald haben kann, *wenn es mir nur Vertrauen schenken will und Gelegenheit gibt* ... Ich glaube, es wäre gut für Sie, Bernstorff sofort noch einmal zu sehen ... und ihm zu sagen, daß jetzt die Zeit gekommen sei, etwas zu erreichen, wenn sie [die Deutschen] wirklich und wahrhaftig den Frieden wollen; sagen Sie ihm weiter, daß die Anzeichen, die wir erhalten derart sind, daß ich glaube, mit etwas vernünftigen Vorschlägen, z.B. von ihnen, die Sache in Gang bringen zu können; und daß andererseits bei den Vorbereitungen, die sie offensichtlich bezüglich uneingeschränkter Angriffe gegen Handelsschiffe treffen, ... die entsetzliche Wahrscheinlichkeit besteht, daß die Beziehungen zwischen den Vereinigten Staaten und Deutschland sich bis zu einem Bruch entwickeln können ... Haben sie den Wunsch, mir zu helfen? Ich habe ein Anrecht darauf, es zu erfahren, weil ich wahrhaftig helfen will und jetzt eine Stellung errungen habe, um ohne Bevorzugung der einen und anderen Seite zu helfen."[17]

Natürlich konnte Graf Bernstorff nichts unternehmen, um den Anregungen des Präsidenten entgegenzukommen. Am 19. Januar hatte er vom Reichskanzler die Instruktion über die Wiederaufnahme des uneingeschränkten U-Bootkrieges am 1. Februar erhalten. Seine erste Reaktion auf die Botschaft war, Oberst House telephonisch anzurufen, und ihn zu warnen, daß die Lage in Berlin immer undurchsichtiger werde. Die „maßlosen Forderungen" der Alliierten in ihren Friedensbedingungen und die „unverschämte Sprache" in ihrer Note an den Präsidenten habe „die öffentliche Meinung in Deutschland so in Harnisch" gebracht, daß weitere Friedensgespräche jetzt nicht mehr in Frage kämen. Bei dem sogenannten Bryanschen Friedensvertrag sei die U-Bootfrage der „springende Punkt". Wenn die deutsche Regierung gezwungen sei, „die englische *ungesetzliche* Aushungerungspolitik mit gleicher Münze durch den Einsatz von U-Booten heimzuzahlen, dann würden sie sicher nicht in der Lage sein, das Verfahren während der Untersuchung einzustellen".[18]

Nachdem Graf Bernstorff das voraussichtliche Handeln der deutschen Regierung im uneingeschränkten U-Bootkrieg dem Oberst gegenüber angedeutet hatte, bat er das deutsche Auswärtige Amt, bei der Admiralität ein Zugeständnis für den Zeitpunkt der Inkrafttretung der neuen U-Bootkriegführung zu erlangen. Die Gefahr eines Bruches mit den Vereinigten Staaten könne „vermindert werden durch Ansetzung einer bestimmten Frist, etwa eines Monats, behufs Schonung neutraler Schiffe und Passagiere in der Sperrzone". Am 21. Januar erneuerte er seine Bitte beim Auswärtigen Amt. Wenn eine Gnadenfrist zugunsten der neutralen Schiffahrt und unbewaffneter feindlicher Passagierdampfer gewährt würde, sei es sehr gut möglich, „daß Wilson nur die Beziehungen abbrechen und keinen Krieg erklären, sondern im Gegenteil seine Friedensbemühungen verdoppeln wird".[19]

Staatssekretär Zimmermann beeilte sich, die Bitten dem Admiral v. Holtzendorff und der Obersten Heeresleitung vorzutragen. Wie zu erwarten war, wurden sie sofort zurückgewiesen. Die U-Boote seien bereits „mit ihren Instruktionen ausgelaufen und … eine Änderung der Befehle könne sie nicht mehr mit Sicherheit erreichen".[20] Admiral v. Holtzendorff teilte dem Staatssekretär Zimmermann selbst mit, daß aus den „dargelegten militärischen Gründen" eine Fristverlängerung für die Schonung Neutraler ausgeschlossen sei. Der uneingeschränkte U-Bootkrieg gegen feindliche Schiffe beginne am 1. Februar, und neutrale Schiffe würden nach dem 11. ds. Mts. angegriffen werden.[21]

Die Haltung der Admiralität bei der Wiederaufnahme des uneingeschränkten U-Bootkrieges war sehr niederdrückend für Graf Bernstorff. Und ausführlich schüttete er Oberst House sein Herz aus. Er habe den Eindruck, die Militärs hätten „in Deutschland vollständig das Heft in der Hand". Wenn dies wahr sei, bestehe wirklich die Gefahr, daß der uneingeschränkte U-Bootkrieg schon mit den „Frühjahrskämpfen" einsetzen werde. Oberst House drängte ihn wegen der endgültigen Friedensbedingungen Deutschlands. Man müsse dem Präsidenten sofort konkrete Vorschläge unterbreiten, damit er an das öffentliche Gefühl in den alliierten Ländern appellieren und dadurch die Regierungen zwingen könne, über den Frieden zu verhandeln.

Graf Bernstorff war von dem Vorschlag des Oberst House so beeindruckt, daß er sofort an Staatssekretär Zimmermann telegraphierte und ihn „sehr dringend" bat, den U-Bootkrieg hinauszuschieben, bis seine zwei Depeschen aus Washington im Auswärtigen Amt eingetroffen seien. Zimmermann aber schlug Admiral v. Holtzendorff vor, die Bitte abzuschlagen, und der Admiral war damit vollkommen einverstanden. Kurz darnach erhielt das Auswärtige Amt telegraphisch Nachricht, daß sowohl der Kaiser, als auch die Oberste Heeresleitung, unter dem Einfluß Zimmermanns, entschieden hatten, daß Graf Bernstorffs Forderung „unerfüllbar" sei.

Nachdem das Telegramm im Auswärtigen Amt eingegangen war, entschloß sich der Kanzler zu einer letzten Anstrengung zugunsten des Friedens. Er bemühte sich, Admiral v. Holtzendorff zu veranlassen, den U-Bootkrieg „aufgrund des Bernstorff-Telegrammes" aufzuschieben. Aber der Admiral erklärte, dies sei unmöglich, weil man „die U-Boote nicht zurückrufen könne". Ohne sich durch die abschlägige Antwort aus der Fassung bringen zu lassen, machte v. Bethmann-Hollweg einen unerwarteten Besuch in Pleß (29. Januar) und veranlaßte eine Konferenz mit dem Kaiser und der Obersten Heeresleitung. Er schlug keinerlei Eingriff in das Programm der Wiederaufnahme des uneingeschränkten U-Bootkriegs am 1. Februar vor, aber er bemühte sich ängstlich um die Vollmacht, dem Botschafter Bernstorff mitteilen zu dürfen, daß das Auswärtige Amt bereit sei, „sofort die Einstellung des U-Bootkrieges zu befehlen, falls irgendeine Grundlage zu Friedensverhandlungen ausgearbeitet würde, die wirklich Hoffnung auf Erfolg böte".

Dabei hatte er Erfolg. Der Kaiser und die Oberste Heeresleitung stimmten ebenfalls gewissen Friedensbedingungen zu, die den versöhnlichen Geist Deutschlands zeigen würden.[22] Die Bedingungen wurden sofort an Graf Bernstorff telegraphiert, der sie einem Brief an Oberst House beilegte. Sie wurden jedoch nur flüchtig von Präsident Wilson und Staatssekretär Lansing beachtet, und v. Bethmann-Hollweg hätte sich die Mühe sparen können, eine so nutzlose Versöhnungsgeste in die Wege zu leiten. Das Staatsdepartement wartete nur auf einen Anlaß, um die diplomatischen Beziehungen zu Deutschland abzubrechen. Die Ankündigung des uneingeschränkten U-Bootkrieges verbannte jeden weiteren Gedanken an Friedensverhandlungen.

Lansings heißer Wunsch, Amerika möge auf seiten der Alliierten in den Krieg eintreten, zeigte sich deutlich in zwei Denkschriften, die er in den letzten Januartagen des Jahres 1917 verfaßte. Am 24. Januar erklärte er, er glaube bestimmt, die deutsche Regierung würde bald eine neue Periode des uneingeschränkten U-Bootkrieges beginnen. Das würde die Intervention Amerikas zugunsten der Zivilisation zur Folge haben: „Ich bin ... so vom treulosen Charakter der Deutschen und der bevorstehenden Wiederaufnahme der rücksichtslosen U-Bootangriffe überzeugt, daß es mir absolut festzustehen scheint, daß, ehe Tage oder Wochen vergehen, die amerikanische Bevölkerung nicht ‚näher', sondern tatsächlich ‚am Rande des Krieges' stehen wird."[23]

In seiner Denkschrift vom 28. Januar enthüllt Staatssekretär Lansing den Eifer eines Kreuzfahrers mit seinem brennenden Wunsch, Amerika möge zu den Alliierten stoßen im Kampf gegen die „treulosen" Deutschen: „Wenn unser Volk nur Bescheid wüßte über die unersättliche Gier dieser deutschen Autokraten in Berlin und über ihren dunklen Plan, die Welt zu beherrschen, wären wir heute im Krieg ... Früher oder später werden die Würfel fallen, und wir werden mit Deutschland Krieg haben. Er kommt ganz gewiß. Trotzdem müssen wir geduldig abwarten, bis die Deutschen etwas unternehmen, was allgemeine Entrüstung wachrufen wird und den Amerikanern die Augen öffnet über die Gefahr eines deutschen Erfolges in diesem Krieg ... Ich hoffe, diese unvorsichtigen Deutschen werden bald einen groben Mißgriff begehen, denn es gibt keinen Zweifel, daß den Alliierten im Westen hart zugesetzt wird ... Die Alliierten dürfen nicht geschlagen werden. Der Krieg kann für mich nicht bald genug kommen."[24]

Der Präsident war in einer ganz anderen Stimmung, und am 31. Januar sandte er ein kurzes Schreiben an Staatssekretär Lansing, in dem er sich über die Art und Weise beklagte, in der die englischen bewaffneten Handelsschiffe ihre Armierung benutzten. Er glaube, es sei „ziemlich klar", daß die Engländer „über den Geist, jedenfalls der Prinzipien, hinausgehen, die in dieser Angelegenheit bisher festgelegt wurden. Ihre Methode, nach der ihre Schiffskapitäne angewiesen werden, die Geschütze zu verwenden, geht in vielem darüber hinaus, was gerechterweise Verteidigung genannt werden könnte. Es scheint, sie haben mehr als einmal angegriffen."[25]

Ehe Staatssekretär Lansing seine Antwort auf dieses Schreiben beendigen konnte, sprach der deutsche Botschafter im Staatsdepartement vor, um einige wichtige Papiere abzugeben. Lansing bemerkte, daß Bernstorff nicht „mit seiner gewöhnlichen Zuversicht" lächelte und sich nicht wohl zu befinden schien. Ohne weitere Umstände übergab er dem Staatssekretär verschiedene Dokumente zur Durchsicht. Was dann folgte, wird am anschaulichsten in den „Kriegserinnerungen" Lansings erzählt: „Als ich die Papiere sorgfältig durchgelesen hatte, legte ich sie auf den Tisch und wandte mich Graf Bernstorff zu. ‚Es tut mir leid' sagte er, ‚daß ich dies bringen muß, aber meine Regierung konnte nicht anders handeln.'

Ich erwiderte: ‚Das ist natürlich eine Entschuldigung für die plötzliche Handlung, aber Sie müssen wissen, daß sie nicht angenommen werden kann.'

‚Natürlich, natürlich', sagte er, ‚ich verstehe das. Ich weiß, daß es sehr, sehr ernst ist, und ich bedaure tief, daß es notwendig ist.'

‚Ich glaube, daß Sie es bedauern', antwortete ich, ‚denn Sie wissen, was darauf folgen wird'"[26]

Staatssekretär Lansing betrachtete die plötzliche Ankündigung der Wiederaufnahme des uneingeschränkten U-Bootkrieges als „unfreundliche und nicht zu verteidigende Handlung". An jenem Abend besprach er die Angelegenheit von 20.45 Uhr bis 21.30 Uhr mit dem Präsidenten und bemühte sich, ihn zu überzeugen, daß die diplomatischen Beziehungen mit Deutschland sofort abgebrochen werden müßten. Aber der Präsident war durchaus nicht kriegslustig. Er stand unter dem Gedanken, die „weiße Zivilisation" hinge zum großen Teil von der Fähigkeit der amerikanischen Staatsmänner ab, Amerika „intakt" zu halten. Die Last des europäischen Wiederaufbaues ruhe auf amerikanischen Schultern. Da dies so sei, sei er „bereit, eher sehr weit zu gehen, als die Nation tatsächlich in den Konflikt hineinzuziehen".

Als Lansing darauf bestand, falls Amerika in der Krise nicht handle, würde es die Verachtung der Alliierten und Deutschlands auf sich ziehen, meinte der Präsident, er sei „nicht so überzeugt davon; wenn er glaube, es sei zum Besten der Welt, die Vereinigten Staaten unter den jetzigen Umständen aus dem Krieg zu halten, würde er bereitwillig alle Kritik und Schmähung ertragen, die sicher kommen würden, wenn wir nicht mit Deutschland brechen; nichts würde ihn veranlassen, die Beziehungen abzubrechen, außer die sorgfältig erwogene Überzeugung, daß es das klügste sei."

Lansing brachte immer wieder vor, die amerikanische Untätigkeit gegenüber dem uneingeschränkten U-Bootkrieg würde dahin führen, daß die Vereinigten Staaten von der ganzen Welt als „Windbeutel" angesehen würden. Er fand jedoch bald heraus, daß er wenig Eindruck auf den Präsidenten machte. Wilson zeigte sich „sehr erregt über die englische Mißachtung neutraler Rechte und über den englischen Plan ... die Handelsschiffe mit schweren Geschützen zu versehen.[27]

Die Konferenz schloß endlich mit der Abmachung, daß der Staatssekretär den Entwurf einer Note zum Abbruch der diplomatischen Beziehungen mit Deutschland vorbereiten solle. Das tat Lansing noch, ehe er an diesem Abend schlafen ging, und am andern Morgen brachte er sie in endgültige Form. Mittags ging er ins Weiße Haus, um mit dem Präsidenten und Oberst House zu konferieren. Der Präsident schien „traurig und niedergeschlagen" über die Tat der deutschen Regierung, und Oberst House fand es unmöglich, ihn „in bessere Stimmung zu bringen". Staatssekretär Lansing versuchte ihn aufzustacheln durch einen bitteren Angriff gegen den deutschen Militarismus, der zuerst vernichtet werden müsse, ehe der Friede und die Zivilisation in der Welt gesichert sein würden. Obgleich die Anklage auf den Präsidenten keinen Eindruck zu machen schien, glaubte Lansing doch, daß er einen Fortschritt gemacht hätte und Graf Bernstorff wahrscheinlich nach Deutschland zurückgeschickt werden würde.[28]

Bei der Vorbereitung des Präsidenten zum Bruch mit Deutschland war Oberst House zurückhaltender und weniger stürmisch als Lansing. Als das Haupt der Regierung von Deutschland als einem „Irren" sprach, den man „bändigen müsse", fragte der Oberst unumwunden, ob es gerecht sei gegenüber den Alliierten, von ihnen zu erwarten, daß sie die ganze Arbeit allein tun. Der Präsident „zuckte merkbar zusammen" bei diesem Seitenhieb, erklärte aber immer noch, er sei entschlossen, Amerika aus diesem Krieg zu halten, wenn es „menschenmöglich" sei. Der Oberst gab dann noch Frau Wilson eine Lektion in der Präsidentschaftsetikette. Als sie fragte, ob es „schlecht aussehen" würde, wenn der Präsident etwas Golf spiele, erklärt ihr der Oberst sofort, die amerikanische Bevölkerung empfände, „er sollte in einem solchen Zeitpunkt nichts derartig Triviales tun". Man kam schließlich überein, ein freundschaftliches Billardspiel würde keine der Schicklichkeitsregeln verletzen, die Könige und Präsidenten so einengen.

An diesem Abend (1. Februar) entwarf Lansing ein Schreiben an den Präsidenten, in dem er darauf hinwies, wie wichtig es sei, sofort gegenüber Deutschland zu handeln. Am andern Morgen las er es Polk vor, der die scharfe Geißelung der deutschen Treulosigkeit „sehr begrüßte". Polk wollte gern, daß Amerika sofort in den Krieg ziehe. In diesem Schreiben vom 2. Februar riet Lansing dringend, die diplomatischen Beziehungen zu Deutschland abzubrechen, indem man Bernstorff heimschicke. Nachher habe der Präsident die Wahl zwischen zwei Wegen. Er könne dem Kongreß mitteilen, die amerikanische Regierung müsse Deutschland als „internationalen Verbrecher" betrachten, und man müsse die Amerikaner ersuchen, sich fernzuhalten von den Meeren, die von den deutschen Piratenschiffen verpestet seien", oder er könne eine Erklärung herausgeben, „Deutschland habe sich durch den Bruch seines Versprechens jegliche Achtung verscherzt; es habe seine früheren verbrecherischen Handlungen wieder begonnen, und es bleibe für dieses Land kein anderer ehrenhafter Weg, als alle in seiner Macht stehenden Mittel einzusetzen zur Bestrafung der schuldigen Nation und um sie außerstande zu setzen, in Zukunft ähnliche Verbrechen gegen die Menschlichkeit zu begehen."

Der zweite Weg schien viele Vorteile zu besitzen. Er würde die deutsche Regierung als „Feind der Menschheit" brandmarken und zeigen, daß die preußische militärische Oligarchie „um der Zivilisation und des zukünftigen Friedens der Welt willen" ausgeschaltet werden müsse. Die Sache der menschlichen Freiheit würde dadurch ungeheures „moralisches Gewicht" erhalten und der „Absolutismus unterdrückt" werden. Amerika würde dann auch „nach dem Krieg" einige Freunde behalten.[29]

Sehr früh nachmittags (2. Februar) fand eine Kabinettssitzung statt. Der Präsident bat um Ratschläge über den Abbruch der diplomatischen Beziehungen zu Deutschland. Als friedliche Einleitung zu den Bemerkungen der Kabinettsmitglieder erklärte Wilson ganz offen, er habe das Gefühl, daß „es klug wäre nichts zu tun, um die weiße Rasse oder einen Teil davon stark zu erhalten gegen die gelbe Gefahr ... er würde nichts unternehmen und würde sich allem beugen, auch dem Vorwurf der Schwäche oder Feigheit."[30]

Nach Angabe Lansings waren alle Kabinettsmitglieder (mit Ausnahme des Arbeitssekretärs Wilson) für den „Abbruch der Beziehungen" zu Deutschland. Burleson [Generalpostmeister] war nur „lauwarm" in seiner Unterstützung der Maßnahme. McAdoo wollte, daß sofort gegen Deutschland vorgegangen würde, ebenso Redfield. Baker und Daniels waren vorsichtiger in ihrer Haltung, aber Houston war voll Kriegsbegeisterung. Er hatte keine Angst vor der „Gelben Gefahr", und er betrachtete eine Bedrohung durch die gelbe Rasse als „zu weit abliegend". Die Drohung von Deutschland aber sei unmittelbar. Die Zivilisation sei in Gefahr. Er sei für eine „Unterstützung der Alliierten, für Mitwirkung um unserer und der Menschheit willen".

Obgleich die Kabinettssitzung zu „keinem Entschluß" über den Abbruch der diplomatischen Beziehungen zu Deutschland kam, entschloß sich der Präsident schließlich, Graf Bernstorff nach Hause zu schicken. Am frühen Morgen des 3. Februar 1917 sprach Lester H. Woolsey in der deutschen Botschaft vor und hinterließ eine Note, die mitteilte, daß die Beziehungen zwischen den Vereinigten Staaten und Deutschland offiziell abgebrochen waren. Kurze Zeit danach hielt der Präsident im Kongreß eine Rede, in der er die Versprechen der deutschen Regierung über den U-Bootkrieg, und wie sie gebrochen worden seien, anführte. Er wandte keinen der aufreizenden Sätze an, die Staatssekretär Lansing so warm empfohlen hatte. Statt dessen gab er sich die größte Mühe, die Empfindlichkeit der kaiserlichen Regierung nicht zu verletzen. Trotz der Wiederaufnahme des uneingeschränkten U-Bootkrieges sei er überzeugt, daß die deutschen Regierungsstellen ihre „feierlichen Versprechen" noch halten würden. Er könne nicht glauben, daß sie [die deutsche Regierung] die Absicht habe, „in eigenmächtiger Ausführung des rücksichtslosen Seekrieges amerikanische Schiffe zu zerstören und das Leben amerikanischer Bürger zu vernichten". Die amerikanische Bevölkerung sei eine „aufrichtige Freundin des deutschen Volkes und wünsche ernstlich, mit der Regierung, die für dieses Volk spricht, in Frieden zu leben".[31]

Am gleichen Tag gab Graf Bernstorff eine bezeichnende Erklärung an die amerikanische Presse weiter: „Ich bin nicht überrascht. Meine Regierung wird ebenfalls nicht überrascht sein. Die Leute in Berlin wußten, was geschehen mußte, wenn sie so handelten, wie sie es taten. Den Vereinigten Staaten blieb nichts anderes übrig."[32]

Während der Präsident und Graf Bernstorff diese versöhnlichen Gesten machten, hielt Staatssekretär Lansing eine Rede vor der Pan-Amerikanischen Union (Pan-American Union), die in sehr feindseligem Ton gehalten war. Nachdem Lansing auf den Abbruch der diplomatischen Beziehungen zwischen den Vereinigten Staaten und Deutschland hingewiesen hatte, rechtfertigte er die Handlungsweise der amerikanischen Regierung durch einen bitteren Angriff gegen Deutschlands Treulosigkeit: „Die deutsche Regierung hat nicht nur die Unverletzlichkeit ihres Wortes gebrochen, sondern auch ihre Absicht über die Wiederaufnahme der ungesetzlichen Methoden nur acht Stunden vor Inkrafttreten bekanntgegeben. Es läßt sich kein Grund und keine Entschuldigung anführen, die die Hochmütigkeit und Unverschämtheit einer derartigen Ankündigung gegenüber einer neutralen Macht befriedigend erklären könnten … Es ist schwer, sich mit einiger Zurückhaltung über eine derartige Gleichgültigkeit gegenüber neutralen Rechten zu äußern … Die Methoden des U-Bootkrieges … erwecken den Abscheu der zivilisierten Welt. In den Kriegen der Vergangenheit … wird man schwerlich Beispiele der Unmenschlichkeit finden, die dem grausamen und zügellosen Hinschlachten von Männern,

Frauen und kleinen Kindern entspricht, die über das Meer reisen ... Die kaltblütige Überlegung eines U-Bootkommandanten, der unter Wasser lauert und ein Schiff zu überraschen sucht, das mit wehrlosen Menschen beladen ist, um sie zu vernichten ... stellt eine Art von Brutalität dar, die ein Gegenstück nur bei einem Seeräuber hat und die ihn zu einem internationalen Verbrecher stempelt.

Das Wort ‚Treue' gibt es bei der kaiserlichen Regierung nicht mehr. Verachtung ist an Stelle der Achtung getreten ... Heute sind der amerikanischen Regierung und der amerikanischen Bevölkerung die Augen aufgegangen; jetzt erkennen sie den wahren Charakter der herrschenden Macht in Deutschland in seiner ganzen Falschheit und Brutalität."[33]

Lansing war sich vollkommen klar darüber, daß der Abbruch der diplomatischen Beziehungen zwischen den Vereinigten Staaten und Deutschland unvermeidlich zum Krieg führen würde. Jetzt hatte er Gelegenheit, all der Bitterkeit gegen die Mittelmächte Luft zu machen, die sich in ihm angesammelt hatte, seit er im Juni 1915 Staatssekretär geworden war. Der Präsident hatte es abgelehnt, sich in die Rüstung der Rechtlichkeit zu kleiden und in seinen Kämpfen mit der deutschen Regierung die Sprache der Kreuzfahrer anzuwenden. Diese Zurückhaltung gefiel Lansing nicht. Er bemühte sich, Amerika über die Notwendigkeit eines „heiligen Krieges" gegen die deutsche Barbarei aufzuklären. Er würde alle Hebel in Bewegung setzen, um zu verhindern, daß der Präsident einem Rat zum Frieden Gehör schenkte. Trotz des Entscheides zugunsten eines Abbruchs der Beziehungen zu Deutschland hegte der Präsident immer noch die Hoffnung, daß wirkliche kriegerische Auseinandersetzungen abgewendet werden könnten. Er würde warten, bis irgendeine „offenkundige Tat" der deutschen U-Bootkommandanten ihn zwingen würde, die Lage wieder zu überprüfen. Dank der Beratung Lansings war er jetzt in einer sehr zweifelhaften Lage. Er war veranlaßt worden, bezüglich der bewaffneten Handelsschiffe eine Haltung einzunehmen, die sowohl dem gesunden Menschenverstand als auch amerikanischen gesetzlichen Theorien widersprach. Ob seine Ratgeber ihn zu diesem Gesichtspunkt mit Hilfe eines Betruges bekehrten, ist eine Frage, die die Leser dieses Buches selbst entscheiden mögen.

In der Frage der unbewaffneten Handelsschiffe hatte die Administration einen Standpunkt eingenommen, der ebenso ungesund war, als wenn sie das Vorrecht beansprucht hätten, die Sicherheit eines Handelsschiffes der Kriegführenden müsse durch die Anwesenheit amerikanischer Bürger garantiert sein. Der erste amerikanische Protest gegen den U-Bootkrieg (10. Februar 1915) mit dem drohenden Ausdruck „strikte Verantwortlichkeit" beruhte auf der unhaltbaren Theorie, daß Amerika das Recht habe, nicht nur für amerikanische Schiffe und ihre Besatzung zu sprechen, sondern auch für amerikanische Untertanen an Bord von Schiffen *anderer* Nationen.

Wenn der Präsident nicht von seinen Rechtsberatern irregeleitet und in eine Lage gebracht worden wäre, aus der er wenig Aussicht hatte, herauszukommen, ist es sehr wohl möglich, daß er eher den Weg der Versöhnung gegangen wäre, als den Weg in den Krieg. Präsident Seymour hat vollkommen recht, wenn er glaubt, die Wiederaufnahme des U-Bootkrieges habe direkt zur amerikanischen Intervention zugunsten der Alliierten geführt.[34] Man kann jedoch ernstlich zweifeln, ob die Entscheidung so gefallen wäre, wenn sich die Administration nicht schon vorher festgelegt hätte in ihrer Haltung gegenüber U-Bootangriffen, sowohl auf bewaffnete als auch unbewaffnete Handelsschiffe der Kriegführenden.

Bryan erkannte ganz klar den drohenden Krieg mit Deutschland, nachdem der Präsident die diplomatischen Beziehungen abgebrochen hatte. Ganz bestürzt über die Aussicht auf wirkliche feindselige Handlungen richtete er einen Appell an die amerikanische Bevölkerung und ersuchte sie, den Präsidenten zugunsten des Friedens zu bestürmen.[35] An verschiedene Gouverneure einzelner Staaten, die er näher kannte, sandte er ähnlich gefaßte Telegramme. Obgleich auf seine Bemühungen hin Hunderte von Telegrammen beim Kongreß einliefen, konnte man erkennen, daß sich auf diese Weise wenig ausrichten ließe. Der Gouverneur James M. Cox erklärte, die öffentliche Meinung in Ohio sei offenbar „einig in dem Glauben, daß die nationale Ehre eine Kriegserklärung verlangen würde, wenn Deutschland eine offenkundige Tat begehen sollte".[36]

Als Ausgleich zu den Friedensbemühungen Bryans unterstützten der Senator Lodge und andere bedeutende Republikaner ausdrücklich eine Politik, die auf Krieg mit Deutschland hinzielte. Im Senat wurde eine Resolution eingebracht, die den Abbruch der diplomatischen Beziehungen zur deutschen Regierung guthieß. Die Resolution ging mit überwältigender Mehrheit durch und Senator Lodge führte im Abstimmungskampf. Infolge des uneingeschränkten Beistandes, den Republikanische Senatoren gewissen Maßnahmen der Administration gaben, begannen Gerüchte herumzugehen, der Präsident ziehe ein Koalitionskabinett in Erwägung mit Vertretern der beiden großen politischen Parteien. Aber einen solchen Gedanken hatte der Präsident nie gehabt. Er verlor seinen Argwohn gegenüber diesen „Geschenke bringenden Griechen" in den Republikanischen Reihen nicht. Die zögernde Unterstützung, die sie seinem Programm gaben, genügte nicht, seinen guten Willen zu gewinnen. Seine Haltung gegenüber dieser Republikanischen Gruppe wird klar in einem Brief an Oberst House dargelegt: „Ich habe das gleiche Empfinden wie Sie über den Charakter der Unterstützung, die ich jetzt von gewissen, einst feindlichen Kreisen, erhalte. Sie haben wohl bemerkt, daß der Plan wieder neues Leben bekam, ich solle ihre Führung ins Vertrauen ziehen und ein Koalitionskabinett für mich aufstellen. Es ist das *Junkertum*, das versucht, unter dem Deckmantel der patriotischen Gefühle des Augenblickes hereinzudrängen. Sie werden nicht hereinkommen ... Ich kenne sie zu gut und werde sie, wenn es nötig sein sollte, mit deutlichen Worten erledigen."[37]

Es gab andere hervorragende Personen des öffentlichen Lebens, die in ihn drangen, einen kriegerischen Kurs gegen Deutschland einzuschlagen – Leute, die politisch keine egoistischen Ziele verfolgten. Einer der wichtigsten aus dieser Gruppe war Andrew Carnegie, der jetzt nach Krieg verlangte als Mittel zur Aufrichtung des ewigen Friedens. Es schien ihm, Deutschland habe „den Verstand verloren ... Es gebärdet sich heute vollständig verrückt. Kein Wunder, daß das Kabinett ... in Aufregung ist. Wenn ich an Ihrer Stelle wäre, hätte dies bald ein Ende. Es gibt nur einen geraden Weg zu einer Regelung. Sie sollten Deutschland den Krieg erklären, wenn auch mit Widerstreben, und die Regelung würde bald da sein. Deutschland suchte kürzlich den Frieden, weil es seine Schwächen kennt. England und Frankreich in Zusammenarbeit mit uns, das würde ohne Frage sofort den Frieden heranholen, und bei der nächsten Sitzung im Haag würden wir den Krieg für immer erledigen."[38]

Aber trotz des Druckes, der ständig auf ihn ausgeübt wurde, hoffte der Präsident immer noch auf Frieden. Er war entschlossen, nichts weiteres gegen Deutschland zu unternehmen, bis irgendeine „offenkundige feindselige Handlung" ihn zwänge, eine entschiedenere Politik zu verfolgen.[39] Der feindselige Akt würde wahrscheinlich ein U-Bootangriff auf irgendein amerikanisches Handelsschiff sein. Um gegen ein solches Ereignis Vorsorge zu treffen, wurde der Präsident von seinem Kabinett dringend ersucht, die Handelsschiffe zu bewaffnen, damit sie solchen Angriffen Widerstand leisten könnten. Bei verschiedenen Kabinettssitzungen (6., 9., 13., 16., 23. Februar) wurde über diese Frage lange verhandelt. Schatzsekretär McAdoo drängte zu sofortigem Handeln, aber der Präsident vertrat die Ansicht, er könne nichts ohne die Zustimmung des Kongresses unternehmen – er würde nichts unternehmen, was nach „Diktatur riecht". Landwirtschaftssekretär Houston glaubte, der Präsident sollte vor den Kongreß treten und um die Vollmacht nachsuchen, die amerikanischen Handelsschiffe zu bewaffnen. Dieser Schritt sollte „so bald als möglich" unternommen werden. Als verschiedene andere Mitglieder des Kabinetts sich in ähnlicher Weise äußerten, stimmte der Präsident schließlich zu, diesen Weg einzuschlagen. Am 26. Februar hielt er eine Rede im Kongreß und forderte Handlungsvollmacht.

Einige Tage, ehe der Präsident seine Rede hielt, bekam er von Staatssekretär Lansing eine Denkschrift über das Recht einer neutralen Macht, ihre Handelsschiffe zu armieren. Lansing glaubte, es gäbe keinen Zweifel über das Recht amerikanischer Handelsschiffe, eine Bewaffnung zu führen und sie zum Abschlagen „ungesetzlicher" Angriffe einzusetzen. Der uneingeschränkte U-Bootkrieg sei „ungesetzlich", und jedes Leugnen des Widerstandsrechts amerikanischer Handelsschiffe würde auf eine „Legalisierung der Ungesetzlichkeit" hinauslaufen. Angesichts der außergewöhnlichen Lage bleibe der amerikanischen Regierung nichts übrig, als für die „notwendigen Geschütze und Bedienungsmannschaften zu sorgen, um die Handelsschiffe gegen angekündigte ungesetzliche Absichten eines Kriegführenden instandzusetzen".[40]

Als der Präsident diese Frage dem Kongreß vorlegte, bat er um Vollmacht, „unsere Handelsschiffe mit Verteidigungswaffen ... und mit den Mitteln, sie zu verwenden, zu versehen". Er wünsche jedoch klar zu machen, daß er „keinen Krieg oder Schritte, die dahin führen könnten, vorschlage oder in Betracht ziehe ... Kein Weg, soweit es von mir abhängt ... wird zum Krieg führen. Der Krieg kann nur kommen durch vorsätzliche Angriffshandlungen anderer". Diese besonderen Zusicherungen beruhigten nicht die Befürchtungen gewisser Senatoren, die einen systematischen Kampf zur Verhinderung einer Abstimmung über das Gesetz durchführten, das dem Präsidenten die geforderte Vollmacht gab. Aber trotz dieser Niederlage konnte der Präsident jetzt die Unterstützung der öffentlichen Meinung für die Maßnahmen einspannen, die er zur Vorbereitung gegen einen deutschen Angriff vorschlug. Die deutsche Regierung hatte nämlich gerade einen solchen Mißgriff begangen, wie ihn Staatssekretär Lansing längst erhofft hatte. Das „Zimmermann-Telegramm" kam zur rechten Zeit, um den Präsidenten zu unterstützen.

Am 24. Februar erhielt Botschafter Page vom Außenministerium die Abschrift einer chiffrierten Anweisung, die Staatssekretär Zimmermann an Herrn von Eckhardt, den deutschen Gesandten in Mexiko, gesandt hatte. Die Botschaft war zuerst zu Graf Bernstorff nach Washington gekommen (19. Januar 1917), der sie sofort nach Mexiko City weiterleitete. Der englische Marinenachrichtendienst hatte sich eine Abschrift gesichert und sie entziffert. Die schlauen Engländer erkannten sofort ihre Bedeutung zur Mobilisierung der amerikanischen Kriegsbegeisterung. Man besprach die Angelegenheit mit Botschafter Page. Für den leicht erregbaren Page war das Telegramm Zimmermanns an Eckhardt der letzte Beweis deutscher Verräterei. Er verlor keine Zeit, das Staatsdepartement mit der Lage bekannt zu machen.

In dem vielbesprochenen Telegramm informiert Staatssekretär Zimmermann den deutschen Gesandten in Mexiko City über den drohenden Krieg zwischen Deutschland und den Vereinigten Staaten. In dem Falle, daß tatsächlich Feindseligkeiten ausbrechen würden, sollte er Mexiko ein Bündnis unter folgenden Bedingungen vorschlagen: „Gemeinsame Kriegführung. Gemeinsamer Friedensschluß. Reichliche finanzielle Unterstützung und Einverständnis unsererseits, daß Mexiko in Texas, Neu-Mexiko, Arizona früher verlorenes Gebiet zurückerobert".

Wenn man das Telegramm heute liest, scheint auf der Hand zu liegen, daß Staatssekretär Zimmermann einige Eigenschaften des berühmten Freiherrn v. Münchhausen besaß. Da Deutschland selbst in ernster finanzieller Bedrängnis war, bestand wenig Wahrscheinlichkeit, daß man Mexiko eine Anleihe gewähren könnte. Die anderen Bedingungen des vorgeschlagenen Bündnisses waren noch sinnloser. Selbst bei größter Anstrengung der Phantasie konnte man nicht annehmen, daß Mexiko, ohne deutschen Beistand, militärisch stark genug gewesen wäre, den südwestlichen Teil der Vereinigten Staaten wiederzuerobern. Auch für deutsches Genie wäre es eine höchst schwierige Aufgabe gewesen, ohne jede Schiffsmöglichkeit und trotz der englischen Blockade Truppen nach dem fernen Mexiko zu befördern. Darüberhinaus war es eine bekannte Tatsache, daß die deutschen Truppen äußerst dringend an der hartumkämpften Westfront gebraucht wurden. Selbst wenn der Seeweg frei gewesen wäre, hätte keine Möglichkeit bestanden, deutsche Regimenter zur Unterstützung eines Einfalls in die Vereinigten Staaten herüberzuschicken.

Das Telegramm Zimmermanns hat eine derartige Ähnlichkeit mit einer amerikanischen „Witzblattgeschichte", daß man sich wundert, daß es die Amerikaner nicht sofort von der humorvollen Seite auffaßten. Die Aufregung, die es im ganzen Kontinent hervorrief, läßt die Wirkung der sich rasch ausbreitenden Kriegshysterie erkennen. Selbst der Präsident war von den Gedanken betroffen, Deutschland würde im Kriegsfall nicht die Hände in den Schoß legen, sondern tatsächlich versuchen, gegen die Vereinigten Staaten vorzugehen. Als Staatssekretär Lansing mit ihm die verschiedenen Gesichtspunkte des Zimmermann-Telegramms besprach, war Präsident Wilson kaum Herr seiner Erregung; mehrmals konnte er sich des vielsagenden Ausrufs: „Großer Gott!" nicht enthalten.

Die „Verschwörung" Zimmermanns füllte die Spalten der amerikanischen Presse am 1. März. Die Öffentlichkeit war über die deutsche Niederträchtigkeit sofort derart entrüstet, daß der Präsident glaubte, ohne ausdrückliche Genehmigung des Kongresses die amerikanischen Kauffahrteischiffe bewaffnen zu können. Lansing versicherte ihm, es gäbe keine Bestimmungen in den „Revidierten Satzungen der Vereinigten Staaten", die das Recht „der Bewaffnung gegen U-Bootangriffe" einschränken oder den Status des bewaffneten Schiffes ändern würde. Der Staatssekretär vertrat die Auffassung, die Bestückung amerikanischer Handelsschiffe und die Bereitstellung einer Bedienungsmannschaft sei auch nichts anderes, als „Kanonen und Blaujacken zum Schutz amerikanischer Bürger auf fremden Boden zu landen, wenn sie der Gefahr eines gesetzwidrigen Angriffes ausgesetzt sind". Amerikanische Kauffahrteischiffe sollten „mit einer bewaffneten Abteilung an Bord" in See gehen, und Mannschaften wie Kanonen sollten „so bald wie möglich" auf die Schiffe gebracht werden.

Der berühmt-berüchtigte Uncle Sam, eine Personifikation der amerikanischen Regierung, wirbt Rekruten. Uncle Sams Initialen sind dieselben wie die der United States (Vereinigte Staaten), und das Propagandaschild ist in den Nationalfarben gehalten.

Am 12. März verkündigte das Staatsdepartement den Beschluß der amerikanischen Regierung, infolge zwingender Gründe „alle amerikanischen Kauffahrteischiffe auf der Fahrt durch die Sperrgebiete zum Schutz der Schiffe und der an Bord befindlichen Personen mit einer bewaffneten Abteilung" zu versehen. Am folgenden Tag erließ der Staatssekretär für die Marine Ausführungsbestimmungen über das „Verhalten amerikanischer Kauffahrteischiffe mit einer bewaffneten Abteilung an Bord". Diese bewaffneten Abteilungen hatten die Pflicht, (innerhalb der Kriegszone) auf jedes deutsche U-Boot zu schießen, das eine Annäherung versuchte oder sich in einem Umkreis von rund 4.000 Metern von der Fahrtroute des sichtenden Schiffes befand. Aber niemand sollte „offensiv gegen ein deutsches U-Boot vorgehen ... solange es sich auf hoher See außerhalb der von Deutschland umschriebenen Zonen aufhielt, außer wenn sich das U-Boot eine ungesetzliche Handlung zuschulden kommen läßt, die das Schiff gefährdet".

Amerika wartete sichtlich nur auf die „offenkundige Tat" eines deutschen U-Bootes, um den Kriegszustand zu erklären. Die unternehmenden und erfolgreichen U-Bootkommandanten sorgten dafür, daß man nicht zu lange warten mußte. Am 14. März erhielt das Staatsdepartement die Nachricht, der amerikanische Dampfer „Algonquin" sei durch Granatfeuer eines deutschen U-Bootes zerstört worden. Vier Tage später traf die Nachricht ein, U-Boote hätten drei weitere amerikanische Schiffe versenkt; dabei seien ziemlich viele Amerikaner ums Leben gekommen. Waren das nun die „offenkundigen Taten", die zum Kriege führen würden?

Staatssekretär Lansing drängte den Präsidenten, diese Frage zu bejahen. Er ging von dem Gedanken aus, der „Krieg sei unvermeidlich", und je früher man die Tatsache offen zugebe, je stärker wäre die Stellung Amerikas „vor der Welt". Aber noch zögerte der Präsident. Am 19. März mußte Lansing das Weiße Haus verlassen, „ohne genau im Bilde zu sein", wie die Entscheidung des Präsidenten ausfallen werde. Vom Staatsdepartement aus versuchte er den Präsidenten in einem Schreiben für einen Krieg mit Deutschland zu gewinnen. Er sei überzeugt, äußerte sich Lansing, der Krieg komme „in kurzer Zeit, gleichgültig, was wir tun". Nachdem er nun einmal dessen sicher zu sein glaubte, bezweifelte er, ob es ratsam sei, noch länger die Stellung Amerikas im Ungewissen zu lassen. Eine sofortige Teilnahme auf seiten der Alliierten würde die neue demokratische Regierung in Rußland stärken und ihr Mut machen; auch „das demokratische Element in Deutschland" erhielte neuen Auftrieb. Außerdem sei die amerikanische Bevölkerung jetzt bereit, den Demokratien in diesem Kampf zu Hilfe zu kommen und würde ein Kriegsprogramm begeistert unterstützen.

Wenige Stunden nachdem der Präsident diese Darlegungen in die Hände bekam, trat das Kabinett zu einer Sitzung zusammen (20. März). Sofort erhob sich die Frage eines Krieges mit Deutschland. Landwirtschaftssekretär Houston vertrat den Standpunkt, am schnellsten könne man „Deutschland durch die Unterstützung der Alliierten treffen". Wenn ihm auch der französische Botschafter versichert habe, Amerika brauche „keine Soldaten nach Frankreich zu schicken, abgesehen von einer kleinen Abteilung, des Ansehens wegen", trat Houston doch dafür ein, „ungesäumt ein großes Heer aufzustellen". Andere Mitglieder des Kabinetts waren nicht weniger kriegerisch gestimmt; selbst Wilson, der Staatssekretär im Arbeitsministerium, ließ seine pazifistische Einstellung fallen und unterstützte offen den Gedanken einer sofortigen Aktion gegen Deutschland.

Diese übereinstimmenden Äußerungen des Kabinetts zugunsten eines Krieges mit Deutschland machten auf den Präsidenten einen nicht abzuschätzenden Eindruck. Am Tag zuvor hatte Lansing den Oberst House gebeten, ohne Zeitverlust nach Washington zu kommen und zu sehen, ob er den Präsidenten nicht für eine aktivere Politik gewinnen könne. Am Schluß der Kabinettsitzung war ein derartiger Besuch nicht mehr notwendig. Der Präsident entschied, die Zeit sei gekommen, den Kongreß am 2. April zusammentreten zu lassen, um vom Staatsdepartement eine Mitteilung entgegenzunehmen, „ernste Fragen der nationalen Politik betreffend, die sofort in Angriff genommen werden müßten". Am 21. März wurde offiziell der Aufruf erlassen; die Plattform war bereit, von der aus der Präsident verkündigen konnte, der Krieg trete an die Stelle der Neutralität.

Oberst House hatte am 21. März den Eindruck, Amerika sei bereits voll und ganz „im Kriege", wenn der Kongreß auch eine förmliche Erklärung nicht angenommen habe. Aber noch scheute sich der Präsident, an einen Krieg zu denken. Als am 27. März der Oberst ins Weiße Haus auf Besuch kam, war der Präsident derart verwirrt, daß er wiederholt die Frage stellte: „Kann ich sonst noch etwas tun?" Er fühlte sich dafür verantwortlich, daß er die Nation an den Rand des Krieges gebracht hatte, Oberst House hatte ganz das Empfinden, der Präsident müsse dringend auf die tatsächliche Lage hingewiesen werden. Mit Takt, aber energisch, nahm er sich des Staatsoberhauptes an und wies auf die einzige Politik hin, die er einschlagen könne. Unglücklicherweise stimme, daß der Präsident eine Rolle übernehmen solle, „für die er nicht die notwendigen Gaben mitbrachte". Er sei „zu kultiviert" und „zu geistig", um einen „brutalen, kraftvollen und erfolgreichen Krieg zu führen". Aber selbst bei diesen grundsätzlichen Einschränkungen bestehe noch die Hoffnung, daß das Ende nicht schlecht ausfallen würde. Schon gelöste Probleme der Innenpolitik seien in Wirklichkeit schwieriger gewesen, als die Durchführung eines Krieges. Auf alle Fälle sei der Krieg mit den Mittelmächten jetzt unvermeidlich. Der Präsident habe darauf gesetzt, es gäbe keinen Krieg und er habe verloren. Wie in jedem Spiel, bleibe auch hier die Möglichkeit des Erfolges.

Nach diesem Kolleg des über alles unterrichteten Oberst begann sich der Präsident widerstrebend mit dem Gedanken an einen Krieg zu beschäftigen und seine Botschaft an den Kongreß am 2. April zu überlegen. Diese endgültige Entscheidung zugunsten eines Krieges war vor allem auf das Drängen seiner vertrauten Ratgeber und auf die Ablehnung der deutschen Regierung, seine Friedensbemühungen zu unterstützen, zurückzuführen. Man braucht in dieser Entscheidung nicht das Wirken finsterer Mächte zu sehen. Trotz aller Bemühungen des Nye-Komitees ergab sich nicht der geringste Nachweis, daß der Präsident in den hundert Tagen vor dem Eintritt Amerikas in den Weltkrieg auf die Forderungen des „Großkapitals" Rücksicht genommen hätte, etwa um durch ein Eingreifen der Vereinigten Staaten die Investierungen zu retten, die durch eine mögliche Niederlage der Alliierten bedroht wären.[41] Oberst House und Staatssekretär Lansing hatten weit mehr Einfluß als das Haus Morgan. Freilich war Lansing keineswegs gegen die Interessen des „Großkapitals" und man kann sich auch vorstellen, daß Oberst House ähnliche Gedanken vertrat. Trotzdem steht fest, daß keiner der beiden Berater den Präsidenten dadurch zu beeinflussen suchte, daß er die Geldfrage in Rechnung stellte. Der Präsident entschied sich für den Krieg, weil er der einzige Ausweg aus den ihn umgebenden Schwierigkeiten zu sein schien.

In den Monaten, die unmittelbar dem Eintritt Amerikas in den Weltkrieg vorausgingen, blieb der Präsident in seiner Haltung zu den beiden Gruppen der Kriegführenden bemerkenswert objektiv. Die Kreuzzugsstimmung, die aus den Worten des Oberst und Lansings sprach, fehlte völlig in seinen Ansprachen und in seinem Briefwechsel. In den letzten Märztagen 1917 ging eine Veränderung in ihm vor; seine Ausdrucksweise nahm einen kriegerischen Klang an.[42] Jane Addams hatte den Eindruck, er sei „ernst geworden und sei weit entfernt von der früheren Losgelöstheit eines Gelehrten", als er daran ging, den Streit mit den Mittelmächten durch besondere Mittel beizulegen. Er sah „sich zu dem Geständnis gezwungen", der Krieg sei „unvermeidlich".

In steter enger Fühlung mit Oberst House begann der Präsident seine Kriegsbotschaft an den Kongreß vorzubereiten. Unter dieser geistigen Leitung kam dem Staatsoberhaupt rasch die Erkenntnis, daß sich in dem ihm umgebenden Chaos unvermittelt Lichtpunkte zeigten. Der Oberst wies immer wieder darauf hin, die Alliierten führten einen „Krieg für die Demokratie"; den Gedanken griff der Präsident gelehrig mit dem größten Eifer auf. Diesem „Leitmotiv", das der Oberst wiederholt anschlug, fügte der Präsident bald so anmutige Variationen an, daß beide Teile das größte Vergnügen daran fanden. Alles war für einen glänzenden Auftritt vor dem Kongreß bereit.

In seiner Ansprache vom 2. April erfüllte der Präsident die Erwartungen seiner zuversichtlichsten Freunde. Seine Anklage gegen die deutsche Regierung hätte nicht schärfer sein können, wenn sie aus der spitzen Feder Lansings geflossen wäre. Der uneingeschränkte U-Bootkrieg sei „ein Krieg gegen die Menschheit". Auf diese Herausforderung werde Amerika nicht „den Weg der Unterwerfung wählen und die heiligsten Rechte unserer Nation und unseres Volkes mißachten und verletzen lassen."

Amerika müsse für die Erhaltung seiner überkommenen Güter kämpfen, gerne zöge es mit den Alliierten in den Kampf für „die Demokratie, für das Recht derer, die sich der Regierung unterwerfen, um selbst einen Anteil an ihr zu haben, für die Rechte und Freiheiten der kleinen Nationen und für eine allgemeine Herrschaft des Rechtes durch eine Übereinkunft freier Völker, die allen Nationen Frieden und Sicherheit bringen und die Welt selbst endlich freimachen soll. Einer solchen Aufgabe können wir unser Leben und unseren Reichtum, alles, was wir sind und was wir besitzen, opfern mit dem stolzen Bewußtsein, daß der Tag gekommen ist, an dem Amerika sein Blut und seine Macht für die Grundsätze hingeben darf, aus denen es geboren ist, und denen es das Glück und den Frieden verdankt, den es wert hält. Gott helfe ihm, es kann nicht anders!"

Unter der Wirkung dieser mitreißenden Rede wurde im Kongreß sofort eine Resolution des Inhalts eingebracht, die deutsche Regierung habe den Vereinigten Staaten einen Kriegszustand aufgezwungen. Nachdem die Opposition zu Wort gekommen war, sprachen sich Senat und Repräsentantenhaus für die Resolution aus, der am 6. April auch der Präsident zustimmte.[43]

Das lange Drama der amerikanischen „Neutralität" war schließlich zu Ende, als sich der Held des Stückes für etwas Neues interessierte. Dieses neue Schauspiel erhielt vom Kongreß den Namen „Krieg" und versprach noch mehr Erfolg als das vorhergehende. Andrew Carnegie lobte in überschwenglichen Tönen die Rolle, die der Präsident zu spielen gedachte: „Zuletzt haben Sie doch gesiegt. Gott segne Sie. Sie werden der Welt den Frieden bringen und unter allen Helden die erste Stelle einnehmen."[44]

Amerikanische Soldaten posieren vor der Kamera. Als die USA frisch in den Krieg zogen, waren die europäischen kriegführenden Nationen bereits abgekämpft und ausgelaugt. – Die Amerikaner hatten im Krieg unerschöpfliche Materialreserven, ganz im Gegensatz zu den Mittelmächten.

Anhang

Tabelle 1

Brief des Schatzsekretärs an den Senat, vom 27. Januar 1920, der eine Aufstellung über die in den Vereinigten Staaten seit 1. August 1914 angebotenen ausländischen Anleihewerte gibt. Die Angaben beruhen auf *inoffiziellen* Informationen des Schatzamts. [Senate Document 191, 66th Congreß, 2nd Session. Serie No. 7670.]

Titel der Anleihe	Betrag	Zeit	Ausgabetag	Summe
Englisch-Französische Anleihe	500.000.000 *	5 Jahre	15. Okt. 1915	500.000.000
Französische Anleihen:				
Republik Frankreich	10.000.000	1 Jahr	4. Nov. 1914	
Republik Frankreich	26.200.000	1 Jahr	1. April 1915	
American Foreign Securities Co.	94.500.000 *	3 Jahre	1. Aug. 1916	
Republik Frankreich	13.800.000 **	1 Jahr	15. Sept. 1916	
Französische Industrie	50.000.000 ***	–	11. Nov. 1916	
Republik Frankreich	100.000.000 *	2 Jahre	1. April 1917	
Republik Frankreich	9.321.777	–	etwa Ende 1916	
Französische Anleihen insgesamt				303.821.777
Franz. Sonderanleihe	25.000.000			25.000.000

Britische Anleihen:				
Großbritannien, Irland	250.000.000 *	2 Jahre	1. Sept. 1916	
Großbritannien, Irland	150.000.000 *	3 Jahre	1. Nov. 1916	
Großbritannien, Irland	150.000.000 *	3 Jahre	1. Nov. 1916	
Großbritannien, Irland	129.046.000 *	5 Jahre	1. Nov. 1916	
Großbritannien, Irland	150.000.000 *	2 Jahre	1. Febr. 1917	
Großbritannien, Irland	143.587.000 *	20 Jahre	1. Febr. 1917	
Großbritannien, Irland	100.000.000 *	1 Jahr	1. Febr. 1917	
Britische Anleihen gesamt				1.072.633.000
Britische Sonderanleihen	15.950.000			
	12.986.600			28.936.600
Kanadische Anleihen	100.000.000		1. Dez. 1915	
	75.000.000		1. April 1916	
	100.000.000		1. Okt. 1916	
	150.000.000		1. März 1917	
Kanadische Anleihen gesamt				425.000.000
Russische Anleihen	10.200.000 ****	1 Jahr	1. Mai 1915	
	11.000.000 ****	1 Jahr	April 1916	
	50.000.000 *	3 Jahre	18. Juni 1916	
	50.000.000 *	5 Jahre	1. Dez. 1916	
Russische Anleihen gesamt				121.200.000
Italienische Anleihe	25.000.000 *****	2 Jahre	15. Okt. 1915	25.000.000
Chinesische Anleihe	5.000.000		1. Nov. 1916	5.000.000
Alle Anleihen gesamt:				**2.506.591.377**

Die Aufstellung des Schatzsekretärs enthält nur die alliierten Mächte. Anleihen an die Mittelmächte sind nicht erwähnt. Am 6. April 1917 war ein Teil der Anleihen liquidiert. Alle Angaben in Dollar.

*	Ausgabe durch Morgan & Co.
**	Ausgabe durch J.W. Seligmann
***	Ausgabe durch Guaranty Trust Co.
****	Ausgabe durch National City Bank
*****	Ausgabe durch Lee Higginson Co.

Tabelle 2

Die Zahlen sind im „Journal of Commerce and Commercial Bulletin" (New York) vom 2. Januar 1917 zitiert. Sie wurden aus den Unterlagen des „Journal of Commerce" zusammengestellt und mit anderen Quellen verglichen. Alle Angaben in Dollar.

Gesamtübersicht (Zeit vom August 1914 bis 1. Januar 1917)

Für die Alliierten in den USA aufgelegten Anleihen	1.913.400.000
Für Deutschland in den USA aufgelegten Anleihen	45.000.000
Für neutrale Mächte in den USA aufgelegten Anleihen	367.500.000
Summe	**2.325.900.000**

Einzelaufstellung

Englische Anleihen:	
Englisch-Französische	250.000.000
Englische Regierung	250.000.000
Englischer Bank Kredit	50.000.000
Englische Regierung	300.000.000
Weizen-Kredit der Regierung	50.000.000
Stadt Dublin (keine Kriegsanleihe)	2.000.000
Londoner Wasserwerke (keine Kriegsanleihe)	6.400.000
Summe der englischen Anleihen	908.400.000
davon Kriegsanleihen	900.000.000
Französische Anleihen:	
Englisch-Französische	250.000.000
American Foreign Securities Company	100.000.000
(wird vom Staatssekretär mit nur 94.500.000 angegeben)	
C.M. and St. Paul (kollateral)	47.000.000
Schatznoten	10.000.000
Schatzanweisungen	30.000.000
Handelskredit	100.000.000
Kollateralanleihe – Penn. and St. Paul	
R.R. Bonds	48.000.000
Drei-Städteanleihe (keine Kriegsanleihe)	60.000.000
Stadt Paris (keine Kriegsanleihe)	50.000.000
Summe der französischen Anleihen	695.000.000
davon Kriegsanleihen	585.000.000
Russische Anleihen:	
Kredit	50.000.000
Akzepte	25.000.000
Kredit für die Russisch-Asiatische Bank	25.000.000
Schatznoten	10.000.000
Ungesicherte Anleihe	50.000.000
Summe der russischen Anleihen	160.000.000

Italienische Regierungsanleihe	25.000.000
Kanadische Anleihen für Kriegszwecke (Schätzung)	120.000.000
Chinesische Anleihe	5.000.000
Gesamtsumme der Anleihen für die Alliierten	**1.913.400.000**

Deutsche Anleihen	
Noten - Neun Monate Laufzeit	10.000.000
Noten	10.000.000
Deutsche Kriegsanleihen	25.000.000
Summe der deutschen Anleihen	45.000.000

Das „Journal of Commerce" vom 2. Januar 1918 erwähnt für die Zeit vom 1. Januar 1917 bis zum Kriegseintritt am 6. April 1917 folgende wichtige Anleihen, die zu den oben angeführten Zahlen noch hinzukommen, um alle Anleihen in der Zeit vom August 1914 bis zum 6. April 1917 zu erfassen.

Gesamtsumme der Anleihen für die Alliierten bis zum 1. Januar 1917	1.913.400.000
davon zu Kriegszwecken	1.795.000.000
Englische Regierungsanleihe (1. Febr. 1917)	250.000.000
Französische Regierungsanleihe (1. April 1917)	100.000.000
Gesamtsumme für den ganzen Zeitabschnitt	2.263.400.000
davon zu Kriegszwecken	2.145.000.000

Anmerkungen

Einleitung

[1] Vgl. „New York World" vom 23. März 1870.

[2] Jas. D. Richardson. „Messages and Papers of the Presidents." Bd. VII. S. 61–63. Vgl. auch Allan Nevins. „Hamilton Fish.", S. 328 f.

[3] 3. Juni 1870.

[4] Baron Gerolt an Bismarck, 3. Juni 1870 (Manuskript im Auswärtigen Amt).

[5] Fisher Ames an Staatssekretär Fish, 22. August 1871 (Manuskript im Staatsdepartement, Santo Domingo).

[6] „New York Times", 3. Dezember 1897.

[7] „Literary Digest", 4. Dezember 1897. S. 952.

[8] „New York Times", 12. Dezember 1897.

[9] „New York Times", 1. Mai 1900.

[10] Die Legende, deutsche Intrigen seien die Ursache, daß der dänische Landsthing den Vertrag zurückwies, ist durch die Monographie des Verfassers „The Purchase of the Danish West Indies" völlig zusammengebrochen. Diese Legende war von amerikanischen Regierungskreisen als volle Wahrheit angenommen worden und half mit, die amerikanische feindliche Haltung gegen Deutschland zu festigen.

[11] „Die Große Politik der Europäischen Kabinette". Bd. XVII. S. 274.

[12] Es ist sehr schwer festzulegen, was nun wirklich bei dieser Venezuela-Affäre vor sich ging. Wahrscheinlich ist der eigene Bericht des Präsidenten Roosevelt über sein Handeln dabei doch etwas durcheinander geraten, was die Taten und beteiligten Diplomaten betrifft. Im Januar 1903 kam Graf Speck v. Sternburg in besonderer Mission nach Washington, und in seinen Depeschen nach Berlin erzählte er die Hauptpunkte seiner Gespräche mit dem Präsidenten. Er verzeichnet sehr eindringlich die Erregung in den Vereinigten Staaten über Deutschlands Handeln in Venezuela und übermittelt, daß „Deweys Verband Geheimbefehl erhalten hat, sich bereit zu halten." (Vgl. „Die Große Politik." Bd. XVII. S. 285 f.). Es ist sehr wohl möglich, daß der Präsident auf Deutschland einigen Druck ausübte, aber auf keinen Fall in der dramatischen Art und Weise, wie dies verschiedentlich geschildert wird.

[13] In einem Brief vom 25. Januar 1889 bemerkte Staatssekretär Bayard: „Es entsetzt mich, von dem dummen, blöden … Kriegsgeschwätz zu lesen." Bei Wade Hampton beklagt er sich am 5. Februar 1889 über das fortwährende Kriegsgeschwätz: „Der Ton unserer Presse ist mir widerwärtig, und nicht nur die Presse al-

lein, sondern auch das Gerede von Leuten in hohen öffentlichen Stellen, die die weittragende Entscheidung von Krieg und Frieden zwischen großen Staaten regeln wollen, gerade wie Ringkämpfer oder streitende Schuhputzer." (Vgl. „Bayard Manuskript")

[14] „The Outlook". Vol. 68. S. 98. Es muß darauf hingewiesen werden, daß es auch gewisse wirtschaftliche Faktoren gab, die zu der deutsch-amerikanischen Spannung beitrugen. Die rasche industrielle Entwicklung in Deutschland nach 1870 änderte von Grund auf die wirtschaftliche Struktur des deutschen Staates. Bald mußten Lebensmittel vom Ausland eingeführt werden, und amerikanisches Getreide drohte das deutsche Getreide sogar auf dem heimischen Markte zu verdrängen. Amerikanische Fleischprodukte fanden ebenfalls einen großen deutschen Markt, und als die Einfuhr amerikanischen Schweinefleisches wegen angeblicher Trichinosegefahr verboten wurde, gab es eine lange Auseinandersetzung. Deutsch-amerikanische Zolltarifstreitigkeiten verschärften noch weiter die wachsende Mißstimmung zwischen den beiden Ländern und 1884 ging dies so weit, daß Sargent, der amerikanische Gesandte in Berlin, abberufen wurde. Carl Schurz, der bekannte Deutsch-Amerikaner, hielt die Art und Weise, in der die deutschen Zeitungen Sargent angriffen, für nichts weniger als schimpflich und als „Verletzung der Gesetze der Gastfreundschaft". Wenn Bismarck Sargent weg haben wollte, hätte er der amerikanischen Regierung in „vertraulicher inoffizieller Weise" zu verstehen geben können, daß er nicht länger Persona grata sei. Das wäre die richtige Art und Weise gewesen, anstatt Sargent „von Zeitungen schmähen zu lassen, von denen allgemein bekannt ist, daß sie ihre Inspirationen von Bismarck erhalten". (Carl Schurz an Senator George F. Edmunds, 9. März 1884. Schurz-Manuskript)

[15] Zitiert in der Zeitung „World" (New York), 27. Oktober 1895.

[16] A. Nevins. „Henry White". New York, 1930. S. 278.

[17] St. Gwynn. „The Letters and Friendships of Sir Cecil Spring Rice." London, 1929. Bd. I. S. 454.

[18] „Everboy's Magazine", Bd. XXI. S. 700.

[19] „Providence Journal", 27. November 1897.

[20] „New York Evening Post", 30. März 1901.

[21] „Springfield Republican", 20. September 1903.

Kapitel 1

[1] St. Gwynn. „The Letters and Friendships of Sir Cecil Spring Rice." London, 1929. Bd. II. S. 223.

[3] 29. Juni 1914.

[4] Zitiert in „Literary Digest", 11. Juli 1914.

[5] 29. Juni 1914.

[6] Dr. Jordan sprach darüber am 17. Juli; veröffentlicht wurde dies aber erst am 15. August. Vgl. „Harper's Weekly" vom 15. August 1914.

[7] 28. Juli 1914.

[8] 27. Juli 1914.

[9] 29. Juli 1914.

[10] 29. Juli 1914.

[11] 28. Juli 1914.

[12] 28. Juli 1914.

[13] Zitiert im „Providence Journal", 30. Juli 1914.

[14] 28. Juli 1914.

[15] Zitiert im „Providence Journal", 30. Juli 1914.

[16] 29. Juli 1914.

[17] 26. Juli 1914.

[18] 27. Juli 1914.

[19] 27. Juli 1914.

[20] Philadelphia „Public Ledger", 1. August 1914.

[21] Chicago „Tribune", 1. August 1914.

[22] 28. Juli 1914.

[23] 28. Juli 1914.

[24] 28. Juli 1914.

[25] 28. Juli 1914.

[26] 3. August 1914.

[27] 2. August 1914. Vgl. auch „Daily Oklahoman", 1. August 1914.

[28] 28. August 1914.

[29] 2. August 1914.

[30] 1. August 1914.

[31] 2. August 1914.

[32] 3. August 1914.

[33] Boston „Post", 2. August 1914.

[34] New York „Sun", 2. August 1914.

[35] 2. August 1914.

[36] 4. August 1914.
[37] 4. August 1914.
[38] 1. August 1914.
[39] 1. August 1914. Vgl. auch den Birmingham „Age-Herald“ vom 31. Juli und das „Wall Street Journal“ vom 31. Juli, 1. und 4. August. Im Gegensatz zu diesem Optimismus vertrat der „Daily Oklahoman“ (1. August) die Ansicht, daß der Krieg „jahrelang wüten könne“; das „Nevada State Journal“ (2. August) glaubte, Europa stehe ein „langer und schrecklicher Krieg bevor“; und die Zeitung „News and Observer“ (3. August) fürchtete, der Krieg könne „zehn Jahre“ dauern.
[40] 1. August 1914.
[41] 1. August 1914.
[42] 31. Juli 1914.
[43] 31. Juli 1914.
[44] 2. August 1914.
[45] 3. August 1914.
[46] 4. August 1914.
[47] 4. August 1914.
[48] 4. August 1914.
[49] 3. August 1914.
[50] 3. August 1914.
[51] 2. August 1914. Es ist sehr wohl möglich, daß die starken pazifistischen Neigungen, die sich in den Vereinigten Staaten in den zwei Jahrzehnten vor Ausbruch des Weltkrieges entwickelt hatten, teilweise an der auffallenden pro-alliierten Stimmung im Jahre 1914 schuld waren. Der Durchschnittsamerikaner im Jahre 1914 hatte den Eindruck, daß Deutschland das größte stehende Heer in Europa besitze, und daß der Kaiser diese Armee geschaffen habe mit der ausdrücklichen Absicht, seine Gewalt über die benachbarten Mächte auszudehnen. In Wirklichkeit war die höchste Schätzung der Friedensstärke des deutschen Heeres nur 870.000; im Vergleich dazu hatte das französische Heer 910.000 Mann.
[52] Nach E.B. White. „American Opinion of France“, (N.Y. 1927).
[53] „Collected Poems“, (N.Y. 1920), S. 392.
[54] 5. Dezember 1914. S. 8 f.
[55] „The Diary of a Nation“, (N.Y. 1914), S. 7–16.
[56] Zitiert in „Review of Reviews“. Vol. 50. S. 734.
[57] „Chosen Poems“ (N.Y.) S. 254 f.
[58] „New York Times Current History.“ Bd. I. S. 502 f.
[59] Auszüge aus den Schilderungen Will Irwins und R.H. Davis über die deutschen Zerstörungen in Belgien sind zu finden in Mark Sullivan. „ History of Our Times“. Bd. 5. New York, 1933. S. 21–29.
[60] C.G. Kidder an C.I. Bonaparte 22. August 1914 und 5. September 1914 (Bonaparte-Manuskript).
[61] Staatssekretär Bryan an Präsident Wilson am 12. Februar 1915 (Bryan-Manuskript). Schon am 20. Dezember 1914 begann Lord Bryce in Amerika Propaganda über angebliche deutsche Greuel in Belgien zu machen. In einem Brief mit diesem Datum an Joseph H. Choate verurteilt Lord Bryce das deutsche Verhalten in Belgien als Rückfall in „primitive Barbarei“. (Choate-Manuskript)
[62] Theodore Roosevelt an Joseph H. Choate, 10. April 1915 (Choate-Manuskript).
[63] Oberst House an Präsident Wilson, 22. August 1914, in „The Intimate Papers of Colonel House“, Bd. I. S. 285.
[64] Vgl. B.J. Hendrick. „Life and Letters of Walter Hines Page.“ New York, 1922. Bd. II. S. 176 ff.
[65] Spring Rice an Sir Edward Grey, 8. September 1914, in „The Letters and Friendships of Sir Cecil Spring Rice“. Bd. II. S. 223.
[66] Morley an Carnegie, 4. August, 11. September, 16. Oktober 1914 (Carnegie-Manuskript).
[67] Carnegie an Präsident Wilson am 23. November 1914 (Carnegie-Manuskript).
[68] Carnegie an Dr. John Roß, 7. Dezember 1914 (Carnegie-Manuskript).
[69] Bryce an White am 24. Juli 1914 (White-Manuskript Kongreßbibliothek). Es ist bezeichnend, daß Bryce im Juli 1914 vom russischen Verhalten als „verbrecherisch“ sprach.
[70] White an Chadwick am 19. September 1914 (White-Manuskript).
[71] Chadwick an White am 20. Dezember 1914 (White-Manuskript).
[72] Chadwick an White am 24. Dezember 1914.
[73] Chadwick an White, 23. Mai 1915.
[74] Lord Newton an Henry White am 11. Oktober 1914 (White-Manuskript).
[75] Natürlich erschienen von Anfang des

Krieges an da und dort Leitartikel in der Presse, die für die Alliierten amerikanischen Beistand verlangten. In der Florida „Times-Union" vom 29. Juli 1914 ist ein solcher bezeichnender Erguß: „Englands Niedergang brächte der Zivilisation selbst Gefahr ... Wenn ernste Anstrengung gemacht wird, Englands Macht zu brechen, dann wären die Vereinigten Staaten im Recht, zu den Waffen zu greifen, um die Zivilisation zu verteidigen."

76 Vgl. Topeka „State Journal", 4. August 1914.

77 27. Juli 1914.

Kapitel II

1 In einem Bericht an den Kongreß über den Munitionshandel schätzte Sekretär Redfield vom Handelsdepartement, daß sich im Sommer 1914 etwa 15.000 Fabriken in den Vereinigten Staaten befanden, die verschiedene Arten von Munition herstellen konnten.

2 Vgl. Congressional Globe, 42. Kongreß, 2. Sitzung. Bd. 45. Teil II. S. 1287.

3 Vgl. J. Keim. „Forty Years of German-American Political Relations". Philadelphia, 1919. S. 22.

4 Botschafter Page an Präsident Wilson am 6. Oktober 1914, zitiert in B.J. Hendrick. „Life and Letters of Walter Hines Page". Bd. III. S. 158.

5 Präsident Wilson an den Kriegssekretär am 5. Januar 1915, zitiert in R.S. Baker. „Woodrow Wilson: Life and Letters". Bd. V. S. 190.

6 E.F. Sweet an den Zolleinnehmer von New York am 5. August 1914, in „Foreign Relations", 1914. Suppl. S. 595.

7 Staatssekretär Bryan an den Schatzsekretär am 7. August 1914, in „Foreign Relations", 1914. Suppl. S. 571.

8 Schatzsekretär und Handelssekretär an die Zolleinnehmer am 10. August 1914. a.a.O., S. 597.

9 a.a.O., S. 275.

10 a.a.O., S. 573 f.

11 Zitiert in der Zeitschrift „Literary Digest" vom 26. Dezember 1914, S. 1259.

12 Vgl. „Literary Digest", 6. Februar 1915, S. 225 f. und S. 274–281.

13 Das ständige Argument, das von der englischen Regierung immer wieder gegen ein Waffenausfuhrverbot vorgebracht wurde, war, daß ein Verbot sich mit amerikanischem Brauch nicht vereinbaren lasse und als „unneutrale Handlung" erschiene. Selbstredend gab man zu, daß vom Gesichtspunkt des Völkerrechtes die amerikanische Regierung das einwandfreie Recht hatte, ein Waffenausfuhrverbot zu erlassen, und man wußte sehr wohl, daß verschiedene amerikanische Staaten es so gemacht hatten. Der Gedanke, daß während eines Krieges keine Nation irgendwelche Änderungen bestehender Gebräuche vornehmen sollte, wird von Professor Edwin Borchard scharf bestritten, der darauf aufmerksam macht, daß „prinzipiell in Kriegszeit" Neutralitätsregeln „sowohl neu aufgestellt als auch geändert wurden." Vgl. „The Nation", 20. Juli 1921. S. 72 ff.

14 Sir Cecil Spring Rice an Sir Valentine Chirol am 29. Dezember 1914. Vgl. „Letters and Friendships of Sir Spring Rice" Bd. II. S. 250.

15 Spring Rice an Staatssekretär Bryan am 21. Januar 1915. Vgl. „Foreign Relations." 1915. Suppl. S. 778.

16 St. Gwynn a.a.O., Bd. II. S. 260.

17 25. Januar 1915. S. 129.

18 Vgl. 8. März 1915, S. 207.

19 Botschafter Bernstorff an den Staatssekretär am 15. Dezember 1914. Vgl. „Foreign Relations, 1914. Suppl. S. 646 f. In bezug auf den Munitionshandel zwischen Amerika und den alliierten Regierungen bemerkt Graf Bernstorff in seinen „Erinnerungen" (Berlin, 1920), S. 69: „Inzwischen hatte sich wegen des Waffen- und Munitionshandels die Stimmung in Deutschland scharf gegen die Vereinigten Staaten gewandt. Diese Frage lag für uns sehr ungünstig, da uns die Rechtsbasis fehlte. Die Bestimmung der Haager Konvention, welche solchen Handel gestattet, war seinerzeit auf der zweiten Haager Konferenz auf unseren eigenen Antrag hin angenommen worden. Immerhin war es begreiflich, daß die nach Lage der Dinge einseitige Unterstützung unserer Feinde durch die schnell wachsende amerikanische Kriegsindustrie in Deutschland starke Verstimmung erzeugte. Infolgedessen ent-

stand eine Kontroverse mit der amerikanischen Regierung ähnlich derjenigen mit England während des Krieges von 1870/71."

[20] Wilson an Staatssekretär Bryan (Bryan-Manuskript).

[21] „Foreign Relations." 1914. Suppl. S. 577.

[22] a.a.O., S. 781.

[23] Der Staatssekretär an die Lake Torpedo Boat Company am 26. Februar 1915.

[24] Bd. II. S. 181 f. (N.Y., 1920).

[25] Um Herrn Schwab die Tätigkeit zu erleichtern, veranlaßte die englische Regierung, daß den Depeschen zwischen der Bethlehem Steel Corporation und dem Kriegsamt besondere Aufmerksamkeit geschenkt wurden. Nach allgemeinen Schätzungen lieferte die Bethlehem Steel Corporation nach England in weniger als zwei Jahren für etwa 300.000.000 Dollar Kriegsmaterial.

[26] Die Reaktion Kitcheners auf die niederschmetternde Nachricht von Neuve-Chapelle zeigt die entsetzliche Unfähigkeit des Mannes für die Stellung des Kriegsministers. In den „Memoirs" von Lloyd George (Bd. I. S. 171) wird folgende Schilderung von der Wirkung der Nachricht oben erwähnter Kämpfe auf Kitchener gegeben: „Gerade nach der Schlacht von Neuve-Chapelle schritt Kitchener in ganz militärischer Haltung ins Kabinett, und jener ominöse Blick trat noch stärker und übertriebener hervor – ein sicheres Zeichen aufwallenden Zornes – sobald er sich gesetzt hatte, rief er mit heiserer Stimme in unterdrückter Erregung aus: „Oh, es ist schrecklich, schrecklich!" – „Waren die Verluste sehr schwer?" fragten wir ängstlich. „Ich denke im Augenblick nicht an die Verluste," erwiderte Kitchener, „sondern an all die Granaten, die verschwendet wurden!"

[27] David Lloyd George. „Memoirs." Bd. II. S. 110.

[28] Benedict Crowell. „America's Munitions 1917–1918." Washington, 1919. S. 19.

[29] Die Zahlen wurden zusammengestellt aus: „Monthly Summary of the Foreign Commerce of the United States."

[30] Richard Lewinsohn. „The Profits of War" (New York, 1937). S. 154.

[31] (Andrew Carnegie-Manuskript). Kongreßbibliothek.

[32] Die Zahlen wurden zusammengestellt aus: „Monthly Summary of the Foreign Commerce of the United States." 1915.

[33] Botschafter Gerard an den Staatssekretär, 11. März 1915. Vgl. „Foreign Relations." 1915. Suppl. S. 104.

[34] „Foreign Relations." 1915. Suppl. S. 157 f.

[35] 16. September 1915. „Foreign Relations. "1915. Suppl. S. 804.

[36] R. Lansing. „War Memoirs." Indianapolis, 1915. S. 55 f.

[37] Staatssekretär Lansing an Präsident Wilson am 2. August 1915.

[38] Präsident Wilson an Staatssekretär Lansing am 5. August 1915.

[39] Lansing a.a.O., S. 57.

[40] Staatssekretär Lansing an den Botschafter in Österreich-Ungarn am 12. August 1915, aus „Foreign Relations." 1915. Suppl. S. 794–798.

[41] Vgl. „Kunstwart und Kulturwart." 28. Jg. 1915. S. 105 f.

[42] Gerard. „Memoiren. Meine vier Jahre in Deutschland." Lausanne, 1919. S. 294 f.

[43] Botschafter Gerard an den Staatssekretär am 14. September 1916.

[44] Die Zahlen stammen aus: „Monthly Summary of the Foreign Commerce of the United States". 1916.

[45] A.D. Noyes. „The War Period of American Finance." S. 114 ff. und C.H. Grattan. „Why We Fought." S. 138 ff.

[46] H. Pohl. „Amerikas Waffenausfuhr und Neutralität." Berlin, 1917. S. 9 f.

[47] Vgl. „Messages and Papers of the Presidents." Bd. 16. S. 7888. Hervorhebung im Original.

[48] Prof. Charles H. Hyde an Staatssekretär Lansing am 11. Januar 1916.

Kapitel III

[1] Die Besorgnisse, die viele in den ersten Monaten des Jahres 1913 wegen der Politik des neuen Präsidenten hegten, kommt in folgendem Brief Franklin K. Lanes an Oberst House vom 22. Januar 1913 zum Ausdruck: „Vermutlich ist Ihnen bekannt (und Gouverneur Wilson weiß es sicher), daß ein Gerede über eine voraussichtliche Panik umgeht ... die Geschäftskreise des Landes wissen nicht, was sie erwarten sollen."

2 Im ersten Teil der Amtsperiode Wilsons gehörte Choate jedoch zu den warmen Bewunderern des Präsidenten. In einem Brief an John R. Carter vom 4. Februar 1914 macht Choate die Bemerkung: „Wilson hat ungeheuren Erfolg und entwickelt bei seiner Administration erstaunliche Eigenschaften – ruhig, ohne Lärm oder große Worte. Er hat einfach die ganze Demokratische Partei und, soweit ich sehen kann, einen sehr großen Teil des Landes mit sich gerissen und übt jetzt eine Macht aus und hat ein Ansehen, wie meines Erachtens kein anderer Präsident es je gehabt hat. Was Roosevelt vergeblich durch große Reden und ‚mit der Faust auf den Tisch schlagen' erreichen wollte, bringt er durch einen Wink fertig; ich muß sagen, ich bewundere ihn mehr und mehr als vorbildlichen Präsidenten."

3 Der Argwohn einflußreicher Geschäftsmagnaten gegen Wilsons Finanzprogramm entsprach dem Mißtrauen des Präsidenten gegen den Widerstand der Banken wegen des eingebrachten Währungsgesetzes. In einem Brief an Senator John Sharp Williams vom 11. Oktober 1913 äußert sich der Präsident sehr offen: „Es geht etwas in der Bankwelt vor, was offenbar dem Wunsch entspringt, die Mitglieder der beiden Häuser [des Kongresses] vor der Bankmacht einzuschüchtern, und möglicherweise entsteht mit der Zunahme der Geschäfte und der Kreditgebung, während wir noch abwarten, eine Krise. Es ist überhaupt kein Grund dafür vorhanden, daß die Kurse um zwei Prozent gefallen sind. Diejenigen tragen dafür die Schuld, die den Entwurf entweder falsch verstehen oder falsch darstellen oder gar nicht gelesen haben."

4 Die Abneigung des Hauses Morgan gegen Wilsons Administration blieb, als der Präsident nichts mehr gegen die Unterbringung großer Anleihen in den Vereinigten Staaten für die alliierten Regierungen einwandte. Die Ansicht von Oberst House über Morgan & Co. kommt in folgendem Auszug aus einem Brief an den Präsidenten vom 14. Mai 1916 gut zum Ausdruck: „Ein Kreis, der gegen Sie arbeitet, umfaßt die entfremdeten Amerikaner in Paris und London. Vermöge ihres Reichtums und ihrer Stellung stehen sie den Mitgliedern der Regierungen sehr nahe ... Die Mitglieder der Firma Morgan & Co. haben zu beiden Regierungen enge Beziehungen, und Sie können überzeugt sein, diese Leute billigen nichts, was Sie auch unternehmen. Jetzt mehr als je suchen sie die Stimmung ins Leben zu rufen, wenn die Republikaner am Ruder wären, stünde der Sieg der Alliierten sicher, und wenn der Krieg über den November hinaus dauert, werde manches anders werden."

5 Wie der ehemalige Präsident William H. Taft dachte, ist aus folgendem Schreiben zu ersehen: „Was für ein Durcheinander, was für ein schreckliches Durcheinander Wilson macht! Als was für einen Opportunisten hat er sich hingestellt, und wie rücksichtslos gebraucht er jetzt die politische Macht, um das Land in einen Krieg hineinzuziehen, allein um sich politisch zu sichern."

6 Wenn auch Sekretär Bryan im allgemeinen gegen einen wirtschaftlichen Imperialismus war, scheint er einem amerikanischen Imperialismus im karibischen Meer nicht abgeneigt gewesen zu sein.

7 Es braucht wohl nicht betont zu werden, daß das Haus Morgan vom Beginn des Weltkrieges an ganz auf Seite der Alliierten stand. Über die Einstellung von Morgan & Co. äußert sich Thomas W. Lamont, eines der wichtigsten Mitglieder der Firma, am 27. Januar 1920 folgendermaßen: „Unsere Firma war nie einen Augenblick neutral; wir wußten gar nicht, wie wir es hätten sein können. Vom Anfang an taten wir alles, was in unseren Kräften stand, um die Sache der Alliierten zu unterstützen." Morgan selbst sagt aus: „Obwohl Präsident Wilson auf Unparteilichkeit ‚sogar in Gedanken' drängte, war es für uns unmöglich, zwischen Recht und Unrecht, nicht Partei zu ergreifen ... Wir nahmen uns vor, alles zu tun, was im Rahmen des Gesetzes in unserer Macht lag, um den Alliierten so rasch wie möglich zum Sieg zu verhelfen."

8 In seiner Zeugenaussage vor dem Nye-Komitee umreißt Morgan die Beziehungen Straights zum Hause Morgan folgendermaßen: „Zu jener Zeit sammelte er für uns Nachrichtenmaterial, wo er nur konn-

te. Hin und wieder hatte er hier in Washington Beziehungen, so daß er Persönlichkeiten aufsuchen konnte, ohne daß es auffiel."

9 Bis zum 6. April 1917 erreichten die Verschiffungen an Gold insgesamt über eine Milliarde Dollar.

10 Über die Vertragsbedingungen zwischen dem Hause Morgan und der französischen und englischen Regierung macht Thomas W. Lamont vor dem Nye-Komitee am 9. Januar 1936 folgende Angabe: „Hervorzuheben wäre, daß wir aufgrund dieser Verträge kein Geschäftsmonopol erhielten. Nach den Vertragsbedingungen stand es der französischen und englischen Regierung frei, andere Kontrakte einzugehen, und das war auch der Fall mit einem Ankauf amerikanischer Pferde und Maultiere im Wert von 100.000.000 Dollar." „New York Times", 10. Januar 1936.

11 J.P. Morgan und Vanderlip gaben offen zu, Kredite und Anleihen gehörten in dieselbe Kategorie.

12 Eine Zeitlang sah es so aus, als könnte sich Wm. P. Bonbright & Co., Wall Street 14 den begehrten Posten eines französischen Vermittlers in den Vereinigten Staaten sichern. Am 22. Januar 1915 kabelte die Pariser Stelle dieser Bankengruppe an die New Yorker Bank, man solle umgehend die französische Regierung zu einem Vertrag veranlassen. Lloyd George hatte sich jedoch dafür entschlossen, Morgan & Co. solle die Einkäufe für die englische *und* französische Regierung übernehmen.

13 Lloyd George, zu jener Zeit Kanzler des Schatzamtes, hatte alle Hände voll zu tun, um den Munitionsnachschub sicherzustellen.

14 Diesen Beschluß des Bundesreserverates verurteilte die deutsche Presse in scharfen Worten als einen Bruch der amerikanischen Neutralität. Vgl. Dr. Ernst Müller-Meiningen. „Wer sind die Hunnen?" Berlin, 1915.

15 Es sei auf den wachsenden Umfang an Bankakzepten bei den Bundesreserve-Banken hingewiesen. Der Betrag stieg rasch von 11.593.000 Dollar im April 1915 auf 78.659.000 im September 1916. Die Wirkung dieser Akzepte auf die Ausdehnung des amerikanischen Außenhandels steht außer Frage.

Kapitel IV

1 Trotz Grenfells Urteil über den Schatzkanzler (Reginald McKenna) scheint er England in der Zeit der nationalen Krise recht gute Dienste getan zu haben. Lord Beaverbrook erzählt sehr interessant in „Politicians and the War", S. 162 ff., wie McKenna die Gefahr behob, die dem englischen Kredit im Sommer 1915 in Amerika drohte.

2 Delano war Vizegouverneur des Bundesreserverates in Washington.

3 In dem Verhör vor dem Nye-Komitee wies Senator Clark auf die Tatsache hin, daß acht Tage nach der Unterredung zwischen Davison und Sekretär McAdoo und „elf Tage nachdem die Stützung des Devisenmarktes aufgehört hatte, der Präsident der Vereinigten Staaten ... diese Änderung in unserer Neutralitätspolitik billigte." Diese Unterstellung beantwortete J.P. Morgan folgendermaßen: „Wie ich wohl sehe, glaubt die Kommission, wir hätten die Panik auf dem Währungsmarkt ausgelöst, um die Regierung zu beeinflussen. Ich möchte unzweideutig erklären ... daß wir nie daran gedacht haben."

4 In einem Brief an Sir Valentine Chirol vom 3. November 1914 äußert Sir Cecil Spring Rice folgende Meinung über Warburg: „Warburg, der mit Kuhn, Loeb und Schiff nahe verwandt und ein Bruder des wohlbekannten Warburg von Hamburg, des Teilhabers Ballins, ist, ist Mitglied des Bundesreserverates oder vielmehr *das* Mitglied. Praktisch kontrolliert er die Finanzpolitik der Regierung, und Paish und Blackett hatten in der Hauptsache mit ihm zu tun. Natürlich war das gleichbedeutend mit einer Unterhandlung mit Deutschland. Jedes Wort war von Deutschland inspiriert. Die Folge war, daß die Abmachungen als vorteilhaft für die deutschen Banken angesehen wurden und die christlichen Banken waren eifersüchtig und aufgebracht." Stephen Gwynn, a.a.O., Bd. II. S. 243.

5 Interessant ist, daß Warburg und Miller im Bundesreserverat blieben.

[6] Nach der Abänderung der Abschnitte c und f der Bestimmung (I) nahm die Zahl der Akzepte bei den Mitgliederbanken des Bundesreservesystems bezeichnenderweise zu. Als die Abänderungen im September 1915 angenommen worden waren, belief sich der Wert der Akzepte bei den Mitgliederbanken auf 6.087.000 Dollar. In einem Monat trat eine Steigerung von etwa 50 Prozent ein, und am 1. Januar 1916 (in vier Monaten) schnellte der Wert der Akzepte bei den Mitgliederbanken auf 15.494.000 Dollar. In sechs weiteren Monaten verdoppelte sich der Wert dieser Akzepte nahezu und erreichte 32.989.000 Dollar. Federal Reserve Bulletin, 1. November 1916, S. 591.

[7] Morgan & Company an Morgan & Co. (London), 26. August 1915, „New York Times", 11. Januar 1936. Am 10. Januar 1936 erkundigte sich Senator Clark in einer der Sitzungen des Senatsausschusses, inwiefern die Versenkung der „Arabic" die Aussichten einer Anleihe für die Alliierten „verbessert" haben konnten. Morgan erwiderte, der Verlust amerikanischer Menschenleben „ließ die bereits sehr starke Sympathie der Amerikaner mit den Alliierten anschwellen."

[8] Am 20. September 1915 schrieb William H. Stafford, Abgeordneter von Milwaukee, an Lansing und erklärte, er sei gegen die vorgesehene englisch-französische Anleihe. Das „ungeheure Ausmaß" einer solchen Anleihe und der „Vorschlag", die Nationalbanken bei der Unterbringung dieser Anleihe einzusetzen, machen sie zu einer Angelegenheit aller Amerikaner. Die beeinflussende Wirkung auf die öffentliche Meinung kann während der Dauer des Krieges nicht bestritten werden."

[9] „Commerce and Finance." 6. Oktober 1915. Dieser Leitartikel hatte die bezeichnende Überschrift: „Amerikanische Bürgerpflicht und englisch-französische Anleihe."

Kapitel V

[1] „America's Business Boom" in „Review of Reviews." Januar 1916, S. 43 ff.

[2] St. Gwynn. „The Letters and Friendships of Sir Cecil Spring Rice." Bd. II. S. 281.

[3] „Report of the Federal Trade Commission on War-Time Profits and Costs of the Steel Industry." 25. Juni 1924, S. 29. Die Profite verschiedener einzelner Stahlwerke waren viel größer als 28 Prozent. Die folgende Aufstellung zeigt die riesigen Gewinne einzelner Stahl- und Munitionsfirmen:

Firma	Jahr	Gewinn
Bethlehem Steel Corporation	1917	43%
Jones Laughlin Steel Company	1917	47%
Colt's Patent Fire Arms Company	1917	64%
Savage Arms Corporation	1917	65%

Vgl. „Washington Star", 14. Dezember 1935. Nach dem Buch von Richard Lewinsohn. „The Profits of War." (N.Y., 1937), S. 153 f., hatte die „Kennecott Company", ein Werk der Guggenheim-Gruppe, im Jahre 1917 einen Gewinn von 70 Prozent des investierten Kapitals ... Die entsprechenden Gewinne der Utah Copper Company ... beliefen sich auf 200 Prozent ... Aber sogar dies wurde übertroffen durch die Calumet & Hecla Copper Mining Company, der mit 800 Prozent die Siegespalme zukommt ... im Jahre 1917.

[4] Vgl. „Annual Report of the Secretary of Agriculture", 13. November 1915 in „Yearbook of the United States Departement of Agriculture, 1915", S. 11.

[5] H.H. Hayes an J.P. Morgan, 5. Januar 1916.

[6] H.P. Davison an Präsident Wilson am 25. November 1916. Vgl. Senate Confidential Document, S. 206 f.

[7] Tagebuch von Oberst House vom 3. Dezember 1916.

[9] H.H. Hayes an J.P. Morgan am 31. Dezember 1916.

Kapitel VI

[1] Nach Dr. George P. Gooch lehnte das Oberhaus die Londoner Erklärung ab, „weil konservative Kreise immer mehr fürchteten, England könne sich über kurz oder lang in einem Krieg befinden."

[2] Am 27. August 1914 erhielt das Staatsdepartement ein Telegramm von C.S. Wilson, dem Geschäftsträger in St. Peters-

burg, das die Zustimmung Rußlands zu der Londoner Erklärung übermittelte mit denselben Abänderungen, wie sie England gemacht hatte; am 4. September lief ein Telegramm von Botschafter Herrick in Paris ein, mit der Mitteilung der Anerkennung der französischen Regierung, vorbehaltlich ähnlicher Abänderungen wie bei England. Man sollte nicht vergessen, daß die britischen Delegierten in den Sitzungen der Konferenz, die zur Londoner Erklärung führten, energisch gegen die Annahme des Artikels 35 vorgingen und schließlich nur zustimmten, weil sie in ihm einen „Kompromiß zwischen widerstreitenden Theorien und Gepflogenheiten sahen und um die Anerkennung des Grundsatzes [der fortgesetzten Reise] in bezug auf absolute Bannware durchbringen wollten." H.R. Pyke. „The Law of Contraband of War." (London, 1915) S. 172.

3 Hervorhebung des Verfassers.

4 Über die gemeinsame Abfassung dieses Kabels vom 28. September erzählt Oberst House folgendes: „Wir [House und Spring Rice] setzten eine Depesche der amerikanischen Regierung für Page auf und entwarfen dann die Depesche, die er unserer Meinung nach Sir Edward Grey senden sollte." „Intimate Papers of Colonel House." Bd. I. S. 308.

5 Präsident Charles Seymour bemerkt in seinen Hinweisen zu den „Vertraulichen Dokumenten des Oberst House" (Bd. I. S. 308) über diese gemäßigte Instruktion, die letzten Endes nach London geschickt wurde, folgendes: „Schwerlich würde man in der ganzen Geschichte eine Zeit finden, in der diplomatische Verhandlungen so zwanglos und doch so folgenreich geführt worden wären. Oberst House, ein Privatmann, legt alle Karten offen auf den Tisch und unterhandelt mit dem Botschafter einer fremden Macht über die Depeschen, die dem amerikanischen Botschafter und dem Außenminister jener Macht zugehen sollen." Freilich wäre es schwierig, in der Geschichte einen anderen Augenblick zu finden, in dem ein einflußreicher Ratgeber eines hohen Beamten des Staates eine nationale Politik so erfolgreich ruinierte. Präsident Wilson hatte in einer Proklamation gebeten, die Amerikaner möchten selbst in Gedanken neutral sein, und nun legt sein vertrautester Ratgeber den Grund für eine „Verständigung" mit einer der wichtigsten kriegführenden Mächte und bereitet so den Weg vor, der schließlich zur Aufgabe dieser Neutralität führte.

6 Lord Edward Grey. „Fünfundzwanzig Jahre Politik." Bd. II. S. 97. München, 1926. Hervorhebung vom Verfasser.

7 Folgende Auszüge aus der Zeitung beziehen sich darauf: „England hat angekündigt, es werde den Artikel der Londoner Erklärung nicht anerkennen, der bedingte Kriegskonterbande von der Beschlagnahme ausnimmt, wenn sie für neutrale Häfen bestimmt ist ... Die englische Ankündigung gibt folgerichtig England das Recht, bedingte Kriegskonterbande aufzubringen, selbst wenn sie für einen neutralen Hafen bestimmt ist. Nach Ansicht amerikanischer Stellen führt diese Ankündigung der englischen Regierung sicher zu Stockung und Schwierigkeit im amerikanischen Außenhandel, wenn England nicht im einzelnen Ausnahmen für aus den Vereinigten Staaten stammende bedingte Kriegskonterbande zuläßt. Wenn amerikanische Nahrungsmittel, die für Holland, Dänemark, Italien, Schweden, Norwegen, Spanien und andere Länder in Europa bestimmt sind, mit Beschlagnahme belegt mit der Begründung, diese Dinge seien Kriegskonterbande und würden wahrscheinlich in deutsche Hände fallen, so erleidet der amerikanische Handel einen schweren Schlag. Hat England das Recht, eine solche umfassende Order auszugeben und die Durchführung zu erzwingen? Kann England sie gegen die amerikanische Ausfuhr anwenden, ohne mit den Vereinigten Staaten in Schwierigkeit zu geraten?" „Washington Post", 28. September 1914.

8 Diese Unterredung mit Spring Rice beruhigte Lansing so, daß er sofort folgende Presseerklärung abgab: „Wir können uns darauf verlassen, daß England in diesem Fall sich zu Amerika verhält, wie schon in so vielen anderen, das heißt offen, anständig und großzügig ... England hat nichts getan, das uns zu einem Gefühl der Unru-

he berechtigen würde. Keine offene Aktion wurde unternommen. Es ist für jeden, der damit zu tun hat, eine Sache der Besonnenheit, abzuwarten, in der Überzeugung, daß alle Völker eine Regelung zum besten Nutzen aller Beteiligten treffen werden." „Washington Post", 29. September 1914.

9 Hier sei auf die unrichtige Darstellung von Oberst House in seinen „Vertraulichen Dokumenten", S. 307 f. hingewiesen, die er von dieser Episode des „gemäßigten" Telegramms vom 28. September gibt. Oberst House tut so, als habe er die Absendung dieser „anstößigen" Instruktion vom 26. September nach London verhindert. Diese Anweisung vom 26. September wurde aber am selben Tag zur Post gegeben und deswegen mußte das Staatsdepartement am 1. Oktober ein Telegramm absenden, um Page anzuweisen, die Instruktion nicht zu übermitteln.

10 Artikel 23 sieht nur vor, daß „Gegenstände, die *ausschließlich* für den Krieg verwendet werden, durch eine notifizierte Erklärung der Liste der absoluten Konterbande hinzugefügt *werden können*, und Artikel 25 bestimmt, daß „Gegenstände, die sowohl für Kriegs- wie für zivile Zwecke verwendet werden können und nicht in Artikel 22 und 24 aufgeführt werden, der Liste der *bedingten* Konterbande hinzugefügt werden dürfen vermittels einer Erklärung, die nach der Vorschrift des 2. Absatzes von Artikel 23 notifiziert sein muß." Hervorhebung vom Verfasser.

11 Hierin irrte sich Anderson ebenso wie Botschafter Page über das Datum der Rhein-Konvention. Sie wurde am 17. Oktober 1868 und nicht 1869 in Mannheim unterzeichnet. Anderson legt diesen Vertrag genau so unrichtig aus, wie er das Datum falsch angibt. In der Praxis vertrat die Regierung der Niederlande den Standpunkt, daß „die Präambel zur Rhein-Konvention die Transitfreiheit einschränke, die in Artikel 2 für Güter aus gewöhnlichen Handelsunternehmen ausbedungen worden war". Die englische Regierung war der Ansicht, die Niederlande sollten überhaupt den Durchgangshandel mit Gütern, die möglicherweise für Kriegszwecke verwendet werden können, zwischen holländischem Gebiet und Deutschland und Belgien verhindern, mit der Begründung, eine kriegführende Macht habe nicht das Recht, ein neutrales Gebiet für mit dem Krieg zusammenhängende Zwecke zu benutzen. Die niederländische Regierung lehnte diese Forderung ab, ebenso wie die deutsche Ansicht, die Niederlande hätten kein Recht, den Transit von Gütern durch ihr Gebiet aufzuhalten, gleichgültig, wozu sie verwendet werden.

12 Oberst House hat offen die enge Beziehung zwischen ihm und Sekretär Lansing anerkannt. Er schreibt darüber folgendes: „Das Land hat Lansing nie ganz gewürdigt. Kein anderer Staatssekretär hatte eine so schwierige Aufgabe. Die Jahre der Neutralität vor dem Kriegseintritt brachten viele heikle und verwickelte Lagen, und ein falscher Schritt hätte eine Katastrophe sein können. Er machte keinen." Wie weit Lansing mit den Maßnahmen des Oberst House einverstanden war, zeigt folgende Bemerkung deutlich: „Er [Lansing] war bereit, mir in jeder Weise zu helfen, die der Präsident für gut befand." „Intimate Papers of Colonel House." Bd. III. S. 21 f.

13 In seinen Briefen an Sir Edward Grey im Oktober ist Spring Rice gegen Lansing etwas kritisch eingestellt. In einem Brief vom 20. Oktober bemerkt er folgendes über den stellvertretenden Staatssekretär: „Lansing, der Justitiar, ist ein Jurist, der gewöhnt ist, mit weniger wichtigen Dingen, wie etwa der Vertretung von Ansprüchen, umzugehen. Nun hat er plötzlich eine Anklage zu führen in einem Augenblick, wo viel von seinem Tun abhängt. Sie werden die Schwierigkeit der Verhandlung mit einem engen Geist sehen, der den juristischen Instinkt hat, seine Sache zu gewinnen." Stephen Gwynn. „The Letters and Friendships of Sir Cecil Spring Rice." S. 238.

Kapitel VII

1 Am 11. März 1914 teilte John W. Foster, der Schwiegervater Lansings, Elihu Root mit, Lansings Ernennung werde von Sekretär Bryan verhindert, weil Lansing ein

„ungebührliches Verhalten" im Zusammenhang mit dem „Ward-Chinese Claim" an den Tag gelegt habe. Sekretär Bryan hatte durchblicken lassen, ein erklärendes Schreiben Roots über dieses Gerücht würde den Präsidenten „zufriedenstellen" und Lansing den Posten sichern. Senator Root setzte sich sofort mit dem Präsidenten in Verbindung, und Lansing wurde ernannt. Lansing bedankte sich darauf bei Root für diese dringende Unterstützung.

2 Spring Rice berichtet über eine Unterredung mit Sekretär Bryan im Februar 1915 folgendes: „Als Mr. Bryan bei mir vorsprach und mit harten Worten die englische Mißachtung des Völkerrechts verurteilte, war ich natürlich überrascht ... Die Szene zwischen uns beiden war nicht sehr angenehm." Im Dezember 1915 erklärte Sekretär Lansing Spring Rice für einen „übernervösen Invaliden". Um dieselbe Zeit – 24. Dezember 1915 – machte der Präsident in einem Schreiben an Oberst House folgende Bemerkung: „Sir Cecil ist bestimmt ein höchst unerklärlicher und unberechenbarer Mensch. Es ist sehr wichtig, daß ein Mann, der weniger kindlich ist, an seine Stelle tritt."

3 In dem Buche Graf Bernstorffs, „Deutschland und Amerika", kommt nie irgendwelche Feindseligkeit gegen Lansing zum Ausdruck wie in den „Erinnerungen" Lansings gegen Bernstorff. Über Lansing bemerkt Graf Bernstorff: „Herr Lansing ist Jurist und nicht Politiker. Er faßt alle Probleme rein juristisch und seine Stellung als die eines juristischen Beirats des Präsidenten auf ... Der persönliche Verkehr mit Herrn Lansing war immer sehr angenehm." Vgl. „Deutschland und Amerika." S. 155.

4 Bernstorff schreibt in seinen „Erinnerungen und Briefen" über seine Beziehungen zu Präsident Wilson: „Es ist vielfach, namentlich von Page, behauptet worden, daß ich auf den Präsidenten einen sehr starken Einfluß ausgeübt hätte. Diese Behauptung trifft die Wahrheit nicht. Ebenso gleichgültig ist es, ob Wilson zu mir Vertrauen hatte oder nicht. Die historische Wahrheit ist lediglich, daß wir ein Stück Weg zusammengingen, weil wir beide *ein einziges* Ziel hatten, den Eintritt der Vereinigten Staaten in den Weltkrieg zu verhindern. Was später kam, war uns eine ‚cura posterior'."

5 J.V. Fuller. „The Genesis of the Munitions Traffic." In „The Journal of Modern History.", September 1934. S. 292 f.

6 Abschnitt B, Artikel 2, Teil 3 dieser genannten Kabinettsorder lautet folgendermaßen: „Ungeachtet der Bestimmungen in Artikel 35 der genannten Erklärung unterliegt relative Konterbande an Bord eines nach einem neutralen Hafen fahrenden Schiffes der Beschlagnahme, wenn die Warensendung „an Order" gerichtet ist, oder wenn die Schiffspapiere nicht ersehen lassen, wer der Warenempfänger ist, oder wenn sie einen Warenempfänger auf feindlichem oder vom Feinde besetzten Gebiet erkennen lassen."

7 Abschnitt 4 der genannten Order lautet: „Wenn einem der Hauptstaatssekretäre Seiner Majestät der Nachweis erbracht wird, daß die feindliche Regierung Lieferungen für ihre Streitkräfte von einem neutralen Land oder durch ein solches erhält, kann er Weisung geben, daß der Artikel 35 der genannten Erklärung nicht für Schiffe gilt, die in einen Hafen dieses Landes fahren. Eine derartige Weisung wird in der ‚London Gazette' veröffentlicht und bleibt bis zu ihrer Zurückziehung wirksam. Solange die Weisung in Kraft ist, soll ein mit relativer Konterbande beladenes, nach einem solchen Hafen fahrendes Schiff nicht frei von der Beschlagnahme bleiben."

8 Professor Philip C. Jessup läßt sich über die englischen Kabinettsorders folgendermaßen aus: „Infolge dieser neuen Bestimmungen mußte praktisch jedes Kauffahrteischiff einen englischen Hafen anlaufen, ehe es die Reise zu einem nördlich gelegenen Feindhafen oder einem in der Nähe liegenden neutralen Hafen fortsetzte. Jedes in einen englischen Hafen einlaufende neutrale Schiff mußte die Schiffspapiere an Land senden, wo sie geprüft und ein telegraphischer Bericht nach London geschickt wurde. Ob ein Schiff weiterfahren durfte oder zum Durchsuchen zurückgehalten wurde oder sofort vor ein Prisengericht kam, hing von den Anweisungen aus London ab." Wie gründlich England vorging, ersieht man aus folgendem Aus-

zug aus: L. Guichard. „The Naval Blockade 1914–18." (London, 1930). S. 28: „vom Januar bis Juli 1915 kamen 2.446 Schiffe in neutralen Häfen in der Nordsee an, und 2.132 wurden vom War Trade Departement sorgfältig untersucht."

9 Die englische Regierung gab vor, wegen der deutschen U-Boote sei es gefährlich, die Schiffe auf hoher See zu untersuchen.

10 Dr. H.W. Driggs erklärt in seinem Werk „The Doctrine of Continuous Voyage" auf S. 121: „Ob es eine historische und anerkannte Bestimmung des Völkerrechts gab, die die Anwendung der Lehre von der fortgesetzten Reise auf bedingte Konterbande gestattete, ist sehr zweifelhaft. Die Völker, die vor der Londoner Seerechtskonferenz die Doktrin der Bannware anwandten, scheinen in ihrer Anwendung auf bedingte und absolute Konterbande keinen Unterschied gemacht zu haben. Diesen Völkern war die jetzt vorgeschlagene Anwendung vielleicht nicht neu. Man kann daran zweifeln, ob die Anwendung der Lehre von der fortgesetzten Reise auf bedingte Konterbande jemals mehr war als eine landesrechtliche Bestimmung verschiedener seefahrender Völker."

11 In einem Brief vom 28. Juli 1915 an den Präsidenten schreibt Oberst House über wiederholte Indiskretionen im Staatsdepartement: „Mir ist auch einiges über die Indiskretionen im Staatsdepartement zu Ohren gekommen, und ich habe die Namen zweier Männer (nebenbei bemerkt sind beide Anhänger Bryans) in Erfahrung gebracht. Ich werde Lansing benachrichtigen, so daß er sich darum kümmern kann." In diesem Zusammenhang ist interessant, daß selbst Lansing zeitweise „zu viel ausplaudert".

12 Franklin K. Lane, der Sekretär des Innern, äußert sich ähnlich gegenüber seinem Freund John C. Burns am 22. Januar 1915: „England benimmt sich ganz ungeschickt, wenn es gegen die amerikanische Meinung auftritt und auf Rechten des Durchsuchens besteht, die England nur für sich selbst anerkannt hat. Wenn England so weitermacht, kann es schließlich die öffentliche Meinung Amerikas gegen sich haben, obwohl 90 Prozent der Bevölkerung für die Alliierten sind."

13 Im Gegensatz zu Chadwick war Theodore Roosevelt ganz auf seiten der Alliierten. Bei einem Essen äußerte der frühere Präsident so freimütig wie immer: „[Er verurteilte] in bitteren Worten den Protest des Präsidenten gegen England. Einen Protest gegen die Verletzung der Neutralität, weil der Handel eine kleine Einbuße erleidet und kein Wort über die Verletzung der Neutralität Belgiens." Nach einer Darstellung des Historikers James Ford Rhodes.

Kapitel VIII

1 Die englische Regierung versicherte, Konterbande sei hin und wieder in Baumwollballen verborgen; deshalb würden manche Baumwolladungen für neutrale Länder zurückgehalten.

2 Sir Edward Grey nahm es übel auf, daß die amerikanische Regierung die Kühnheit besaß, die Protestnote vom 26. Dezember abzuschicken. Er bat deshalb Spring Rice, Oberst House über die öffentliche Meinung Englands über Amerika zu unterrichten. Diese Meinung werde „ungünstig und stehe stark unter dem Einfluß der Schritte der amerikanischen Regierung und ihrer Haltung gegen England. Während Deutschland mit Überlegung einen reinen Angriffskrieg vorbereitete und große Gebiete in Rußland, Belgien und Frankreich besetzt, verwüstet und großes Elend und Unrecht über unschuldige Menschen gebracht hat, hat nach hiesiger Ansicht Amerika nichts anderes zu tun, als England als die einzige Macht herauszugreifen, die Vorwürfe verdient."

3 Am 11. März erließ die englische Regierung eine Kabinettsorder, in der die Note vom 1. März über die sogenannte „Blockade" deutscher Häfen offiziell verkündigt wurde.

4 Am 23. März schrieb der Präsident an Oberst House (nach Berlin) über die britische Kabinettsorder vom 11. März: „Die neue britische Kabinettsorder sucht letzten Endes bis jetzt geltendes Völkerrecht über Blockaden dadurch abzuändern, daß sie die Blockierung der Küsten Neutraler ebenso vorsieht wie die der Feinde."

5 Ehe Lansing die Note vom 30. März ent-

warf, skizzierte er folgende Punkte von besonderer Wichtigkeit:

1. Die Wirkung auf die amerikanische öffentliche Meinung infolge der Verletzung festgelegter Rechte der Vereinigten Staaten.
2. Wie wirkt sich politisch eine energische Erklärung der Regierung in den Vereinigten Staaten aus?
3. Wie unterstützt die energische Behauptung unserer festgelegten Rechte die infolge englischer Handlungen entstehenden Ansprüche?
4. Es ist notwendig, die bis jetzt anerkannten neutralen Rechte herauszustellen und zu betonen, daß die Kabinettsorder ihrer *Rechtsgültigkeit keinen Abbruch tut*.

[6] Sir Edward Grey vertrat natürlich nur die Auffassung der englischen Presse, die gegen jedes Zugeständnis an Amerika war. Die London „Daily Express" äußerte ihre Ansicht mit brutaler Offenheit: „Wir sind des Glaubens, daß unser Kampf gegen die Deutschen ein Kampf für die Kultur und den Fortschritt der Menschheit ist ... Wir ... sind entschlossen, Deutschlands Zufuhr von Amerika abzuschneiden ... Amerika wird natürlich protestieren ... Wir werden den Protest mit aller Höflichkeit erwägen."

[7] Nach Ansicht des Oberst House hat die Unterredung zwischen Sekretär Lansing und Botschafter Dumba (17. Mai), besonders wie sie in Dumbas Telegramm zum Ausdruck kommt, jede Möglichkeit einer Verständigung zwischen Deutschland und England zunichte gemacht, nach der der U-Bootkrieg eingestellt und dafür die englische Blockade aufgehoben worden wäre.

[8] Seit der Ankündigung dieser sogenannten englischen Blockade vom 11. März 1915 war die Zahl der auf Anordnung der englischen Regierung zurückgehaltenen Ladungen bedenklich rasch angestiegen. Drei Monate nach der Errichtung dieser „Blockade" wurden mehr als 275 Schiffe auf Anordnung englischer Behörden nach Kirkwall dirigiert oder von den Eigentümern dorthin beordert. Von diesen 275 Schiffen (zusammen über 700.000 t), wurden 53 als Prise erklärt oder gezwungen, wenigstens einen Teil der Ladung auszuladen, während 51 durchschnittlich zehn Tage festgehalten wurden.

[9] Wie bereit Oberst House um nahezu jeden Preis war, mit England freundschaftliche Beziehungen aufrechtzuerhalten, kann man einem Brief von Spring Rice an Sir Edward Grey vom 23. Juni 1915 entnehmen: „Ich habe ihn [House] eben gesehen und lange mit ihm gesprochen. Über seine Ansichten brauche ich Ihnen nichts mitzuteilen, weil sie mit den Ihrigen übereinstimmen; meines Erachtens können Sie sich auf eine herzliche Zusammenarbeit verlassen – selbstredend immer mit dem Vorbehalt, daß Amerika an erster Stelle steht. Zweifellos teilt sein Freund Präsident Wilson seine Ansichten, immer jedoch unter Berücksichtigung des genannten Vorbehalts."

[10] In seinen „Kriegserinnerungen", S. 123, bemerkt Lansing über die Tätigkeit der englischen Prisengerichtshöfe: „Sie hielten Schiffe ohne erkennbaren Grund fest, und zu dieser unentschuldbaren Gepflogenheit wandten sie auf Schiff und Ladung englische landesrechtliche Bestimmungen an, da die Schiffe sich innerhalb der englischen Hoheitsgrenze befänden und deshalb auch den Bestimmungen des englischen Rechtes unterworfen seien. Dabei wurde ganz außer acht gelassen, daß die Schiffe in das Gebiet landeshoheitlicher Rechtsprechung mit Gewalt und unter Verletzung des Völkerrechts gebracht wurden."

[11] Die Blockade der Bundesregierung war nicht wirksam.

[12] Die Senatoren, die sich am meisten gegen die Zurückhaltung der Baumwolladungen aussprachen, hießen Hoke Smith und Thomas W. Hardwick von Georgia. Senator Smith bringt in einer Denkschrift an Lansing den Satz: „Ein Kriegführender hat an sich nicht das Recht, in den neutralen Handel einzugreifen."

[13] Wie eng die Beziehungen zwischen Großkapital und Alliierten waren, zeigt folgender Auszug aus der Zeitung ‚Commerce and Finance', 11. August 1915: „Die Note der englischen Regierung, in der sie ihre Blockade der neutralen Häfen verteidigt, hat in den Vereinigten Staaten nicht viel Interesse gefunden. Obwohl einige pro-

deutsche Blätter die Öffentlichkeit aufzupeitschen suchten, verhielten sich die meisten teilnahmslos ... Sehr viele haben das unklare Gefühl, als hätten wir es der englischen Seeherrschaft zu verdanken, daß die Meere überhaupt noch offen sind, und wir den gewinnbringendsten Ausfuhrhandel betreiben können, den Amerika je hatte."

Kapitel IX

1 R. Scheer. „Deutschlands Hochseeflotte im Weltkrieg." Berlin, 1920. S. 316.
2 v. Tirpitz. „Erinnerungen." Leipzig, 1919. S. 341 f.
3 A. Spindler. „Der Handelskrieg mit U-Booten." Berlin, 1932. Bd. I. S. 32–34.
4 v. Tirpitz, a.a.O., S. 343 f.
5 Spindler, a.a.O., S. 35.
6 Spindler, a.a.O., S. 35.
7 Spindler, a.a.O., S. 54 u. S. 56.
8 Spindler, a.a.O., S. 58 f.
9 v. Tirpitz, a.a.O., S. 343 f.
10 Spindler, a.a.O., S. 80.
11 v. Tirpitz, a.a.O., S. 345.
12 Spindler, a.a.O., S. 93.
13 Dieser Bericht ist einem Brief Arno Spindlers vom 26. Oktober 1936 an den Verfasser entnommen.
14 Spindler, a.a.O., S. 87.
15 Im Januar 1920 bestätigt der französische Stabschef Castex, die deutsche Admiralität habe „mit vollem Recht" den U-Bootkrieg begonnen. „Vom militärischen Gesichtspunkt aus" konnte man „in der Haltung der Deutschen nichts zu tadeln" finden. Einen Torpedo ohne Warnung abzuschießen, habe „einen Sturm der Entrüstung hervorgerufen, aber es ist nicht so verdammungswürdig, wie es zuerst scheint". Hier darf man folgende Äußerung aus einem Brief Lord John Fisher an Admiral v. Tirpitz vom 29. März 1916 anführen: „Ich tadle Sie wegen der U-Bootgeschichte nicht. Ich hätte selbst das gleiche getan." Zitiert nach „Memories and Records." Bd. I. S. 30 f. Ähnliches bemerkt General Sir Henry F. Thuillier im Februar 1936: „Um auf die U-Boote zurückzukommen: Man hat vorgebracht, ein Angriff auf ein *Kauffahrtei*schiff sei unmenschlich ... Aber ist es unmenschlicher als ... ganz Deutschland und Österreich die Nahrungsmittel abzuschneiden, obwohl man gut weiß, daß diese Länder nicht genug Nahrungsmittel und Milch für ihre eigene Bevölkerung aufbringen?" Aus „Journal of the Royal United Service Institution." Mai 1936. S. 267.
16 Spring Rice war sehr entrüstet, daß die amerikanische Regierung diese beiden Noten abgesandt hatte, die der deutschen und der englischen Regierung für ihre Missetaten eine Rüge erteilten. In einer Unterhaltung mit Root äußerte er sehr bissig: „Ich wies auf die unglaubliche Ungerechtigkeit hin, beides als gleichwertig zu behandeln und versicherte, wir seien völlig korrekt vorgegangen und hätten genauestens internationale und vor allem amerikanische Präzedenzfälle befolgt. Er war derselben Ansicht und sagte dann ... wir sollten nicht vergessen, daß die amerikanische Regierung Rücksicht auf die Innenpolitik nehmen müsse." Spring Rice an Sir Edward Grey, 26. Februar 1915. „The Letters and Friendships of Sir Cecil Spring Rice." Bd. II. S. 257.
17 Staatssekretär Bryan an Präsident Wilson, 19. Februar 1915. Am selben Tag (19. Februar) schrieb Chandler P. Anderson, der Rechtsberater des Staatsdepartements, an Lansing einen vertraulichen Brief über die deutsche Kriegszone: „Mir scheint, Deutschlands Bereitwilligkeit, die Kriegszone aufzugeben ... wenn England Nahrungsmittel nach Deutschland gelangen läßt, deutet darauf hin, daß Deutschland sehr daran zweifelt, sein Vorhaben durchführen zu können. Die Blockade, wie ich sie der Kürze halber nennen will, richtet sich nicht nur gegen Nahrungsmittel, sondern gegen jede Konterbande, selbst gegen Konterbande auf neutralen Schiffen, und wenn Deutschland die Zufuhr Englands vollständig abschneiden könnte, wäre die Wirkung auf England so verhängnisvoll, daß der Krieg wahrscheinlich rasch vorüber wäre. Die völlige Abriegelung der Nahrungsmittelzufuhr beiderseits wäre für England ernsthafter als für Deutschland; es scheint nicht verständlich, daß Deutschland, nur um Nahrungsmittel hereinzubekommen, bereit wäre, den Weg für eine unbegrenzte Zu-

fuhr von Nahrungsmitteln, aber auch gleichzeitig von Kriegsmaterial, für England freizugeben, wenn Deutschland imstande ist, eine effektive Blockade zu errichten."

[18] Den deutschen Standpunkt schildert A. Gayer: „Die deutschen U-Boote in ihrer Kriegführung 1914–1918." Berlin, 1920. Bd. II. S. 5–20.

[19] Spindler, a.a.O., S. 92.

[20] Botschafter Bernstorff an das Auswärtige Amt, 11. Februar 1915.

[21] Spindler, a.a.O., S. 92 f.

[22] Spindler, a.a.O., S. 93 f.

[23] Spindler, a.a.O., S. 120–126.

[24] Admiral Scheer. „Deutschlands Hochseeflotte im Weltkrieg." Berlin, 1920. S. 320.

[25] Spindler, a.a.O., S. 130.

[26] Spindler, a.a.O., S. 134.

[27] Ebd. Wie peinlich genau die deutsche Regierung bei jeder Vorsichtsmaßregel vorging, um die Versenkung amerikanischer Schiffe zu verhindern, ersieht man aus dem Telegramm Botschafter Gerards an den Staatssekretär vom 20. Februar 1915: „Admiralität wünscht weitere Einzelheiten über Dampfer nach England, um die Überfahrt sichern zu können und bittet um Photographien, Ort der Abfahrt und Ankunft, Route usw., ferner, falls nach Liverpool bestimmt, Nachricht ob nördlich oder südlich Irland und ungefähre Daten."

[28] Admiral Scheer, a.a.O., S. 228 f.

[29] Bei Kriegsausbruch hatte Deutschland nur 18 U-Boote in der Nordsee; im Februar 1915 wurde diese Zahl auf 21 erhöht. Im Verlauf des Krieges wurden 343 U-Boote gebaut, 178 gingen verloren, 176 fielen in Feindeshand und 14 wurden versenkt. In Deutschland belief sich die Zahl der mit U-Booten beschäftigten Leute (einschließlich Besatzung) auf 112.000 Mann, in England aber auf 770.000. Auf deutschen U-Booten kamen 5.087 Offiziere und Mannschaften ums Leben. Mit diesem Opfer an Menschenleben vermochte Deutschland 770.000 Engländer in Schach zu halten.

[30] Spindler, a.a.O., Bd. II. S. 48 ff. Die Berichte der englischen Passagiere auf der „Falaba" unterschieden sich wesentlich von der Darstellung im Kriegstagebuch von U 28. Dr. P.C. Knox sagte aus, U 28 habe den Torpedo „innerhalb von zehn Minuten, nachdem die ‚Falaba' beidrehte," abgefeuert. Ein anderer Passagier, Harry Dibley, gab an, U 28 sei an die „Falaba" herangefahren und habe innerhalb von sieben Minuten, als die „Falaba" auf das Signal anhielt, den Torpedo abgefeuert. Harry Pengelly, der dritte Offizier der „Falaba", erklärte unter Eid, die „Zeit zwischen dem ersten Signal des U-Bootes und dem Auftreffen des Torpedos habe ungefähr 25 Minuten betragen."

[31] Das Kriegstagebuch des Kommandanten von Rosenberg-Gruszczinsky von U 30 berichtet unter dem 1. Mai 1915 folgendes: „Wie er gerade kentert, kommt ein kleiner Dampfer aus Südost in Sicht, der mit sehr hoher Fahrt auf U 30 zuhält. Einige 8,8 bringen ihn, trotz scheinbar guter Lage in seiner Nähe, nicht zum Abdrehen; auch er feuert aus kleinem Kaliber, kurz 500–200 Meter. Trotz höchster Fahrt sackt er nicht. Seitlich kommt noch ein Fischdampfer auf U 30 zu. Gleichzeitig voraus ein großer Dampfer in Begleitung eines kleinen in Sicht. Getaucht, Angriff, G-Torpedo, trifft den Dampfer beim Fockmast. Er fuhr in Begleitung zweier Fischdampfer als U-Bootsicherung, einer davon mit FT. Beim Schuß wurde amerikanische Flagge ausgemacht. Der Erfolg des Schusses konnte nicht beobachtet werden, da die Begleitdampfer auf U 30 zudrehten und die beiden andern noch hinter mir her waren. Auf 20 Meter gegangen. Beim Wiederhochkommen ist nichts mehr in Sicht, Wetter noch unsichtiger geworden. Aufgetaucht." Marinearchiv, Berlin (Manuskript).

[32] Gegenüber diesem Dokument, aus dem hervorgeht, daß die Feindschaft Lansings gegen Deutschland dauernd zunahm, steht die Denkschrift Lansings vom 3. Mai 1915, die Allen W. Dultes im „New York Times Magazine" am 31. Januar 1937 veröffentlicht hat (S. 3 u. S. 27). In dieser, bis dahin unveröffentlichten Denkschrift trägt Lansing eine weit friedsamere Haltung zur Schau, als in seinen Schreiben an Präsident Wilson und Sekretär Bryan zum Ausdruck kommt. Der Unterschied in der Haltung ist derart auffallend, daß man

sich nicht erklären kann, warum Lansing seine Schreiben an Sekretär Bryan nicht in demselben Geist der Versöhnung abfaßte und auf diese Weise die Bemühungen Bryans kräftig unterstützte. Hätte er sich dazu entschlossen, dann hätte Bryan nicht sein Amt niederzulegen brauchen und die Geschichte der deutsch-amerikanischen Beziehungen hätte einen anderen Ausgang genommen.

Kapitel X

[1] Vgl. Ch. Warren. „Troubles of a Neutral." in „Foreign Affairs." April 1934.
[2] Vgl. Departement of State. „Press Release", 5. Oktober 1935.
[3] „New York Times Magazine", 31. Januar 1937, S. 3 u. S. 27.
[4] Der Untergang wird sehr anschaulich im „Tagebuch" von Kapitänleutnant Schwieger geschildert.
[5] An Bord der „Lusitania" befanden sich, Passagiere und Mannschaften zusammengerechnet, 1.959 Personen. Durch die Torpedierung kamen 1.198 ums Leben. Davon 270 Frauen und 94 Kinder. Von den 197 Amerikanern an Bord ertranken 128. (Vgl. „Sen. Doc." 67 Cong. Nr. 176) Unter den Amerikanern, die ums Leben kamen, waren bekannte Persönlichkeiten wie Elbert Hubbard, Charles Frohmann, Charles Klein, Justus M. Forman, Alfred G. Vanderbilt, Herbert S. Stone und Dr. S. Pearson.
[6] Die wichtigsten Mitglieder dieser Propaganda-Abteilung waren: George S. Viereck, Dr. Bernhard Dernburg, Dr. Heinrich Albert, Dr. Karl A. Fuehr und William Bayard Hale.
[7] G.S. Viereck. „Spreading Germs of Hate." (N.Y., 1930) S. 60.
[8] Vgl. „New York Times" vom 1. Mai 1915. Ferner New York „American", New York „Herald", „Evening Post", New York „Tribune", New York „Journal of Commerce" und Brooklyn „Daily Eagle" vom 1. Mai 1915.
[9] Washington „Post" vom 8. Mai 1915.
[10] „Los Angeles Times" vom 8. Mai 1915.
[11] Vgl. D. Lawrence. „The True Story of Woodrow Wilson." New York, 1924. S. 197 f.
[12] G. Britt. „Forty years – Forty millions." New York, 1935, S. 281 f.
[13] M.H. Vorse. „A Footnote to Folly." New York, 1935. S. 91 f.
[14] „Der Lusitania-Fall." Breslau, 1915. S. 20.
[15] Zweite Morgenausgabe, 8. Mai 1915.
[16] Abendausgabe, 8. Mai 1915.
[17] 9. Mai 1915.
[18] 10. Mai 1915.
[19] J.P. Tumulty. „Woodrow Wilson As I Know Him." S. 232.
[20] J.K. Turner. „Shall It Be Again." New York, 1922. S. 101.
[21] R. Lansing. „War Memoirs." Indianapolis, 1935. S. 25.
[22] Washington „Post", 8. Mai 1915.
[23] Nach dem Bericht des Zolleinnehmers vom New Yorker Hafen (Dudley Field Malone) an den Schatzsekretär (McAdoo) vom 4. Juni 1915.
[24] Vgl. den grundlegenden Artikel von Professor Thomas A. Bailey: „The Sinking of the ‚Lusitania'" in „The American Historical Review." Oktober 1935. S. 54–73.
[25] Bailey, a.a.O., S. 62.
[26] 19. Juni 1913.
[27] 18. Juni 1915, Abendausgabe.
[28] S.F. Bemis. „A Diplomatic History of the United States." New York, 1936. S. 610.

Kapitel XI

[1] Vgl. „The Intimate Papers of Colonel House." Bd. I. S. 432.
[2] Vgl. 12. und 13. Mai 1915.
[3] Memorandum des Rechtsberaters des Staatsdepartements vom 10. Mai 1915.
[4] Oberst House an Präsident Wilson am 9. Mai 1915. Vgl. „The Intimate Papers of Colonel House." Bd. I. S. 433 f.
[5] Vgl. „Literary Digest" vom 29. Mai 1915, S. 1257–1259.
[6] Vgl. „Foreign Relations." 1915. Suppl., S. 393–396.
[7] Vgl. die Presse vom 13. bis 15. Mai 1915.
[8] Reichskanzler v. Bethmann-Hollweg an Admiral Bachmann am 6. Mai 1915.
[9] Zitiert in der „Kölnischen Zeitung", 15. Mai 1915.
[10] 18. Mai 1915.
[11] 7. Juni 1915.
[12] J.H. Bernstorff. „Deutschland und Amerika." Berlin, 1920. S. 154.

Kapitel XII

[1] Wilson an Bryan am 20. Mai 1915.

[2] „Die kaiserliche Regierung vermag sich ... dem Eindruck nicht zu verschließen, daß gewisse wichtige Tatsachen, die im unmittelbarsten Zusammenhang mit der Versenkung der ‚Lusitania' stehen, der Aufmerksamkeit der Regierung der Vereinigten Staaten entgangen sein könnten ... Die kaiserliche Regierung gestattet sich, in diesem Zusammenhang darauf hinzuweisen, daß die ‚Lusitania' einer der größten und schnellsten, mit Regierungsmitteln als Hilfskreuzer gebauter englischer Handelsdampfer war und in der von der englischen Admiralität herausgegebenen ‚Navy List' ausdrücklich aufgeführt ist ... Die ‚Lusitania' hat nach hier vorliegenden Nachrichten bei der Abfahrt von Neuyork Geschütze an Bord gehabt, die unter Deck versteckt aufgestellt waren ... Die kaiserliche Regierung beehrt sich ferner, die besondere Aufmerksamkeit der amerikanischen Regierung darauf zu lenken, daß die britische Admiralität ihrer Handelsmarine ... empfohlen hat, nicht nur hinter neutralen Flaggen und Abzeichen Schutz zu suchen, sondern sogar unter dieser Verkleidung durch Rammen angriffsweise gegen deutsche Unterseeboote vorzugehen ... Die deutsche Regierung glaubt in gerechter Selbstverteidigung zu handeln, wenn sie mit den ihr zu Gebote stehenden Kriegsmitteln durch Vernichtung der für den Feind bestimmten Munition das Leben ihrer Soldaten zu schützen sucht ... Es kann keinem Zweifel unterliegen, daß der rasche Untergang der ‚Lusitania' in erster Linie auf die durch den Torpedoschuß verursachte Explosion der Munitionsladung zurückzuführen ist." (Aus der deutschen Note vom 28. Mai 1915)

[3] Vgl. „Literary Digest" vom 12. Juni 1915, S. 1383–1385.

[4] Staatssekretär Bryan an Präsident Wilson am 2. Juni 1915.

[5] J.H. Bernstorff. „Deutschland und Amerika." Berlin, 1920. S. 149–151.

[6] a.a.O., S. 151 f.

[7] Vgl. die Presse vom 9. bis 13. Juni 1915.

[8] „Berliner Morgenpost", 10. Juni 1915.

Kapitel XIII

[1] Spindler, a.a.O. Bd. II. S. 100 f.

[2] Spindler, a.a.O. Bd. II. S. 101 f.

[3] Admirale v. Tirpitz und Bachmann an den Kaiser, 5. Juni 1915 (Manuskript im Marinearchiv).

[4] Spindler, a.a.O., Bd. II. S. 102 f.; v. Tirpitz. „Erinnerungen." S. 353; Scheer. „Deutschlands Hochseeflotte im Weltkrieg." S. 330.

[5] Erwähnt sei, daß Lansing und Staatssekretär Bryan wegen der Verwendung des Ausdrucks „Handelsschiff, das keinen Widerstand leistet" völlig verschiedener Ansicht waren. Der Staatssekretär meinte, allein die Tatsache der Bewaffnung eines Kauffahrteischiffes könne sehr wohl seinen Status ändern. Lansing hielt dagegen an dem Gedanken fest, der Status werde durch die Tatsache der Bewaffnung nicht berührt, sondern durch den *Gebrauch*, der von der Bewaffnung gemacht werde.

[6] J.H. Bernstorff. „Deutschland und Amerika." Berlin, 1920. S. 157.

[7] Spindler, a.a.O. Bd. II. S. 171.

[8] Spindler, a.a.O. Bd. II. S. 167 ff.

[9] Am 24. Juni schrieb Roosevelt ferner an Henry White und ließ seiner Entrüstung über die geruhsame Haltung des Präsidenten freien Lauf: Amerika habe „reichlich die Verachtung der fremden Mächte verdient".

[10] Deutschland „änderte" tatsächlich „seine Methoden" des U-Bootkrieges. Gegen den 1. Mai wurden die deutschen U-Boote mit Kanonen für Kreuzerfahrten ausgerüstet. Bis Ende Juli wurden daraufhin von der deutschen Hochsee-U-Bootflottille in den England umgebenden Gewässern 94 Schiffe nach den Vorschriften des Kreuzerkrieges versenkt und 22 ohne Warnung. Zehn dieser letzteren gehörten neutralen Staaten; für ihre Vernichtung wurde eine Entschädigung bezahlt. Ferner wurden nach dem Befehl vom 6. Juni sechs große Passagierdampfer verschont, obgleich es möglich gewesen wäre, sie ohne Warnung zu versenken. Vgl. Spindler, a.a.O. Bd. II. S. 210–240.

[11] Gerade um diese Zeit (13. Juli) erhielt Lansing von Botschafter Gerard eine Denkschrift des deutschen Auswärtigen Amtes über die Torpedierung des Dampfers „Ne-

braskan" vom 25. Mai. Was für einen unangenehmen Eindruck diese deutsche Denkschrift auf Lansing machte, beschreibt er sehr anschaulich in seinen eigenen „Kriegserinnerungen", S. 32 f.: „Während das Staatsdepartement die [deutsche] Antwort vom 8. Juli in Erwägung zog, lief von der deutschen Regierung eine Denkschrift über den Fall des amerikanischen Dampfers ‚Nebraskan' ein, der am 25. Mai von einem U-Boot angegriffen worden war ... Zur Verteidigung wurde angeführt, der Dampfer habe sich innerhalb der ‚Kriegszone' befunden ... und habe ferner keine Flagge noch sonst ein Zeichen neutraler Zugehörigkeit gezeigt ... Diese Erklärung bewirkte bei der amerikanischen Regierung genau das Gegenteil von dem, was sie sollte, denn sie unterstrich die amerikanische Auffassung, daß U-Boothandlungen gegen Kauffahrteischiffe nicht ordnungsgemäß durchgeführt werden können ohne ‚Anhalten und Durchsuchen' ... Jeder Zweifel über die Unmöglichkeit, U-Boote als Handelszerstörer ordnungsgemäß zu gebrauchen, schwand durch die deutsche Erklärung über den Fall des ‚Nebraskan'. Diese Denkschrift ist ein Schulbeispiel für die unausrottbare Verbohrtheit der Diplomatie des deutschen Auswärtigen Amtes. Der Verfasser der Denkschrift schien nicht gemerkt zu haben, um was es eigentlich in den Noten über den ‚Lusitania'-Fall ging ... Die deutsche Diplomatie hat immer schwer unter dem Hemmnis gelitten, keinen anderen, als ihren eigenen Standpunkt verstehen zu können."

12 Graf Bernstorff erzählt ähnliches: „Einige Tage nach Abgang dieser Note bat mich der Staatssekretär Lansing, ihn zu besuchen und sagte mir, die amerikanische Regierung wisse nun keinen Ausweg mehr. Wenn wieder Amerikaner durch Torpedierung eines Handelsschiffes ihr Leben verlören, sei der Krieg nicht zu vermeiden. Die Regierung der Vereinigten Staaten werde keine Noten mehr schreiben, welche doch zwecklos wären, sondern bitte mich, die weiteren Verhandlungen in die Hand zu nehmen." („Erinnerungen und Briefe." Zürich, 1936, S. 104.)

13 Graf Bernstorff an das Auswärtige Amt, 28. Juli 1915, abgedruckt in Bernstorff. „Deutschland und Amerika." S. 168f. Graf Bernstorff war für eine Beantwortung der amerikanischen Note vom 21. Juli unter Berücksichtigung folgender drei Punkte:

1. Obgleich Deutschland unbedingt berechtigt gewesen ist, als Repressalie die „Lusitania" anzugreifen, bedauert die deutsche Regierung doch den Verlust amerikanischer Menschenleben und ist zu einer Entschädigung bereit.
2. Die deutsche Regierung verspricht, Passagierdampfer nicht ohne Warnung zu versenken.
3. Die deutsche Regierung ist bereit, mit den Vereinigten Staaten zusammenzuarbeiten, um das Völkerrecht wieder herzustellen.

14 Vgl. K.Th. Helfferich. „Der Weltkrieg." Berlin, 1919. S. 322; Spindler, a.a.O. Bd. II. S. 190 ff.; v. Tirpitz. „Erinnerungen." S. 355.

15 Spindler, a.a.O. Bd. II. S. 193.

16 Als der Präsident der American Press Association, Courtland Smith, darüber vernommen wurde, erklärte er, es sei niemand an ihn herangetreten, um nach den angegebenen Bedingungen den Verband aufzukaufen. – Am 18. August 1915 stellte Graf Bernstorff in einem Schreiben an Sekretär Lansing die in der Zeitung „World" veröffentlichten Dokumente als unerheblich hin. Er gab zu, es seien Summen zu Propagandazwecken ausgegeben worden, aber bestimmt weit geringere als durch die Alliierten. Er konnte nichts strafwürdiges „in dem Wunsche Deutschlands sehen, seine Sache vor die amerikanische Bevölkerung zu bringen".

17 In der New Yorker „World" vom 17. August 1915 wird behauptet, „der Präsident und verschiedene Mitglieder seines Kabinetts seien sehr in Sorge wegen der ernsten Vorgänge, die die Zeitung zutage gebracht hat".

18 Man sollte auch die Wirkung der Briefe des Botschafters Gerard an Oberst House als treibende Kraft bei der anti-deutschen Stimmung berücksichtigen, die in den Kreisen der Regierung rasch zunahm. Am 3. August schrieb Gerard kurz an Oberst House und wies darauf hin, wie feindselig Deutschland gegen die Vereinigten Staa-

ten eingestellt sei, v. Jagow selbst habe Gerard gestanden, die deutsche Regierung „habe versucht, England zu einer gemeinsamen Einmischung in Mexiko zu bewegen". Der Botschafter war auch überzeugt, die Deutschen hätten die Devise: „Gott strafe die Monroe-Doktrin" in ihre täglichen Haßgebete aufgenommen.

19 Vgl. Spindler a.a.O., Bd. II. S. 260 f. u. S. 268–273. Die „Arabic" war ein großes Schiff mit einem Fassungsvermögen von 16.500 t. Ferner nahm die „Arabic" den „ersten Platz unter den Schiffen ein, die Kriegsmunition von den Vereinigten Staaten hinüberbeförderten. Auf der letzten Reife nach Ost am 28. Juli befand sich eine Munitionsladung im Wert von 1.887.452 Dollar an Bord".

20 J.H. Bernstorff. „Deutschland und Amerika." S. 171. Ebenso der folgende Auszug.

21 Die Auslassungen der amerikanischen Presse anläßlich der Versenkung der „Arabic" sind bezeichnend. Der Washingtoner „Herald" schreibt z.B.: „Sicher steht der Abbruch der Beziehungen mit Deutschland nahe bevor. Es hat keinen Zweck, sich länger zu gedulden."

22 J.H. Bernstorff. „Deutschland und Amerika." S. 172. Am 10. August sandte Sekretär Lansing eine Instruktion an Botschafter Gerard über die Versenkung des amerikanischen Schiffes „William P. Frye". Der letzte Abschnitt dieser Note, die dem deutschen Auswärtigen Amt überreicht werden sollte, enthielt einen Vorschlag für ein schiedsgerichtliches Verfahren: „Wenn dieser Vorschlag der kaiserlichen deutschen Regierung annehmbar scheint, wird sich die Feststellung als notwendig erweisen, ob die kaiserliche deutsche Regierung, solange der Schiedsspruch aussteht, ihre Operationen zur See entsprechend ihrer eigenen Auslegung der Verpflichtungen aus den eingegangenen Verträgen vornehmen wird, oder ob sie sich an die Interpretationen der Vereinigten Staaten hält."

23 Näheres über diese Vorgänge s. Spindler, a.a.O. Bd. II. S. 268–273.

24 Spindler, a.a.O., S. 277. In „Deutschlands Hochseeflotte im Weltkrieg", S. 330, bemerkt Admiral Scheer: „Das Verbot, gegen Passagierdampfer vorzugehen, wurde noch dahingehend verschärft, daß nicht nur die großen, sondern sämtliche Passagierdampfer nur nach Warnung und Rettung der Passagiere versenkt werden dürften."

25 Der Kaiser war des Widerstands von Admiral Bachmann gegen seine Pläne müde und ließ am 1. September durch Admiral v. Müller dem Chef des Admiralstabes mitteilen, der Kaiser wünsche dessen Rücktritt. Bachmann erhielt das Kommando der Marinestation in Kiel.

26 Lansing hatte den starken Verdacht, daß Graf Bernstorff seine Anweisungen überschritten und die Versicherung in dem Brief vom 1. September ohne besondere Ermächtigung abgegeben hatte.

27 Spindler, a.a.O. Bd. II. S. 261 f. Der Dampfer war leicht bewaffnet, was einem U-Boot immerhin gefährlich werden konnte.

28 Der amerikanische Botschafter in Berlin glaubte aus dieser Note den Schluß ziehen zu dürfen, die deutsche Regierung habe ihre „Politik völlig umgeworfen".

29 J.H. Bernstorff. „Deutschland und Amerika." S. 181.

30 J.H. Bernstorff. „Deutschland und Amerika." S. 185.

31 In einem Brief an Oberst House vom 6. Oktober 1915 gibt Lansing einen kurzen Bericht über die Erledigung des „Arabic"-Falles: „Aus den Morgenblättern werden Sie das gute Ergebnis der Unterhandlungen über den ‚Arabic'-Fall entnommen haben. Letzten Samstag war der deutsche Botschafter bei mir und überreichte eine Note, die mich sehr entmutigte. Ich versprach ihm jedoch, ich werde mit dem Präsidenten die Sache bereden. Das tat ich auch, und der Präsident und ich kamen überein, wir könnten eine derartige Note nicht annehmen. Nach dieser Entscheidung bat ich Graf Bernstorff ins Staatsdepartement. Er kam am Dienstag; die veröffentlichte Note ist das Ergebnis der Besprechungen an diesem Tag." Oberst House selbst schrieb Graf Bernstorff das größte Verdienst bei der Beilegung des „Arabic"-Streites zu. In einem Brief an Botschafter Gerard bemerkt er: „Ich habe Bernstorff im Verlauf dieser ‚Arabic'-Krise oft gesehen. Erneut möchte ich betonen, meiner Meinung nach hat sich heute kein

Deutscher mehr um sein Land verdient gemacht als Bernstorff ... Ohne seine Geduld, seinen gesunden Menschenverstand und seinen unermüdlichen Eifer hätten wir jetzt Krieg mit Deutschland."

Kapitel XIV

1 Spindler. „Der Handelskrieg mit U-Booten," Bd. II. S. 286 f.; Bd. III. S. 21 u. S. 68 ff. Ebenso für die folgende Darstellung.

2 Eidesstattliche Versicherung von Henry Christy, einem amerikanischen Bürger an Bord des Dampfers „Nicosian". Vgl. Spindler, a.a.O., Bd. II. S. 251.

3 Am 24. September 1915 ereignete sich der zweite Baralong-Zwischenfall. Vgl. Spindler, a.a.O., Bd. II. S. 262 ff.

4 Vgl. Spindler, a.a.O., Bd. III. S. 27. Der Kommandant berichtet in seinem Tagebuch: U 38 feuerte einen Warnungsschuß und befahl dem Dampfer zu stoppen, aber er stoppte nicht und versuchte zu entkommen. Eine Verfolgung schloß sich an, während welcher drei Treffer erzielt wurden. U 38 räumte zum Verlassen des Schiffes für Passagiere und Mannschaften 45 Minuten ein. Danach war noch eine beträchtliche Anzahl Passagiere an Bord. Der Kommandant von U 38 nahm an, diese Passagiere wollten absichtlich das Schiff nicht verlassen. Aus diesem Grund, und weil sich ein anderes Schiff näherte, feuerte er den Torpedo ab. Der Dampfer sank erst 45 Minuten nachdem er vom Torpedo getroffen worden war.

5 Die österreichisch-ungarische Regierung sandte am 29. Dezember 1915 eine Note an Lansing, in der zugegeben wurde, die Torpedierung der „Ancona" stelle eine Verletzung der Grundsätze des Völkerrechts dar. Sie teilte ferner mit, der schuldige Offizier sei bestraft worden und die österreichisch-ungarische Regierung sei bereit, eine Entschädigung zu bezahlen für die Schäden an amerikanischem Eigentum und den Verlust amerikanischer Menschenleben.

6 Major v. Papen erklärte am 16. April 1920 vor dem Untersuchungsausschuß der Nationalversammlung über seine Tätigkeit in Amerika: „Ich darf vorweg erklären, daß es ungeachtet der Aufträge, die mir in militärpolitischer Hinsicht zuteil geworden sind, immer mein Bestreben gewesen ist – und ich, soviel ich weiß, auch niemals dagegen verstoßen habe –, nichts zu tun, was innerhalb der Vereinigten Staaten gegen die Gesetze dieses Landes verstoßen hätte oder das Wohl der Vereinigten Staaten auf ihrem eigenen Grund und Boden, dessen Gastrecht wir genossen, geschädigt hätte." („Official German Documents Relating to the World War." Bd. II. S. 1308 f.)

7 J.H. Bernstorff: „Deutschland und Amerika." S. 211 ff.

8 Ebd., S. 214.

9 Die deutschsprachige Presse in den Vereinigten Staaten nahm diesen Angriff auf die „Bindestrich-Amerikaner" sehr übel auf und bestritt die Berechtigung der Anklage des Präsidenten.

Kapitel XV

1 Da die amerikanische Regierung auf ihrer Forderung bestand, willigte die britische Admiralität schließlich darin ein, das Geschütz auf der „Waimana" zu entfernen. Das Schiff fuhr am 22. September 1915 von Newport News ab, das Geschütz aber blieb in Verwahrung bei den amerikanischen Behörden.

2 General Board of the United States Navy.

3 Joint State and Navy Neutrality Board.

4 Sir A.S. Hurd gibt in seinem Buch „The Merchant Navy" (London, 1929) Bd. III. S. 111, folgende Zusammenstellung:

Wirkungen der Defensivbewaffnung
(Vom 1. Januar 1916 bis 25. Januar 1917)

	Defensiv bewaffnet	Unbewaffnet
Versenkt (Torpedo):	62	30
Versenkt (Geschütz):	12	205
Entkommen:	236	67
Insgesamt:	310	302

5 Sir Horace Plunkett an Arthur J. Balfour am 11. Dezember 1915.

6 Staatssekretär Lansing an den italienischen Botschafter Macchi di Cellere am 31. Dezember 1915.

7 Staatssekretär Lansing an Präsident Wilson am 2. Januar 1916.

8 R. Lansing. „War Memoirs." S. 103.

9 Vgl. „Literary Digest", 26. Februar 1916, S. 490 f.

[10] Botschafter Page an Staatssekretär Lansing am 25. Januar 1916.

[11] Befehl des Admiralstabs vom 21. November 1915.

[12] Am 3. November 1915 erbeutete Kapitänleutnant Max Valentiner von U 38 bei der Versenkung des bewaffneten englischen Dampfers „Woodfield" die geheimen Anweisungen der englischen Admiralität für den Geschützgebrauch der bewaffneten Dampfer.

[13] Botschafter Gerard an Staatssekretär Lansing, 10. Februar 1916. „Foreign Relations." Suppl., S. 163–165.

[14] Vgl. A. Spindler. „Der Handelskrieg mit U-Booten." Berlin, 1934. Bd. III. S. 87.

[15] Oberst House schätzte die nachgiebige Haltung, die Staatssekretär Lansing jedesmal zeigte, wenn der Oberst die amerikanische Politik gestalten wollte, außerordentlich. In einem Brief an Staatssekretär Lansing (30. Mai 1916) ist House geradezu widerlich in seiner Schmeichelei: „Es tut mir leid zu erfahren, daß Sie sich nicht wohl befinden … Sie haben Großes geleistet, Größeres, glaube ich, als irgendeiner Ihrer Vorgänger." (House-Manuskript)

[16] Präsident Wilson an Oberst House, 13. Februar 1916.

[17] Oberst House an Staatssekretär Lansing, 14. Februar 1916.

[18] Präsident Wilson an Oberst House, 16. Februar 1916.

[19] Vgl. „Foreign Relations." 1916. Suppl., S. 170.

[20] Vgl. E. Borchardt und W.P. Lage. „Neutrality for the United States." S. 111 f. u. S. 119 ff.

Kapitel XVI

[1] J.H. Bernstorff. „Deutschland und Amerika." S. 67.

[2] Der Artikel legte dar, Deutschland „wünsche Verhandlungen aufzunehmen, um das furchtbare Völkerringen zu beenden … Deutschland hat bei diesem Vorschlag alles zu gewinnen und nichts zu verlieren … Heute ist die günstige Gelegenheit, und Deutschland hat sie am Schopf gepackt".

[3] Oberst House bemühte sich offenbar, Staatssekretär Bryan auf jede Art in ein schiefes Licht zu setzen, um selbst alle Fäden bei den Friedensverhandlungen in die Finger zu bekommen. In seinem „Tagebuch" bemerkt er unter dem 5. September 1914: „Ich treffe heute abend Botschafter Dumba beim Essen. Ich möchte es erreichen, bei all den in den europäischen Krieg verwickelten Völkern ‚persona grata' zu sein, so daß meine Dienste bei einer günstigen Gelegenheit vorteilhaft und widerspruchslos in Anspruch genommen werden können."

[4] Der Friedensvertrag Bryans wurde am 24. April 1913 zuerst dem deutschen Botschafter in Washington überreicht. Am 5. Juni 1913 sandte Graf Bernstorff dem Staatssekretär folgendes Schreiben: „Ich habe die Ehre, Euer Exzellenz auf Anordnung der kaiserlichen Regierung mitzuteilen, daß sie den Vorschlag der Einsetzung eines Untersuchungsausschusses mit Interesse aufgenommen hat und weiteren konkreten Vorschlägen entgegensieht." Aus unbekannten Gründen ließ Bryan von den erbetenen „konkreten Vorschlägen" nichts hören, und infolgedessen unternahm die deutsche Regierung in dieser Beziehung nichts weiteres.

[5] Wie unangenehm der Gedanke einer Vermittlung den englischen Staatsmännern war, kommt deutlich in einem Brief des Lord Bryce an Henry White vom 24. Dezember 1914 zum Ausdruck: „Hoffentlich will uns jetzt gerade keine einflußreiche Persönlichkeit der Vereinigten Staaten eine Vermittlung vorschlagen, denn wir könnten nicht darauf eingehen. Unglücklicherweise ist die Stimmung gegen das ganze deutsche Volk sehr ablehnend und ein gewisser Teil unserer Presse stimmt darin ein."

[6] Interessant ist, daß Sir Cecil Spring Rice fürchtete, der Oberst könne um seine Abberufung bitten. Ungesäumt legte er seine übliche Schroffheit ab und wurde äußerst freundlich und höflich. Infolge dieser schmiegsamen Haltung vermied Spring Rice eine Abberufung, die bei House und Lansing beschlossene Sache war.

[7] Bezeichnenderweise erhielt Oberst House für die Reise nach Europa keine besonderen Anweisungen des Präsidenten. Wilson bemerkt in einem Brief an House: „Sie brauchen keine Instruktionen."

[8] Admiral Spindler schreibt an Professor Charles Seymour folgendes über die beiden Besuche des Oberst in Berlin: „Der Hauptgrund, warum House beide Male rasch und ohne etwas erreicht zu haben aus Berlin wieder abfuhr, scheint darin zu liegen, daß House infolge seiner angelsächsischen Einstellung nicht die für einen erfolgreichen Unterhändler notwendige innere Objektivität aufbrachte. Da klaffte ein unüberbrückbarer Abgrund. Nur so ist das Grey-House-Memorandum vom 22. Februar 1916 zu erklären, obwohl hinsichtlich der Kriegsziele der kriegführenden Mächte der Gegensatz zwischen Washington und London–Paris weit größer war als zwischen Washington und Berlin."

[9] Das Wort „wahrscheinlich" war der einzige Zusatz des Präsidenten in dem Entwurf zum House-Grey-Abkommen.

[10] Lord Grey. „Fünfundzwanzig Jahre Politik." Bd. II. S. 112.

Kapitel XVII

[1] Botschafter Page an Präsident Wilson am 17. Februar 1916.

[2] R. Lansing. „War Memoirs." S. 112 f.

[3] Lansing a.a.O., S. 114.

[4] Staatssekretär Lansing an Botschafter Spring Rice, am 18. Januar 1916.

[5] Congressional Record, 18. Februar 1916. Bd. 53. S. 361–363.

[6] New York „World" vom 16. Februar 1916.

[7] R. Lawrence in der New York „Evening Post" vom 21. Februar 1916.

[8] New York „Evening Post" vom 21. Februar 1916.

[9] Vgl. „Commoner" vom Februar 1916. Bd. 16. Nr. 2.

[10] New York „Evening Post" vom 22. Februar 1916. Vgl. auch die „New York Times" und die New York „World" vom gleichen Tage.

[11] Diese Erklärung stammt von Senator Gore, der den Bericht von Senator Stone erhielt. „Congressional Record." Bd. 53. S. 833.

[12] „New York Times" vom 24. Februar 1916.

[13] Dieser Bericht beruht auf einer ausgedehnten Unterhaltung, die der Verfasser mit Senator Gore hatte.

[14] „Congressional Record." Bd. 53. S. 832.

[15] Vgl. G. Gardner: „Why We Delayed Entering the War." In: „McNaught's Monthly." Bd. 3. Juni 1925. S. 171–173.

[16] New York „Evening Post" vom 2. März 1916.

[17] Senator Stone an Präsident Wilson am 24. Februar 1916.

[18] Präsident Wilson an Senator Stone am 24. Februar 1916. Die englische Presse begrüßte den Brief Wilsons an Stone warm. Vgl. die Zitate in „New York Times" vom 26. Februar 1916.

[19] Lansing. „Tagebuch." 25. Februar 1916 (Lansing-Manuskript).

[20] „New York Times" vom 24. Februar 1916.

[21] Vgl. den Artikel Charles C. Tansill, „War Powers of the President of the United States with Special Reference to the Beginning of Hostilities." In „Political Science Quarterly." März 1930. S. 1–55.

[22] Claude Kitchin an H.F. Mooney am 18. und 23. Oktober 1915 (Kitchin-Manuskript).

[23] New York „Evening Post", 25. Februar 1916.

[24] „Congressional Record." 25. Februar 1916. Bd. 53. S. 3405 f.

[25] New York „Evening Post" vom 28. Februar 1916.

[26] Kitchin an V.V. Aderholdt am 26. Februar 1916. Infolge seiner Opposition gegen die Politik der Administration mußte Kitchin den Ansturm aller nur denkbaren Schmähungen von den Verteidigern der Alliierten aus allen Teilen des Landes über sich ergehen lassen. Der folgende Brief von dem Geistlichen Le Roy Weller, dem Präsidenten des Beaver College in Beaver (Pennsylvania), ist bezeichnend: „Das Land war bestürzt, zu entdecken, daß wir so viele pro-deutsche Rebellen im Kongreß hatten – Verräter an der untadelhaften Ehre und Sitte unserer Nation. Wir konnten es kaum glauben, daß die Feigheit so tief in ihnen wurzelt."

[27] Kitchin an Charles H. Nash am 29. Februar 1916.

[28] New York „World" vom 29. Februar 1916.

[29] Graf Bernstorff an Staatssekretär Lansing am 28. Februar 1916. „Foreign Relations." 1916. Suppl. S. 181 f.

[30] New York „World", 28. Februar 1916.

[31] New York „Evening Post" vom 1. März 1916.

[32] „Congressional Record." Bd. 53. S. 3405 f. Es ist wichtig, darauf hinzuweisen, daß sich die amerikanische Presse in dieser Frage „beinahe vollständig einstimmig" hinter den Präsidenten stellte. („Literary Digest." 11. März 1916. S. 625).

[33] „Congressional Record." Bd. 53. S. 3464.

[34] New York „Evening Post", 3. März 1916.

[35] D. Lawrence in der New York „Evening Post" vom 3. März 1916.

[36] Kitchin an Frank W. Schilling am 9. März 1916 (Kitchin-Manuskript).

[37] Kitchin an Edwin C. Smith am 4. März 1916 (Kitchin-Manuskript).

[38] Staatssekretär Lansing an den Abgeordneten Henry D. Flood am 3. März 1916.

[39] „President Wilson's Foreign Policy." hg. von J.B. Scott. New York, 1918. S. 411.

[40] Vgl. dazu E. Borchard und W.P. Lage. „Neutrality for the United States." S. 105 f.

[41] „Denkschrift" von John Bassett Moore, die dem Außenpolitischen Ausschuß des Senates vorgelegt wurde. (Anhörungen auf S. 3474, 74. Kongreß, 2. Sitzung, 10. Januar bis 5. Februar 1936. S. 185)

[42] Vgl. „The Intimate Papers of Colonel House." Bd. II. S. 218 f.

[43] a.a.O., S. 219.

[44] a.a.O. Bd. II. S. 201.

[45] New York „Herald", 7. März 1916.

[46] New York „Evening Post", 8. März 1916. Eine Erklärung von William Jennings Bryan vom 8. März 1916 ist in ähnlichem Tone gehalten. (Vgl. New York „Evening Post" vom 8. März 1916.)

[47] Staatssekretär Lansing an die „Botschafter in den europäischen kriegführenden Ländern", 8. März 1916)

[48] New York „Evening Post", 8. März 1916.

[49] „The intimate papers of Colonel House." Bd. II. S. 203.

[50] Vgl. Charles Seymour. „American Diplomacy During the World War, S. 161–172.

Kapitel XVIII

[1] Vgl. „Literary Digest" vom 18. März 1916, S. 699.

[2] Graf Bernstorff an Staatssekretär Lansing am 8. März 1916. „Foreign Relations." 1916. Suppl. S. 198–200

[3] Präsident Wilson an Staatssekretär Lansing, am 8. März 1916.

[4] Denkschrift vom 25. März 1916. „Foreign Relations." 1916. Suppl. S. 211–213.

[5] Vgl. C.C. Hyde „International Law Chiefly As Interpreted and Applied by the United States. Bd. II. S. 469–471.

[6] Befehl vom 13. März 1916.

[7] Botschafter Gerard an Staatssekretär Lansing am 8. März 1916. „Foreign Relations." 1916. Suppl. S. 207. Aus den deutschen Dokumenten geht ganz klar hervor, daß der Kaiser entschieden gegen eine baldige Wiederaufnahme des uneingeschränkten Unterseebootkrieges war. Am 15. März erklärte er General v. Falkenhayn, daß „ein solches Unternehmen vor Ende des Sommers nicht in Frage käme". (v. Treutler an v. Bethmann-Hollweg am 15. März 1916).

[8] In einem Brief von Admiral Spindler an den Verfasser (vom 26. Oktober 1936) befindet sich ein Abschnitt, der sich besonders mit der Art der U-Bootkriegführung befaßt, die die deutsche Regierung am 29. Februar 1916 einführte: „Als der U-Bootkrieg am 29. Februar wieder aufgenommen wurde, waren die stattfindenden Operationen nicht in Übereinstimmung mit der am 8. Februar 1916 veröffentlichten deutschen Denkschrift. Diese Sachlage ergab sich daraus, daß die Befehle vom 13. März geheimgehalten wurden. Es wurden nicht nur bewaffnete Handelsschiffe des Feindes ohne Warnung versenkt, sondern in der Kriegszone auch unbewaffnete. Dazu kam, daß gewisse neutrale Schiffe angegriffen wurden. Das argwöhnische Amerika kam deshalb zu dem Schluß, diese Operationen offenbarten den geheimen Beginn des uneingeschränkten Unterseebootkrieges".

[9] Spindler, a.a.O. Bd. III. S. 125.

[10] Durch die Torpedierung gingen keine amerikanischen Menschenleben verloren.

[11] Botschafter Page an Staatssekretär Lansing am 26. März 1916.

[12] Staatssekretär Lansing an Präsident Wilson am 27. März 1916.

[13] Senator W.I. Stone an Staatssekretär Lansing am 28. März 1916. In der Kabinettssitzung vom 28. März war die vorherrschende Stimmung „zugunsten eines Abbruchs der diplomatischen Beziehungen zu Deutschland, falls der gegenwärtige Zwischenfall sich nicht in befriedigender

Weise klären lasse und feste, unzweideutige Versicherungen gegeben würden über die zukünftige Führung des deutschen U-Bootkrieges". David Lawrence in: New York „Evening Post" vom 28. März 1916. Nach der New York ‚Herald' „war man sich im Weißen Haus und Staatsdepartement heute einig, daß die U-Bootlage düsterer und drohender aussieht, als je seit der Versenkung der ‚Lusitania'". I.K. Ohl in New York „Herald", 28. März 1916.

14 Vgl. „Intimate Papers of Colonel House." Bd. II. S. 226.

15 Präsident Wilson an Staatssekretär Lansing am 30. März 1916.

16 „Intimate Papers of Colonel House." Bd. II. S. 228 f.

17 Tagebuch des Oberst House vom 30. März 1916. „Intimate Papers of Colonel House." Bd. II. S. 228 f.

18 R. Lansing. „War Memoirs." S. 135 f.

19 Tagebuch von Oberst House vom 6. April 1916, a.a.O. Bd. II. S. 231.

20 a.a.O., S. 232.

21 D. Lloyd George. „War Memoirs." (Boston, 1933.) Bd. II. S. 139.

22 Ch. Seymour. „American Diplomacy During the World War." S. 155.

23 R. Lansing. „War Memoirs." S. 136.

24 Staatssekretär Lansing an Präsident Wilson am 12. April 1916.

25 J.H. Bernstorff. „Deutschland und Amerika." S. 244 f.

26 W. Millis. „Road to War." S. 292.

27 A. Spindler, a.a.O. Bd. III. S. 125.

28 Telegramm des Marinekorps an den Admiralstab vom 27. März 1916 (Manuskript im Marinearchiv).

29 Telefongespräch zwischen dem Admiralstab in Berlin und dem Marinekorps in Zeebrügge am 27. März 1916 (Manuskript im Marinearchiv).

30 Der Chef des deutschen Admiralstabes an den Sekretär des Auswärtigen Amtes am 2. April 1916 (Manuskript im Marinearchiv).

31 Erklärung von Oberleutnant z.S. Pustkuchen, Kommandant von U 29, vor dem Admiralstab in Berlin am 1. April 1916 (Manuskript Marinearchiv).

32 Der Chef des Admiralstabes an den Staatssekretär des Äußeren am 5. April 1916 (Manuskript Marinearchiv).

33 „Denkschrift" in den Archiven des Admiralstabes über die Unterhaltung zwischen Unterstaatssekretär Zimmermann und Botschafter Gerard.

34 Der Chef des Admiralstabes an den Staatssekretär des Äußeren am 8. April 1916 (Manuskript im Marinearchiv.) In einem Brief an den Verfasser vom 26. Oktober 1936 bemerkt Admiral Spindler folgendes über die Haltung des Admiralstabes: „Der Admiralstab war bis zum 8. April 1916, dem Tag, an dem er seine endgültige Haltung im ‚Sussex'-Fall darlegte, der Meinung, daß der Dampfer, den U 29 torpediert hatte, nicht die ‚Sussex' war. Dies beruhte zum Teil darauf, daß das Äußere des Dampfers, den U 29 angegriffen hatte, nach der Beschreibung von Oberleutnant Pustkuchen nicht der Photographie der ‚Sussex' entsprach".

35 New York „Evening Post" vom 13. April 1916.

36 Bernstorff. „Deutschland und Amerika." S. 242.

37 Staatssekretär v. Jagow an Graf Bernstorff am 11. April 1916.

38 Graf Bernstorff an Oberst House am 14. April 1916 (House-Manuskript).

39 Staatssekretär Lansing an Oberst House am 17. April 1916 (House-Manuskript).

40 „Denkschrift" angefertigt von Staatssekretär Lansing nach der Unterhaltung mit Graf Bernstorff (Lansing-Manuskript).

41 Staatssekretär Lansing an Botschafter Gerard am 18. April 1916. „Foreign Relations." 1916. Suppl. S. 232–234.

42 New York „Evening Post", 19. April 1916.

43 New York „Evening Post" vom 19. April 1916.

44 „Denkschrift des Staatssekretärs über eine Unterredung mit dem deutschen Botschafter vom 20. April 1916" (Lansing-Manuskript).

45 Präsident Wilson an Oberst House am 21. April 1916 (House-Manuskript).

46 Botschafter Gerard an Staatssekretär Lansing am 20. April 1916. Im Zusammenhang mit der Erklärung v. Jagows telegraphierte Botschafter Gerard an Staatssekretär Lansing folgendes: „Obgleich er nur das Wort ‚Schiff' gebrauchte, meinte er offensichtlich – und ich verstand das auch so – nur Handelsschiffe".

[47] Botschafter Gerard an Staatssekretär Lansing am 23., 24. und 25. April 1916.

[48] Graf Bernstorff an Oberst House am 26. April 1916 (House-Manuskript).

[49] Staatssekretär Lansing an Präsident Wilson am 10. Mai 1916.

[50] Präsident Wilson an Staatssekretär Lansing am 17. Mai 1916.

[51] Botschafter Gerard an Staatssekretär Lansing am 4. Mai 1916.

[52] Tagebuch des Oberst House vom 6. Mai 1916. Vgl. „Intimate Papers of Colonel House." Bd. II. S. 244.

[53] „Meinungen des Neutralitätsrats" (Manuskript).

[54] „Tagebuch" von Oberst House vom 3. Mai 1916. Vgl. „Intimate Papers of Colonel House." Bd. II. S. 239 f.

[55] a.a.O. Bd. II. S. 242.

[56] Staatssekretär Lansing an Botschafter Gerard am 8. Mai 1916. „Foreign Relations." 1916. Suppl. S. 263.

Kapitel XIX a

[1] Präsident Wilson an Oberst House am 21. August 1915 (House-Manuskript).

[2] Präsident Wilson an Oberst House am 31. August 1915. Die Auswirkung der englischen Blockade auf den Export von den Vereinigten Staaten in wichtige neutrale Länder veranschaulicht folgende Übersicht (alle Angaben in Pfund Sterling):

Land	Juli 1914 – Juli 1915	Juli 1915 – Juli 1916	Juli 1916 – Juli 1917
Holland	28.600.000	19.400.000	6.400.000
Schweden	15.600.000	10.400.000	480.000
Norwegen	7.800.000	10.600.000	140.000

(Vgl. L. Guichard. „The Naval Blockade." S. 77)

[3] Schatzsekretär McAdoo an Staatssekretär Lansing am 11. September 1915. Vgl. „Hearings Before the Special Senate Committee on the Investigation of the Munitions Industry." Beweisschrift Nr. 2239.

[4] Spring Rice an Sir Edward Grey am 7. Oktober 1915. Vgl. „Letters and Friendships of Sir Cecil Spring Rice." Bd. II. S. 282.

[5] Botschafter Page an Staatssekretär Lansing am 15. Oktober 1915.

[6] Claude Kitchin an John A. Barringer, 1. September 1915 (Kitchin-Manuskript).

[7] Kitchin an E.Y. Webb am 6. September 1915 (Kitchin-Manuskript).

[8] Staatssekretär Lansing an Botschafter Page am 21. Oktober 1915. „Foreign Relations." 1915. Suppl. S. 578–589.

[9] Lord Bryce an Henry White am 15. Oktober 1915. Bryce freute sich, von Henry White zu erfahren, daß die amerikanischen Gefühle „noch sehr stark" pro-alliiert seien, und er hoffte, sie würden „sich noch weiter vertiefen nach dem entsetzlichen Blutbad, das unter der unschuldigen armenischen Bevölkerung in der asiatischen Türkei verübt wurde, in dem etwa eine halbe Million Armenier umkamen". (White-Manuskript)

[10] Sir Horace Plunkett an Oberst House am 12. November 1915 (House-Manuskript).

[11] Staatssekretär Lansing an Botschafter Page, *persönlich*, am 22. Dezember 1915 (Lansing-Manuskript).

[12] Präsident Wilson an Oberst House am 12. Januar 1916 (House-Manuskript).

[13] Oberst House an Präsident Wilson am 16. Januar 1916. „Intimate Papers of Colonel House." Bd. II. S. 132 f.

[14] Frank L. Polk an Oberst House am 21. Januar 1916 (House-Manuskript).

[15] Staatssekretär Lansing an Botschafter Page am 21. Februar 1916.

[16] Vgl. H.W. Briggs. „The Doctrine of Continuous Voyage." S. 119 u. S. 124; ferner I.W. Garner. „Prize Law During the World War. (N.Y., 1927) S. 515.

[17] Staatssekretär Lansing an Botschafter Page am 8. April 1916. „Foreign Relations." 1916. Suppl. S. 362.

[18] Lord Bryce dachte, die englische Blockade sei sehr wirkungsvoll und ihre Legalität solle von den Vereinigten Staaten anerkannt werden. In einer Unterhaltung mit Botschafter Page beklagte er sich, die Weigerung zur Anerkennung habe in England gegen die Vereinigten Staaten „Mißstimmung" erregt. „Foreign Relations." 1916. Suppl. S. 44.

[19] J.L. Brierly in: „Law Quarterly Review." Bd. XLI. S. 26 ff.

[20] Botschafter Spring Rice an Staatssekretär Lansing am 24. April 1916. „Foreign Relations." 1916. Suppl. S. 368–380.

[21] Urteile des Neutralitätsrats. (Manuskript)

[22] Arthur Bullard an Sir Horace Plunkett am 3. Mai 1916 (House-Manuskript).

[23] Oberst House an Sir Edward Grey am 10. und 11. Mai 1916. „Intimate Papers of Colonel House." Bd. II. S. 278–280.
[24] Kommentar von Professor Seymour, a.a.O., S. 281.
[25] Präsident Wilson an Oberst House am 16. Mai 1916 (House-Manuskript).
[26] Präsident Wilson an Oberst House am 18. Mai 1916 (House-Manuskript).
[27] Sir Edward Grey an Oberst House am 29. Mai 1916 (House-Manuskript).
[28] Botschafter Page an Oberst House am 16. Juni 1916. „Intimate Papers of Colonel House." Bd. II. S. 311.
[29] Sir Edward Grey an Oberst House am 28. Juni 1916 (House-Manuskript).
[30] Sir Edward Grey an Oberst House am 28. August 1916 (House-Manuskript).

Kapitel XIX b

[1] Th.A. Bailey. „The United States and the Blacklist During the Great War." In „Journal of Modern History." März 1934. S. 14–35
[2] Vgl. „British Board of Trade Journal." Bd. XCII. S. 459 ff. H. Behrens. „Die englischen ‚Schwarzen Listen' und ihre Folgen. Stuttgart, 1919.
[3] Botschafter Page an Staatssekretär Lansing am 24. Januar 1916, mit der Denkschrift des Außenministerium. „Foreign Relations." 1916. Suppl. S. 345–349.
[4] Vgl. „Literary Digest", 29. Juli 1916. S. 235 f.
[5] Präsident Wilson an Oberst House am 23. Juli 1916 (House-Manuskript).
[6] Frank L. Polk an Staatssekretär Lansing am 24. Juli 1916 (Lansing-Manuskript).
[7] Stellvertretender Staatssekretär Polk an Botschafter Page am 26. Juli 1916. „Foreign Relations." 1916. Suppl. S. 421.
[8] Brief vom 28. Juli 1916.
[9] Staatssekretär Lansing an Polk am 31. Juli 1916.
[10] Generalkonsul R.P. Skinner an Staatssekretär Lansing am 21. Juli 1916. „Foreign Relations." 1916. Suppl. S. 423 f.
[11] „Statutes at Large of the United States of America." Bd. XXXIX. Teil I. S. 738.
[12] „Shipping Board und Revenue Acts" vom September 1916.
[13] Staatssekretär Lansing an Präsident Wilson am 22. September 1916.
[14] Präsident Wilson an Staatssekretär Lansing, 29. September 1916.
[15] Präsident Wilson an Oberst House 10. Oktober 1916 (House-Manuskript).
[16] Handelssekretär Redfield an Staatssekretär Lansing am 23. Oktober 1916. „Foreign Relations." 1916. Suppl. S. 466–477.
[17] Vgl. A.D. Noyes. „The War Period of American Finance." S. 114 ff.; sowie C.H. Gratton. „Why We fought." S. 138 ff.
[18] Vgl. T.W. Lamont. „Henry P. Davison." S. 202–204; sowie H. Nicolson. „Dwight Morrow." S. 176.
[19] Lord Bryce war sehr bestürzt über die Möglichkeit einer Entfremdung amerikanischer Freundschaft durch die englische „Schwarze Liste". In einem Brief an Joseph H. Choate vom 6. November 1916 äußert er seine Befürchtungen: „Es tut mir leid zu hören, daß sich die Freundschaft unserer beiden Nationen, an der Sie soviel gearbeitet haben, in Amerika aufgrund der Erbitterung über Eingriffe in die Post und der sogenannten ‚Schwarzen Liste' ein wenig abgekühlt hat und daß die letztere auf ‚englische Arroganz' zurückgeführt wird. Gewiß hatte die Regierung hier nicht im geringsten daran gedacht, derartige Beleidigungen zuzufügen, wie man es jetzt auffaßt. Aber ob die Sache es wirklich wert war, ist eine andere Frage." (Choate-Manuskript)

Kapitel XIX c

[1] „Meinungen des Neutralitätsrats." (Manuskript)
[2] Generalpostmeister Burleson an Staatssekretär Lansing am 20. August 1915.
[3] Staatssekretär Lansing an den Vorsitzenden des Neutralitätsrats am 27. Dezember 1915.
[4] Manuskript des Neutralitätsrats vom 29. Dezember 1915.
[5] Staatssekretär Lansing an Botschafter Page am 4. Januar 1916. „Foreign Relations." 1916. Suppl. S. 591 f.
[6] Botschafter Jusserand an Staatssekretär Lansing am 3. April 1916. „Foreign Relations." 1916. Suppl. S. 598–602.
[7] Vgl. Lansing a.a.O., S. 126.
[8] Staatssekretär Lansing an Botschafter Page am 13. Mai 1916.

[9] Staatssekretär Lansing an Botschafter Jusserand am 24. Mai 1916.
[10] Frank L. Polk an Oberst House am 8. August 1916.
[11] R. Lansing. „War Memoirs." S. 127.
[12] Staatssekretär Lansing an Präsident Wilson am 22. September 1916.
[13] Staatssekretär Lansing an Präsident Wilson am 17. Oktober 1916.

Kapitel XIX d

[1] Botschafter Spring Rice an Staatssekretär Lansing am 1. September 1914. „Foreign Relations." 1914. Suppl. S. 655 f.
[2] Lansing an Botschafter Spring Rice. „Foreign Relations." 1914. Suppl. S. 662 f.
[3] Botschafter Spring Rice an Staatssekretär Lansing 20. März 1916. „Foreign Relations." 1916. Suppl. S. 759–761.
[4] American State Papers. „Foreign Relations." Bd. III. S. 155.
[5] „Meinungen des Neutralitätsrats." (Manuskript)
[6] Staatssekretär Lansing an Botschafter Spring Rice am 26. April 1916. „Foreign Relations." 1916. Suppl. S. 762–764.
[7] Vizeadmiral F.E. Chadwick an Staatssekretär Lansing am 1. Juli 1915 (Lansing-Manuskript).
[8] Staatssekretär Lansing an Vizeadmiral Chadwick am 6. Juli 1915 (Lansing-Manuskript).
[9] Vizeadmiral Chadwick an Staatssekretär Lansing.
[10] Stellvertretender Staatssekretär Polk an Botschafter Page am 22. Oktober 1916. „Foreign Relations." 1916. Suppl. S. 780 f.

Kapitel XIX e

[1] Ch.C. Hyde. „International Law Chiefly As Interpreted and Applied by the United States." Bd. II. S. 551 f.
[2] Staatssekretär Bryan an Präsident Wilson am 25. August 1914 (Bryan-Manuskript).
[3] Lobbyist = „eine Person, die es mehr oder weniger beruflich übernimmt, die Mitglieder des Kongresses für oder gegen eine schwebende Gesetzesvorlage zu beeinflussen". (Nach: F. Schönemann. „Die Vereinigten Staaten von Amerika." Bd. II. S. 70. Anmerkung des Übersetzers.)
[4] Elihu Root an Lord Bryce am 1. März 1915 (Root-Manuskript).
[5] Staatssekretär Bryan an Präsident Wilson am 22. Januar 1915 (Bryan-Manuskript).
[6] Andrew Carnegie an Präsident Wilson am 31. Januar 1915 (Carnegie Manuskript).
[7] Präsident Wilson an Andrew Carnegie am 3. Februar 1915 (Carnegie Manuskript).
[8] W.G. McAdoo. „Crowded years." S. 316.

Kapitel XIX f

[1] „Meinungen des Neutralitätsrats." (Manuskript)
[2] Ebd.
[3] Botschafter Spring Rice an Staatssekretär Lansing, 17. Februar 1916. „Foreign Relations." 1916. Suppl. S. 679 f.
[4] Staatssekretär Lansing an Botschafter Spring Rice am 10. April 1916. „Foreign Relations." 1916. Suppl. S. 682 f.
[5] Colville Barclay (für Botschafter Spring Rice) an den Staatssekretär am 3. Juli 1916. „Foreign Relations." 1916. Suppl. S. 686–688.
[6] Botschafter Page an Staatssekretär Lansing, 17. März 1916, mit der Note von Sir Edward Grey vom 16. März 1916. „Foreign Relations." 1916. Suppl. S. 633–635.
[7] Staatssekretär Lansing an Botschafter Page am 22. April 1916. „Foreign Relations." 1916. Suppl. S. 637–639
[8] Botschafter Page an Staatssekretär Lansing am 11. Mai 1916. „Foreign Relations." 1916. Suppl. S. 641 f.
[9] Staatssekretär Lansing an Botschafter Page am 20. Mai 1916. „Foreign Relations." 1916. Suppl. S. 647.
[10] Staatssekretär Lansing an Botschafter Page am 1. Juli 1916. „Foreign Relations." 1916. Suppl. S. 651 f.
[11] Botschafter Page an Staatssekretär Lansing am 19. Juli 1916, mit beiliegender Denkschrift von Sir Edward Grey vom 15. Juli 1916. „Foreign Relations." 1916. Suppl. S. 653–656.
[12] Staatssekretär Lansing an Botschafter Page am 1. Dezember 1916. „Foreign Relations." 1916. Suppl. S. 667–678.

Kapitel XX

[1] Reichskanzler v. Bethmann-Hollweg an Botschafter Graf Bernstorff, 6. Mai 1916.

Beilagen zu den stenographischen Berichten über die öffentlichen Verhandlungen des Untersuchungsausschusses der Verfassunggebenden Deutschen Nationalversammlung. 2. Unterausschuß. Beilage 1, Teil I, S. 6. (Von da ab angeführt unter: Beil. z. U.) Am 2. Mai 1916 schrieb Botschafter Gerard an Lansing, er habe „allen Grund zu der Annahme, daß Deutschland eine Vermittlung ... und jeden Schritt, der zu einem Frieden führen könnte, günstig aufnimmt". Am folgenden Tag (3. Mai) berichtete er in einem Telegramm an das Staatsdepartement über eine Unterredung mit dem Reichskanzler. Dieser habe die Hoffnung ausgedrückt, „der Präsident möge imstande sein, einen Frieden herbeizuführen; Deutschland habe genug Erfolge errungen, um ohne einen Verdacht von Schwäche von Frieden reden zu können".

[2] Botschafter Graf Bernstorff an das Auswärtige Amt, 18. Mai 1916, Beil. z. U. 1, Teil I, S. 7 f.

[3] Botschafter Graf Bernstorff an Reichskanzler v. Bethmann-Hollweg, ebd. S. 10 ff.

[4] Staatssekretär v. Jagow an Botschafter Graf Bernstorff, 7. Juni 1916, Beil. z. U. 1, Teil I, S. 8 f.

[5] Staatssekretär v. Jagow an Botschafter Graf Bernstorff, 12. Juni 1916, ebd. S. 9 ff.

[6] Botschafter Graf Bernstorff an das Auswärtige Amt, Beil. z. U. 1, Teil I, S. 10.

[7] A. Spindler, a.a.O. Bd. III. S. 198–213.

[8] Graf Bernstorff weist in einem Brief an Oberst House (14. Juli 1916) auf die Gefahren hin, denen der Kanzler infolge seiner versöhnlichen Politik gegenüber den Vereinigten Staaten begegnen mußte: „Meine Regierung hat es nicht leicht; sie wird dauernd stark angegriffen, weil sie auf Bitte der Vereinigten Staaten den U-Bootkrieg eingestellt hat ... Mir ist unklar, was man tun kann. In Ihrem letzten Brief schrieben Sie ... augenblicklich sei kein Friedensvorschlag zu erwarten ... Sie und ich waren immer der Ansicht, England werde keinesfalls aus Rücksicht auf die Vereinigten Staaten seine Verletzungen des Völkerrechts aufgeben, wie wir aus dem angeführten Grunde von Repressalien Abstand nahmen. Zur Besserung der Lage würde es aber beitragen, wenn erneut Protest erhoben würde, auch wenn nichts dabei herauskäme. Das würde unserer Regierung sehr unter die Arme greifen und hier keinen Schaden anrichten." (House-Manuskript)

[9] Graf Bernstorff an Reichskanzler v. Bethmann-Hollweg, 13. Juli 1916, Beil. z. U. 1, Teil I, S. 10–12.

[10] Reichskanzler v. Bethmann-Hollweg an Graf Bernstorff, 18. August 1916, ebd. S. 12 f.

[11] Spindler, a.a.O. Bd. III. S. 207 f.

[12] Der Konferenz in Pleß wohnten bei: der Kanzler v. Bethmann-Hollweg, Generalfeldmarschall v. Hindenburg, Dr. Helfferich, Staatssekretär v. Jagow, Generalleutnant Wild v. Hohenborn, Admiral v. Capelle, Admiral v. Holtzendorff, Generalleutnant Ludendorff und Admiral Koch.

[13] Beil. z. U. 3, Teil IV, S. 170 ff. Bereits am 29. und 30. August hatte Admiral v. Holtzendorff seine Ansichten in Unterhaltungen mit dem Kanzler, mit Generalfeldmarschall v. Hindenburg und General Ludendorff geäußert.

[14] Beil. z. U. 3, Teil IV, S. 173.

[15] Ebd.

[16] Ebd., S. 177.

[17] J.H. Bernstorff. „Deutschland und Amerika." S. 284. Über den Versuch v. Bethmann-Hollwegs, eine amerikanische Vermittlung zu gewinnen, schreibt General Ludendorff: „Der Reichskanzler beschäftigte sich im September 1916 in seinen Gedanken mit einer Friedensvermittlung des Präsidenten Wilson ... Der Kanzler trat ... an Seine Majestät mit dem Vorschlag heran, den Botschafter Graf Bernstorff anzuweisen, daß er den Präsidenten Wilson veranlassen möge, baldigst ... den Mächten einen Friedensantrag zu machen. Ich war damit durchaus einverstanden und innerlich froh, wenn ich auch in Einschätzung des Vernichtungswillens unserer Feinde dem Vorschlag gegenüber skeptisch blieb." E. Ludendorff. „Meine Kriegserinnerungen." S. 243.

[18] J.H. Bernstorff. „Deutschland und Amerika." S. 282.

[19] Ebd., S. 285.

[20] Beil. z. U. 3, Teil IV, S. 179.

[21] Bernstorff, „Deutschland und Amerika", S. 285 ff

[22] ebend. S. 287 ff

[23] Beil. z. U. 3, Teil IV, S. 183 f. Reichskanzler v. Bethmann-Hollweg an Legationsrat v. Grünau, 1. Oktober 1916.

[24] Beil. z. U. 3, Teil IV, S. 184 f. Legationsrat v. Grünau an den Reichskanzler v. Bethmann-Hollweg. Es handelt sich hier um zwei Telegramme Feldmarschall v. Hindenburgs und General Ludendorffs.

[25] Beil. z. U. 3, Teil IV, S. 186. Siehe auch Ludendorff. „Urkunden der Obersten Heeresleitung über ihre Tätigkeit." Berlin 1918. S. 306 f.

[26] Beil. z. U. 3, Teil IV, S. 192 f.

[27] M. Erzberger. „Erlebnisse im Weltkriege." Stuttgart u. Berlin, 1920. S. 218. Beil. z. U., Bericht des zweiten Unterausschusses über die Friedensaktion Wilsons 1916/17, S. 27.

[28] Stenographische Berichte über die öffentlichen Verhandlungen des Untersuchungsausschusses, 4. Sitzung, 31. Oktober 1919, S. 146.

[29] Beil. z U. 3, Teil IV, S. 185. Legationsrat v. Grünau an das Auswärtige Amt.

[30] Bernstorff, „Deutschland und Amerika", S. 291. Beil. z. U. 1, Teil I, S. 17. Das Original ist englisch. (Anm. des Übersetzers)

[31] J.H. Bernstorff. „Deutschland und Amerika." S. 295. Beil. z. U. 1, Teil I, S. 19.

[32] J.H. Bernstorff. „Deutschland und Amerika." S. 296. Beil. z. U. 1. Teil I, S. 20.

[33] In einem Brief des Legationsrates in Washington (v. Haniel) an Minister v. Treutler (Beil. z. U. 3, Teil IV, S. 196) wird eine kurze Schilderung der amerikanischen öffentlichen Meinung versucht: „aber sonst ist die Stimmung vor allem in der ersten Gesellschaft und in der Presse, wie Du weißt, fast ausschließlich „pro Ally". Bei dem engen historischen, verwandschaftlichen, sprachlichen, gesellschaftlichen, kulturellen usw. Zusammenhang mit England – und in manchen dieser Beziehungen auch mit Frankreich – ist dies nicht besonders zu verwundern. Dazu kommt Belgien, Lusitania und die Tatsache, daß man uns für den Krieg verantwortlich macht."

[34] Elihu Root an Lord Bryce, 23. September 1914. Wie dieses Wort v. Bethmann-Hollwegs gedreht und gewendet wurde, bis es für Zwecke der englischen Propaganda paßte, ist aus der Unterhaltung des Oberst House mit dem Kanzler am 28. Januar zu ersehen. Bethmann-Hollweg stellte den Vorgang folgendermaßen dar: „Ehe die Feindseligkeiten zwischen Deutschland und England ausbrachen, sprach Sir Edward Goschen vor, um die kritische Lage zu erörtern. Der Kanzler legte in bewegten Worten dar, was für ein ungeheures Verbrechen gegen die Kultur und die ‚weißen Rassen' es wäre, sollten Deutschland und England einander bekriegen … Als Sir Edward Goschen protestierte und sich gegen die Invasion Belgiens wandte … erklärte der Kanzler, im Vergleich mit dem großen Schaden, den ein Krieg zwischen Deutschland und England mit sich bringen würde, sei der Vertrag mit Belgien ‚nur ein Fetzen Papier'. Der Kanzler bestand darauf, er habe keineswegs das ausdrücken wollen, was man ihm später zugeschrieben habe, und er behauptet nach wie vor, er sei im Recht". Aus „Intimate Papers of Colonel House." Bd. II. S. 140.

[35] Elihu Root an Lord Bryce, 21. September 1914. Hierher gehören auch folgende Bemerkungen des Grafen Bernstorff: „Ich kann es nur unterschreiben, daß, so wie unsere Politik den Amerikanern nicht gefiel, auch unsere Propaganda selbstverständlich außerordentlich erschwert wurde … Wenn wir uns mit unserer Propaganda in Amerika in Übereinstimmung befunden hätten mit den Ideen, die die amerikanische Bevölkerung beherrschten, so würde uns selbstverständlich eine viel größere Wirkung der Propaganda zuteil geworden sein. Da das aber nicht der Fall war … so fiel natürlich die Propaganda zu Boden". (Stenographische Berichte über die öffentlichen Verhandlungen des 15. Untersuchungsausschusses der verfassunggebenden Nationalversammlung. Bd. II. S. 784 f.) Infolge der engen kulturellen Verflechtung zwischen England und den Vereinigten Staaten brauchten die englischen Propagandisten nicht immer Berichte über die Kriegsschuld „zusammenbrauen", um die amerikanische öffentliche Meinung zu beeinflussen. Als wirksamste Propaganda erwies sich die sorgfältige Ausgabe des englischen Weißbuches ohne weitere Erklärungen. Lord Newton erkannte diese Tatsache sehr

wohl und schreibt darüber in einem Brief an Henry White am 9. April 1916: „Ich bringe eine Unzahl Gesichtspunkte zusammen, wie wir unsere Propaganda zu führen haben; eines ist mir vor allem aufgegangen, nämlich daß es völlig nutzlos, ja geradezu verkehrt ist, anderen unsere Meinung aufzwingen zu wollen. Sie sollen ihre Meinung selber bilden, und das wollen wir ihnen erleichtern, aber sie ja nicht wie Gänse behandeln, die man mästet". – Die Kontrolle der alliierten Mächte über die europäischen Kabel machte es den Amerikanern unmöglich, Nachrichten zu erhalten ohne alliierte „Färbung". Die einzige Möglichkeit, von den Mittelmächten Nachrichten zu erhalten, die nicht der Zensur unterlagen, bestand in der Weiterentwicklung der beiden drahtlosen deutschen Stationen in Sayville, Long Island und in Tuckerton (New Jersey). Karl G. Frank trug dem früheren amerikanischen Staatssekretär Philander C. Knox den Vorsitz über die Station in Sayville an, um sie zu schützen und sie für Deutschland nutzbringender zu gestalten. Knox lehnte aber ab, als er erfuhr, die Station werde von „deutschen Interessen" kontrolliert. Um eine völlige Neutralität sicherzustellen, übernahm die amerikanische Regierung die Aufsicht über beide Stationen. Am 5. Oktober 1916 schrieb Graf Bernstorff an Oberst House über „Gerüchte, die amerikanische Regierung beabsichtige, Schritte zu unternehmen, um die Zensur über eine drahtlose Nachrichtenübermittlung aufzuheben ... Es ist einer der wichtigsten Beschwerdepunkte meiner Regierung, daß die drahtlose Nachrichtenübermittlung anders behandelt wird als Kabeltelegramme. Das wirkt sich sehr zum Vorteil unserer Gegner aus. Zugleich ist es ein Hemmschuh für Amerikaner, die mit Deutschland in Geschäftsverbindung stehen".

36 Lansing. „War Memoirs." S. 166.

37 Lansing. „War Memoirs." S. 171–173.

38 David Lloyd George. „War Memoirs." Boston, 1933. Bd. II. S. 277.

39 Blanche E.C. Dugdale bemerkt in ihrer Lebensbeschreibung „Arthur James Balfour" (London, 1936) Bd. II. S. 186 f.: „Selbst im November 1916, als beinahe ganz Belgien und einige der reichsten Provinzen Nordfrankreichs in deutschen Händen waren, als die russischen Armeen vernichtet, das rumänische Öl und Getreide den Feinden zuflossen, und als zu allem Unglück der versenkte englische Schiffsraum mehr als 100.000 Tonnen im Monat erreicht hatte, wollte der Erste Lord der Admiralität trotzdem auf Friedensverhandlungen nur unter der Annahme eingehen, die Zentralmächte müßten die Bedingungen annehmen, die die Alliierten für gut befanden".

40 Lloyd George, a.a.O. Bd. II. S. 296 f. Lloyd George maß dem Bericht Haigs keinen Glauben bei. Er wußte, daß die „Alliierten das gesteckte Ziel bei dem Angriff überhaupt nicht erreicht hatten". Ebd. Bd. III. S. 50.

41 Graf Bernstorff hoffte, Balfours Einzug im Außenministerium anstelle Sir Edward Grey würde sich auf die Beziehungen zwischen den Alliierten und den Mittelmächten günstig auswirken. Balfour schien ihm mehr für den Frieden übrig zu haben. Übrigens waren seiner Ansicht nach König Edward VII. und Sir Edward Grey für den Ausbruch des Weltkrieges in hohem Maße verantwortlich.

42 Lloyd George. „War Memoirs." Bd. II. S. 325.

43 Beil. z. U. 1, Teil II, S. 79. Die Friedensbedingungen umfaßten folgendes: Volle territoriale Integrität der Mittelmächte und der Verbündeten, Rückgabe der deutschen Schutzgebiete, volle Integrität des französischen Territoriums, Wiederherstellung Belgiens unter Sicherung der legitimen Interessen Deutschlands, Übergabe des Kongo-Staates an Deutschland, Anerkennung des Königreichs Polen, strategische Grenzverbesserungen zugunsten Deutschlands gegen Rußland und Rumänien, Erweiterung Bulgariens auf Kosten Serbiens, Wiederherstellung des Königreiches Montenegro und Selbständigkeit Albaniens unter österreichischem Protektorat und schließlich Anerkennung der „russischen Wünsche in bezug auf Durchfahrt durch die Meerengen".

44 Die Bedingungen umfaßten: 1. Anerkennung des Königreichs Polen, 2. Annexion Kurlands und Litauens, 3. gute strategi-

sche Grenze gegen Rußland, 4. vorteilhafter Handelsvertrag mit Rußland, 5. Garantien in Belgien, möglicherweise Abtretung eines Gebietes um Lüttich, 6. Räumung des französischen Gebietes, ausgenommen Brie und Longwy, 7. Grenzberichtigungen zugunsten Deutschlands in Elsaß-Lothringen; ebenso Kriegsentschädigung oder Kompensationen, 8. Rückgabe der deutschen Schutzgebiete, ausgenommen Kiautschou, Karolinen und Marianen, 9. Erwerb des Kongostaates oder eines Teiles, 10. Entschädigung der Auslandsdeutschen und des deutschen Besitzes im Ausland, soweit dieser geschädigt ist, 11. Einverleibung Luxemburgs.

[45] Graf Bernstorff an das Auswärtige Amt. 21. November 1916. Beil. z. U. 1, Teil I, S. 21.

[46] Staatssekretär Zimmermann an Graf Bernstorff, 26. November 1916. Beil. z. U. 1, Teil I, S. 21. Am selben Tag (22. November) bemerkte v. Bethmann-Hollweg in einer Unterredung mit Grew, dem amerikanischen Bevollmächtigten: „Sollten seine Hinweise auf den Wunsch Deutschlands nach Frieden weiterhin übergangen werden, wäre Deutschland gezwungen, zur Selbstverteidigung harte Maßregeln zu ergreifen, aber daran trage Deutschland keine Schuld. Ein Jahr lang sei Deutschland zum Frieden bereit gewesen."

[47] Staatssekretär Zimmermann an Graf Bernstorff, 26. November 1916, Beil. z. U. 1, Teil I, S. 24. Manche sahen den zu dieser Zeit erfolgten Rücktritt v. Jagows als Staatssekretär des Äußeren zugunsten Zimmermanns als Vorzeichen einer Besserung der Beziehungen zwischen den Vereinigten Staaten und Deutschland an. Als Botschafter Gerard (der damals gerade auf Urlaub in Amerika war) von der Beförderung Zimmermanns hörte, sagte er zu Graf Bernstorff, „jetzt werde kein Bruch zwischen Deutschland und den Vereinigten Staaten eintreten, denn Herr Zimmermann sei ein persönlicher Freund und wolle keinen Krieg". Graf Bernstorff. „Deutschland und Amerika." S. 308.

[48] Am 15. Dezember 1916 fand eine große Protestversammlung gegen die deutsche Deportierung belgischer Arbeiter in New York statt. Zur Vorbereitung auf diese Versammlung erkundigte sich Joseph H. Choate bei Dr. James Scott, was er von den Deportationen halte. Dr. Scott teilte in einem langen Brief am 7. Dezember mit, die belgischen Arbeiter stünden unter dem Schutz der 1. Haager Konvention von 1899. Die Konvention sei von allen Kriegführenden ratifiziert worden. In einer Bestimmung werde besonders erklärt, „in Fällen, die in den angenommenen Grundsätzen nicht vorgesehen seien, bleiben Bevölkerung und Kriegführende unter dem Schutz und der Vorschrift der Prinzipien des Völkerrechts, wie sie sich ergeben aus den zwischen zivilisierten Völkern herrschenden Gebräuchen, aus den Gesetzen der Menschlichkeit und den Erfordernissen des öffentlichen Gewissens". „Wie man sich zu verhalten hat, ergibt sich nicht aus der Gepflogenheit und der Sitte eines einzelnen Volkes, sondern aus den Gebräuchen der zivilisierten Nationen". Aus solchen Gründen war nach Ansicht Dr. Scotts die Deportierung ungesetzlich. In der Ansprache Choates, die bei der Protestversammlung am 15. Dezember verlesen wurde, traten die von Scott angegebenen Punkte besonders stark in den Vordergrund. Die deutsche Regierung habe ihr Vorgehen mit den Bestimmungen des Artikels 41 der 1. Haager Konvention (1899) gerechtfertigt, die die regierenden Behörden ermächtigt, im besetzten Gebiet „alle in ihrer Macht stehenden Schritte zu unternehmen, um so weit wie möglich die öffentliche Ordnung und Sicherheit wiederherzustellen und zu sichern". Aber, argumentierte Choate, der Artikel 41 gab der die Rechtsgewalt ausübenden Macht nicht die Erlaubnis, „die Einwohner jenes Gebietes mit Gewalt von Heim und Familie wegzureißen, sie in ein fremdes Land zu verbannen und sie Sklavenarbeit verrichten zu lassen". Überdies unterstrich die Konvention von 1899 sehr deutlich „die Interessen der Menschheit und die stets zunehmenden Erfordernisse der Kultur". Angesichts dieser Tatsachen war Choate davon überzeugt, Deutschland habe das Völkerrecht und die Menschenrechte zugleich durch die Deportierung verletzt.

[49] Beil. z. U. 1, Teil I, S. 26. Von welch zwei-

felhaftem Wert manchmal die Nachrichten Bernstorffs waren, die er dem Auswärtigen Amt lieferte, zeigt sich deutlich in dem Hinweis auf die Bemühungen des Oberst um eine baldige Aktion des Präsidenten. Gerade zu der Zeit setzte House alle Hebel in Bewegung, um eine amerikanische Vermittlung aufzuschieben.

[50] Staatssekretär Zimmermann hat die Gründe angegeben, warum er und der Kanzler der Meinung waren, sie könnten nicht länger auf die Friedensaktion Wilsons warten: „Herr Wilson hat … gezögert. Er hatte sich zu einem Friedensschritt, der mir persönlich außerordentlich erwünscht gewesen wäre, zu einem Anstoß von Friedensverhandlungen, nicht entschlossen. Deshalb hatten wir uns eben entschlossen, mit unserem Friedensangebot hervorzutreten. Mir lag es … daran, für unser Friedensangebot die öffentliche Meinung zu erwärmen und eine einheitliche Stellungnahme unserer Presse für diesen unseren Friedensschritt herbeizuführen … Die Presse war damals außerordentlich gegen den Präsidenten eingenommen. Gerade aus diesem Grunde, und um unser Friedensangebot verständlich zu machen, wies ich darauf hin, daß wir dieser sehr sympathischen Friedensaktion des Präsidenten Wilson zuvorkommen wollten". Stenographische Berichte über die öffentlichen Verhandlungen des 15. Untersuchungsausschusses der verfassungsgebenden Nationalversammlung. Bd. 1, 5. Sitzung, 4. November 1919, S. 204 f.

[51] Beil. z. U. 1, T. II, S. 92

[52] Staatssekretär Lansing äußert sich über die deutsche Note und den Wunsch der Regierung nach sofortiger Aufnahme von Friedensverhandlungen folgendermaßen: „Ich bin nicht sicher, ob die deutsche Regierung dem Präsidenten zuvorkommen und seine Friedensaktion vorausnehmen wollte … Was der Beweggrund auch sein mag, auf jeden Fall hat sich die deutsche Regierung dumm benommen … denn sie nahm Wilsons Bemühungen alle Erfolgsaussichten … Er geriet so in die peinliche Lage, als wolle er anscheinend mit den Deutschen in ihrer Anstrengung zusammenarbeiten, durch Unterhandlung einen Frieden zu erreichen, während die kaiserlichen Armeen erobertes Gebiet besetzt hielten … Wenn eine Gelegenheit zu einem Schnitzer da war oder eine Möglichkeit, etwas falsch anzupacken, oder das Richtige nicht zu tun, so war die deutsche Regierung stets dazu bereit". Lansing. „War Memoirs." S. 182 f. – Bethmann-Hollweg war ganz anderer Ansicht. Er glaubte anscheinend, daß „unser Friedensangebot weder den Präsidenten von seiner Friedensaktion abgehalten, noch deren Inhalt beeinflußt hat. Ist Wilson darüber verstimmt gewesen, daß wir seinen Frieden nicht abgewartet haben, so steht doch fest, daß er seiner Verstimmung keinen Einfluß auf sein Handeln eingeräumt hat". Stenographische Berichte über die öffentlichen Verhandlungen des Untersuchungsausschusses, 4. Sitzung, 31. Oktober 1919, S. 122. – Graf Bernstorff geriet über die Wirkung der deutschen Friedensnote auf Wilsons Pläne etwas in Verwirrung. Gelegentlich erklärte er, er habe im Dezember 1916 den Eindruck gehabt, daß die amerikanische Regierung entschieden enttäuscht war, weil ihr dadurch der erste Schritt vorweggenommen wurde. Ebd. 1. Sitzung. 21. Oktober 1919, S. 34. Bei einer späteren Gelegenheit machte er die weniger klare Bemerkung: „Ich habe auch niemals angenommen, daß unser Friedensangebot die Vermittlung Wilsons verhindern würde. Ich habe allerdings neulich gesagt, daß die diplomatische Stellung Wilsons dadurch erschwert worden wäre, ich habe aber nicht gesagt, daß es eine Verhinderung gewesen wäre". (Ebd., 5. Sitzung. 4. November 1919, S. 199)

[53] Lansing. „War Memoirs." S. 180.

[54] Graf Bernstorff an W.I. Bryan, 18. Dezember 1916 (Bryan Manuskript).

[55] Zur Verteidigung der Bemerkungen vor den Zeitungskorrespondenten führt Lansing in seinen „Kriegserinnerungen" („War Memoirs." S. 190) an, der englische Botschafter habe ihm mitgeteilt, „sie allein hätten die Lage gerettet". Hätte er diese Worte nicht gebraucht, so hätte die Erbitterung in England gegen den Präsidenten „keine Grenzen gekannt". Andererseits war Senator Borah der Ansicht, die Note des Präsidenten und „besonders Lansings Auslegung" seien „unglücklich".

[56] „In der amerikanischen Presse herrschte die Hoffnung vor, irgendwie möchte etwas Gutes aus den so eröffneten Friedensbesprechungen herauskommen".

[57] Lord Bryce an Joseph H. Choate, 25. Dezember 1916 (Choate-Manuskript). Die öffentliche Meinung in England war klar für eine Vernichtung Deutschlands und für Friedensbedingungen der demütigendsten Art. Ein anderer Engländer, mit dem Choate in Briefwechsel stand, war Moreton Frewen, der sich ebenso feindselig gegen Deutschland äußerte. In seinem Brief an Choate vom 17. Juli 1916 legt Frewen seine Ansicht über Friedensbedingungen mit Deutschland dar: „Wenn wir Deutschland in Fetzen hauen, ist es vortrefflich ... Der Hunne ... ist von Natur aus ... ein Schurke reinsten Wassers ... Nach guter Überlegung wird es für Dr. Wilson das beste sein, uns unsere eigenen Friedensbedingungen aufstellen zu lassen; sie werden derart weit gehen, daß die Neutralen ohne Zweifel Mund und Augen aufsperren werden". In einem anderen (nicht voll datierten) Brief an Choate kommt Frewen nochmals auf mögliche Friedensbedingungen zu sprechen. „Die Friedensbedingungen werden so sein ... wie sie sich die Welt nicht im Traum vorgestellt hat! ... Sie wissen, wie unvernünftig lang unsere Bevölkerung braucht, bis sie in Wut gerät; aber wir wollen nach dem Krieg mit diesem deutschen Kadaver nicht anders verfahren, als sie mit ihren toten Soldaten umgegangen sind".

[58] Staatssekretär Zimmermann an Botschafter Graf Bernstorff, 26. Dezember 1916. Beil. z. U. 1, Teil I, S. 33 f. Trotz dieser zögernden Haltung des Auswärtigen Amtes war Graf Bernstorff überzeugt, die Friedensbedingungen der Mittelmächte seien „äußerst vernünftig, da weder Deutschland noch seine Verbündeten aus einem andern Grund als dem der Selbstverteidigung zu den Waffen gegriffen haben. Trotzdem hat es keinen Zweck die Bedingungen jetzt zu veröffentlichen, wo doch die voreingenommene Presse auf beiden Seiten und die örtlichen Gruppen aller Länder nichts anderes zu tun hätten, als darüber herzufallen. Wenn unsere Gegner ehrlich bereit sind, ihre Bedingungen anzugeben, so sollen sie doch Delegierte nach Den Haag entsenden, wo wir unsere Bedingungen eröffnen wollen." Graf Bernstorff an W.I. Bryan, 28. Dezember 1916 (Bryan Manuskript).

[59] Legationsrat v. Grünau an das Auswärtige Amt, 1. Dezember 1916. Beil. z. U. 3, Teil IV, S. 194.

[60] Admiral v. Holtzendorff an General Ludendorff, 10. Dezember 1916. Ebd. S. 194–196.

[61] Legationssekretär v. Lersner an das Auswärtige Amt, 20. Dezember 1916. Ebd. S. 211. General Ludendorffs Einstellung zu den Vermittlungsversuchen Wilsons ist aus seinem Buch. „Meine Kriegserinnerungen." Berlin, 1919, S. 243, zu ersehen: „ich zweifelte an einem Erfolg des Friedensschrittes des Präsidenten ... In großer Spannung wartete ich, ob ein solcher Antrag seitens des Präsidenten im Oktober gestellt würde. Aber der Tag seiner Wiederwahl im November und der ganze November vergingen, ohne daß er sich dazu entschloß. Ich rechnete nun nicht mehr mit seiner Vermittlung." – Über die Rolle Wilsons als Vermittler zwischen den Mittelmächten und den alliierten Regierungen macht Generalfeldmarschall v. Hindenburg folgende Bemerkung: „Ich selbst hielt den Präsidenten Wilson nicht geeignet für eine parteilose Vermittlung, konnte ich mich vielmehr des Gefühls nicht erwehren, daß der Präsident eine starke Hinneigung zu unsern Gegnern, und in erster Linie zu England, hatte ... Ebenso wie Millionen meiner Landsleute konnte ich das bisherige Verhalten Wilsons nicht für parteilos halten". Paul v. Hindenburg. „Aus meinem Leben." Leipzig, 1920. S. 211.

[62] Legationssekretär v. Lersner an das Auswärtige Amt, 22. Dezember 1916. Beil. z. U. 3, Teil IV, S. 211 f.

[63] Ebd. S. 212 f.

[64] Reichskanzler v. Bethmann-Hollweg an Legationssekretär v. Lersner, 23. Dezember 1916; Legationssekretär v. Lersner an das Auswärtige Amt, 26. Dezember 1916. Ebd. S. 214–216.

[65] Beil. z. U. 1, Teil I, S. 35 ff.

[66] Die von den alliierten Regierungen in ihrer Note an die Vereinigten Staaten vom

10. Januar 1917 angegebenen Bedingungen waren folgende: 1. Wiederherstellung Belgiens, Serbiens und Montenegros mit einer schuldigen Entschädigung, 2. Räumung der besetzten Gebiete von Frankreich, Rußland und Rumänien mit gerechten Wiedergutmachungen, 3. Zurückgabe der Provinzen und Gebiete, die früher den Alliierten durch Gewalt entrissen worden sind, 4. Befreiung der Italiener, Slaven, Rumänen, Tschechen und Slowaken von der Fremdherrschaft, 5. Entfernung des osmanischen Reiches aus Europa, 6. Reorganisation Europas, Bürgschaft für ein dauerhaftes Regime, das auf die Achtung der Nationalität und die Rechte aller kleinen und großen Völker begründet ist. Vgl. Beil. z. U. 1, Teil I, S. 42–44.

67 Die deutschen Friedensbedingungen erfuhr Oberst House am 31. Januar 1917. Sie ließen ebensowenig einen Vergleich wie die Bedingungen der Alliierten zu: 1. Rückgabe des von den Franzosen besetzten Teils des Oberelsaß, 2. Ziehung einer Grenze, die Deutschland und Polen wirtschaftlich und militärisch gegen Rußland sichern würde, 3. Rückgabe von Schutzgebieten entsprechend der deutschen Bevölkerung und den wirtschaftlichen Interessen, 4. Rückgabe der besetzten Teile Frankreichs gegen strategische und wirtschaftliche Grenzberichtigungen und finanzielle Kompensationen, 5. Wiederherstellung Belgiens unter besonderer Garantie der Sicherheit Deutschlands, 6. Wirtschaftliche und finanzielle gegenseitige Kompensationen auf der Grundlage des Austausches der eroberten Gebiete, 7. Vernünftige Handelsverträge.

Kapitel XXI

1 Staatssekretär Zimmermann an Botschafter Graf Wedel, 25. Dezember 1916, Beil. z. U., Teil III, S. 110. Am 24. Dezember schrieb Staatssekretär Zimmermann an Legationssekretär v. Lersner: „Um einer Einmischung des Präsidenten Wilson vorzubeugen, haben wir uns zu einer Beantwortung seiner Note entschlossen, die im Sinne unserer Friedensaktion gehalten ist, aber klar zum Ausdruck bringt, daß wir mit unseren Gegnern direkt zu verhandeln wünschen". Ebd. S. 110.

2 „Intimate Papers of Colonel House." Bd. II. S. 413.

3 a.a.O., S. 413.

4 a.a.O., S. 412.

5 Protokoll über die Sitzung vom 8. Januar 1917 bei Exzellenz v. Hindenburg. Beil. z. U. 5, Teil VII, S. 318 ff.

6 Aufzeichnung über die Besprechung zwischen Reichskanzler v. Bethmann-Hollweg, Generalfeldmarschall v. Hindenburg und General Ludendorff zu Pleß am 9. Januar 1917. Ebd. S. 321 f.

7 Beil. z. U. 5, Teil VII, S. 318 ff.

8 J.H. Bernstorff an Staatssekretär Lansing am 10. Januar 1917. „Foreign Relations." 1917. Suppl. S. 82–87.

9 „Entscheidungen des Neutralitätsrates." (Manuskript)

10 Beil. z. U., Teil III, S. 128.

11 Beil. z. U., Teil I, S. 45 f.

12 a.a.O., S. 48.

13 a.a.O., S. 41.

14 Präsident Wilson an Oberst House, 16. Januar 1917 (House Manuskript).

15 Präsident Wilson an Oberst House am 17. Januar 1917 (House Manuskript).

16 Präsident Wilson an Oberst House am 19. Januar 1917 (House Manuskript).

17 Präsident Wilson an Oberst House am 24. Januar 1917 (House Manuskript).

18 Graf Bernstorff an Oberst House am 20. Januar 1917 (House Manuskript).

19 Graf Bernstorff an das Auswärtige Amt am 21. Januar 1917.

20 Legationsrat v. Grünau an das Auswärtige Amt am 25. Januar 1917.

21 Admiral v. Holtzendorff an Staatssekretär Zimmermann am 25. Januar 1917.

22 Nach General Ludendorff waren diese Friedensbedingungen folgende: 1. Rückgabe von Teilen des Oberelsaß in den Besitz Frankreichs, 2. eine Grenze, die Deutschland strategisch und wirtschaftlich gegenüber Rußland sichert, 3. Rückgabe von Schutzgebieten, Sicherung eines Kolonialbesitzes, der Deutschlands Bevölkerung und wirtschaftlichen Interessen entspricht, 4. Rückgabe der besetzten Gebiete an Frankreich unter strategischer und wirtschaftlicher Berichtigung der

Grenzen, desweiteren finanzielle Entschädigung, 5. Wiederherstellung Belgiens unter gewissen Garantien, 6. Schadloshaltung deutscher Firmen oder Privatpersonen, die unter dem Krieg gelitten hatten, 7. Abschluß von Handelsverträgen, 8. Freiheit der Meere.

23 R. Lansing. „War Memoirs." S. 206 f.

24 R. Lansing. „War Memoirs." S. 208 f.

25 Präsident Wilson an Staatssekretär Lansing am 31. Januar 1917.

26 R. Lansing, a.a.O., S. 210 f.

27 R. Lansing. „War Memoirs." S. 212 f.

28 R. Lansing, a.a.O., S. 214. Es ist möglich, daß Lansings Eifer für die Sache der Alliierten durch viele Telegramme geschürt wurde, die er von Freunden und Bekannten erhielt, die nach Krieg verlangten. Das folgende Telegramm von Henry B. Hall ist typisch: „Um der Zivilisation der Welt und um ‚Amherst College' willen, ersuche ich Sie ernstlich, alles zu tun, was möglich ist, damit die Vereinigten Staaten an dem Kampf gegen die deutsche Barbarei teilnehmen". H.B. Hull an Staatssekretär Lansing am 30. März 1917 (Lansing Manuskript).

29 Staatssekretär Lansing an den Präsidenten am 2. Februar 1917.

30 D.F. Houston. „Eight Years With Wilson's Cabinet." Bd. I. S. 229.

31 Rede des Präsidenten im Kongreß am 3. Februar 1917. Der Präsident erwähnte hier den U-Bootangriff auf den Kanaldampfer „Sussex" (24. März 1916): „Ich darf den Kongreß daran erinnern, daß unsere Regierung am 18. April vorigen Jahres, nachdem am 24. März der Passagierdampfer ‚Sussex' im Kanal durch ein deutsches U-Boot ohne Anruf oder Warnung versenkt worden war, und infolge dieses Ereignisses mehrere Bürger der Vereinigten Staaten an Bord dieses Schiffes ihr Leben eingebüßt hatten, eine Note an die kaiserliche deutsche Regierung richtete". Hierbei unterliefen ihm zwei einwandfreie Irrtümer. Die „Sussex" *sank* nicht, nachdem sie von einem U-Boot torpediert worden war, und amerikanische Menschenleben gingen bei dem Angriff nicht verloren.

32 R. Lansing. „War Memoirs." S. 217. In einem Brief an Charles Seymour vom 12. Juni 1933 läßt sich Graf Bernstorff folgendermaßen über den Bruch zwischen den Vereinigten Staaten und Deutschland aus: „Unsere Flotte verlangte den U-Bootkrieg. Hindenburg und Ludendorff entschieden sich dafür, weil sie glaubten, auf diese Weise einen siegreichen Frieden zu erringen. Der Kaiser, Bethmann, v. Jagow und ich selbst waren gegen den U-Bootkrieg wegen USA ... In jenen Tagen war Dr. Wilson zum ersten Mal während des Krieges wirklich neutral, da er entdeckt hatte, daß beide Kriegführende gleich schlecht oder gleich gut waren ... Wilson hätte deshalb nach seiner Wiederwahl sofort mit seinem Friedensplan herauskommen sollen ... Bethmann war zu schwach, um sich der Armee und der Flotte zu widersetzen ... Ich habe immer *unserer* Regierung die Schuld zugeschoben, aber Wilson hätte mehr tun können, um Bethmann den Rücken zu stärken und v. Jagow im Amt zu halten". (House Manuskript)

33 (Lansing Manuskript)

34 Ch. Seymour. „American Neutrality." 1914–1917. New Haven, 1935. S. 27–80.

35 „New York Times" vom 4. Februar 1917. Vgl. auch M. Curti. „Bryan and World Peace." S. 241 f.

36 James M. Cox an William Jennings Bryan am 5. Februar 1917. (Bryan Manuskript).

37 Präsident Wilson an Oberst House am 12. Februar 1917 (House Manuskript).

38 Andrew Carnegie an Präsident Wilson am 14. Februar 1917 (Carnegie Manuskript).

39 In der Kabinettsitzung vom 2. Februar erklärte der Präsident, er wünsche, daß „keine der beiden Seiten" gewinne. In der Kabinettssitzung vom 6. Februar erklärte er weiter, er sei entschlossen, in seiner Auseinandersetzung mit Deutschland die „geringste aggressive Handlung" zu vermeiden. In Übereinstimmung mit seiner neutralen Haltung warf er auch einigen Mitgliedern seines Kabinetts (wie Lane, Houston, Redefield, McAdoo) vor, sie bemühten sich, eine „Propaganda des Hasses gegen Deutschland" auszusäen. Vgl. F.K. Lane: Letters, S. 233–240.

40 Staatssekretär Lansing an Präsident Wilson am 21. Februar 1917.

41 Man darf aber nicht vergessen, daß die große Zahl amerikanischer Investitoren in alliierten Anleihen eine Gruppe darstellte,

die an einem Erfolg der Alliierten interessiert war. Lamont, von der Firma Morgan & Co., schätzt diese Zahl auf „möglicherweise 500.000". Es kann sein, daß der Präsident dem Druck von dieser Seite aus nachgab, aber ein Nachweis dafür läßt sich nicht erbringen.

42 Nicht ausgeschlossen ist natürlich, daß sich die neue Haltung des Präsidenten aus der Überzeugung herleitete, das Land sei zu einem Krieg bereit. Lansing glaubte mit Bestimmtheit zu wissen, daß, wenn im Februar im Repräsentantenhaus eine Kriegsresolution eingebracht worden wäre, eine „dreimal größere Opposition vorhanden gewesen wäre" als im April. Wäre im Sommer 1916 die Resolution eingebracht worden, so hätte sich dabei „nahezu das Bild eines in zwei Lager geteilten Landes ergeben. Ja, sie wäre unter Umständen einfach durchgefallen". Infolge dieser Politik des Abwartens konnte der Präsident im Kongreß eine große Mehrheit zusammenbringen, ebenso auch im Lande selbst, für alle Kriegsmaßnahmen, die er für dringend notwendig hielt.

43 Die Abstimmung über die Kriegsresolution erfolgte im Senat am 4. April (82 Jagegen 6 Nein-Stimmen) und im Repräsentantenhaus am 5. April (373 Ja- gegen 50 Nein-Stimmen).

44 Der Mangel an Begeisterung in den Vereinigten Staaten für einen Krieg mit Deutschland schien einem „Kriegshetzer" wie James M. Beck sehr bemerkenswert. Diesen Mangel an Schwung schrieb er der „kraft- und saftlosen" Politik des Präsidenten in den Jahren 1914 bis 1917 zu. In zwei Briefen an Joseph H. Choate vom 25. und 28. April 1917 legte Beck seine Ansichten dar: „Seit seiner letzten Botschaft am 4. April [die Botschaft des Präsidenten an den Kongreß] bin ich viel herumgekommen und überall fand ich in der amerikanischen Bevölkerung eine beträchtliche Gleichgültigkeit. Diese begeisternde Botschaft hat es nicht emporgerissen ... Präsident Wilson ... spielte drei Jahre lang die Rolle eines unaufrichtigen Feiglings ... so schläferte er das Gewissen der amerikanischen Bevölkerung durch seine unzuverlässige Politik ein; deshalb mangelt es der amerikanischen Bevölkerung an Begeisterung für einen Krieg, der meiner Meinung nach so heilig ist wie je einer". Wie erregt Beck über diese Apathie war, zeigt sich darin, daß er das Datum der Botschaft des Präsidenten mit dem 4. anstatt mit dem 2. April angibt.

Quellennachweis

I. Manuskripte

Offizielle Manuskripte

a) Staatsdepartement, Washington (D.C.):
Haiti – Instruktionen, Konsulatsdepeschen und Noten, 1870–1901
Dominikanische Republik – Instruktionen, Depeschen, Noten, 1870–1901
Deutschland – Instruktionen, Depeschen und Noten, 1870–1901
Unterhaltungen zwischen Präsident Wilson und Staatssekretär Lansing, 1915–1917 (Niedergeschrieben von Staatssekretär Lansing)

b) Deutsches Auswärtiges Amt, Berlin:
Haiti – Instruktionen, Konsulatsdepeschen, 1870–1903
Dominikanische Republik – Instruktionen, Konsulatsdepeschen, 1870–1903
Vereinigte Staaten – Instruktionen, Depeschen, 1914–1917

c) Marinearchiv, Berlin:
Korrespondenz und Telefonunterhaltungen zwischen dem Chef des Marinekabinetts, dem Chef des Admiralstabs, dem Reichskanzler und dem Auswärtigen Amt, 1914–1917. Befehle und Instruktionen vom Chef des Admiralstabs an die U-Bootkommandanten, 1914–1917

d) Außenministerium, London:
Vereinigte Staaten – Instruktionen, Depeschen, 1870–1874

Private Manuskripte

Bancroft, George	New York Public Library
Barker, Wharton	Manuskriptabteilung der Kongreßbibliothek
Bayard, Thomas F.	Manuskriptabteilung der Kongreßbibliothek

Bonaparte, Charles J.	Manuskriptabteilung der Kongreßbibliothek
Bryan, William Jennings	Manuskriptabteilung der Kongreßbibliothek
Carnegie, Andrew	Manuskriptabteilung der Kongreßbibliothek
Choate, Joseph H.	Manuskriptabteilung der Kongreßbibliothek
Cleveland, Grover	Manuskriptabteilung der Kongreßbibliothek
Gore, Thomas P.	Privatbesitz
House, Edward M.	Yale University Library
Kitchin, Claude	University of North Carolina Library
Knox, Philander C.	Manuskriptabteilung der Kongreßbibliothek
Lansing, Robert	Manuskriptabteilung der Kongreßbibliothek
McKinley, William	Manuskriptabteilung der Kongreßbibliothek
Olney, Richard	Manuskriptabteilung der Kongreßbibliothek
Roosevelt, Theodore	Manuskriptabteilung der Kongreßbibliothek
Root, Elihu	Manuskriptabteilung der Kongreßbibliothek
Schurz, Carl	Manuskriptabteilung der Kongreßbibliothek
White, Henry	Manuskriptabteilung der Kongreßbibliothek
Whitlock, Brand	Manuskriptabteilung der Kongreßbibliothek
Williams, John Sharp	Manuskriptabteilung der Kongreßbibliothek

(Ferner die Korrespondenz zwischen Admiral Arno Spindler und Professor Charles Seymour, Yale University Library, und die Korrespondenz zwischen Admiral Spindler und dem Verfasser über den Unterseebootkrieg.)

(Es wurde weiter die umfangreiche Korrespondenz des Bankhauses Morgan & Co. über die „Großindustrie“ und Amerikas Eintritt in den Krieg benutzt. Dem Verfasser standen durch das freundliche Entgegenkommen von Senator Gerald P. Nye und Mrs. Stephen Raushenbush etwa 4.000 Briefe zur Verfügung.)

II. Veröffentlichungen durch Druck

Amtliche Dokumente

a) Vereinigte Staaten:

American State Papers. „Foreign Relations.“ Bd. I–VI. Washington, 1832–1859.

„Compilation of the Massages and Papers of the Presidents.“ hg. von James D. Richardson. 20 Bde. Washington, 1896–1927.

„Congressional Record.“ 63.–64. Kongreß, Bde. 51–54.

European War No. 3: „Diplomatic Correspondence with Belligerent Governments Relating to Neutral Rights and Duties.“ Washington, 1916.

„Federal Reporter.“ Bd. 251. St. Paul, 1918.

„Federal Reserve Bulletin.“ 1914–1917. 4 Bde. Washington, 1915–1918.

„Hearings Before the Committee on Naval Affairs on Estimates Submitted by the Secretary of the Navy.“ 1915–1916. House of Representatives. 4 Bde. Washington, 1915–1916.

„Hearings Before the Special Senate Committee on the Investigation of the Munitions Industry.“ United States Senate. 74. Kongreß, 2. Sitzung, Teile 25–32. Washington, 1937.

Hearings on Senate Bill 3474. United States Senate. 74. Kongreß, 2. Sitzung. Washington, 1936.

„Monthly Summary of the Foreign Commerce of the United States, 1914–1917.“ Washington, 1914–1917.

Papers Relating to the Foreign Relations of the United States. Supplements. The World War, 1914–1917. Washington, 1928–1932.

„Policy of the United States Toward Maritime Commerce in War.“ hg. von Carlton Savage. 2 Bde. Washington, 1936.

„Report of the Federal Trade Commission on War-Time Profits and Costs of the Steel Industry." 25. Juni 1924.
Revised Statutes of the United States. Washington, 1875.
Senate Documents:
63. Kongreß, 3. Sitzung, Nr. 660. Washington, 1915.
66. Kongreß, 1. Sitzung, Nr. 62. Washington, 1919.
66. Kongreß, 2. Sitzung, Nr. 191. Washington, 1920.
67. Kongreß, 2. Sitzung, Nr. 176. Washington, 1922.
74. Kongreß, 2. Sitzung. „Confidential Document Printed for the Use of the Special Senate Committee on the Investigation oft the Munitions Industry." Washington, 1936.
Senate Reports:
42. Kongreß, 2. Sitzung, Nr. 183. Washington, 1872.
74. Kongreß, 2 Sitzung, Nr. 944. Washington, 1936.
United States Grain Corporation:
„Report on Grain and Flour Statistics During the War." Washington, 1919.
„Report on the Stabilization of the Price of Wheat During the War and Its Effects Upon the Returns to the Producer." Washington, 1925.
„United States Naval War Code." Washington, 1900.
„Yearbook of the United States Departement of Agriculture." 1914–1917. 4 Bde. Washington, 1915–1918.

b) Großbritannien:
British Documents on the Origins of the War, 1898–1914. hg. von George P. Gooch u. Harold Temperley. Vols. I–XI. London, 1926–1936.
British and Foreign State Papers, 1914–1917. Nr. 107–111. London 1917–1921.
Command Papers:
Cd. 4555. 1909. Proceedings of the International Naval Conference Held in London, December, 1908 – February, 1909.
Cd. 7816. 1915. Correspondence Between His Majesty's Government and the United States Government Respecting the Rights of Belligerents.
Cd. 7894–7895. 1915. Report of the Committee on Alleged German Outrages. 2 Bde.
Cd. 8022. 1915. Report of a Formal Investigation into the Circumstances Attending the Foundering of the British Steamship Lusitania.
Cd. 8145. 1916. Statement of the Measures Adopted to Intercept the Sea-Borne Commerce of Germany.
Cd. 8173. 1916. Correspondence with the United States Ambassador respecting the Treatment of Mails on Neutral Vessels.
Cd. 8223. 1916. Memorandum by His Majesty's Government and the French Government to Neutral Governments Regarding the Examination of Parcels and Letter Mails.
Cd. 8225. 1916. Correspondence with the United States Ambassador Respecting the Trading with the Enemy Act, 1915.
Cd. 8233. 1916. Further Correspondence Between His Majesty's Government and the United States Government Respecting the Rights of Belligerents.
Cd. 8234. 1916. Further Correspondence Between His Majesty's Government and the United States Government Respecting the Rights of Belligerents.
Cd. 8293. 1916. Note addressed by His Majesty's Government to Neutral Representatives in London Respecting the Withdrawal of the Declaration of London Orders of Council.
Cd. 8349. 1916. Memorandum Respecting the Treatment of Belligerent Submarines in Neutral Waters.
Cd. 8353. 1916. Further Correspondence with the United States Ambassador Respecting the Trading with the Enemy.
Cd. 8438. 1917. Memorandum Addressed by the French and British Government to the United States Government Regarding the Examination of Parcels and Letter Mails.

Cd. 381. 1919. Proceedings in Camera on Tuesday, the 15th and Friday, the 18th June, 1915, at the Formal Investigation into the Circumstances Attending the Foundering of the British Steamship Lusitania.
Parliamentary Debates, House of Commons. Fifth Series, Vols. LIX–LXXI, LXXXVI, XC. London, 1915–1917.
Parliamentary Debates, Lords. Fifth Series, Vol. XXIV. London, 1917.

c) Deutschland:
„Die große Politik der europäischen Kabinette, 1781–1914." 40 Bde. Berlin, 1922–1927.
„Official German Documents Relating to the World War." 2 Bde. New York, 1923.
„Reichstag-Debatten." Bd. 64. Berlin, 1916.
„Ursachen des deutschen Zusammenbruchs im Jahre 1918." [Das Werk des Untersuchungsausschusses der Deutschen Verfassunggebenden Nationalversammlung und des Deutschen Reichstages, 1919–1926.] Berlin, 1925.

d) Frankreich:
„Documents Diplomatiques Français, 1871–1914." 2. Serie. 1901–1911. Volumes III–IV. Paris, 1932.

Nichtamtliche Dokumente

Baker, Ray Stannard und William E. Dodd (Hrsg.) „The Public Papers of Woodrow Wilson." 6 Bde. New York, 1925–1927.
„Proceedings of the Democratic National Convention, Held in Saint Louis, Missouri, June 14–15, 1916. Chicago, 1916.
Schierboand, Wolf v.: „The Kaiser's Speeches." New York, 1903.

III. Briefe, Tagebücher, Erinnerungen, Gedichte

Asquith, Herbert H. „Memories and Reflections 1852–1927." 2 Bde. Boston, 1928.
Beaverbrook, Lord. „Politicians and the War." London, 1928.
Bernstorff, Johann H. „My Three Years in America." New York, 1920.
ders. „Memoirs." übers. v. Eric Sutton. New York, 1936.*
Bethmann-Hollweg, Theobald v. „Reflections on the World War." übers. v. George Young. London, 1920.*
Blunt, Wilfried S. „My Diaries." 2 Bde. New York, 1921.
Brownrigg, Douglas. „Indiscretions of the Naval Censor." London, 1920.
Bryan, William Jennings u. Mary Baird Bryan. „The Memoirs of William Jennings Bryan." Philadelphia, 1925.
Buelow, Bernhard v. „Memoirs." Boston, 1931.*
Burián, Stephan. „Austria in Dissolution." London, 1925.*
Churchill, Winston S. „The World Crisis 1911–1918." 4 Bde. New York, 1923–1927.*
Czernin, Ottokar. „In the World War." New York, 1920.*
Dumba, Constantin. „Memoirs of a Diplomat." übers. v. Jan F.D. Morrow. Boston, 1932.*
Egan, Maurice F. „Ten Years Near the German Frontier." New York, 1919.
Erzberger, Matthias. „Erlebnisse im Weltkrieg." Berlin, 1920.
Falcke, Horst P. „Vor dem Eintritt Amerikas in den Weltkrieg." Dresden, 1928.
Falkenhayn, Erich Georg A.S. v. „The German General Staff and Its Decisions 1914–1918." New York, 1920.*
ders. „General Headquarters: 1914–1916." London, 1920.*
Fisher, John A. „Memories and Records." 2 Bde. New York, 1920.

French, John D.P. „1914." Boston, 1919.
Gerard, James, W. „My Four Years in Germany." New York, 1917.
ders. „Face to Face with Kaiserism." New York, 1918.*
Gibson, Hugh. „Diplomatic Diary." New York, 1917.
Gompers, Samuel. „Seventy Years of Life and Labor." New York, 1925.
Gregory, Thomas W.: Brief in „New York Times", 29. Januar, 1925.
Grey, Viscount Edward. „Twenty-Five Years: 1892–1916." 2 Bde. New York, 1925.*
Gwynn, Stephen (Hrsg.). „The Letters and Friendships of Sir Cecil Spring Rice." 2 Bde. Boston, 1929.
Haldane, Richard B. „An Autobiography." New York, 1929.
Helfferich, Karl. „Der Weltkrieg." Berlin, 1919.
Hindenburg, Paul v. „Out of My Life." übers. v. F.A. Holt. London, 1920.*
Hoffmann, Max. „The War of Lost Opportunities." übers. v. A.E. Chamot. New York, 1925.*
House, Colonel Edward M. „The Intimate Papers of Colonel House." hg. von Charles Seymour. 2 Bde. Boston, 1926.*
Houston, David F. „Eight Years with Wilson's Cabinet: 1913–1920." New York, 1926.
Johnson, Robert U. „Collected Poems." New Haven, 1920.
Jusserand, Jean J. „Le Sentiment Américain pendant la Guerre." Paris, 1931.
Lane, Franklin K. „Letters." hg. von A.W. Lane und L.H. Wall. Boston, 1922.
Lansing, Robert. „Memorandum" of Secretary Lansing published by Allen W. Dulles in „New York Times Magazine", January 31, 1937.
Lansing, Robert. „War Memoirs." Indianapolis, 1935.
Lloyd George, David. „War Memoirs: 1914–1918." 4 Bde. Boston, 1933–1934.*
Lodge, Henry Cabot. „Selections from the Correspondence of Theodore Roosevelt 1884–1918." 2 Bde. New York, 1925.
Ludendorff, Erich. „The General Staff and Its Problems." übers. v. Frederic A. Holt. 2 Bde. London, 1920.*
ders. Ludendorff's Own Story: August 1914 – November 1918." 2 Bde. New York, 1920.*
Marshall, Thomas R. „Recollections." Indianapolis, 1925.
Martin, Edward S. „The Diary of a Nation." New York, 1917.
Baden, Maximilian of. „Memoirs." übers. v. W.M. Calder u. C.W.H. Sutton. 2 Bde. New York, 1928.*
McAdoo, William G. „Crowded Years." Boston, 1931.
Parker, Gilbert. „The United States and the War." In „Harper's Magazine." März 1918, S. 521–531.
Payer, Friedrich. „Von Bethmann-Hollweg bis Ebert: Erinnerungen und Bilder." Frankfurt, 1923.
Redfield, William C. „With Congress and Cabinet." New York, 1924.
Repington, Charles à Court. „The First World War: 1914–1918." 2 Bde. London, 1920.
Scheer, Reinhold. „Germany's High Sea Fleet in the World War." London, 1920.*
Schurz, Carl. „Speeches, Correspondence, and Political Papers." hg. v. Frederic Bancroft. 6 Bde. New York, 1913.
Sharp, William G. „War Memoirs." London, 1931.
Steed, Henry W. „Through Thirty Years." New York, 1924.
Tardieu, André. „France and America." Boston, 1927.
Tirpitz, Alfred v. „My Memoirs." 2 Bde. London, 1919.*
ders. „Politische Dokumente." 2 Bde. Berlin, 1926.
Tumulty, Joseph P. „Woodrow Wilson As I Know Him." New York, 1921.
Van Dyke, Henry. „Chosen Poems." New York, 1927.
Vorse, Mary H. „A Footnote to Folly." New York, 1935.
White, Andrew D. „Autobiography." 2 Bde. New York, 1905.
Whitlock, Brand. „The Letters and Journal." hg. v. Allan Nevins. 2 Bde. New York, 1936.
Wilhelm II. „The Kaiser's Memoirs: 1888–1918." New York, 1922.*

IV. Biographien, historische Darstellungen, Artikel

Ackermann, Carl. „Germany, the Next Republic?" New York, 1917.

Adams, James T. „Anglo-American Relations." In „Landmark." Bd. XVI. 1934. S. 629–633.

Addams, Jane. „Peace and Bread in Time of War." New York, 1922.

Allison, Charles R. (Hrsg.). „Alien Enemies and Property Rights Under the Trading With Enemy Act." New York, 1921.

Alphaud, Gabriel. „L'Action: Allemande aux Etats-Unis, de la Mission Dernburg à l'Incident Dumba." Paris, 1915.

Anderson, Chandler P. „The British Prize Court Decision in the Chicago Packing House Cases." In „American Journal of International Law." Bd. XI. 1917. S. 251–269.

Anderson, Eugene N. „The First Moroccan Crisis 1904–1906." Chicago, 1930.

Anonymous. „War Propaganda." In „Saturday Evening Post." 17. August 1929. S. 41–44 u. 114–117.

Appuhn, Charles. „L'Ambassade de Bernstorff à Washington." In „Revue d'Histoire de la Guerre Mondiale." Bd. III. 1925. S. 297–329.

Archibald, James F.J. „New Light on Ambassador Dumba's Recall." In „Current History." Bd. XXXV. 1931. S. 210–215.

Arnett, Alex. „Claude Kitchin and the Wilson War Policies." Boston, 1937.

Arthur, George. „Life of Lord Kitchener." 3 Bde. New York, 1920.

Aube, Théophile. „Défense nationale." In Henry Mager (Hrsg.). „Atlas Colonial." Paris, 1885. S. 1–12.

Bailey, Thomas A. „German Documents Relating to the Lusitania." In „Journal of Modern History." Bd. VIII. 1936. S. 320–337.

ders. „The Sinking of the Lusitania." In „American Historical Review." Bd. XLI. 1935–1936. S. 54–73.

ders. „The United States and the Blacklist During the Great War." In „Journal of Modern History." Bd. VI. 1934. S. 14–35.

ders. „World War Analogues of the Trent Affair." In „American Historical Review." Bd. XXXVIII. 1932–1933. S. 286–290.

Baker, Newton D. „Why We Went to War." New York, 1936.

Baker, Ray S. „Woodrow Wilson and World Settlement." 3 Bde. New York, 1927.*

ders. „Woodrow Wilson: Life and Letters." 5 Bde. New York, 1927–1935.

Barnes, Harry E. „In Quest of Truth and Justice." Chicago, 1928.

Barnes, James A. „John G. Carlisle." New York, 1931.

Bassett, John S. „Our War With Germany." New York, 1919.

Baty, Thomas. „Neglected Fundamentals of Prize Law." In „Yale Law Journal." Bd. XXX. 1920–1921. S. 34–47.

ders. „Danger Signals in International Law." In „Yale Law Journal." Bd. XXXIV. 1924–1925. S. 457–479.

ders. „The Declaration of London." In „Empire Review." July 1911. S. 361 ff.

ders. „Judge Betts and Prize Law." In „Transactions of the Grotius Society." Bd. XI. 1926. S. 21–26.

Beard, Charles A. „The Devil Theory of War." New York, 1936.

ders. „New Light on Bryan and War Policies." In „Rew Republic." 17. Juni 1936. S. 177–178.

Beard, Charles A. u. MaryBeard. „The Rise of American Civilization." 2 Bde. New York, 1928.

Bell, Edward P. „The British Censorship." London, 1915.

Bellot, Hugh L. „The Right of a Belligerent Merchantman to Attack." In „Transactions of the Grotius Society." Bd. VII. 1922. S. 43–58.

Bemis, Samuel. F. „A Diplomatic History of the United States." New York, 1937.

Bentwich, Normann D. „The Declaration of London." London, 1911.

Bishop, Joseph B. „Theodore Roosevelt and His Times." 2 Bde. New York, 1920.

Borchard, Edwin. „Review of International Law and the World War by James W. Garner." In „The Nation." 20. July 1921. S. 72–73.
Borchard, Edwin u. W.P. Lage. „Neutrality for the United States." New Haven, 1937.
Brierly, James L. „International Law in England." In „Law Quarterly Review." Bd. LI. 1935. S. 24–35.
Briggs, Herbert W. „The Doctrine of Continuous Voyage." Baltimore, 1926.
Britt, George. „Forty Years – Forty Millions." New York, 1935.
Brooks, Sidney. „America at the Cross-Roads." In „The English Review." Vol. XX. 1915. S. 356–366.
Brunauer, Esther C. „The Peace Proposals of December 1916 – January 1917." In „Journal of Modern History." Bd. IV. 1932. S. 544–571.
Bruntz, George C. „Propaganda As an Instrument of War." In „Current History." Bd. XXXII. 1930. S. 743–747.
Buat, Edmond A.L. „L'Armée Allemande Pendant la Guerre de 1914–1918." Paris, 1920.*
Buell, Raymond L. „The Washington Conference." New York, 1922.
Butler, Hamilton. „The Anglo-American Love-Affair." In „American Mercury." Bd. XXIX. 1933. S. 257–268.
Callwell, Charles E. „Field Marshal Sir Henry Wilson." 2 Bde. London, 1927.
Campbell, Gordon. „My Mystery Ships." London, o.J.*
Cecil, Algernon. „British Foreign Secretaries 1807–1916." London, 1927.
Chamberlain, Joseph. „The Embargo Resolutions and Neutrality." In „International Conciliation." June 1929.
Chatterton, Edward K. „Q-Ships and Their Story." London, 1922.
Chirol, Valentine. „Cecil Spring Rice: In Memoriam." London, 1919.
Clapp, Edwin J. „Economic Aspects of the War." New Haven, 1915.*
Cohen, Arthur. „The Declaration of London." London, 1911.
Cole, Sanford D. „Belligerent Merchantmen in Neutral Ports." In „Transactions of the Grotius Society." Bd. III. 1918. S. 23 ff.
Colombos, Constantine J. „A Treatise on the Law of Prize." London, 1926.
Consett, Montague W.W.P. u. O.H. Daniel. „The Triumph of Unarmed Forces: 1914–1918." New York, 1923.
Cook, Edward T. „The Press in War Time." London, 1920.
Corbett, Julian S. „Naval Operations." 2 Bde. London, 1920–1921.
Corey, Lewis. „The House of Morgan." New York, 1930.
Corwin, Edward S. „The President's Control of Foreign Relations." Princeton, 1917.
Crecraft, Earl W. „Freedom of the Seas." New York, 1935.
Croly, Herbert. „Willard Straight." New York, 1924.
Crowell, Benedict. „America's Munitions 1917–1918." Washington, 1919.
Curti, Merle E. „The American Peace Crusade." Durham, 1929.
ders. „Bryan and World Peace." Northampton, 1931.
Dahlin, Ebba. „French and German Public Opinion on Declared War Aims." Palo Alto, 1933.
Daniels, Josephus. „The Life of Woodrow Wilson: 1856–1924." Philadelphia, 1924.
Davis, Elmer. „History of the New York Times." New York, 1921.
Delage, Edmond. „La Guerre Sous les Mers." Paris, 1934.
Demartial, Georges. „Comment on Mobilisa les Consciences." Paris, 1922.
Dennett, Tyler. „John Hay." New York, 1933.
Dennis, Alfred L.P. „Adventures in American Diplomacy." New York, 1928.
Dewey, Davis R. „Financial History of the United States." New York, 1928.
Dickinson, Goldsworthy L. „The Choice Before Us." London, 1917.
Diederichs, v. „A Statement of Events in Manila Bay." In „Journal of the Royal United Service Institution." Bd. LIX. 1914. S. 421–446.
Dodd, William E. „Woodrow Wilson and His Work." New York, 1920.
Downey, Fairfax. „Richard Harding Davis." New York, 1933.

Doyle, Arthur Conan. „Danger!“ In „Collier's Weekly.“ 22. August 1914. S. 5 ff. u. 29. August 1914, S. 7 ff.
Dugdale, Blanche E.C. „Arthur James Balfour.“ 2 Bde. London, 1936.
Dulles, Allen W. u. H.F. Armstrong „Can We Be Neutral?“ New York, 1936.
Elliott, Charles B. „The Doctrine of Continuous Voyage.“ In „American Journal of International Law.“ Bd. I. 1907. S. 61–104.
Fay, Sidney B. „The Origins of the World War.“ New York, 1928.*
Fayle, Charles E. „Seaborne Trade.“ 3 Bde. London, 1920–1924.
Finley, John. „The Admirable Ambassador.“ In „Légion d'Honneur.“ Bd. III. 1932. S. 91–94.
Fisher, Herbert A.L. „The Life of James Bryce.“ 2 Bde. New York, 1927.
Fisk, George M. „Continental Opinion Regarding a Proposed Middle European Tariff Union.“ In „Johns Hopkins University Studies.“ Bd. XX.
Flynn, William J. „Tapped Wires.“ In „Liberty.“ 2. Juni 1928. S. 19–22.
French, Gerald. „The Life of Field-Marshal Sir John French.“ London, 1931.
Frost, Wesley. „German Submarine Warfare.“ New York, 1918.
Fuller, Joseph V. „William Jennings Bryan.“ In „American Secretaries of State and Their Diplomacy.“ Bd. X. S. 3–44. New York, 1929.
ders. „The Genesis of the Munitions Traffic.“ In „Journal of Modern History.“ Bd. VI. 1934. S. 280–293.
Gantenbein, James W. „The Doctrine of Continuous Voyage.“ Portland, 1929.
Gardner, Gilson. „Why We Delayed Entering the War.“ In „McNaught's Magazine.“ Bd. III. 1925. S. 171–173.
Garner, James W. „Prize Law During the World War.“ New York, 1927.
ders. „International Law and the World War.“ 2 Bde. New York, 1920.
Garvin, James L. „The Life of Joseph Chamberlain.“ Bd. III. London, 1934.
Gayer, Albert. „Summary of German Submarine Operations in the Various Theaters of War from 1914 to 1918.“ In „Proceedings of the United States Naval Institute.“ Bd. LI. 1926. S. 621–659.
ders. „Die deutschen U-Boote in ihrer Kriegführung 1914–1918.“ Berlin, 1920.
Glaß, Carter. „An Adventure in Constructive Finance.“ New York, 1927.
ders.: Artikel im Washington Herald. 9. January 1927.
Gooch, George P. „Triple Alliance and Triple Entente.“ In „Cambridge History of British Foreign Policy.“ Bd. III. Cambridge, 1923. S. 385–486.
ders. „Recent Revelations in European Diplomacy.“ New York, 1923.
Graham, Malbone W. „The Controversy Between the United States and the Allied Governments Respecting Neutral Rights and Commerce During the Period of American Neutrality 1914–1917.“ Austin, 1923.
Grattan, C. Hartley. „Why We Fought.“ New York, 1929.
Groos, Otto. „Der Krieg in der Nordsee.“ 5 Bde. Berlin, 1922–1925.
Guichard, Louis. „The Naval Blockade.“ übers. v. Christopher R. Turner. London, 1930.
Hagedorn, Hermann. „Leonard Wood.“ New York, 1931.
Hagen, Maximilian v. „Bismarcks Kolonialpolitik.“ Stuttgart, 1923.
Heaton, John L. (Hrsg.). „Coob of the World.“ New York, 1924.
Hendrick, Burton J. „The Life and Letters of Waltere Hines Page.“ 3 Bde. New York, 1925.
Hibben, Paxton u. C. Hartley Grattan. „The Peerless Lender.“ New York, 1929.
Higgins, A. Pearce. „Studies in International Law and Relations.“ Cambridge, 1928.
Hill, Howard. „Roosevelt and the Caribbean.“ Chicago, 1927.
Houghton, W.H. „The Albert Portfolio.“ In „Saturday Evening Post.“ 17. August 1929. S. 117.
Hovelaque, Emile. „Les Etats-Unis et la Guerre.“ Paris, 1919.
Howden-Smith, Arthur D. „The Real Colonel House.“ New York, 1918.
Howe, Mark A. De W. „James Ford Rhodes.“ New York, 1929.
Hurd, Sir Archibald S. „The Merchant Navy.“ 3 Bde. London, 1921–1929.

Hyde, Charles C. „International Law Chiefly as Interpreted and Applied by the United States." 2 Bde. Boston, 1922.
James, Henry. „Richard Olney and His Public Service." New York, 1923.
ders. „Charles W. Eliot." 2 Bde. Boston, 1930.
Jane, Fred T. „Fighting Ships." London, 1914.
Jessup, Philip C. „American Neutrality and International Police." Boston, 1928.
Keim, Jeannette. „Forty Years of German-American Political Relations." Philadelphia, 1919.
Kenworthy, Joseph M. u. George Young. „Freedom of the Seas." New York, 1929.
Lamont, Thomas W. „Henry P. Davison." New York, 1933.
ders.: Artikel im Manchester Guardian. 27. January 1920.
Langer, William L. „The Diplomacy of Imperialism." 2 Bde. New York, 1935.
Laßwell, Harold D. „Propaganda Technique in the World War." New York, 1927.
Laurens, Adolphe. „Histoire de la Guerre Sous-Marine Allemande." Paris, 1930.
Lauriat, Charles E. „The Lusitania's Last Voyage." New York, 1915.
Lawrence, David. „The True Story of Woodrow Wilson." New York, 1924.
Lewinsohn, Richard. „The Profits of War." New York, 1937.
Liddell Hart, Basil H. „Foch, the Man of Orléans." Boston, 1932.*
Lingelbach, William E. „England and Neutral Trade." In „The Military Historian and Economist." Bd. II. 1917. S. 153–178.
Lodge, Henry C. „Senate and the League of Nations." New York, 1925.
Luatzow, Friedrich. „Der Lusitania-Fall." In „Süddeutsche Monatshefte." Bd. XVIII. 1921. S. 391 ff.
Lumley, Frederick E. „The Propaganda Menace." New York, 1933.
ders. „Der Lusitania-Fall." Breslau, 1915.
Lutz, Hermann. „Lord Grey and the World War." New York, 1928.*
McCaleb, Walter F. „Theodore Roosevelt." New York, 1931.
McMaster, John B. „The United States and the World War." New York, 1918.
Mastermann, Sylvia. „The Origins of International Rivalry in Samoa 1845–1884." Palo Alto, 1934.
Mathews, John M. „The Conduct of American Foreign Relations." New York, 1928.
Michelsen, Andreas H. „Der U-Bootskrieg." Leipzig, 1925.
Millis, Walter. „Road to War." Boston, 1935.
Montague, Victor A. „For and Against the Declaration of London." In „Nineteenth Century and After." Bd. LXIX. 1911. S. 414–416.
Montgelas, Max. „British Foreign Policy Under Sir Edward Grey." New York, 1928.*
Moody, John. „Masters of Capital." New Haven, 1919.
Moore, John B. „Principles of American Diplomacy." New York, 1918.
ders. „Statement During Hearings on Senate Bill." 3474. Senate Committee on Foreign Relations. 74. Kongreß, 2. Sitzung.
ders. „Digest of International Law." 8 Bde. Washington, 1906.
Morley, John. „On the Eve of Catastrophe." In „New Republic." 10. Oktober 1928. S. 194–200.
Mowat, Robert B. „History of European Diplomacy: 1914–1923." London, 1927.
Mueller-Meiningen, Ernst. „Who are the Huns?" übers. v. R.L. Orchelle, Berlin, 1915.*
Nearing, Scott. „The Great Madness." New York, 1917.
Nevins, Allan. „Henry White." New York, 1930.
ders. „Grover Cleveland." New York, 1933.
ders. „Hamilton Fish." New York, 1937.
Newton, Lord. „Lord Lansdowne." London, 1929.
Nicolson, Harold. „Dwight Morrow." New York, 1935.
Notter, Harley. „The Origins of the Foreign Policy of Woodrow Wilson." Balto., 1937.
Noyes, Alexander D. „The War Period of American Finance." New York, 1926.

Osusky, Stephen. „The Secret Peace Negotiations Between Vienna and Washington." In „Slavonic Review." Bd. IV. 1926. S. 657–668.
Owsley, Frank L. „King Cotton Diplomacy." Chicago, 1931.
Palmer, Frederick. „Newton D. Baker." New York, 1931.
Parmelee, Maurice. „Blockade and Sea Power." New York, 1924.
Passelecq, Fernand. „Déportation et travail forcé des ouvriers et de la population civile de la Belgique occupée." Paris, 1928.
Paxson, Frederic L. „The Pre-War Years 1913–1917." Boston, 1936.
Phillips, Ethel C. „American Participation in Belligerent Commercial Controls, 1914–1917." In „American Journal of International Law." Bd. XXIV. 1933. S. 675–693.
Piggott, Francis. „The Neutral Merchant and Contraband of War and Blockade." London, 1915.
Pohl, Heinrich. „Amerikas Waffenausfuhr und Neutralität." Berlin, 1917.
Pollock, Frederick. „The Declaration of London." In „Law Quarterly Review." Bd. XXVII. 1911. S. 269–270.
Ponsonby, Arthur. „Falsehood in War-Time." New York, 1928.*
Potter, Pitmann B. „Freedom of the Seas." New York, 1924.
Pratt, Julius W. „The British Blockade and American Precedent." In „United States Naval Institute Proceedings." Bd. XLVI. 1929. S. 1789–1802.
ders. „Robert Lansing." In Samuel F. Bemis „American Secretaries of State and Their Diplomacy." Bd. X. S. 47–175. New York, 1929.
ders. „Expansionists of 1898." Baltimore, 1936.
Prendergast, Maurice u. R.H. Gibson. „The German Submarine War 1914–1918." New York, 1931.
Pringle, Henry F. „Theodore Roosevelt." New York, 1931.
Pyke, Harold R. „The Law of Contraband of War." London, 1915.
Reid, Edith G. „Woodrow Wilson." New York, 1934.
Rippy, J. Fred. „Latin America in World Politics." New York, 1928.
Robinson, Edgar E. u. V.J. West. „The Foreign Policy of Woodrow Wilson 1913–1917." New York, 1917.
Roosevelt, Theodore. „America and the World War." New York, 1914.
ders. „Fear God and Take Your Own Part." New York, 1916.
ders. „The World War: Its Tragedies and Its Lessons." In „The Outlook." 23. September 1914. S. 169–178.
Ryden, George H. „The Foreign Policy of the United States in Relation to Samoa." New Haven, 1933.
Salter, Arthur. „Allied Shipping Control." Oxford, 1921.
Schieber, Clara E. „The Transformation of American Sentiment Toward Germany: 1870–1914." New York, 1923.
Schmitt, Bernadotte E. „The Coming of the War." 2 Bde. New York, 1930.
ders. „Interviewing the Autors of the War." Chicago, 1930.
Scott, James B. „A Survey of International Relations Between the United States and Germany." New York, 1917.
Seymour, Charles (Hrsg.). „Intimate Papers of Colonel House." 2 Bde. Boston, 1926.*
ders. „Woodrow Wilson and the World War." New Haven, 1921.
ders. „American Diplomacy During the World War." Baltimore, 1934.
ders. „American Neutrality 1914–1917." New Haven, 1935.
Shippee, Lester B. „Germany and the Spanish-American War." In „American Historical Review." Bd. XXX. 1925. S. 754–777.
Sims, William S. „The Truth About German Submarine Atrocities." In „Current History." Bd. XVIII. 1923. S. 355–363.
Skaggs, William H. „The German Conspiracies in America." London, 1915.
Snow, Freemann. „International Law." Washington, 1888.

Spender, Harold. „The Prime Minister: Life and Times of David Lloyd George." New York, 1920.
Spender, John A. u. Cyril Asquith. „Life of Herbert Henry Asquith, Lord Oxford and Asquith." 2 Bde. London, 1932.
Sperry, Earl u. W.M. West. „German Plots and Intrigues in the United States During the Period of Our Neutrality." Washington, 1918.
Spindler, Arno. „The Lusitania Cafe." In „Berliner Monatshefte." Mai 1935. S. 402–410.
ders. „Der Eintritt der Vereinigten Staaten in den Weltkrieg." In „Berliner Monatshefte." April 1937. S. 283–321.
ders. „The Value of the Submarine in Naval Warfare." In „Proceedings of the United States Naval Institute." Bd. LI. 1926. S. 835–854.
ders. „La Guerre Sous-Marine." übers. v. René Jouan. 3 Bde. Paris, 1933–1935.
Squires, James D. „British Propaganda at Home in the United States from 1914 to 1917." Cambridge, 1935.
Stevenson, Robert L. „A Footnote to History." New York, 1897.
Stolberg-Wernigerode, Otto. „Deutschland und die Vereinigten Staaten von Amerika im Zeitalter Bismarcks." Berlin, 1933.
Straus, Oscar S. „Under Four Administrations." Boston, 1922.
Street, Cecil J.S. „Lord Reading." London, 1928.
Strother, French. „Fighting Germany's Spies." New York, 1918.
ders. „America, a New World Arsenal." In „World's Work." Bd. XXXI. 1916. S. 321–333.
Sullivan, Mark. „History of Our Times." Bd. V. New York, 1933.
Tansill, Charles C. „The Purchase of the Danish West Indies." Baltimore, 1932.
Taylor, Charles C. „The Life of Admiral Mahan." New York, 1920.
Thayer, William R. „Life and Letters of John Hay." New York, 1915.
Thuillier, Henry F. „Can Methods of Warfare Be Restricted?" In „Journal of the Royal United Service Institution." Bd. LXXXI. 1936. S. 264–276.
Townsend, Mary E. „Origins of Modern German Colonialism." New York, 1921.
Trevelyan, George M. „Grey of Fallodon." Boston, 1937.*
Trimble, E.G. „Violations of Maritime Law by the Allied Powers During the World War." In „American Journal of International Law." Bd. XXIV. 1930. S. 79–99.
Tunney, Thomas u. P.M. Hollister. „Throttled." Boston, 1919.
Turlington, Edgar. „Neutrality: Its History, Economics and Law." Bd. III: World War Period. Columbia University Press, 1936.
Turner, John K. „Shall It Be Again?" New York, 1922.
Tyler, Alice F. „The Foreign Policy of James G. Blaine." Minneapolis, 1927.
Vagts, Alfred. „Deutschland und die Vereinigten Staaten in der Weltpolitik." 2 Bde. London, 1925.
ders. „Colonel House." In „Europäische Gespräche." Bd. VII. 1929. S. 430–442.
Valentin, Veit. „Deutschlands Außenpolitik von Bismarcks Abgang bis zum Ende des Weltkrieges." Berlin, 1921.
Van Alstyne, Richard. „The Policy of the United States Regarding the Declaration of London, at the Outbreak of the Great War." In „Journal of Modern History." Bd. VII. 1935. S. 434–447.
ders. „Private American Loans to the Allies: 1914–1916." In „Pacific Historical Review." Bd. II. 1933. S. 180–193.
Vandenbosch, Amry. „The Neutrality of the Netherlands During the World War." Grand Rapids, 1927.
Viallate, Achille. „Les Etats-Unis et le Conflit Européen: 4 Août – 6 Avril, 1917." Paris, 1919.
Viereck, George S. „Spreading Germs of Hate." New York, 1930.
ders. „The Strangest Friendship in History." New York, 1932.
Warren, Charles. „Troubles of a Neutral." In „Foreign Affairs." Bd. XII. 1934. S. 377–395.
ders. „Safeguards to Neutrality." In „Foreign Affairs." Bd. XIV. 1936. S. 199–215.

White, Elizabeth B. „American Opinion of France from Lafayette to Poincaré." New York, 1927.
White, William A. „Woodrow Wilson." Boston, 1924.
Whitlock, Brand. „Belgium." 2 Bde. New York, 1919.
Whitney, Edson L. „The American Peace Society." Washington, 1928.
Williams, Benjamin H. „Economic Foreign Policy of the United States." New York, 1929.
Willis, Irene C. „Englands Holy War." New York, 1928.
Winkler, John K. „Morgan the Magnificent." New York, 1931.
ders. „Woodrow Wilson." New York, 1933.
Wittke, Carl F. „German-Americans and the World War." Columbus, 1936.
Woolsey, Lester H. „The Personal Diplomacy of Colonel House." In „American Journal of International Law." Bd. XXI. 1927. S. 706–715.
Wright, Quincy. „The Control of American Foreign Relations." New York, 1922.

* Zu den mit * bezeichneten Werken sind in der „Ergänzenden Literaturangabe" die deutschen Originalausgaben bzw. die deutschen Übersetzungen angeführt. (Anmerkung des Übersetzers)

V. Ergänzende Literaturangabe für die deutsche Ausgabe

Ahrens, G. u. C. Brinkmann. „Wilson: Das staatsmännische Werk des Präsidenten in seinen Reden." Berlin, 1919.
Baden, Max v. „Erinnerungen und Dokumente." Stuttgart, 1927.
Baker, Ray Stannard. „Woodrow Wilson: Memoiren und Dokumente über den Vertrag zu Versailles anno 1919." 3 Bde. Leipzig, 1923.
Behrens, H. „Die englischen ‚Schwarzen Listen' und ihre Folgen." Stuttgart, 1919.
Bernstorff, Johann H. „Deutschland und Amerika: Erinnerungen aus dem fünfjährigen Kriege." Berlin, 1920.
Bernstorff, Johann H. „Erinnerungen und Briefe." Zürich, 1936.
Bethmann-Hollweg, Theobald v. „Betrachtungen zum Weltkrieg." 2 Bde. Berlin, 1919.
Böhler, Eugen u. Hans Wehberg. „Der Wirtschaftskrieg." Jena, 1919.
Boy-Ed, Karl. „Amerika und der U-Bootskrieg." Berlin, 1918.
ders. „Verschwörer? Die ersten 17 Kriegsmonate in den Vereinigten Staaten von Nordamerika: Erinnerungen." Berlin, 1920.
Buat, Edmond. „Die deutsche Armee im Weltkrieg: Ihre Größe und ihr Verfall." München, 1921.
Bülow, Bernhard v. „Denkwürdigkeiten." 4 Bde. Berlin, 1931.
Burián, St. „Drei Jahre." Berlin, 1923.
Campbell, Gordon. „Wir jagen deutsche U-Boote." Gütersloh, 1937.
Churchill, Winston. „Weltkrisis." 6 Bde. Leipzig, 1924–1930.
Clapp, Edwin J. „Britisches Seekriegsrecht und die Neutralen im Kriege 1914–16." Berlin, 1916.
Czernin, Ottokar. „Im Weltkrieg." Berlin, 1919.
Demartial, Georges. „Die Moblimachung der Gewissen." Berlin, 1926.
Dumba, Konstantin. „Dreibund und Ententepolitik in der alten und neuen Welt." Zürich, 1930.
Falkenhayn, Erich v. „Die Oberste Heeresleitung 1914–1916 in ihren wichtigsten Entschließungen." Berlin, 1920.
Fay, Sidney B. „Der Ursprung des Weltkrieges." 2 Bde. Berlin, 1930.
ders. „Die Neutralitätspolitik der Vereinigten Staaten." In „Berliner Monatshefte." 17. Jg., Februar 1939.
Gerard, James W. „Memoiren des Botschafters Gerard: Meine vier Jahre in Deutschland." Lausanne, 1919.

Grey, Edward. „Fünfundzwanzig Jahre Politik 1892–1916." 2 Bde. München, 1926.
Hindenburg, Paul v. „Aus meinem Leben." Leipzig, 1920.
Hoffmann, Max. „Der Krieg der versäumten Gelegenheiten." München, 1923.
Lidell Hart, B.H. „Foch, der Feldherr der Entente." Berlin, 1938.
Lloyd George, David. „Mein Anteil am Weltkrieg: Kriegsmemoiren." 3 Bde. Berlin, 1933–1935.
Ludendorff, Erich. „Meine Kriegserinnerungen 1914–1918." Berlin, 1919.
ders. „Urkunden der Obersten Heeresleitung über ihre Tätigkeit 1916–18." Berlin, 1921.
Lutz, Hermann. „Lord Grey und der Weltkrieg." Berlin, 1927.
Meyer, Eduard. „Der amerikanische Kongreß und der Weltkrieg." Berlin, 1917.
Mueller-Meiningen, Ernst. „Der Weltkrieg 1914–1917 und der Zusammenbruch des Völkerrechts." Berlin, 1917.
Ponsonby, Arthur. „Lügen in Kriegszeiten." Berlin, 1930.
Scheer, Reinhold. „Deutschlands Hochseeflotte im Weltkrieg." Berlin, 1920.
ders. „Schriftwechsel mit der Regierung der Vereinigten Staaten von Amerika, betreffend den Unterseehandelskrieg." hg. vom Auswärtigen Amt. Berlin, o.J.
Seymour, Charles. „Die vertraulichen Dokumente des Oberst House." Stuttgart, 1932.
Spindler, Arno. „Der Handelskrieg mit U-Booten." 3 Bde. Berlin, 1932–1934.
Tirpitz, Alfred v. „Erinnerungen." Leipzig, 1919.
Trevelyan, George Macaulay. „Sir Edward Grey: Sein Leben und Werk." Essen, 1938.
Wehberg, Hans. „Die amerikanischen Waffen- und Munitionslieferungen an Deutschlands Gegner." Essen, 1915.
Wilhelm II. „Ereignisse und Gestalten aus den Jahren 1878–1918." Leipzig, 1922.

Weitere deutsche und ausländische Literatur bringen die „Bibliographischen Vierteljahrshefte der Weltkriegsbücherei." Vgl. besonders: Heft 20–22: „Bibliographie zur Geschichte der Vereinigten Staaten im Weltkrieg." bearb. v. Erwin Weis. Stuttgart, 1939.

Register

Inhaltsverzeichnis